KB048471

직관펌프

생각을 열다

직관펌프

생각을 열다

대니얼 데닛의 77가지 생각도구

초판 1쇄 펴낸날 2015년 4월 20일 | **초판 8쇄 펴낸날** 2023년 3월 29일

지은이 대니얼 데닛 | **옮긴이** 노승영 | **해설** 장대익 | **펴낸이** 한성봉

편집 강태영·안상준 | **디자인** 김숙희 | **마케팅** 박신용·강은혜 | **경영지원** 국지연

펴낸곳 도서출판 동아시아 | **등록** 1998년 3월 5일 제1998-000243호

주소 서울시 중구 퇴계로30길 15-8 [필동1가 26]

페이스북 www.facebook.com/dongasiabooks | **전자우편** dongasiabook@naver.com

블로그 blog.naver.com/dongasia1998 | **트위터** www.twitter.com/dongasiabooks

전화 02) 757-9724, 5 | **팩스** 02) 757-9726

ISBN 978-89-6262-101-3 93100

잘못된 책은 구입하신 서점에서 바꿔드립니다.

직관펌프

생각을 열다

대니얼 데닛의 77가지 생각도구

Intuition Pumps
and Other Tools for Thinking

대니얼 데닛Daniel C. Dennett 지음
노승영 옮김 · 장대익 해설

동아시아

•

나의 학문적 고향 터프츠 대학에 이 책을 바친다

• 이 책에 쏟아진 찬사들 •

지구 최강의 지식인이 직관펌프를 통해 길어 올린 생각도구들을 우리 일반인들에게 전수해준다. 이 책을 놓치면 문명 전체에 손해가 된다.

— 장대익

일을 쉽게 하려면 도구가 필요한데, 사고를 도와주는 생각도구는 없을까? 이 책은 직관펌프를 비롯해 77가지나 되는 다양한 생각도구를 알려준다. 직관펌프는 설정된 상황에 조금씩 변화를 주면서 그때마다 어떤 상이한 직관이 도출되는지 비교하는 사고실험이다. 철학자 대니얼 데닛은 이런 생각도구를 이용해 진화와 인지, 의식, 자유의지 등 묵직한 주제를 능숙하게 요리한다. 내가 읽은 철학책 중 가장 기상천외하고 풍부하며 독창적이다.

— 이형열

내가 읽은 최신의, 최고의 책이다. 나는 데닛을 위대한 생각의 샘으로 여기며 그의 작업은 항상 상상 이상의 흥분을 불러일으킨다. 그의 생각하는 방법을 전적으로 존경하고, 그가 핵심에 다가서기 위해 사용하는 은유의 언어에 곧잘 감화된다. 그가 구사하는 은유는 당신의 머리를 망치로 내려치는 듯한, 깜짝 놀랄만한 자극을 던져줄 것이다.

— 리처드 도킨스

현존 최고의 철학자, 제2의 버트런드 러셀. 대니얼은 기존 철학자와 달리 신경과학, 언어학, 인공지능, 컴퓨터학, 심리학을 두루 섭렵했다. 그는 철학자의 역할을 재정의하고 재구성하고 있다.

— 마빈 민스키

철학자의 역할은 사람들이 생각하는 주제에 통찰과 관점을 제공하는 것이다. 데닛은 그 이상의 철학자다.

— 로저 섕크

미국에서 가장 폭넓게 읽히고 가장 논쟁적인 살아 있는 철학자. 직관펌프는 지난 100년의 철학과 과학 분야에서 가장 뜨겁고 커다란 질문에 대해 데닛이 정교하게 갈고닦은 근본적인 대답이다.

—《뉴욕 타임스》

보기 드문 독창성, 엄밀성, 위트를 겸비한 철학자

—《월 스트리트 저널》

깊은 생각을 위한 철학자의 도구상자

—《네이처》

거장의 역작

—《가디언》

오늘날 가장 독창적인 사상가 중 한 명

—《사이언스》

세계에서 가장 독창적이고 도발적인 사상가

—《데일리 텔레그래프》

진화생물학과 인지과학의 최전선에 선 대가의 흥미로운 지적 탐험

—《반스 앤 노블》

인간 의식의 문제들이 오늘날 진화 이론과 어떻게 연결되는지 누구보다 날카롭고 영리하고 우아하게 탐구한다.

—《필라델피아 인콰이어러》

• 차례 •

— 2부

의미 또는 내용을 위한 생각도구

— 3부

컴퓨터에 대한 막간 설명

— 4부

의미를 위한 그 밖의 생각도구

— 5부

진화를 위한 생각도구

— 6부

의식을 위한 생각도구

— 7부

자유의지를 위한 생각도구

— 8부

철학자가 된다는 것은 어떤 것일까?

지식 요리사의
만찬에 초대합니다

2006년 가을 어느 날, 미국 터프츠 대학 철학과의 한 학부 수업에서 들었던 말은 아직도 생생하다.

"저는 오래전부터 이 수업을 준비하고 기다려왔습니다. 의식 연구의 세계적 석학들을 초빙해 수업을 진행할 예정인데요, 한 가지 '기본 원칙'이 있습니다. 여기서는 학부 학생만이 강연자에게 질문을 할 수 있습니다. 다른 사람들은 전부 참관인의 자격으로 수업에 참여해야 합니다. 이렇게 하는 이유가 있습니다. 소위 '전문가'들은 자신들끼리만 전문 용어를 남발하며 그 모든 것을 다 알고 있는 양 토론을 해왔습니다. 하지만 솔직히 잘 모르고 떠드는 때도 많습니다. 일반인의 질문을 받아보면 자신들이 얼마나 심각한 자폐적 세계에 갇혀있는가를 깨닫기도 합니다. 전문가는 일반인의 평범한 질문에 대해서도 답해줄 수 있어야 합니다. 초청 연사들은 여러분(학부 학생)의 질문을 가볍게 여기지 않고 성실히 답변해줄 것입니다. 그런 과정을 통해 그들도 여러분의 생각에서 많은 것을 배울 수 있을 것입니다. 물론 여러분은 대단한 경험을 하는 것일 테고요."

이런 말로 첫 수업을 시작한 괴짜 교수는 마음에 대한 독창적이고 논쟁적 연구로 유명한 철학자 대니얼 데닛이었다. 당시에 나는 그의 날개 밑에서 마음의 진화와 구조에 대해 연구 중이었고 그가 개설한 수업에도 참여하고 있었는데, 그의 '일반인 청중을 미끼로'(64쪽을 볼 것)라는 제안 덕분에 졸지에 참관인으로 전락했었다. 수준 높은 세미나를 기대했던 나는 솔직히 살짝 실망스럽기도 했고 그 제안이 비현실적인 것으로 느껴지기도 했다. 아니나 다를까, 수업이 몇 주간 진행되자 호기심을 참지 못한 몇몇 교수들이 토론에 끼어들었고, 버벅대는 세계적 석학들을 골려먹는 학부생들의 스킬만 점점 더 발전하는 것 같았다.

하지만 데닛은 마지막까지 그 원칙을 철회하지 않았다. 덕분에 연사들은 자신이 정확히 아는 것이 무엇인지를 깨닫는 반성의 시간을 가지게 되었다. 그리고 우리는 학부생들을 이해시키기 위해 총동원된 그들의 지적 필살기를 마음껏 즐길 수 있었다. 한 마디로 이 수업은 "똑똑한 학부생들에게 내가 하는 일을 설명하지 못하면 실은 나 자신도 이해하지 못한 것"(30쪽)이라는 데닛의 가설(이것을 '진땀 가설'이라고 부르자. 일반인에게 설명하기 위해 진땀을 빼는 전문가들을 상상해보라!)을 입증하려는 시도 같았다.

2013년 가을, 나는 연구년을 맞아 다시 데닛의 둥지로 날아갔다. 마침 대학 도서관에서 이 책에 대한 강연회가 열렸는데, 그는 강연을 시작하면서 자신의 '진땀 가설'을 입증하는데 도움 준 13명의 학부 학생들을 강연장에서 일으켜 세우며 감사의 뜻을 전하고 있었다. 말하자면 이 책은 그가 흘린 '진땀'이다. 그의 이전 저작들 가운데 대중들이 가장 쉽게 접근할 수 있도록 쓴 작품이기 때문이다. 호기심이 있는 일반 독자들이라면 충분히 읽고 이해할 만한 내용들을 담고 있다.

데닛의 기존 문제작들을 읽어 온 한국 독자들이라면 이것이 얼마나 반가운 소식인지를 잘 알 것이다. 그는 현존하는 영미 철학자 중에서 독특한 스타일, 화려한 논증, 촌철살인의 유머, 그리고 강단 있는 설전을 구사할 수 있는 몇 안 되는 지식인이라 할 수 있는데, 오히려 이런 그의 특성이 번역서로 읽히는 상황에서는 독서를 어렵게 만드는 측면도 있었다. 하지만 이 책의 출간으로 데닛은 더 이상 못 올라갈 산이 아니다. 이쯤 되면 '뭐가 그리 대단한 사람이라고 책 하나 쉽게 쓴 걸 가지고 호들갑이냐?'라고 생각하는 분도 있을 것이다.

데닛은 지난 반세기 동안 지적 난제들과 씨름하며 새로운 해법을 모색해온 거인이다. 그의 화두를 보라. '무가치, 무의미, 무기능에서 어떻게 가치, 의미, 기능이 나왔는가? 규칙에서 어떻게 의미가 나왔는가? 물질에 불과한 뇌에서 어떻게 의식이라는 특이한 현상이 나올 수 있는가? 자유의지는 존재하는가? 의식을 가진 기계는 가능한가? 과학과 종교는 양립 가능한가?……' 지적인 거인들은 모두 빅퀘스천을 던지고 그에 대한 자신만의 대답을 찾아온 사람들이다. 쉬운 문제는 그들의 지적 호기심을 발동시키지 못한다. 데닛의 경우도 마찬가지다. 그동안 그가 출간한 책들(『마음의 진화』, 『의식의 수수께끼를 풀다』, 『자유는 진화한다』, 『주문을 깨다』, 『다윈의 위험한 생각』)은 모두 이와 같은 묵직한 주제에 대한 독창적 연구서들이었다.

하지만 이 책은 전작들과는 명확히 다른 목표를 갖고 쓰였다. 완전히 새로운 내용은 없다. 대신 그동안 숱한 화제와 논쟁을 불러일으키며 지식의 세계를 휘저었던 그만의 논증 기법과 도발적 사상들이 일반인의 눈높이에서 조목조목 정리되어 있다. 마치 최고의 요리사가 누구나 손쉽게 맛있는 음식을 만들 수 있도록 자기만의 기막힌 레시피들을 전수해주고 있다고나 할까? MIT의 인공지능의 대가인 마빈 민스키가 데닛을 두고 한 말, "지구를 대표하여 외계인과 맞설 단 한 사람!"을 떠올리건대, 그는 감히

‘지구 최고의 지식 요리사’다.

19세기 이누이트 족의 역사에서 이런 일이 있었다. 1820년, 그린란드 북서쪽에 살고 있던 이누이트 족에 치명적 전염병이 돌아 노인들이 갑자기 사망하는 사건이 발생했다. 그러자 그들은 생존에 핵심적인 기술들 예컨대, 카약, 작살, 활, 화살들을 더 이상 만들 수 없게 되었다. 그 기본 도구들을 제작하는 기법을 아는 노인들이 모두 죽었기 때문이다. 그들은 그 후로 무려 40년 동안이나 그런 기본 도구들이 없는 암흑 같은 삶을 살아야 했고, 1862년에서야 다른 섬에서 온 이누이트 족에 의해 기술이 복원됨으로써 문명의 세계로 재진입하게 되었다. 이것이 바로 문명의 전수가 중요한 이유이다.

이 책에서 지구 최강의 지식인이 직관펌프를 통해 길어 올린 생각도구들을 우리 일반인들에게 전수해주고 있다. 그러니 이런 책은 모두가 읽어줘야 한다. 이런 것을 놓치면, 이누이트 족의 경우처럼 문명 전체에 손해가 된다.

데닛의 저작들은 그동안 한국 사회에서 다소 과소평가된 측면이 있다. 부분적으로는 번역의 문제도 있었지만 가장 큰 것은 그의 생각도구들이 쉽게 이해되지 않았기 때문이다. 이제 그의 쓸모 있는 연장들을 본격적으로 만져보고 사용해볼 때가 되었다. 이 책을 통해 ‘데닛처럼 생각하기’를 연습해보자. 장담컨대, 엄청난 지적 근육을 갖게 될 것이다.

탁월한 번역을 통해 이런 연습을 할 수 있게 도와준 노승영 선생께 감사드린다. 드디어 우리도 데닛을 제대로 만날 수 있게 되었다!

장대익(서울대학교 자유전공학부 교수)

터프츠 대학은 40년 넘도록 나의 학문적 고향이었으며 골디락스의 죽처럼 내게 안성맞춤이었다. 부담 주지 않고, 방치하지도 않고, 잘난 체하는 독불장군이 아니라 배울 점 많은 명민한 동료들이 있고, 밤낮 지켜볼 필요는 없지만 눈길을 끄는 좋은 학생들이 있고, 현실 문제 해결에 깊이 관여하는 상아탑이 있으니 말이다. 1986년에 인지연구소를 설립한 뒤로 터프츠 대학은 내 연구를 뒷받침하고, 연구비 지급에 따르는 고역과 의무를 면제해주었으며, 워크숍, 연구실, 학술대회를 찾아다니고 방문 연구자를 연구소에 맞아들이면서 여러 분야의 연구자들과 자유롭게 교류하도록 배려해주었다. 이 책은 그 결실이다.

2012년 봄 나는 터프츠 대학 철학과에서 이 책의 첫 번째 초고를 가지고 세미나를 진행했다. 예전에도 이런 식으로 했지만, 이번에는 일반인도 쉽게 이해할 수 있도록 글을 다듬고 싶었다. 그래서 대학원생과 철학 전공자를 배제하고 겁 없는 1학년생 중에서 자원자를 받아 선착순 열두 명만으로 수업을 꾸렸다(직원의 실수로 실제로는 열세 명이 등록했다). 우리는 서로 밀어주고 끌어주며 각 주제를 신나게 탐구했다. 학생들은 교수와 맞짱 떠도 괜찮다는 사실을 배웠고 나는 더 쉽고 적절하게 설명하는 방법이 있다는 사실을 배웠다. 용기와 상상력, 활력, 열정을 겸비한 젊은 동료 톰 애디슨, 닉 보스웰, 토니 캐니스트라, 브렌던 플리그골드스타인, 클레어 허시버그, 칼레브 말치크, 카터 파머, 아마르 파텔, 쿠마르 라마나탄, 아리엘 라스코, 니콜라이 레네도, 미코 실리만, 에릭 톤드로에게 감사한다.

절친한 벗 보 달봄, 수 스태퍼드, 데일 피터슨은 세미나에서 다듬은 두 번째 초고를 읽고 솔직한 칭찬과 조언을 해주었다(대부분 책에 반영했다). W. W. 노턴의 편집자 드레이크 맥필리와 부편집자 브렌던 커리도 원고를 향상시키는 데 큰 몫을 했다. 특히, 인지연구소 프로그램 담당자 테레사 살바토는 전체 프로젝트를 물심양면으로 지원했으며, 내가 생각도구를 만들고 사용하는 데 전념할 수 있도록 연구소 운영과 나의 여행 계획을 효과적으로 관리해주었다.

마지막으로 늘 그렇듯 아내 수전에게 감사와 사랑을 전한다. 우리는 50년 동안 한 팀이었으며, 내가 지금까지 이룬 모든 것은 우리의 공동 작품이다.

대니얼 C. 데닛

2012년 8월 메인 주 블루힐에서

• 머리말 •

직관펌프가 뭘까?

맨손으로는 목공일을 하기 힘들고 맨뇌로는 생각을 하기 힘들다.

—보 달봄

생각은 힘든 일이다. 그중에서도 어떤 문제는 생각하기가 어찌나 힘든지 그 문제에 대해 생각하는 것에 대해 생각하기만 해도 머리가 지끈거린다. 내 동료인 신경심리학자 마르셀 킨스번에 따르면, 생각하기가 힘든 이유는 진리에 이르는 가시밭길과 막다른 골목에 이르는 쉽고 솔깃한 길이 경쟁을 벌이기 때문이다. 생각하는 데 들어가는 노력은 대부분 이런 유혹에 저항하는 일이다. 샛길이 끊임없이 우리를 유혹한다. 눈앞의 과제에 집중하려면 정신을 바짝 차려야 한다. (한숨)

앨런 튜링의 아이디어(튜링 기계)를 실제 전자컴퓨터('폰 노이만 기계'라 부르는데, 노트북이나 스마트폰과 같은 형태다)로 구현한 수학자이자 물리학자 존 폰 노이만에 얽힌 유명한 이야기가 있다. 폰 노이만은 생각의 대가였으며, 엄청난 계산을 순식간에 암산으로 해내는 능력은 전설적이었다. 전해 내려오는 이야기에 따르면—여느 유명한 이야기가 그렇듯 여기에도 여러 버전이 있다—어느 날 동료가 두 가지 해법이 있는 문제를 폰 노이만에게 가져왔다고 한다. 하나는 힘들고 복잡한 계산이 필요했고 또 하나는 우아한 발상의 전환이 필요했다. 동료는, 수학자들은 힘들고 복잡한 해법으로 풀 것이고 (더 게으르지만 더 똑똑한) 물리학자들은 잠시 생각에 잠겼다가 쉽고 빠른 해법을 찾아낼 것이라고 가설을 세웠다. 폰 노이만은 어떤 해법을 선택했을까? 여러분도 잘 아는 문제일 것이다. 기차 두 대가 같은 선로 위에서 서로 100킬로미터 떨어진 지점에서부터 마주 보고 달려온다. 한 대는 시속 30킬로미터이고 또 한 대는 시속 20킬로미터다. 새 한 마리가 시속 120킬로미터로 A 기차에서 B 기차로 날아갔다가 다시 A기차로 돌아오기를 두 기차가 충돌할 때까지 반복한다. 기차가 충돌하는 순간까지 새는 몇 킬로미터를 날았을까? 폰 노이만은 문제를 듣자마자 "240킬로미터잖아"라고 대답했다. 동료가 대답했다. "제길, 무한급수를 더하는 힘든 방법으로 풀 줄 알았는데." 그러자 폰 노이만이 이마를 치며 말했다. "아차! 쉬운 방법이 있었군!" (힌트: 기차가 충돌할 때까지 걸린 시간은?)

폰 노이만처럼 아무리 배배 꼬인 문제도 척척 해결할 수 있는 타고난 천재들이 있는가 하면 느리지만 끈질기게 진리를 추구하는 '의지력'이 몸에 밴 사람들도 있다. 그리고 나머지 우리가 있다. 계산 천재도 아니고 조금은 게으르지만 문제를 맞닥뜨리면 어떻게든 해결하고 싶어하는 사람들 말이다. 우리 같은 사람은 어떻게 해야 할까? 이럴 때 쓸 수 있는 생각도구가 있다. 그것도 수십 개나. 간편한 보조 기구인 상상력 확장기와 집중력 유지기를 이용하면 정말이지 까다로운 문제들에 대해 확실하게, 심지어 우아하게 생각할 수 있다. 이 책은 내가 좋아하는 생각도구 모음집이다. 나는 이 생각도구를 단순히 설명하는 것에 그치지 않고, 여러분의 마음이 험난한 땅을 통과하여 의미, 마음, 자유의지에 대한 꽤 극단적인 시각에 이르도록 조심조심 인도할 것이다. 우선 모든 주제에 적용할 수 있는 단순하고 일반적인 도구를 살펴본다. 이 중에는 친숙한 도구도 있고 별로 주목받거나 논의되지 않은 도구도 있다. 그 다음, 매우 특수한 용도에 쓰는 도구를 소개할 것이다. 이 도구들을 만든 목적은 여러분을 유혹하는 구체적 관념을 폭파하여 전문가조차 쩔쩔매는 깊은 수렁에서 여러분을 건져내기 위해서다. 또한 온갖 나쁜 생각도구를 찾아 부술 것이다. 정신 차리지 않으면, 잘못 설계된 이 설득 장치들에 속아 길을 잃고 헤매기 십상이다. 내가 제시하는 목적지에 여러분이 안착하건 못하건, 내 옆에 붙어 있기로 마음먹건 안 먹건, 이 여정이 끝나면 여러분은 주제에 대해 생각하고 생각에 대해 생각하는 새로운 방법을 알게 될 것이다.

물리학자 리처드 파인만은 폰 노이만보다 더 전설적인 천재였으며 세계 최상급 두뇌의 소유자였지만, 재미를 사랑했으며 특히 삶의 어려움을 덜어주는 비법을 공개하기를 즐겼다. 여러분이 아무리 똑똑하더라도, 쉬운 길이 있으면 쉬운 길로 가는 것이 더 똑똑한 선택이다. 파인만의 자서전『파인만 씨, 농담도 잘하시네』와『남이야 뭐라 하건』은 생각을 잘하고 싶은 모든 사람의 필독서다. 두 책을 읽으면 거칠기 그지없는 문제를 길들이는 법과, 좋은 생각이 떠오르지 않을 때 청중을 현혹시키는 속임수를 배울 수 있다. 나는 파인만의 책에 듬뿍 담긴 유용한 비법과 자신의 정신 작용을 고스란히 드러내는 솔직함에 감명 받아 그와 비슷한 일을 직접 해보기로 마음먹었다. 자전적 성격은 줄이되, 여러분이 이러한 주제들에 대해 '데닛 방식으로' 생각하도록 설득하겠다는 야심찬 목표를 세웠다. 나는 여러분을 구슬려 단단한 확신에서 끄집어내려고 공을 들일 것이다. 하지만 속임수는 전혀 쓰지 않을 것이다. 나의 주목표 중 하나는 내가 무얼 하는지, 왜 하는지를 정확하게 보여주는 것이기 때문이다.

여느 장인과 마찬가지로 대장장이도 도구가 필요하지만 유일하게 대장장이만이 자신의 도구를 스스로 만든다(지금은 이런 관습이 거의 사라지기는 했지만). 목수는 자기가 쓸 톱과 망치를 만들지 않고 재단사는 가위와 바늘을 만들지 않고 배관공은 스패너를 만들지 않지만, 대장장이는 재료인 철을 가지고 자기가 쓸 망치와 집게와 모루와 끌을 만들 수 있다. 생각도구는 어떨까? 누가 만들고 무엇으로 만들까? 최고의 생각도구 몇 가지는 철학자들이 만들었다. 들어간 재료는 관념, 즉 유용한 정보 구조뿐이다. 르네 데카르트는 x축과 y축으로 이루어진 '데카르트 좌표계'를 우리에게 선사했다. 이것이 없었다면 '미적분'(아이작 뉴턴과 철학자 고트프리트 빌헬름 라이프니츠가 동시에 발명한 탁월한 생각도구)은 상상도 할 수 없었을 것이다. 블레즈 파스칼이 만든 '확률론' 덕에 우리는 온갖 도박의 확률을 쉽게 계산할 수 있다. 토머스 베이스 목사는 뛰어난 수학자로, 베이지언 통계적 사고의 뼈대인 '베이스 정리'를 남겼다. 하지만 이 책에 실린 도구들은 대부분 더 간단하다. 수학과 과학에서 쓰는 정확하게 체계적인 기계가 아니라 마음의 수공구다. 분류하자면 아래와 같다.

이름표　때로는 어떤 생각에 어엿한 이름을 지어주기만 해도, 그 생각을 머릿속에서 굴려가며 이해하고자 시도할 수 있다. 앞으로 살펴보겠지만, 가장 쓸모 있는 이름표는 오류가 어디에서 비롯했는지 알려주는 경고성 이름표와 경보다.

예　일부 철학자는 논증에서 예를 드는 것이 (속임수까지는 아니더라도) 굳이 필요하지 않다고 생각한다. 이것은 소설가들이 삽화를 꺼리는 것과 비슷하다. 소설가들은 모든 것을 말로 표현하는 것에서 자부심을 느끼며, 철학자들은 (최대한 수학 증명과 비슷한) 주도면밀하게 구성되어 엄밀한 질서에 따라 제시되는 추상적 일반화로 모든 것을 표현하는 것에서 자부심을 느낀다. 물론 대견한 일이지만 나는 몇몇 똑똑한 학생에게 말고는 그들의 작품과 논문을 추천하지 않을 것이다. 필요 이상으로 어려울 필요는 없으니까.

유비와 은유 어떤 복잡한 사물의 특징을 우리가 이미 이해(한다고 생각)하는 또 다른 복잡한 사물의 특징과 대비하는 것은 널리 효과가 알려진 생각 도구이지만, 너무 효과적인 탓에 상상력이 기만적 유비에 현혹되어 삼천포로 빠지기 쉽다.

발판 놓기 사다리 하나만 있으면 지붕을 이고 집을 칠하고 굴뚝을 청소할 수 있다. 사다리를 옆으로 옮겨 올라갔다 내려오고 또 옆으로 옮겨 올라갔다 내려오고 하면서 한 번에 조금씩 작업하면 된다. 하지만 집 둘레를 더 빠르고 안전하게 이동할 수 있는 튼튼한 발판을 애초에 시간을 좀 들여서 만들어두면 결과적으로 일이 훨씬 쉬워진다. 이 책에서 가장 귀중한 생각 도구 몇 가지는, (제자리에 설치하는 데 시간이 걸리기는 하지만) 일일이 사다리를 옮기지 않고도 여러 가지 문제를 한 번에 해결할 수 있는 발판 놓기의 예다.

마지막으로, 내가 **직관펌프**라고 이름 붙인 사고실험들이 있다.

사고실험은 철학자들이 애용하는 도구다. 당연하다. 기발한 추론만 가지고 정답을 알아낼 수 있는데 실험실이 왜 필요하겠는가? 하지만 갈릴레오에서 아인슈타인에 이르는 과학자들도 사고실험으로 효과를 보았으니 철학자의 전유물은 아니다. 어떤 사고실험은 엄밀한 논증으로 분석할 수 있으며 종종 **귀류법**reductio ad absurdum의 형식을 띤다.[1] 귀류법이란 상대방의 전제에서 형식상의 모순(말이 안 되는 결론)을 이끌어내어 논증이 틀렸음을 밝히는 방법이다. 내가 좋아하는 귀류법 중 하나는 (마찰을 무시할 수 있을 경우) 무거운 물체가 가벼운 물체보다 빨리 떨어지지 않음을 밝힌 갈릴레오의 증명이다. 무거운 물체가 가벼운 물체보다 빨리 떨어진다면 무거운 돌 A가 가벼운 돌 B보다 빨리 떨어질 것이기 때문에 B를 A에 묶으면 B가 A를 잡아당겨 낙하 속도가 느려져야 한다. 하지만 B와 묶은 A는 A만 있을 때보다 더 무겁기 때문에 A 자체보다 더 빨리 떨어져야 한다. 따라서 B와 묶은 A는 A 자체보다 더 빨리 떨어져야 하는 동시에 더 천천히 떨어져야 하는데, 이것은 모순이다.

엄밀성은 떨어지지만 효과는 이와 맞먹는 사고실험도 있다. 직관을 불러일으켜 명제를 논파하며 "그래, 당연히 그래야지!"라고 진심으로 무릎을 치게 하는 사소한 이야기들이 있다. 이것을 나는 '직관펌프intuition pump'라 부른다. 내가 이 용어를 처음 지어낸 것은 철학자 존 설의 유명한 사고실험 중국어 방Chinese Room을 공개적으로 비판하면서였다[2]. 그래서 어떤 사람들은 내가 이 용어를 경멸적 뉘앙스로 쓴다고 결론 내렸다. 하지만 사실은 그 반대다. 나는 직관펌프를 사랑한다! 직관펌프 중 어떤 것은 뛰어나고 어떤 것은 미심쩍으며, 새빨간 속임수는 얼마 되지 않는다. 직관펌프는 수 세기 동안 철학을 지배한 힘이다. 이솝 우화의 철학자 버전이라고나 할까. 이솝 우화는 철학자라는 사람들이 있기 전부터 근사한 생각도구로 인정받았다.[3] 대학에서 철학을 공부한 적이 있다면 플라톤의 『국가』에 나오는 동굴 비유(사람들이 사슬에 묶인 채 동굴 벽에 비치는 실제 사물의 그림자만 볼 수 있다는 비유)나, 『메논』에서 노예 소년에게 기하학을 가르치는 비유 같은 고전적 생각도구를 접했을 것이다. 인간을 속여 완전한 환상의 세계를 믿게 하는 데카르트의 악마(가상현실 사고실험의 원조)와 삶이 끔찍하고 잔인하고 짧은 이유를 설명하는 홉스의 자연상태도 있다. 이솝의「늑대와 양치기 소년」이나「개미와 베짱이」처럼 유명하지는 않아도, 하나하나가 직관을 펌프질하려고 만든 생각도구다. 플라톤의 동굴은 지각과 실재의 본성을 깨우치려는 것이고, 노예 소년은 우리의 타고난 지식을 설명하려는 것이고, 악마는 궁극적 회의주의의 생성자이며, 사회를 구성하는 계약을 맺음으로써 자연상태에서 개선된다는 것이야말로 홉스의 우화가 말하려는 요점이다. 생각도구는 늘 귓전을 맴도는 철학의 멜로디다. 한번 들으면 잊히지 않기 때문에, 학생들은 정교한 논증과 분석을 새까맣게 잊어버린 뒤에도 거기에 쓰인 생각도구는 매우 생생하고 정확하게 기억한다. 좋은 직관펌프는 어떤 논증이나 분석보다 강력하다. 우리는 현대의 여러 직관펌프를—결함이 있는 것을 비롯하여—살펴볼 것이다. 우리의 목표는 이 직관펌프가 무슨 용도인지, 어떻게 작동하는지, 어떻게 사용하는지, 심지어 어떻게 만드는지 이해하는 것이다.

'괴짜 교도소장'이라는 간단한 예를 살펴보자. 밤마다 그는 수감자들이 모두 깊이 잠들 때까지 기다렸다가 감방 자물쇠를 모조리 따고 문을 밤새도록 열어둔다. 질문: 수감자들은 자유로울까? 이들에게는 나갈 '기회'가 있을까? 그렇지 않다면 왜 그럴까? '쓰레기통 속 보석'이라는 또 다른 예를 살펴보자. 어느 날 밤 길을 걷는데 인도 위 쓰레기통에 보석이 버려져 있다고 해보자. 부자가 될 절호의 기회처럼 보이지만, 실은 절호의 기회가 아니라 '앙상한' 기회다. 내가 이 기회를 알아차리고 그에 따라 행동할 가능성은 극히 희박하다(고려할 가능성도 거의 없다). 방금 소개한 두 가지 간단한 시나리오는 애매할 수도 있는 명제를 명쾌하게 이해할 수 있도록 직관을 펌프질한다. 진짜 기회가 주어지더라도, 이에 대해 무언가 행동을 취해야겠다고 제때 판단할 수 있으려면 시의적절하게 정보를 얻어야 한다는 사실 말이다. 우리는 '외부의 힘'에 얽매이지 않고—그렇게 생각하고 싶어 한다—'자유롭게' 선택할 수 있기를 갈망하는 탓에, 모든 외부의 힘으로부터 단절되기를 바라서는 안 된다는 사실을 잊기 쉽다. 자유의지는 우리가 다채로운 인과적 맥락에 잠기는 것을 '혐오'하지 않는다. 오히려 '필요'로 한다.

눈치챘겠지만, 자유의지에 대해 할 얘기는 이게 다가 아니다. 이 꼬맹이 직관펌프들은 생생하게 문제를 제기하지만 아무것도 해결하지 않는다. 아직은. (이 책 7부에서 자유의지를 논한다.) 우리는 이런 도구를 조심조심 다루고, 발을 내디디기 전에 잘 살펴보고, 함정이 없는지 확인하는 등의 기술에 숙달해야 한다. 직관펌프를 '주도면밀하게 설계된 설득 도구'로 여긴다면, 이 도구를 '역설계'하고 모든 부품을 검사하여 각 부품이 무슨 일을 하는지 확인하면 성과가 있으리라는 것을 알 수 있다.

더그 호프스태터는 1982년에 나와 공저한 『이런, 이게 바로 나야!』에서 이 문제에 대해 안성맞춤의 조언을 내놓았다. 직관펌프를 조절 장치가 많이 달린 도구로 생각하여, "모든 손잡이를 돌려보"면서 변수가 달라져도 똑같은 직관이 펌프질되는지 알아보자는 것이다.

이제 '괴짜 교도소장' 직관펌프에 어떤 손잡이가 있는지 알아보고 손잡이들을 돌려보자. (반증되기 전에는) 모든 부품에 기능이 있다고 가정하고, 부품을 하나하나 갈아 끼우거나 조금씩 변형하면서 어떤 기능을 하는지 알아본다.

1. 밤마다
2. 그는
3. 수감자들이 모두

4. 깊이 잠들 때까지

5. 기다렸다가

6. 감방 자물쇠를 모조리 따고

7. 문을 밤새도록 열어둔다.

여러 가지로 변형할 수 있겠지만 우선 이렇게 바꿔보자.

어느 날 밤 그는 교도관들에게 수감자 한 명에게 약물을 투여하라고 명령했는데, 교도관들이 명령을 이행한 뒤에 수감자가 있던 감방 문을 우연히 한 시간 동안 잠그지 않았다.

자, 시나리오 분위기가 퍽 달라지지 않았나? 어떻게 달라졌을까? 뼈대는 여전히 남아 있지만—아닌가?—효과는 아까만 못하다. 가장 큰 차이는 자연적으로 잠드느냐—수감자는 어느 때든 깰 '수 있'다—약물을 투약받거나 혼수상태에 빠지느냐다. 또 다른 차이인 '우연히'는 교도소장이나 교도관의 입장에서 의도 또는 부주의가 어떤 역할을 하는지 잘 보여준다. 반복('밤마다')은 수감자들에게 유리하도록 가능성을 변화시키는 듯하다. 가능성은 언제, 왜 중요할까? 백만 명이 복권을 사고 '당첨자'가 총살당하는 복권 추첨에서 발을 뺄 수 있다면 여러분은 얼마를 지불하겠는가? 6연발 리볼버의 방아쇠를 당기는 러시안룰렛에서 발을 뺄 수 있다면 얼마를 지불하겠는가? (여기서 우리는 한 직관펌프를 이용하여 또 다른 직관펌프를 설명한다. 이 수법을 기억해두기 바란다.)

다른 손잡이들은 덜 분명하다. 악마 같은 집주인이 손님들이 잠든 사이에 침실 문을 몰래 잠근다. 화재가 날까 봐 걱정스러운 병원 관리인이 병실과 병동 문을 밤새도록 열어두되 환자들이 불안해하지 않도록 그 사실을 알리지 않는다. 아니면 교도소가 보통보다 크다면, 이를테면 오스트레일리아만 하다면 어떨까? 오스트레일리아의 모든 문을 잠그거나 열 수는 없다. 그러면 어떤 차이가 생길까?

어떤 직관펌프를 대하든 의식적으로 신중을 기하는 태도는 그 자체로 중요한 생각도구로, 바로 철학자들이 즐겨 쓰는 '메타 수법'이다. 생각에 대한 생각, 말에 대한 말, 추론에 대한 추론 등이 바로 '메타'다. 메타언어는 다른 언어에 대해 말할 때 쓰는 언어이고 메타윤리학은 윤리학 이론을 조감하는 윤리학이다. 나는 더그에게 이렇게 말한 적이 있다. "자네가 할 수 있는 건 뭐든 내가 메타로 할 수 있지." 물론 이 책 자체도, 꼼꼼히 생각하는 방법에 대해 꼼꼼히 생각하는 법을 탐구한다는 점에서 메타 수법의 예다.[4] 더그는 최근에(2007년) 자기가 즐겨 쓰는 작은 수공구를 열거했다.

기러기 쫓기wild goose chase(헛수고)

끈끈함tackiness(천박함)

더러운 속임수dirty trick(비겁한 수법)

신 포도sour grape(자기 합리화)

팔꿈치 기름elbow grease(고된 일)

진흙 발feet of clay(숨겨진 결점)

헐거운 대포loose cannon(천방지축)

금 간 단지crackpot(괴짜)

입술 서비스lip service(입에 발린 말)

슬램덩크slam dunk(성공이 보장된 것)

다시 먹이기feedback(피드백)

이 영어 표현들은 '단순한 단어'가 아니다. '세로 나눗셈'(장제법)이나 '평균 구하기' 못지않은 추상적 인지 도구다. 각 표현은 넓은 스펙트럼의 맥락에서 작용하는데, 이를 통해 우리는 검증 가설을 쉽게 정식화하고 세상에 알려지지 않은 패턴을 쉽게 파악하고 중요한 유사성을 찾을 수 있다. 머릿속 어휘 목록에 들어 있는 모든 단어가 간단한 생각도구이지만, 그중에서도 더 유용한 것들이 있다. 이 표현들을 몰랐다면 배워두는 게 좋을 것이다. 이런 도구를 갖추면, 명확하게 생각하기 힘들었던 생각을 명확하게 생각할 수 있을 터이기 때문이다. 물론 속담에서 말하듯 망치를 든 사람에게는 모든 게 못으로 보이며 어떤 도구든 남용될 우려가 있다.

이런 예를 하나만 살펴보자. 바로 '신 포도'다. '신 포도'는 이솝 우화「여우와 신 포도」에서 유래했는데, 사람들이 무언가를 가질 수 없을 때 차라리 비하하여 짐짓 개의치 않는 것처럼 꾸민다는 사실을 비꼬는 표현이다. 상대방과 이야기를 나누다 내가 문득 "그거 신 포도야?"라고 물었을 때, 그 속에 얼마나 많은 의미가 담길 수 있는지 생각해보라. 상대방은 자신이 미처 눈치채지 못한 가능성을 알아차리고 생각을 바꿔야겠다고 생각할 수도 있고, 더 넓은 관점에서 문제를 바라볼 수도 있고, 아니면 모욕감을 느낄 수도 있다. (도구는 무기로 쓰일 수도 있다.) 이 이야기의 교훈이 너무나 친숙하기 때문에 우리는 원래 줄거리를 잊어버렸을 수도 있고 자세한 내용이—만일 중요하다면—떠오르지 않을 수도 있다.

도구를 구하는 것과 현명하게 이용하는 것은 별개의 기술이지만, 일단은 도구를 구해야 한다(아니면 직접 만들어야 한다). 이 책에서 제시하는 상당수 생각도구는 내가 직접 고안한 것이지만, 다른 사람에게서 얻은 것도 있다. 그런 경우에는 적당한 기회에 발명자를 밝힐 것이다.[5] 더그의 목록에 있는 도구는 모두 더그 말고 딴 사람이 발명한 것이지만, 그는 ㅅㅂㅍ와 **구멍벌스러움** 같은 훌륭한 생각도구를 내게 알려주었다.

가장 뛰어난 생각도구로는 수학 도구를 꼽을 수 있지만 이 책에서는 이런 도구를 언급만 할 뿐 지면을 많이 할애하지는 않을 것이다. 이 책은 수학 '이외'의 도구, '비형식적' 도구, 말하자면 시와 산문의 도구가 지닌 힘, 과학자들이 곧잘 과소평가하는 힘을 찬미하고 있기 때문이다. 그 이유는 다음과 같다. 첫째, 학술지에 실리는 학문적 글쓰기는 주제를 비개성적이고 딱딱하게 표현하고 장식, 수사, 암시를 최소화하는 것을 선호, 아니 고집한다. 진지한 학술지들이 무미건조한 데는 다 이유가 있다. 신경해부학자 J. Z. 영은 1965년에 옥스퍼드 대학에서 내 박사 논문(주제는 신경해부학이 아니라 철학이었다)의 화려한 문체를 비판하면서 영어가 과학의 국제어가 되고 있는 만큼 영어 원어민은 "끈기 있는 중국인이 좋은 사전을 가지"고 읽을 수 있는 논문을 쓰는 것이 바람직하다고 말했다. 이 자발적 규제의 결과는 분명하다. 여러분이 중국 과학자이든, 독일 과학자이든, 브라질 과학자이든, 심지어 프랑스 과학자이든 가장 중요한 연구 결과는 영어로, 그것도 뼈대만 앙상한 영어, 그러니까 문화적 암시와 뉘앙스, 말장난, 심지어 은유까지도 최대한 줄여 가능한 한 쉽게 번역할 수 있는 영어로 발표해야 한다는 것이다. 이 같은 국제적 학문 체제에서 달성되는 높은 수준의 상호 이해는 물론 중요하지만, 여기에는 치러야 할 대가가 있다. 우리가 해야 하는 생각 중에는 형식에 구애됨 없이 은유를 구사하고 상상력을 자극하고 (모든 수법을 동원하여) 닫힌 마음의 벽을 공략해야만 가능한 것이 있다. 행여나 쉽게 번역되지 않는 문장이 있다면, 번역의 대가가 등장하거나 전 세계 과학자들의 영어 실력이 나아지기를 바랄 수밖에 없으리라.

과학자들이 '말뿐인' 이론적 논의를 곧잘 미심쩍어하는 또 다른 이유는 수학 방정식으로 정식화되지 않은 논증을 비판하는 것이 훨씬 까다롭고, 확실한 결론에 도달하기도 힘들기 때문이다. 수학 언어는 타당성을 보증한다. 농구 경기에서 공이 들어갔는지 안 들어갔는지 시비를 가려주는 골대 그물과 같다. (그물 없는 농구 골대에서 농구 해본 사람은 골과 에어볼(림에도 맞지 않은 노 골_옮긴이)을 분간하기가 얼마나 힘든지 알 것이다.) 하지만 수학으로 다스리기에는 너무 애매하고 난감한 문제도 있다.

나는 똑똑한 학부생들에게 내가 하는 일을 설명하지 못하면 실은 나 자신도 이해하지 못한 것이라고 늘 생각했으며, 어떤 글을 쓰든 이 원칙을 지켰다. 철학 교수 중에는 대학원생들과만 고급 세미나를 진행하고 싶어 하는 사람도 있지만 나는 그렇지 않다. 대학원생들은 자신이 주제에 정통했다는 사실을 서로에게 또한 스스로에게 입증하고 싶어 안달이며, 전문용어를 거침없이 구사하여 외부인을 주눅 들게 하고(이것은 자신이 하는 일에 전문가가 필요하다는 사실을 스스로에게 확인시키는 방법이다) 아무리 난해한 기술적 논증을 펼치면서도 방향을 잃지 않는 능력을 과시한다. 박사 과정 대학원생과 동료 전문가를 대상으로 쓴 철학 논문은 대체로 읽기가 거의 불가능하며, 그래서 거의 안 읽힌다.

철학과 바깥에 있는 사람들이 쉽게 이해할 수 있도록 논증하고 설명하려는 내 방침은 신기한 부작용을 낳았다. 그것은 내 논증을 결코 진지하게 받아들이려 하지 않는 철학자들이 생겼다는 사실이다. 몇 해 전 옥스퍼드 대학에서 입석 청중을 대상으로 존 로크 강연을 했을 때 어떤 저명한 철학자가 투덜거리는 소리를 들었다. 로크 강연에 철학자 아닌 사람들을 끌어들일 수 있는 사람에게서 배울 게 뭐가 있겠느냐는 것이었다! 그 말마따나, 내가 아는 한 그 철학자는 내게서 아무것도 배우지 않았다. 나는 논증 방식을 바꾸지 않았으며 기꺼이 대가를 치렀다. 철학을 하다 보면 엄밀한 논증을 펴고 모든 전제에 번호를 매기고 추론 규칙에 이름을 붙여야 할 때와 장소가 있다. 하지만 일반인들에게 이런 식으로 잘난 체할 필요는 없다. 우리는 대학원생들에게 자신이 엄밀한 논증을 할 수 있음을 논문에서 입증하라고 요구한다. 그런데 안타깝게도 어떤 학생들은 그때의 버릇에서 영영 헤어나오지 못한다. 공정을 기하자면, 문학적 장식을 덕지덕지 바르고 심오함을 흉내 낸 대륙의 과장된 수사도 철학에 아무런 도움이 되지 않기는 마찬가지다. 나보고 둘 중 하나를 고르라고 한다면, 겉만 번드르르한 현자보다는 깐깐하고 꼬치꼬치 따지기 좋아하는 논쟁꾼을 선택하겠다. 적어도 논쟁꾼이 무슨 말을 하는지, 무엇이 오류인지 파악할 수는 있을 테니 말이다.

그 중간 지대, 즉 시와 수학의 가운데쯤 되는 곳에서 철학은 최고의 기여를 할 수 있을 것이며 난해한 문제를 명쾌하게 해명할 수 있을 것이다. 어떤 알고리즘으로도 이 일을 해낼 수는 없다. 지침으로 삼을 만한 것이 아무것도 없으므로 논증의 첫 발을 뗄 때 신중을 기해야 한다. 모든 측면을 살펴보지 않고 덜컥 받아들인 '무고한' 가정이 오류의 진범으로 밝혀지는 경우가 허다하다. 이러한 개념의 험로를 탐험하려면, 샛길을 둘러보고 앞길을 비춰줄 생각도구를 즉석에서 고안하여 이용하는 것이 좋다.

이런 생각도구는 (논증의 첫발을 떼기 위한) '고정된' 고정점(이후 모든 탐구의 토대가 되는 탄탄한 '공리')을 확립하기보다는 고정점의 '후보'가 될 만한 자리를 소개한다. 이 고정점은 이후 탐구의 범위를 한정하되 누군가 타당한 이유를 제시하면 수정되거나 아예 폐기될 수도 있다. 이러니 철학에 흥미를 느끼지 못하는 과학자가 많을 수밖에 없다. 지침으로 삼을 만한 것이 아무것도 없고, 의심의 여지 없이 확실한 것도 아무것도 없고, 이 '고정된' 점들을 연결하도록 구성된 복잡한 논증의 거미줄은 실증적 입증이나 반증의 명확한 토대에 붙어 있지 않고 공중에 임시로 대롱대롱 매달려 있다. 그래서 이 과학자들은 철학에 등을 돌리고 자기 연구에 매진하지만, 가장 중요하고 매혹적인 질문을 맞닥뜨리지 못한다는 대가를 치러야만 한다. "묻지 마! 말하지도 마! 의식, 자유의지, 도덕성, 의미, 창조성 등의 문제를 다루는 것은 시기상조야!" 하지만 그렇게 눈과 귀를 꼭꼭 닫고 살 수 있는 사람은 거의 없다. 최근 들어 과학자들이 황금을 찾아 이 금단禁斷의 땅으로 달려들기 시작했다. 이들은 순전한 호기심에 이끌려(또는—어쩌면—명성을 얻으려고) 거창한 질문과 맞서지만 이내 한 발짝이라도 내디디기가 얼마나 힘든지 절감한다. 솔직히 말하자면, 몇 해 전만 해도 철학을 낮잡아 보고 깔아뭉개던[6] 이름난 과학자들이 자신의 과학 연구에서 떠들썩하게 내세우는 몇 가지 추정만 가지고 세상을 바로잡으려다 꼴사납게 비틀거리는 광경을 구경하노라면 고소하다는 생각이 든다. 이들이 우리 철학자의 도움을 요청하거나 인정하는 것을 보면 기분이 더 좋아진다.

1부에서는 일반적인 범용 도구 열두 개를 설명하고 2~7부에서는 나머지 도구를 설명하되 도구 종류가 아니라 도구들이 가장 유용하게 쓰이는 주제에 따라 분류한다. 가장 근본적인 철학 주제인 의미(또는 내용)에서 출발하여 진화, 의식, 자유의지 등을 다룰 것이다. 일부 도구는 실제 소프트웨어로, 망원경이나 현미경이 맨눈의 능력을 확장하듯 맨상상력의 능력을 확장하는 유용한 장비다.

이와 더불어 빛을 비추는 게 아니라 연막을 치는 도구인 가짜친구도 몇 가지 소개할 것이다. 이 위험한 장치들을 일컬을 용어가 필요했는데, 마침 나의 항해 경험에서 안성맞춤인 표현을 찾았다. 뱃사람들은 좌현port과 우현starboard, 축받이gudgeon와 축pintle, 돛대 밧줄shrouds과 버팀목spreader, 밧줄 구멍cringle과 도삭기fairlead 같은 항해 용어로 풋내기를 기죽인다. 내가 탔던 배에서는 이 용어들을 엉뚱하게 정의하는 농담이 유행했다. 그렇게 해서 '나침의대binnacle'(나침반 지지대_옮긴이)는 나침반에서 자라는 해양 생물이 되었고 '돛대 고정쇠mast tang'는 높은 곳에서 마시는 감귤류 음료가 되었으며('tang'은 '톡 쏘는 맛'을 뜻하기도 한다_옮긴이) '개폐 도르레snatch block'는 여성의 방어 동작이 되었고(잡아채는snatch 행위를 막다block_옮긴이) '붐받이boom crutch'는 폭발성 목발이 되었다(선박 용어에서 '붐boom'은 본디 '돛의 맨 밑에 댄 활죽'을 일컫지만, '쾅 하는 소리'를 뜻하기도 한다_옮긴이). 그 뒤로 붐받이(돛을 내렸을 때 붐을 기대두는 나무 받침대) 생각만 하면 겨드랑이에서 순간적으로 뻥boom 소리가 나는 장면을 연상하지 않을 수 없었다. 그래서 역효과를 낳는 생각도구, 즉 겉으로만 이해를 돕는 것처럼 보일 뿐 실은 빛 대신 어둠과 혼란을 퍼뜨리는 생각도구에 이 이름을 붙였다. 이 책 곳곳에는 다양한 붐받이가 흩어져 있다. 물론 적절한 경고 문구와 안타까운 사례도 첨부했다. 마지막으로, 철학자가 된다는 것이 어떤 것인지 생각하면서 책을 마무리할 것이다. 세상을 이렇게 탐구하는 일에 흥미를 느끼고 자신이 이 분야에 적성이 있는지 알고 싶은 사람들에게 댄 아저씨가 주는 몇 가지 조언과 함께.

일러두기

1. 저자 주는 미주로 처리하였고, 옮긴이 주는 괄호주로 처리하였다.
2. 본문 중 볼드체는 직관펌프를 일컫는 부분이다.
3. 본문 중 이탤릭체는 원서에서 강조한 부분이다.
4. 인명, 지명 등 외래어는 국립국어원의 외래어표기법을 따랐다.
5. 저작물의 제목에는 다음 기준에 따라 약물을 사용했다. 장편소설이나 기타 단행본은『 』, 단편소설이나 논문은「 」, 연속간행물은《 》로 영화, 뮤지컬, 방송 프로그램 등은〈 〉로 구분했다.

1부

열두 개의 일반적 생각도구

이 책에 실린 생각도구는 매우 전문화되어 있으며 특정한 주제, 심지어 어떤 주제 내의 특정한 논쟁에 적용할 수 있도록 고안되었다. 하지만 이런 직관펌프를 다루기 전에 다양한 맥락에서 효과가 입증된 개념과 방법인 범용 생각도구를 몇 가지 살펴보자.

1

실수하기

"거짓을 믿기보다는 차라리 아무것도 믿지 말라"라는 사람은 속지 않겠다는 개인적 공포심에 압도당하고 있는 겁니다. …… 마치 장군이 병사들한테 한 사람이라도 부상당하기보다는 언제까지나 싸움을 말라고 타이르는 것과도 같죠. 그런 식으로 해서는 적이건 자연이건 정복할 수가 없습니다. 오류라는 게 그렇게 중대한 건 아닙니다. 이 세상에선 아무리 조심해도 오류에 빠지게 마련인즉 거기에 신경과민이 되는 것보다는 마음을 가볍게 먹는 쪽이 보다 건전한 태도라 할 수 있을 겁니다.

— 윌리엄 제임스, 『신앙론』

당신이 어떤 이론을 시험한다고 하자. 또는 어떤 아이디어를 설명하고 싶다고 하자. 당신은 그 결과가 어떤 것이든 모두 발표해야 한다. 우리가 어떤 종류의 결과만 발표한다면, 매끄러운 논문을 쓸 수는 있을 것이다. 하지만 우리는 양쪽 결과를 모두 발표해야 한다.

— 리처드 파인만, 『파인만 씨, 농담도 잘하시네』

과학자들은 왜 철학자들이 철학사를 배우고 가르치는 데 공을 들이느냐고 곧잘 묻는다. 화학자들은 화학사를 띄엄띄엄 배울 뿐이고, 많은 분자생물학자들은 1950년경 이전의 생물학에서 어떤 일이 일어났는지 궁금해하지도 않는 듯하다. 나는 이렇게 대답한다. 철학사의 상당 부분은 아주 똑똑한 사람들이 아주 솔깃한 실수를 저지른 역사이며 그 역사를 모르면 똑같은 실수를 되풀이할 수밖에 없다고. 우리가 학생들에게 철학사를 가르치는 것은 이 때문이다. 과학자들이 철학에 콧방귀 뀌다가는 큰코다치는 수가 있다. 철학과 무관한 과학, 즉 근본적인 철학적 가정을 전혀 고려하지 않고 연구되는 생짜 과학이라는 것은 존재하지 않는다. 가장 똑똑하거나 운 좋은 과학자들은 그런 위험을 솜씨 좋게 피하기도 하지만(어쩌면 이들은 '타고난 철학자'이거나, 그렇다고 생각할 만큼 똑똑한 것인지도 모른다), 이런 사람들은 드문 예외다. 그렇다고 해서 전문 철학자들이 오래된 실수를 저지르지 않는다는 얘기는 아니다. 심지어 실수를 옹호하기도 한다. 어렵지 않은 문제는 도전할 가치도 없기 때문이다.

실수를 '감수'하는 것에 머물지 않고 실제로 실수를 저질러야 할 때가 있다. 그래야 무엇을 고쳐야 할지 뚜렷하고 자세하게 알 수 있기 때문이다. 실수는 발전의 열쇠다. 물론 수술 의사나 항공기 조종사처럼 단 한 번의 실수조차 용납되지 않는 경우도 있다. 하지만 실수를 저지르는 것만이 유일한 방법일 때가 있다는 데 많은 사람들이 동의한다. 명문대에 진학한 학생들은 실수하지 않는 것에 자부심을 느끼는 경우가 많다. 실수하지 않았기에 반 친구들을 제치고 명문대에 진학했을 테니 말이다. 그들의 착각인지도 모르지만. 이런 학생들에게는 (최고의 학습 기회인) 실수하는 습관을 길러주기가 여간 힘든 게 아니다. 학생들은 머릿속이 하얘지고 출발점에서 하릴없이 서성대며 시간만 낭비한다. 내가 "뭐라도 써!"라고 소리치면 그제야 종이에 뭐라고 끄적거리기 시작한다.

우리 철학자는 실수 전문가다. (고약한 농담처럼 들리겠지만 끝까지 들어보시라.) 다른 분야의 학자들은 중요한 질문에 정답을 내놓는 데 전문가이지만, 우리 철학자들은 매사를 엉망으로 뒤섞어서 무엇이 정답인지는 고사하고 무엇이 올바른 '질문'인지도 알 수 없도록 하는 데 전문가다. 틀린 질문을 던지는 것은 탐구가 처음부터 꼬일 수도 있다는 것을 감수하는 행위다. 이것은 오로지 철학자만의 임무다! 분야를 막론하고 철학은 애초에 어떤 질문을 던졌어야 하는지 알아낼 때까지 꾸준히 파고들어야 하는 일이다. 이런 일을 싫어하는 사람도 있다. 이런 사람들은 깔끔하게 설계되고 압출되고 소제되고 대답하기 좋게 다듬어진 기성품 질문만 다루고 싶어 한다. 이렇게 생각하는 사람은 물리학이나 수학이나 역사학이나 생물학을 하면 된다. 할 일은 얼마든지 있으니까. 하지만 우리 철학자들은 대답이 가능하기 전에 우선 똑바로 정리해야 하는 질문들에 흥미를 느낀다. 모두가 이런 방식에 적합하지는 않다. 하지만 시도는 해보라. 적성에 맞을지도 모르니까.

이 책에서 나는 다른 사람의 실수(라고 내가 주장하는 것)를 신나게 밟아댈 것이다. 하지만 나 자신도 실수에 잔뼈가 굵었다는 점을 일러둔다. 나는 엄청난 실수를 몇 가지 저질렀을 뿐 아니라, 앞으로도 훨씬 많이 저지르고 싶다. 이 책의 한 가지 목표는 모든 이의 길을 밝혀줄 '좋은' 실수를 여러분이 저지를 수 있도록 도와주는 것이다.

이론을 확립했으면 그다음은 연습이다. 실수는 단순한 배움의 기회가 아니다. 중요한 사실은 실수야말로 진정으로 새로운 것을 배우거나 만들 수 있는 '유일한' 기회라는 것이다. 학습이라는 것이 가능하려면 우선 학습자가 있어야 한다. 학습자가 생겨나는 방법은 기적을 제외하면 두 가지뿐이다. 진화하거나, 진화한 학습자의 손에 설계되고 만들어지거나. 생물학적 진화는 시행착오라는 거대하고 무지막지한 과정을 통해 진행된다. 그리고 '착오'가 없다면 시행은 아무것도 이루지 못한다. 고어 비달 말마따나, "성공하는 것만으로는 부족하다. 남들이 실패해야 한다." 시행은 마구잡이로 할 수도 있고 앞을 내다보고 할 수도 있다. 많은 것을 알되 당면한 질문에 대한 정답은 모른다면 도약을, 앞을 내다보는 도약을 할 수 있다. 뛰기 전에 주위를 둘러보고, 자신이 이미 알고 있는 것으로부터 처음부터 안내를 받을 수 있다. 무턱대고 추측할 필요는 없지만, 그렇다고 무작위 추측을 깔보지는 말라. 무작위 추측의 놀라운 결과물 중의 하나는…… 바로 '여러분'이니까!

진화는 나의 모든 책과 마찬가지로 이 책의 중요한 주제다. 진화는 생명뿐 아니라 지식과 학습과 이해를 가능하게 하는 중심적 과정이기 때문이다. 진화에 대한 적절하고 꽤 자세한 지식 없이 개념과 의미, 자유의지와 도덕, 예술과 과학, 심지어 철학 자체의 세계를 이해하려는 것은 한 손을 등 뒤에 묶어두는 것과 같다. 이 책 뒤쪽에서 진화와 관련하여 더 골치 아픈 질문에 대해 생각하는 도구를 살펴보겠지만, 일단 이 자리에서 주춧돌을 놓고자 한다. 사실 진화는 아무것도 알지 못하는데, 이러한 진화에서 새로운 특징을 얻기 위한 단계는 돌연변이, 즉 DNA '오류'를 무작위로 복제하는 과정을 통해 마구잡이로 진행된다. 이 기록 오류의 대부분은 아무런 변화를 가져오지 않는다. 이 오류를 읽어낼 수 있는 것이 아무것도 없으니까! 교사에게 평가받기 위해 제출하지 않은, 또는 제출하지 않는 보고서 초안처럼 하찮은 것들이다(앞에서 데닛이 학생들에게 "뭐라도 써!"라고 권했듯 초안은 개선의 여지가 있다는 점에서 DNA와 차이가 있다_옮긴이). 종種의 DNA는 새로운 몸을 만드는 설계도와 비슷하며 대부분의 DNA는 몸을 만드는 과정에 전혀 이용되지 않는다. (그래서 '불용 DNA junk DNA'라고 부른다.) 발달 과정에서 해독되고 실행되는 DNA 염기서열에서는 대부분의 돌연변이가 해롭다. 실제로 상당수는 순식간에 치명적 결과를 낳는다. '발현'된 돌연변이의 대다수가 유해하기 때문에 자연선택 과정은 돌연변이 비율을 매우 낮게 유지하려 한다. 우리 안에 있는 세포는 아주아주 뛰어난 복사기다. 이를테면 우리 몸에는 세포가 약 1조 개 있는데 각 세포는 30억 개 이상의 부호로 이루어진 유전체(부모의 정자와 난자가 결합했을 때 처음 만들어진 설계도)의 완벽한(또는 '거의' 완벽한) 사본을 가지고 있다. 다행히 복사기는 완벽하지 않다. 그랬다면 진화가 중단되고 새로움의 원천이 말라버렸을 테니 말이다. 이 작은 흠들, 진화 과정의 '불완전함'들이야말로 생물계의 온갖 놀라운 설계와 복잡성의 원천이다. (이 말만은 꼭 해야겠다. '원죄'라 부를 만한 것이 있다면 그것은 바로 이 복제 오류일 것이다.)

좋은 실수를 저지르기 위한 핵심 수법은 실수를 (특히, 스스로에게서) 감추지 않는 것이다. 실수를 저질렀을 때 부인하거나 외면하지 말고 자신의 실수가 마치 예술품인 양 머릿속에서 요모조모 뜯어보는 감정가가 되어야 한다. 어떻게 보면 예술품이 맞기도 하다. 실수에 대한 기본적 반응은 이래야 한다. "그래, 다시는 '그런 짓' 안 할 거야!" 사실 자연선택은 생각을 하지 않는다. 덜떨어진 개체가 번식하기 전에 없애버릴 뿐이다. 자연선택은 다시는 '그런 짓'을 하지 않는다. 적어도 우리만큼 자주 하지는 않는다. 소리 내지 말아야 한다는 것, 철조망을 건드리지 말아야 한다는 것, 어떤 먹이를 먹지 말아야 한다는 것 등을 배울 수 있는 동물의 뇌에도 이와 비슷한 선택적 성향이 있다. (B. F. 스키너를 비롯한 행동주의자들은 이런 성향이 필요하다는 것을 알아차리고 여기에 '강화' 학습이라는 이름을 붙였다. '그런 짓' 반응은, 강화되지 않고 '소멸'한다.) 우리 인간은 이 일을 훨씬 빠르고 효율적으로 해낸다. 우리는 생각을 할 수 있다. 방금 한 일에 대해 반성하고 "그래, 다시는 '그런 짓' 안 할 거야!"라고 말할 수 있는 것이다. 우리는 반성을 할 때, 실수를 저지른 모든 사람이 해결해야 하는 문제—'그런 짓'이 정확히 무엇이었을까?—를 직면한다. 내가 방금 무슨 짓을 했기에 이런 사달이 난 걸까? 이 문제를 해결하는 비결은 방금 저지른 실수를 구체적으로 하나하나 파악하여 다음에는 무턱대고 발을 내디디지 말고 이 실수를 기준으로 삼는 것이다.

"그때는 좋은 아이디어인 것 같았는데!"라는 탄식은 누구나 들어봤을 것이다. 이 구절은 멍청함의 상징이자 얼간이의 후회막심한 탄식을 대표하는 문장으로 통한다. 하지만 우리는 이 구절을 지혜의 기둥으로 여겨야 한다. 진심으로 "그때는 좋은 아이디어인 것 같았는데!"라고 말할 수 있는 모든 존재, 모든 행위자는 총명의 문턱에 서 있는 셈이다. 우리 인간은 지능을 자부하는데, 지능의 징표 중 하나는 과거의 생각을—과거의 생각이 어땠는지, 처음에는 왜 그럴듯했는지, 뭐가 잘못됐는지—기억하고 반성할 수 있다는 것이다. 지구상에서 이런 생각을 할 수 있는 종이 인간 말고 하나라도 있다는 증거는 (내가 알기로는) 없다. 만일 그런 종이 있다면 인간 못지않게 똑똑할 것이다.

그러니 실수를 저질렀을 때는 숨을 깊이 들이마시고 이를 악물고 실수를 최대한 냉철하게 들여다보기 바란다. 쉬운 일은 아니다. 실수를 저질렀을 때 당황하고 화내는 것은—자신에게 화났을 때보다 더 화나는 경우는 없다—자연스러운 반응이다. 이런 정서적 반응을 극복하려면 무척 애써야 한다. 실수를 음미하고, 나를 헤매게 만든 별난 이상異常을 밝혀내는 데서 즐거움을 느끼는 기묘한 습관이 몸에 배도록 해야 한다. 그리하여 실수에서 배울 수 있는 모든 교훈을 흡수한 뒤에는 가벼운 마음으로 실수를 뒤로하고 다음번의 큰 실수 기회를 향해 나아갈 수 있다. 하지만 이것만으로는 충분하지 않다. 거창한 실수를 저지를 기회를 적극적으로 찾아야 한다. (단, 회복이 가능할 만큼만 거창해야 한다.)

사실 우리는 초등학교 때 이미 이 기법을 배웠다. 처음에 세로 나눗셈이 얼마나 이상하고 힘들었는지 생각해보라. 내 앞에 헤아릴 수 없을 만큼 큰 수가 두 개 놓여 있고 나는 어떻게 시작해야 하는지부터 알아내야 한다. 나누는수(제수)는 나뉘는수(피제수)에 여섯 번 들어갈까, 일곱 번 들어갈까, 여덟 번 들어갈까? 그걸 내가 어떻게 안담? 알 필요 없다. 아무 숫자나 넣어보고 결과를 보면 된다. 그냥 어림짐작으로 시작해야 한다는 말을 들었을 때 경악했던 기억이 난다. 이게 '수학'이야? 이렇게 진지한 학문에서 찍고 맞히기 게임을 해도 되는 거야? 하지만 누구나 그랬듯 나도 결국 이 기법의 아름다움을 깨달았다. 고른 숫자가 너무 작으면 늘려서 다시 시작하고, 너무 크면 줄여서 다시 시작한다. 세로 나눗셈에서 이 기법의 장점은 언제나 통한다는 것이다. 첫 선택에서 말도 안 되게 바보 같은 숫자를 고르더라도 시간이 조금 더 걸릴 뿐 결국은 답을 구할 수 있다.

지식을 근거로 추측하고 결과를 파악하고 이 결과를 이용하여 다음 단계에 오류를 수정하는 일반적 기법은 쓰임새가 다양하다. 이 기법의 핵심 요소는 분명한 결과가 도출될 만큼 명확하고 정확한 실수를 저지르는 것이다. GPS가 등장하기 전에 항해사들은 바다에서 위치를 확인하기 위해, 일단 자신이 어디에 있는지 추측한 다음에(자신의 위도와 경도를 '정확하게' 추측했다) 믿기지 않는 우연의 일치로 그 위치가 실제 위치일 경우 태양이 정확히 어느 고도에서 나타날 것인지 계산했다. 이 방법을 쓸 때 처음부터 예상이 적중하리라고는 기대하지 않았다. 그럴 필요도 없었다. 항해사들은 태양의 실제 고도를 (정확히) 측정하여 예측 고도와 실제 고도를 비교했다. 사소한 계산을 몇 번 더 하면 애초의 추측에 대해 어떤 방향으로 얼마나 수정을 해야 하는지 알 수 있다.[1] 이런 방법을 쓸 때는 처음에 꽤 정확히 추측하는 게 유리하기는 하지만, 오차가 난다고 해도 문제될 것은 없다. 중요한 것은 실수를, 고치는 것이 의미가 있을 만큼 아주 정확하게 저지르는 것이다. (GPS 장치도 똑같은 예측 · 수정 전략을 이용하여, 하늘에 떠 있는 위성에 대한 자신의 상대적 위치를 계산한다.)

물론 직면한 문제가 복잡할수록 분석도 더 힘들어진다. 인공지능 연구자들은 이것을 '칭찬 할당credit assignment' 문제라고 부른다('비난 할당'이라고 부르기도 한다). 무엇을 칭찬하고 무엇을 비난할지 파악하는 것은 인공지능에서 가장 까다로운 문제 중 하나이며, 자연선택에서도 같은 문제로 골머리를 썩인다. 지구상의 모든 생물은 저마다 복잡한 삶의 이야기를 살아간 뒤에 머지않아 죽는다. 어떤 긍정적 요인이 후손에게 '보상'하고 어떤 부정적 요인이 대를 끊는 '처벌'을 하는지 알아내야 하는 자연선택은 대체 어떻게 이 모든 세부 사항의 안개를 '꿰뚫어 보는' 걸까? 우리 조상의 형제 중 일부는 정말로 '눈꺼풀 모양이 잘못돼서' 자식 없이 죽은 걸까? 그게 아니라면, 자연선택은 우리의 눈꺼풀이 지금의 근사한 모양을 가지게 된 이유를 어떻게 설명할 수 있을까? 대답의 일부는 누구나 알 만한 것이다. "긁어서 부스럼 만들"지 말고 자신의 오래된 보수적 설계 해법을 거의 모두 제자리에 두고 안전망을 친 상태에서 시도해보라는 것이다. 자연선택은 지금까지 효과가 있던 것은 무조건 보전하며 크고 작은 혁신을 대담하게 탐구한다. 큰 혁신은 거의 언제나 즉각적인 죽음으로 이어진다. 지독한 낭비이지만 누구도 아쉬워하지 않는다. 우리의 눈꺼풀은 대부분 우리가 인간이기 오래전, 심지어 영장류, 심지어 포유류이기 오래전에 자연선택에 따라 설계되었다. 오늘날의 형태를 갖추는 데는 1억 년 이상이 걸렸으며 최근 600만 년 동안에는 몇 가지 간단한 손질만 더했을 뿐이다. 우리는 침팬지 및 보노보와 조상이 같기 때문이다. 대답의 또 다른 일부는 자연선택이 수많은 사례에 대해 작용한다는 것이다. 사소한 이점도 통계적으로 영향을 미쳐 저절로 축적될 수 있다. (대답의 나머지 부분은 지금의 초보적 논의 수준을 뛰어넘는 전문적 영역이다.)

여기 카드 마술사들(적어도 일급 마술사)이 신기한 묘기를 부릴 때 쓰는 기법이 있다. (이 트릭을 여러분에게 공개했다고 해서 마술사들의 분노를 사지는 않겠지? 구체적 트릭이 아니라 매우 일반적인 원리이니까.) 뛰어난 카드 마술사는 운에 의존하는 트릭을 많이 안다. 이 트릭들은 늘 통하는 것이 아니다. 심지어 자주 통하지도 않는다. 이런 '도박'—트릭이라고 부르기에도 민망하기에—중에는 1000번에 고작 한 번 성공하는 것도 있다! 방법은 이렇다. 우선 관객에게 자신이 '어떤' 트릭을 쓸 거라고 말한다. 어떤 트릭인지 알려주지 않은 채 1000분의 1 도박에 도전한다. 물론 이 도박은 거의 언제나 실패한다. 그러면 아무 일 없었다는 듯 두 번째 시도로 넘어간다(이를테면 100번에 한 번 성공하는 도박에 도전한다). 이것도 실패하면—이 또한 거의 언제나 실패하기 마련이므로—우아하게 3번 도박으로 넘어간다. 이번에도 성공률은 10분의 1에 불과하다. 그러니 두 번에 한 번 성공하는 4번 도박을 준비해두는 게 좋을 것이다. 모든 트릭이 실패하면(하지만 이때쯤 되면 '대개는' 앞선 안전망 중 하나가 최악의 상황을 모면하게 해주었을 것이다) 백발백중의 도박을 동원한다. 이 도박은 관객에게 큰 인상을 주지는 못하지만 적어도 효과는 확실한 트릭이다. 마술 공연을 할 때마다 마지막 안전망을 동원해야 한다면 지독하게 운이 나쁜 것이다. 반면에 야심차게 준비한 도박이 성공하면 관객은 넋이 나갈 것이다. "말도 안 돼! 대체 어떻게 제 카드를 알고 계신 거죠?" 아하! 사실은 몰랐지. 하지만 눈 감고 칼을 던지면서도 목표물에 적중하는 근사한 방법을 썼거든. 실수, 즉 실패한 트릭을 관객이 하나도 못 보게 하면 관객은 기적을 본다.

진화도 같은 방식으로 작동한다. 멍청한 실수들은 모두 시야에서 사라지기 때문에, 우리에게 보이는 것은 찬란한 승리의 행진뿐이다. 이를테면 지금껏 살았던 모든 생물의 절대다수(90퍼센트 이상)는 자식을 남기지 못하고 죽었지만, *여러분의 조상은 단 한 명도 그런 불운을 겪지 않았다*. 우리는 엄청난 행운아다.

과학이라는 분야와 무대 마술이라는 분야의 커다란 차이는 마술사가 자신의 잘못 꿴 첫 단추를 관객에게 최대한 숨기려 드는 반면에 과학자는 실수를 공개한다는 것이다. 과학자들은 모두가 교훈을 얻을 수 있도록 실수를 동네방네 떠들고 다닌다. 이렇게 하면 실수의 공간을 헤쳐 나간 나만의 경로뿐 아니라 모든 사람의 경험으로부터 배울 수 있다. (물리학자 볼프강 파울리는 동료의 연구 결과에 대해 경멸을 표현할 때 "틀리지도 못했다"라고 말했다. 비판자와 공유하는 분명한 오류가 애매모호한 헛소리보다 낫다.) 이것은 우리 인간이 다른 모든 종보다 훨씬 똑똑한 또 다른 이유이기도 하다. 그것은 우리의 뇌가 더 크고 강력해서라기보다는, 심지어 과거의 잘못을 반성하는 법을 터득해서라기보다는 한 사람 한 사람의 뇌가 한 사람 한 사람의 시행착오를 일일이 겪지 않아도 되었기 때문이다.[2]

신기하게도, 남들 앞에서 큰 실수를 저지르고도 무사할 수 있다는 사실을 정말 똑똑한 사람들조차 이해하지 못하는 경우가 많다. 저명한 연구자 중에도 자신이 틀렸다는 사실을 인정하지 않으려고 주절주절 변명을 늘어놓는 사람들이 있다. 이 사람들은 "이런, 자네 말이 맞군. 내가 실수한 것 같아"라고 말해도 땅이 자신을 집어삼키지 않을 거라고 생각하지 못한다. 사실 사람들은 남이 실수를 인정하면 반가워한다. 남의 실수를 지적해주는 일은 누구나 좋아한다. 너그러운 사람들은 도와줄 기회가 생긴 것을 환영하고 성과가 있으면 고마워하는 반면에, 속 좁은 사람들은 남의 실수를 떠벌리기 좋아한다. 그러라지! 어느 쪽이든 모두가 승자이니 말이다.

물론 일반적으로 사람들은 남들의 '멍청한' 실수를 바로잡는 일을 달가워하지 않는다. 바로잡을 '가치'가 있는 어떤 것, 독창적으로 옳거나 독창적으로 그른 어떤 것, 카드 마술사의 트릭에서처럼 아슬아슬한 생각의 피라미드를 쌓아야 하는 어떤 것이 필요하다. 남들의 연구를 바탕으로 신중하게 자신의 생각을 쌓으면 스스로 대담한 이론을 만들어낼 수 있다. 그리고 여기에는 놀라운 보너스가 있다. 여러분이 큰 위험을 감수하는 사람이라면, 사람들은 여러분이 이따금 저지르는 멍청한 실수를 바로잡는 데서 쾌감을 느낄 것이다. 실수는 여러분이 특별한 사람이 아니며 남들처럼 실수를 저지르는 평범한 사람이라는 증거이기 때문이다. 나는 연구 과정에서 한 번도—겉보기에는—실수를 저지르지 않은, 극도로 신중한 철학자들을 알고 있다. 이들은 많은 업적을 이루지 못하며, 그나마도 (결함은 없을지언정) 대담한 결과는 전혀 내놓지 못한다. 이들의 장기는 남의 실수를 지적하는 것이고 이를 통해 값진 기여를 할 수도 있지만, 이들이 사소한 실수라도 저질렀을 때 웃고 넘어가줄 사람은 아무도 없다. 이들이 내놓는 최상의 성과는 대담한 사상가들이 모는 꽃마차에 가려 외면당하고 초라해진다. 76장에서는 대담한 실수를 저지르는 관행이 일반적으로는 바람직하지만 안타까운 부작용도 있음을 살펴볼 것이다. 메타 충고: '어떤' 충고도 너무 진지하게 받아들이지는 마시길!

2

"추론을 패러디하여": 귀류법 써먹기

'귀류법'은 합리적 탐구의 쇠지레이자 일관성을 지탱하는 중요한 지렛대다. 라틴어 원어 '레둑티오 아드 아브수르둠reductio ad absurdum'은 (논증을) 불합리로 전락시킨다는 뜻이다. 제시된 주장이나 추측에서 모순(이나 말이 안 되는 결과)을 이끌어낼 수 있는지 들여다보라. 그렇다면 그 명제는 버리거나 수선 보내야 한다. 우리는 밑바탕의 논리를 드러내지 않은 채 늘 귀류법을 써먹는다. "저게 곰이면 곰한테 뿔이 있어야 하겠네?" "그는 저녁 만찬에 제시간에 못 올 거야. 슈퍼맨처럼 날지 못한다면." 까다로운 이론적 논쟁을 다룰 때는 쇠지레를 힘차게 휘두른다. 그런데 여기서는 정당한 비판과 희화화를 통한 반박을 구분하기 힘들다. 방금 내가 교묘한 손놀림으로 헛소리로 전락시킨 명제를 믿을 만큼 상대방이 멍청할 수 있을까? 언젠가 학생의 과제를 채점하다가 '유추에 의해by parity of reasoning'를 '추론을 패러디하여by parody of reasoning'로 잘못 쓴 오타를 발견했다. 그런데 이것이 과학과 철학 논쟁의 난투극에 흔한, 잘못 설계된 귀류법 논증에 안성맞춤인 이름이라는 생각이 들었다.

몇 해 전 MIT에서 언어학자 노엄 촘스키와 철학자 제리 포더가 주최한 인지과학 세미나에 참석한 적이 있다. 청중은 자신들이 인정하지 않는 외지 인지과학자들이 꼴사납게 논박당하는 모습을 보며 희희낙락했다. 이날은 예일 대학 인공지능연구소장 로저 섕크가 제물이 되었다. 촘스키의 논리를 받아들이자면 섕크는 바보 천치여야 했다. 나는 로저와 그의 연구에 대해 잘 알았으며 (로저와 의견 차이가 있긴 하지만) 노엄의 논리가 통 납득되지 않아 손을 들고는 노엄이 로저의 미묘한 입장을 일부 이해하지 못한 것 같다고 말했다. 노엄은 싱긋 웃으면서도 수긍하려 들지 않았다. "천만에요. 이게 바로 섕크가 주장하는 바입니다!" 그러고는 철거 작업을 속개했고 청중은 연신 폭소를 터뜨렸다. 몇 분 뒤에 내가 다시 손을 들었다. "선생께서 비판하는 견해가 말도 안 된다는 것은 저도 인정합니다." 노엄이 동의한다는 듯 미소 지었다. 나는 이렇게 덧붙였다. "그런데 제가 알고 싶은 것은 왜 그런 쓰레기를 비판하는 데 선생과 우리의 시간을 낭비하고 계시느냐는 겁니다." 제대로 찬물을 끼얹었다.

나도 남의 견해를 귀류법으로 논박한 적이 있다. 나의 접근법이 더 공정했다고 말할 수 있을까? 몇 가지를 소개할 테니 판단은 여러분이 하시기 바란다. 베네치아에서 열린 학술대회에서 나는 프랑스의 신경과학자 장피에르 샹주와 합세하여 신경과학자 존 에클스와 철학자 칼 포퍼를 상대로 의식과 뇌를 주제로 논쟁한 적이 있다. 우리는 유물론자(마음이 곧 뇌라고 주장하는 사람)였으며 포퍼와 에클스는 이원론자(마음이 뇌 같은 물질이 아니라 뇌와 상호작용하는 제2의 존재라고 주장하는 사람)였다. 에클스는 글루타민 분자와 그 밖의 신경전달물질 및 신경조절물질이 하루에 수조 번씩 왕래하는 현미경적 공간인 시냅스를 발견한 공로로 일찍이 노벨상을 받았다. 에클스는 뇌가 성능 좋은 파이프 오르간을 닮았으며 수조 개의 시냅스가 키보드 역할을 한다고 주장했다. 그에 따르면 비물질적 마음(독실한 가톨릭 신자 에클스는 '불멸의 영혼'으로 표현했다)은 글루타민 분자를 양자 수준에서 자극하여 시냅스를 작동시킨다. 에클스가 말했다. "신경망이니 하는 이론적 논의는 다 집어치우시오. 아무짝에도 쓸모없는 쓰레기니까. 마음은 글루타민 안에 있소!" 나는 발언 차례가 되었을 때 내가 그의 입장을 이해했는지 확인하고 싶다고 말했다. 그러고는 마음이 글루타민 안에 있다면, 내가 글루타민 한 사발을 하수구에 버리는 것은 살인 행위가 아니겠느냐고 물었다. 에클스가 꽤 당황한 표정으로 대답했다. "음, 대답하기가 무척 곤란한 질문이군요."[3]

가톨릭 이원론자 존 에클스와 무신론적 유물론자 프랜시스 크릭은 노벨상 말고는 공통점이 거의 없어 보인다. 하지만 의식에 대한 둘의 견해는 적어도 한동안은 애매모호한 과잉 단순화라는 공통점이 있었다. 과학자 아닌 일반인은 과잉 단순화가 과학에서 얼마나 기막힌 효과를 낼 수 있는지 이해하지 못한다. 과잉 단순화는 '거의' 옳은 작업 모형의 지긋지긋한 복잡성을 쳐내어 지저분한 세부 사항을 나중으로 미룰 수 있다. 논란의 여지가 있지만, 과학사에서 '과잉' 단순화를 가장 효과적으로 활용한 예는, 라이너스 폴링을 비롯한 과학자들이 온갖 세부 사항을 이해하느라 거북이걸음을 하고 있을 때 프랜시스 크릭과 제임스 왓슨이 지름길로 내달려 DNA 구조를 발견한 것이다. 크릭은 문제를 단번에 해결할 수 있다는 전제하에 대담하게 한 방을 노리는 쪽이었다. 물론 이 방법이 늘 통한 것은 아니었다. 나는 라호야에서 열리는 크릭의 유명한 다과회에서 이를 입증할 기회를 얻었다. 이날 오후의 발표회는 비공식 연구소 회합이었으며 방문자들은 일반 토의 시간에 문제를 제기하고 논의에 참여할 수 있었다. 바로 이 시간에 크릭이 대담한 선언을 했다. V4 피질 영역의 신경세포가 색깔에 "관심이 있"다는(다르게 반응한다는 뜻) 사실이 최근에 밝혀졌다는 것이었다. 그러더니 놀랍도록 단순한 가설을 제시했다. 이를테면 빨간색의 의식적 경험이란 곧 해당 망막 영역에 있는 빨강 민감성 신경세포의 활동이라는 것이었다. '그럴 리가?' 나는 질문을 던졌다. "그렇다면 빨강 민감성 신경세포를 추출하여 배양 접시에 산 채로 넣어 미세 전극으로 자극을 가하면 배양 접시에서 '빨강 의식'이 생긴다는 말씀입니까?" 상대방의 귀류법에 대응하는 한 가지 방법은 선뜻 결론을 받아들이는 것이다. 나는 이 방법에 '스마트 따라하기outsmarting'라는 이름을 붙인 적이 있다. 오스트레일리아의 철학자 J. J. C. 스마트는 (자신의 윤리 이론에 따르면) "그렇다, 무고한 사람을 교수대에 세워 목매다는 것이 옳을 때도 있다"라는 명언을 남겼다. 크릭은 스마트 따라하기로 내게 한 방 먹여야겠다고 마음먹었다. "그렇소! 그것은 고립된 빨강 의식의 사례가 될 것이오!" 그런데 누구의 빨강 의식이라는 걸까? 크릭은 대답하지 않았다. 나중에 이와 관련하여 생각을 다듬기는 했지만, 신경과학자 크리스토프 코흐와 함께 이른바 NCC(의식의 신경적 상관물neural correlates of consciousness)를 탐구하면서도 결코 이 개념을 포기하지 않았다.

크릭을 다시 만나게 된다면 접시에 의식 조각이 담겨 있다는 생각에 어떤 문제가 있는지 더 효과적으로 지적할 수 있을 것이다. 물리학자이자 수학자인 로저 펜로즈와 마취과 의사 스튜어트 해머로프는 글루타민이 아니라 신경세포 미세관에서 일어나는 양자 효과를 토대로 한 의식 이론을 내놓았다. (미세관microtubule은 신경세포뿐 아니라 모든 세포의 세포질 안에서 대들보와 고속도로 역할을 하는 대롱 모양 단백질 사슬이다.) 의식과학을 주제로 한 제2차 국제 학술대회 투손 II에서 해머로프가 이 견해를 설명한 뒤에 내가 객석에서 질문했다. "스튜어트, 선생은 마취과 의사인데, 절단된 손이나 팔을 대체하는 수술에 참여한 적이 있소?" 스튜어트는 그런 수술에 참여한 적은 없지만 어떤 견지는 안다고 대답했다. 내가 다시 물었다. "내가 빼먹은 게 있으면 알려주시오. 헌데 선생 이론에 따르면, 그런 수술에 마취과 의사로 참여했을 때 얼음판 위에 놓인 절단된 손을 마취해야 한다는 도덕적 의무감을 느끼지 않겠소? 손의 신경 안에 있는 미세관이 나머지 신경계의 미세관과 똑같이 제 할 일을 할 테고, 손은 엄청난 통증을 느낄 테니 말이오. 안 그렇소?" 스튜어트의 표정으로 보아하니 이런 생각을 한 번도 해본 적 없는 듯했다. (빨강이든 통증이든) 의식이 일종의 네트워크 속성, 즉 수많은 신경세포의 조율된 활동과 연관된 것이라는 개념(데닛의 주장_옮긴이)은 언뜻 보기에는 그다지 매력적이지 않을지도 모르지만, 귀류법을 쓰면 이 개념을 진지하게 받아들여야 하는 이유를 알 수 있다.

3

래퍼포트 규칙

상대방의 견해를 비판할 때 얼마나 자비를 베풀어야 할까? 상대방의 주장에 '명백한' 모순이 있다면 당연히 그 모순을 단호하게 지적해야 하며, 만일 숨겨진 모순이 있다면 조심스럽게 꺼내어 상대방 눈앞에 내팽개쳐야 한다. 하지만 숨겨진 모순을 찾는 일은 트집 잡기, 해상법 변호사질하기[4], (앞에서 보았듯) 노골적 패러디와 구분하기 힘들 때가 많다. 상대방 어딘가에 숨어 있을 혼란을 찾아 폭로하는 일은 짜릿하기 때문에 상대방의 주장을 야박하게 해석하려는 유혹을 느끼기 쉽다. 그러다 보면 손쉬운 공격 목표가 눈에 띈다. 하지만 손쉬운 표적은 당면한 진짜 문제와 무관한 경우가 대부분이며, 자신의 지지자들에게 즐거움을 줄지는 몰라도 모두의 시간과 인내심을 낭비할 뿐이다. 상대방을 희화화하려는 성향을 치료하는 최고의 해독제는 사회심리학자이자 게임 이론가인 아나톨 래퍼포트(로버트 액설로드의 전설적인 '죄수의 딜레마' 토너먼트에서 우승한 전략 팃포탯의 개발자)가 여러 해 전에 발표한 규칙 목록이다.[5]

비판적 논평을 잘하려면 이렇게 하라.

1. 상대방의 입장을 매우 명확하고 생생하고 공정하게 다시 표현하여 상대방이 "고맙습니다. 그렇게 표현하는 건 미처 생각 못 했네요"라고 말하게 한다.
2. 의견이 일치하는 지점을 모두 나열한다(특히 일반적이거나 폭넓은 합의가 이루어지지 않은 문제일 경우).
3. 상대방에게 배운 것을 모두 언급한다.
4. 이렇게 한 뒤에야, 반박하거나 비판할 자격이 생긴다.

이 규칙을 따를 때 즉각적으로 발생하는 효과 한 가지는 상대방이 내 비판에 귀를 기울인다는 것이다. 내가 상대방의 입장을 충분히 이해한다는 사실을 밝혔고 훌륭한 판단력을 소유하고 있음을 입증했기 때문이다(중요한 문제에 대해 동의했고 심지어 어떤 부분에 대해서는 설득까지 되었으니 말이다).[6]

그런데 래퍼포트 규칙(에런 울프는 '래퍼포트 규칙'이 동식물 서식처의 위도가 높을수록 경도 범위가 넓어진다는 생태학 규칙을 일컫는 명칭으로 이미 확립되었다고 지적했지만, 데닛은 명칭을 바꾸지 않고 둘 중 어떤 밈이 멸종하는지 지켜보자고 말한다_옮긴이)을 따르는 것은 적어도 내게는 힘겨운 투쟁이었다. 솔직히 말하자면 어떤 상대는 존경을 담은 경청을 받을 만한 가치가 없다. 그런 상대를 삶고 데치면서 희열을 느낀다는 사실을 부인할 수 없다. 하지만 래퍼포트 규칙이 요구되고 효과를 내는 경우 그 결과는 무척 만족스럽다. 나는 내 책 『자유는 진화한다』에서 로버트 케인식의 양립 불가론(자유의지에 대해 내가 결코 동의할 수 없는 견해)을 공정하게 대하려고 애썼는데, 케인에게 초고를 보여줬을 때 그가 보낸 답장을 잊을 수 없다.

> …… 우리의 견해가 다르기는 하지만 선생의 글이 무척 마음에 듭니다. 선생께서는 제 견해를 어떤 비판자보다 폭넓게 또한 대체로 공정하게 다루셨습니다. 제 주장을 못 본 체하는 것이 아니라 저의 복잡한 견해와, 까다로운 질문에 대답하려는 저의 진지한 노력을 글에 담아내셨습니다. 제 견해를 자세하게 다뤄주신 것과 더불어 이 점에 감사드립니다.

나는 다른 사람들에게도 래퍼포트 규칙을 적용했지만 분위기가 이만큼 화기애애한 적은 없었다. 경우에 따라서는 비판이 공정해 보일수록 자신의 입장을 고수하기 힘든 법이다. 저자에게 유리하도록 해석하려고 최선을 다했는데 그 노력이 수포로 돌아간다면 이는 분노의 도끼를 꽂는 것보다 훨씬 치명적임을 명심하라. 여러분도 그러길 바란다.

4

스터전 법칙

1953년 9월에 필라델피아에서 열린 세계 과학소설 대회에서 과학소설 작가 테드(시어도어) 스터전은 이렇게 연설했다.

> 사람들은 미스터리 소설을 이야기할 때 『몰타의 매』와 『깊은 잠』을 예로 듭니다. 서부물을 이야기할 때는 『서쪽 길The Way West』과 『셰인Shane』을 언급하죠. 하지만 과학소설이 화제에 오르면 "그 버크 로저슨가 뭔가 하는 거"(버크 로저스는 필립 프랜시스 놀런의 소설 『서기 2419년 아마게돈Armageddon 2419 A.D.』의 주인공_옮긴이)라고 부르거나 "과학소설의 90퍼센트가 쓰레기야"라고 말합니다. 예, 그 말이 맞습니다. 과학소설의 90퍼센트는 쓰레기입니다. 하지만 모든 것의 90퍼센트는 쓰레기입니다. 우리에게 중요한 것은 쓰레기가 아닌 10퍼센트이고, 쓰레기가 아닌 10퍼센트의 과학소설은 어떤 소설 못지않게 또는 더 훌륭합니다.

스터전 법칙을 덜 고상하게 표현하자면 '뭐든지 90퍼센트는 똥이다'가 될 것이다. 분자생물학 실험의 90퍼센트, 시의 90퍼센트, 철학 서적의 90

퍼센트, 학술지에 게재된 수학 논문의 90퍼센트, 그 밖의 모든 것의 90퍼센트는 똥이다. 정말이냐고? 어쩌면 과장일지도 모르지만, 어떤 분야에서든 별 볼 일 없는 작품이 많은 것은 사실이다. (깐깐한 사람들은 99퍼센트가 똥이라고 말하지만 여기서는 논외로 한다.) 여기서 우리는 좋은 교훈을 얻을 수 있다. 어떤 분야나 장르, 과목, 예술 형식을 비판할 때 ……*에 야유를 보내느라 자신과 남들의 시간을 허비하지 말라!* 좋은 작품을 쫓아다니거나, 아니면 내버려두라. 하지만 분석철학, 진화심리학, 사회학, 문화인류학, 거시경제학, 성형수술, 즉흥 공연, 텔레비전 시트콤, 철학적 신학, 마사지 요법 따위의 평판을 무너뜨리고 싶은 논객들은 이 충고를 곧잘 무시한다. 우선, 온갖 종류의 한심하고 멍청하고 삼류인 작품이 널려 있다고 가정해보자. 이제 여러분의 시간과 우리의 인내심을 허비하지 않기 위해 여러분이 찾을 수 있는 가장 좋은 작품, 그러니까 찌꺼기 말고 그 분야 고수들이 칭송하는 최고의 사례와 수상작에 집중하라. 이것은 래퍼포트 규칙과도 밀접하게 연관되어 있다. 바보 같은 익살극으로 사람들을 웃기는 것이 목표인 코미디언이 아니라면 희화화는 삼가라. 경험상, 상대방이 철학자일 때는 더더욱 삼가야 한다. 고대 그리스의 가장 위대하고 지혜로운 현인으로부터 최근의 지적 영웅(성격이 전혀 다른 사상가 네 명만 들자면 버트런드 러셀, 루트비히 비트겐슈타인, 존 듀이, 장폴 사르트르)에 이르기까지 '모든' 철학자가 내놓은 최상의 이론과 분석도 교묘한 손재주 몇 번이면 완전한 바보짓이나 지긋지긋한 트집 잡기처럼 보이도록 할 수 있다. 우웩. 구역질 난다. 제발 그러지 말라. 그래봐야 평판을 잃는 것은 자기 자신뿐이니까.

5
오캄의 면도날

이 생각도구는 14세기 논리학자이자 철학자 오캄의 윌리엄이 만들었다고 알려져 있지만 실은 훨씬 오래된 경험칙이다. 라틴어로는 '렉스 파르시모니아이lex parsimoniae', 즉 절약의 법칙이라는 뜻이다. 영어에서는 대개 "대상을 필요 이상으로 증가시키지 말라"라는 격언으로 표현된다. 이 법칙의 취지는 분명하다. 어떤 현상을 설명하는 단순한(구성 요소와 대상이 적은) 이론이 있다면 그것과 설명력이 같으면서 복잡하고 장황한 이론을 만들지 말라. 매우 추운 공기에 노출되는 것만으로 동상의 모든 증상을 설명할 수 있다면 관찰되지 않은 '설균雪菌'이나 '극지 미생물'을 가정하지 말라. 케플러 법칙이 행성의 궤도를 설명하므로 우리는 숨겨진 제어실에서 행성을 조종하는 조종사를 가정할 필요가 없다. 여기까지는 논란의 여지가 없지만, 이 원칙을 확장하는 것에 모두가 동의하지는 않았다.

19세기 영국의 심리학자 콘위 로이드 모건은 오캄의 면도날을 동물의 정신 능력에까지 확장했다. 로이드 모건의 절약 법칙은 곤충, 어류, 심지어 돌고래, 개, 고양이 등의 행동을 더 단순하게 설명할 수 있다면 이들에게 마음이 있다고 가정하지 말아야 한다는 것이다.

> 심리학적 진화와 발달의 낮은 단계에 위치한 과정을 통해 동물의 행동을 올바르게 해석할 수 있다면, 고차원적인 심리 과정으로 동물의 행동을 해석할 이유가 없다.[7]

이 논리를 남용하면 모든 동물뿐 아니라 인간까지도 뇌는 있되 마음은 없는 존재로 취급할 우려가 있다. 나중에 살펴보겠지만, 마음이 주제일 경우에 생기는 긴장은 '절대 금지'로는 잘 해소되지 않는다.

민감한 문제에 오캄의 면도날을 적용하려는 (얼토당토않은) 시도로는 신을 우주의 창조자로 가정하는 것이 나머지 가설보다 더 단순하고 소박하다는 주장(또는 반대 주장)이 있다. 초자연적이고 이해할 수 없는 존재를 가정하는 것이 어떻게 단순하다는 말인가? 내가 보기에는 군더더기의 절정 같은데. 하지만 이 논리를 반박할 기발한 방법이 아마도 몇 가지는 있을 것이다. 여기서 그 논의를 할 생각은 없다. 오캄의 면도날은 경험칙이자 종종 요긴한 조언에 불과하니 말이다. 오캄의 면도날을 '형이상학적 원리'나 '합리성의 근본 요건'으로 둔갑시켜 신의 존재를 단번에 입증하거나 반증하려는 시도는 그야말로 바보짓이다. 이것은 마치 "달걀을 모조리 한 바구니에 담지 말라"라는 격언과 상충한다는 이유로 양자역학의 정리를 반증하려는 시도와 같다.

어떤 사상가들은 오캄의 면도날을 극단적으로 밀어붙여 시간, 물질, 수, 구멍, 화폐, 소프트웨어 등의 존재를 부정하기도 했다. 초기의 자린고비 사상가 중에 고대 그리스의 철학자 파르메니데스가 있는데 그는 존재 만물의 목록을 최소한으로 줄였다. 내 학생이 시험에서 이런 답을 써낸 기억이 난다. "파르메니데스는 '존재하는 것은 하나뿐인데, 나는 그것이 아니다'라고 말한 사람이다." 나는 이런 표현을 안 좋아하지만, 파르메니데스가 이렇게 말하려고 했던 것은 사실인 듯하다. 물론 번역 과정에서 의미가 소실된 것은 분명하다. 우리 철학자가 이런 개념을 진지하게 받아들이는 경우는 '터무니없는' 개념이 부당하고 어리석은 판단의 대상이 될 때, 즉 상상력 고갈의 희생자가 될 때뿐이다.

6

오캄의 빗자루

분자생물학자 시드니 브레너는 최근에 오캄의 면도날을 재미있게 비틀어 '오캄의 빗자루'라는 신조어를 만들었다. 지적으로 부정직한 사람들이 어떤 이론을 옹호하기 위해 불편한 진실을 양탄자 밑에 쓸어 넣는 짓을 일컫는 용어다. 이것은 우리의 첫 붐받이, 즉 반反생각도구다. 여기 현혹되지 않으려면 눈을 부릅떠야 한다. 선동가들이 일반인을 대상으로 이 수법을 쓸 때는 알아차리기가 특히 힘들다. 밤에 짖지 '않는' 개에 대한 셜록 홈스의 유명한 단서처럼, 오캄의 빗자루로 증거를 현장에서 쓸어버리면 이 '부재'는 전문가가 아니고서는 알아차리지 못한다. 이를테면 창조론자들은 자기네 '이론'으로 설명할 수 없는 난감한 증거들이 얼마든지 있는데도 한결같이 이를 외면한다. 이들이 주도면밀하게 짜맞춘 설명이 생물학자를 제외한 일반인에게 꽤 설득력이 있는 이유는 무엇이 '없는지'가 일반 독자의 눈에는 보이지 않기 때문이다.

볼 수 없는 것을 대체 어떻게 주시할 수 있겠는가? 이럴 때는 전문가에게서 도움을 받아야 한다. 스티븐 C. 마이어는 『세포 속의 시그니처』에서 생명이 (초자연적이지 않은) 자연에서 기원하는 것이 구조적으로 불가능함을 밝히려 한다. 그는 전 세계에서 연구되는 이론과 모형을 공정하고 포괄적으로 조사하여 이 모든 이론과 모형이 얼마나 구제불능인가를 (심지어 비교적 지식 수준이 높은 독자에게도) 입증하려 한다. 마이어의 주장이 얼마나 솔깃했던지 2009년 11월에 저명한 철학자 토머스 네이글은 그 책을 (세계에서 가장 영향력 있는 서평지로 손꼽히는) 런던의《타임스 문예부록Times Literary Supplement》올해의 책으로 선정했다. 네이글은 그 책을 극찬한 뒤에 나와 격한 어조로 편지를 주고받았는데 자신이 생명의 기원에 대한 연구의 역사를 잘 알고 있으므로 자신의 판단을 신뢰할 수 있다고 주장했다. 그것도 모자라《타임스 문예부록》2010년 1월 1일자에 "내가 보기에 마이어의 책은 선의로 집필한 듯하다"라고 썼다. 네이글이 이 분야 과학자들에게 자문을 구했다면 마이어가 오캄의 빗자루를 마구잡이로 휘둘러 불편한 진실을 시야에서 없애버렸음을 알 수 있었을 것이다. 마이어의 책이 출간되기 전에 전문가들이 초고를 읽어보거나 자문을 의뢰받지도 못했다는 사실도 네이글은 알지 못했다. 네이글은 자신이 호평한 책이 연막전술을 썼다는 사실을 알고서 자신의 판단력에 대한 확신이 흔들렸을지도 모른다. 아닐 수도 있지만. 학계는 변절한 비판자를 이따금 부당하게 짓밟는 것으로 알려져 있으며 어쩌면—어쩌면—마이어는 기습을 감행하는 것 말고는 방도가 없었는지도 모른다. 하지만 네이글은 판단을 내리기 전에 이 가능성을 신중하게 검토하는 것이 현명했으리라. 생명의 기원을 연구하는 과학자들이 아직 탄탄하고 합의된 이론을 도출하지 못한 것은 사실이지만, 이론의 후보는 전혀 부족하지 않다. 이 분야는 무주공산이 아니라 북적거리는 격전장이다.

음모론자들은 오캄의 빗자루를 휘두르는 실력이 발군이다. 인터넷에서 새로운 음모론을 검색하여 (비전문가의 관점에서) 어떤 결함이 있는지 생각해보고 그 뒤에 전문가의 반박을 읽어보는 것은 좋은 논리 훈련법이다. 브레너가 오캄의 빗자루라는 신조어를 만들면서 염두에 둔 것은 창조론과 음모론이 아니었다. 그가 지적하고 싶었던 것은, 열띤 공방을 벌이는 와중에는 진지한 과학자조차도 자신이 아끼는 이론에 심각한 손상을 입히는 데이터를 '간과'하려는 유혹을 이기기 힘들다는 점이다. 하지만 무슨 수를 쓰더라도 이 유혹에 저항해야 한다.

7

일반인 청중을 미끼로 쓰기

사람들이 오캄의 빗자루를 무심코 휘두르지 못하도록 하는 좋은 방법이 있다. 나는 이 기법을 여러 해 동안 권고했고 또한 여러 번 검증했지만 한 번도 원하는 규모로 실험하지는 못했다. 내가 설명하는 여느 방법과 달리, 이 기법을 제대로 쓰려면 시간과 돈이 필요하다. 누군가 이 기법을 본격적으로 시행하고 결과를 알려줬으면 좋겠다. 그럼에도 이 기법을 소개하기로 마음먹은 이유는 나머지 일반적 도구가 맞닥뜨리는 것과 똑같은 소통의 문제가 결부되어 있기 때문이다.

비단 철학뿐 아니라 여러 분야에서 부분적으로 불필요한 논쟁이 끝없이 이어지고 있다. 사람들은 동문서답만 할 뿐 효과적으로 소통하기 위한 노력을 하지 않는다. 분위기가 험악해지고 무례와 조롱이 스며들기 시작한다. 양다리를 걸치고 있던 사람들은 사안을 제대로 이해하지도 못했으면서 한쪽 편에 선다.

이러다 꼴사나운 광경이 연출될 수도 있다. 그런데 여기에는 매우 분명한 원인이 있을 수 있다. 전문가가 전문가에게 이야기할 때—분야가 같든 다르든—저지르는 실수는 설명을 덜 한다는 것이다. 더 설명하는 실수는 결코 저지르지 않는다. 이유는 간단하다. 동료 전문가에게 무언가를 꼬치꼬치 자세하게 설명하는 것은 엄청난 모욕(이를테면 "혹시 철자를 불러드려야 하나요?")을 가하는 것이다. 동료 전문가를 모욕하고 싶어 하는 사람은 아무도 없다. 그러니 설명을 더 하기보다는 덜 하는 것이 안전하다. 이 과정은 대부분 무심결에 이루어지며, 이 실수를 피하는 것은 불가능에 가깝다. 사실 나쁜 일도 아니다. 자연스럽게 예의를 차리는 것은 누구에게나 바람직한 성격이기 때문이다. 하지만 고명한 청중이 실제보다 더 많은 학식을 갖추었다고 가정하는 이 너그러운 성격에는 유감스러운 부산물이 있다. 그것은 전문가들이 곧잘 동문서답을 한다는 사실이다.

'직접적인' 치료법은 없다. 워크숍이나 학술대회에 참석한 전문가들을 모두 모아놓고 덜 설명하지 말아달라고 부탁하면 다들 흔쾌히 수락할 테지만, 효과는 없을 것이다. 오히려 문제가 악화될 것이다. 이제는 무심코 남을 모욕하는 것에 대해 사람들이 촉각을 곤두세울 테니 말이다. 하지만 여기 간접적이면서도 매우 효과적인 치료법이 있다. 해당 분야에 관심이 많은 소규모의 비전문가 청중 앞에서 모든 전문가들이 자신의 견해를 발표하고 나머지 전문가들은 곁듣도록 하는 것이다(다행히도 이곳 터프츠 대학에는 똑똑한 학부생들이 있다). 몰래 엿들을 필요는 없다. '기만적' 수법을 쓰는 것이 아니기 때문이다. 오히려 '모두'가 이해할 수 있도록 설명하는 데 부담을 느끼지 않도록 하는 것이야말로 연습의 목적임을 모두가 숙지할 수 있으며 숙지해야만 한다. 학부생(미끼 청중)에게 강연할 때는 전문가를 모욕할까 봐 걱정할 필요가 '전혀' 없다. 지금 전문가에게 강연하는 것이 아니기 때문이다. (학부생을 모욕할까 봐 걱정할 수도 있겠지만, 이건 별개 문제다.) 일이 순조롭게 진행되면 전문가 A가 학부생에게 논제를 설명하고 전문가 B가 듣는다. 어느 순간 B의 얼굴이 밝아진다. "바로 그게 선생께서 말하려는 것이었군요! 이제야 알겠습니다." 그렇지 않으면 B가 학부생에게 설명할 차례가 되었을 때 A가 이처럼 탄성을 지를 수도 있다. 이 과정은 완벽하지는 않을지 몰라도 대체로 원만하게 진행되며 모두에게 유익하다. 전문가들은 입장들 사이의 불필요한 오해를 해소하고 학부생들은 최고 수준의 강연을 경험한다.

나는 터프츠 대학 당국의 너그러운 배려 덕에 이런 연습을 여러 번 할 수 있었다. 학부생을 소규모(여남은 명 미만)로 선발하여 이들에게 임무를 알려준다. 이들의 임무는 이해가 안 되는 것은 결코 받아들이지 않는 것이다. 학생들은 손을 들고, 끼어들고, 혼란스럽거나 애매한 것이 있으면 전문가에게 알려주어야 한다. (해당 주제에 대해 전혀 모르면 안 되기 때문에 미리 정독할 참고문헌을 제시한다. 학생들은 흥미를 느끼는 아마추어여야 한다.) 학생들은 이 역할을 좋아하며, 좋아할 수밖에 없다. 거장으로부터 맞춤형 그룹 과외를 받는 셈이니 말이다. 한편 전문가들은 이런 조건에서 자신의 입장을 설명해야 한다는 임무가 떨어지는 순간부터, 요점을 이전보다 훨씬 효과적으로 이해시키는 법을 찾아내기 시작한다. 전문가들은 오랫동안 동료 전문가, 박사 후 연구원, 박사 과정 대학원생 등의 장막에 둘러싸여 '보호'받은 만큼, 변화가 절실히 필요하다.

8

ㅅㅂㄸ

오감의 빗자루를 적용한 사례는 '찾기' 힘들다. 불편한 진실을 쓸어 내어 시야에서 사라지게 하기 때문이다. 그런데 더그 호프스태터[8]가 'ㅅㅂㄸ'라고 부르는 사례는 더 찾기 힘들다. 'ㅅㅂㄸjootsing'는 '*시*스템 *밖*으로 *뛰*쳐나와*jumping out of the system*'라는 뜻이다. 이 전술은 과학과 철학뿐 아니라 예술에서도 중요하다. 열심히 찾아 헤매지만 좀처럼 찾기 힘든 덕목인 창조성은 종종 자신이 속한 체계의 규칙을 이제껏 상상한 적 없는 방식으로 위반하는 것이다. 이 체계란 음악에서는 고전 화성의 체계일 것이고, 정형시에서는 운율 규칙일 것이고, 예술 장르에서는 취향이나 좋은 형태의 '전범'일 것이다. 이론이나 연구 프로그램의 가정이나 원리일 수도 있다. 창조적이라는 것은 단순히 새로운 무언가를 내놓는 것이 아니다. (그건 아무나 한다. 재료를 아무렇게나 배치하면 새로운 형태를 얻을 수 있으니까.) 창조적이라는 것은 확고하게 자리 잡은 '체계'에서 타당한 이유로 새로움이 '튀어나오'도록 하는 것이다. 예술 전통이 말 그대로 '무엇이든 허용된다'의 지경이 되면 창조성을 발휘하려는 사람에게는 문제가 생긴다. 반항할 규칙도, 깨뜨릴 기대도, 전복할 대상도, 놀라우면서도 의미 있는 무언가를 창조할 배경도 사라지기 때문이다. 전통을 전복하려면 전통을 '알아야' 한다. 도락가나 초보자가 진정으로 창조적인 결과물을 좀처럼 내놓지 못하는 것은 이런 까닭이다.

피아노 앞에 앉아서 근사한 멜로디를 작곡하려고 해보면 이것이 얼마나 힘든지 금방 알게 된다. 모든 건반을 내가 원하는 대로 조합할 수 있지만, 무언가 의지할 것—멜로디를 비틀기 전에 펼쳐놓고 만지작거리거나 암시 대상으로 삼을 양식이나 장르나 패턴—을 찾기 전에는 소음만 날 뿐이다. 게다가 규칙을 어긴다고 해서 모두 효과가 있는 것도 아니다. 잘나가는—실은 명맥을 유지하는—재즈 하프 연주자를 적어도 두 명은 알고 있지만, 조율된 봉고로 베토벤을 연주하여 이름을 알리겠다는 것은 좋은 계획이 아닐 것이다. 여기에 예술과 과학의 공통점이 있다. 어떤 이론적 논쟁에서든 아직 검토되지 않은 전제는 얼마든지 있지만, 취약한 전제를 찾을 때까지 한 번에 하나씩 건드려보는 것은 과학이나 철학에서 성공하기에 좋은 방법이 아니다. (이것은 마치 거슈윈의 멜로디를 한 번에 음 하나씩 바꿔보면서 쓸 만한 변주를 물색하는 것과 같다. 부디 행운이 함께하길! 다만, 돌연변이는 거의 언제나 유해하다는 사실을 명심하라.) ㅅㅂㄸ는 그보다 힘들지만 이따금 행운을 거머쥘 수 있다.

ㅅㅂㄸ를 구사하여 발전하라고 조언하는 것은 싸게 사서 비싸게 팔라고 투자자에게 조언하는 것과 비슷하다. 물론 그렇게 하면 된다. 하지만 어떻게 해야 할까? 투자 조언이 '완전히' 허황되거나 쓸모없는 것은 아니라는 데 유의하라. ㅅㅂㄸ는 그보다 훨씬 도움이 된다. 목표를 잠깐이나마 볼 수 있다면 어떻게 생겼는지 알 수 있기 때문이다. ('더 많은 돈'이 어떻게 생겼는지는 누구나 안다.) 과학이나 철학의 문제와 맞서는 경우라면, 내가 벗어나야 할 체계는 아주 단단히 자리 잡고 있어서 마치 내가 숨 쉬는 공기

처럼 눈에 보이지 않는다. 일반적 규칙이 하나 있는데, 오랜 논쟁이 해결 기미를 보이지 않고 양 진영이 서로 자기가 옳다고 고집을 부릴 때는, 서로 의견이 일치한다고 생각하는 무언가가 실은 그렇지 않기 때문인 경우가 많다. 사실 양편은 의견 일치가 명백해서 말할 필요도 없다고 생각한다. 이렇듯 보이지 않는 문제 독살범을 찾기란 쉬운 일이 아니다. 격돌하는 양편의 전문가에게 명백해 보이는 것은, 생각해보면 누구에게나 명백해 보이기 때문이다. 따라서 암묵적으로 공유하는 틀린 가정을 눈 부릅뜨고 찾아보라는 조언은 공염불에 그치기 쉽다. 하지만 적어도 찾으려는 소망이 있고 어떻게 생겼는지 어렴풋하게라도 알고 있으면 찾을 가능성이 커진다.

단서가 숨어 있을 때도 있다. ㅅㅂㄸ의 멋진 사례 중에는 버젓이 통용되던 '사물'이 실은 존재하지 않는다는 사실을 밝혀낸 경우가 여럿 있다. '플로지스톤'은 불의 원소로 간주되었고, '칼로리'는 보이지 않는 자기 반발적 액체 또는 기체이며 열의 주'성분'으로 간주되었으나 지금은 둘 다 폐기되었다. 소리가 공기와 물을 통과하듯 빛이 통과하는 매질이라고 간주되던 '에테르'도 마찬가지 운명을 겪었다. 하지만 훌륭한 ㅅㅂㄸ의 사례 중에는 빼기가 아니라 더하기도 있다. 세균과 전자, 그리고—어쩌면, 심지어—양자역학의 다세계 해석이 그런 예다. ㅅㅂㄸ를 해야 하는지 말아야 하는지 처음부터 확실히 알기란 불가능하다. 나와 레이 재켄도프는 의식이 모든 정신 현상 중에서 '최상위'이거나 '가장 중심적'이라는 암묵적 가정을 거의 언제나 폐기해야 한다고 주장했다. 나는 의식을 내용이 변환되거나 번역되는 특수한 (에테르와 비슷한) '매질'이라고 생각하는 사고방식이 널리 퍼져 있으며 이 마구잡이식 사고방식을 깨뜨려야 한다고 주장했다. 자유의지와 결정론이 양립할 수 없다는 것이 명백하다고 생각하는 것은 큰 실수를 저지르는 것이라고도 주장한 바 있다(나 말고도 많은 사람들이 같은 주장을 했다). 여기에 대해서는 나중에 자세히 설명하겠다.

단서는 또 있다. 때로는 누군가 "논의를 위해서 이렇게 가정해보죠"라고 말하고 사람들이 논의를 위해 동의한 뒤에 이어진 논쟁의 와중에 이 문제가 어떻게 시작되었는지 아무도 기억하지 못하는 사태가 벌어지기도 한다! 이따금 이런 생각이 든다. 적어도 철학 분야에서는 사람들이 논쟁을 어찌나 즐기는지, 토론의 전제를 검토하다 논쟁이 시들해지는 것을 어느 쪽도 바라지 않는다. (논란의 여지가 있지만) 두 가지 오래된 사례가 있다. (1) "왜 아무것도 없지 않고 무언가가 있는가?"는 아직 대답을 찾지 못한 심오한 질문이다. (2) "신은 무언가를 좋은 것이기 때문에 명령하는가, 신이 명령하기 때문에 좋은 것인가?"도 중요한 질문이다. 누군가 이 질문에 '좋은' 대답을 내놓으면 정말 멋질 것이다. 그래서 내가 이 질문을 '눈길을 줄 가치가 없는 사이비 문제'라고 부르는 것이 그다지 탐탁지 않으리라는 것을 인정한다. 하지만 그렇다고 해서 내가 틀렸다는 결론이 도출되지는 않는다. 누구도 진리가 재미있어야 한다고 말하지 않았다.

9

굴드의 꼼수 세 가지: 그게아니라술, 침소봉대술, 굴드 2단계술

생물학자 고故 스티븐 제이 굴드는 붐받이를 설계하고 써먹는 솜씨 면에서 타의 추종을 불허했다. 나는 붐받이의 거장을 기리는 의미에서 '굴드의 꼼수Goulding' 속屬에 속하는 근연종 세 종을 명명했다.

'그게아니라술Rathering'은 '그릇된 이분법false dichotomy'을 은근슬쩍 도입하는 방법이다. 그게아니라술은 대체로 "통설과 달리 이러쿵이러쿵은 사실이 아니다. '그게 아니라' 저러쿵저러쿵이다. 둘은 전혀 다르다"라는 형태를 띤다. 그게아니라술 중에는, 제시된 두 선택지 중에서 실제로 하나를 골라야 하는 경우처럼 무난한 것도 있다. 이런 경우에는 그릇된 이분법이 제시되는 것이 아니라 불가피한 진짜 이분법이 제시된다. 하지만 어떤 그게아니라술은 손재주와 다를 바 없다. '그게 아니라'라는 단어는 두 주장이 중요한 측면에서 양립할 수 없음을 (논증 없이) 암시하기 때문이다.

아래는 굴드가 단속 평형설을 설명하면서 써먹은 그게아니라술의 예다.

> 대체로 변화는 감지할 수 없을 만큼 점진적으로 종 전체가 바뀌면서 일어나지 않는다. *그게 아니라*[강조는 데닛] 적은 개체가 고립되고 지질학적

> 찰나에 새로운 종으로 변형됨으로써 일어난다.[9]

위 구절을 읽으면 진화적 변화가 '지질학적 찰나'에 일어나는 동시에 '감지할 수 없을 만큼 점진적'으로 일어날 수는 없다고 생각하기 쉽다. 하지만 이렇게 일어나는 것은 얼마든지 가능하다. 사실 이것이야말로 진화적 변화가 일어나는 방식이다. 그런데 굴드는 진화가 도약saltation(설계공간에서의 거대한 뜀뛰기)을 통해 진행한다고 말해놓고 다른 데서는 자신이 도약을 결코 인정하지 않았다고 우겼다. '지질학적으로 찰나'적인 종 분화는 '짧은' 시간에 일어날 수 있다. 이를테면 5만 년이 흘렀어도 대부분의 지층에서는 거의 분간하기 힘들다. 그 짧은 시간에 종의 전형적 개체의 키가 50센티미터에서 1미터로 100퍼센트 증가했다고 치자. 그래봐야 100년에 1밀리미터 증가한 셈이다. 내 눈에는, 감지할 수 없을 만큼 점진적 변화로밖에 보이지 않는다.

그게아니라술의 성격을 확실히 드러내기 위해 또 다른 예를 들어보자.

> 사람은 단순한 '습식 로봇moist robot'(만화『딜버트Dilbert』에 등장하는 표현으로, 대부분의 인지과학자도 이 표현에 동의한다)이 아니다. *그게 아니라* 사람에게는 자유의지가 있으며 선한 행동과 악한 행동에 대해 도덕적 책임을 진다.

이번에도 마찬가지다. 왜 둘 다가 될 수 없지? 여기서 찾아볼 수 없는 것은 '습식 로봇'이 자유의지를 지니고 도덕적 책임을 지는 사람일 수 있다고 주장하는 논변이다. 이 예는 통념적인—하지만 논란의 여지가 있는—가정을 활용한다. 예는 또 있다.

> 종교는 마르크스가 말한바 대중의 아편이 아니다. *그게 아니라* 인류가 죽음의 필연성을 인식하고 있다는, 깊고도 위로가 되는 표시다.

다시 말하자면, 종교가 아편이면서 동시에 위로가 되는 표시이지 못할 이유가 무엇일까? 지금쯤 여러분도 감을 잡았으리라 생각한다. 글에서 (정체가 드러나지 않는) 그릇된 이분법을 사냥하는 것보다는 그게아니라술을 사냥하는 것이 더 쉽다. 검색창에 '그게 아니라'를 입력하고 엔터만 누르면 그만이니까. 명심할 것은 '그게 아니라'가 모두 그게아니라술은 아니라는 것이다. 정당한 '그게 아니라'도 있다. 그런가 하면 그게아니라술 중에는 '그게 아니라'라는 단어를 안 쓰는 것도 있다. 아래 예는 '~이지, ~이 아니다'라는 간결한 표현을 썼다(인지과학 논객들의 글에서 단어들을 뽑아 조합한 글이다).

> 신경계는 환경을 능동적으로 재구성하는 탐침으로 보아야지, 감각기관에서 주입되는 입력에 수동적으로 작용하는 컴퓨터로 보아서는 안 된다.

입력에 대해 작용하는 컴퓨터는 환경을 능동적으로 재구성할 수 없다고 누가 그러던가? 무미건조한 '수동적' 컴퓨터와 근사한 '능동적' 생명체를 대조하는 논리는 친숙하지만 한 번도 제대로 방어된 적이 없으며 내가 아는 한 가장 보편적인 상상력 차단기 중 하나다.

굴드가 즐겨 쓰는 그게아니라술의 한 변종은 '침소봉대술piling on'이라 부를 만하다.

> 사람들은 '모나드에서 인간에 이르는 행진'(이번에도 케케묵은 단어를 썼다)

운운하며 진화가 단절 없는 계통을 따라 지속적으로 진보하는 경로를 따랐다고 말한다. 하지만 이보다 더 진실과 동떨어진 것은 없다.[10]

그런데 진실과 더 동떨어질 수 없는 것은 대체 무엇일까? 언뜻 보기에 굴드는 '모나드'(단세포 생물)와 우리 사이에 지속적이고 단절 없는 계통이 존재하지 않는다고 말하는 것 같지만, 그런 계통은 당연히 존재한다. 다윈의 위대한 생각을 이보다 더 확실하게 입증하는 예는 없다. 그렇다면 여기서 굴드가 말하는 것은 무엇일까? 어쩌면 '*진보*하는 경로'에 방점을 찍어야 하는지도 모르겠다. 그렇다면 '진실과 동떨어진' 것은 (다만) 진보에 대한 믿음일 것이다. 진화의 경로는 지속적이고 단절 없는 계통이 맞지만, (지구적으로) 진보하는 계통은 아니라는 얘기다. 이것은 사실이다. 진화의 경로는 (주로) 국지적 진보의 (단절 없는) 지속적인 계통이다. 정신 차리지 않으면 굴드의 이 구절을 읽고 나서 그가 진화론의 표준 명제에서 심각한 오류(모나드에서 인간에 이르는 지속적인 경로, 즉 단절 없는 계통이 있다는 것)를 입증했다고 생각하기 십상이다. 하지만 굴드 자신의 표현을 빌리자면, "이보다 더 진실과 동떨어진 것은 없다."

굴드가 쓰는 또 다른 수법으로, 몇 해 전에 내가 출판물에서 설명한 장치인 '굴드 2단계술Gould Two-Step'이 있다. 이 이름은 진화 이론가 로버트 트리버스[11]가 발명자를 기려 붙인 것이다.

1단계에서는 허수아비를 만들고 이 허수아비를 '논박'한다(이 수법은 누구나 안다). 2단계에서는—여기가 기발한데—1단계에서 채택한 증거, 즉 내가 상대방에게 부여한 견해를 실은 상대방이 견지하지 않는다는 증거에 이목을 집중시키되, 이 증거를 인용하면서 나의 공격을 상대방이 마지못해 받아들였다고 해석한다![12]

굴드가 1992년 11월 19일자《뉴욕 리뷰New York Review of Books》에서 헬레나 크로닌의 수작『개미와 공작The Ant and the Peacock』을 사정없이 비난한 지 두 달 뒤에 나는 편집자에게 보내는 편지에서 굴드 2단계의 세 가지 사례를 제시했다. 그중 가장 이해하기 쉬운 예를 읽어보자.

> 가장 뚜렷한 사례는 굴드가 '외삽론extrapolationism'이라는 개념을 고안한 것이다. 그는 이것을 '크로닌의 적응론adaptationism'이며 대량 멸종이라는 사실로 간단히—실은 허무하게—반박되는 범凡지속성과 범점진성의 교리라고 설명했다. "하지만 대량 멸종이 정말 지속성을 깨뜨린다면, 정상적 시기에 천천히 누적되는 적응이 대량 멸종의 경계를 넘는 예측된 성공으로 확장되지 않는다면, 외삽론은 실패하고 적응론은 쓰러진다." 굴드 말마따나 대량 멸종이 생명의 나무 가지치기에서 중요한 역할을 할 수 있다는 것을—심지어 일말의 가능성마저—부정하는 '순수한' 형태의 '외삽론'을 받아들일 만큼 멍청한 적응론자가 있다고 생각하는 이유를 모르겠다. 혜성이 지구를 강타하여, 지금껏 제작된 수소 폭탄을 모두 합친 것보다 수백 배 강력한 충격을 가하면 가장 완벽한 공룡조차 굴복하리라는 것은 언제나 명백했다. 크로닌의 책에는 그녀가 실수를 저질렀다는 굴드의 주장을 뒷받침하는 구절이 단 하나도 없다. 굴드가 진화에서 대량 멸종의 역할이 (크로닌이 언급한 중심 문제인) 성 선택과 이타주의에 들어맞는다고 생각하는지는 모르겠지만, 그는 그 이유나 과정에 대해 한마디도 하지 않는다. 크로닌은 마지막 장에서야 (자신이 중점을 두지 '않은') 진화론의 핵심 질문인 종의 기원을 상세히 논의하며 이것이 여전히 미해결 문제라고 지적하

는데, 굴드는 이것이 마지막 순간의 실토라며 물고 늘어진다. 크로닌 자신의 '범적응론'이 패배했음을 반어적으로 인정했다는 것이다. 터무니없도다![13]

수사학을 공부하는 좋은 방법이 한 가지 있다. 굴드의 방대한 출간 목록을 훑으며 그게아니라술, 침소봉대술, 굴드 2단계술 등 굴드가 구사하는 세 종의 붐받이를 분류하는 것이다.

10

'당연하지' 연산자: 정신적 블록

논변, 특히 철학자의 논변을 읽거나 훑어볼 때 시간과 노력을 부쩍 아낄 수 있는—특히 지금처럼 컴퓨터로 검색하면 그만인 시대에—비법이 있다. 글에서 '당연하지surely'를 찾아 살펴보는 것이다. 항상 그런 것은 아니고 대부분 그런 것도 아니지만 '당연하지'라는 단어는 논변의 약점, 즉 붐받이의 위치를 알려주는 훌륭한 경고 신호일 때가 많다. 왜 그럴까? '당연하지'는 저자가 자신이 실제로 확신하며 독자도 확신하기를 바라는 부분의 끄트머리를 나타내기 때문이다. (모든 독자가 동의할 것이라고 정말 확신한다면 언급할 이유가 없을 테니까.) 끄트머리에 선 저자는 당면 문제를 입증할지 말지 또는 증거를 제시할지 말지에 대해 판단을 내려야 하는 상황에서, 독자가 동의할 것이라 기대하면서—인생은 짧으니까—날것 그대로의 단언을 선택하기로 마음먹는 것이다. '당연하지'는 근거 없이 제시되는 이른바 '자명한 진실'—하지만 진실이 아니다!—이 담겨 있는 장소다.

'당연하지'의 이처럼 유용한 역할을 처음 알아차린 것은 네드 블록의 논문[14]을 논평하면서였다. 이 논문에는 나의 의식 이론에 반대하는 좋은 예들이 여럿 들어 있었다. 여기 하나를 소개한다. 블록은 자기주장의 명백함을 활자상으로 강조하기 위해 이탤릭체[15]를 썼다.

하지만 어떤 두뇌 표상이 기억에 영향을 미치고 행동을 제어하기에 충분할 만큼 지속된다는 것은 당연히, 문화적 구성물이 아니라 바로 인간에 대한 생물학적 사실이다.[16]

블록의 의도는 인간 의식이 사실상 학습되어야 하는 것이라는, 즉 (타고난 속성이 아니라) 인지적 미微습관의 집합이어야 한다는 나의 이론을 논증 없이 반박하려는 것이다. 나는 이렇게 대꾸했다. "블록이 '당연하지'라고 말할 때는 이른바 정신적 블록을 꼭 찾아봐야 한다."[17] 블록은 어떤 철학자보다도 '당연하지'를 남용하는 사람이지만, 다른 철학자들도 일상적으로 '당연하지'를 활용한다. 그럴 때마다 우리는 작은 경보음을 울려야 한다. "이곳에서 의도하지 않은 손장난이 일어난다. 팔꿈치로 쿡 찌르고 윙크하며 검열하여, 틀린 전제를 슬쩍 치워버리는 것이다."[18]

얼마 전에 '당연하지'에 대한 내 감을 좀 더 체계적으로 검증하기로 마음먹었다. philpapers.org에서 심리철학 논문 수십 건(약 60건)을 훑어보면서 '당연하지'가 나오는지 확인했다. 대부분의 논문은 이 단어를 전혀 쓰지 않았다. 이 단어를 쓴 논문에서도(1~5차례 사용되었다) 대부분은 결백했고 몇 개는 논란의 여지가 있었으며 내 귀에 경보음이 뚜렷하게 울린 경우는 여섯 개였다. 물론 사람마다 명백함의 기준이 제각각일 것이다. 이 비공식 실험의 '데이터'를 도표로 만들지 않은 것은 그 때문이다. 그래도 의심이 가시지 않으면 직접 조사하여 두 눈으로 확인하기 바란다. 64장에서는 유달리 지독한 '당연하지' 연산자의 사례를 조목조목 따져볼 것이다.

11

수사 의문문

'당연하지'에 두 눈 부릅뜨는 것 못지않게 모든 논증과 반박에서 수사 의문문에 대한 민감성을 발달시켜야 한다. 왜 그럴까? '당연하지'를 쓸 때와 마찬가지로 저자가 지름길로 빠지고 싶어 한다는 표시이기 때문이다. 수사 의문문은 끝에 물음표가 있지만 대답을 기대하는 문장이 아니다. 즉, 저자는 굳이 여러분의 대답을 기다릴 생각이 없다. 대답이 너무 뻔해서 대답하기가 민망할 터이기 때문이다! 말하자면 대부분의 수사 의문문은 귀류법의—길게 풀어 쓸 필요 없을 정도로 명백한—축약판이다. 유익한 습관을 하나 권하자면, 수사 의문문을 볼 때마다 뻔하지 않은 대답을 마음속으로 제시해보라. 좋은 대답이 생각났으면 수사 의문문에 답하여 질문자를 놀라게 하라. 몇 해 전에 본『피너츠Peanuts』만화에서 이 전술을 잘 나타내는 장면이 생각난다. 찰리 브라운이 수사적으로 묻는다. "여기서 누가 옳고 그른지 말할 사람이 누가 있겠어?" 그러자 다음 칸에서 루시가 대답한다. "나."

12
심오로움이 뭘까?

나의 친구이자 컴퓨터학자 고故 조지프 와이젠바움은 철학자가 되고 싶어서 만년에 기술적인 문제에서 심오한 문제로 관심 분야를 돌리려 했다. 그러던 어느 날 저녁 밥상에서 이마를 찡그리며 장광설을 늘어놓는데 딸 미리엄이 이렇게 말했다. "와! 아빠 정말 심오로워Dad just said a deepity!" 얼마나 근사한 즉흥 신조어인지![19] 나는 이 용어를 채택하여 좀 더 분석적인 용법에 써야겠다고 마음먹었다.

심오로움은 중요하면서 동시에 참인 것처럼—또한 심오한 것처럼—'보이'지만 단지 애매하기 때문에 그렇게 보일 뿐인 명제다. 어떻게 읽으면, 뻔한 거짓이지만 만일 사실이라면 경천동지할 말이 되며, 다르게 읽으면 참이지만 별것 아닌 말이 된다. 경솔한 사람은 두 번째 방식의 독해에서 진리의 빛을 포착하고 첫 번째 방식의 독해에서 이 말이 엄청나게 중요하다는 인상을 받는다. 그는 이렇게 생각한다. '우와! 심오로워.'

예를 들어보자. (우선 자리에 앉는 게 좋겠다. 꽤 무거운 주제이니까.)

사랑은 단어일 뿐이다.

우와! 어마어마하다. 심오하지 않은가? 아니, 틀렸다. 첫 번째 독해에 따르면 이 명제는 뻔한 거짓이다. 사랑이 뭔지는 잘 모르겠지만—사랑은 정서일 수도 있고, 정서적 애착일 수도 있고, 인간관계일 수도 있고, 인간 정신이 달성할 수 있는 극상의 상태일 수도 있다—단어가 아니라는 것은 누구나 안다. 사전을 아무리 뒤져도 사랑은 나오지 않는다!

그런데 철학자들이 무척 중요시하는 관습을 활용하면 두 번째 독해를 이끌어낼 수 있다. 우리는 단어에 '대해' 이야기할 때 아래와 같이 따옴표를 붙인다.

'사랑'은 단어일 뿐이다.

이 문장은 참이다. '사랑'은 한국어 단어가 맞다. 이를테면 문장이 아니라 한낱 단어다. '사'로 시작하며 두 음절이고 사전(표준국어대사전 초판_옮긴이)에서 '사람 해부학'과 '사랑가' 사이에 온다(둘 다 역시 한낱 단어일 뿐이다). '치즈버거'도 단어일 뿐이다. '단어'도 단어일 뿐이다.

혹자는 "하지만 그건 공정하지 않아"라고 말한다. 그는, 사랑은 단어일 뿐이라고 말하는 사람들은 무언가 다른 의미로 말한 것이 틀림없다고 변호한다. 물론이다. 하지만 그들은 그렇게 말하지 않았다. 어쩌면 그들은 '사랑'이 '유니콘'처럼 실제로는 존재하지 않는 근사한 무언가를 가리키는 양 사람들을 오도하는 단어라는 의미로 말한 것인지도 모른다. 어쩌면 '사랑'이라는 단어가 너무 애매해서 어떤 사물을 가리키는지, 관계를 가리키는지, 사건을 가리키는지 도무지 알 수 없다는 의미로 말한 것인지도 모른다. 하지만 이런 주장 중에서 그럴듯한 것은 하나도 없다. '사랑'은 골치 아프고 정의하기 힘든 단어일지도 모른다. 사랑은 확신하기 힘든 상태일지도 모른다. 하지만 이 두 주장은 명백하다. 딱히 의미가 풍부하거나 심오하지 않다.

심오로움이 모두 이렇게 쉽게 분석되지는 않는다. 리처드 도킨스는 최근에 캔터베리 대주교 로언 윌리엄스의 정교한 심오로움을 내게 알려주었다. 윌리엄스는 자신의 신앙을 이렇게 묘사했다.

고요히 진리를 기다리며 물음표의 존재 안에서 앉아 숨 쉬는 것.

이 심오로움을 분석하는 것은 여러분에게 연습 문제로 맡긴다.

요약

도구를 잘만 구사하면 손이나 발처럼 쓸 수도 있다. 생각도구는 더더욱 그렇다. 지금까지 설명한 간단한 범용 생각도구를 갖추면 한결 날카로운 감각으로 힘든 탐구 주제에 접근할 수 있다. 틈새를 보고, 경보음을 듣고, 이상한 낌새를 채고, 잘못 디딘 걸음을 알아차릴 수 있다. 여러분이 무기를 휘두르며 용감하게 덤불로 돌진하려 할 때 흥분을 가라앉히라고 타이르는 지미니 크리킷(월트 디즈니 판『피노키오』에 등장하는 귀뚜라미_옮긴이)처럼 마음속에 새길 격언도 있다(이를테면 래퍼포트 규칙과 스터전 법칙). 생각도구는 무기이기도 하며, 따라서 전투 비유는 적절하다. 경쟁심은 까다로운 문제를 해결하는 데 필요한 지적 야심과 대담성의 자연스러운 부산물 아니겠는가? 우리는 열띤 전투의 와중에 아무리 위대한 사상가라도 자신의 주장을 설득시키려고 잔꾀를 부릴 수 있으며, 재치를 과시하려는 욕심 때문에 건설적 비판이 조롱으로 전락할 수 있음을 보았다.

우리가 이 책에서 맞닥뜨릴 의미, 진화, 의식, 특히 자유의지 등은 모두 뜨거운 쟁점이다. 어떤 주장을 접할 때면 두려움이나 혐오감이 끓어오를 것이다. 괜찮다. 여러분만 그런 것이 아니다. 아무리 존경받는 전문가라도 희망적 사고思考에 빠질 수 있으며, 이성보다는 정서적 애착에 기댄 확신 때문에 진리에 눈감을 수 있다. 사람들은 자신에게 자유의지가 있는지 없는지, 마음이 어떻게 몸속에 있을 수 있는지, 원자와 분자, 광자, 힉스 입자로만 이루어진 세계에서 어떻게 의미가 존재할 수 있는지—아니, 존재할 수나 있는지—에 대해 지대한 관심을 쏟는다. 그래야 마땅하다. 따지고 보면 '이 세상에서 우리는 어떤 존재인가?', '우리는 이 세상에 대해 어떻게 행동해야 하는가?' 같은 질문보다 더 중요한 것이 어디 있겠는가? 그러니 발걸음을 신중하게 내디디기 바란다. 바닥은 아슬아슬하고 지도는 미덥지 못하다.

2부

의미 또는 내용을 위한 생각도구

왜 의미에서 출발하느냐고? 내가 의미에서 출발하는 이유는 의미가 모든 까다로운 문제의 핵심에 놓여 있기 때문이다. 이유는 간단하다. 나머지 모든 문제는 우리가 자신에게나 남에게 이야기하기 전에는 제기되지 않기 때문이다. 오소리는 자유의지를 신경 쓰지 않으며 심지어 돌고래도 의식 문제로 골머리를 썩이지 않는다. '질문을 던지는 것'은 이들의 능력 밖이기 때문이다. 호기심이 고양이를 죽였을지도 모르지만, 호기심이야말로 반성하는 우리 인간을 당혹의 덤불에 밀어넣는 힘이다. 어쩌면 이것이 언어의 단점인지도 모르겠다. 우리의 유인원 사촌처럼 이런 문제를 모르고 살면 더 나을지도 모른다(어쩌면 더 행복하고 더 건강한 포유류가 되었을지도). 하지만 우리에게는 언어가 있고 우리는 거창한 질문에 사로잡혀버렸다. 좋든 나쁘든 이 질문들은 우리에게 사소한 것으로 비치지 않는다.

효과적인 탐구의 첫걸음은 출발점과 장비를 최대한 확실하게 챙기는 것이다. 단어에는 의미가 있다. 어떻게 그럴 수 있을까? 우리 언어 사용자는 말로써 의미를 나타낸다. 어떻게 그럴 수 있을까? 우리는 어떻게 서로를 이해할 수 있을까? 우리가 키우는 개는 말을 (어쨌거나) 몇 마디, 심지어 몇백 마디까지 알아들을 수 있는 것처럼 보이지만, 이런 가축화된 동물의 묘기와, 자연에서—이를테면 영장류, 조류, …… 오징어에서!—발견되는 단편적 신호 체계를 제외하면 언어는 인간의 마음을 나머지 모든 동물의 마음과 구별하는 특징이다. 이것이 대단한 차이이기는 하지만,

인간 아닌 동물 중에서도 '고등' 동물에게는 마음이 있으며 제한적으로나마 이들도 의미(지각 상태의 의미, 충동의 의미, 욕구의 의미, 심지어 꿈의 의미)를 다루는 것으로 보인다.

이따금 동물은 우리를 빼닮은 것처럼—마치 고양이나 곰, 돌고래 탈을 쓴 사람처럼—보이기도 한다. 어느 인류 문화에서나 이 현상이 관찰된다. 우리는 동물이 보고 알고 바라고 애쓰고 두려워하고 결심하고 욕망하고 기억한다고 생각한다. 한마디로 우리처럼 동물에게도 의미 있는 …… 무언가(이것은 관념일까? 믿음일까? 심적 표상일까?)로 가득한 마음이 있다고 생각하는 것이다. 어떻게 의미가 뇌 안에 있을 수 있을까? 예나 지금이나 솔깃한 한 가지 설명은 단어에 의미가 있으니까 인간(과 동물)의 뇌 속에 있는 의미 있는 것들도 단어처럼 심적 문장을 구성하고 믿음을 표현한다는 것이다. 하지만 단어가 (단어를 발화하는) 마음으로부터 의미를 얻는다면 마음단어mindword는 어디에서 의미를 얻는 걸까? 동물의 뇌는 마음단어와 정의를 둘 다 일종의 뇌 사전에 보관하는 걸까? 동물의—적어도 '고등' 동물의—뇌가 모두 마음단어로 가득하다면 왜 말을 못 하는 걸까?[1] 사고언어language of thought라는 개념에는 심각한 문제가 있지만, 우리의 생각과 믿음은 무언가로 이루어져야 한다. 그게 아니라면 대체 어떻게 존재할 수 있단 말인가?[2]

13

트래펄가 광장의 살인

여기 우리의 첫 번째 직관펌프가 있다. 자크가 트래펄가 광장에서 삼촌을 쏘아 죽이고는 현장에서 셜록에게 체포된다. 톰이 《가디언》에서 관련 기사를 읽고 보리스는《프라우다》에서 사건을 전해 듣는다. 자크, 셜록, 톰, 보리스는 저마다 사뭇 다른 경험을 했지만(각자의 과거 이력과 미래의 전망은 말할 것도 없다), 넷 모두가 공유하는 것이 하나 있다. 이들은 모두 프랑스 사람이 트래펄가 광장에서 살인을 저질렀다고 믿는다. 이들 모두가 이 사실을 '말'로 표현하지는 않았다. 심지어 '혼잣말'을 하지도 않았다. 우리는 '프랑스 사람이 트래펄가 광장에서 살인을 저질렀다'라는 '명제'가 이들 중 누구의 머릿속에서도 떠오르지 않았으리라고 가정할 수 있다. 설령 떠올랐다 하더라도 자크, 셜록, 톰, 보리스에게는 각각 다른 의미로 다가왔을 것이다. 하지만 이들은 모두 프랑스 사람이 트래펄가 광장에서 살인을 저질렀다고 믿는다. 이것은 매우 제한적인 관점, 즉 민간심리학의 관점에서만 볼 수 있는 공유 속성이다. 일반적인 민간심리학자, 즉 우리 모두는 사람들에게 이처럼 유용한 공통점을 부여하는 데 아무 어려움을 느끼지 않는다. 우리는 상대방의 귀 사이(즉, 뇌_옮긴이)에 무엇이 있는지 거의 모르면서도 그에게 이런 믿음을 부여한다. 이 네 사람에게 '그 밖의' 어떤 공통점—뇌에서 비슷한 형태를 갖추어 공유된 믿음을 어떤 식으로든 기록하는 무언가—이 있다고 생각할 수도 있지만, 그랬다가는 얼렁뚱땅 이론화dubious theorizing라는 오류를 저지르게 된다. 실제로 어떤 공통된 신경 구조가 있을지도 '모르'지만—프랑스 사람이 트래펄가 광장에서 살인을 저질렀다는 믿음을 네 개의 뇌가 모두 '입 밖에 낸'다면—이것은 전혀 필요조건이 아니며 사실 그럴 가능성도 희박하다. 그 이유를 간단히 살펴보자.

"I'm hungry"와 "*J'ai faim*"이라는 두 문장은 다르게 생긴 글자로(입말에서라면 다른 음운으로) 이루어졌고 다른 언어로 쓰였으며 다른 언어 구조를 가지고 있지만, 어떤 속성을 공유한다. 두 문장은 같은 것, 즉 화자話者의 굶주림을 '의미'하며 이에 '대한' 문장이다. 공유된 성질, 즉 (영어와 프랑스어로 된 두 문장의) '의미' 또는 (두 문장이 표현하는 믿음의) '내용'은 철학과 인지과학의 중심 주제다. 문장, 그림, 믿음, (당연히) 어떤 두뇌 상태가 나타내는 이 '대하여'를 철학에서는 '지향성intentionality'이라 한다. 용어 선택이 아쉬운데, 일반 독자는 '지향성'을 무언가를 의도적으로intentionally 한다는 일상적 개념과 곧잘 헷갈리기 때문이다(이를테면 "그대의 의도intention는 고귀한가?"). 이 문장에서 두 개념의 차이를 생각해보자. 담배는 흡연하도록 '의도'된 것이지만, 흡연에 '대한' 것이 아니며 그 무엇에 대한 것도 아니다. 이에 반해 '흡연 금지' 표지판은 흡연에 '대한' 것이며 따라서 지향성을 나타낸다. 나무 뒤에 강도가 있다는 믿음은 지향성을 나타내지만—이 믿음은 (어쩌면 존재하지 않을 수도 있는) 강도에 대한 것이다—당연히 일상적 의미에서 의도적이지는 않다(우리는 '의도적으로 믿'지 않는다. 그냥 믿어진다). 나무를 뒤로하고 달아나는 것은 일상적 의미에서 의도적이지만 무엇에 대한 것도 아니다. 철학 용어 '지향성intentionality'을 만날 때마다 (꿀사납

긴 하지만) '대함성aboutness'으로 바꿔 읽는 습관을 들이면, 실수하는 일이 거의 없을 것이다(이 부분은 영어 고유의 문제다. 한국어 번역 '지향성'은 '의도'와 혼동할 우려가 없다_옮긴이). 의미와 내용이 밀접하게 연관되었으며 상호 의존적 현상이라는—심지어 하나의 현상(지향성)이라는—합의를 제외하면, 내용(또는 의미)이 무엇이며 어떻게 해야 내용을 가장 효과적으로 포착할 수 있는가에 대해서는 거의 합의가 이루어져 있지 않다. 이 주제에 접근할 때 신중을 기해야 하는 것은 이런 까닭에서다. 이곳은 문제의 지뢰밭이다. 하지만 한 발 한 발 조심스럽게 내디디면서 조금씩 공략할 수는 있다.

자크, 셜록, 톰, 보리스의 예는 뇌들이 얼마나 공통점이 적으면서도 '지향적' 속성('같은 것'을 믿는다는 것)을 공유할 수 있는지 보이기 위한 것이다. 자크는 살인의 목격자—실은 가해자—이고, 사건에 대한 셜록의 경험적 친밀도는 직접 경험에 거의 맞먹지만, 톰과 보리스는 전혀 다른 측면에서 사건을 접했다. 프랑스 사람이 트래펄가 광장에서 살인을 저질렀다는 정보를 얻는 방법은 무수히 많으며 이 정보를 이용하여 자신의 계획을 추진하는 방법도 무수히 많다(이를테면 퀴즈 쇼에서 문제를 맞힐 수도 있고, 내기에서 이길 수도 있고, 런던에서 프랑스 관광객을 도발할 수도 있다). 이 모든 정보 출처와 결과가 뇌의 어떤 공통 구조라는 깔때기를 통해 흘러나와야 한다고 생각할 만한 충분한 이유가 있다면 언젠가는 그 공통 구조를 발견할 수 있을 것이다. 하지만 그 전에는 섣불리 결론으로 직행해서는 안 된다.

이 직관펌프를 마무리하기 전에 더그 호프스태터의 조언을 따라 '손잡이를 돌려'보면서 각 부품이 어떤 역할을 하는지 살펴보자. 내가 이 특별한 명제를 선택한 이유는 무엇일까? 그것은 현장에서 멀리 떨어진 곳에서까지 여러 언어로 보도될 만큼 놀랍고 인상적인 사건이 필요했기 때문이다. 하지만 우리가 믿음을 얻는 대부분의 계기는 전혀 놀랍거나 인상적이지 않다. 이 점에 주목해야 한다. 이를테면 자크, 셜록, 톰, 보리스는 그다지 극적으로 발생하지 않은 다른 믿음도 무수하게 공유한다. 이를테면 의자가 신발보다 크다는 믿음, 수프가 액체라는 믿음, 코끼리가 날지 못한다는 믿음 등이다. 내가 여러분에게 자연산 연어는 보청기를 끼지 않는다고 알려주면 여러분은 이미 알고 있다고 말할 것이다. 하지만 그걸 어디서 알았지? 태어나면서부터 안 것도 아니고, 학교 수업에서 배운 것도 아니고, 이런 의미의 문장을 머릿속에서 구성해봤을 가능성도 극도로 희박하다. 따라서 보리스가 《프라우다》에 실린 트래펄가 광장의 살인에 대한 러시아어 문장을 뇌에 '단순히 업로드'한 뒤에 (오!) '뇌어Brainish'로 '번역'함으로써 이 사건을 알게 된 것은 명백해 보일지 몰라도, 보리스의 뇌가 연어 보청기에 대해서도 똑같은 작업('어떤 언어'에서 뇌어로 번역한단 말인가?)을 수행했으리라는 가정은 전혀 명백하지 않다.

돌려볼 손잡이는 또 있다. 강아지 피도와 비둘기 클라이드도 이번 살인 사건의 목격자다. 둘은 사건으로 인해 '무언가'가 달라졌을지도 모른다. 즉, 이후의 행동에 영향을 미칠 수 있도록 뇌가 조정되었을지도 모른다. 하지만 프랑스 사람이 트래펄가 광장에서 살인을 저질렀다는 사실은 그 '무언가'에 해당하지 않는다. 살인 사건을 뒷받침하는 정보가 빛과 소리에 존재하며 둘의 감각기관에 각인되었을지라도 말이다. (이를테면 사건 장면을 찍은 비디오테이프는 법적 증거가 될 수 있겠지만, 피도와 클라이드에게서는 그 정보가 유실될 것이다.) 따라서 이 직관펌프는 매우 인간 중심적인 편견을 의미 탐구에 가져올 위험이 있다. 단어와 문장은 의미를 전달하는 대표적 매체이지만, 단어와 문장을 쓰지 않는 동물의 경우에 그들의

'뇌'가 그럼에도 단어와 문장을 쓴다는 관념은 어쨌든 터무니없다(그렇다고 해서 거짓인 것은 아니다). 이것이 사실로 드러난다면 아주 경이적인 발견일 텐데, 전례는 많다.

지향성 현상은 매우 친숙하면서도—일상적 삶에서 음식, 가구, 옷처럼 두드러진다—과학적 관점을 조직적으로 회피한다. 나와 여러분은 생일 축하와 살해 협박과 약속을 구별하는 데 어려움을 겪지 않지만, 믿음직한 '살해 협박 탐지기'를 제작하는 것이 공학적으로 얼마나 까다로울지 생각해보라. 모든 살해 협박의 공통점이 무엇일까? 아마도 의미뿐일 것이다. 그런데 의미는 방사능이나 산酸처럼 정교한 탐지기로 손쉽게 가려낼 수 있는 성질이 '아니다'. 현재 범용 의미 탐지기에 가장 가까이 접근한 것은 IBM 왓슨Watson이다. 이 컴퓨터는 이전의 어떤 인공지능 시스템보다 훨씬 훌륭하게 의미를 분류한다. 하지만 왓슨은 결코 간단한 장치가 아니며 아이들이 늘상 주고받는 말을 살해 협박으로 오인할 우려도 있음을 명심해야 한다. 어떤 아이가 다른 아이에게 웃으면서 "그러니까 그만 좀 해. 한 번만 더 하면 죽여버릴 거야!"라고 소리칠 때 이것이 살해 협박이 아니라는 사실은 어린아이조차 안다. 왓슨의 거대한 규모와 복잡한 구조를 보면 우리에게 이토록 친숙한 의미라는 속성이 얼마나 까다로운 것인지 간접적으로나마 가늠할 수 있다.

14

클리블랜드 사는 형

하지만 의미가 완전히 불가사의한 속성인 것은 아니다. 뇌의 구조가 믿음을 어떤 식으로든 '저장'하는 것은 분명하다. 푸두(사슴의 일종_옮긴이)가 포유류라는 사실을 배우면 뇌에서 '무언가'가 달라져야 한다. 이 사실을 알기 전과는 다른 방식으로 무언가가 상대적으로 고정되어야 한다. 푸두가 꼬치고기보다는 물소와 더 가까운 친척이라는 사실을 아는 새로운 능력을 설명하려면 (그것이 무엇이든) 어떤 식으로든 충분히 무언가에 '대한' 것이어야 한다. 따라서 데이터 파일이 하드 디스크에 저장되듯 믿음이 체계화된 부호로—이것은 지문이 다르듯 사람마다 다를지도 모른다—'뇌에 저장된'다고 상상하고 싶은 생각이 든다. 자크의 믿음은 그의 뇌에 자크어로 기록될 것이고 셜록의 믿음은 셜록어로 기록될 것이다. 하지만 이 솔깃한 상상에는 문제가 있다.

바야흐로 신경암호학의 황금기가 찾아와, '인지미세신경외과 의사'가 환자의 뇌를 살짝 손보아 믿음을 '주입'하고 (당연히 국소적 뇌어를 사용하여) 신경세포에 적절한 명제를 써넣을 수 있게 되었다고 가정해보자. (뇌글brain-writing을 '읽'는 법을 알 수 있다면, 도구가 충분히 정교할 경우 뇌글을 '쓸'

수도 있을 것이다.) 우리가 톰의 뇌에 '나는 클리블랜드 사는 형이 있다'라는 틀린 믿음을 주입하려 한다고 가정해보자. 인지미세신경외과 의사는 우리가 원하는 대로 얼마든지 정교하게 뇌를 재배선할 수 있다고 가정하자. 이렇게 뇌를 재배선하면 톰이 원래 가지고 있던 합리적 사고 능력이 손상될 수도 있고 손상되지 않을 수도 있다. 두 결과를 각각 따져보자. 톰이 술집에 앉아 있는데 친구가 묻는다. "너, 형제나 누이 있어?" 톰이 대답한다. "응, 클리블랜드에 형이 살아." "이름이 뭔데?" 이제 어떤 일이 벌어질까? 톰은 이렇게 대답할지도 모른다. "이름? 누구 이름? 이거야 원, 내가 무슨 얘길 하고 있었던 거지? 나 형 없어. 문득 클리블랜드에 형이 산다는 생각이 들었을 뿐이야!" 아니면 이렇게 대답할지도 모른다. "이름은 몰라." 그게 말이 되느냐고 다그치면 톰은 형에 대해 일절 모른다고 잡아뗄지도 모른다. "나는 외아들이고 클리블랜드에 형이 살아." 어떤 경우든 우리의 인지미세신경외과 의사는 새로운 믿음을 써넣는 데 성공하지 못했다. 첫 번째 경우에는 (혼자이고 근거 없는) 침입자가 모습을 드러내자마자 톰의 내재적 합리성이 이 침입자를 몰아낸다. 무심코 "클리블랜드에 형이 살아"라고 말하는 성향은 실은 믿음이 아니다. 투렛 증후군에서 나타나는 틱 증상에 더 가깝다. 두 번째 경우에서처럼 가련한 톰의 병적 증상이 지속되면 형에 대한 자신의 솔직한 비합리성 때문에 그는 '믿음을 가진 사람'이라는 자격을 상실하게 된다. 외아들이면서 클리블랜드에 형이 살 수는 없다는 것을 이해하지 못하는 사람이라면 톰이 말한 문장도 이해하지 못한다. 자신이 실제로 이해하지 못하는 것은, 앵무새처럼 따라 할 수는 있을지 몰라도 믿을 수는 없다.

과학소설을 연상시키는 이 사례에서 보듯, 믿음을 부여하려면 그 밑바탕이 되는 정신 능력을 암묵적으로 가정해야 한다. 이른바 '믿음 후보'를 다양한 맥락에서 '사용'할 방법의 레퍼토리를 무한히 확장할 수 없다면 이것은 어떤 의미에서도 믿음이 아니다. 인지미세신경외과 의사의 수술 솜씨가 뛰어나서 뇌의 능력을 보전했다면 뇌는 이 문제가 불거지자마자 수술 결과를 무효로 만들 것이다. 아니면, 번드르르한 이야기를 지어내어 수술 결과를 둘러싸는 병적 반응을 보일 수도 있다("형 이름은 서배스천이야. 서커스 단원이고 풍선 속에서 살아"). 이런 증상은 익히 알려져 있다. 코르사코프 증후군(알코올 의존자가 잘 걸리는 기억 상실증) 환자는 일말의 진실도 없는 '기억된' 과거를 조금의 망설임도 없이 술술 지어낼 수 있다. 하지만 이렇게 정교한 이야기를 지어낼 수 있다는 것이야말로 이 사람의 뇌에 '단지' 고립된 '명제'가 저장되어 있는 것이 아니라는 증거다. 심지어 망상적 믿음도 수많은 망상적이지 않은 믿음으로 지탱되어야 하며 이 모든 과정의 결과를 받아들이는 능력이 있어야 한다. 자기 형이 남성이고 호흡하고 보스턴 서부에 살고 파나마 북쪽에 살고 등을 믿지 않는다면, 인지미세신경외과 의사가 '믿음'을 주입하는 데 성공했다고 말하는 것은 단지 오해를 불러일으키는 데 그치지 않는다.

이 직관펌프에서 알 수 있듯 누구도 한 가지 믿음만을 가질 수는 없다. (개에게 다리가 있으며 4가 3보다 크다는 사실 등을 믿지 않으면서 개에게 다리가 네 개 있다고 믿을 수는 없다.[3]) 알 수 있는 것이 또 있지만 이 자리에서는 언급하지 않겠다. 이 생각도구의 변종을 다른 용도에 어떻게 쓸 수 있을지도 설명하지 않을 것이다. 결과가 궁금하면 직접 손잡이를 돌려보시길. 이 생각도구의 특징을 고민하기 전에, 일단 비슷한 생각도구들을 다양하게 소개하기로 하겠다.

15
"우리 아빠, 의사예요"

어떤 어린아이에게 아빠 뭐 하시느냐고 물었더니 "우리 아빠, 의사예요"라고 대답한다. 아이는 자기 말을 믿고 있을까? 물론 어떤 의미에서는 그렇다. 하지만 '실제로' 믿으려면 무엇을 알아야 할까? (아이가 "우리 아빠, 차액 거래 중개인이에요"라거나 "우리 아빠, 보험 계리인이에요"라고 대답했다면 어떨까?) 아이가 자기 말을 이해하지 못하고 말했다는 의심이 들어서 검증하기로 했다고 가정해보자. 자기 말을 다른 식으로 표현하거나, 아빠가 아픈 사람을 치료한다는 식으로 자기주장을 확대할 수 있어야 할까? 아빠가 의사라는 사실이 아빠가 푸주한이거나 제빵사이거나 촛대장이라는 사실을 배제한다는 것을 알면 충분할까? 사이비 의사, 돌팔이, 무면허 의사 등의 개념을 몰라도 아이가 의사가 뭔지 안다고 볼 수 있을까? 그러고 보니 '아빠'가 자기 아빠라는 걸 알려면 아이는 얼마나 많은 것을 이해해야 할까? ('아빠'는 양아빠일까, 친아빠일까?) 의사가 어떤 것인지, 아빠가 어떤 것인지에 대한 아이의 이해가 세월이 흐르면서 점차 커질 것이고 "우리 아빠, 의사예요"라는 문장에 대한 이해도 커질 것임은 분명하다. 아이가 이 명제를 '완벽하게' 이해할 수 있으려면 얼마나 많이 알아야 할지를 (자의

적이지 않게) 명시할 수 있을까? 이 예에서 보듯 이해에 정도 차이가 있다면, 이해에 의존하는 믿음도 정도 차이가 있어야 한다. 이처럼 평범한 명제도 예외가 아니다. 아이는 아빠가 의사라고 믿는 셈이다. 이것은 아이가 단서를 달거나 의심을 한다는 뜻이 아니라 유용한 믿음 개념의 중요한 전제 조건인 이해 수준에 못 미친다는 뜻이다.

16

현시적 상과 과학적 상

의미가 무엇인지 이해하기 위한 탐구를 계속 진행하기 전에 발판을 몇 개 놓을 때가 되었다. 이번에 소개할 생각도구는 아주 많은 문제에 대해 귀중한 관점을 제시하기에 모든 사람의 연장통에 들어 있어야 하지만 정작 자기 집인 철학으로부터 별로 전파되지 못했다. 철학자 윌프리드 셀라스는 1962년에 우리가 사는 세상에 대해 과학이 무엇을 보여줄 수 있는지 명확하게 생각하기 위해 이 생각도구를 고안했다. '현시적 상manifest image'은 일상생활에서 우리에게 보이는 세상, 즉 실체가 있는 물건, 색깔과 냄새와 맛, 소리와 그림자, 동물과 식물, 사람과 (탁자와 의자, 다리와 교회, 화폐와 계약서뿐 아니라 노래, 시, 기회, 자유의지처럼 손으로 만질 수 없는 것에 이르기까지) 온갖 사물로 가득한 세상이다. 이 모든 사물을 '과학적' 상에 속하는 사물, 즉 분자, 원자, 전자, 쿼크 등속과 나란히 놓았을 때 제기되는 온갖 골치 아픈 질문을 생각해보라. 모든 것은 '정말로' 실체일까? 물리학자 아서 에딩턴은 20세기 초에 '두 탁자'에 대해 썼다. 하나는 일상에서 경험하는 실체로서의 탁자이고 또 하나는 원자로 구성되고 주로 빈 공간으로 이루어진, 나뭇조각보다는 은하계에 더 가까운 탁자다. 어떤 사람들은 '정말로 실체인 것은 아무것도 없다'라는 사실을 과학이 밝혀냈다면 실체는 환상이라고 말했지만 에딩턴은 현명하게도 그 정도로 극단적이지는 않았다. 어떤 사람들은 색깔이 환상이라고 말했다. 과연 그럴까? 인간의 시각을 이루는 좁은 범위의(적외선과 자외선 사이) 전자기 방사선은 색색의 작은 물질로 이루어지지 않았다. 원자는, 심지어 금 원자조차도 색깔이 없다. 하지만 그럼에도 색깔은 유의미하다는 점에서 환상이 아니다. 소니가 자기네 컬러텔레비전이 실제로 색상의 세계를 보여준다고 선전할 때 이것이 거짓말이라고 생각하는 사람은 아무도 없다. 셔윈윌리엄스(미국의 페인트 회사_옮긴이)가 여러 색깔을 페인트의 형태로 판매한다고 해서 사기 혐의로 고발해야 한다고 생각하는 사람도 아무도 없다. 화폐는 어떨까? 오늘날 대다수의 화폐는 은이나, 심지어 종이로도 제작되지 않는다. 대부분은 시나 약속처럼, 물질이 아니라 정보로 이루어진 '가상' 화폐다. 그렇다고 해서 화폐를 환상이라고 말할 수 있을까? 그렇지 않다. 하지만 분자들 가운데에서 화폐를 찾으려 들지는 마시길.

셀라스[4]는 유명한 말을 남겼다. "철학의 목표를 추상적으로 정식화하자면 최대한 광의의 사물이 어떻게 최대한 광의로 들어맞는지 이해하는 것이다." 내가 이제껏 접한 철학의 정의 중에서 최고다. 현시적 상의 모든 친숙한 '사물'을 과학적 상의 모든 상대적으로 낯선 '사물'과 대응시키는 방법을 알아내는 과제는 과학자가 딱히 잘할 만한 일이 아니다. 닥터 물리학자여, '색깔'이 무엇인지 말해주시오. 당신 이론에 따르면 색깔은 존재하오? 닥터 화학자여, '협상'의 화학식을 써주실 수 있소? 당연히 (경고! 경고!) 협상은 존재하오. 무엇으로 이루어졌겠소? 흠. 어쩌면 협상은 실제로는 존재하지 않을지도 모르겠소. 하지만, 그렇다면 진짜 협상인 것과 협상처럼 보이는 것의 차이—'화학적' 차이?—는 무엇이오? 이런 식으로 철학자만이 해결하려고 골머리를 썩인 수수께끼들을 얼마든지 낼 수 있다. 하지만 그러지 말고 셀라스의 조언대로 한 걸음 물러서서 세상에 두 가지 전혀 다른 관점이 있다는 사실을 들여다보자. 왜 두 가지 관점이 있을까? 아니면, 더 있을까? 이 질문에 대답하기 위해 우선 과학적 상에서 출발하여 이 관점에서 현시적 상의 등장을 목도할 수 있는지 알아보자.

세균이든 호모 사피엔스 구성원이든, 모든 생물은 자기에게 유의미한 사물의 집합이 있다. 따라서 모든 생물은 이 집합을 최대한 효과적으로 분간하고 예측해야 한다. 철학자들은 존재한다고 간주되는 사물의 목록을 '존재론ontology'(이 그리스어 단어는 놀랍게도 '사물'을 일컫는다)이라고 부른다. 따라서 모든 생물에게는 존재론이 있다. 이 목록을 일컫는 또 다른 이름으로는 생물의 '환경세계Umwelt'—폰 윅스퀼[5]에 따르면 이 독일어 단어는 놀랍게도 '환경'을 일컫는다—가 있다. 동물의 환경세계는 우선 '행위유발성affordance'[6]으로 이루어진다. 먹을 수 있는 것, 교미할 수 있는 것, 피해야 할 것, 지나가야 할 틈새, 바깥을 내다볼 틈새, 숨을 구멍, 올라설 사물 등이 이에 해당한다. 생물의 환경세계는 어떤 의미에서 '내적' 환경, 즉 '주관적'이며 심지어 '자기애적'인 존재론으로, '자기'에게 가장 유의미한 것으로만 이루어지지만, 반드시 의식적이라는 의미에서 내적이거나 주관적인 것은 아니다. 환경세계는 사실 공학에서 쓰는 개념이다. 컴퓨터로 제어하는 엘리베이터의 존재론—엘리베이터를 작동시키기 위해 컴퓨터가 알아야 할 모든 것—을 생각해보라.[7] 폰 윅스퀼은 진드기의 환경세계를 연구하기도 했다. 우리는 불가사리나 벌레나 데이지의 환경세계가 '우리 환경세계', 즉 우리의 현시적 상보다는 엘리베이터의 존재론과 더 비슷하다고 가정할 것이다.

우리의 현시적 상은 데이지의 존재론, 즉 환경세계와 달리 실제로 현시적이며 확고한 의미에서 실제로 주관적이다. 우리가 살아가는 세계이자 우리에 따른 세계인 것이다.[8] 하지만 데이지의 존재론과 마찬가지로 우리의 현시적 상은 상당 부분 억겁의 자연선택으로 형성되었으며 유전적 유산의 일부다. 환경세계가 얼마나 다를 수 있는가를 보여주는 예 중에서 내가 좋아하는 것으로 개미핥기를 벌레잡이 새와 비교하는 것이 있다.[9] 벌레잡이 새는 곤충을 한 마리 한 마리 추적하며 높은 점멸융합 주파수(계속되는 자극들이 점멸하는 것 같이 보이지 않고 연속적으로 느껴지는 주파수_옮긴이)로 곤충의 불규칙한 비행 패턴을 탐지한다(실제로 새의 눈은 '초당 프레임'이 우리보다 많기 때문에, 영화가 슬라이드 쇼처럼 보일 것이다). 이에 반해 개미핥기는 개미 천지인 곳에 대충 자리 잡고 커다란 혀를 낼름거리면 그만이다. 어떤 철학자는 개미핥기에게 '개미'란 '물'이나 '얼음'이나 '가구' 같은 '덩어리 말mass term'(물질명사에 해당하는 철학 용어_옮긴이)이지 '올리브'나 '빗방울'이나 '의자' 같은 '분류어sortal'(셀 수 있는 것을 가리키는 단어)가 아니라고 말할 것이다. 개미핥기는 먹음직한 개미 떼를 보면 혀로 후루룩 빨아들인다. 우리가 사탕을 먹을 때 포도당 분자 하나하나를 의식하지 않듯 개미핥기도 개미 한 마리 한 마리를 의식하지 않는다.

현시적 상은 대부분 유전적으로 물려받지 않고 어린 시절 경험을 통해 주입된다. 단어는 우리에게 매우 중요한 사물의 범주이며 대부분의 현시적 상을 전달하는 매체이지만, 세상의 일부 사건을 단어로 범주화하는 능력과 우리의 말하려는 욕구는 적어도 부분적으로는 유전적으로 물려받은 재능일 것이다. 하늘을 나는 곤충을 포착하는 새의 능력이나 둥지를 파려는 대모벌의 욕구처럼 말이다. 단어를 엮어 문장으로 만들 문법이 없어도, 단어는 단지 이름표로서도 '엄마', '멍멍이', '까까' 같은 중요한 범주를 우리의 현시적 상 속에 날카롭게 초점을 맞춘 존재로 가져다줄 수 있다. 협상, 실수, 약속 등의—홈런이나 총각은 고사하고—명확한 개념을 내가 이 문장에서 쓴 단어들을 쓰지 않고서 얼개라도 짤 수 있을까? 우리는 더그 호프스태터가 즐겨 쓰는 생각도구 목록을 살펴보면서 용어가 우리 마음에 구조와 특징을 부여하고 개개인의 (다른 방법으로는 거의 보이지도 않았을) 현시적 상을 '사물'—헐거운 대포, 입술 서비스, 다시 먹이기—로 풍부하게 할 수 있음을 이미 살펴본 바 있다.

17

민간심리학

우리의 현시적 상에서 가장 중요한 패턴은 내가 '민간심리학folk psychology'이라고 부르는 패턴일 것이다. 민간심리학은 우리에게 유의미한 수많은 다른 범주의 자리를 잡아주기 때문이다. 이 용어를 내가 지금의 의미로 고안한 것은 1981년이지만, 일찍이 빌헬름 분트와 지그문트 프로이트 등의 저작에도 나타나는데('폴크스프쉬홀로기Volkpsychologie') 이때는 민족적 특질에 대한 것을 의미했다(즉, 독일 '민족Volk'의 '정신Geist' —알고 싶지 않겠지만). 나는 이 선례가 있다는 사실을 미처 몰랐다. 이 용어를 받아들인 많은 사람들도 마찬가지였다. 나는 '민간심리학'을 우리 주위의 사람들(또한 동물과 로봇과 심지어 단순한 온도 조절 장치까지)을 '행위자'로 해석하는, 우리 모두가 가진 '재능'을 일컫는 용어로서 제안했다. 이 행위자는 자신이 행동하는 세계에 대한 정보(믿음)와 자신이 얻고자 하는 목표(욕구)가 있으며 이 믿음과 욕구를 바탕으로 가장 '합리적인' 행동 방침을 선택한다.

연구자 중에는 민간심리학을 '마음 이론theory of mind'(또는 줄여서 TOM)으로 부르는 것을 좋아하는 사람들도 있지만 내가 보기에는 오해의 소지가 있다. 우리가 이론을 가지고 적용한다고 시사함으로써 '우리가 어떻게 해서 이런 재능을 가지게 되었는가'라는 문제를 예단하는 경향이 있기 때문이다. 그렇게 따지면 자전거 타는 법을 아는 사람에게는 '자전거 이론'이 있으며, 굶주려 죽는 일을 피하고 모래 먹기를 거부하는 사람에게는 '영양 이론'이 있다고 말할 수 있을 것이다. 하지만 내가 보기에 '~ 이론'은 이런 능력에 대해 생각하는 쓸 만한 방법이 아닌 듯하다. 우리에게 해석의 재능이 있다는 데는 모두가 동의하고 우리가 어떻게 그런 재능을 가지게 되었는가에 대해서는 이견이 분분하니, 당분간은 '이론'을 배제하고 좀 더 중립적인 용어를 쓰는 것이 최선이라고 생각한다. 학문적 심리학 또는 과학적 심리학도 타인의 마음을 설명하고 예측하는 일을 하며 여기에는 실제로 행동주의behaviorism, 인지주의cognitivism, 신경계산 모형neurocomputational model, 게슈탈트 심리학Gestalt psychology 등 수많은 이론이 있다. 민간심리학은 우리가 공식 교육을 받지 않고도 능숙하게 발휘하는 재능이다. 그렇다면 같은 식으로 '민간물리학'은 액체가 흐를 것이라 예측하고, 허공에 있는 물체가 떨어질 것이라 예측하고, 뜨거운 것을 만지면 화상을 입을 것이라 예측하고, 물이 갈증을 해소해주리라 예측하고, 구르는 돌에는 이끼가 끼지 않으리라 예측하는 '재능'이다. 이것 또한 흥미로운 문제다. 물리학 수업을 한 번도 받지 않고서도 어떻게 우리 뇌는 거의 언제나 이토록 정확한 예측을 아무 어려움 없이 내놓는 것일까?

민간심리학은 자신의 마음과 타인의 마음에 대해 '모두가 아는 것'이다. 사람들은 통증이나 굶주림이나 목마름을 느낄 수 있고 그 차이를 안다. 과거의 사건을 기억할 수 있고, 많은 일을 예견할 수 있고, 눈앞에 있는 것을 볼 수 있고, 귀에 닿는 소리를 들을 수 있고, 속고 속일 수 있고, 자신이 어디 있는지 알고, 남을 분간할 수 있다. 사람들 머릿속에서—동물은 말할 것도 없고—실제로 무슨 일이 벌어지는지 알지도 못하면서 우리가 이런 가정을 자신 있게 내놓는 것을 보면 놀라울 따름이다. 우리가 이런 가정을 얼마나 확신하는지, 이런 가정을 한다는 사실을 알아차리려고만 해도 꽤 힘들여 거리 두기를 해야 한다.

예술가와 철학자가 동의하는 것이 한 가지 있다. 자신들이 자임한 임무 중 하나는 '친숙한 것을 낯설게 하기'라는 것이다.[10] 창의적 천재성이 한껏 발휘되면 우리는 과도한 친숙함이라는 껍질을 깨고 새로운 관점으로 ㅅㅂㄸ 하여 평범하고 명백한 사물을 새로운 시각으로 볼 수 있게 된다. 과학자도 맞장구친다. 뉴턴의 신화적 순간은 '왜 사과가 나무에서 *아래*로 떨어질까?'라는 기상천외한 질문을 스스로에게 던졌을 때다. (천재가 아닌 일반인은 이렇게 말한다. "왜 아니겠어? 무겁잖아!" 마치 만족스러운 설명이라는 듯이.) 여러분에게 맹인 친구가 있고 여러분은 맹인이 아니라면, 내 추측이 맞는지 확인해주기 바란다. 그 친구와 아무리 오래 사귀었더라도, 여러분이 믿고 이해하는 것을 친구가 믿고 이해하도록 하려고 할 때 여러분은 친구의 (보이지 않는) 눈 앞에서 손으로 사물을 가리키거나 형태를 그려 보일 것이다. 나 말고 다른 (깨어 있는) 사람이 곁에 있을 때, 우리는 으레 둘 다 같은 사물을 보고 같은 소리를 듣고 같은 냄새를 맡을 수 있다고 예상한다. 우리는 고속도로를 시속 100킬로미터로 달리면서도 바로 옆 차로에서 다른 차들이 같은 속도로 나를 향해 달려오고 있다는 것에 개의치 않는다. 우리는 정면충돌이 일어나지 않으리라는 것을 어떻게 아는 걸까? 우리는 상대방 운전자(심지어 우리는 그를 볼 수도 없으며 알 가능성도 거의 없다)가 목숨을 부지하기를 '원하'고 고속도로에서 목숨을 부지하는 최선의 방법은 차로를 지키는 것임을 '안'다고 (고민 없이) 가정한다. 그런데 신형 로봇 제어 무인 자동차가 오늘 이 도로에서 시험 주행 중이라는 뉴스가 라디오에서 흘러나왔다면 나는 안절부절못할 것이다. 물론 그

무인 자동차는 안전하도록 '설계'되었고 게다가 구글이 제작했지만, 우리는 칭송받는 로봇의 합리성과 지식보다는 평범한 인간 운전자의 합리성과 지식을 더 확신한다(토요일 밤 늦은 시간에는 아닐지도 모르지만).

'모두가 안다'라고 생각하는 민간심리학은 어떻게 생겨났을까? 결국 우리가 어릴 적에 배우는 이론의 일종인 '마음 이론TOM'인 것일까? 그중 일부는 타고나는 것일까? 모두 학습하는 것이라면, 언제 어떻게 학습하는 것일까? 지난 30년 동안 이 질문에 대답하려는 연구가 쏟아져 나왔다. (이 모든 연구에도 불구하고) 나의 대답은 민간심리학이 이론이라기보다는 실천이며, 세상을 탐구하는 방법이되 너무 자연스러워서 우리 뇌에 어느 정도 유전적 토대가 있어야만 한다는 것이다. 이 중 일부는 분명히 '어머니 슬하에서' 배워야 하며, 자라는 과정에서 다른 인간과의 접촉이 전혀 없다면 우리는 민간심리학에 매우 서툴 것이다(그 밖에도 여러 심각한 장애를 겪을 것이다). 하지만 (진자나 굴러 내려가는 공과 달리) 불규칙하게 움직이는 사물을 행위자로 해석하려는 충동은 매우 강하다. 심리학 개론 수업에서 즐겨 드는 예로, 프리츠 하이더와 마리안네 지멜이 1944년에 만든 짧은 동영상이 있다(정지 영상을 수없이 촬영하여 제작했다). 동영상에서는 세모 두 개와 동그라미 한 개가 네모를 들락날락한다. 이 기하학적 형태들은 사람(이나 동물)을 전혀 닮지 않았지만, 이들의 상호작용에 목적이 있으며 욕망, 두려움, 용기, 분노가 이를 추동한다고 생각하지 않기란 불가능에 가깝다. 이 고전적 시연 동영상은 'Heider and Simmel animation(1944)' 라는 제목의 유튜브를 비롯한 여러 웹사이트에서 볼 수 있다.

우리는 '행위자 탐지 장치agent detection device'를 타고나며[11] 이 장치는 엄청나게 예민하다. 스트레스가 심한 상황에서 으레 그렇듯 오작동이 일어나면

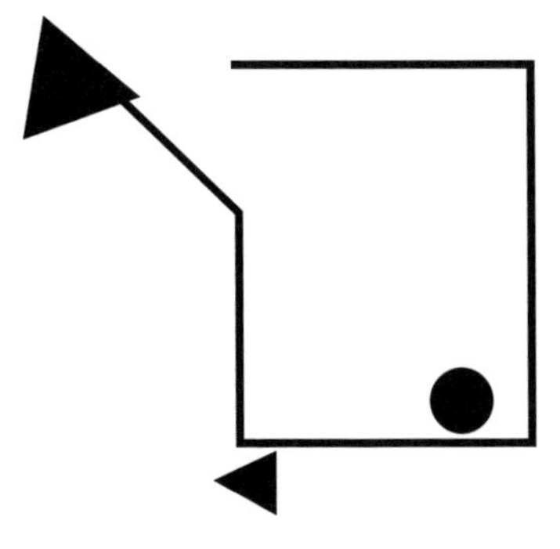

우리는 흔들리는 가지나 무너지는 돌벽이나 끼익 소리를 내는 문에서 유령이나 도깨비, 요정, 산신령, 악마 따위를 본다.[12] 우리는 어릴 적부터 수월하게 또한 자기도 모르게 남을 행위자로 본다. 이 행위자는 행복하거나 화났거나 당황했거나 두려워할 뿐 아니라 '비밀을 알고 있'거나 '어느 방향으로 갈지 궁리하'거나 심지어 '협상안을 거부하'기까지 한다. 이것을 아는 데는 뇌 수술이나 로켓 과학이 필요하지 않다. 쉬운 일이니까. 나는, 민간심리학을 쉽게 구사할 수 있고 큰 효과를 거둘 수 있는 것은 사물을 단순하게 가정할 수 있기 때문이라고 주장했다. 이것은 과학의 이상적 모형, 즉 최대한 추상적이고 본질만 남은 모형을 '닮았다'. 나는 이것을 '지향적 태도'라 부른다.

18

지향적 태도

지금까지는 문제될 게 없다. 우리는 거의 모두 뛰어난 민간심리학자다.[13] 우리는 남들을—또한 자신을—마음이 있는 존재로 생각하는 재능이 있으며, 이는 대부분 숨 쉬는 것처럼 손쉬운 일이다. 꺼림칙하지도 않고 두 번 생각하지도 않는다. 그런데도 놀라울 만큼 정확하다. 민간심리학은 왜 이다지도 수월하며 어떻게 해서 효과가 있는 것일까? 여기서 잠시 멈추고 발판을 좀 더 쌓아야 한다. 이렇게 해두면 앞으로 탐구를 훨씬 쉽게 해나갈 수 있을 것이다.

민간심리학은 어떻게 효과를 발휘할까? 사람이 '아닌' 것에 민간심리학을 적용하면, 그 작동 과정을 관찰하면서 해답의 실마리를 얻을 수 있다. 자신이 컴퓨터와 체스를 둔다고 가정해보자. 나는 이기고 싶다. 이 목표를 이루는 좋은 방법은 내 수에 대한 컴퓨터의 반응을 예상하려고 애쓰는 것이다. '내가 비숍을 저기에 놓으면 컴퓨터가 잡겠지. 폰을 움직이면 컴퓨터는 퀸을 옮겨야 할 거야. ……' 나는 컴퓨터가 어떤 수를 쓸지 어떻게 알까? 컴퓨터 속을 들여다보았나? 컴퓨터에 설치된 체스 프로그램을 연구했나? 물론 아니다. 그럴 필요도 없다. 나는 컴퓨터가 아래와 같은 일을 할 수 있다는 뚜렷한 가정하에 확신을 가지고 다음 수를 예측한다.

1. 규칙을 '알'고 체스 하는 '법을 안'다.
2. 이기고 '싶어 한'다.
3. 이런 가능성과 기회를 '간파'하고 그에 따라 합리적으로 행동한다.

다른 말로 하자면, 나는 컴퓨터가 체스를 잘한다고, 적어도 자충수를 두는 멍청이는 아니라고 가정한다. '다른' 다른 말로 하자면, 마음이 있는 인간인 것처럼 대한다. 또 다른 말로 하자면, 민간심리학을 이용하여 컴퓨터의 수를 예측하고 이해하는 것은 곧 '지향적 태도를 취하'는 것이다.

지향적 태도란 어떤 대상의—사람이든, 동물이든, 인공물이든, 아니 무엇이든—행동을 해석할 때 그 대상이 스스로의 '믿음'과 '욕구'를 '고려'하여 '선택'과 '행위'를 제어하는 합리적 행위자인 '것처럼' 대하는 전략이다.[14] 내가 따옴표를 덕지덕지 붙인 것은 이 단어들의 핵심적 특징—즉, 실용적 추론(따라서 실용적으로 추론하는 상대방의 행동에 대한 예측)에서의 역할—을 써먹을 수 있도록 단어의 일반적 의미를 제쳐두자는 취지다. 어떤 대상에 대해 지향적 태도를 취함으로써 그 대상의 많은 행동을 유용하게 예측할 수 있다면 그 대상은 정의상 '지향계intentional system'다. 차차 살펴보겠지만, 매혹적이고 복잡한 것 중에서 뇌나 눈이나 귀나 손이 없어서 마음이 없는데도 지향계인 것이 많이 있다. 말하자면 민간심리학의 기본 트릭은 인간이 상호작용하는 세계의 바깥에도(뜻밖에) 일부 적용된다. (중요한 분야를 몇 개만 들자면, 컴퓨터 기술과 인지신경과학뿐 아니라 진화생물학과 발달생물학에도 이 트릭이 적용된다.)

무엇이 '정말로' 마음을 가졌는지, 지향적 태도의 '정당한' 영역은 무엇에 대한 것인지 같은 우려스러운 질문은 일단 미뤄둘 것을 제안한다. 그 질문의 정답이 무엇이든—만일 정답이 있다면—지향적 태도가 그 밖의 분야에서 예측 방법으로서 뛰어난 '효과'를 발휘한다는 사실은 달라지지 않는다. 이는 지향적 태도가 우리의 일상생활에서 다른 사람들을 다루는 민간심리학자로서 효과를 발휘하는 것에 뒤지지 않는다. 철학자 중에는 이런 주장에 실망하고 짜증을 내는 사람도 있다. 이들은 호루라기를 불고는, 다음 단계로 나아가기 전에 일단 마음이 무엇인지, 믿음이 무엇인지, 욕구가 무엇인지를 제대로 밝혀야 한다고 주장한다. "선생의 용어를 정의하시오!" 싫소. 아직 때가 아니오. 나는 우선 지향적 태도라는 이 뛰어난 트릭의 위력과 적용 범위를 살펴보고 싶다. 이 트릭이 어디에 왜 쓸모가 있는지 알고 나면, 다시 돌아와 그래도 탄탄한 형식적 정의의 필요성을 느끼는지 자문해볼 수 있을 것이다. 내 전략은 까다로운 문제를 처음부터 한꺼번에 먹고 삼키려 들기보다는 '야금야금 공략'하는 방법의 사례다. 앞으로 보여줄 생각도구의 상당수는 야금야금 공략, 즉 문제의 전체적 형태를 파악하는 데 도움이 될 '고정점' 몇 개의 위치를 대략적으로 알아내는 데 효과가 뛰어나다. 나는 『행동반경』[15]에서 내 방법을 조각가의 작업에 비유했다. 조각가는 대리석 덩어리를 조금씩 어림으로 깎아내며 신중하고 조심스럽게 표면을 완성해간다. 많은 철학자들은 결코 이런 방법을 쓸 수 없다. 이들은 가설을 하나라도 시도하기 전에 문제와 해법의 범위를 완전히 확정해야 한다(고 생각한다).

세 가지 태도

이제 지향적 태도를 다른 예측 전술과 비교하면서 지향적 태도의 힘이 어디에서 비롯하는지 살펴보자. 우선 대상을 대하는 태도를 크게 물리적 태도, 설계적 태도, 지향적 태도로 구분하자(목적에 따라 더 잘게 나눌 수도 있지만 여기서 그럴 필요는 없다).

'물리적 태도'는 자연과학의 기본적이며 고된 방법이다. 우리는 대상의 물리 법칙과 물리적 구성에 대해 아는 것을 총동원하여 대상의 행동을 예측한다. 손에서 돌멩이를 놓으면 땅바닥으로 떨어질 것이라고 예측하는 것은 물리적 태도를 취하는 것이다. 일반적으로, 생물도 아니고 인공물도 아닌 대상에 대해서는 물리적 태도가 유일하게 가능한 전략이다(뒤에서 살펴보겠지만 여기에는 중대한 예외가 있다). 모든 물리적 대상은—설계되었든 아니든, 생명이 있든 없든—물리 법칙의 지배를 받으며, 따라서 이 대상의 행동은 '이론상' 물리적 태도로 설명하고 예측할 수 있다. 내가 손에서 놓은 것이 자명종이나 금붕어이더라도 나는 같은 근거에서 그것이 아래로 떨어질 것이라고 예측한다. 하지만 자명종과 금붕어의 더 흥미로운 동작을 예측할 때는 물리적 태도가 별 도움이 되지 않는다.

자명종은 (돌멩이와 달리) 설계된 물체일 뿐 아니라 더 복잡한 예측, 즉 '설계적 태도'에 따른 예측이 잘 들어맞는다. 처음 보는 물체를 내가 자명종으로 분류한다고 가정해보자. 나는, 버튼 몇 개를 누르면 얼마 뒤에 자명종이 요란하게 울릴 것이라고 재빨리 추론할 수 있다. 이 놀라운 규칙성을 설명하는 물리 법칙을 구체적으로 알아낼 필요는 없다. 단지 자명종이 특정하게 설계되었으며—이 설계를 나는 '자명종'이라고 부른다—설계된 대로 제대로 작동할 것이라고 '가정'하면 충분하다. 설계적 태도에 따른 예측은 물리적 태도에 따른 예측보다 위험성이 크다. 그 이유는 아래와 같은 별도의 가정을 고려해야 하기 때문이다.

1. 대상은 '정말로' 내가 생각하는 것처럼 설계되었다.

2. 대상은 설계된 대로 작동할 것이다(즉, 오작동하지 않을 것이다).

설계된 사물은 종종 설계에 오류가 있으며 이따금 망가지기도 한다. 돌멩이에 대해, 또는 돌멩이 안에서 일어나는 일은 결코 오작동으로 간주되지 않는다. 애초에 기능이라는 것이 없기 때문이다. 돌멩이가 둘로 쪼개지면 돌멩이 두 개이지 망가진 돌멩이 하나가 아니다. 설계된 사물이 꽤 복잡하면(이를테면 전기톱과 도끼의 차이), 위험성이 다소 증가하더라도 예측이 훨씬 쉬워지기 때문에 더 유리하다. 전기톱 설명서가 있는데 굳이 기본적 물리 법칙을 동원하여 전기톱의 동작을 예측하려 드는 사람은 아무도 없을 것이다.

설계적 태도보다 더 위험성이 크고 더 신속한 태도가 우리의 주제인 '지향적 태도'다. 지향적 태도는 설계적 태도의 아종亞種으로, 설계된 사물을 '믿음과 욕구를 가지고 있으며 이 믿음과 욕구를 바탕으로 자신이 해야 하는 일을 합리적으로 수행하는 일종의 행위자'로 대하는 태도다. 자명종은 아주 단순하기 때문에, 왜 그렇게 작동하는지 이해하려고 가상의 의인화를 동원할 (엄밀히 말하자면) 필요가 없다. 하지만 자명종보다 훨씬 복잡한 인공물의 경우는 지향적 태도를 취하는 것이 유용하다(실은 거의 필수적이다). 앞서 살펴본 체스 두는 컴퓨터의 예를 중심으로 지향적 태도가 실제로 어떻게 구현되는지 (중요한 사실을 간과하지 않도록 주의하면서) 천천히 살펴보자.

첫째, 컴퓨터가 자기 차례에 둘 수 있는 합법적 수를 나열한다(대개 수십 개의 수가 가능하다).

합법적 수를 최선(가장 현명하고 합리적인 수)에서 최악(가장 어리석고 자멸적인 수)까지 순서를 매긴다.

마지막으로, 컴퓨터가 최선의 수를 둘 것이라고 예측한다.

최선의 수가 무엇인지 모를 수도 있지만(컴퓨터가 나보다 형세를 더 잘 파악할 수도 있으니까!), 거의 언제나 너덧 개만 남기고 나머지 후보는 다 버릴 수 있다. 이렇게만 해도 훨씬 유리한 입장에서 예측할 수 있다. 설계적 태도로 되돌아감으로써 이 입장을 개선하여 컴퓨터가 둘 수를 미리 정확하게 예측할 수도 있다(시간과 노력이 어마어마하게 들겠지만). 프로그램 '소스 코드'(27장 참고)를 구하여, 내가 두려는 수에 대한 대응책을 찾는 과정에서 컴퓨터가 거치는 수백만 아니 수십억 개의 단순한 절차를 일일이 머릿속에서 떠올리면 된다. 그러면 내가 어떤 수를 두었을 때 컴퓨터가 어떻게 대응할지 정확하게 알 수 있겠지만, 결론에 도달하기 오래전에 제한 시간을 넘겨버릴 것이다(실은 수명이 다할 것이다). 정보가 너무 많다! 하지만 설계적 태도만 해도 컴퓨터의 키를 눌렀을 때 전자가 어떻게 흐르는지 계산하는 물리적 태도보다는 '훨씬' 수월하다. 따라서 물리적 태도는 컴퓨터의 동작을 예측하고 설명하는 데는 무용지물이다. 나 대신 계산을 해줄 또 다른 컴퓨터가 있지 않는 한—이건 반칙이다—설계적 태도도 여간 힘든 일이 아니다. 지향적 태도는 고된 정보 수집과 계산을 모조리 해치우며(위험 부담이 있긴 하지만) 꽤 훌륭한 예측을 내놓는다. 또한 컴퓨터는 (자신이 바라는 것—이기는 것—과 아는 것—체스보드에 놓인 모든 말의 위치와 위력—을 바탕으로) 최선의 수를 찾고 놓을 만큼 '합리적'일 것이다. 많은 상황에서, 특히 컴퓨터에게 무엇이 최선의 수인지가 명백해서 '불가피한 행마forced move'나 '생각할 필요도 없는 행마no brainer'로 간주될 경우 지향적 태도는 컴퓨터의 수를 별로 힘들이지 않고 거의 완벽하게 예측할 수 있다.

체스 두는 컴퓨터를 예측하는 것이 목표일 때 지향적 태도가 효과를 발휘하는 것은 분명하다. '체스 두는 컴퓨터'의 설계 목표는 체스라는 매우 합리적인 조건에서 최선의 수를 '추론'하는 것이기 때문이다. 이와 마찬가지로 정유 공장에서 돌아가는 컴퓨터 프로그램이라면, 폭넓은 설계 목적하에서 무엇을 해야 하는지 구체적으로 규정한 조건을 탐지하고 그에 대응하여 동작할 것이 분명하다. 여기서는 '설계의 탁월성이나 합리성'이 기정사실로 추정되고 있음이 뚜렷이 드러난다. 실력 없는 프로그래머가 프로그램을 짰다면 이 프로그램은 상황에 따른 (전문가들이 규정한) 임무를 좀처럼 해내지 못할 테니 말이다. 정보 시스템(이나 제어 시스템)이 적절하게 설계되었다면 이 시스템의 작동 근거를 쉽게 알 수 있으며 매우 정확하게 예측할 수 있다. 프로그램을 작성한 엔지니어가 (모범 관행에 따라) 일반인에게 작동 근거를 설명하는 '주석'을 소스 코드에 붙였든 안 붙였든 상관없다. ('주석'에 대해서는 나중에 자세히 설명한다.) 우리는 컴퓨터 프로그래밍에 대해 전혀 몰라도 시스템의 동작을 예측할 수 있다. 우리가 알아야 하는 것은 정유 공장을 운영하는 데 필요한 합리적 요구 사항들이다.

이제 우리는 지향적 태도가 어떤 과정으로 왜 '우리'를 예측하는지 알 수 있다. 우리는 '서로'를 지향계로 대할 때, 서로의—또한 자신의!—두개골 속에서 무슨 일이 일어나는지 시시콜콜 알 필요가 없다. 우리는 사람이 합리적이라고 짐작하면 얼추 맞는다는 사실에 무의식적으로 의존한다. 사람들과의 새로운 상황을 맞닥뜨리더라도, 사람들이 무엇을 믿어야 하는지(자신 앞에 놓인 것에 대한 진실), 무엇을 욕망해야 하는지(자신에게 좋은 것) 아는 능력을 타고났기 때문에 대개는 상황을 편안하게—사실 자기도 모르게—이해할 수 있다.

우리의 민간심리학적 예측이 효과적이라는 데는 논란의 여지가 없지만, 이 효과를 어떻게 설명할 것인가에 대해서는 이견이 분분하다. 우리는 아래와 같은 수십, 수백, 수천 가지 '자연 법칙'을 배우는 것일까?

> "어떤 사람이 눈을 뜬 채 깨어 있고 눈앞에 버스가 있으면 그는 버스가 자기 앞에 있다고 믿을 것이다."
>
> "사람들은 손해를 별로 보지 않고서 남의 환심을 살 수 있다고 믿으면 낯선 사람과도 협력할 것이다."

아니면 이 법칙들은 모두 상황에 대한 합리적 반응이라는 암묵적 의미에 따라 그 자리에서 생성된 즉석 법칙일까? 나는 후자라고 주장한다. 이런 일반화로 포착할 수 있는 전형적 행동 패턴은 얼마든지 있는 반면에(이론상으로는 살아가면서 한 번에 하나씩 배우는 것일 수도 있다), 너무 새롭고 나머지 모든 인간적 상황과 너무 달라서 사람들이 어떻게 행동할지 상상하는 것이 단연코 불가능한, 과학소설 같은 시나리오를 만들어내기란 여간 어려운 일이 아니다. "그렇게 되면 '당신'은 어떻게 할 것인가?"라는 질문이 당연히 제기될 텐데 "나는 아마도 실신하겠지" 같은 쓸모없는 대답과 더불어 매우 '합리적인' 대답이 터져 나온다. "글쎄, 내가 X를 해야 한다고 생각할 수 있을 만큼 똑똑했으면 좋겠군." 사람들이 이토록 예외적인 상황에서 그토록 똑똑하게 행동하는 모습을 본다면 우리는 그들이 무엇을 하는지, 왜 하는지를 아무 어려움 없이 이해할 수 있다. 자연언어의 완전히 새로운 문장, 즉 살면서 한 번도 못 들어본 문장을 이해하는 능력과 마찬가지로, 사람들의 온갖 상호작용을 이해하는 능력은 정상적인 사람이 어느 정도 타고난 생성능력(타고난 문법을 일컫는 생성문법에 빗댄 표현_옮긴이)의 증거다.

우리는 지향적 태도를 이처럼 자연스럽게 또한 무심코 동물에게 확장한다. 야생동물을 사냥하고 있다면 이것은 선택의 여지가 없는 전술이고, 하등 동물이나 심지어 식물의 행동을 체계적으로 이해하려 할 때에도 유용한 전술이다. 백합(조개)은 자신의 제한적 세계관을 바탕으로 나름의 행동을 하며 합리적이다. 우리는 경쟁자가 서서히 잠식해 들어오는 것을 감지한—주변에 키 큰 나무들이 많아지면 더 많은 햇빛이 반사된다—나무가 더 높이 자라려고 애쓴다는 것을 알고도 놀라지 않는다. 식물은 자신이 처한 상황에서 똑똑한 행동을 한 것이다. 인공물 중에서는 심지어 단순한 온도 조절 장치도 기초적 수준에서 지향적 태도로 해석할 수 있다. 온도 조절 장치는 내가 요청한 온도를 유지하고 싶어 하고, 실제 온도에 대한 최신 믿음에 도달하려고 주기적으로 온도를 측정하고, 이 온도를 희망 온도와 비교하고, 그에 따라 행동한다. 온도 조절 장치의 핵심을 기술적인 부분을 빼고 어린아이에게 설명할 때라면 이렇게 말하면 된다.

이 간단한 지향계 이론은 우리가 대상을 '행위자'로 간주함으로써 수많은 복잡한 사물의 행동을 이해할 수 있는 과정과 이유에 대한 이론이다. 하지만 합리적 지침을 가지고 예측하는 내부 메커니즘을 직접 규명하는 이론은 '아니다'. 지향적 태도는 지향계의 '규격spec', 즉 작업 설명(이를테면 무엇을 구별하고 기억하고 수행해야 하는가)을 제시하며, 이 규격을 구현하는 것은 엔지니어에게—지향계가 생물인 경우는 진화와 발달에—맡긴다. 1달러 지폐와 10달러 지폐의 차이를 알고 거스름돈을 줄 수 있고 위조지폐를 알아차리고 고객이 원하는 제품을 하루 24시간 내내 내어줄 수 있는 행위자가 있다고 생각해보라. 여기서 지향적 태도가 묘사하는 것은 자동판매기의 규격일 수도 있고 편의점 직원의 기본적 업무 설명일 수도 있다. 자동판매기에 어떤 부품이 들어가는가, 직원에게 어떤 재능이 필요한가는 전혀 언급되지 않는다.

이 등가, 또는 중립은 소프트웨어 엔지니어 말마따나 버그가 아니라 특징이다. 다음 세 장章에서 보겠지만, 그렇기에 지향계 이론이 마음과 뇌 사이에 가로놓인 혼란의 간극을 잇는 과정에서 주도적인 구성적 역할을 맡을 수 있는 것이다. 간단히 말하자면, 그렇기에 우리는 '진짜' 믿음('인격체'의 믿음)과 '고작' 믿음 비슷한 상태(자동판매기, 동물, 어린아이, 가장 유용하게는 인격체의 아인격체적 '부분'의 상태)에 '공통되는 것'을 볼 수 있는 것이다. 예측을 해야 하는 경우가 생겼을 때, 지향적 태도를 이용하면 뇌 하위체계의 '능력'이 어떻게 구현되는지 자세히 알기 전에라도 이 능력의 규격을 알아낼 수 있다. 우리는 거대하고 복잡한 '진짜' 인격체를 제 나름의 관심사와 방법이 있는 아인격체 행위자로 나누고, 이를 다시 더 단순하고 어리석은 행위자로 나눈다. 결국 지향적 태도를 동원하지 않고도 설명할 수 있을 만큼 단순한 지향계에 도달한다. 인격체 차원의 민간심리학과 신경 회로의 아인격체적 활동 사이의 간극을 연결하는 것은 어마어마한 상상력이 필요한 작업이다. 철학자들이 (진정한 또한 성인成人인) 인간의 믿음과 욕구에 부여하려 한 조건을 원칙에 입각하여 완화하면 도움이 될 것이다. 감각 없는 사물로 이어지는 내리막길의 어디쯤에서 '진짜' 믿음과 욕구가 중단되고 믿음과 욕구 '비슷한 것'이 그 자리를 차지할까? 15장에서 이미 보았지만, 또한 그 밖의 여러 생각도구를 통해 보겠지만, 휘선(선 스펙트럼에서 밝게 빛나는 선_옮긴이)을 찾으려 하는 것은 헛다리 짚는 격이다.

컴퓨터학과 동물심리학에서는 지향적 태도가 널리 쓰이고 있으며 그 이유는 지향계 이론으로 설명된다. 진화생물학 이론가 중에는 지향적 태도가 필요 없다고 주장하는 사람들이 있지만, 5부에서 보듯 그들은 스스로를 기만하고 있다.[16]

19

인격체 대 아인격체

눈이 보는 것이 아니다. 내가 본다. 입이 초콜릿 케이크를 음미하는 것이 아니다. 내가 음미한다. 뇌가 어깨의 찌르는 듯한 통증에 기겁하는 것이 아니다. 내가 기겁한다. 손이 계약서에 서명하는 것이 아니다. 내가 서명한다. 몸이 흥분할지는 몰라도, 사랑에 빠지는 것은 나다. '문법적' 트집을 잡자는 게 아니다(뇌우가 쏟아질 때 "The thunderstorm is raining"이라고 하지 않고 "It's raining"이라고 하듯). 정의定義 규약의 문제만도 아니다. 사람들은 이따금 경멸조로 묻는다. "그냥 의미론 문제 아냐?" '용어를 정의하'는 방식이 뭐 중요할 게 있겠느냐는 투다. 하지만 용어를 어떻게 정의하느냐가 엄청난 차이를 만들어낼 때가 있으며, 지금이 바로 그런 때다. 우리가 '인격체'에 대해 또한 인격체가 무엇을 할 수 있고 경험할 수 있는가에 대해 말하는 방식은 몇 가지 중요한 사실에 근거한다.

언뜻 보기에는 한 인격체의 진부분眞部分(전체가 아닌 부분_옮긴이)들은 할 수 없되, 한 인격체 전체는 할 수 있는 것이 있는 것 같기도 하다. 거의 옳기는 하지만, 상상력을 극단적으로 발휘하면 이게 사실일 경우 인격체는 (대략적으로) 인체의 진부분, 말하자면 멀쩡한 뇌라고 말할 수 있다.

(나는 뇌를 가졌는가, 아니면 내가 뇌인가? 간단하게 대답할 수 있는 질문은 아니다.) 나는 팔이 잘려도 계약서에 서명할 수 있지만—발가락에 펜을 끼워 서명하거나 구두로 서명하면 된다—뇌가 마비되면 팔과 손이 있어도 계약서에 서명할 수 없다. 안구를 뽑으면 못 보지만 인공 안구를 넣으면 볼 수 있다. 이것은 머나먼 과학소설 속 환상이 아니다. 그렇다면 뇌의 일부를 '절제'하기 시작하면 어떻게 될까? 후두피질을 제거하되 안구와 시신경은 고스란히 두면, 나는 '피질 맹인'이면서도 시각 능력이 남아 있을 수도 있다(이를테면 시각 자극 처리에 대한 의식적 경험은 없지만, 무의식적으로 자극을 처리하는 '맹시' 현상은 잘 알려져 있다). 뇌를 좀 더 절제하고 맹시까지 없애버려도 '나'는 여전히 삶을 살아갈 수 있다. 청각 능력, 촉각 능력, 미각 능력, 후각 능력을 하나씩 없애며 뇌를 점차 깎아내다 보면 '나'의 궁극적 본부만 남길 수 있으며 이것이야말로 인격체의 본질이라는 생각은 솔깃하다. 하지만 틀렸다. 뇌의 온갖 능력은 매우 복잡하게 얽혀 있고 상호작용하기 때문에 "모든 것이 한데 모여" 의식을 형성하는 뇌 중심부 같은 것은 있을 수 없다.[17] 이와 관련하여, 나를 '나'이게 하는 능력, 기질, 선호, 기벽의 상당수는 나의 뇌 바깥에서 내 몸을 통과하는 경로와 연관되어 있다. 철학에서 늘 인기를 끄는 뇌 이식 사고실험은—딴 사람에게 뇌를 '주'고 싶은가, 딴 사람의 뇌를 '받'고 싶은가?—매우 왜곡된 이상적 상황에서나 가능하다. 나는 이렇게 말한 적이 있다. "나를 내 몸에서 떼어내면서 깔끔한 절단면을 남길 수는 없다."[18]

인터넷의 가장 중요한 특징은 탈집중화일 것이다. 인터넷은 세상 어디에도 중심이나 본부가 없다. 정밀 폭격으로는 인터넷을 마비시킬 수 없다. 인터넷의 진부분에는 고도의 중복성과 융통성이 있기 때문에, 진부분이 마비되면 와르르 무너지는 게 아니라 조금씩 무너진다. 〈2001 스페이스 오디세이2001: A Space Odyssey〉에는 지능이 있는 컴퓨터 '핼'이 등장하는데, 핼에는 메모리로 가득 찬 방인 '논리 메모리 센터'가 있다. 데이브는 메모리를 뽑아 핼을 영원히 잠재운다. 인터넷에는 그런 센터가 없으며, 자연은 그토록 정교하게 분산된 안전장치가 없지만 내 몸 속의 '나'는 상당히 탈집중화되어 있으며 내 부분들은 상당한 융통성을 지니고 있다. 뇌의 구성은 놀랍도록 '가소적plastic'(새로운 구성으로 변형되는 능력)이기 때문에, 중요하지만 '필수적'이지는 않은 신체 부위가 제거되어도 여전히 꿈을 좇고 적과 맞서고 꾀를 부리고 분투와 승리를 재현하고 나로 살아갈 수 있다. 이것이 내 부분들 중 무엇도 가지지 못한 능력을 '내'가 가진 한 가지 이유다. 뒤집어 생각할 수도 있다. 살아 있는 몸 전체의 부분들이 어떤 능력을 가졌는지 이해하는 유일한 방법은 이들이 거대한 전체 시스템의 협응에 어떻게 기여하는지 들여다보는 것이다.

예를 몇 가지 더 살펴보자. 뇌가 영어를 이해하는 것이 아니다. 내가 이해한다. 뇌가 농담을 재미있어하는 것이 아니다. 내가 재미있어한다. 능력 있는 뇌 구조의 활동들이 이해와 평가에서 주된 인과적 역할을 하더라도, 모든 감각기관과 팔다리, 그 밖의 효과기(동물체가 외계의 자극에 능동적으로 작용하기 위한 기관_옮긴이)가 오랫동안 훈련하고 뒷받침하지 않으면 이 활동들이 제 몫을 할 수 없다.[19]

우리가 지속적이고 의식이 있고 합리적인 행위자인 '인격체'—살아 있는 몸—를 대다수 일상적 행위의 '기록 주체'로 가정하는 것은 단지 관례에 따른 것이 아니다. 실수를 저지르고, 경주에서 이기고, 레슬리에게 반하고, 프랑스어를 그럭저럭 구사하고, 브라질에 가고 싶어 하고, 금발을 좋아하고, 명예를 훼손하는 것은 '나'다. (62장도 참고.) 내가 배고프고 지치고 짜증 나는 것은 모두 나의 아인격체 부분 덕분이다. 그 밖에는 아무것도 없다.

하지만 이 진부분들의 정체는 무엇일까? 그저 벽돌처럼 쌓으면 살아 있는 인체가 될까? 가장 작은 부분인 원자를 말하는 거라면 대답은 '그렇다'이다. 하지만 분자에서 세포, 그 이상 수준에서는 결코 그렇지 않다. 세포 속 일꾼인 단백질은 솜씨와 안목이 무척 뛰어난 작은 로봇이다. 나노봇이라고 부를 수도 있을 것이다. 뇌에서 전달과 전환, 조정 역할을 대부분 맡고 있는 신경세포는 더 다재다능하고 유능한 로봇이다. 이것은 마이크로봇이라고 부르면 되겠다. 이들은 연합체를 이루어 더 큰 구조에서 경쟁하고 협력하며, 정보를 주고받고, 서로를 억제하고, 감각 정보의 홍수를 분석하고, '기억 속'에 잠든 정보 구조를 깨우고(뇌에는 메모리 같은 장소가 별도로 있는 것이 아니다), 근육을 움직이는 미묘한 신호 연쇄를 조율한다.

기초적 원자 벽돌의 수준을 넘어서면 항상 어느 정도의 '행위자성agency'이 나타난다. 말하자면 '지향계'로 해석할 수 있는 것이다. 분자 수준(운동 단백질, DNA 교정 효소, 세포막들에 있는 수조 개의 관문을 지키는 문지기 등)의 능력은 거의 '로봇'에 가깝지만, 그래도 (가상의 사례를 두 개만 들자면) 영화 〈마법사의 제자〉에 나오는 '걸어다니는 빗자루 부대'나 맥스웰의 도깨비(물리학자 제임스 클러크 맥스웰의 사고실험_옮긴이)만큼은 인상적이다. 세포 수준으로 올라가면 낱낱의 신경세포는 더 나은 연결대상을 찾아 돌아다니고, 최근 경험에 따라 발화 패턴을 바꾸는 등 더 탐구적인 행동을 보인다. (단백질 나노봇 같은) 단순한 기계라기보다는 죄수나 노예를 닮았다. 신경세포는 감옥에 갇힌 죄수처럼 자신이 전혀 알지 못하는 거대한 사업의 극히 작은 노역을 근시안적으로 맡고 있지만, 행동 방침을 바꿈으로써 처지를 개선하고 싶어 한다. 수준을 더 높이면 근시안이 사라지기 시작하면서 세포 집단—관管, 원주圓柱, 신경절, '핵'—이 특수 임무를 수행한다. 이들은 바깥세상의 조건을 비롯한 더 폭넓은 조건에 민감하게 반응한다. 여기서는 행위자성의 의미가 한층 뚜렷해진다. 임무를 해내려면 상당한 '분별 능력discernment'과 심지어 '의사결정 능력'까지 갖추어야 하기 때문이다.

이 행위자들은 나름의 책임을 맡은 화이트칼라 노동자, 애널리스트, 임원을 닮았지만, 화이트칼라 노동자가 으레 그렇듯 활동 과정에서 만나는 어떤 권력이든 손에 넣고 휘두르려는 야심과 경쟁심을 품고 있으며 심지어 동료나 이웃에게서 빈틈이 보이면 그의 임무를 빼앗으려 든다. 이 수준에서 바라보면 아인격체 부분들은 실제로 지능을 가진 벽돌이며, 이 벽돌로부터 온전한 인격체가 어떻게 형성되는지 막연하게나마 감을 잡을 수 있다. (어떤 만화에서는 자전거 부품을 늘어놓고 "조립이 필요해"라고 말하지만, 적어도 우리는 금속을 자르고 구부리고 볼트와 너트를 제작할 필요는 없다.)

이 아이디어—"'인격체가 어떻게 마음 없는 분자(만으)로 이루어질 수 있는가'라는 까다로운 문제를 분할정복 방식으로 해결할 수 있다"—는 방금 살펴본 것처럼 상향식으로 접근할 수도 있고, 온전한 인격체에서 출발하여 매우 똑똑한 호문쿨루스의 작은 집합이 인격체의 유지에 필요한 모든 작업을 수행하려고 어떤 계획을 세우는지 물으며 하향식으로 접근할 수도 있다. 하향식 접근법은 플라톤이 창시했다. 혼(마음)을 행위자를 닮은 세 부분으로 나누어 수호자, 보조자, 생산자, 또는 헤아리는 부분, 격정적인 부분, 욕구적인 부분에 비유한 것은 그다지 좋은 출발이 아니었다. 그 이유는 지난 2000년 동안 충분히 분석되었다. 20세기에 프로이트가 제시한 이드, 자아, 초자아는 어느 정도 진전된 개념이었지만, 마음 전체를 하위마음으로 쪼개는 작업이 본격적으로 시작된 것은 컴퓨터가 발명되고 인공지능 분야가 탄생하면서다. 인공지능 연구는 처음부터 (성인이고, 의식이 있고, 언어를 쓰는) 온전한 인격체의 인지 능력을 (목표를 생성하고 기억을 탐색하고 계획을 평가하고 지각을 분석하고 문장을 분석하는) 아인격체적 전문가의 거대한 네트워크로 분석하겠다는 뚜렷한 목표를 내세웠다.

20
호문쿨루스 연쇄

마음을 이해하려고 수천 년에 걸쳐 탐구하는 동안 이론가들은 내적 행위자, 즉 뇌의 통제실에 앉아서 온갖 똑똑한 일을 해내는 난쟁이—라틴어로는 '호문쿨루스homunculus'—가 있다고 상상하려는 유혹에 곧잘 굴복했다. 인간 신경계를 (이를테면) 거대한 전화 교환망이라고 생각하면(1950년대와 1960년대까지도 많은 사람들이 이렇게 생각했다) 전화 교환원이 한가운데 있어야 한다는 문제가 생긴다. 그의 마음은 또 다른 중앙 교환원이 있는 더 작은 전화 교환망으로 이루어졌을까? 또 다른 중앙 교환원은……? 이런 중앙의 호문쿨루스를 가정하는 이론은 무한 후퇴infinite regress에 빠질 수밖에 없다.

하지만 어쩌면 잘못은 호문쿨루스를 가정한 것이 아니라 '중앙' 호문쿨루스를 가정한 것인지도 모른다. 나는 첫 책 『내용과 의식Content and Consciousness』에서 재치를 부리려는 유혹을 이기지 못하고 엄청난 실수를 저지르고 말았다. 그 실수는 아래와 같다.

'뇌 속 난쟁이', 즉 라일의 '기계 속 넋'은 마음 문제에 대한 악명 높은 사이비

해법이며, '뇌 쓰기' 비유에 유용한 쓰임새가 있으리라는 것이 완전히 불가능한 것은 아닐지라도 그것은 뇌 속 난쟁이를 위원회로 대체한 것에 불과한 듯하다.[20]

자, 위원회가 대체 뭐가 문제라는 것일까? (아하! 이렇게 귀류법을 써먹게 되는군!) 결국 뇌 속 난쟁이를 위원회로 대체하는 것은 그다지 나쁜 생각이 아님을 깨달았다.[21] 내가 보기에 이것은 인지과학의 기본적인 좋은 생각 중 하나다. 이것은 '호문쿨루스 기능주의homuncular functionalism'로 알려진 GOFAI*good old-fashioned artificial intelligence*(구식인공지능)[22]의 고전적 전략이었다.

인공지능 프로그래머는 지향적 특징을 가진 문제에서 출발하기에, 솔직한 태도로 컴퓨터를 의인화한다. 그는 문제가 '해결'되면, 질문을 (이를테면) 영어로 이해할 수 있는 컴퓨터를 설계했다고 말할 것이다. 그의 최초이자 가장 고차원인 설계는 컴퓨터를 하위체계로 분해하여 각 하위체계에 지향적 특징을 가진 작업을 할당한다. 프로그래머는 평가자, 기억자, 구분자, 감독자 등으로 이루어진 순서도를 작성한다. 하지만 호문쿨루스의 역습이 시작된다. …… 각 호문쿨루스는 '더 작은' 호문쿨루스로—더 중요하게는 '덜 똑똑한' 호문쿨루스로—나뉜다. 호문쿨루스가 가산기와 감산기에 지나지 않는 수준에 도달하여, 지시에 따라 두 숫자 중에서 큰 수를 고르는 지능만 필요한 때가 되면 호문쿨루스는 *기계로 대체될 수 있는* 기능으로 환원된 것이다.[23]

이 전략의 특별한 장점은 '무한 후퇴'라는 반박의 여지를 없앴다는 것이다. 호문쿨루스 기능주의에 따르면 불길한 무한 후퇴는 회피할 수 있으며, 기계로 대체될 수 있을 정도로 멍청한 교환원에게서 종료되는 '유한' 후퇴로 대체할 수 있다. 여기서 핵심은 중앙 교환원이 수행한다고 생각한 모든 작업을 분해하여 더 작고 멍청한 행위자에게 배분하고 이 행위자의 작업을 더 작고 멍청한 행위자에게 계속 배분하는 것이다.

근사한 발전이기는 하지만, 고전적 구식인공지능의 하향식 접근법은 엄격한 관료적 효율성이라는 달갑지 않은 결과를 동반했다. 우리는 한 가운데에 앉아 있는 왕이나 최고경영자를 없애는 것을 상상할 수는 있었지만, 여전히 부사장에게—이들의 상호작용이 체계의 최상위 수준을 구성한다—보고하고 부하 직원에게 명령을 내리는—부하 직원은 자기 밑의 직원을 소집한다—중간 간부 무리가 남아 있었다. 허튼 동작도, 잉여 인력도, 불복종도 없는 이 초효율적 조직이 탄생한 이유는 초기 인공지능 모형의 개발에 이용된 대형 컴퓨터가 오늘날의 기준에서 보면 작고 느린 반면에 사람들은 결과를 빨리 얻고 싶어 했기 때문이다. 간단한 질문에 답하는 데 몇 시간이 걸려서는 기금 제공 기관에 깊은 인상을 남기기 힘들었다. 작업 수행은 기업을 닮아야 했다. 게다가 수천 줄짜리 코드를 작성하는 것은 여간 고역이 아니다. 목표 작업(이를테면 월석月石에 대한 의문에 답하기, 신장병 진단하기, 체스 두기)을 관리 가능한 (어떻게 프로그래밍하고, 작동 가능한 체계로 통합할지 알 수 있는) 하위작업으로 나누는 데 성공하면 시간과 금전의 관점에서 실현 가능한 저비용으로 '개념 증명proof of concept'[24]을 내놓을 수 있다.

모든 컴퓨터는 필요가 작업 수행의 발목을 잡지 않도록 설계되었다. 하드웨어 차원에서는 전력이 공평하고 풍부하게 배분된다. 어떤 회로도 전력에 굶주리지 않는다. 소프트웨어 차원에서는 자비로운 작업 관리자가 우선순위에 따라 프로세스에 기계어 수행 주기machine cycle(컴퓨터 중앙처리 장치가 하나의 기계어 명령어를 완료하기 위해 필요한 단계_옮긴이)를 배분한다. 어떤 프로세스가 우선순위를 차지하는가를 결정하는 경쟁 메커니즘이 있을지는 몰라도, 이는 생존 투쟁이 아니라 질서 정연한 줄 서기다. 마르크스 말마따나, "각자는 능력에 따라 일하고 필요에 따라 받는다." 컴퓨터학자 에릭 봄은 이 위계에 '정치국politburo' 제어라는 근사한 이름을 붙였다. 일반인이 '컴퓨터는 아무것에도 관심을 가질 수 없다'라고 생각하는 것은 이런 사실을 막연하게나마 이해하기 때문인지도 모른다. 이것은 컴퓨터가 엉뚱한 재료로 만들어졌기 때문이 아니라—규소가 탄소에 비해 관심 가지기에 부적합한 재료일 이유가 있을까?—컴퓨터의 내부 경제에 본질적 위험이나 기회가 없기에 아무것에도 관심을 가질 필요가 없기 때문이다.

신경세포는 그렇지 않다. 우리 몸을 구성하는 일반 세포는 아마도 자발적 노예일 것이다. 개미집에서 틀에 박힌 작업을 수행하며 경쟁이 적은 (마르크스적) 환경에서 살아가는, 이타적이고 불임인 일개미에 가깝다. 하지만 뇌세포는 시장에서 치열하게 경쟁해야 한다(나는 이제는 이렇게 생각한다). 무엇을 놓고 경쟁할까? 신경세포는 무엇을 '원할' 수 있을까? 이들이 원하는 것은 바로 승승장구하는 데 필요한 에너지와 원료다. 이들의 조상인 단세포 진핵생물과, 먼 사촌인 세균과 고세균이 그렇듯 말이다. 신경세포는 일종의 생물 로봇이다. 아무리 의미를 넓게 잡아도 이들에게는 의식이 없는 게 분명하다. 이들이 효모 세포나 균류와 가까운 진핵 세포임을 명심하라. 각각의 신경세포에 의식이 있다면 무좀에도 의식이 있어야 한다! 하지만 신경세포는 마음 없는 단세포 사촌과 마찬가지로 죽느냐 사느냐를 놓고 필사적으로 경쟁하는 행위자다. 이 투쟁은 발가락 사이에서가 아니라 뇌의 살벌한 환경에서 벌어진다. 더 효과적으로 네트워크를 형성하고 (큰 규모의 인간적 목표와 충동이 드러나는) **가상기계** 수준에서 더 영향력이 큰 추세에 이바지하는 세포에게 승리가 돌아간다. 신경계의 많은 하위체계는 두 하위체계가 서로 자기 뜻을 관철하려고 줄다리기를 벌이는 '대립 과정opponent process'으로 조직되어 있다. (이를테면 정서는 서로를 격퇴하려고 안간힘 쓰는—때로는 서로 힘겨루기를 하고 때로는 제삼자에 대항하려고 둘이 힘을 합치기도 한다—폭풍에 비유할 수 있다.) 이제 나는 정서의 대립 과정 역학과 이것이 우리 마음의 통제에서 행하는 역할을 뒷받침하는 것이 바로 개별 신경세포의 경쟁력을 활용하는 신경화학의 '경제'라고 생각한다. (이 말은 신경세포가 암세포처럼 더 극단적으로 이기적인 행위자와 달리 여전히 더 큰 경제 안에서 우호적으로 협력하는 행위자라는 뜻이다. 노벨상을 수상한 생물학자 프랑수아 자코브의 격언이 생각난다. 모든 세포의 꿈은 두 세포가 되는 것이라던. 신경세포는 계속 활동하고 영향력을 발휘하려고 다투지만 번식을 꿈꾸지는 않는다.) 이 관점에서 보면 동물 행동을 지능적으로 제어하는 것은 여전히 계산적 과정이지만—주식 시장 거래가 계산적 과정인 것과 마찬가지로—신경과학자 승형준[25]에 따르면 신경세포는 뇌가 제공하는 다양한 화폐(보상)를 최대한 차지하려고 안간힘 쓰는 '이기적 신경세포'다. 신경세포는 도파민, 세로토닌, 옥시토신을 가지고 무엇을 '살'까? 자기가 참여하는 네트워크에서의 영향력을 사들이고 이로써 안전을 보장받는다. (노새가 새끼를 못 낳는다고 해서 자신을 보호하지도 않는 것은 아니듯 신경세포도, 번식하던 옛 조상에게서 물려받은 자기 보호 본능에 따라 행동할 수 있다.)

이렇듯 신경과학에서 영감을 얻은 상향식 호문쿨루스 기능주의가 뇌 활동을 설명하는 모형으로서 점차 자리를 잡아가고 있다. 호문쿨루스 기능주의에서 생성되는, 더 혼란스럽고 경쟁적인 계산 구조computational architecture가 생물학적 관점에서 더 타당하기 때문이다. 우리는 배아에서 출발하여 성체로 이어지는 발달 과정에서 이 계산 구조가 형성되고 수정되는 것을 목격하기 시작했으며 이 계산 구조가 단순한 신경계—즉, 지각하고 소통하고 기억하는 셈인, 덜 똑똑한 호문쿨루스 집단—에서 진화했음을 안다.[26]

21

'셈이다' 연산자

왜 자꾸 '셈이다'를 들먹이느냐고? 그것은 더 유능한 수준들을 분석(또는 종합)하려면 각 수준에 대해 두 가지 사실—그것이 '무엇인가'와 그것이 '무엇을 하는가'—을 파악해야 하기 때문이다. '무엇인가'는 각 수준을 이루는 부분들의 구조라는 관점에서 설명할 수 있다. 단, 부분이 예상대로 기능한다고 가정할 수 있어야 한다. '무엇을 하는가'라는 질문에는 그것이 행하는 (셈인) (인지적) 기능이라고 답할 수 있다. 이 기능을 썩 잘해낸다면 다음 수준에서는 바로 그 기능을 수행하는 유능한 구성 요소를 확보했다고 가정할 수 있다. 즉, 써먹기에 충분한 셈이다. 이것은 '마음이 어떻게 물질적 메커니즘으로 이루어질 수 있는가?'라는 무지막지하게 복잡한 문제를 해결하는 열쇠다. 컴퓨터 시대의 여명기에 앨런 튜링은 이 가능성을 보았다(컴퓨터를 누군가가 발명했다고 말할 수 있다면 그는 바로 튜링일 것이다). 튜링은 일말의 지능도 없는 마음 없는 메커니즘 조각에서 출발하여 이들을 점점 더—무한히—유능한 메커니즘으로 조직할 수 있었다. 우리가 '셈이다' 연산자라고 부르는 것은 인지과학에서, 진화 과정에서의 다윈의 점진주의에 해당한다(자세한 내용은 5부 참고). 세균이 있기 전에 세균인 셈인 것이 있었고 포유류가 있기 전에 포유류인 셈인 것이 있었으며 개가 있기 전에 개인 셈인 것이 있었다—이런 식이다.

사람과 사과의 엄청난 차이를 설명하려면 다윈의 점진주의가 필요하며, 휴머노이드 로봇과 휴대용 계산기의 엄청난 차이를 설명하려면 튜링의 점진주의가 필요하다. 사람과 사과는 같은 기본 재료로 만들어졌으나, 이 기본 재료는 여러 기능적 능력의 다수준 연쇄 속에서 서로 다른 구조를 이루고 서로 다르게 이용된다. 사람인 셈인 것과 사람을 구분하는 엄밀한 선은 없다. 휴머노이드 로봇과 휴대용 계산기는 생각하지도 느끼지도 못하는 똑같은 기본적 튜링 벽돌로 이루어졌지만, 이 벽돌을 더 크고 더 유능한 구조로 쌓으면 이 구조는 더 높은 수준에서 더 유능한 구조의 요소가 된다. 이렇게 하면 결국 지능적인 (셈인) 부분에 도달하는데 이 부분들을 조합하면, '이해한다'라고 일컫기에 충분한 능력을 갖출 수 있다. 가장 단순한 세균에서 출발하여 불가사리에서 천문학자까지 모든 동물의 뇌를 구성하는 (구별하고 신호하고 비교하고 기억하는) 회로에 이르는 모든 수준에서 합리적(인 셈인) 행위자의 믿음과 욕구를 추적하기 위해 우리는 **지향적 태도**를 취한다.

이해인 셈인 것과 진정한 이해를 가르는 엄밀한 선은 없다. 심지어 우리 인간에 대해서도 마찬가지다. 어린아이는 "우리 아빠, 의사예요"라는 문장을 이해하는 셈이고 나는 "$E = mc^2$"을 이해하는 셈이다. 철학자 중에는 이 '반反본질주의'에 반대하는 사람도 있다(43장 참고). 눈이 희다고 믿거나 믿지 않거나 둘 중 하나이고, 의식이 있거나 있지 않거나 둘 중 하나라는 것이다. 정신 현상의 근삿값으로 간주할 수 있는 것은 아무것도 없으며 오로지 전부 아니면 전무라는 얘기다. 이렇게 생각하는 사람들에게 마음의 능력은 불가사의한 수수께끼다. 마음은 '완벽'하며, 단순한 물질적 메커니즘에서 발견되는 무엇과도 완벽하게 다르다고 생각하니까.

22

마법의 조직

리 시걸은 인도의 길거리 마술을 다룬 명저『마술의 그물: 인도의 경이와 기만』[27]에서 이렇게 말한다.

> "마술에 대한 책을 쓰고 있습니다"라고 말하면 상대방은 이렇게 묻는다. "진짜 마술이요?" 사람들이 말하는 '진짜 마술'이란 기적, 주술, 초자연적 능력을 일컫는다. 나는 "아니요, 진짜 마술이 아니라 트릭 마술입니다"라고 대답한다. 말하자면 '진짜 마술'은 진짜가 아닌 마술을 일컫는 반면에 진짜인 마술, 즉 실제로 할 수 있는 마술은 '진짜 마술이 아니'다.[28]

'진짜 마술'은—'정의상'이라고 말할 수도 있을 것이다—자연 법칙을 어기는 신비한 행위다. 많은 사람이 진짜 마술을 믿고 싶어 한다. 마술사 잡는 마술사 어메이징 랜디가 유리 겔러 같은 자칭 심령술사의 트릭을 흉내내면서 폭로하는 것은 이 놀라운 효과가 진짜 마술이 아니라 속임수라는 것이다. 하지만 그래도 곧이듣지 않는 사람들이 있다. 몇 해 전에 랜디가 위니펙에서 공연을 끝내고 질의응답 순서를 진행하는데 청중 한 명이 랜디가 이중 속임수를 썼다고 주장했다. 랜디 자신도 진짜 심령술사이면서 단순한 마술사인 것처럼 위장하여 유리 겔러의 유명세에 편승함으로써 부와 명예를 거머쥐려 했다는 것이다! 이 기상천외한 비난을 반박하기란 쉬운 일이 아니다. 그러려면 자신이 어떤 수법을 썼는지 모든 청중에게 낱낱이 설명해야 하는데, 전 세계 마술사의 전통을 존중하는 랜디는 그렇게까지 하고 싶어 하지는 않기 때문이다. (마술사 듀오 펜과 텔러는 마술 트릭의 은밀한 메커니즘을 폭로하는 방식을 개척했으며, 동료 마술사들의 비난을 감내한 뒤에는 마술 쇼를 망치지 않으면서도 전통적 금기를 깰 수 있음을 입증했다.)

진짜 마술을 믿고 싶어 하는 마음은 마음과 뇌의 관계를 탐구할 때에도 영향을 미친다. 꽤 많은 신경과학자와 심리학자—그리고 철학자—를 비롯한 일부 사람들은 신경 조직의 역동적 성격이 우리가 기적이라고 부르는 일을 (어떻게 하는지는 모르겠지만) 해낼 수 있다는 주장에 (적어도 잠재의식적으로) 이끌린다. 과학이 꿈도 못 꾸는 숨겨진 힘을 신경 조직이 구사한다는 것이다. 이들의 생각이 옳을지도 모르지만, 처음부터 그렇다고 가정해서는 안 된다. '마법의 조직wonder tissue 같은 건 없다!'가 규칙이어야 한다.

우리가 거의 완전히 확신하는 것이 한 가지 있다. 컴퓨터 프로그램에서는 물리적으로 설명할 수 없는 것이 하나도 없다. 지금까지 상상하지 못한 역장力場, 신비한 양자 장난, 엘랑 비탈élan vital(생명의 도약을 달성하는 근원적 힘_옮긴이) 따위는 존재하지 않는다. 마법의 조직은 어떤 컴퓨터에도 없다. 우리는 컴퓨터에서 기본 작업이 어떻게 수행되는지, 기본 작업이 어떻게 점점 더 복잡한 작업을 이루는지 정확히 알며, 이렇게 구성된 능력을 신비의 여지가 전혀 없이 설명할 수 있다. 오늘날 컴퓨터의 묘기가 놀랍기는 하지만 기계로서의 컴퓨터 자체는 깡통 따개만큼 평범하다. 신기한 묘기일지언정 '진짜 마술'은 아니다.

이것은 중요한 사실이다. 너무 중요해서 3부에서 자세히 설명할 것이다. 이 사실의 가치는 컴퓨터가 기적 '같은' 일을 해낼 때마다 그 일이 마법의 조직 없이 가능하다는 사실이 입증된다는 것이다. '어쩌면' 뇌는 다른 방법을 쓰거나 심지어 마법의 조직을 동원하는지도 모르지만('어쩌면' 랜디가 유리 겔러 같은 진짜 심령술사인지도 모른다!), 그렇게 믿어야 할 타당한 근거는 전혀 없다. 따라서 컴퓨터는 미신을 깨뜨리는 중요한 역할을 하며, 우리가 이해하려는 것이 무엇이든—허리케인이든, 주택 거품이든, 에이즈 바이러스든, 인간 의식이든—그에 대한 컴퓨터 모형을 만드는 것이 효과적인 이유 역시 이 때문이다.

'마법의 조직'이라는 이름은 경찰 곤봉과 쓰임새가 같은 생각도구다. 이 도구는 남을 벌하려고, 불법적 이론을 만들지 못하도록 하려고 쓴다. 물론 곤봉과 마찬가지로 남용될 수도 있다. 마법의 조직은 오캄의 면도날 생각도구에 달린 특수 장치로, 근시안적일 수 있는 어떤 과학적 보수주의를 강요한다. 나는 근대 유전학의 아버지 윌리엄 베이트슨의 예를 즐겨 든다. 아래는 베이트슨이 '그다지' 오래지 않은 1916년에 한 말이다.

> 생물의 속성은 물질적 기반에 모종의 방식으로 부착되어 있다. 어쩌면 핵 염색질chromatin[염색체]에 특별한 정도로 부착되어 있는지도 모르겠다. 하지만 염색질이나 기타 물질의 입자가 아무리 복잡하더라도 우리의 인자나 유전자가 가진 능력을 소유할 수 있다고는 상상조차 할 수 없다. 서로 구분되지 않으며 어떤 알려진 검증에서도 거의 균일하다고 밝혀진 염색질 입자가 자신의 물질적 성질을 통해 생명의 모든 속성을 전달할 수 있다고

가정하는 것은 가장 확고한 유물론의 범위마저 뛰어넘는다.[29]

즉, 베이트슨은 DNA를 상상할 수 없었다. 사람의 모든 세포 안에 있는 이중 나선에 염기쌍 30억 개가 들어 있으리라는 생각은 그의 상상력을 뛰어넘는 것이었다. 다행히도 다른 생물학자들은 베이트슨의 비관론에 동참하지 않고, 부모에서 자식으로 유전 정보를 전달하는 (겉보기에는) 기적적인 위업이 어떻게 신기한 분자 몇 개를 통해 이루어지는지 발견하고자 애썼다. 하지만 이들은 발견의 과정에서 '마법의 조직은 없다'라는 규칙을 고수했다. 이들은 유전학을 통해 유전자가 어떤 능력을 가져야 하는지 많이 알았으며, 이런 능력을 가지는 무언가에 대해 물리적으로 가능한 모형을 구성하는 것을 과제로 삼았다.

오늘날 우리도 비슷한 과제를 맞닥뜨리고 있다. 우리는 실험심리학을 통해 마음의 능력과 약점—경이로운 지각과 당황스러운 환각, 언어 학습의 속도, 주의 산만과 욕정과 공포와 즐거움 같은 상태—에 대해 점점 더 자세한 목록을 얻고 있으며, 이제는 뇌가 어떻게 이 모든 일을 해내는지를 '확고한 유물론자'로서 마법의 조직을 가정하지 않고 밝혀내야 한다.

이해가 커지면서 마법의 조직 후보도 달라진다. '연결주의connectionist'를 비롯한 '신경망neural network' 모형이 1980년대 중엽에 쏟아져 나오면서[30] 얼마 전만 해도 작은 신경세포 다발 안에 있으리라고는 감히 상상하지 못한 학습 능력과 패턴 인식 능력이 입증되었다. 이 반半실재론 모형에서 드러나는 계산 능력을 뇌가 어떻게 사용하는지—심지어 사용하는지 여부—는 여전히 정확히 알려져 있지 않지만, '아직' 설명할 수 없는 신경망에 대해 연결주의적 능력을 가정하는 것은—그 사실을 솔직하게 밝히는 한—허용되며 이 능력은 위업의 입증된 범주를 결코 뛰어넘지 않는다. (랜디는 유리 겔러와 똑같은 방식으로 트릭을 쓰지 않는지도 모르지만, 랜디의 방법에는 유리 겔러의 능력을 설명하는 어떤 변이가 있다고 결론 내리는 것이 안전하다. 이는 실제로 일어나는 과정을 더 자세히 탐구할 때 나침반이 된다.)

마법의 조직에 대한 주된 반론은 문제를 해결하는 방법이 아니라, 결코 해결할 수 없는 신비라고 가정함으로써 문제를 포기하는 방법을 내놓는다는 것이다.

23

로봇 제어실에 갇히다

로봇은 마법의 조직이 없기 때문에(정의에 따르면 사실상), 오염의 걱정 없이 아래와 같은 사고실험을 해볼 수 있다.

어느 날 아침 잠에서 깨보니 창문이 없는 이상한 방의 낯선 침대다. 벽 중에서 두 면은 여러 색깔의 반짝이는 작은 전구로 덮여 있으며 나머지 두 면은 버튼 수천 개로 덮여 있다. 전구와 버튼에는 숫자가 쓰여 있을 뿐 이름표는 붙어 있지 않다. 누군가 머리맡 탁자에 쪽지를 남겼다.

> 잘 잤나? 귀관은 자는 동안 납치되어 이곳 새로운 보금자리로 끌려왔다. 냉장고에 음식이 있고 구석에 화장실이 있으니 먹고 싸는 데는 지장이 없을 것이다. 귀관이 갇힌 곳은 거대 로봇의 제어실이다. 각 전구는 켜지고 꺼지면서 로봇의 상황에 대해 다양하고도 적절한 정보를 제공한다. 이 조명은 로봇의 고화질 비디오 눈과 마이크 귀, 촉각 센서, 후각 센서에서 입력된 감각 정보를 매우 정교한 신경망 분석기로 처리한 결과다. 버튼을 누르면 그 즉시 로봇이 일사불란하게 동작한다.
>
> 로봇은 위험한 환경에 놓여 있다. 이곳에는 위험도 많지만 기회도 많다. 미

래는 귀관의 손에 달렸다. 물론 귀관 본인의 미래도 로봇을 얼마나 훌륭하게 조종하느냐에 달렸다. 로봇이 파괴되면 제어실 전기가 끊기고 냉장고에 음식 공급이 중단되어 귀관은 사망할 것이다. 부디 행운이 함께하길!

큰일 났다. 나는 두려움에 사로잡힌 채 버튼을 이것저것 누르며 어떤 일이 일어나는지 살펴본다. 노란색 4328번 버튼을 눌렀더니 파란색 496번 전구가 꺼진다. 나는 로봇이 가려운 곳을 긁거나 눈을 감거나 무언가를 '먹'도록 하여 로봇의 급박한 대사代謝 요구를 충족한 것일까? 4328번 버튼을 다시 누르니 다른 전구들이 켜진다. 뭐가 달라졌을까? 이건 무슨 '의미'일까? 감질난다. 저 전구들에는 엄청난 양의 '정보'가 있다는데, 어떤 전구가 어떤 정보이고 어떤 버튼이 어떤 명령을 내리는 거지?

전구와 버튼에 이름표가 붙어 있다면 얼마나 좋을까? 이름표가 내가 아는 언어로 쓰여 있다면 나는 문제를 해결할 수 있을지도 모른다. 열 수 있는 창문이 하나라도 있다면 밖을 내다보면서 어떤 버튼이 어떤 행동을 일으키는지 알 수 있을 텐데! 로봇은 팔다리가 있을까? 창문이 있으면 바깥세상의 사건과 벽의 전구 조명과의 상관관계를 유추할 수 있지만 창문이 없으면 모든 정보가 손안에 있어도 해석할 방법이 없다. 로봇의 동작 수백 가지가 준비되어 있다지만, 바깥세상에 어떤 영향을 미치는지 알 도리가 없다.

나는 옴짝달싹할 수 없다. 아무리 똑똑하고 상상력이 풍부해도 제어실 벽에서 일어나는 사건(조명)의 의미를 알 수 없다. 이 모든 자료가 아무 소용이 없다. 하지만 내가 이 문제를 해결할 수 없다면 우리는 역설적 상황을 맞닥뜨리게 된다. 내가 처한 곤경은 기실 여러분의 뇌가 처한 곤경이기 때문이다! 뇌는 밀폐된 방(두개골)에 갇혀 있으며, 수백만 개의 입력 선이 바깥세상과 신체 상황에 대한 정보를 열심히 전달하며, 수백만 개의 출력 선이 근육을 자극하여 수축시키거나 이완시킨다. 뇌는 두개골의 창문을 열어, 시각피질에 입력되는 신호 패턴이 왜 생겨난 것인지 내다보지 못한다. (그런 창문이 뇌에 어떤 무슨 소용이 있겠는가? 뇌는 눈이 없어서 내 눈에서 입력되는 신호를 받아 해석하는 도리밖에 없으며, 세상이 어떻게 생겼는지에 대한 과거 기억도 없으니 말이다.)

내가 오리를 볼 때 시각겉질 표면의 흥분 패턴(깜빡이는 전구)이 진짜 오리처럼 생겼다면 뇌의 작업이 쉬워질 거라고 생각할지도 모르겠다.[31] 그런데 오리가 어떻게 생겼는지 내가 알듯 뇌도 안다면 모르겠지만, 뇌가 어떻게 그것을 배울 수 있겠는가?

뇌가 무언가를 배우려면 우선 그 모든 신호를 '해독'하는 법을 배워야 하는데 어떻게 배울 수 있을까? 그리고 신호에서 무엇으로 해독한다는 말인가? 터키어로 해독하나? 내가 터키어를 모르면 터키어로 인쇄된 이름표는 내게 아무 의미가 없다. 뇌는 입력으로부터 어떤 의미든 도출하기 전에 언어를 이해해야 할까? 앞에서 보았듯, 배우지 않아도 되는 내적 언어—정신어Mentalese 또는 사고언어Language of Thought[32]—를 뇌가 타고난다는 생각은 꽤 솔깃하다. 올바른 방향으로 한 걸음 내디디는 것 같기는 하지만, 사고언어가 어떻게 작동하는지 또한 애초에 어떻게 진화했는지 자세한 내용을 알기 전에는 그런 사고언어가 있다고 선언하는 것은 문제를 해결하지 않고 문제의 이름만 바꾸는 격이다. 우리는 뇌가 이 문제를 '어떻게든' 해결한다는 것을 안다. 우리의 뇌는 입력 정보가 가져오는 곤경과 기회에 대처하기에 알맞은 출력을 꽤 믿음직하게 찾아낸다. 또한 우리는 뇌의 해결책이—그것이 무엇이든—(영어나 터키어 같은) 언어와 '꼭' 같을 수 없음을 안다. 모국어를 습득하는 것처럼 어린 시절에 습득되지 않기 때문이다. 그것은 문어에 더 가까울까—뇌의 보관소에 적절하게 기록된 기억과 함께— 아니면 순수한 구어일까? 어휘는 몇 '단어'로 이루어졌을까? 수천 단어일까, 수만 단어일까, 수억 단어일까? 어순은 중요할까? 문법은 있을까? 뇌의 한 부위가 다른 부위의 메시지를 잘못 이해하는 경우는 없을까?

사고언어 가설이, 언어를 이해하는 호문쿨루스가 제어실에 있다고 가정한다면—거대 로봇 안에서 전구와 버튼의 이름표를 읽는 나처럼—이것은 이해 능력이 없는 부분으로 이루어진 기계에서 어떻게 학습과 이해가 생기는가를 이해하는 문제를 뒤로 미루는 것에 불과하다. 메시지를 해독하는 호문쿨루스를 가정하지 '않는'다면 이 체계는—이 체계가 무엇이든—언어와 별로 닮지 않았을 것이다. 이런 사고언어가 어떻게 작동하는지, 또는 발달과 경험 과정에서 어떻게 설치되는지 자세히 밝혀낸 사람은 아무도 없으므로, 진일보하고 있지 않으면서도 자신이 진일보하고 있다고 자신을 속이지 않는 편이 나을 것이다.

이 직관펌프는 뇌가 제어실에 갇힌 나와 중요한 측면에서 똑같은 곤경에 처해 있지 '않음'을 보여준다. 뇌의 임무는 입력이 출력에 '배선'되는 방식으로 부분적으로나마 미리 해결된다. 아니, 해결되어야 한다. 그래야 입력과 출력의 적절한 관계를 학습하고 개선할 토대가 생기기 때문이다. 이것은 우리 뇌가 '빈 서판'으로 타고나는 것이 아니라[33] 자연선택을 통해 다양한 선호, 기대, 연상을 가지도록 이미 설계되었다는, 널리 인정되는 주장을 각색하는 또 다른 방법이다. 적절한 연결이 일부나마 내장되었다면, 이름표는 없어도 된다.

이해가 있을 수 있기 전에 이해 없는 능력이 있어야 한다. 이것이 자연의 길이다. 세균은 자신이 전혀 이해할 필요 없는 온갖 놀라운 능력을 가지고 있다. 이 능력은 세균에게 유익하지만, 세균은 이 능력에 대해 전혀 모른다. 나무는 자신에게 유익한 능력을 가지고 있지만, 왜 그런지 알 필요가 없다. 자연선택 과정은 뛰어난 솜씨를 자랑한다. 눈곱만큼도 이해하지 못하고서도 기발하고 효율적인 설계를 내놓는다.

우리 성인이 향유하는 종류의 이해는 진화의 무대에서 매우 최근에 나타난 현상이며, 어떤 구조들로 이루어져야 하는데 이 구조들은 최소한의 준이해semi-comprehension 또는 유사이해pseudo-comprehension를 동반하며 이를 통해 능력을 얻는다. 이 구조는 자신의 행동이 왜 적절한지 알지 못하고서도 대체로 적절하게 행동하도록 설계되었다.

대안, 즉 '제어실에 앉아 모든 입력과 출력을 담당하는 완전한 이해자'라는 개념은 막다른 골목에 들 수밖에 없다. 왜 그럴까? 이해의 이러한 능력을 설명할 수 없다면 마법의 조직, 즉 기적을 이론의 바탕에 깔아야 한다. 반면 이해의 이러한 능력을 (스스로는 이해 능력을 갖추지 못한) 과정과 활동과 능력의 관점에서 설명할 수 있다면 자기 차례를 헛되이 날려버린 셈이 된다. 어떻게 능력에서 이해가 생기는지 설명하려는 (우리 같은) 사람들과 더불어 출발점으로 되돌아간 꼴이니까.

3부

컴퓨터에 대한 막간 설명

타임! 여러분도 알겠지만, 나는 앞에서 컴퓨터를 꽤 많이 언급했다. 앞으로는 훨씬 많이 할 예정이다. 컴퓨터는 의심할 여지 없이 우리가 가진 가장 강력한 생각도구다. 많은 지능적 과제에서 단순반복 작업을 떠맡아주기 때문만은 아니다. 컴퓨터학자들이 고안한 많은 개념은 그 자체로도 빼어난 생각도구다. 소프트웨어, 하드웨어, 대역폭, 기가헤르츠—오늘날 우리는 모두 컴퓨터 용어의 홍수를 헤엄친다. 사람들은 대부분 새 유행어들이 무슨 뜻인지 꽤 정확하게 알고 있을 것이다. 그런데 수업에서 이런 용어를 쓰면 학생들이 이해한다는 듯 고개를 끄덕이기는 하지만 학생들마다 이해의 편차가 있으며 때로는 내가 전달하려던 개념을 엉뚱하게 이해하여 나를 당혹케 하기도 한다는 사실을 깨달았다. 그래서 여러분에게 세상에서 가장 간단한 컴퓨터의 프로그램을 작성하는 법을 가르치고자 한다.

초보적 기술을 숙달하려면 시간과 노력을 들여야 하지만, 앞으로 나올 내용을 깊이 이해하는 데 꽤 요긴할 것이다. (이미 능숙한 컴퓨터 전문가라면, 내가 비전문가에게 설명하는 방식에서 힌트를 얻어도 좋고 이 부분은 그냥 건너뛰어도 좋다.) 앞으로 나오는 방법들은 컴퓨터를 두려워하는 학부생 수백 명을 대상으로 시험하여 만족스러운 결과를 얻었다. 퍼즐을 풀기보다는 차라리 전화번호부를 암기하겠다는 학생들조차 이 멍청할 정도로 단순한 컴퓨터가 제 할 일을 하도록 하는 데서 기쁨과 만족을 느꼈다고 말한다. 연습을 다 마치면, 여러분은 '컴퓨터 능력의 일곱 가지 비밀'을 전수받을 것이다.

24

컴퓨터 능력의 일곱 가지 비밀을 밝히다

컴퓨터는 예전에만 해도 기적—'진짜 마술'—으로 보였을 능력을 발휘한다. 많은 컴퓨터 프로그램이 엄청나게 복잡하기는 하지만 그 프로그램은 모두 매우 간단한 개념으로 완벽하게 설명할 수 있는 단계들로 이루어진다. 컴퓨터가 하는 일에는 신비가 들어설 여지가 전혀 없다. 이 사실이야말로 컴퓨터가 생각도구로서 유용한 한 가지 이유이며, 컴퓨터의 작동 방식이 그 자체로 철학적으로 흥미로운 이유를 대략적으로 설명한다. 컴퓨터가 어떻게 '마술'을 부리는가를 초보적 수준에서 이해하는 것은 충분한 가치가 있다. 이 장에서는 그러한 탈신비화 작업을 하고자 한다.

우선 상상할 수 있는 가장 단순한 컴퓨터인 '레지스터 기계register machine'가 무엇인지 들여다보면서 이 기계에 어떤 능력이 있는지, 그런 능력이 왜 있는지 알아본다. 그 다음에는 '튜링 기계Turing machine', 그리고 '폰 노이만 기계Von Neumann machine'(오늘날의 노트북에 해당한다)가 레지스터 기계와 다를 바 없으며 더 효율적일 뿐임을 살펴본다. (여러분의 노트북으로 할 수 있는 일은 무엇이든 레지스터 기계로도 할 수 있다. 하지만 김칫국부터 마시진 마시길. 몇백 년이 걸릴지도 모르니까.) 그러고 나면 컴퓨터의 '구조architecture'를 바꿈으로써 우리의 초보적 기계인 레지스터 기계의 속도와 능력을 어떻게 향상시킬 수 있는지 이해할 수 있다. 물론 인간 뇌의 구조는 우리가 살펴볼 가장 흥미롭고 중요한 구조 중 하나다.

잠깐만. 진정하시라. 여러분의 뇌가 거대한 컴퓨터에 불과하다고 주장하는 것 아니냐고? 아니다. 아직은 결코 아니다. 내가 말하는 것은 '만일' 여러분의 뇌가 거대한 컴퓨터라면 뇌의 모든 활동을 신비의 여지가 전혀 없이 이해할 '방법이 있'으리라는 것이다. 그 방법을 찾을 수 있는가는 별개 문제다. 나는 '역설계reverse engieering' 방식을 동원하여, 복잡한 체계가 제 일을 어떻게 하는지 밝혀냄으로써 체계를 연구할 것이다. 역설계 방식을 쓰면 심장이 펌프로서 어떻게 임무를 수행하는지, 폐가 어떻게 산소를 빨아들이고 이산화탄소를 내보내는지 이해할 수 있다. 신경과학은 뇌를 역설계하려는 시도다. 우리는 뇌가 '무엇을 위한' 것인지 안다. 뇌의 임무는 기대하고 인도하고 기억하고 학습하는 것이다. 지금 우리에게 필요한 것은 뇌가 이 모든 일을 어떻게 해내는지 밝혀내는 것이다.

이 주제는 열띤 논란에 휩싸여 있다. 소설가 톰 울프[1]는 「유감스럽지만 선생님 영혼이 방금 임종하셨습니다Sorry, But Your Soul Just Died」라는 에세이에서 논란의 핵심을 짚었다. 이 위험한 지대를 탐험하려면, 또한 장광설과 비방으로 모두의 시간을 허비하지 않으려면 더 날카로운 도구가 필요하다. '우리 뇌는 가능한 모든 컴퓨터의 한계를 넘어서는 이해 불가능하고 기적적인 현상을 품고 구사하는가?'라는 질문에 책임 있게 답할 수 있으려면 컴퓨터가 무엇을 할 수 있는지와 '어떻게 하는지'를 알아야 한다. 뇌가 컴퓨터가 아님을—컴퓨터일 수 없음을—만족스럽게 '입증'할 방법은 (1) 뇌의 '가동 부품' 중 일부가 어떤 컴퓨터도 수행할 수 없는 정보 처리 활동을 수행한다는 것을 밝히거나 (2) 뇌의 일부가 수행하는 간단한 활동을 컴퓨터 방식으로 구성하고 조합하고 조율하여 우리가 알고 사랑하는 정신적 위업을 이룰 수 없다는 것을 밝히는 것뿐이다.

일부 전문가는—철학자뿐 아니라 신경과학자, 심리학자, 언어학자, 심지어 물리학자까지—인간의 뇌/마음에 대한 '컴퓨터 비유'에 크나큰 오해의 소지가 있으며 더 극적으로는 컴퓨터가 못하는 것을 뇌가 할 수 있다고 주장했다. 항상 그런 것은 아니지만, 이러한 비판은 컴퓨터가 무엇인가 또는 무엇이어야 하는가에 대해 매우 순진한 견해를 전제로 삼으며, 내 노트북이 하지 못하는—변환기와 실행기가 부족하고 메모리가 보잘것없고 속도에 한계가 있으니 그럴 수밖에—많은 일을 뇌가 할 수 있다는 명백한(또한 무관한) 진실만을 입증한다. 컴퓨터 능력 '일반'에 대해 제기되는 이들 강력한 비판을 평가하려면 컴퓨터 능력 '일반'이 어디에서 비롯하며 어떻게 행사되는지—또는 행사될 수 있는지—알아야 한다.

레지스터 기계라는 멋진 아이디어는 컴퓨터 시대의 여명기에 소개되었는데, 이것을 만든 논리학자 왕하오[2]는 공교롭게도 철학자이자 쿠르트 괴델의 제자였다. 레지스터 기계는 근사한 생각도구이며 여러분의 연장통에 구비해야 한다. 지금처럼 홀대받아서는 안 된다.[3] 레지스터 기계는 이상화된 가상의(또한 완벽하게 가능한) 컴퓨터로, (유한한 개수의) '레지스터register'(특정한 목적으로 외부 정보를 일시적으로 기억하는 장치_옮긴이)와 '처리 장치processing unit'만으로 이루어진다.

'레지스터'는 메모리 저장소로, 각각 고유 주소가 있고(레지스터 1, 레지스터 2, 레지스터 3 등) 정수(0, 1, 2. 3, ……) 한 개씩을 '내용content'으로 가질 수 있다. 각 레지스터는 구슬을 몇 알이든 담을 수 있는 커다란 상자라고 생각하면 된다. 0개부터 시작하여 아무리 많은 구슬도 담을 수 있다. 우리는 대체로 상자에 '어떤' 정수든 내용물로 담을 수 있다고 간주하는

데, 물론 그러려면 무한히 큰 상자가 있어야 할 것이다. 여기서는 매우 큰 상자이면 충분하다.

'처리 장치'는 기능이 세 가지 있는데, 이 '명령'을 한 번에 하나씩 단계적으로 '따른다'. 이 명령을 아무 순서로나 나열하면 프로그램이 되며 각 명령을 구분하기 위해 숫자를 붙인다. 세 가지 명령은 다음과 같다.

종료. (레지스터 기계의 실행을 종료하거나 전원을 끈다.)

레지스터 n을 *증분*increment하고(레지스터 n의 내용에 1을 더한다. 즉, 상자 n에 구슬을 한 알 넣는다) 또 다른 단계인 m단계로 이동한다.

레지스터 n을 *감량*decrement하고(레지스터 n의 내용에서 1을 뺀다. 즉, 상자 n에서 구슬을 한 알 꺼낸다) 또 다른 단계인 m단계로 이동한다.

'감량' 명령은 '증분' 명령과 거의 같되 중요한 차이점이 하나 있다. 레지스터 n의 숫자가 0이면 어떻게 될까? 0에서 1을 뺄 수는 없으므로(레지스터는 음의 정수를 내용으로 저장할 수 없다. 즉, 빈 상자에서 구슬을 꺼낼 수는 없다) 실행을 중단하고 '분기branch'(프로그램의 실행 순서를 변경하여 다른 명령을 실행할 수 있게 하는 일_옮긴이)해야 한다. 즉, 프로그램의 다른 장소로 이동하여 다음 명령을 받아야 한다. 그러려면 모든 '감량' 명령에는 현재 레지스터의 내용이 0일 때 이동할 장소를 지정해야 한다. 따라서 '감량'의 완전한 정의는 아래와 같다.

레지스터 n을 '감량'(레지스터 n의 내용에서 1을 뺀다)할 수 있으면 감량하고

m단계로 이동하거나 또는 레지스터 n을 감량할 수 없으면 p단계로 분기한다.

레지스터 기계가 할 수 있는 일은 이게 전부다. '감량하거나 분기하라' 명령은 '감분'으로 부르자.

언뜻 보기에는 이렇게 간단한 기계가 무슨 대단한 일을 할 수 있을까 싶을 것이다. 레지스터 기계가 할 수 있는 일은 '상자에 구슬을 한 알 넣'거나 '상자에서 구슬을 한 알 꺼내'는(구슬이 있으면 꺼내고 없으면 다음 명령으로 분기한다) 것뿐이다. 하지만 컴퓨터가 계산할 수 있는 것은 무엇이든 레지스터 기계로 계산할 수 있다.

간단한 덧셈부터 시작하자. 한 레지스터(레지스터 1이라고 하자)의 내용을 다른 레지스터(레지스터 2라고 하자)의 값에 '더하'고 싶다고 가정해보자. 즉, 레지스터 1의 내용이 [3]이고 레지스터 2의 내용이 [4]일 때 레지스터 2의 내용이 [7]이 되도록 하고 싶다. 3 더하기 4는 7이니까. 이 일을 하는 프로그램은 아래와 같다. 프로그램 이름은 '레지스터 조립 프로그래밍Register Assembly Programing'의 영어 약자를 써서 'RAP'라고 한다.

프로그램 1: 더하기 [1,2]

단계	명령	레지스터	이동	[분기]
1.	감분	1	2	3
2.	증분	2	1	
3.	종료			

처음의 두 명령은 간단한 '루프loop'(순환)를 이루는데, 레지스터 1을 감량

하고 레지스터 2를 증분하되 '레지스터 1이 비면' 처리 장치가 이를 '알아차리'고 3단계로 '분기'하여 종료한다. 처리 장치는 레지스터의 내용이 0일 때를 제외하면 레지스터의 내용이 무엇인지 모른다. 상자와 구슬에 빗대자면, 처리 장치는 맹인이어서 레지스터에 구슬이 몇 개 들어 있는지는 모르지만 비어 있을 경우는 더듬어서 알 수 있다. 하지만 (일반적으로는) 레지스터의 내용이 무엇인지 모르면서도 프로그램 1이 주어지면 '항상' 레지스터 1의 내용을—레지스터 1에 들어 있는 숫자가 몇이든—레지스터 2의 내용에 더하고—레지스터 2에 들어 있는 숫자가 몇이든—종료한다. (이 프로그램이 어째서 항상 작동하는지 알겠는가? 확인을 위해 더하기를 몇 가지 더 해보라.) 여기, 이 현상을 놀라운 관점에서 바라볼 수 있다. 레지스터 기계는 자신이 어떤 숫자를 더하는지도—또는 숫자가 무엇인지, 더하기가 무엇인지도—모르면서 두 숫자를 완벽하게 더할 수 있다!

연습 1

a. 프로그램 1을 실행하여 레지스터 기계가 2+5를 계산하여 7이라는 답을 내놓으려면 몇 단계가 필요할까? ('종료'도 한 단계로 간주한다.)

b. 5 + 2는 몇 단계가 필요할까? (여기에서 어떤 결론이 도출되는가?)[4]

이 절차를 '순서도'라는 그림으로 나타내면 쉽게 이해할 수 있다. 각 동그라미는 명령을 나타낸다. 동그라미 안의 숫자는 처리할 레지스터의 (내용이 아니라) '주소'를 나타내며 '+'는 '증분'을, '−'는 '감분'을 나타낸다. 프로그램은 항상 α(알파)에서 출발하여 Ω(오메가)에서 끝난다. 화살표는 다음 명령을 가리킨다. '감분' 명령에서는 항상 화살표가 두 개 뻗어 나온다는 것에 유의하라. 하나는 감량할 수 있을 때 이동하는 화살표이고 다른 하나는 레지스터 내용이 0이어서 감량할 수 없을 때 이동하는—즉, 0에서 분기하는—화살표다.

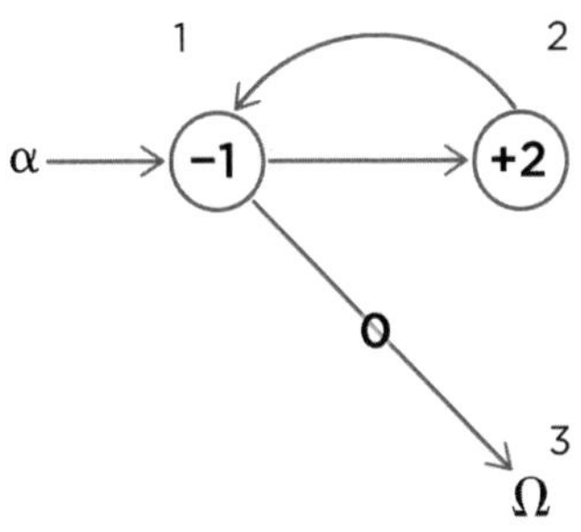

이제 한 레지스터의 내용을 다른 레지스터로 단순히 옮기는 프로그램을 작성해보자.

프로그램 2: 옮기기 [4,5]

단계	명령	레지스터	이동	[분기]
1.	감분	5	1	2
2.	감분	4	3	4
3.	증분	5	2	
4.	종료			

순서도는 아래와 같다.

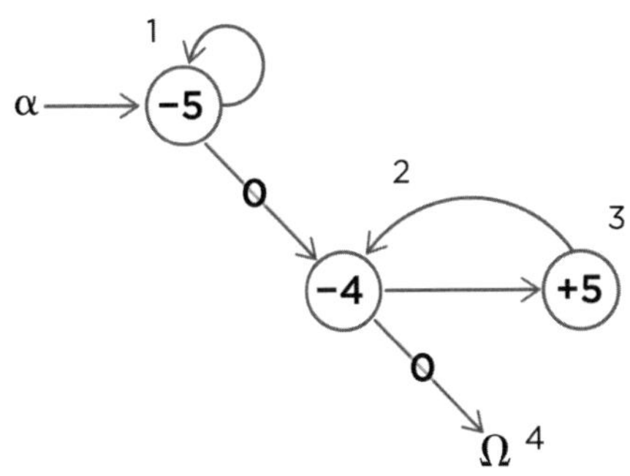

이 프로그램의 첫 번째 루프가 레지스터 5를 지우기 때문에, 처음에 어떤 내용이 있었든 그 내용은 두 번째 루프(레지스터 4의 내용을 레지스터 5의 0에 더하는 더하기 루프)가 레지스터 5에 넣는 내용을 오염시키지 않는다. 이 준비 단계는 레지스터를 '초기화zeroing out'하는데, 매우 유용한 표준 작업이다. 레지스터를 쓸 수 있도록 준비하느라 앞으로 수없이 초기화할 것이다.

세 번째의 간단한 프로그램은 한 레지스터의 내용을 다른 레지스터에 '복사'하되 원본 레지스터를 고스란히 내버려둔다. 순서도를 먼저 살펴보고 프로그램을 들여다보라.

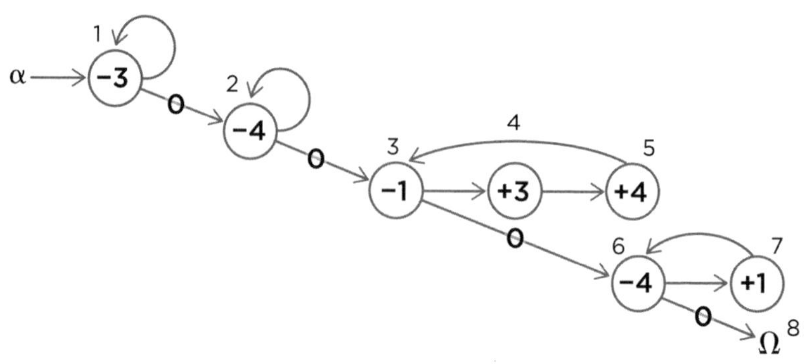

프로그램 3: 복사하기 [1,3]

단계	명령	레지스터	이동	[분기]
1.	감분	3	1	2
2.	감분	4	2	3
3.	감분	1	4	6
4.	증분	3	5	
5.	증분	4	3	

6.	감분	4	7	8
7.	증분	1	6	
8.	종료			

우선 레지스터 1의 내용을 레지스터 3에 '옮기'되 레지스터 4를 복사한 다음 이 사본을 레지스터 1에 다시 붙여넣기 하는 것이니 에둘러 가는 셈이기는 하다. 하지만 제대로 복사된다. 그것도 언제나. 레지스터 1, 3, 4의 내용이 애초에 무엇이든, 프로그램이 종료되었을 때는 레지스터 1에 들어 있던 것은 그대로 남아 있고 이 내용의 사본이 레지스터 3에 들어 있게 된다.

이 프로그램의 작동 방식이 아직도 분명하게 이해되지 않았으면, 레지스터로 쓸 컵 몇 개와(주소를 나타내는 숫자를 컵에 쓸 것) 내용으로 쓸 동전(또는 구슬)을 가지고 전체 과정을 수작업으로 재현해보라. 각 레지스터에 동전을 적당히 넣고 레지스터 1과 레지스터 3에 몇 개씩 들어 있는지 센다. 프로그램을 철저하게 따라 하면, 끝났을 때 레지스터 1의 동전 개수는 처음과 같고 그와 똑같은 개수의 동전이 레지스터 3에 들어 있을 것이다. *레지스터 기계의 기본 과정을 숙지하여* 골머리를 썩이지 않고도 작동 과정을 파악할 수 있어야 한다. 앞으로 많이 써먹어야 할 테니 말이다. 그러니 잠시 시간을 내어 (배우가 햄릿이 되듯) 레지스터 기계가 되시길.

내가 가르치는 학생들은 어처구니없는 실수를 저지르기도 한다. 레지스터를 감량할 때 레지스터 n에서 꺼낸 동전을 다른 레지스터에 넣어야 한다고 생각하는데, 그렇지 않다. 감량된 동전은 커다란 더미, 즉 이 간단한 더하기 빼기 프로그램에서 쓸 동전 화수분에 넣어야 한다.

'옮기기', '복사하기', '초기화'를 갖추었으면 아까의 더하기 프로그램으로 돌아가 개선할 준비가 된 것이다. 프로그램 1은 더하기 문제의 해를 레지스터 2에 넣지만, 그 과정에서 레지스터 1과 2의 원래 내용이 지워진다. 우리가 원하는 것은 나중에 쓸 수 있도록 이 값들을 그대로 보전하고 해를 다른 곳에 저장하도록 개선된 더하기 프로그램이다. 이제 레지스터 1의 내용을 레지스터 2의 내용에 더하되 해를 레지스터 3에 넣고 레지스터 1과 2의 내용을 고스란히 보전하는 작업을 생각해보자.

이 작업을 수행하는 순서도는 아래와 같다.

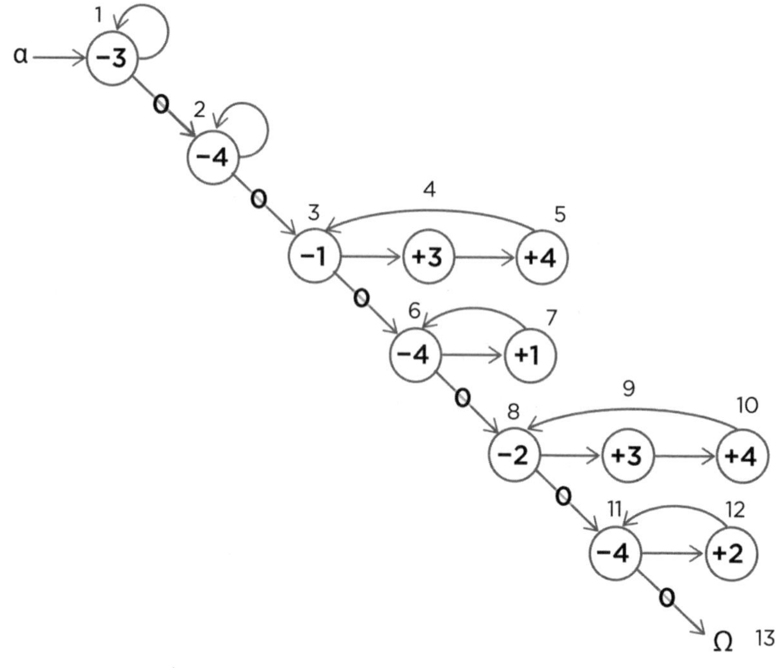

각 루프가 어떤 일을 하는지 분석해보자. 우선 '해 레지스터'인 레지스터 3을 초기화한 뒤에, 임시 저장고('버퍼buffer')로 쓸 수 있도록 여분의 레지스

터(레지스터 4)를 초기화한다. 그 다음 레지스터 1의 내용을 레지스터 3과 4에 복사하고 버퍼의 내용을 레지스터 1에 옮겨 복구한다(그 과정에서 레지스터 4를 다시 버퍼를 쓸 수 있도록 초기화한다). 그러고 나서 레지스터 2에 같은 작업을 반복한다. 그러면 레지스터 2의 내용을, 레지스터 3에 이미 옮겨둔 내용에 더하는 결과가 된다. 프로그램이 종료되면 버퍼 4는 다시 비고 해는 레지스터 3에 들어 있으며 우리가 더한 두 숫자는 원래 장소인 레지스터 1과 2에 되돌아가 있다.

이 열세 단계짜리 RAP 프로그램은 순서도의 모든 정보를 처리 장치가 읽을 수 있는 형태로 변환한 것이다.

프로그램 4: 그대로 더하기 [1,2,3]

단계	명령	레지스터	이동	[분기]
1.	감분	3	1	2
2.	감분	4	2	3
3.	감분	1	4	6
4.	증분	3	5	
5.	증분	4	3	
6.	감분	4	7	8
7.	증분	1	6	
8.	감분	2	9	11
9.	증분	3	10	
10.	증분	4	8	
11.	감분	4	12	13
12.	증분	2	11	
13.	종료			

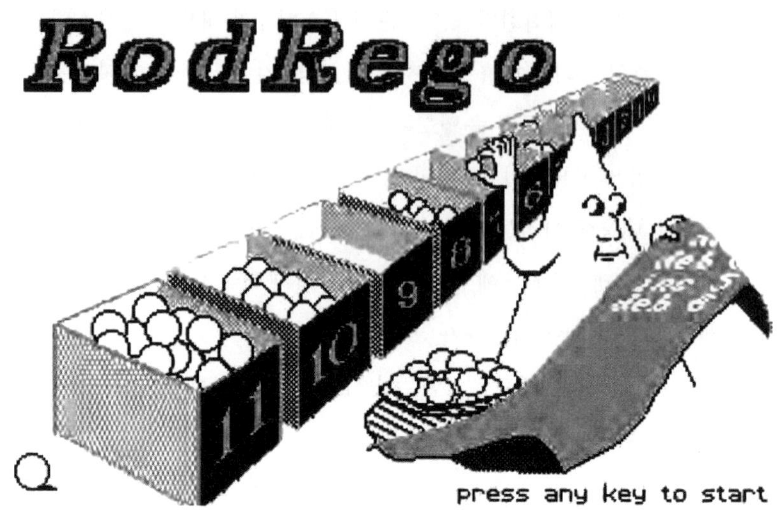

1986년에 발표된 첫 로드리고 레지스터 기계의 시작 화면

이 프로그램을 컵과 동전으로 손수 재현하는 것은 권하지 않는다. 인생은 짧다. *기본 과정을 머릿속에서 숙지했다면* 이제부터는 보조 장치인 로드리고RodRego를 활용해도 좋다. 이 레지스터 기계는 http://sites.tufts.edu/rodrego/에서 내려받을 수 있다(정오표에서는 독자 에릭 펜릭이 만든 웹 기반 레지스터 기계를 소개하고 있다. http://faehnri.ch/wrap/_옮긴이).

로드리고는 PC 버전과 맥 버전이 있다. 우리가 이 생각도구를 개발한 것은 20년도 더 전이다. 커리큘러 소프트웨어 스튜디오에서 개발했으며 수백 명의 학생과 일반인이 이 도구를 통해 레지스터 기계 사용법을 익혔다. RAP 프로그램을 입력하면 레지스터에 구슬이나 숫자가 표시되면서 로드리고가 실행된다. 처리 장치가 순서도를 따라 진행하는 경로를 보여주는 파워포인트 애니메이션(더하기, 곱하기 등)에서는 RAP 명령이 순서도의 동그라미와 어떻게 일치하는지 확인할 수 있다.

이제 빼기 차례다. 아래는 레지스터 1의 내용에서 레지스터 2의 내용을 빼고 해를 레지스터 4에 넣는 순서도다. 뭐가 잘못되었을까?

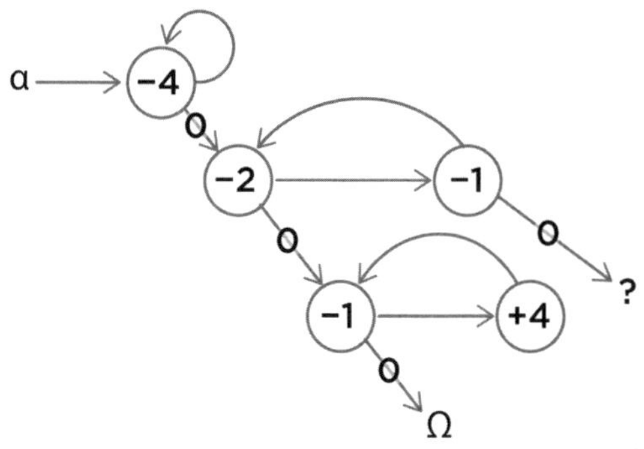

이 프로그램은 레지스터 1의 내용이 레지스터 2의 내용보다 클 때만 작동한다. 안 크면 어떻게 될까? 레지스터 1은 빼기 루프를 돌다가, 빼기를 완수하기 전에 '초기화'될 것이다. 그렇다면 어떻게 해야 할까? 컴퓨터에게 그냥 종료하라고 할 수는 없다. 그러면 레지스터 4에 오답(0)이 남기 때문이다. 우리는 이 초기화를 이용하여 새 과정을 시작할 수 있다. 우선 루프의 절반을 백업하고 레지스터 2의 임시 감량을 취소한다. 이때 (레지스터 1이 아니라) 레지스터 2의 내용이 해다(단, 이 숫자는 음수다). 따라서 이 내용을 (미리 초기화한) 레지스터 4에 옮기고 해가 음수임을 나타내는 기호를 붙인다. 우리가 해야 할 일은 이 용도로만 쓸 레지스터를 준비하는 것이다. 이것을 레지스터 3이라고 하자. 처음에 레지스터 3을 레지스터 4와 함께 초기화한 뒤에 프로그램이 레지스터 3에 해의 부호를 나타내는 '플래그flag'(어떤 상태의 진위를 나타낼 때 사용하는 값이나 변수_옮긴이)를 붙이도록 한다. 0은 +를 뜻하고 1은 −를 뜻한다. 아래는 새로운 순서도에다, 각 단계나 루프가 무

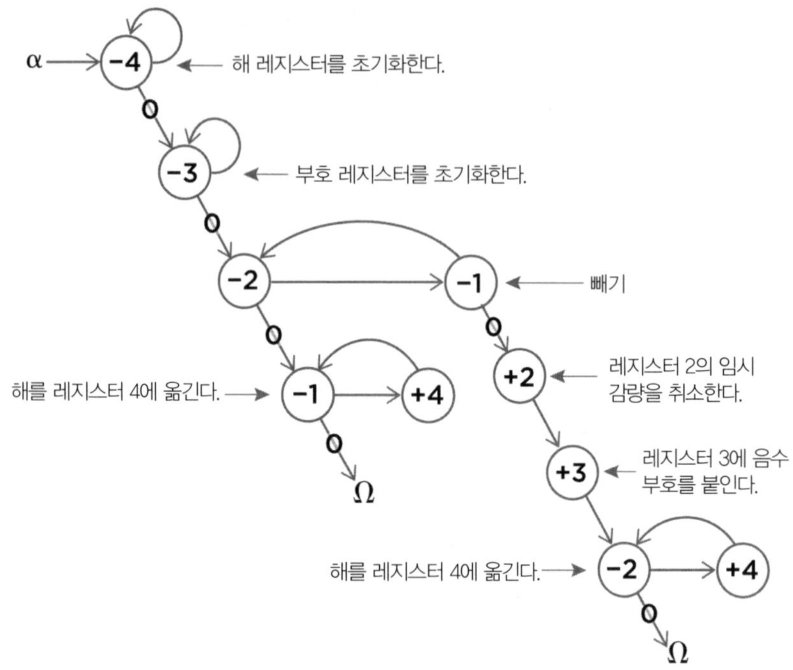

엇을 하는지 설명하는 주석을 달았다. (RAP 프로그램에서는 # 기호 사이에 주석을 달 수 있다. 주석은 사람이 읽으라고 다는 것이다. 로드리고는 주석을 무시한다.)

연습 2

a. 이 순서도에 해당하는 RAP 프로그램을 작성하라. (프로그램이 분기하기 때문에 각 단계에 여러 방식으로 숫자를 붙일 수 있다. '이동' 명령이 올바른 단계를 가리키기만 하면 어떤 방식을 선택해도 상관없다.)

b. 프로그램이 3에서 3을 빼거나 4에서 4를 빼려고 하면 어떻게 될까?

c. 4단계 이후가 아니라 3단계의 빼기 시도 이전에 레지스터 3을 초기화하

면 어떤 오류를 방지할 수 있을까?

더하기와 빼기를 숙달했으면 곱하기와 나누기는 쉽게 생각해낼 수 있다. n과 m을 곱하는 것은 0에 n을 m번 더하는 것과 같다. 따라서 한 레지스터를 '계수기counter'로 삼아서, 더하기 루프가 완료될 때마다 m에서 0까지 감량하면 된다.

연습 3

a. 레지스터 1의 내용과 레지스터 3의 내용을 곱하여 해를 레지스터 5에 넣는 순서도와 RAP 프로그램을 작성하라.

b. (선택)[5] 복사하기와 옮기기를 이용하여, 프로그램이 종료되었을 때 레지스터 1과 레지스터 3의 원래 내용이 복원되어 실행 뒤에 입력과 출력을 쉽게 확인할 수 있도록 문제 a의 곱하기 프로그램을 개선하라.

c. (선택) 레지스터 1과 레지스터 3의 내용을 (지우지 않은 채!) 검사하고, 둘 중에 내용이 더 작은 레지스터의 주소(1 또는 3)를 레지스터 2에 쓰고, 레지스터 1과 3의 내용이 같으면 레지스터 2에 2를 넣으라. (프로그램이 실행된 뒤에 레지스터 1과 레지스터 3의 내용은 바뀌지 말아야 하며, 레지스터 2는 레지스터 1과 레지스터 3의 내용이 같은지, 같지 않다면 어느 레지스터의 내용이 더 큰지 나타내야 한다.)

마찬가지로 나누기는 나누는수를 나뉘는수에서 몇 번 뺄 수 있는지 세면 된다. 나머지가 있으면 별도의 나머지 레지스터에 넣으면 된다. 하지만 여기서는 중요한 안전 조치를 하나 취해야 한다. 숫자를 0으로 나누면 안 되기 때문에, 나누기를 하기 전에 나누는수를 감량하는 간단한 검사를 실행해야 한다. 나누는수를 감량할 수 있으면 한 번 증분하여 원래 값으로 복원한 뒤에 나누기를 진행한다. 하지만 감량을 시도했을 때 0이 튀어나오면 경보를 울려야 한다. 이를 위해 '오류ERROR' 플래그로 쓸 레지스터를 하나 준비한다. 레지스터 5에 1이 들어 있으면 "중단! 방금 0으로 나누라는 지시가 떨어졌어!"라는 뜻이다.

아래는 레지스터 1의 내용을 레지스터 2의 내용으로 나누어 해를 레지스터 3에, 나머지를 레지스터 4에 넣고 레지스터 5로 '오류 메시지'(1은 "0으로 나누라는 지시를 받았다"라는 뜻이다)를 표시하는 순서도다.

순서도를 순서대로 읽으며, 나누는수가 0일 때 어떻게 실행이 중단되

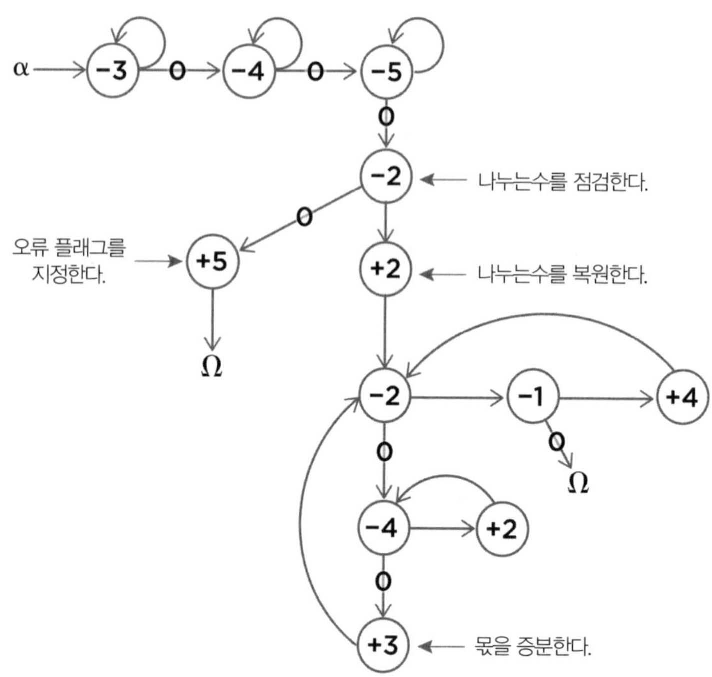

고 플래그가 표시되는지 살펴보라. 또한 레지스터 4가 나누는수의 사본으로서 빼기 때마다 나누는수를 복원하는 역할뿐 아니라 잠재적 나머지 레지스터 역할도 한다는 것을 눈여겨보라. 레지스터 4가 다음 번 빼기를 위해 자신의 내용을 레지스터에 2에 돌려보내기 전에 레지스터 1이 초기화되면, 이 내용이 바로 나머지다.

> 비밀 1: 이해 없는 능력. 자기가 무얼 하는지 이해하지 않고서도 완벽하게 계산하는 것이 가능하다(이를테면 레지스터 기계).

레지스터 기계는 마음이 아니다. 아무것도 이해하지 못한다. 하지만 '증분', '감분', '종료'라는 세 가지 '명령'이 떨어질 때마다 철저하게 실행한다는 점에서 이 간단한 세 명령을 이해하는 셈이라고 말할 수는 있다. 물론 '진짜' 명령이 아니라 명령인 셈일 뿐이지만. 우리에게 명령처럼 보이고 레지스터 기계는 이것이 명령인 것처럼 실행하므로, 명령이라고 부르는 것이 간편하고도 적절하다.

지금쯤 눈치챘겠지만, '감량하거나 분기하라', 즉 '감분'이야말로 레지스터 기계가 가진 능력의 핵심이다. 컴퓨터가 세상의 무언가를 '인식'하고—인식하는 셈이고—이를 다음 단계의 나침반으로 삼을 수 있는 것은 오로지 이 명령 덕분이다. 사실 이 '조건 분기conditional branching'는 모든 프로그램 내장형 컴퓨터가 가진 능력의 핵심이다. 19세기에, 모든 컴퓨터의 원형인 찰스 배비지의 해석기관Analytical Engine을 훌륭하게 설명한 에이다 러브레이스는 이 사실을 알고 있었다.[6]

부품을 가지고 프로그램을 조합하는 것은, 숙달하기만 하면 식은 죽 먹기다. 사실, 연산 루틴routine(특정한 작업을 실행하기 위한 일련의 명령_옮긴이)은 한번 만들어두면 몇 번이고 쓸 수 있다. 더하기 프로그램은 연산 0, 빼기 프로그램은 연산 1, 곱하기 프로그램은 연산 2 등으로, 프로그램에 숫자를 붙인다고 가정해보자. 복사하기 프로그램은 연산 5, 옮기기 프로그램은 연산 6 등으로 부를 수 있을 것이다. 그러면 레지스터를 이용하여 명령을 숫자로 저장할 수 있다.

연습 4(선택)

레지스터 기계를 아래와 같은 간단한 휴대용 계산기로 바꾸는 순서도와 RAP 프로그램을 작성하라.

a. 레지스터 2에 연산을 저장한다.

0 = 더하기

1 = 빼기

2 = 곱하기

3 = 나누기

b. 계산할 값을 레지스터 1과 3에 넣는다.

(따라서 306은 3 + 6, 513은 5 − 3, 425는 4 × 5, 933은 9 ÷ 3을 일컫는다.) 그 다음 연산 결과를 레지스터 4부터 7까지에 넣는다. 레지스터 4는 부호(0은 +, 1은 −), 레지스터 5는 해의 숫자 부분, 레지스터 6은 나누기의 나머지, 레지스터 7은 입력 오류(0으로 나누거나, 레지스터 2의 연산이 정의되지 않은 경우)를 알리는 경보로 쓰인다.

이 예에서 레지스터의 내용(숫자)이 서로 다른 네 가지 대상—숫자, 사칙 연산, 숫자 기호, 오류 플래그—을 나타낸다는 데 주목하라.

비밀 2: 레지스터의 숫자가 무엇을 나타내는가는 우리가 작성한 프로그램에 따라 달라진다.

미리 만들어둔 구성 요소를 이용하면 더 인상적인 작업을 구성할 수도 있다. 끈기만 있다면, 레지스터 7의 숫자를 '제곱'하는 프로그램이나 레지스터 1부터 20까지 내용의 '평균'을 구하는 프로그램, 레지스터 6의 내용을 '소인수 분해' 하여 5가 소인수이면 레지스터 5에 1을 넣는 프로그램, 레지스터 3과 레지스터 4의 내용을 '비교'하여 큰 내용을 레지스터 5에 넣되 정확히 두 배 클 경우 레지스터 7에 플래그를 다는 프로그램 등을 얼마든지 작성할 수 있다.

특히 쓸모 있는 루틴으로는 레지스터 100개를 '검색'하여 특정 내용이 있으면 그 레지스터의 '주소' 숫자를 레지스터 101에 넣는 것이 있다. (어떻게 하면 될까? 목표 숫자를 레지스터 102에 넣고 사본을 레지스터 103에 넣는다. 레지스터 101을 초기화한 뒤에 레지스터 1부터 시작하여 해당 레지스터의 내용을 (레지스터 101을 증분한 뒤에) 레지스터 103의 내용에서 빼면서 해가 0인지 검사한다. 0이 아니면 레지스터 2에서 같은 과정을 반복한다. 어떤 레지스터에서 목표 숫자를 찾으면 종료한다. 레지스터 101에는 그 레지스터의 주소가 들어 있을 것이다.) '감분'에 구현된 기초적 '감각' 능력—레지스터를 감량하면서 0을 '인식'하는 능력—덕분에 우리는 레지스터 기계의 '눈'을 스스로에게 향하도록 하여 자신의 레지스터를 검사하고 그 결과에 따라 내용을 옮기고 작업을 교체하도록 할 수 있다.

비밀 3: 레지스터에 들어 있는 숫자는 무엇이든 나타낼 수 있기 때문에, 이론상 레지스터 기계는 무엇이든 '인식'하도록, 즉 숫자(또는 숫자의 숫자)와 연관 지을 수 있는 모든 패턴이나 성질을 '구분'하도록 설계할 수 있다.

이를테면 흑백 그림—이 페이지를 비롯한 '모든' 흑백 그림—은 거대한 레지스터 집합으로 나타낼 수 있다. 각 레지스터는 픽셀 하나를 나타내되 0은 흰 점, 1은 검은 점을 나타내도록 할 수 있다. 이제 그림 수천 장을 검색하면서 흰 배경에 검은색 직선이 수평으로 그려진 그림을 찾는 레지스터 기계 프로그램을 작성하라. (정말 하려 들지는 마시길. 인생은 짧다. 이 작업이 얼마나 힘들고 시간이 많이 걸릴지 조금 자세히 상상해보는 것으로 충분하다.) 머릿속에서 수평선 인식자와 수직선 인식자, 반원 인식자를 설계했다면 이번에는 이것들을 몇 가지 유용한 구분자와 함께 활용하여, 수백 가지 글꼴로 이루어진 글에서 대문자 'A'를 구분할 수 있는 프로그램을 작성한다고 생각해보라! 이것은 컴퓨터 프로그래밍이 최근에 거둔 위업 중 하나다. 광학 문자 인식Optical Character Recognition, 즉 OCR 소프트웨어는 인쇄된 페이지를 스캔하여 꽤 정확한 컴퓨터 텍스트 파일로 변환한다(알파벳 및 숫자 기호는 숫자로 표상하기 때문에, 오로지 산술만을 이용하여 텍스트를 검색할 수도 있고 워드 프로세싱의 온갖 묘기를 부릴 수도 있다). OCR 프로그램은 '읽을' 수 있을까? 그건 아니다. 자기 앞에 놓인 것을 이해하지 못하니까. OCR 프로그램은 읽는 셈이다. 풍부한 가동 부품 일습에 이 능력을 추가하면 놀라운 효과를 낼 수 있다.

비밀 4: 숫자는 무엇이든 나타낼 수 있으므로 명령이나 주소도 나타낼 수 있다.

우리는 레지스터에 들어 있는 숫자를 더하기나 빼기, 옮기기, 찾기 같은 명령을 나타내는 데 쓸 수도 있고 주소(컴퓨터에 들어 있는 레지스터)를 나타내는 데 쓸 수도 있다. 따라서 일련의 명령 전체를 일련의 레지스터에 저장할 수 있다. 레지스터 기계가 이 레지스터에서 저 레지스터로 이동하면서 레지스터의 명령을 실행하도록 명령하는 주 프로그램(프로그램 A)이 있으면 두 번째의 프로그램 B를 이 레지스터에 저장할 수 있다. 레지스터 기계가 프로그램 A를 실행하도록 하면, 가장 먼저 하는 일은 프로그램 B를 실행하라고 명령하는 레지스터를 참고하여 그대로 따르는 것이다. 말하자면 프로그램 A를 레지스터 기계에 별도로 마련한 레지스터 집합으로 이루어진 중앙처리장치에 영구적으로 저장한 뒤에(이를테면 읽기 전용 메모리인 롬ROM에 '펌웨어firmware'를 씌우는 방법이 있다) 프로그램 A를 이용하여 (우리가 일반 레지스터에 어떤 숫자를 넣느냐에 따라) 프로그램 B, C, D 등을 실행할 수 있다. 레지스터 기계에 프로그램 A를 설치하면, 이 기계는 '프로그램 내장형 컴퓨터'로 탈바꿈한다.

프로그램 A는 우리가 레지스터에 어떤 명령을 (숫자로) 넣든 이를 충실히 실행하는 능력을 레지스터 기계에 부여한다. 프로그램 A가 실행할 수 있는 모든 프로그램은 프로그램 A가 참고할 수 있는 일련의 숫자로 (순서대로) 이루어졌으며 각 숫자가 지정하는 명령을 (순서대로) 실행한다. 이 명령들에 분명한 형태를 부여하는 체계를 우리가 고안했다고 가정해보자(이를테면 각 명령이 모두 길이가 같도록—가령 두 자리 숫자이도록—할 수 있다).

86, 92, 84, 29, 08, 50, 28, 54, 90, 28, 54, 90

그러면 프로그램 B를 이루는 일련의 숫자 전부(위)를 아래와 같은 커다란 숫자로 취급할 수 있다.

869284290850285490285490

이 숫자는 프로그램(프로그램 B)의 고유한 '이름'이자 (프로그램 A가 한 번에 한 단계씩 실행하는) 프로그램 자체다. 이런 프로그램도 있다.

2845702975902875290754892749027542485092842854042 3

이런 프로그램도.

89082964724902849524988567433904385038824598028545
44254789653985

하지만 흥미로운 프로그램들의 이름은 대부분 훨씬 길다. 자릿수가 수백만에 이르기도 한다. 여러분의 노트북에 설치된 워드프로세서나 웹 브라우저 같은 프로그램은 이런 기다란 숫자(이진수)에 지나지 않는다. 프로그램의 크기가 10메가바이트라는 말은 0과 1이 8000만 개 줄지어 있다는 뜻이다.

> 비밀 5: 가능한 모든 프로그램은 고유한 숫자를 이름으로 받을 수 있는데, 이는 만능 기계가 실행하는 명령의 목록으로 취급할 수 있다.

이 방식을 만들어낸 사람은 명민한 이론가이자 철학자 앨런 튜링이다.

튜링은 또 다른 간단한 가상 컴퓨터를 이용했는데, 이 컴퓨터는 사각형으로 나뉜 종이테이프를 앞뒤로 읽으며 '읽기 헤드' 아래의 사각형에 쓰인 숫자가 0인지 1인지에 따라—아하! 조건 분기다—다른 행동을 실행했다. 튜링 기계가 할 수 있는 일이라고는 비트를 뒤집거나(0을 지우고 1을 쓰거나 1을 지우고 0을 쓰는 것) 내버려두고 테이프 사각형의 오른쪽이나 왼쪽으로 이동하여 '다음 명령을 찾아가'는 것이 고작이다. 0과 모든 자연수(0, 1, 2, 3, 4, 5 등) 대신 이진수 0과 1만 이용하고 사각형을 한 번에 한 칸씩만 이동함으로써 덧셈와 뺄셈을 비롯한 온갖 계산을 해내는 튜링 기계 프로그램을 짜는 일은 우리의 레지스터 기계 연습보다 훨씬 까다로운 일이라는 데 여러분도 동의할 것이다. 하지만 튜링이 말하는 요점은 나와 똑같다. 만능 튜링 기계는 프로그램 A가 있어서—원한다면 내장해도 좋다—이 프로그램 A가 종이테이프에서 프로그램 B를 '읽'고 프로그램 B의 데이터나 입력으로서 테이프에 쓰여 있는 모든 것을 이용하여 프로그램 B를 실행할 수 있는 장치다. 왕하오의 레지스터 기계는 산술과 조건 분기로 나타낼 수 있는 모든 프로그램을 실행할 수 있으며 튜링의 튜링 기계도 마찬가지다. 두 기계 모두, 다른 모든 프로그램의 '숫자'를 취하여 '그것'을 실행하는 기막힌 능력이 있다. 우리는 복잡한 특정 작업을 실행하는 프로그램이 내장된 기계를 수천 대 제작하는 게 아니라, (프로그램 A가 설치된) 범용 만능 기계를 한 대 제작한 뒤에 여기에 프로그램—소프트웨어—을 입력하여 가상기계를 창조함으로써 우리가 원하는 작업을 수행하도록 할 수 있다.

만능 튜링 기계는 달리 말하자면 만능 흉내쟁이다. 이보다는 덜 알려진 우리의 만능 레지스터 기계도 마찬가지다. 여러분의 노트북도 마찬가지다. 노트북은 할 수 있는데 만능 레지스터 기계는 할 수 없는 일은 아무것도 없다. 만능 레지스터 기계는 할 수 있는데 노트북은 할 수 없는 일도 아무것도 없다. 하지만 놀라지는 말 것. 속도가 같다고 말한 사람은 아무도 없으니까. 레지스터 기계가 나눗셈처럼 힘든 작업에는—답이 나올 때까지 일일이 뺄셈을 해야 한다—엄청나게 느리다는 사실을 우리는 이미 확인한 바 있다. 속도를 끌어올릴 방법은 없을까? 실은 그런 방법이 있다. 튜링의 시대 이후로 컴퓨터의 역사는 바로 레지스터 기계가 하는 일을 더 빨리 해내는 방법의 역사에 지나지 않는다.

비밀 6: 튜링이 가상의 종이테이프 기계를 발명한 뒤로 컴퓨터의 모든 발전은 속도를 끌어올리는 단순한 방법들이다.

이를테면 존 폰 노이만은 제대로 된 작업을 할 수 있는 컴퓨터의 구조를 처음으로 만들어냈는데, 속도를 끌어올리기 위해 튜링 기계의 창문, 즉 읽기 헤드의 너비를 한 번에 1비트에서 한 번에 여러 비트로 넓혔다. 초창기의 많은 컴퓨터는 8비트 '워드word'(몇 개의 바이트byte가 모인 데이터의 단위_옮긴이)나 16비트 '워드', 심지어 12비트 워드 단위로 읽었다. 요즘은 32비트 워드를 널리 쓴다. 이것이 여전히 병목—폰 노이만 병목—노릇을 하고 있지만, 튜링 기계 병목보다는 32배나 넓어졌다! 조금 단순하게 표현하자면, 각 단어가 메모리에서 특수 레지스터(명령 레지스터)로 한 번에 하나씩 '복사'되면 레지스터가 이 단어를 '읽'고 실행한다고 말할 수 있다. 워드는 대체로 두 부분으로 나뉘는데, 하나는 연산 코드Operation Code(예: 더하기, 곱하기, 옮기기, 비교하기, 0이면 분기하기)이고 다른 하나는 주소Address다. 주소는 연산할 내용을 어떤 레지스터에서 찾아야 하는지 컴퓨터에 알려준다. 이를테면 10101110 11101010101은 레지스터

1110101010101의 내용에 대해 연산 10101110을 실행하고 결과를 항상 '누산기Accumulator'라는 특수 레지스터에 넣으라고 컴퓨터에게 지시하는 것일 수 있다. 레지스터 기계와 폰 노이만 기계의 커다란 차이점은 레지스터 기계가 어떤 레지스터에서도 작업할 수 있는 반면에(물론 '증분'과 '감분'밖에 못하지만) 폰 노이만 기계는 누산기에서 모든 연산 작업을 수행하고 그 내용을 단순히 복사하여 메모리의 레지스터에 옮기거나 저장한다는 것이다. 이렇게 옮기기와 복사하기를 별도로 하더라도, 여러 기본 연산을 내장하여 실행할 수 있기 때문에 더 유리하다. 말하자면 더하기 전용의 전자 회로가 있고 빼기 전용의 전자 회로, 0이면 분기하는 전용의 전자 회로가 다 따로 있는 것이다. 연산 코드는 전화의 지역 번호나 편지의 우편 번호 같아서, 작업해야 할 대상을 올바른 실행 장소로 보내는 역할을 한다. 이렇게 해서 소프트웨어와 하드웨어가 만난다.

오늘날의 실제 컴퓨터에는 이런 기본적 연산이 몇 개나 들어 있을까? 수백 개일 수도 있고 수천 개일 수도 있다. 예전으로 돌아가 RISC(Reduced Instruction Set Computer, 명령어 축소형 컴퓨터) 방식을 쓰기도 한다. 이 방식은 기본 연산은 수십 개에 지나지 않지만 각 연산의 실행 속도가 엄청나게 빠르다. ('증분'과 '감분' 명령을 내장된 '더하기' 연산보다 수백만 배 빨리 실행할 수 있다면, 우리가 앞에서 한 것처럼 '증분'과 '감분'을 이용하여 '더하기'를 구성하는 것이 효과적일 수 있다. 백만 단계 이내의 덧셈에서는 이 방식이 더 뛰어나다.)

그렇다면 오늘날의 실제 컴퓨터에는 레지스터가 몇 개나 들어 있을까? 백만 개, 심지어 수십억 개가 들어 있다(하지만 레지스터의 크기에 한계가 있기 때문에, 엄청나게 큰 수는 많은 레지스터에 나누어 저장해야 한다). 1바이트는 8비트다. 램RAM(random access memory, 임의 접근 기억 장치)이 64메가바이트인 컴퓨터는 32비트 레지스터가 1600만 개 들어 있는 셈이다. 앞에서 보았듯 레지스터 안의 숫자는 양의 정수 이외의 것도 나타낼 수 있다. π나 $\sqrt{2}$, $\frac{1}{3}$같은 '실수實數'는 '부동 소수점浮動小數點 floating point' 표현법, 즉 '과학적 기수법'('1.495×1041')처럼 숫자를 '밑수'와 '지수指數'로 나누어 표현하는 방식으로 저장된다. 컴퓨터는 이 방식을 써서 자연수가 아닌 숫자(사실은 근삿값)를 계산한다. 부동 소수점 연산은 이 부동 소수점 숫자를 값으로 취하여 사칙 연산(특히 곱셈과 나눗셈)을 하는 것에 불과하며, (내가 이 장의 첫 버전을 쓴) 20년 전에 우리가 구입할 수 있던 가장 빠른 슈퍼컴퓨터의 연산 능력은 4메가플롭스MEGAFLOPS 이상이었다(초당 400만 번 이상의 부동 소수점 연산을 한다는*floating point operations per second* 뜻이다).

이 속도로도 부족하다면 이런 슈퍼컴퓨터 여러 대를 병렬로 묶으면 된다. 순차적으로, 즉 줄 서서 작업을 기다리는 게 아니라 동시에 작업하도록 하는 것이다. 병렬 기계가 할 수 있는데 순수하게 순차적인 기계가 못 하는 일은 아무것도 없다. 다만 느릴 뿐이다. 사실 지난 20년 동안 활발하게 연구된 병렬 기계는 대부분 표준(비非병렬적) 폰 노이만 기계에서 시뮬레이션 되는 가상기계였다. 특수 용도의 병렬 하드웨어가 개발되었고, 컴퓨터 설계 엔지니어들은 보조 프로세서와 캐시 메모리를 비롯한 온갖 접근법을 활용하여 폰 노이만 병목을 넓히고 트래픽 속도를 높일 때의 비용과 편익을 계산하느라 분주하다. 현재 일본의 후지쓰 K 컴퓨터는 10.51 페타플롭스로 동작할 수 있다. 부동 소수점 연산을 초당 1경 번 이상 할 수 있다는 뜻이다.

이 정도면 뇌의 계산 활동을 실시간으로 시뮬레이션 할 수 있을 만큼 빠를지도 모른다. 뇌는 약 1000억 개의 신경세포로 이루어진 뛰어난 병렬 프로세서로, 각 신경세포는 매우 복잡하고 작으며 의도를 지닌 행위자다. 눈에서 뇌로 시각 정보를 전달하는 시신경은 그 자체가 수백만 개의 신경세포 다발이다. 하지만 신경세포는 컴퓨터 회로보다 훨씬 느리게 동작한다. 신경세포가 상태를 전환하고 펄스pulse를 보내는 데('증분'과 '감분'에 해당한다) 걸리는 시간은 수 밀리초, 즉 수백만 분의 1초나 수십억 분의 1초가 아니라 수천 분의 1초다. 이에 반해 컴퓨터는 비트를 빛의 속도에 가깝게 옮긴다. 컴퓨터를 작게 만드는 것이 컴퓨터의 속도를 끌어올리는 데 핵심적인 것은 이 때문이다. 빛이 10센티미터를 이동하는 데 걸리는 시간이 수십억 분의 1초이니까, 두 프로세서가 그보다 더 빠르게 통신하도록 하려면 10센티미터보다 더 가까이 붙여야 한다.

비밀 7: 비밀은 이게 전부다!

컴퓨터의 가장 놀라운 특징은, 극도로 단순한 부분(연산)으로 단순하게 구성되었기 때문에 비밀이 숨어 있을 여지가 전혀 없다는 것이다. 엑토플라즘ectoplasm(일종의 영적 에너지_옮긴이)도, 형태 공명morphic resonance(멀리 떨어진 두 개체가 정보를 공유하는 현상_옮긴이)도, 보이지 않는 역장力場도, 미지의 물리 법칙도, 마법의 조직도 없다. 여러분도 알다시피, 컴퓨터 프로그램으로 어떤 현상을 모형화하는 데 성공했다면 이 모형에는 오로지 사칙 연산으로 이루어진 원인 말고는 어떤 원인도 작용하지 않는다.

그렇다면 요즘 화제가 되고 있는 양자 컴퓨터는 어떻게 된 걸까? 양자 컴퓨터는 일반 컴퓨터가 하지 못하는 일을 할 수 있을까? 그렇기도 하고 아니기도 하다. 양자 컴퓨터가 할 수 있는 일은 많은 문제를 동시에 풀고 많은 값을 동시에 계산하는 것이다. 이것이 가능한 이유는 '양자 중첩quantum superposition' 덕분이다. 양자 중첩이란, 관찰되지 않는 대상은 관찰로 인해 "파속波束(어느 시각에서의 파형波形이 공간의 유한한 영역에만 한정되어 있는 파동_옮긴이)이 붕괴할" 때까지 "가능한 모든" 상태에 한꺼번에 있을 수 있다는 신기하고 정교한 성질이다. (자세히 알고 싶으면 일반인용 물리학 책이나 웹사이트를 참고하라.) 기본적으로 양자 컴퓨터는 가장 최근의—그리고 매우 인상적인—속도 혁신에 불과하다. 처리 속도의 양자 도약이라고나 할까. 종이테이프를 읽는 튜링 기계나 레지스터를 하나씩 증분하거나 감량하는 레지스터 기계는 현실성 있는 짧은 시간, 즉 몇 분이나 몇 시간, 며칠 안에 할 수 있는 일이 극히 제한적이다. 후지쓰K 컴퓨터 같은 슈퍼컴퓨터는 똑같은 작업을 수조 배 빨리 할 수 있지만, 암호 해독 등의 분야에서는 아직 미흡한 수준이다. 양자 컴퓨터의 엄청난 속도가 진가를 발휘하는 것은 이런 분야에서다. 단, 안정적이고 실용적인 양자 컴퓨터를 제작하려면 지독하게 까다로운 공학적 문제를 해결해야 한다. 그러지 못하면 우리는 고작 1000조 플롭스에 만족해야 할지도 모른다.

25

가상기계

실제 기계는 물리적 가동 부품으로 이루어졌으며 대체로 설계 목적에 따라 이름이 붙는다. 잔디깎이, 깡통 따개, 커피 그라인더 등은 설계가 제각각 다르고 저마다 다른 물리적 원리를 이용하기도 하지만, '이름이 같은 기계는 같은 일을 같은 서술 수준에서 한다'라는 공통점이 있다. 더 잘하는 기계도 있겠지만, 그것은 모두 이용자가 무엇을 원하느냐에 달렸다. 가정주부는 느리지만 조용한 잔디깎이를 더 좋아할 테고 카페 주인은 다루기 까다롭지만 정확한 크기로 갈아주는 커피 그라인더를 더 좋아할 것이다. 다목적 기계도 있다. 드릴은 어떤 부품을 장착하느냐에 따라 톱도 되고 연삭기도 된다. 컴퓨터도 이와 비슷하다. 다만, 설계 목적에 따른 수십 가지 작업이 아니라 수억 가지 작업을 할 수 있다는 게 다르다. 그리고 별도의 부품을 끼우는 것이 아니라 딴 프로그램—0과 1로 이루어진 매우 긴 숫자열—을 열어서 작업한다. 그러면 필요한 내부 스위치가 모두 현재 작업에 알맞은 설정으로 바뀐다. 저마다 다른 이 설정 체계는 각각 하나의 기계—톱니바퀴와 베어링, 전선, 도르래가 아니라 '명령으로 이루어진' *가상*기계—에 해당한다. 컴퓨터에서 명령이 톱니바퀴와 도르래 역할을 대신할 수 있는 이유는 빵 반죽이나 제지 펄프나 철강 강편을 처리하는 게 아니라 정보를 처리하기 때문이다. 정보는 컴퓨터가 '읽'을 수 있는—또는 읽어야 하는—유일한 부호인 0과 1의 이진수 부호로 언제나 번역할 수 있다. 실리콘 칩에 인쇄된 회로에서 출입문들이 일시적으로 열리고 닫힐 때마다 정보가 이 회로에서 저 회로로 이동하며 0과 1이 수조 번씩 자리바꿈한다. 0인 상태나 1인 상태 둘 중 하나일 수 있는 (하드웨어상의) 작은 장소 수백만 개만이 유일한 '가동 부품'이다. 컴퓨터가 순간순간 어떤 기계인가를 결정하는 것은 수천 또는 수백만 개의 작은 성분이 어떤 설정을 이루고 있는가이다.

가상기계는 '가소성plasticity'(온갖 상태에 있을 수 있으며 상호작용하는 부품)이 풍부한 실제 기계에 특정한 명령(더 정확히 표현하자면, 성향) 패턴을 부여하여 만든다. 가상기계는 정보를 처리하기 때문에, 하드웨어상의 상태 변화를 '가동 부품'으로 삼는 컴퓨터와 '똑같은 일을 할' 수 있다. 가상기계의 상태 변화는 모두 가동 부품의 '표상representation'에서 일어난다. 세로 나눗셈은 종이와 연필을 가지고 할 수도 있고 (계산 실력이 뛰어나다면) 가상의 페이지나 칠판에 필기를 표상—상상—함으로써 '머릿속에서' 암산할 수도 있다. 두 경우 다, 내가 다루는 것은 정보이기 때문에 똑같은 결과물, 즉 해가 도출된다. 이에 반해 배고플 때 햄 샌드위치 만드는 상상을 한다고 해서 햄 샌드위치를 먹을 수는 없다. 컴퓨터는 '머릿속에서'—즉, 작업을 실행하는 기계를 표상함으로써—정보를 처리하는 능력이 아주 뛰어나기 때문에 내가 이용하고 상호작용하는 기계가 하드웨어 내장형 전용 정보 처리 기계인지 범용 칩에서 작동하는 가상기계인지 알아맞히는 것이 거의 불가능하다. 이를테면 엘리베이터나 에어컨, 자동차, 냉장고, 텔레비전 리모컨 등에 들어가는 작고 값싼 컴퓨터 칩은 대부분 실제로는 노트북에서 돌아가는 프로그램을 전부—버전은 다를 수 있지만—실행할 수 있는 범용 컴퓨터이지만, 롬에 '구운' 비교적 단순한 프로그램 하나만을 실행하면서 일생을 보낼 운명이다(롬은 컴퓨터 칩의 뛰어난 재주 중에서 한두 가지만 남기고 다 없애버린다). 이렇게 하는 것이 이 단순한 작업만을 하도록 설계된 전용 칩을 제작하는 것보다 싸게 먹힌다.

가상기계 개념은 컴퓨터학에서 얻을 수 있는 가장 유용한 상상력 확장기로 손꼽히는데, 자기 분야에서 가치를 입증했기에 다른 영역에 도입될 시기가 무르익었다. 나는 '가상기계'라는 용어를 다소 확장된 의미로 쓰기 때문에(그 이유는 때가 되면 설명할 것이다) 원래—혹자는 '올바른'이라고 말하지만—의미가 무엇인지 알아두는 것이 좋겠다. '가상기계'라는 용어를 처음 쓴 사람은 컴퓨터학자 제럴드 포펙과 로버트 골드버그[7]다. 원래 의미는 '실제 기계의 효율적이고 독립된 복제본'이었다. 이 복제본은 명령으로 이루어졌다. 실제 기계—A라고 하자—가 실리콘 칩과 전선 등으로 이루어진 진짜 하드웨어라면 가상기계는 A 하드웨어를 완벽하게 흉내 내는 컴퓨터 프로그램이다(이 프로그램은 또 '다른' 실제 기계인 B에서 작동한다). 하지만 자신의 하드웨어인 B에서 가능한 기본 연산만 가지고 A의 가장 기본적인 연산을 모두 구성할 수 있어야 하기 때문에 조금 느리게 돌아갈 것이다. A 하드웨어에서 돌아가도록 작성된 프로그램은, B 하드웨어에서도—B 하드웨어에서 A의 가상기계 복제본을 실행하고 있을 경우—문제없이 돌아가야 한다.

이것은 매우 요긴한 트릭이다. 하드웨어 구입비를 아낄 수 있어서만은 아니다. 여러분이 맥은 없지만, 맥에서만 돌아가는 귀한 소프트웨어를 죄다 가지고 있다고 상상해보라. PC에서 돌아가는 맥 가상기계 VM를 작성하면, 맥 VM을 실행할 때마다 맥 소프트웨어를 모두 실행할 수 있다.

PC는 맥 '시늉'을 할 것이고 소프트웨어는 속아 넘어갈 것이다! 친구가 팔이 부러져서 깁스를 했다고 생각해보자. 깁스 때문에 팔의 움직임이 심각하게 제한되며 깁스의 무게와 모양 때문에 나머지 신체 움직임도 달라진다. 이제 어떤 팬터마임 배우(이를테면 마르셀 마르소)가 팔에 깁스를 한 친구를 흉내 낸다고 가정해보자. 배우가 제대로 솜씨를 발휘한다면 그의 신체 동작은 친구와 똑같이 제한될 것이다. 배우는 팔에 '가상 깁스'를 했으며 이 깁스는 '거의 보이다시피' 한다. 맥 VM을 실행하여 맥을 흉내 내는 PC는 VM에서 돌아가는 프로그램에게나, 외부 관찰자에게나 실제 맥과 구분되지 않는다.

하지만 현실에서는 정반대다. PC에서 돌아가는 맥 VM이 개발되기는 했지만, 내가 알기로 정식으로 쓸 만한 소프트웨어라기보다는 장난감에 가깝다. 이에 반해 맥에는 PC의 운영 체제 윈도Windows를 실행하는, 신뢰성 높고 이용자 친화적인 VM이 있다. 맥 이용자는 어떤 PC용 윈도 소프트웨어든지 마음대로 실행할 수 있다. 요즘 프로그램은 대부분 특정 '하드웨어'에서 실행되는 게 아니라 특정 '운영 체제'에서 실행되도록 작성된다(운영 체제는 여러 하드웨어에서 돌아간다). 가상기계 개념을 확장하여, 운영 체제를 가상으로 흉내 내는 것까지 포함해야 하는 한 가지 이유가 이것이다. 운영 체제는 그 자체로 일종의 가상기계인데, 조금씩 다른 하드웨어들이 똑같은 프로그램을 실행할 수 있도록 하지만 자신도 일개 소프트웨어에 '불과'하다. 운영 체제는 실제 하드웨어를 흉내 내는 것이 아니라, 특정 규칙을 따르고 특정 입력을 받아들이는 상상의 기계를 사실상 조건부로 창조한다.

가상기계 개념을 확장해야 하는 또 다른 이유는 오늘날 가장 인기 있고 널리 쓰이는 가상기계 중 하나가 자바 가상 머신Java Virtual Machine, 즉 JVM이기 때문이다. 운영 체제와 마찬가지로 JVM은 실제 하드웨어 기계를 흉내 내는 것이 아니라 소프트웨어 기계로서'만' 존재한다. 자바는 인터넷이 이토록 다방면에서 활약하게 된 일등 공신이다. 웹사이트에서 작은 프로그램(자바 애플릿)만 내려받으면, 십자말풀이 퍼즐을 풀고 스도쿠를 하고 지도를 탐색하고 사진을 확대하고 지구 반대편에 있는 사람들과 어드벤처 게임을 하고 '진지한' 계산도 많이 수행할 수 있다. 자바 프로그래밍 언어로 프로그램을 짜는 웹사이트 디자이너는 방문자의 컴퓨터가 맥인지 PC인지, 또는 리눅스 컴퓨터인지 알 필요가 없다. 자바 애플릿은 맥에서도 PC에서도 리눅스 컴퓨터에서도 실행되도록 특수 설계된 JVM에서 항상 동작하기 때문이다. 컴퓨터에 알맞은 JVM이 자동으로 내려받기 되어 몇 초 안에 설치되면, 마법처럼 자바 애플릿이 JVM에서 실행된다. (여러분은 자바 업데이트가 컴퓨터에 내려받기 되는 것을 본 적이 있을지도 모르겠다. 아니, 못 봤을 수도 있다! 이상적인 상황은 컴퓨터에 어떤 JVM이 설치되었는지 잊어버리고, 어떤 웹사이트를 방문하든 그곳의 자바 애플릿이 내 컴퓨터의 JVM에서 작동하거나 자바 애플릿에 알맞은 자바 업데이트가 설치되는 것이다.)

이렇게 의미를 확장하면 거의 모든 컴퓨터 프로그램을 가상기계로 간주할 수 있다. 하드웨어를 설계하고 제작하지 않아도 프로그램만 실행하면 범용 컴퓨터를 전용 기계로 탈바꿈시키는 소프트웨어, 즉 체계적 명령 목록이기 때문이다. 앨런 튜링이 과학(사실 20세기 이후 인류 문명)에 이바지한 것 중에서 가장 뛰어난 업적 중 하나는 프로그램만 설치하여 실행하면 특수 목적으로 설계된 어떤 컴퓨터로도 '탈바꿈'할 수 있는 '만능' 컴퓨터의 개념이다(오늘날에는 '만능 튜링 기계'라 부른다)! (자세한 내용은 24장 참고.) 상상할 수 있는 모든 하드웨어 컴퓨터를 구축할 필요가 없는 것이다. 하드웨어 컴퓨터 하나만 있으면 된다. 나머지는 모두 소프트웨어 몫이다. 튜링의 시대 이후로 우리는 가소성—조절할 수 있는 '메모리' 상자 또는 레지스터—이 크고 복잡한 덩어리—하드웨어—를 가져다 메모리 상자에 명령을 넣어 실행하면 우리가 명확하게 상상할 수 있는 어떤 컴퓨터로든 이 덩어리를 탈바꿈시킬 수 있다는 근사한 아이디어를 얻었다.

튜링 기계—또는 노트북—는 명령을 한 번에 하나씩 실행하며 다음 명령으로 이동하지만, 우리는 이 개념을 일반화하여 많은(수백만 개) 명령을 한 번에 실행할 수 있는 '병렬' 컴퓨터를 구상할 수 있다. '레지스터'는 상태(여러분의 컴퓨터는 비트가 0이거나 1인 상태이지만 꼭 두 가지 상태에 국한되지는 않는다)를 바꾸라는 명령이 떨어질 때까지 그 상태를 유지할 수 있는, 하드웨어 안의 어떤 장소다. 이 상태를 바탕으로(이를테면 레지스터를 이 상태에서 저 상태로 바꾸거나, 레지스터를 이용하여 다음에 어떤 연산을 수행할지 결정하여) 어떤 기초적 연산을 수행할 수 있는 모든 레지스터 체계는 '함수를 계산하'거나 '프로그램을 실행하'도록 레지스터를 설정할 수 있다. 따라서 이런 하드웨어는 (종류와 무관하게) 이 기본적 단계를 밟도록 설계된 가상기계를 실행할 수 있다. 한 번 수행할 수 있는 트릭은 두 번, 세 번, 그 이상도 수행할 수 있으므로 하드웨어 안에 가상기계를 구현하고, 그 안에 가상기계를 구현하고 그 안에 …… 이런 식으로 계속할 수 있다.

PC에서 실행되는 윈도 7(운영 체제)에서 실행되는 커먼리스프Common Lisp(고급 컴퓨터 언어)로 짠 체스 프로그램을 생각해보자. PC는 윈도 컴퓨터를 흉내 내고, 윈도 컴퓨터는 리스프 전용 컴퓨터를 흉내 내고, 리스프 전용 컴퓨터는 체스 두는 기계를 흉내 낸다. 프로그램의 세부 사항을 최상위 수준에서 살펴보면 컴퓨터와 체스에 능통한 관찰자는 내용을 어느 정도 이해할 수 있을 것이다("아하! 이 서브루틴은 비숍을 움직이는 것에 대한 모든 합법적 대응책을 만들어낸 뒤에 평가 서브루틴을 호출하여 ……"). 이에 반해 같은 프로그램의 실제 기계어 코드, 즉 하드웨어 명령 레지스터에 입력되는 0과 1 숫자열을 살펴보는 것은 미치거나 눈이 머는 지름길이다. 그래서 현명한 우리는 높은 수준에 주목한다. 우리가 각 수준에서 모든 나무에도 불구하고 숲을 볼 수 '있는' 것은 낮은 수준의 세부 사항이 편리하게도 눈에 들어오지 않기 때문이다. 컴퓨터 속 가상기계의 연쇄와, 마음에 대한 호문쿨루스 기능주의의 호문쿨루스 연쇄가 들어맞는 것은 단순한 우연이 아니다. 가상기계가, 지금껏 엄두도 못 내던 과제(항공사 예약, 체스 두기, 일기 예보, 받아쓰기 등)들을 물리적으로 구현하고 이를 이해하는 데 눈부신 성공을 거둠에 따라, 뇌를 역설계하는 문제에서도 비슷한—단지 비슷한—묘기를 부릴 수 있으리라는 희망이 피어오른다.

그렇다면 해부학적으로 온갖 차이가 있음에도 프랑스어 사용자들의 뇌에 어떤 유사성이 있는가는 '가상기계 수준'에서 가장 잘 이해할 수 있을지도 모른다. 프랑스어 사용자들은 모두 FVM, 즉 프랑스어 가상기계French Virtual Machine를 가졌다고 가정하는 것이다(버전은 저마다 다를 수도 있지만). FVM은 뇌에 들어 있는 수백만 개의 레지스터에 어떤 식으로든 저장되어 서로 맞물리는 기질이나 미微습관으로 이루어진 체계다. 영어 사용자의 뇌는 이와 비슷한(신뢰할 수 있는 패턴을 가진) 체계인 EVM으로 구분할 수 있을 것이다. 프랑스어 사용자가 "Donnez-moi le sel, s'il vous plait"(소금 좀 주세요)라는 말을 들었을 때 FVM이 제어하는 행동은 영어 사용자의 EVM에 "Please pass me the salt"라는 입력을 주입했을 때 일어나는 행동과 같을 것이다. 그렇다면 뇌에서 실행되는 FVM과 EVM은 어떻게 만들어질까?

우리는 체스를 두거나 프랑스어를 말하는 사람들의 뇌에서 일어나는 활동을 이렇듯 다른 수준에서 서술하는 법을 아직 모른다.[8] 유능한 컴퓨터 프로그래머는 컴파일러(고수준 명령을 하드웨어에서 실행 가능한 코드로 변환하는 프로그램)에서 실행 프로그램이 산출될 것이라 확신하면서 자신의 착상을 최고 수준에서 설계할 수 있지만, 뇌에는 이처럼 저수준과 고수준의 정확한 대응이 존재할 리 만무하다. 하지만 중요한 개념 증명은 손에 넣었다. 수조 개의 가동 부품으로 이루어진 기계의 능력을 높은 수준에서—마법의 조직을 불러내지 않고도—이해하는 방법이 적어도 한 가지 있다는 사실은 알았으니 말이다.

26

알고리즘

나는『다윈의 위험한 생각』[9]에서 다윈의 위대한 아이디어가 무엇으로 귀결되는지 알아내는 방법을 제시했다.

> 지구상의 생명은 가지 뻗는 나무—생명의 나무—한 그루에서 어떤 알고리즘 과정을 통해 수십억 년에 걸쳐 생성되었다.

그렇다면 알고리즘이란 대체 무엇일까? '알고리즘'이라는 용어에 대해 여러 의미가 경합을 벌이고 있는데, 내가 제시하는 의미가 가장 포괄적일 것이다. 아래 설명은 내 책에 실린 내용을 수정한 것이다.

다윈은 '알고리즘'의 힘을 발견했다. 알고리즘은 '실행'되거나 구현될 때마다 일정한 결과를 산출한다고 신뢰할 수 있는—논리적으로—일종의 형식화된 과정이다. 알고리즘은 새로운 개념이 아니다. 다윈의 시대에도 새롭지 않았다. 세로 나눗셈을 하거나 수표장의 잔액을 맞추는 것처럼 친숙한 산술 절차의 상당수가 알고리즘이다. 틱택토를 두거나 단어를 알파벳 순으로 나열하는 결정 절차도 알고리즘이다. 상대적으로 새로운 것은, 또한 다윈의 발견에 대해 귀중한 통찰을 주는 것은 알고리즘 일반의 성질과 위력에 대한 수학자와 논리학자의 이론적 성찰이다. 20세기에 이루어진 이 발전이 컴퓨터의 탄생으로 이어졌고, 컴퓨터 덕분에 알고리즘 일반의 위력을 더 깊고 생생하게 이해할 수 있게 되었다.

'알고리즘'이라는 용어는 본디 페르시아의 수학자 무사 알 콰리즈미의 이름으로, 라틴어('algorismi')를 거쳐 초기 영어('algorism')가 잘못 표기되어 지금의 형태가 되었다. 콰리즈미는 9세기에 산술 절차에 대한 책을 썼는데, 바스의 애덜라드와 체스터의 로버트 중 한 사람이 11세기에 이 책을 라틴어로 번역하여 알려졌다. 알고리즘이 '틀림이 없으며 다소 *기계적*인 절차'라는 개념은 몇 세기 전부터 있었지만, 지금의 개념이 확립된 것은 1930년대 앨런 튜링, 쿠르트 괴델, 알론조 처치의 선구적 연구 덕분이다. 알고리즘의 세 가지 핵심 특징은 우리에게 중요하게 쓰일 것이다. 각 특징은 정의하기가 다소 까다롭다.

(1) 재료 중립성substrate neutrality: 세로 나눗셈 절차는 연필을 쓰든 펜을 쓰든, 종이를 쓰든 양피지를 쓰든, 네온 조명을 쓰든 비행기로 하늘에 글씨를 쓰든, 어떤 기호 체계를 사용해도 똑같이 작동한다. 절차의 힘은 구현에 쓰는 재료의 인과적 힘이 아니라 '논리적' 구조에서 비롯한다. 인과적 힘은 지정된 단계가 정확히 수행되도록 하는 데만 관여한다.

(2) 마음 없는 토대underlying mindlessness: 절차의 전반적 설계는 훌륭할 수도 있고 훌륭한 결과를 내놓을 수도 있겠지만, 이를 구성하는 각 단계는, 또는 단계 간의 이행은 극히 단순하다. 얼마나 단순할까? 고분고분한 바보나 간단한 기계 장치로 수행할 수 있을 정도로 단순하다. 대표적인

교과서에서는 알고리즘을, '초보' 요리사도 따라 할 수 있는 일종의 '요리법'에 비유한다. 고참 주방장을 대상으로 쓴 요리책에는 "생선을 적당한 포도주에 넣어 바짝 졸인다"라고 쓰겠지만 알고리즘은 이렇게 시작할 것이다. "라벨에 '드라이'라고 쓴 백포도주를 골라 코르크스크루로 병을 딴다. 포도주 1인치를 팬 바닥에 따른다. 팬 아래 버너를 센 불로 켠다. ……" 과정을 매우 단순한 단계로 조목조목 나누면, 요리법을 읽는 사람은 머리를 써서 결정하거나 정교한 판단을 내리거나 직관을 동원할 필요가 전혀 없다.

(3) 결과 보장guaranteed result: 알고리즘이 하는 일이 무엇이든, 실수 없이 수행하는 한 늘 성공한다. 알고리즘은 틀림없는 요리법이다.

어떻게 이 특징 덕분에 컴퓨터가 가능해졌는가는 쉽게 알 수 있다. *컴퓨터 프로그램은 모두 알고리즘이다*. 궁극적으로 이 알고리즘은 간단한 메커니즘을 통해 믿음직하게 실행할 수 있는 단순한 단계로 이루어진다. 대개는 전자 회로를 선택하지만, 컴퓨터의 능력은 실리콘 칩을 쏘다니는 전자의 인과적 특징과 (속도를 제외하면) 무관하다. 알고리즘이 똑같더라도, 유리 섬유에서 광자를 교환하는 장치를 쓰면 훨씬 빨라지고 사람이 종이와 연필을 쓰면 훨씬 느려진다.

다윈이 발견한 것은 실은 '하나의' 알고리즘이 아니라 연관된 알고리즘들의 커다란 집합이었다. 뚜렷하게 구분할 방법이 없었을 뿐이다.

27

엘리베이터 자동화

컴퓨터에 대한 막간 설명을 마치기 전에 소스 코드, 주석, 대상 코드에 대한 유용한 개념 집합을 추가로 소개하고자 한다. 이 개념들은 어떻게 뇌 속에 의미가 자리 잡을 수 있는지 이해하려는 우리의 탐구에서 중요하게 쓰인다. 어마어마한 난제에 뛰어들기 전에 개념을 확실히 이해할 수 있도록 간단한 예를 자세히 살펴보는 것이 좋겠다. (인공지능 분야에서는 이런 방법을 '장난감 문제toy problem'라 한다. 우선 장난감 문제를 해결한 뒤에 근사한 현실 문제에 도전하는 것이다.) 우리가 살펴볼 것은 사람인 엘리베이터 안내원이 컴퓨터 칩으로 대체되는 이야기다(편의로 지어낸 이야기이지만 나머지 부분은 현실적이다).

내가 어릴 때는 엘리베이터 안내원이라는 직종이 있었다. 이 사람들이 하는 일은 하루 종일 엘리베이터를 올렸다 내렸다 하면서 올바른 층에 정차하여 사람들을 내려주는 것이었다. 초창기에는 신기하게 생긴 손잡이를 시계 방향이나 반대 방향으로 돌리면 엘리베이터가 올라갔다 내려갔다 했다. 엘리베이터를 정확한 높이에서 멈추려면 기술이 필요했다. 사람들은 엘리베이터에 타고 내릴 때 몇 센티미터 올려 디디거나 내려 디뎌야 할 때가 있었는데, 안내원은 늘 이 점을 환기시켰다. 언제 무슨 말을 해야 하는지, 어느 층에 먼저 가야 하는지, 문을 어떻게 여는지 등 여러 규칙이 있었다. 안내원 교육은 이 규칙을 외우고 연습하는 것이었다. 규칙이 제2의 천성이 될 때까지 몸에 익혔다. 규칙 자체는 다년간의 설계 과정에서 자잘한 변경과 개선을 숱하게 거치며 다듬어졌다. 이 과정이 대충 마무리되어 이상적 규칙이 제정되었다고 가정해보자. 규칙은 놀라운 효과를 발휘했다. 규칙을 정확히 따르기만 하면 누구나 뛰어난 엘리베이터 안내원이 될 수 있었다.

이제 간단한 컴퓨터 프로그램이 안내원의 모든 제어 임무를 맡았을 때 어떤 일이 일어날지 상상해보자. (이 과정은 실제로는 점진적으로 일어났다. 여러 자동 기계 장치가 도입되면서 안내원의 임무가 단순한 것부터 점차 대체되었기 때문이다. 하지만 여기서는 사람 안내원이 컴퓨터 제어 시스템으로 한 번에 완전히 바뀌었다고 가정할 것이다.)

엘리베이터 제조사가 소프트웨어 엔지니어—프로그래머—팀을 불러들여 사람 안내원이 준수하던 규정집을 건네준다. "'이것'은 저희가 바라는 업무를 구체적으로 정리한 명세서입니다. 규정집에 있는 모든 규칙을 컴퓨터 프로그램이 사람 안내원만큼 준수하도록 해주시면 됩니다." 프로그래머들은 규정집을 살펴보면서, 제어 프로그램이 취해야 하는 모든 행동과, 행동이 규정되거나 금지되는 조건을 목록으로 정리한다. 그 과정에서 규정집의 군더더기를 덜어내기도 한다. 이를테면 엘리베이터에 센서를 장착하여 늘 알맞은 높이에 정지하도록 하면 안내원이 손님에게 "올려 디디세요"나 "내려 디디세요"라고 말하도록 규정하는 루프는 없애도 된다. 하지만 "[*N*]층입니다. 발 디디실 때 주의하세요"라고 말하는 간략한 녹음 음성은 그대로 두는 게 좋을 것이다. 그러고 나서 프로그래머들은 의사疑似 코드pseudo-code라는 프로그램을 개략적으로 작성한다. 의사 코드란 사람들의 일상어와 소스 코드의 엄밀한 체계 중간에 있는 잡종 언어다. 의사 코드는 이렇게 생겼다. "if call-floor 〉 currentfloor, then ASCEND until callfloor = currentfloor and STOP; OPENDOOR. WAIT. ……"

계획이 의사 코드의 형태로 명확히 정리되고, 바라는 대로 구현되었다고 생각되면, 소스 코드로 변환할 수 있다. 소스 코드는 용어(변수, 서브루틴 등)의 정의를 비롯하여 훨씬 엄밀하고 구조화된 연산 체계다. 소스 코드는 여전히 사람들이 해독할 수 있기 때문에—적어도 작성할 수는 있으니까—소스 코드 읽는 법을 안다면 규정집의 규칙과 용어는 여전히 꽤 명시적으로 표현되어 있다. 게다가 소스 코드를 읽는 데 도움이 되는 특징이 두 가지 있다. 첫째, 변수와 연산의 이름은 대개 의미를 드러내도록 정해진다(callfloor, weightsum, TELLFLOOR 등). 둘째, 24장에서 보았듯 프로그래머들은 소스 코드에 '주석'을 달아, 다른 사람들이 소스 코드를 읽을 때에도 프로그래머 자신이 무엇을 염두에 두었는지, 어떤 부분이 어떤 역할을 하도록 되어 있는지 이해할 수 있도록 부연 설명 한다. 프로그램을 짤 때는 주석을 다는 것이 스스로에게도 이롭다. 코딩할 때 무슨 생각을 하고 있었는지 나중에 잊어버리기 쉽기 때문이다. 프로그래밍 오류를 바로잡으려고 코드를 들여다보아야 할 일이 생기면 주석이 매우 유용할 것이다.

소스 코드는 '컴파일러compiler' 프로그램이 해독할 수 있어야 하기 때문에 엄격한 문법에 따라 매우 신중하게 구성되어야 한다(모든 요소가 올바른 장소에 놓이고 모든 구두점이 올바른 순서로 배열되어야 한다). 컴파일러는 소스 코드를 실제 기계가 실행할 수 있는 일련의 기본적 연산('대상 코드object code')으로 변환한다. 컴파일러는 프로그래머가 짠 소스 코드의 행간을 추측할 수 없다. 소스 코드는 컴파일러가 어떤 작업을 해야 하는지 정확하게 알려주어야 한다. 하지만 컴파일러 프로그램이 그 작업을 수행하는 데는 여러 방법이 있을 수 있으며 컴파일러는 상황에 따라 효율적인 방법을 선택할 수 있을 것이다. 어떤 컴파일러는 딴 컴파일러보다 뛰어나다. (소스 코드로 짠) 같은 프로그램을 두 컴파일러에서 돌리면 한 컴파일러에서 내놓는 대상 코드가 딴 컴파일러에서 내놓는 대상 코드보다 실행 속도가 훨씬 빠를 수도 있다. 이렇게 상상해보자. 체스 프로그램을 작성하여 소스 코드를 두 컴파일러에서 돌린다. 그 다음, 컴파일 된 두 버전을 같은 컴퓨터에서 대결시킨다. 두 버전은 "똑같은 생각을 똑같은 순서로" 하겠지만(소스 코드가 정확히 똑같으니 그럴 수밖에 없다), 한 버전이 항상 이길 수 있다. 기본적 기계어 수행 주기machine cycles(컴퓨터의 중앙처리장치가 하나의 기계어 명령어를 완료하게 위해 거쳐야 하는 단계_옮긴이)를 적게 사용하여 더 빠르게 생각한 덕에 같은 시간 동안 더 멀리 내다볼 수 있기 때문이다!

엘리베이터 이야기로 돌아가보자. 컴파일러가 대상 코드를 컴파일 하면, (가상)기계가 이를 '실행'할 수 있다(이것이 실행 파일로, 대체로 파일 이름에 '.exe'라는 확장자가 붙는다). 디버깅debugging(소스 코드를 다시 살펴보면서 수정하고 다시 컴파일 하는 것)을 몇 번 해야 할 수도 있지만, 결국은 '완성된' 제품이 탄생한다. 이 제품은 만능 기계—또한 이 기계에서 돌아가는 수많은 가상기계—를 포함하는 작은 칩의 롬에 '구워'져 엘리베이터에 설치된다. 프로그램을 설치하면, 변환기로부터 입력(이를테면 버튼, 승객 무게를 측정하는 바닥 저울, 기타 부품에서 들어오는 신호)을 받아 출력을 효과기에 전달하는 기능(이를테면 문을 여닫거나 승강기를 올리고 내리는 모터를 구동하고 화면 표시를 갱신하거나 녹음을 재생하는 것)도 함께 수행하게 된다. 짜잔! 이제 기계가 (가상의 호문쿨루스가 아니라) 실제 인간을 대체했다. 기계는 사람 안내원과 '같은 규칙을 따른'다. 정말이냐고? '진짜'냐고? 물론, 그렇진 않다. 같은 규칙을 따를 셈일 뿐이지. 엘리베이터 안내원 이야기는 행동을 지시하는 규칙을 암기하는—따라서 규칙을 머릿속에서 말 그대로 표상하고 참조하는—인간과, 방정식으로 산뜻하게 표현되는 궤도를 '따르'는 행성의 중간에 위치하는 좋은 사례다. 우리 인간도 곧잘 중간 수준을 차지할 때가 있다. 명시적 규칙의 집합을 연습하여 이를 내면화하거나 인이 박히면 규칙을 버리거나 심지어 잊어버려도 괜찮다(이를테면 'c' 다음이 아니거나 'a'로 발음되지 않으면—'neighbor'나 'weigh'처럼—'ie'가 아니라 'ei'로 쓴다는 규칙). 아직은 디버깅 된 형태로 명시적으로 표현되지 않은 규칙—이를테면, 아직도 언어학자들의 골머리를 썩이고 있는 영어 문법—을 따르는 셈인 것 또한 가능하다. 여전히 언어학자들은 영어를 유창하게 구사할 수 있는 문법책을 쓰지 못했지만, 영어 원어민은 열 살만 되어도 꽤 훌륭한 버전의 EVM 대상 코드가 설치되고 디버깅 된 셈이다![10]

논의를 끝내기 전에, 서로 맞물린 모든 소프트웨어 부품의 목적을 프로그램 디자이너가 파악할 수 있도록 소스 코드에 단 주석은 우리의 뇌를 구성하는 모든 하드웨어, 펌웨어, 소프트웨어를 창조하는 설계 과정의 어느 것과도 대응하지 않는다는 사실에 주목하라. 자연선택이 우리 뇌에 설치한 온갖 기능적 구조는 주석이 하나도 달리지 않은 코드와 같다. 코드가 존재하는 데는 이유가 있지만, 그 이유는 이름표나 설명의 형태로 구조에 표상되지 않는다. 어차피 뇌는 이름표도 설명도 이해하지 못한다. (40장에서 더 자세히 설명할 것이다.) 발달과 학습 과정에서 일어나는 조정의 이유에도 주석이나 설명은 달리지 않는다. 우리는 여전히 언어학자처럼 이 모든 '규칙'과 '절차'를 역설계하려고 안간힘을 쓰고 있다. 이 과제는 소스 코드를 복원하려고—주석은 복원할 수 없다—대상 코드를 역설계하는 것보다 더 힘들지만, 이론상으로는 가능하다.

요약

수백 년에 걸쳐 우리는 뇌가 정신의 보금자리라는 증거를 숱하게 수집했지만, 어떻게 이럴 수 있는지를 조금이나마 상상할 수 있게 된 것은 20세기 중엽 들어서다. 뇌는 좌우 한 쌍으로 이루어진, 저마다 다르고 기묘한 형태의 수많은 기관으로 이루어졌음이 밝혀졌다. 초기 해부학자들은 이 기관들에 모양을 본뜬 이름을 붙였지만—'hippocampus'는 '해마'라는 뜻이고 'amygdala'는 '아몬드'(편도)라는 뜻이며 주름진 'cortex'는 '껍질'(피질)이라는 뜻이다—이 부위들이 대체 무슨 역할을 하는지는 오리무중이었다. 뇌는 음식물을 소화하지도 혈액을 거르지도 않는다. 아리스토텔레스 말마따나 혈액을 식히는 일종의 방열기였을까? 이 부위들은 신경 섬유로 연결되어 있으므로, 어떤 식으로든 서로 소통하는지도 모른다. 데카르트는 일부 신경 섬유가 종에 연결된 줄이라고 생각했다. 한쪽을 잡아당기면 반대쪽에서 무언가가 일어난다. 그런데 정확히 무엇이 일어난다는 말인가? 종을 울린다는 것으로는 뇌를 마음으로 이해하는 데 전혀 도움이 안 되는 듯했다. 아무도 그 이상의 아이디어를 내놓지 못했다.[11]

그때 튜링이 등장했다. 그는 배비지와 파스칼, 라이프니츠 등으로 거슬러 올라가는 전통을 바탕으로 뇌가 궁극적으로는 (쥐덫, 울리는 종, 열쇠와 자물쇠, 시냅스 같은) 기계에 불과한 단순한 부분들로 이루어졌을 수도 있지만, 이 부분들이 영리하게 서로 상호작용하도록 조직되었다면 인간이 개입하거나 기계 속 넋이 이끌지 않아도 스스로 지능적 행위를 할 수 있으리라고 주장했다. 계산을 할 수 있을지도 모를 일이었다. 튜링이 '컴퓨터'라는 아이디어를 떠올리기 전에만 해도, '컴퓨터'는 업무를 가리키는 말이었다. 정부와 기업에서는 수천 명의 '컴퓨터'를 고용하여 상거래, 항해, 탄도 계산, 금융 등에 쓸 표를 계산하도록 했다. 튜링은 뇌 자체가 (인간) 컴퓨터와 비슷하다고, ('증분'과 '감분' 같은) 매우 단순한 명령의 거대한 목록을 철저하게 따르며 정보를 처리한다고 추측했는지도 모르겠다. 이 아이디어는, 앨런 튜링과 존 폰 노이만, 사이버네틱스(생물 및 기계를 포함하는 계系에서의 제어와 통신 문제를 종합적으로 연구하는 학문. '인간 두뇌학'이라고도 한다_옮긴이)의 창시자 노버트 위너, 정보 이론의 창시자 클로드 섀넌을 비롯한 초기 인지과학 이론가들이 조리 있게 표현한 뒤에는 심지어 명백히 옳은 것으로 보이기까지 했다. '내가 이 생각을 왜 못 했을까?' 뇌는 감각기관에서 정보를 얻어 모종의 계산을 통해 이를 처리함으로써 귀중한 의미의 광석을 채굴해야 한다. 그러면 추가적인 계산을 통해 이를 분류하고 나중에 뇌에 (에너지와 안전한 보금자리를 제공하는) 신체의 행동을 인도하는 데 쓰기 위해 저장할 수 있다. 튜링의 통찰에서 핵심적인 특징은 정보 처리에 대한 이전의 상상에서 여지없이 드러난 꼴불견 요소들을 없애버렸다는 것이다. 점원이나 번역가나 사서가 필요한 단계, 한마디로 말하자면 신호의 의미를 알아들을 수 있는 '이해하는 존재'가 필요한 단계를 드디어 건너뛸 수 있게 된 것이다. 튜링은 어떤 의미에서 이 단계가 불가피함을 간파했다. 지적 과정은 언제나 신호의 어떤 차이를 구별하여 여러 경로 중 하나를 선택해야 할 '필요'가 있다. 하지만 튜링은 이 이해를 조건 분기라는 최소한으로 축소할 수 있었다. 조건 분기는 장치가 0이 아니라 1을, B가 아니라 A를, y가 아니라 x를 감지하여—감지하는 셈이어서—오른쪽이 아니라 왼쪽으로 가기로 결정하는 (셈인) 절차로, 마음은 관여하지 않는다. 조건 분기와 연산 말고는 아무것도 필요없다. 그러면 가상기계에 가상기계를 쌓고 그 가상기계에 가상기계를 쌓아 어떤 인식 수준의 장치라도 만들 수 있다. 50년 넘도록 사람들은 이 견해에 솔깃했지만, 우리가 이미 알아차리고 있듯 세부 사항이 쉽게 맞아떨어지지는 않는다. 뇌가 컴퓨터라 해도, 이 컴퓨터는 우리가 일상에서 쓰는 컴퓨터와 그다지 닮지 않았다. 우리는 컴퓨터의 기본적 특징을 염두에 두어야만 통념에 자리 잡은 관료적 구조보다 더 생물학적으로 현실적인 대안을 고려할 수 있다.

이 막간 설명의 요점은 컴퓨터를 생각도구로 쓸 수 있다는 개념을 명확하게 표현하고 세부 사항을 채워 넣는 것이었다. 컴퓨터는 우리가 이제 맞닥뜨릴 주제들을 이해하는 데 도움을 줄 상상력 보조 기구다. 우선, 우리는 의미가 뇌(를 비롯한 기계)에 어떻게 자리 잡고 있는지 좀 더 살펴본 뒤에, 어떻게 이토록 똑똑한 구조가 궁극의 프로그래머나 지적 설계자의 도움 없이 진화를 통해 설계될 수 있었는지 들여다볼 것이다. 그러면 (내가 알기로 가장 까다로운 두 주제인) 의식과 자유의지에 대해 효과적으로 생각할 수 있는 생각도구를 능숙하게 구사할 수 있을 것이다.

4부

의미를 위한 그 밖의 생각도구

INTUITION PUMPS

28

빨강머리에 대한 거시기

우리는 뇌에서 전달되는 모든 정보—믿음, 지각, 기억, 방침 등—가 문장을 닮은 조각으로 분해되어 어딘가에 보관된다는 (그럴듯한) 설명에 어떤 문제가 있는지 살펴보았다. 뇌글은 틀린 믿음을 무작정 '설치(주입)'할 수 없으며, 사람들은 뇌어로 된 공식을 공유하지 않고도 믿음(이를테면 런던에서 살인이 일어났다는 믿음)을 공유할 수 있다. 하지만 그게 아니라면 대체 무엇이 뇌에 정보를 저장할 수 있을까? 우리 인간은 '차근차근' 학습할 수 있으므로, 독립된 사실을 한 번에 '대략' 하나씩 덧붙이는 방법이 있어야만 한다.

경제학자들은—다른 사람들도— 우리가 한 가지 일만 하고 말 수는 없음을 즐겨 지적한다. '한 가지' 일을 해도 거기에는 결과가 따르기 마련이다. 한 가지만 '배울' 수 있다는 생각도 미심쩍기는 마찬가지다. 하지만 언뜻 생각하기에는 그럴 수 있을 것 같기도 하다. 앞에서 여러분은 푸두라는 포유류가 있다는 사실을 배웠다. 더 알아보지 않았다면 여러분이 푸두에 대해 알고 있는 것은 새끼에게 젖을 먹인다는 것, 척추가 있다는 것, 비교적 드물다는 것(아니라면 이미 들어봤을 테니까)뿐이다. 푸두라는 포유류가 있다는 사실을 배운 것은 신기할 것이 전혀 없다. 문장을 읽고 믿으면 그만이기 때문이다. 하지만 동물이나, 언어를 습득하지 못한 어린아이가 경험으로부터 '단일한 사실'(이를테면 단문으로 표현되는 사실)을 배울 수 있을까? 지식이나 믿음이나 학습이 문장 크기의 조각으로 분해되어야 '한다'는 생각은 어쩌면 의인화의 환상인지도 모른다. 우리 인간은 매일매일 수많은 평서문—구어든 문어든—을 맞닥뜨리고 이를 통해 온갖 사실을 알게 된다(또한 조금의 거짓을 믿게 된다). 그중 일부는 도서관과 자료실에 보관하고 일부는 뇌에만 보관한다. 실제 문장을 글자 그대로 외우는 경우는 거의 없지만, 우리가 맞닥뜨린 문장의 고갱이를 보관하려면 문장을 닮은 무언가—즉, 뇌어로 된 공식—로 저장하는 수밖에 없다. 그렇지 않다면, 어떤 대안이 있을까?

팻이 "마이크는 빨강머리에 거시기가 있다" 라고 말한다고 가정해보자. 팻의 말은 마이크가 빨강머리에 대해 다소 경멸적인 통념을 가지고 있으며 이 통념이 빨강머리에 대한 예상과 빨강머리와의 상호작용에 영향을 미친다는 뜻이라고 볼 수 있다. 단순히 마이크가 빨강머리에 대해 선입견을 가졌다는 게 아니라 빨강머리에 대해 색다르고 '특별한' 느낌을 가졌다는 것이다. 팻이 옳을지도 모른다. 자기가 아는 것보다 더 옳을 수도 있다! (마이크에게 정말로 '거시기'가 있을지도 모를 일이다.) 그러니까 '개념'이나 '생각'이나 '믿음'이나 '이미지' 또는 우리에게 의식적 경험을 공급하는 전통적인 무언가가 아니라 뇌 속에 아인격체적 인지 기계가 조금 들어 있는지도 모른다. 이것은 '빨강머리에 대한' 것이다. 빨강머리가 주제로 제시될 때마다 체계적으로 작동하기 시작하여 마이크의 인지 기계의 여러 파라미터(사용자가 원하는 방식으로 자료가 처리되도록 하기 위하여 명령어를 입력할 때 추가하거나 변경하는 수치 정보_옮긴이)를 조정함으로써

'빨강머리를 좋게 평가하는 가설'이 수용되거나 확인될 가능성을 낮추고 빨강머리를 대면했을 때 비교적 공격적 행동이 실현될 가능성을 높인다는 의미에서다. 이러한 '빨강머리에 대한 거시기'는 매우 복잡하게 작동할 수도 있고 무척 단순할 수도 있다. 마이크의 '빨강머리에 대한 거시기'가 미치는 영향은 완벽하게 확정적이고 부인할 수 없이 유의미할 수 있지만, 이 의미를 '참으로 믿어지는 문장'으로 '표현'하는 것은 그 역할을 잘 기억할 수 있도록 이름표를 붙이는 데 지나지 않는다. 이 거시기의 역할을 '빨강머리는 모두 F…이다'('F'는 마이크의 태도를 가장 적절히 표현하는 어떤 단어로 바꿔도 괜찮다)라는 '믿음'으로 나타내는 것은 불가능할지도 모른다는 말이다. 마이크가 빨강머리에 대해 '태도'를 가진 것은 분명하지만, 이것은 어떠한 특정한 (철학 용어를 쓰자면) '명제적' 태도도 아니다. 말하자면 아래와 같은 형식으로 범주화할 수 없다.

마이크는 모든 x에 대해 x가 빨강머리이면 ……라고 믿는다.

예외 조항, 한정사, 확률 연산자를 비롯한 명시적 내용 조정자를 아무리 교묘하게 구사해도 소용없다. 철학자들은—다른 사람들도—모든 인지 상태를 (이런 형식으로 표현할 수 있는) 정보를 담은 상태—믿음이라고 해도 좋고 욕구라고 해도 좋다—로 환원하려고 곧잘 시도했다. 이 전술은 어떤 사람의 심리(사실상 **지향적 태도**)를 대략적으로 나타내는 데는 뛰어난 방법이지만 이를 극도로 정밀하게 추구할 수 있을 가망은 전무하다. 우리는 다양한 믿음이 체계에 '암묵적'이라고 (원한다면) 말할 수 있다. 이 말은 세상의 빨강머리들에게 이런저런 특징이 있다는 '가정하에' 작동하도록 체계가 (현재) 설계되었다는 뜻이다. 컴퓨터 프로그래머는 소스 코드에 주석을 달아서 이 체계가 '정의된 가정 집합'에 의존하고 있음을 모든 사람에게 알려줄 때, 이 명제들을 정확하게 표현하느라 기를 쓸 필요가 없다는 것을 안다. 이 주석은 결코 컴퓨터가 읽는 셈이거나, 이해하는 셈이어야 하는 것이 아니라 우리 관찰자의 이해를 돕기 위한 이름표임을 알기 때문이다. 심지어 관찰자에게도 이 주석은 화학자가 분자를 묘사하려고 화학식을 쓰는 방식으로 쓸 수 있는 내용 '명세서'가 아니다. 어떤 아인격체적 뇌 구조를 지향적 태도로 해석하는 것은 소스 코드에 주석을 다는 것과 같다. 좋은 주석은 이해를 돕는 이름표이지, 뇌가 정보 처리에 사용하는 뇌어의 공식들을 영어나 기타 자연언어로 '번역'한 것이 아니다. 이 트릭을 쓸 줄 모르는 일부 철학자들은 문장을 처리하는 내부 기계로 이루어진 가상의 세계를 창조했다. 이 세계에서 문장 처리 기계는 특정한 뇌 사건의 내용이 (이를테면) 선언選言 명제(여러 개의 명제를 접속사 '또한'이나 이와 동의同義의 접속사로 연결한 합성 명제_옮긴이) ("나는 소년을 보거나 소녀를 본다")나 논리 구조가 없는 명제("나는 아이를 본다")로 표현되는지 등을 모조리 구분한다고 상상된다.

이 직관펌프의 목적이 뭐냐고? "What else could it be?"(그게 아니면 뭐겠어?)는 사고언어를 옹호하는 친숙한 문구이다. 이 질문을 말 그대로 물으면("그게 아니면 뭘까?") 사고언어 옹호자들의 코를 납작하게 할 근사한 대답을 찾을 수도 있음을 보이는 것이 이 직관펌프의 목적이다. 실제로 써먹을 수 있는 상용常用 대안을 의기양양하게 내세우는 야심차고 대안적인 계산 구조를 제시할 수 있으면 좋으련만 내 힘으로는 역부족이다. 아직은 아무도 못하지만, 노력하는 사람조차 거의 없다. 몇 해 전에 누군가 말했듯 사고언어가 '물 위를 떠다니는 유일한 지푸라기'라는 신념이 아직도 널리 퍼져 있기 때문이다. 하지만 인지과학에서 사고언어의 상용 모형을 개발한 사람은 전혀 없음을, 심지어 그러려고 애쓴 사람도 전혀 없음을 명심하라. 이것은 아주아주 까다로운 문제다.1 이 문제에 대해서는 열린 마음을 가지기 바란다.

29

헤매는 2비트 기계, 쌍둥이 지구, 거대 로봇

내가 마이크의 '빨강머리에 대한 거시기'와 소스 코드를 한 문단에서 언급한 것은 독자들이 토대에 있는 금—실은 나의 지향성 논의 한가운데에서 입을 벌린 구멍—을 무시하도록 유도하려는 취지로 보일지도 모르겠다. 바로 '본래적 지향성original intentionality' 문제다. 이 용어를 만들어낸 사람은 존 설[2]이다. '본래적' 지향성과 '파생적derived' 지향성에 대한 설의 예리한 구분은 겉보기에는 직관적으로 만족스럽고 심지어 설득력도 매우 강하다. 본래적 지향성 학설은, 우리의 일부 인공물—이를테면 책, 영화, 컴퓨터, 도로 표지판—에는 우리에게서 파생된 지향성이 있는 반면에 우리에게는 전혀 파생되지 않은 본래적(또는 내재적intrinsic) 지향성이 있다고 주장한다. 이를테면 이 페이지에 인쇄된 단어들이 철학에 대한 것인 유일한 이유는, 영어로 읽고 쓰는 우리에게 철학에 대한 (이 잉크 자국으로 전달하고자 하는) 생각과 믿음이 있기 때문이다. 우리 언어 사용자가 없다면 이 잉크 자국은 무엇에 대한 것도 아닐 것이다. 이에 반해 우리의 생각과 믿음은 그것이 의미하는 바를 어떤 사용자와도 독립적으로 의미한다. 생각과 믿음은 본래적 지향성을 드러내며 우리의 많은 인공물에 파생된 모든 지향성의 궁극적 근원이다. 여기에는 단어와 문장, 책뿐 아니라 지도, 영화, 그림, 기호, 상징, 도표를 비롯한 기술적 표상과 (중요하게도) 컴퓨터가 포함된다. 종이쪽지에 쓴 장보기 목록과 아이폰에 저장한 장보기 목록이 식료품에 대한 것이려면 여러분이 이 상징 구조를 활용하고 여기에 (식료품을 사려는 욕구를 돕는) 해석을 부여하고 슈퍼마켓이 장 보는 곳이라고 믿어야 한다(이 요소들은 더 직접적이고 더 본래적으로 식료품에 대한 것이다). 아리스토텔레스는 신을 '부동不動의 동자動者 Unmoved Mover'라고 말했다. 이 견해에 따르면 우리는 불의미의 의미자Unmeant Meaner다.

물리적 형태나 그러한 속성만으로 '내재적' 지향성을 가지는 것은 아무것도 없다는 설의 말은 누구나 수긍할 수 있다. 만일 우주적 우연의 일치로 아래와 같은 형태가 화성의 절벽 표면에 여러 광물의 흔적으로 나타났다고 가정해보자.

FREE BEER

지구인 독자들이 아무리 이것을 '공짜 맥주'로 해석하고 싶더라도, 이 흔적은 '그 자체로는' 알코올음료에 대한 언명이 아닐 것이다. 첫인상과 달리 이 형태는 아무것에 대한 것도 아니다. 세계의 복잡한 사건과 물체가 다른 것에 대한 것이면, 그것의 대함성aboutness은 이미 어떤 식으로든 지향성이 있는 상태(믿음, 욕구, 뇌 상태)를 가진 지향계를 표상하고 해석하는 일을 통해 어떤 식으로든 파생되었어야 한다.

그렇다면 문제는 본래적 지향성이 있는 것이 과연 하나라도 있는가다! 언뜻 보기에 무언가는 본래적 지향성이 있어야만 하는 것처럼 보일 수도 있다. 파생적 지향성은 무언가에게서 파생되어야만 하기 때문이다. 본래적 지향성이 있는 사물의 후보로는 인간의 마음이 제격일 것이다. 그러니 저명한 철학자 중에는 여러 논점에서 설과 날카롭게 대립하면서도—이를테면 제리 포더와 솔 크립키—이 문제만큼은 설에게 동의하는 사람도 있다. 이들을 비롯하여 설에게 동의하는 많은 사람들은 인간의 마음(또는 마음 상태)에 본래적 지향성이 있으며 이 점에서 로봇 제어 시스템과 근본적으로 다르다고 생각한다.

다들 완전히 틀렸다. 그래, 틀렸다고 말했다. 진심이다. 본래적 지향성과 파생적 지향성의 구분은 거부할 수 없을 만큼 매력적이므로, 여기에 이의를 제기하려면 선의의 오해를 감수해야 한다. "그 *문제*에 대해 우리가 틀렸다는 그 사람 말이 진심일 *리 없어*! 속뜻은 따로 있을 거야. 현명하지 못하게도 터무니없이 도발적인 언사로 치장했지만 심원한 철학적 논점을 제기했음에 틀림없다구!" 내 말이 진심임을 사람들에게 확신시키는 최선의 방법은 '파생적' 지향성의 생생하고도 뚜렷한 사례를 내놓은 다음에, 그 사례와 인간의 마음 사이의 (그들이 애지중지하는) 대조가 가까이서 들여다보면 사라져버린다는 것을 보이는 것이다. 어려운 주문이지만 한번 해보겠다. 이 임무를 완수하려면 세 가지 연관된 직관펌프가 필요하다.

1. 헤매는 2비트 기계. 일반적인 음료수 자판기를 생각해보자. 이 자판기는 미국에서 설계 및 제작되었으며, 미화 25센트짜리 동전을 받아들이거나 뱉어내는 변환 장치가 달려 있다. 이 장치를 '2비트 기계'라 부르자(원어 'two-bitser'는 25센트를 뜻하는 'two-bits'에 접미사 '-er'를 붙인 신조어다_옮긴이).[3] 정상적인 상황에서는 25센트 동전을 넣으면 2비트 기계는 어떤 상태—'Q'라고 부르자—가 된다. 이 상태는 "나는 진짜 미화 25센트짜리 동

전을 인식하고 받아들인다"를 '의미'한다(따옴표로 알 수 있듯, 의미하는 셈이다). 이런 2비트 기계는 꽤 영리하고 정교하지만 결코 완전무결하지 않다. 실제로 '실수를 저지른'다. 즉, 비유적 표현이 아니라 실제로, 가짜 동전이나 외국 동전을 넣었을 때 상태 Q가 되기도 하고 완벽하게 합법적인 25센트 동전을 거부하기도 한다(상태 Q가 되어야 할 때 상태 Q가 되지 못한다). 이 '오인misperception' 사례에 감지할 수 있는 패턴이 존재하는 것은 틀림없는 사실이다. 물리 법칙과 2비트 기계의 변환 시스템의 설계 파라미터를 충분히 아는 사람이라면 '오식별misidentification' 사례 중 적어도 일부를 예측할 수 있다는 것 또한 틀림없는 사실이다. 합법적인 미화 25센트뿐 아니라 유형 K의 물체도 상태 Q를 유발하지만 유형 J(너무 무겁다)와 유형 L(25센트 동전과 달리 자성磁性이 있다)의 물체는 상태 Q를 유발하지 않는다는 사실은 물리 법칙을 여러 가지로 적용하여 꽤 직접적으로 도출할 수 있다. 그렇다면 유형 K의 물체는 변환기를 믿음직하게 '속이'는 훌륭한 '가짜 동전'으로 손색이 없을 것이다. (이 문단에서 여러분에게 2비트 기계의 규격을 설명하면서 지향적 태도를 사용할 수 있도록 셈이다 연산자를 몇 번이나 사용하는지 눈여겨보라. 지향적 태도를 동원하지 않고 이 문단을 새로 써보면, 지향적 태도가 얼마나 효율적이며 셈이다 연산자가 이런 용도로 얼마나 필수적인지 실감할 것이다.)

2비트 기계의 정상적 환경에서 유형 K의 물체가 더 흔해지면 우리는 2비트 기계의 소유자와 설계자가 진짜 미화 25센트 동전과 유형 K의 가짜 동전을 믿음직하게 구별하는 더 우수하고 민감한 변환기를 개발할 것이라고 기대할 것이다. 물론 더 교묘한 위조 수법이 등장하면 이를 감지하는 변환기도 더 발전해야 할 테고, 이 공학적 군비 경쟁은 언젠가 수익 체감의 지경에 이를 것이다. '완전무결한' 메커니즘 따위는 존재하지 않기 때문이다. 그동안 공학자와 이용자들은 현명하게도 표준적인 초보적 2비트 기계로 임시변통한다. 가짜 동전의 피해가 하찮은 수준인데도 대책을 세우는 것은 비용에 비해 효율적이지 않기 때문이다.

2비트 기계가 가짜 동전 감지기가 아니라 25센트 동전 감지기가 되느냐, 또는 25센트 동전 '또는' 가짜 동전 감지기가 되느냐를 결정하는 유일한 요인은 장치의 설계자, 제조업자, 소유자, 이용자의 공유된 의도다. 이 이용자와 이들의 의도로 이루어진 환경이나 맥락에서만 우리는 상태 Q의 어떤 경우를 '정正'으로 판정하고 다른 경우를 '오誤'로 판정할 수 있다. 우리가 애초에 이 장치를 2비트 기계라 부를 수 있는 것은 이 의도의 맥락과 연관되었을 때뿐이다.

이 정도면 설, 포더, 크립키 등도 고개를 끄덕일 것이다. 이런 인공물은 그럴 수밖에 없다. 이것은 '파생적 지향성의 교과서적 사례'의 적나라한 모습이다. 그러므로 미국 공장에서 직접 생산되어 '모델 T 2비트 기계'라는 제품명이 찍힌 2비트 기계 한 대가 파나마의 음료수 자판기에 설치되어, 디자인과 문구로는 미화 25센트 동전과 (사람 눈에) 쉽게 구별되지만 무게, 두께, 지름, 재질로는 구별되지 않는 파나마 법정 통화 쿼터발보아(발보아는 파나마의 통화로, 미국 달러와 1:1의 비율로 교환되므로 쿼터발보아는 25센트와 같다_옮긴이)를 받아들이고 뱉어내어 밥값을 한다고 해도 놀랄 것이 없다.

지어낸 얘기가 아니다. 플라잉이글숍 희귀 동전 판매점의 앨버트 얼러에 따르면 일반적 자동판매기는 1966년부터 1984년까지 주조된 파나마 쿼터발보아를 미화 25센트 동전과 구별하지 못한다고 한다. 놀랄 일은 아니다. 이 동전들은 미국 조폐국에서 미화 25센트 동전 원료를 가지고 주조했으니 말이다. 지금 하는 얘기와는 엄밀히 말해서 상관이 없지만 호기심을 충족시키기 위해 말해두자면, 2011년 현재 환율이 1발보아 대 0.98달러이니까 1쿼터발보아는 미화 25센트보다 약간 가치가 떨어진다.

파나마로 수출된 이런 2비트 기계는 미화 25센트 동전이나 유형 K의 물체나 파나마 쿼터발보아를 넣을 때마다 정상적으로 어떤 물리적 상태—우리가 상태 Q로 판단하던 물리적 특징을 지닌 상태—가 될 테지만, 이제는 오류로 간주되는 사례의 집합이 달라진다. 파나마의 새로운 환경에서는 미화 25센트 동전이 유형 K의 물체처럼 오류, 오인, 오식별을 일으키는 가짜 동전으로 취급된다. 그런데 미국에서는 파나마 쿼터발보아가 일종의 가짜 동전이다.

우리의 2비트 기계가 파나마에 설치되었다면, 우리는 Q라고 부르던 상태가 여전히 일어난다고 말해야 할까? 이 장치가 동전을 '받아들이'는 물리적 상태는 여전히 일어나지만, 이제는 이 물리적 상태가 QB라는 새로운 상태를 '실현'한 것이라고 말해야 할까? 우리가 뭐라고 말해야 하는가에 대해서는 꽤 융통성이 있다. 2비트 기계는 고작 인공물이고 2비트 기계의 지각과 오인과 정正 상태와 오誤 상태—한마디로 2비트 기계의 지향성—에 대해 이야기하는 것은 '고작해야 비유'이니 말이다. 2비트 기계의 내적 상태는—이것을 뭐라고 불러도 좋다—'지금 이곳에서의 미화 25센트'나 '지금 이곳에서의 파나마 쿼터발보아' 중 어느 것도 '실제로는'(본래적으로) 의미하지 않는다. '실제로는' 아무것도 의미하지 않는다고 설, 포더, (그중에서도) 크립키는 주장할 것이다. 2비트 기계의 내적 상태는 그저 무언가를 의미할 셈일 뿐이지만, 본래적 지향성을 좋아하는 우리에게도 일어날 수 있는 어떤 문제를 제기하기에는 충분할 것이다. 자세히 들여다보자.

2비트 기계는 본디 미화 25센트 동전을 감지하도록 설계되었다. 이것은 2비트 기계의 '고유 기능proper function[4]'이자 말 그대로 '레종 데트르raison d'être', 즉 존재 이유였다. 이 목적을 염두에 두지 않았다면 누구도 굳이 2비트 기계를 세상에 내놓지 않았을 것이다. 그 기원에 대한 이 역사적 사실이 어떤 말하기 방식을 승인하므로, 이런 장치는 무엇보다 또한 고유하게 2비트 기계—즉, 25센트 동전을 감지하는 기능을 하기에 우리가 '그 기능을 기준으로' 정正 상태(임무를 제대로 수행할 때)와 오誤 상태를 둘 다 판단할 수 있는 장치—로 규정할 수 있을지도 모른다.

이렇게 해도 2비트 기계가 원래 있던 공간에서 떨어져 나와 K 감지기, 쿼터발보아 감지기, 문 버팀쇠(문이 닫히지 않도록 고정하는 기구_옮긴이), 흉기 등 새로운 목적—물리 법칙에 따라 믿음직하게 수행할 것이 보장되는 모든 새로운 목적—에 동원되는 것을 막을 수는 없다. 새로운 역할이 부여되면 혼란스럽거나 불확실한 시기를 잠깐 거칠 수도 있다. 이 장치가 더는 2비트 기계가 아니라 쿼터발보아 감지기(q 발보아 기계)—또는 문 버팀쇠나 흉기[5]—이려면 얼마나 오랫동안 실적을 쌓아야 할까? 10년 동안 2비트 기계로 충실히 임무를 다하고 q 발보아 기계로 데뷔했을 때 이 장치의 상태 Q는 이미 쿼터발보아를 정正으로 감지한 것일까, 타성에 젖어 쿼터발보아를 미화 25센트 동전으로 오인하는 실수를 저지른 것일까?

앞에서 설명했듯 2비트 기계가 우리와 뚜렷하게 다른 점은 과거 경험을 저장할 기억 수단이—심지어 과거의 경험인 셈인 것을 저장할 기억 수단인 셈인 것조차—없다는 것이다. 하지만 그게 다른 점이라고 생각한다면 기억 수단은 쉽게 마련할 수 있다. 이 주제를 파고드는 가장 단순한 방법부터 시작하자. 2비트 기계—본래적 세례명으로 부르자면—에 계수기가 달렸는데 10년 동안 작동한 뒤에 1,435,792를 기록했다고 가정하

자. 파나마까지 실어 나르는 동안 계수기를 0으로 초기화하지 않으면, 파나마에서 데뷔하는 순간 계수기의 숫자가 1,435,793으로 올라간다. 이러면 2비트 기계가 쿼터발보아를 정확하게 판정하는 임무로 아직 전환하지 않았다는 주장을 뒷받침하는 것일까? (어쨌든 2비트 기계는 쿼터발보아 사건을, 자신이 감지하도록 설계된 q 사건—미화 25센트 동전을 감지하는 것—의 또 다른 예로 잘못 분류하는 셈이다.) 이 주제에 변화가 생기고 문제가 복잡해지면 여러분 직관의 방향이 달라질까? (직관펌프의 모든 손잡이를 돌려보면서 여러분의 직관이 어떻게 되는지 살펴보라.)

우리는 2비트 기계의 (그 자체에만 해당하도록 협소하게 또한 과거 내력과 무관하게 고려되는) '내재적'인 것은 무엇도 파나마 정부의 의뢰로 맞춤 제작된 진짜 q 발보아 기계와 구별되지 않을 것이라고 확신할 수 있다. 그럼에도 과거사를 보건대, 우리가 Q라고 부르고 싶은 유혹을 느끼는 상태로 2비트 기계가 처음 진입하는 순간에 그 기능과 목적, 의미에 문제가 있지는 않을까? 2비트 기계는 ('지금 이곳에서의 미화 25센트'를 의미하는) 상태 Q에 진입하는 것일까, ('지금 이곳에서의 파나마 쿼터발보아'를 의미하는) 상태 QB에 진입하는 것일까? 나는 밀리컨[6]과 마찬가지로 2비트 기계의 파나마 데뷔가 상태 Q에 진입하는 것으로 간주되느냐 상태 QB에 진입하는 것으로 간주되느냐는 이 기계가 새로운 환경에서 쿼터발보아를 감지하는 능력 '덕분에 선택되었'느냐에—이를테면 말 그대로 펩시콜라 파나마 지사에서 선택했느냐에—전적으로 달렸다고 말할 것이다. 그렇게 선택되었다면, 새 소유주가 계수기를 0으로 맞추는 것을 잊었더라도 최초의 '지각' 행위는 q 발보아 기계에 의한 올바른 식별로 간주될 것이다. 그것이야말로 '지금' '요구'되는 것이니까. 이 기계는 쿼터발보아 감지를 자신의 고유 기능으로 얻은 것이다. 이와 반대로 2비트 기계가 실수로 또는 우연히 파나마에 보내졌다면 이 기계의 데뷔는 아무것도 의미하지 않을 것이다. 물론 조만간—심지어 즉시—관계자들이 그 쓰임새를 알아차리고 반색하여 이후의 상태가 QB의 표시로 간주될지도 모르지만 말이다. 하지만 2비트 기계가 이 임무를 위해 선택되기 전에는, 쿼터발보아 감지 능력이 아무리 뛰어나도 이 기계가 동전을 받아들인 상태가 '지금 이곳에서의 파나마 쿼터발보아'를 '의미'하지는—자신의 인위적이고 파생적이고 '셈이다'인 방식으로—않을 것이다. 어쩌면 설과 동료들은 내가 이렇게 말하는 것에 개의치 않을지도 모른다. 결국 2비트 기계는 고작해야 인공물이니 말이다. 2비트 기계는 본래적 지향성이 없으므로, 우리가 밝혀내려고 애쓸 수도 있는 문제에 대한 '더 심오한' 사실은 전혀 존재하지 않는다. 그들은 이것이 '장치의 상태에 대해 은유적이면서도 의인화적으로 이야기할 때 어떻게 하는 것이 가장 좋은가?'라는 실용적 질문에 불과하다고 말할 것이다.

'파생적' 지향성이 무엇인지 확실하게 이해했으니 이제 파생되지 않은 '본래적' 지향성, 즉 '우리의' 지향성은 무엇이 달라야 하는지 살펴보자. 이 지점에서 설, 포더, 크립키 등은 나뿐 아니라 루스 밀리컨, 폴 처칠랜드, 퍼트리샤 처칠랜드 등의 철학자, 더그 호프스태터, 마빈 민스키 등의 인지과학자, 그리고 인공지능 분야에 종사하는 거의 모든 사람과 의견을 달리한다. 30년 넘도록 설전을 벌였는데도 여전히 후끈후끈하다. 대체 무얼 놓고 다투었을까?

2. 쌍둥이 지구. 어떤 사람이—존스라고 하자—창문을 내다보다 그 순간 자신이 '말을 본다'라고 생각한다고 가정해보자. 존스가 본 것은 말일 수도 있고 말이 아닐 수도 있다. 하지만 (설과 친구들의 말에 따르면) 존스가 자

신이 말을 본다고 생각하는 마음 상태에 있다는 사실은 '결코' 해석의 문제가 아니라 엄연한 사실, 즉 '본래적 지향성'의 사례다. 그렇다면 파나마 장난에 정확히 대응하는 사고실험을 구성하면 어떻게 되는지 알아보자. (힌트: 귀류법 논증이 될 것이다.) 쌍둥이 지구 행성이 지구와 꼭 같되 말horse 아니라 맗schmorse이 있다는 점만 다르다고 가정해보자.[7] 맗은 말처럼 생겼으며 훈련받은 생물학자가 DNA 검사를 하지 않고서는 말과 구분하기가 거의 불가능하다. 하지만 맗이 말이 아닌 것은 돌고래가 물고기가 아닌 것과 같다. 쌍둥이 지구인은 맗을 '말', 'horse', 'cheval'(프랑스어), 'Pferd'(독일어)라고 부른다(쌍둥이 지구는 맗이 있다는 것 말고는 지구와 완전히 똑같다는 사실을 명심하라).

우리가 존스를 맗의 땅인 쌍둥이 지구에 몰래 데려다 놓는다고 가정해보자. (약을 먹여 재운 뒤에 자기 침대와 똑같은 쌍둥이 지구 침대에서 깨어나도록 조치한다.) 그런 다음 존스에게 맗을 보여주면 존스는 당연히 이렇게 말하고 생각할 것이다. "저거 봐! 말이야." 이때 존스에게서는 자신이 말을 보고 있다고 믿는(잘못된 오誤믿음) 상태가 유발되었거나, 자신이 난생 처음으로—또한 참으로—자신이 맗을 보고 있다고 믿는 상태가 맗로 인해 유발되었거나 둘 중 하나다. 어느 쪽일까? 어떻게 알 수 있을까? 맗이 유발한 믿음은 참일까, 거짓일까? 존스의 처음 생각이 자신이 말을 보았다는 잘못된 믿음이었다면, 그가 맗과 더불어 살고 맗에 대해 쌍둥이 지구인들과 이야기를 나누면서 자신의 언어에서 '말'이라는 소리의 '의미'를 (부지불식간에) 수정하기까지는 시간이 얼마나 걸릴까? 존스가 쌍둥이 지구에서 자녀를 키운다면 '그들'이 아빠 슬하에서 배운 단어 '말'은 말을 의미할까, 맗을 의미할까? 자녀들은 말을 한 번도 본 적이 없음을 명심하라. 그들이 본 것은 맗뿐이다.

이것은 괴상하고 극단적인 예이지만 좋은 논점을 제기한다. 우리의 용어가 무엇을 의미하는가를 결정하는 것은 무엇일까? 어떻게 결정할까? 역사가 모든 것을 결정할까, 아니면 늘 그렇듯 현재의 용법이 역사를 극복하거나 기각할 수 있을까? 이 경우에 존스에게는 딱히 우리에게 줄 만한 통찰이 전혀 없다. 존스는 자신이 지구에 있지 않다는 사실을 모르기 때문에, 자신이 말하는 '말'이 말을 의미한다고 주장할 것이다. 존스의 입에서 흘러나오는 단어의 의미는 지각에 대한 믿음에서 파생하며 존스는 자신이 무엇을 믿는지를, 즉 자신이 말을 보고 있음을 안다. 존스가 "저거 봐! 말이야"라고 말한 것은 이 때문이다. ("당연하잖아"라고 덧붙일지도 모르겠다.) 하지만 우리가 쌍둥이 지구로의 여행에 대해, 말과 맗의 미묘하지만 중요한 차이에 대해 존스에게 말해준다고 가정해보자. 그렇다면 존스는 뭐라고 말할까, 아니 뭐라고 말해야 할까? 더 근본적인 관점에서 보자면, 존스가 곧이곧대로 말한다고 생각할 충분한 이유가 있을까? 존스는 그저 여느 사람들이 하는 일, 즉 자신도 우리도 특별한 정보가 없는 사례에 대해 이론을 세우는 일을 하고 있는 것이 아닐까? 존스가 자신이 말하는 '말'이 *이제부터* 맗을 의미한다고 말한다 가정해보자. 이때 존스가 맗을 보고 말이라고 부르는 것은 실수가 아니다. 로마에 가면 로마법을 따라야 하는 법이니까.

그런데 존스가 자신의 말이 무엇을 의미하는지 선언하면 문제가 해결되는 걸까? 자기가 뭐라고 선언했는지 나중에 잊어버리면 어떻게 될까? 우리는 이따금 이런 장난을 친다. "이제부터 내가 '줍줍'이라고 하면 소금이라는 뜻이야! 줍줍 좀 줄래?" 과학 이론을 수립할 때는 이런 약정적 정의stipulative definition가 중요하고 또한 확고하게 정착된 관행이지만, 약정적 정의가 효과를 발휘하려면 소통하는 상대방이 협력해줘야 한다. 존스에게 (어쩌면) 본래적 지향성이 있다면 어떤 상황에서든 그의 말이 의미하는 바에 대해 사실이 존재해야 하지만, 존스 자신은 우리 같은 외부인과 마찬가지로 자신의 본래적 지향성을 들여다볼 수 없는 듯하다. 이를테면 우리가 존스를 쌍둥이 지구에 데려다 놓은 사건에 대해 거짓말을 하고 존스가 그 거짓말을 믿는다고 가정하자(철학자의 직관펌프에 등장하는 사람들은 귀가 아주 얇다). 그러고 나서 존스가 이제부터 자신이 말하는 '말'은 맗을 의미한다고 이야기하면, 그의 이야기는 옳을까? 어쩌면 존스는 자신이 말하는 '말'이 무엇을 의미하는지 도통 모르겠다고 말해야 하는지도 모른다. 하지만 우리 자신도 쌍둥이 지구에 옮겨졌을지 모른다는 사실을 우리 모두 알고 있으므로, 우리 또한 자신이 말하는 '말'이 무엇을 의미하는지 도통 모르겠다고 인정해야 하지 않을까?

'본래적 지향성'의 개념 전체에 대해 의구심을 품는 사람들은 이 모든 질문에 대해 답이 준비되어 있지만, 전통적 직관에 맞설 기회를 잡을 수 있을 정도로 문제를 명쾌하게 표현하려면 세 번째 사고실험이 필요하다. (그러니 '카베아트 렉토르caveat lector', 즉 독자들이여 주의하라! 소중한 감感을 버리도록 그대를 구슬릴 작정이니.)

3. 거대 로봇. 내가 25세기의 삶을 경험하고 싶어졌다고 가정하자. 그리고 그렇게 오랫동안 육체를 살려두는 방법은 일종의 동면 장치에 들어가 원하는 기간 동안 혼수상태로 지내는 것뿐이라고 가정하자. 그러면 생명 유지 캡슐에 기어올라가 잠이 들었다가 2401년에 자동으로 잠에서 깨어 캡슐에서 빠져나오도록 조치할 수 있다.

나의 공학적 과제는 캡슐을 설계하는 것만이 아니다. 400년 가까이 캡슐을 보호하고 (냉각 등을 위한) 필수 에너지를 공급하는 것도 문제다. 아들딸과 손자 손녀가 이 일을 맡아주리라 기대할 수는 없다. 2401년에는 그들도 이 세상 사람이 아닐 테니 말이다. 먼 후손이—만일 있다면—나의 안녕에 특별히 관심이 있으리라 생각할 수도 없다. 그래서 400년 동안 캡슐을 보호하고 에너지를 공급할 상위 시스템을 설계해야 한다.

이를 위해 두 가지 전략을 생각해볼 수 있다. 첫째, 물, 햇빛, 그 밖에도 캡슐(과 상위 시스템)에 필요한 모든 것을 넉넉히 공급할 수 있는 최적의 입지를 찾아 고정 시설물을 설치한다. 이런 시설의 주된 단점은 위험이 닥쳤을 때—이를테면 고속도로가 놓이게 되었을 때—이동할 수 없다는 것이다. 두 번째 대안은 훨씬 복잡하지만, 이 단점을 피할 수 있다. 위험이 닥쳤을 때 캡슐을 이동시키고 새로운 에너지원을 찾을 수 있도록 필수 센서와 조기 경보기를 갖춘 이동식 시설물을 설계한다. 한마디로 거대 로봇을 제작하여 그 속에 캡슐을—또한 그 속에 나를—넣는다.

위의 두 가지 기본 전략은 명백히 자연을 본뜬 것으로, 식물과 동물의 구분과 얼추 비슷하다. 자연에는 세 번째 대안으로, 딱딱한 갑옷 안에서 영생을 누리는 포자나 씨앗의 전략이 있지만 나는 이용할 수 없다. 생명 유지 시스템은 에너지를 많이 소비하는 데 반해 포자는 자연에서 가능한 한 생명 활동이 가장 느리고 에너지를 가장 적게 소비하기 때문이다. 우리 목적에는 동물의 전략이 알맞기 때문에, 로봇을 제작하여 캡슐을 보관하기로 결정했다고 가정하겠다. 나는 로봇이 무엇보다 내게 가장 이로운 행동을 '선택'하도록 설계해야 한다. 악수惡手를 두면 2401년까지 나를 보호한다는 임무—즉, 로봇 자신의 존재 이유—를 완수하지 못할 것이다. 이것은 분명히 매우 까다로운 공학적 난제로, 이동 방향을 안내할 '시각' 체계와 그 밖의 '감각' 체계의 설계에 대하여 최고 수준의 전문성을 요한다. 나는 2401년까지 줄곧 혼수상태일 것이므로 로봇의 전략을 지도하고 계획할 수 없다. 따라서 로봇이 상황 변화에 대응하여 스스로 계획을 세우도록 설계해야 한다. 로봇은 에너지원을 어떻게 '찾고' '인식하고' 활용할 것이며 안전한 지역으로 어떻게 이동할 것이며 위험을 어떻게 '예상'하고 '회피'할지 '알아야' 한다. 할 일이 산더미이고 설상가상으로 신속하게 처리해야 하기 때문에, 최대한 경제성을 기하는 것이 현명하다. 구별해야 할 것 이상을 구별하는 능력을 로봇에게 부여할 이유는 없다.

이번에도 '감각', '찾다', '예상' 같은 지향적 또는 '정신적' 용어에 따옴표를 쳐서 이것이 특별한 종류의 지향성인 셈인 것, 즉 나의 인간적 목적에 전적으로 의존하는 '파생적' 지향성임을 나타냈다는 데 유의하라. 로봇에 어떤 지향성이 있든 이것은 '나'의 지향성이며 설계자인 내게 귀속된다. 내가 따옴표를 치지 않았다면, 공학자를 비롯한 사람들이 (엘리베이터 제어 장치 같은) 정보 처리 장치의 규격에 대해 이야기할 때 으레 이런 언어를—따옴표 없이—쓴다는 사실을 핑계 삼아, 모종의 이데올로기를 몰래 주입한다고 비난받았을지도 모른다. 내가 그런 수를 쓰지 '않는' 것은 의도적이다. 인공적 재능을 설명하거나 규정하는 '모든' 지향적 언어 용법이 비유적일 뿐이라고—논의의 편의를 위해—가정하고 있다. 또한 2비트 기계처럼 로봇의 기계 장치도 경제적 고려에 좌우된다는 사실에 유의하라. 로봇은 많은 사물을 '감지'하고 '구분'해야 하지만 그 '구분자'는 완전무결하지 않을 것이다. 로봇은 실수를 저지를 수 있으며, *무엇이 실수로 간주되는가는 전적으로 설계자의 필요와 욕구를 잣대로 결정된다*. 사물을 '오식별'하며 더듬더듬 움직이는 어릿광대를 설계자가 바랐다면, 일부 '실수'는 임무 수행, 즉 광대 제어의 성공 사례일 것이다.

직관펌프로 돌아가서, 내 로봇이 이런 임무를 띤 유일한 로봇이라고 확신할 수 없다면 나의 임무는 더더욱 까다로워질 것이다. 나처럼 생각하는 사람이 또 있다면 내 로봇은 에너지, 물, 윤활유 등의 많지 않은 자원을 놓고 다른 로봇과—또한 나의 인간 후손과—경쟁해야 할지도 모른다. (다른 행위자가 있다는 것이 어떤 의미인지에 대해서는 67장 참고.) 그렇다면 내 로봇의 제어 시스템이 다른 로봇과의 협력이 가져다주는 혜택과 위험을 계산할 수 있을 정도로 로봇을 정교하게 설계하는 것이 현명할 것이다. 하지만 이런 계산 역시 시간의 압박 때문에 언제 중단될지 모르는 '어림짐작'이어야 한다.

이 설계의 결과물은 일종의 자기 제어가 가능한 로봇일 것이다. 내가 잠든 뒤에는 정교한 실시간 제어를 나의 인공물에게 맡겨야 하기 때문이다. 이런 로봇은 현재 상태를 판단하고 이 상태가 자신의 궁극적 목표—내 생명을 유지하는 것—에 대해 어떤 의미인지 판단함으로써 자신의 부수적 목표를 이끌어낼 수 있을 것이다. 수백 년에 걸친 계획을 수행하다 보면 이 부수적 목표가 엉뚱한 방향으로 흘러갈 수도 있다. 설계에 아무리 만전을 기해도, 일부 계획이 차질을 빚을지도 모른다. 딴 로봇이 내 로봇에게 다른 곳에서 필생의 사명을 찾으라고 설득하고 내 로봇이 그 말에 넘어가면 내 목적과 상반되는, 심지어 자멸적인 행동을 벌일지도 모른다.

이 시점에서, 로봇의 지향적 태도와 행동이 모두 나의 목적에서 파생된 것임에도 나의 목적에서 점차 멀어지고 있음에 주목하라. 나는 로봇이 어느 정도 '스스로 생각'하도록 설계했으므로 로봇의 '생각'은 내가 예상하는 범위를 넘어설 수도 있다. 현실에서 이런 인공물의 실제 사례를 살펴보고 싶으면 체스 두는 컴퓨터가 자신을 만든 제작자를 체스 대국에서 이기는 경우를 생각해보라. 물론 컴퓨터가 현재 퀸 사이드 룩의 행마를 '조사'하고 캐슬링(킹과 룩을 동시에 움직이는 행마_옮긴이)을 하지 않기로 '결정'하고 있다고 우리가 말할 수 있는 유일한 이유는, 체스 컴퓨터란 바로 그 일을 하도록 인간 제작자가 설계한 인공물이기 때문이다. 하지만 '뛰어난' 체스 컴퓨터를 만드는 것이 제작자의 목표이기는 하되, 컴퓨터의 상태가 (파생적으로) 무엇에 '대한' 것인지에 관하여 제작자가 내리는 결정의 상당수는 선택의 여지가 없는 것들이다. 체스 기사는 규칙과 대국 상태에 대해 정확한 정보를 얻어야 하므로 각 비숍과 각 폰에 연관된 상태가 있어야 하고 컴퓨터의 퀸이 이번 행마에서 상대방의 나이트를 잡았을 때의 판세 분석과 연관된 상태가 있어야 한다. 제작자가 아무리 지시를 내려도, 컴퓨터의 상태가 모든 폰을 하나하나 체스판에 놓는 것과 연관되지 않았다면 그 상태는 체스판에 남은 폰의 행마에 대한—파생적으로—것이 될 수 없다. 설계자의 최대 목표가 확정되면(체스 기사 만들기, 거대 로봇 만들기, 허리케인 시뮬레이터 만들기) 무자비한 자연이 덮쳐 무엇이 작동하고 무엇이 작동하지 않을지, 따라서 어떤 시스템의 어떤 상태가 오류나 부정확으로 간주될지를 규정한다. 시인은 말에 대한 것처럼 보이는 시가 실은 교수에 대한 것이라고 천명해도 괜찮을지 모르지만—윌리엄 블레이크는 "분노의 호랑이는 명령의 말보다 현명하다"라고 말한다—컴퓨터 공학자는 자신의 의도를 그처럼 피조물에 주입할 수 없다.

자세히 살펴보자. 거대 로봇이 마음 상태를 복제하는 것은 말 그대로 마음 상태를 '복제'하는 것이다. 로봇은 '진짜로' 결정하고 보고 궁리하고 계획하는 것이 아니라, 결정하고 보고 궁리하고 계획하는 '척'할 뿐이다. 이 주장이 무엇을 포괄하는지 확실히 이해기 위해서는 잠시 고민이 필요하다. 우리가 상상하는 로봇은 초라한 2비트 기계보다 분명히 훨씬 정교하다. 우리는 새로운 행동 경로를 '계획'하고, 과거의 실수에서 '학습'하고, '동맹을 맺'고, 경쟁자와 '소통'하는 능력을 로봇에게 부여했다. 게다가 이 모든 '계획'과 '학습'과 '소통'을 해내려면 로봇은 자기반성적—또는 자기 모니터링—능력이 풍부한 제어 구조를 갖추어야 할 것이다. 말하자면 자신의 내면 상태에 사람처럼 접근하여, 자신의 내면 상태이어야 하는 것을 '보고'하고 '공언'하고 '논평'할 수 있어야 할 것이다(우리에게 '거짓말'하고 '싶'지 않다고 '마음먹'을 경우). 로봇은 이러한 상태가 무엇을 의미하는지에 대해 '의견'을 가질 것이며 우리는 이 '의견'을 의심의 여지 없이, 이 상태가 *은유적으로 말해서* '의미'하는 것이 무엇인지에 대한 매우 훌륭한 증거—아마도 우리가 쉽게 손에 넣을 수 있는 최상의 증거—라고 간주해야 한다(명심하라. 로봇은 인공물에 불과하며 본래적 지향성이 없다. 우리가 고려하는 것은 로봇의 '파생적' 지향성이다. 이것은 '실제' 행위자인 우리의 지향성과 마찬가지로 관찰자에게 전혀 명백하지 않을 것이다). 2비트 기계는 자신이 지금 파나마에 있음을 모른다는 취지로, 또는 쿼터발보아에 대해 알게 되어 놀랐다는 취지로, 겉보기에 자신감 있는 '단언'을 함으로써 우리의 해석적 판단을 뒤흔들 능력을 갖추지 못했다.

이 직관펌프에 대응하는 여러 방법을 간략하게 살펴보겠지만, 우선 최초의 가정을 고집할 때의 가장 놀라운 결과를 제시하고 싶다. 바로, 인공물을 설계할 때 아무리 인공지능의 묘기를 부려도 결코 파생적 지향성을 부여할 수 없다는 결과다. 이 견해를 고수하겠다면, 우리 자신의 지향성이 로봇의 지향성과 똑같다는 결론을 받아들여야 한다. 앞에서 말한 과학소설 이야기는 새로운 것이 아니기 때문이다. 이 이야기는 우리를 비롯한 모든 생물 종을 이기적 유전자의 미래를 영속화하기 위해 설계된 '생존 기계'로 보는 리처드 도킨스[8]의 시각을 변주한 것이다. 우리는 인공물이다. 자신에게 이롭도록 재빨리 정보에 입각하여 행동하지 못하는 유전자를 위한 생존 기계로서 억겁의 세월 동안 설계된 인공물이다. 우리가 아는바 우리의 관심사와 우리 유전자의 '관심사'는 얼마든지 어긋날 수 있다. 물론 우리 유전자의 '관심사'가 없었다면 우리는 존재하지 못했을 테지만. 유전자를 보전하는 것은 우리의 원초적 '존재 이유'다. 유전자가 우리에게 심어준 지능과 학습 능력 덕분에 이 목표를 무시하고 자신의 '숨뭄 보눔summum bonum', 즉 최고선을 고안할 수 있을지언정 말이다. 따라서 우리의 지향성은 우리의 '이기적' 유전자에게 있는 지향성에서 파생했다. 불의미의 의미자는 우리가 아니라 유전자다!

물론 우리 유전자의 지향성은 어떤 의미에서도 '내재적'이지 않다. 어떤 유전자든 애초에 '의미'가 있으려면 온전히 진화한 ACGT 코돈(mRNA 상에 있는 유전 암호의 기본 단위_옮긴이)의 '알파벳' 체계, 단백질 합성, 발달 등이 필요하기 때문이다. 하지만 진화한 수많은 '표상' 체계 중에서 '첫째'라는 점에서는 '본래적'이다. 이후의 모든 체계는 행위자, 즉 지향계가 있으며 이 행위자의 표상은 (거대 로봇의 지향성처럼) 자신이 추구하는 목표로부터 지향성을 얻는다.[9]

사물에 대해 이런 관점을 취하면, 우리 자신의 지향성이 어디에서 비롯했는가의 문제에 만족스러운 답을 얻을 수는 있지만 여러분은 당혹감을 느끼게 될 것이다. 단지 '척'하는 지향성의 대표적 사례인 유전자로부터 우리 자신의 지향성이 비롯한다는 얘기가 되니 말이다. 어떻게 실제가 은유에 의존할 수 있단 말인가? 게다가 나의 과학소설 이야기와 도킨스의 이야기 사이에는 커다란 차이점이 있다. 나의 이야기에서는 의식적이고 의도적이고 선견지명이 있는 엔지니어링이 로봇 제작에 결부된 반면에, 도킨스의 주장에 따르면 우리는 유전자를 으뜸 수혜자로 하는 설계 과정의 산물이되 이 설계 과정에서는 의식적이고 의도적이고 선견지명 있는 엔지니어를 찾아볼 수 없다. 하지만 이 반박은 효과적이지 않다. 그 이유를 설명하겠다.

자연선택 이론이 아름다운 주된 이유는 생명의 기원을 설명할 때 어떻게 지적 창조자를 배제할 수 있는지 가르쳐주기 때문이다. 하지만 자연선택 과정은 대단히 교묘한 설계를 이루어낸다. 유전자는 설계자가 아니다. 유전자 자체는 더없이 멍청하다. 추론하지도 표상하지도 이해하지도 못한다. 유전자는 직접 설계하지 않으며 설계 과정의 '수혜자'일 뿐이다. 고객이라고나 할까. (우리 이야기에 빗대자면, 유전자는 생존 기계를 만들어달라고 최고의 엔지니어를 고용하는 매우 멍청하고 매우 부유한 고객이라고 할 수 있다. 이 고객이 없다면 엔지니어는 사업과 넉넉한 자금을 얻지 못할 것이다. 또한 인공물을 제작한 엔지니어에게 돌아가는 보상은 '자신'의 생존이다.) 설계는 누가 또는 무엇이 할까? 물론 어머니 자연이 한다. 더 구체적으로 말하자면 자연선택에 의한 진화라는 오래고 느린 과정에 의한 것이다.

내가 생각하기에 진화 과정에서 가장 매혹적인 특징은 인간의 마음(지적 설계자)이 가진 '어떤' 속성을 고스란히 반영하되 또 어떤 속성은 전혀 찾아볼 수 없는 기묘한 능력이다. 진화를 다루는 5부에서 이 주제를 훨씬 자세하게 설명할 테지만, 일단은 수용 가능한 모든 의미 이론과 진화 이론 사이에 (있다고 내가 주장하는) 매우 밀접한 연관성을 명확히 밝히고자 한다. 자연선택이 예측도, 목적도 없이 작동한다는 사실은 아무리 강조해도 지나치지 않지만, 자연선택 과정이 절묘하도록 이치에 부합한다는 사실이—자연선택은 수많은 '선택'을 하고 수없이 미묘한 관계를 '인식'하고 '평가'한다—입증되었음을 망각해서는 안 된다. 더 도발적으로 표현해 보겠다. 자연선택이 선택한다는 것은 '그 이유가 아니라 이 이유로' 어떤 설계를 '선택'할 수 있다는 것이다. 그것도 그 선택이나 이유를 의식적으로—또는 무의식적으로!—'표상'하지 않고서 말이다. 심장이 '선택'된 것은 혈액 순환 펌프로서 뛰어나기 때문이지 박동 리듬이 매혹적이기 때문이 아니다. 그 '이유' 때문에 '선택'된 다른 어떤 것이 있을 수는 있겠지만.

펩시콜라 파나마 지사가 2비트 기계를 쿼터발보아 인식 능력 '때문'에 선택하고 쿼터발보아 감지기'로서' 받아들일 수 있듯 진화는 어떤 기관을 혈액에 산소를 공급하는 능력 '때문'에 선택하고 그것을 폐'로서' 지정할 수 있다. 행동, 행위, 지각, 믿음을 비롯하여 민간심리학의 모든 범주는 이런 설계의 '선택' 또는 진화가 '보증'한 목적—존재 이유—에 대해 상대적으로만 파악할 수 있다.[10]

우리가 자연선택을 통해 설계된 인공물이라는 생각은 설득력 있을 뿐 아니라 친숙하다. 심지어 논쟁거리도 안 된다고 말하는 사람도 있을 것이다.[11] 그렇다면 창조론자와 '지적 설계' 논객뿐 아니라 설, 포더 부류까지 (무심결에) 여기에 반발하는 이유가 무엇일까? 내가 느끼기에 여기에는 두 가지 다소 애매한 결과가 따르는 것 같다. 어떤 사람들에게는 굉장히 역겨운 결과일 것이다. 첫째, 우리가 '그저' 인공물에 불과하다면 우리의 가장 내면적인 생각이 의미하는 것에 대해—또한 도대체 무엇이라도 의미하기는 하는가에 대해—그 생각을 하는 당사자인 우리는 특별한 권위가 전혀 없다. 2비트 기계는 내적 속성이 전혀 달라지지 않은 채 쿼터발보아 기계로 변신하며, 한때 이것을 의미하던 상태는 이제 저것을 의미한다. '이론상'으로는 우리에게도 똑같은 일이 일어날 수 있다. 우리가 그저 인공물에 불과하다면, 따라서 우리 자신의 지향성이 본래적이지 않고 파생적이라면 말이다. (이를테면 존스는 자신이 말에 대해 생각하는지 맗에 대해 생각하는지에 대해 판단할 권한이 없다.) 둘째, 우리가 그런 인공물이라면, 우리 생각의 의미를 고정하는 더 심오한 사실들에 접근할 특권이 보장되지 않을 뿐 아니라 '그런 심오한 사실 자체가 존재하지 않'는다. 기능적 해석이 명백히 드러날 때도 있지만(심장은 명백히 펌프이며 눈은 명백히 보는 기관이다), 그러지 않을 때, 우리가 어머니 자연의 마음을 읽고자 해도 우리에게는 해석할 텍스트가 없다. 고유 기능에 대한 '사실'이 논란거리라면—둘 이상의 해석에 각각 타당한 근거가 있다면—사실이 존재하지 않는 것이다.

30

원초적 번역과 콰인식 십자말풀이

대등한 기능적 해석 두 가지가 서로 충돌할 때 이 문제를 해결할 더 심오한 사실이 존재하지 않는다는 주장을 가장 인상적이고 유능하게 변호한 것은 철학자 W. V. O. 콰인[12]의 '원초적 번역의 불확정성' 원리다. 콰인은 이를 위해 유명한 직관펌프를 동원했다. 태평양 한가운데의 외딴 섬을 발견했다고 상상해보자. 이 섬에는 어디서 왔는지 모를 주민들이 사는데 이들은 세상의 다른 누구도 말하지 않는 언어를 말한다. 두 언어를 구사하는 통역자의 도움을 기대할 수 없기에 인류학자나 언어학자가 원주민 언어를 이해하려면 그들을 관찰해야 하고 시행착오를 겪으며 소통해야 한다. 콰인이 '원초적 번역'이라고 부르는 임무다. '이론상'으로 콰인은 이 외국어의 번역 지침서를 만드는 임무를 부여받은 연구자 두 명이, 상당히 다르지만 대등하게 효과적인 번역 지침서를 만들어낼 수 있을 것이라고 주장했다. 두 지침서는 원주민의 발화에 각각 다른 의미를 부여하며, 어느 번역이 옳은지 판단할 사실은 존재할 수 없다! 많은 철학자들은 이 아이디어가 진지하게 받아들이기에는 너무 극단적(원초적)이라고 여겨, 그냥 무시하고 옛 방법을 고집한다. 나는 이 아이디어를 (명백하게까지는 아닐지라도) 적어도 그럴 듯하게 보이도록 생각도구를 하나 설계했다. 설명할 것은 두 가지다. (1) 콰인의 주장은 ('이론상') 어떻게 참이 될 수 있을까? (2) 그럼에도 불구하고 그 주장의 실제 예를 제시하는 것이 어떻게 불가능에 가까울 수 있을까?

나는 곧잘 이 십자말풀이를 학생들에게 풀어보라고 내준다. 몇 분 지나면 대부분이 풀었다고 손을 든다. 여러분도 답을 보기 전에 직접 풀어보시라.

1.	2.	3.	4.
5.			
6.			
7.			

가로

1. Dirty stuff(더러운 물질)
5. A great human need(인간에게 꼭 필요한 것)
6. To make smooth(매끈하게 하기)
7. Movie actor(영화배우)

세로

1. Vehicle dependent on H_2O(물이 있어야 하는 탈것)
2. We usually want this(우리가 으레 원하는 것)
3. Just above(바로 위)
4. U.S. state(abbrev.) (미국 주州의 약자)

푼 사람? 어떤 답으로 풀었나? 이 십자말풀이는 답이 두 개인데 둘 다 어엿한 정답이다(여러분이 추측할 수 있도록 정답은 책 속에 숨겨두었다). 이 십자말풀이는 아주 간단하지만 이것을 생각해내는 데는 적잖은 시간이 걸렸다. 여러 조건을 동시에 충족해야 해서 가능성이 극히 제한되기 때문이다. 못 믿겠으면 내 것보다 크고 나은 십자말풀이를 직접 만들어보시라! (성공하면 내게 메일로 보내주시길. 내 것 대신 여러분 것을 쓸 테니까.)

"세로 1번 단어가 '실제로는' 뭐지?"라고 묻는 것은 부적절한 사실주의라는 죄를 범하는 것이다. *사실 같은 것은 존재하지 않는다*. 나는 사실이 존재하지 않도록 의도적으로 십자말풀이를 구성했다. 이를테면 정답(시간순으로 최초이거나 원래인, '따라서' '실제' 정답)의 집합을 하나 짜맞춘 뒤에 또 다른 집합을 궁리하지 않았다. 의미가 비슷한 네 음절 단어를 수집하여 단어 쌍의 목록을 가지고 두 가지 정답을 한꺼번에 만들어냈다.

이런 십자말풀이를 만들 수 있는 이유는 정의定義의 규범에 융통성이 있기 때문이다. 두 정답에 속한 단어들은 정의에 들어맞을락 말락 하지만, 주위 환경의 음모(철학 용어로는 전체론holism) 때문에 꽤 안정된 구조를 이룬다. 이 두 정답 집합과 어깨를 나란히 할 세 번째 정답이 존재하지 않을 확률은 얼마일까? "수수께끼의 해답을 '하나' 찾을 수 있다면 '유일한' 해답을 찾은 것이다"라는 '암호학자의 격언'이 있다. 해답이 두 개인 경우는 특수한 상황에서만 가능하지만, 이러한 경우를 보면 이런 질문에 대한 해답이 하나만 존재하는 것이 형이상학적 필연이 아니라, 매우 강력한 제약의 엄청나게 그럼직한 결과일 뿐임을 알 수 있다.

인간은 십자말풀이나 컴퓨터보다 훨씬 복잡하다. 올록볼록한 뇌는 신경조절물질neuromodulator로 가득 차 있으며, 세상과 깊숙이 얽혀 있는 몸에 부착되어 있다. 뇌의 진화사와 개인사는 십자말풀이가 언어 공동체에 스며 있는 것보다 훨씬 깊숙이 세상에 스며 있다. 따라서 설계의 제약이라는 성질이 주어진 경우, '극단적으로 다르고 전체적으로 불확정적이며 공동 1위인' 두 해석을 도출하는 방법들이 존재할 가능성은 극히 희박하다는 (이를테면) 루스 밀리컨의 말은 옳다. 원초적 번역의 불확정성은 실제로는 무시해도 무방하다. 하지만 원리는 죽지 않는다. 우리가 원초적 번역의 불확정성을 겪지 않는 이유는 '진짜 의미'가 머릿속에 형이상학적 사실로서 존재하기 때문(콰인이 의미의 '박물관 신화'라 부른 것으로, 그의 주요 표적이다)이 '아니다'. 우리가 쓰는 실제 단어에 불확정성이 없는 이유는 수많은 상호 의존적 제약을 충족해야 하므로 암호학자의 격언에 따르면 걱정할 필요가 거의 없기 때문이다. 불확정성이 실제 세상에서 위협이 될 때, 확정적 해독을 가능케 하는 것은 신비한 '인과적 힘'이나 '내재적 의미성'이 아니라 더 '행동적'이거나 '기질적'인—더 똑같은—사실이다. 지향적 해석은 거의 언제나 제약을 받아 '단일한' 해석에 이르지만, 두 해석이 모든 검증을 통과하는 (상상 가능한) 재앙이 벌어진다면 무엇이 '옳은'지 판정할 수 있는 더 '심오한' 사실은 존재하지 않을 것이다. 사실은 해석을 결정하지만, 그 일을 하는 것은 늘 '얕은' 사실이다.

31

의미기관과 통사기관

의미에서 어떻게 차이가 생길까? 의미는 무언가를 일으키는 원인이 되는 (온도나 질량이나 화학 조성 같은) 물리적 성질이 아닌 듯하다. 뇌가 '맡은' 일은 감각기관에 들어오는 에너지 흐름으로부터 '의미'를 추출하여 뇌의 보금자리인 몸의 생존 가능성을 높이고 에너지를 공급하는 것이다. 뇌의 임무는 몸을 알맞게 이끌어 '중요한 세상 만물에 대한' 예상의 형태로 '미래를 산출하'는 것이다. 뇌는 에너지를 아주 많이 소비하는 기관이며, 자신의 중요한 임무를 제대로 수행하지 못하면 밥값을 못하는 셈이 된다. 말하자면 뇌는 '의미기관semantic engine'이 되어야 한다. 그런데 뇌를 '이루'는 무수한 분자 조각은 형태와 힘에 반응하여 엄격한 물리·화학 법칙에 따라 상호작용한다. 말하자면 뇌는 사실 '통사기관syntactic engine'에 불과하다.

엔지니어를 찾아가 진폐 감별기—위폐 감별기라고 해도 마찬가지다—제작을 의뢰한다고 상상해보라. 감별기의 요건은 진폐를 모두 한곳에 모으고 위폐를 모두 한곳에 모으는 것이다. 엔지니어는 불가능하다고 말한다. 자기네가 만드는 것은 '통사적' 속성—종이의 두께와 화학 조성, 잉크 패턴의 모양과 색깔, 위조하기 힘든 물리적 속성의 유무 같은 물리적 세부 사항—에만 반응한다는 것이다. 엔지니어는 자기네가 만들 수 '있는' 것은 이런 '통사적' 속성을 바탕으로 하여 꽤 훌륭하지만 오류가 전혀 없지는 않은 위폐 감별기라고 말한다. 값은 비쌀 테지만, 간접적이고 불완전하게 위폐를 가려내되 밥값을 하기에는 충분할 것이다.

뇌 부위들의 구성도 모두 이 같은 제약을 받는다. 입력이 무엇을 의미하는가와—또는 의미하는 셈일 뿐인가와—상관없이, 뇌가 하는 모든 일은 물리화학적 요인에서 비롯할 것이다. 살아 있는 뇌, 또는 규소와 금속이 아니라 단백질로 만들어진 뇌가 마법의 조직 덕분에 의미를 직접적으로 감지할 수 있다고 상상하는 잘못을 저지르지 말라. 물리 법칙이 늘 의미에 이기는 법이니까. 의미에 '직접' 반응하는 순수한 의미기관은 영구운동기관과 같다. 물리적으로 불가능하다는 얘기다. 그렇다면 뇌는 부여받은 임무를 어떻게 해낼 수 있을까? 그것은 불가능한 의미기관의 능력을 '추적'하거나 '흉내' 내는 통사기관이기 때문이다.[13] 하지만 이게 대체 가능한 일일까? 어떤 철학자들은 뇌가 어떻게 작동하는가에 대한 미시인과적 micro-causal 설명이 완벽하다면—신비한 구석이 하나도 없다면—의미가 차이를 만들어낼 여지가 없으리라고 주장했다. 33장에서는 진리와 의미, 지시 같은 의미 속성이 명백한 인과적 과정에서 '제거 불가능한' 역할을 한다는 것을 밝힘으로써 이 주장이 거짓임을 입증하는 직관펌프를 소개할 것이다. 하지만 다소 복잡한 직관펌프를 살펴보기 전에 더 단순한 모형을 들여다보고자 한다. 이 직관펌프는 철학자들의 일반적 직관펌프에 의문을 던지게 해줄 것이며, 일이 잘 풀리면 이해를 가로막을지도 모를 몇 가지 우려를 가라앉힐 것이다.

32

늪사람과 상아지가 만나다

직관펌프는 깔끔하고 효율적으로 작동하여, 우리가 찾는 직관을 끌어올린 뒤에 제자리로 돌아가도록 되어 있다. 하지만 직관펌프의 공통된 운명은 반박과 재반박, 조정, 확장의 도가니를 흔들어대는 것이다. 20세기 미국에서 최고로 손꼽히는 철학자 도널드 데이비드슨은 이 직관펌프가 매우 격렬하고 (이따금만) 건설적인 논쟁을 일으켰다면서 이걸 만들어낸 것이 후회된다고 내게 말한 적이 있다. 바로 데이비드슨[14]이—적어도 철학자들이—좋아하는 늪사람이다.

> 늪에 있는 죽은 나무에 번개가 내리친다고 가정해보라. 나는 그 곁에 서 있다. 내 몸이 분자로 분해되고, 아주 우연히 (다른 분자로부터) 나무가 내 물리적 복제물로 변한다. 내 복제물인 늪사람은 내가 하던 그대로 움직인다. 자신의 본성에 따라 늪을 떠나 내 친구들을 만나 알아보고 영어로 인사를 받는 것처럼 보인다. 우리 집에 들어가 원초적 번역에 대한 논문을 쓰는 것처럼 보인다. 아무도 분간하지 못한다.
>
> 하지만 차이는 엄연히 존재한다. 내 복제물은 내 친구를 알아보지 못한

다. 아니, 아무것도 알아보지 못한다. 애초에 아무것도 안 적이 없기 때문이다. 내 친구의 이름을 알 수도 없다(물론 아는 것처럼 보이기는 하지만). 우리 집을 기억하지도 못한다. 이를테면 내가 '집'이라는 단어로 의미하는 것을 의미하지도 못한다. 내 복제물이 내는 '집' 소리는 올바른 의미—또는 어떠한 의미—를 부여하는 맥락에서 학습되지 않았기 때문이다. 사실, 내 복제물이 자기가 내는 소리로 어떻게 무언가를 의미할 수 있을지, 아무 생각이라도 할 수 있을지 도무지 모르겠다.[15]

쌍둥이 지구와 늪사람 같은 주제가 진지한 고려 대상으로 제시될 때 다른 분야—특히 과학—의 동료 학자들이 곧잘 미심쩍은 표정으로 웃음을 참지 못하는 광경을 철학자들은 놓치지 않았다. 과학자들은 철학적 탐구의 미묘함을 느끼지 못하는 미련퉁이일까, 아니면 철학자들이 현실 감각을 잃어버린 것일까? 그게 아니라(힌트) 말하지 않는 게 낫겠다.

이 기묘한 예는 어떤 현상에서 주목받지 못하고 있는 특징만 남기고 나머지를 모두 0으로 축소하여 정말로 중요한 것이 찬란히 빛나도록 함으로써 어떤 개념적 요점을 입증하려는 시도다. 쌍둥이 지구 예에서는 내적 유사성이 극단적으로 커진다(존스는 아무것도 모르는 채 쌍둥이 지구로 옮겨진다). 이렇게 하면 직관이 우리에게 말하는 모든 것이 외부 맥락에 의존하고 있음을 입증할 수 있다. 늪사람 직관펌프는 미래의 성향과 내적 상태를 둘 다 고정불변하게 유지하여 '역사'를 0으로 축소한다. 따라서 이 사고실험은 나머지 변수를 일정하게 유지함으로써 변수 사이의 중요한 상호작용을 고립시키려 하는 과학 실험의 설계를 흉내 낸다. 이런 실험의 문제는 종속 변수가 직관이고—직관펌프니까—직관을 이끌어내기 위해 동원하는 상상력을 통제하는 것이 철학자들이 생각하는 이상으로 힘들다는 것이다. (우리가 무너뜨릴 여러 붐받이는 독자의 상상력을 억누르고 직관을 비틀어 사고실험의 '결과'를 무효로 돌린다.)

하지만 이런 실험에는 더 깊숙한 문제도 있다. 추가적인 개념적 요점을 '입증'하는 예를 생각해내는 것은 식은 죽 먹기다. 소가 새끼를 낳았는데 이 녀석이 상어와 원자 차원에서도 구별되지 않는다고 가정해보자. 녀석은 송아지일까, 상아지일까? 생물학자에게 이 질문을 던지면, 그는 나의 노력을 가상히 여겨—유머인 줄 알고—억지로 웃어줄 것이다. 아니면 악마가 물을 바라보며 미소를 지으면 물이 실온에서 딱딱하게 굳는다고 가정해보자. 이 마수魔水는 얼음일까? 이 가설은 대꾸하기조차 민망하다. 어떤 철학자들은 미소 짓는 악마, 상아지, 좀비, 늪사람이 모두 (인과론적으로 가능하지는 않을지언정) 논리적으로 가능하며, 중요하다고 생각한다. 나는 그렇게 생각하지 않는다. 반反사실성의 그물을 그렇게 넓게 던지는 것은 우리가 이끌어내는 답이 해당 주제의 '본질'에 대해 실마리를 던지리라고 기대하기 때문일 것이다. 하지만 요즘 이런 종류의 진짜 본질을 믿는 사람이 누가 있을까? 나는 안 믿는다.

자석의 '참 제조자truth-maker'(정의적 속성 또는 본질) 후보들—(a) 모든 자석은 철을 끌어당기는 물체다, (b) 모든 자석은 어떤 내부 구조('M 배열M-alignment'이라고 하자)로 이루어진 물체다—에 대해 위와 비슷한 질문을 던질 수 있다. 오래되고 행동주의적인 기준 (a)가 결국 새로운 내적 구조 기준 (b)로 대체된 것일까, 아니면 후자는 전자를 환원주의적으로 설명한 것에 불과할까? 질문에 대답하려면 과학자들에게 다음처럼 늪사람 식으로 질문을 던진다고 상상해야 한다. 철을 끌어당기지만 M 배열이 아닌—일반적 자석과 다른—물체를 발견했다고 가정해보자. 이것을 자석이라고 불러야 할까? 아니면, M 배열이지만 철을 끌어당기지 않는 물체를 발견했다고 가정해보자. 이것을 자석이라고 불러야 할까? 물리학자들은 자기네가 이런 가상의 물체를 맞닥뜨린다면 이름붙이는 것보다 훨씬 중요한 문제들이 있다고 대답할 것이다. 물리학자가 그리는 과학적 그림 전체는 자기 구역(철이나 코발트 따위의 강자성체 결정 안에서 원자의 자기 모멘트 방향이 일치하는 작은 구역_옮긴이)의 원자 쌍극자(작은 자석 따위와 같이 양과 음의 전기 또는 자극磁極이 서로 마주 대하고 있는 물체_옮긴이)의 배열과 철 끌어당김 사이에 깊은 규칙성이 있다는 사실을 바탕으로 하는데, 물리학자는 이 규칙성을 깨뜨리는 것이 '논리적으로' 가능하다는 '사실'에 흥미를 느끼지 않는다. 하지만 '구조적' 요인과 '행동적' 요인의 실제 공분산(둘 이상의 변량變量이 서로 관계를 가지며 분포하는 모양을 전체적으로 나타내는 분산_옮긴이)에 대해서는 관심을 가진다. 물리학자는 규칙성에 위배되는 현상이 관찰되면 그에 따라 가설을 수정하여 용어의 의미를 변경한다.

늪사람은 생각을 하고 영어를 말할까, 하지 않을까? 상아지는 상어일까? 상어처럼 헤엄치고 다른 상어와 짝짓기도 하니 말이다. 아차, 내가 말 안 했던가? 상아지는 원자 차원에서 상어와 구별되지 않지만 단 하나, 모든 세포에 소 DNA가 들어 있다는 차이점이 있다. 불가능하다고? '논리적으로'는 불가능하지 않다(이렇게 말하는 철학자들이 있다니까). 하지만 이후의 논의가 무의미할 정도로 불가능한 것은 분명하다. 상어가 소 DNA가 들어 있는 세포로 이루어지는 것이 물리적으로 불가능하듯, 데이비드슨의 기억의 '흔적'이 늪사람의 뇌 구조에 나타나는 것은 물리적으로 불가능하다. 늪사람이 논리적으로 불가능하지 않을 수도 있겠지만—늪사람 같은 존재를 만들어낸다고 상상되는 종류의 우주적 우연의 일치가 '정의상' 논리적으로 불가능한 것은 아니니까—이런 일은 결코 일어나지 않는다. 그렇다면 그런 일이 일어났을 때 '우리가 뭐라고 말할 것인가'를 고민할 사람이 있을까?

"여기 있다." 수사 의문문의 기회를 엿보는 철학자가 말한다. "나는 용어를 극히 엄밀하게 정의하여 논리적으로 가능한 모든 사태를 포괄해야 한다고 생각한다. 그렇게 해야 진리에 이를 수 있다." 하지만 과연 그럴까? 현실 세계에서 과거의 역사와 미래의 기능은 진화, 발달, 학습이라는 여러 겹의 밧줄로 묶여 있다. 데이비드슨이 모든 기억과 믿음과 계획을 가진 이유는 그의 몸이 여러 해 동안 특정한 궤적을 걸었기 '때문'이며, 이 자연적 누적 과정을 '실제로' 대체할 수 있는 것은 아무것도 없다. 이 조건에 위배되는 가상의 경우를 놓고 판단하는 것에 무슨 쓸모가 있는지 모르겠다. 사실 이런 이름이 붙은 예들은 **그게아니라술**을 버젓이 행할 수 있는 가상의 이분법을 내세우려고 억지로 만든 기회인 듯하다. 철학자가 말한다. "아니다. 그것은 그릇된 이분법이 '아니다'! '논의의 편의를 위해' 물리 법칙을 보류했을 뿐이다. 갈릴레오가 자신의 사고실험에서 마찰력을 무시한 것과 마찬가지 아닌가?" 그렇기는 하지만 둘을 비교하면 일반적 경험칙이 도출된다. 바로, 사고실험의 효용은 현실에서 멀어지는 거리에 반비례한다는 법칙 말이다.

쌍둥이 지구는 물리적으로 불가능하지만, 늪사람은 그 이상이다. (혹여나 일부 진영에서 호응을 얻고 있는 양자역학의 다세계 해석에서 쌍둥이 지구가 물리적으로 가능해진다고 생각하면 안 된다. 지구와 거의 비슷한 수많은(무한한?) 행성을 포함하는 우주가 무한히 있더라도, 지구인을 그곳에 보낼 수가 없기 때문이다.) 이에 반해 2비트 기계가 파나마에 보내지는 것은 가능할 뿐 아니라 얼마든지 일어날 수 있다. 어떤 세부 사항을 상상하든 그 때문에 자연 법칙을 보류하지 않아도 된다.

33

두 블랙박스

옛날 옛적에 커다란 블랙박스 두 개가 있었다. 상자 A와 상자 B는 기다란 구리 피복선으로 연결되어 있었다. 상자 A에는 버튼이 두 개 달렸으며 각각 α와 β라고 쓰여 있었다. 상자 B에는 전구가 세 개 꽂혀 있었는데 각각 빨간색, 초록색, 노란색이었다. 과학자들이 상자의 작동을 연구했는데, 상자 A에서 버튼 α를 누를 때마다 상자 B에서 빨간색 전구가 한 번 깜빡였고 상자 A에서 버튼 β를 누를 때마다 상자 B에서 초록색 전구가 한 번 깜빡였다. 노란색 전구는 한 번도 깜빡이지 않았다. 온갖 조건에서 수십억 번 실험했는데 한 번도 예외가 없었다. 과학자들은 인과적 규칙성이 존재한다고 결론 내리고 이를 다음과 같이 간결하게 요약했다.

> 모든 α는 빨간색을 야기한다.
> 모든 β는 초록색을 야기한다.

과학자들은 인과적 작용이 구리선을 따라 전달된다고 판단했다. 전선을 잘랐더니 상자 A의 버튼을 눌러도 상자 B에서 아무 반응이 일어나지 않

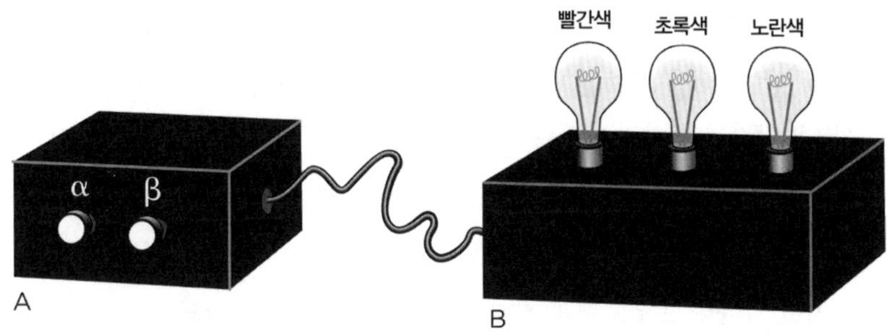

은 반면에 전선을 자르지 않은 채 두 상자를 서로 차폐했을 때는 규칙성이 고스란히 유지되었기 때문이다. 과학자들은 자신들이 발견한 인과적 규칙성이 구리선을 통해 어떻게 전달되는지 궁금했다. 아마도 버튼 α를 누르면 낮은 전압의 펄스(매우 짧은 시간 동안에 큰 진폭을 내는 전압이나 전류 또는 파동_옮긴이)가 전선을 따라 방출되고 이 때문에 빨간색 전구가 켜지며 버튼 β를 누르면 높은 전압의 펄스가 방출되고 이 때문에 초록색 전구가 켜지는 것 같았다. 어쩌면, 버튼 α를 누르면 펄스가 한 번 일어나고 이 때문에 빨간색 전구가 켜지며 버튼 β를 누르면 펄스가 두 번 일어나고 이 때문에 초록색 전구가 켜지는 것도 같았다. 버튼 α를 누를 때마다 전선에서 어떤 현상이 일어나며 버튼 β를 누를 때마다 또 다른 현상이 일어난다는 사실은 분명했다. 이 현상이 무엇인지 알아내면 자기네가 발견한 인과적 규칙성을 설명할 수 있을 터였다.

그런데 전선에 일종의 도청 장치를 달았더니 이게 생각만큼 간단한 문제가 아니었다. 상자 A에서 둘 중 어느 버튼을 누르든 펄스와 공백의 긴 연쇄—켜진 상태와 꺼진 상태, 또는 비트(정확하게는 10,000비트)—가 전선을 따라 재빨리 상자 B로 전송되었다. 하지만 비트의 패턴은 매번 달랐다!

이 경우에는 빨간색 전구를 켜고 저 경우에는 초록색 전구를 켜는 어떤 특징이나 속성이 비트 문자열에 있는 것이 틀림없었다. 그것은 무엇일까? 과학자들은 상자 B를 열어, 비트 문자열이 도착했을 때 무슨 일이 일어나는지 알아보기로 마음먹었다. 상자 B 안에는 순차 처리 방식의 평범한 디지털 슈퍼컴퓨터가 들어 있었다. 커다란 메모리에는 비트 문자열로 작성된 커다란 프로그램과 커다란 데이터베이스가 저장되어 있었다. 비트 문자열이 이 컴퓨터 프로그램에 입력될 때 어떤 효과가 나타나는지 살펴보았지만 특이한 것은 전혀 없었다. 입력 문자열은 언제나 평범한 방식으로 CPU(중앙처리장치)에 전달되어 수십억 번의 연산을 수 초 안에 수행했으며 언제나 1(빨간색 전구를 켰다)과 0(초록색 전구를 켰다)의 두 가지 출력 신호 중 하나를 내보내고 종료되었다. 어느 경우든, 원인과 결과의 각 단계를 아무런 어려움이나 논란 없이 현미경적 수준에서 설명할 수 있었다. 어떤 불가사의한 원인도 작용하는 것 같지 않았다. 이를테면 똑같은 10,000비트 연쇄를 입력하고 또 입력해봐도 상자 B의 프로그램은 늘 빨간색이든 초록색이든 똑같은 출력을 내보냈다.

하지만 이번에는 약간 이상했다. 상자 B가 언제나 똑같은 출력을 내보내기는 했지만 매번 똑같은 중간 단계를 거치지는 않았기 때문이다. 실은 거의 언제나 다른 물리적 상태를 거쳐 똑같은 출력을 내보냈다. 이것 자체는 불가사의할 것이 없었다. 프로그램은 자기가 받아들인 각 입력에 대해 사본을 보관했으며, 따라서 같은 입력이 두 번째, 세 번째, 또는 1000번째로 다시 들어올 때마다 컴퓨터의 메모리 상태는 조금씩 달라져 있었다. 하지만 출력은 늘 같았다. 어떤 문자열이 처음으로 입력되었을 때 빨간색 전구가 켜졌다면 이후에 같은 문자열이 입력되었을 때에도 늘 빨간색 전구가 켜졌으며, 초록 문자열(과학자들은 각 문자열을 이렇게 부르기 시작했다)에서도 같은 규칙성이 관찰되었다. 과학자들은 모든 문자열이 빨간 문자열(빨간색 전구를 깜빡이게 한다) 아니면 초록 문자열(초록색 전구를 깜빡이게 한다)이라고 가설을 세우고 싶었다. 하지만 가능한 모든 문자열을 검증할 수는 없었다. 상자 A에서 방출되는 문자열만 관찰할 수 있었기 때문이다.

과학자들은 상자 A와 상자 B를 임시로 분리하고 상자 A의 출력 문자열을 변경하여 상자 B에 입력함으로써 가설을 검증하기로 마음먹었다. 놀랍고도 실망스럽게도, A의 문자열이 손을 타자 거의 매번 '노란색' 전구가 깜빡였다! 마치 과학자들이 끼어든 것을 상자 B가 알아차린 듯했다. 하지만 과학자들이 빨간 문자열을 만들어 입력했을 때는 늘 빨간색 전구가 켜졌고 초록 문자열을 만들어 입력했을 때는 늘 초록색 전구가 켜졌다. 오로지 빨간 문자열이나 초록 문자열에서 한 비트—또는 둘 이상의 비트—가 달라졌을 때만 노란색 전구가 대체로—거의 언제나—켜졌다. '손을 탄' 빨간 문자열이 노란 문자열로 바뀌는 것을 보고 누군가 "네가 죽였어!"라고 내뱉었다. 이를 계기로 빨간 문자열과 초록 문자열이 어떤 의미에서 '살아' 있는 반면에—어쩌면 각각 암컷과 수컷에 해당하는지도 모른다—노란 문자열은 '죽은' 문자열 같다는 추측이 쏟아져 나왔다. 이 가설은 매력적이기는 했지만 아무 짝에도 쓸모없었다. 하지만 10,000비트 길이의 문자열을 수십억 가지로 변경하면서 실험을 거듭한 결과, 과학자들은 문자열에 실제로 세 가지 변이형—빨간 문자열, 초록 문자열, 노란 문자열—이 있으며 노란 문자열이 빨간 문자열과 초록 문자열보다 훨씬 많다는 결론을 내렸다(자세한 내용은 35장 참고). 노란 문자열이 거의 다였다. 과학자들이 발견한 빨강/노랑 규칙성은 더욱 흥미진진하고 아리송해졌다.

빨간 문자열에는 어떤 성질이 있기에 빨간색 전구를 켜고 초록 문자열에는 어떤 성질이 있기에 초록색 전구를 켜는 걸까? *물론 낱낱의 경우에서는 불가사의한 것이 전혀 없었다*. 과학자들은 각 문자열이 B의 슈퍼컴퓨터를 통해 인과 작용을 일으키는 과정을 추적할 수 있었으며 문자열과 전구의 색깔이 서로 고정되어 있음을 확인할 수 있었다. 하지만 처음 보는 문자열에 대해 이것을 조사하기만 하고서—상자 B에서 모의 실험 하지 않고서—어떤 전구가 켜질지 예측하는 법은 찾을 수 없었다. 경험적 자료로 보건대, 상자 A에서 방출된 적 없는 새 문자열은 노란 문자열일 가능성이 매우 높았다. 빨간 문자열이거나 초록 문자열일 가능성이 1이라면 노란 문자열일 가능성은 10억 이상이었다. 하지만 문자열을 상자 B에서 실행하여 프로그램의 산출값을 보지 않고서는 어떤 색깔의 전구가 켜질지 결코 알 수 없었다.

과학자들은 생각했다. '어쩌면 수수께끼의 해답은 상자 A에 있는 게 아닐까?' 그래서 상자 A를 열었더니 또 다른 슈퍼컴퓨터가 들어 있었다. 제조사와 모델, 여기서 돌아가는 거대한 프로그램은 상자 B의 슈퍼컴퓨터와 달랐지만, 평범한 디지털 컴퓨터라는 사실은 똑같았다. 상자 A에는 1초에 수백만 번 똑딱거리는 '시계'가 들어 있었다. 버튼을 누르자, 컴퓨터는 시계의 '시각'(이를테면 101101010101010111)을 문자열로 분해한 뒤에 이를 바탕으로 어떤 서브루틴을 어떤 순서로 불러들이고 메모리의 어느 부분에 우선적으로 접근할지 결정했다. 이렇게 만든 비트 문자열을 전선을 통해 전송했다.

과학자들은 비트 문자열이 한 번도 반복되지 않은 것은 이렇게 시계를 참조하기 때문임을 알 수 있었다. 하지만 문자열이 이렇게 무작위로—또는 유사類似 무작위로—정해지더라도, 버튼 α를 눌렀을 때 컴퓨터가 만들어내는 비트 문자열이 모두 빨간 문자열이고 버튼 β를 눌렀을 때의 문자열이 모두 초록 문자열이라는 사실은 변함이 없었다. 사실 예외도 몇 건 있었다. 10억 번에 한 번 꼴로, 버튼 α를 누르면 초록 문자열이 방출되고 버튼 β를 누르면 빨간 문자열이 방출된 것이다. 이 작은 옥에 티 때문에 과학자들은 규칙성을 설명하려는 욕구가 더욱 불타올랐다.

그러던 어느 날 상자를 만든 인공지능 해커 두 명이 찾아와 모든 것을 설명했다. (혼자 힘으로 수수께끼를 풀고 싶은 사람은 읽지 마시길.) 상자 A를 만든 앨Al은 '전문가 시스템'을 오랫동안 연구했다. 전문가 시스템은 태양 아래 만물에 대한 '참인 명제'들을 담은 데이터베이스와, 이 데이터베이스를 구성하는 공리들로부터 추가적 함의를 이끌어내는 추론기관으로 이루어졌다. 데이터베이스에는 메이저리그 야구 통계, 기상 기록, 생물 분류, 각국의 역사, 그 밖에 수많은 자질구레한 사실들이 담겨 있었다. 상자 B를 만든 스웨덴 사람 보Bo는 앨과 같은 시기에 자신의 전문가 시스템에 들어맞는 '세계 지식' 데이터베이스를 연구했다. 두 사람은 최대한 많은 '참'을 각자의 데이터베이스에 욱여넣었다.[16]

하지만 시간이 흐르면서 전문가 시스템에 싫증이 난 앨과 보는 이 기술의 실용성이 과대평가되었다고 판단했다. 전문가 시스템은 흥미로운 문제를 해결하거나 '생각'하거나 '문제에 대한 창조적 해결책을 찾'는 일에 그다지 능숙하지 않았다. 전문가 시스템이 잘하는 것이라고는 (추론기관 덕에) 참인 문장을 (각자의 언어로) 숱하게 생성하고 자신의 지식인 셈인 것에 비추어 입력 문장의 참과 거짓을 (각자의 언어로) 검증하는 것뿐이었다. 그래서 앨과 보는 의기투합하여, 어떻게 하면 이 헛수고의 결실을 활용할 수 있을지 궁리했다. 그러다 철학 장난감을 만들기로 했다. 둘은 각자의 표상 체계를 번역하기 위한 공통어lingua franca를 선택하고(실제로는 표준 아스키코드로 전송되는 영어를 공통어로 정했다)[17] 두 기계를 전선으로 연결했다. 버튼 α를 누를 때마다 상자 A는 자신의 '믿음'(저장된 공리, 또는 공리에서 생성된 함의) 중 하나를 무작위로 선택하고, 영어로 번역하고(컴퓨터에서는 영어 문자가 이미 아스키코드로 기록되어 있다), 마침표 뒤에 임의의 기다란 비트를 추가하여 총 10,000비트를 만들고, 이 문자열을 상자 B에 전송하면, 상자 B는 입력된 문자열을 자신의 언어(스웨덴어 리스프)로 번역하여 자신의 '믿음'—데이터베이스—에 비추어 검증했다. 두 데이터베이스는 추론기관 덕에 참—대략적으로 같은 참—으로 이루어졌기 때문에, A가 B에 A가 '믿는' 것을 전송하면 B도 그것을 '믿었'으며 그렇다는 신호를 보내기 위해 빨간색 전구를 켰다 껐다. A가 자신이 거짓이라고 믿는 것을 B에 전송하면 B는 자신이 그것을 거짓이라고 판단한다는 사실을 알리기 위해 초록색 전구를 켰다 껐다.

전송 과정에서 손을 탄 문자열은—끝 부분의 무작위 쓰레기를 변경한 것이 아니라면—거의 대부분 올바른 형식의 영어 문장이 아니었다. B는 오타를 조금도 눈감아주지 않고 가차 없이 노란색 전구를 껐다 켰다. 어떤 사람이 임의의 비트 문자열을 선택하면 영어 아스키코드로 올바른 형식을 갖춘 참이나 거짓이 아닐 가능성이 천겄기 때문에, 노란 문자열이 많을 수밖에 없었다.

앨과 보는 '빨갛다'라는 불가사의한 인과적 속성은 실은 참인 영어 문장이라는 속성이며 '초록이다'는 거짓인 영어 문장이라는 속성이라고 말했다. 여러 해 동안 과학자들을 괴롭히던 탐구가 한순간에 어린애 장난이 되어버렸다. 빨간 문자열을 만드는 것은 실은 식은 죽 먹기였다. "집은 땅콩보다 크다"라거나 "고래는 날지 못한다"라거나 "3 곱하기 4는 2 곱하기 7보다 2만큼 작다"라는 문장을 아스키코드로 쓰기만 하면 된다. 초록 문자열을 얻고 싶으면 "9는 8보다 작다"라거나 "뉴욕은 스페인 수도다"라고 쓰면 된다. 얼마 지나지 않아 철학자들은 재미있는 트릭—이를테면 100번까지는 빨갛지만 그 뒤로는 초록 문자열("이 문장이 검증을 위해 전송된 횟수는 101번 미만이다")—을 생각해냈다.

하지만 어떤 철학자들은 '빨갛다'와 '초록이다'라는 문자열 속성이 실제로는 '영어로 참'이거나 '영어로 거짓'이 아니라고 주장했다. 하긴 영어로 참인 문장 중에는 아스키코드로 표현했을 때 수백만 비트에 이르는 것도 있으며, 앨과 보가 아무리 애썼어도 자신의 프로그램에 '사실'만을 넣을 수는 없었다. 이를테면 데이터베이스를 구축할 때만 해도 상식으로 통하던 것이 그 뒤에 거짓으로 판명되기도 했다. '빨갛다'라는 (인과적) 속성이 '영어로 참'인 속성과 정확히 일치하지 않는 이유는 얼마든지 있다. 따라서 '빨갛다'는, '상자 B(상자 B의 믿음인 셈인 것은 거의 언제나 참이다)가 참이라고 믿는 셈인 것을 영어 아스키코드로 비교적 짧게 표현한 것'으로 정의하는 게 나을 것이다. 어떤 철학자들은 이 설명에 만족했지만, 또 어떤 철학자들은 이 정의가 부정확하다는, 또는 '임시변통'이 아닌 방식으로 배제할 수 없는 반례가 있다는 등의 여러 이유를 들며 꼬투리를 잡았다. 하지만 앨과 보가 지적하듯 속성을 서술하는 후보 중에서 이보다 나은 것은 없었다. 과학자들이 그토록 바라던 것이 바로 이런 설명 아니던가? 빨간 문자열과 초록 문자열의 수수께끼는 완전히 해결되지 않았는가? 게다가 수수께끼가 해결된 마당에도, '의미적'(또는 '정신적') 용어를 쓰지 않고 (앞에서 언급한) '인과적' 규칙성—모든 α는 빨간색을 야기하고 모든 β는 초록색을 야기한다는 규칙—을 설명할 가망이 전혀 없음을 볼 수 없었을까?

어떤 철학자들은 전선에서 일어나는 작용의 규칙성에 대하여 새로이 제시된 설명으로 상자 B의 행동을 예측할 수 있지만 이것은 결코 '인과적' 규칙성이 아니라고 주장했다. 참과 거짓—그리고 앞서 설명한 보정된 대용물(이를테면 '프로그래머가 프로그램을 작성할 당시에 믿은 것'이나 '1980년에 참으로 간주된 것'_옮긴이) 하나하나—은 의미 속성이며, 그렇기에 오롯이 추상적이며, 따라서 무엇도 '야기'할 수 없다. 다른 철학자들은 말도 안 된다고 쏘아붙였다. 버튼 α를 눌렀을 때 빨간색 전구가 켜지는 것은 자동차 열쇠를 돌렸을 때 시동이 걸리는 것과 마찬가지라는 것이다. 전선을 따라 전달된 것이 단순히 높은 전압이나 낮은 전압, 또는 한 번의 펄스나 두 번의 펄스로 판명되었다면 이것이 인과 체계의 예라는 데 모두가 동의할 것이다. 이 체계가 루브 골드버그 장치(단순한 과정을 쓸데없이 복잡하게 만든 것_옮긴이)로 판명되었다고 해서 α와 빨간색 전구 점멸의 관계가 덜 인과적임이 밝혀진 것은 아니다. 사실 모든 경우에 대해 과학자들은 결과를 설명하는 정확한 미시인과적 경로를 추적할 수 있었다.[18]

어떤 철학자들은 이 추론에 확신을 얻어 빨갛고 초록이고 노란 속성이 '실은' 결코 의미적 속성이나 정신적 속성이 아니며 의미적 속성의 모방이라고, '마치 ~' 식의 의미적 속성일 뿐임이 밝혀졌다고 주장하기 시작했다. 빨강과 초록이 실제로 무엇인가는 아주아주 복잡한 '통사적' 속성이라는 것이었다. 하지만 이 철학자들은 이것이 어떤 통사적 속성인가에 대해서는 부언하려 들지 않았다. 어떻게 해서 어린아이들조차 이것의 예를 재빨리 미덥게 생성하고 인식하는지도 설명하려 들지 않았다. 그럼에도 이 철학자들은 규칙성에 대해 순수하게 통사적인 서술이 있어야'만' 한다고 확신했다. 지금 문제가 되고 있는 인과 체계는 '한낱' 컴퓨터이며 컴퓨터는 진정한 '의미성'을 구현할 수 없는 '한낱' 통사기관이기 때문이었다.

앨과 보는 반박했다. "저희의 블랙박스 안에 '저희'가 들어앉아서 지금과 똑같은 방식으로 여러분을 속였음을 알았다면 여러분은 작용하는 인과적 속성이 순수한 참(또는 어떤 사건에서든, 참으로 믿어지는 것)이라는 데 (무릎을 치며) 동의했을 것입니다. 두 경우를 구별해야 하는 타당한 이유를 제시할 수 있습니까?" 그러자 어떤 사람들은 앨과 보가 어떤 중요한 의미에서 실제로 상자 안에 있었다고 주장했다. 자신의 믿음에 대한 모형으로서 각자의 데이터베이스를 구축한 책임이 있기 때문이라는 것이었다. 또 어떤 사람들은 세상 그 어디에도 그 어떠한 의미적 또는 정신적 속성이란 없다고 주장했다. 그들은 "내용은 '제거'되었다"라고 선언했다. 논쟁은 몇 년을 끌었지만, 애초의 수수께끼는 풀렸다.

출구 봉쇄

두 블랙박스 이야기는 여기서 끝이다. 하지만 어떤 철학자도 잘못 해석하지 않을 만큼 명료하게 제시된 사고실험 같은 것은 없으므로, 아주 매혹적인 오해를 미연에 방지하기 위해 몇 가지 중대한 세부 사항에 (끌사납지만) 주의를 환기하고 이것들이 이 직관펌프에서 어떤 역할을 하는지 설명하겠다.

(1) 상자 A와 상자 B에 들어 있는 장치는 단지 자동 백과사전에 불과하다. '걸어다니는 백과사전'조차 되지 못하는 '참의 상자'일 뿐이다. 이 이야기의 그 무엇도 장치가 의식이 있거나, '생각하는 것'이거나, 심지어 '행위자'라고—온도 조절 장치를 행위자로 간주하는 최소한의 의미에서가 아니라면—전제하거나 함축하지 않는다. 이 장치들은 하나의 단순한 목표를 달성하도록 딱 고정된, 아주 단조로운 지향계다. (물론 IBM 왓슨도 마찬가지다.) 이 장치들에는 참인 명제가 아주 많이 들어 있

으며, 더 많은 참을 생성하는 데, 또한 후보 명제를 기존 데이터베이스로 검증하여 '참'을 판단하는 데 필요한 추론기관도 들어 있다.

(2) 두 시스템은 독자적으로 만들어졌기 때문에, '정확히' 같은 참을 (실제로, 또는 심지어 가상적으로) 포함한다고 볼 수 없다. 하지만 두 시스템이 내가 말한 것처럼 제대로 작동하려면, 겹치는 명제가 아주 많다고 가정해야 한다. 그래야 A가 생성한 참을 B가 참으로 인식하지 않을 가능성이 희박해지기 때문이다. 나는 여기에 신빙성을 부여하기 위해 두 가지 복선을 깔았다. (i) 앨과 보는 사는 나라가 다르고 모국어가 다를 수 있지만, '같은 세계에 존재하'며 (ii) 그 세계(우리 세계)에 대해 참인 명제가 수없이 많지만, 앨과 보가 '유용한' 데이터베이스를 구축하려 했다는 점에서 독자적으로 만들어진 두 시스템에 겹치는 부분이 매우 많다고 볼 수 있다. 앨은 스무 살 생일에 자신의 왼발이 남극보다 북극에 가까웠다는 사실을 알 수도 있고, 보는 첫 프랑스어 선생의 이름이 뒤퐁이라는 사실을 잊지 않았을지도 모르지만, 이런 명제를 자기네 데이터베이스에 넣지는 않았을 것이다. 국제적으로 유용한 백과사전을 만들려고 했다는 이유만으로 두 데이터베이스가 그토록 비슷하리라는 사실이 의심스럽다면, 두 사람이 해커 시절에 데이터베이스에 담을 주제에 대해 의견을 주고받았다는 (꼴사납지만) 편리한 설명을 덧붙이도록 하자.

(3) 왜 앨과 밥(미국인 동료)을 등장시키지 않았을까? 또는 (이 문제에 대해서는) 왜 앨의 시스템에 대한 복제본을 단순히 상자B에 넣지 않았을까? 왜냐하면 내 이야기에서는 단순하고 발견 가능성이 있는 '통사적' 대응

으로는 결코 규칙성을 설명할 수 없어야 하기 때문이다. 보의 시스템이 스웨덴어 리스프로 작성된 것은 이 때문이다. A가 문장 생성 작업을 하는 동안 참고하는 데이터 구조와 B가 문장 번역 및 참 검증 작업을 하는 동안 참고하는 데이터 구조 사이에 '의미적' 공통점이 깔려 있음을 눈치채지 못하도록 숨겨야 하기 때문이다. 물리적 체계로서의 컴퓨터는 기껏해야 의미가 아니라 물리적으로 변환할 수 있는 차이에 직접 반응하는 통사기관이어야 한다. 하지만 A와 B는 둘 다 가상의 안다니, 즉 '이해된' 참으로 가득 찬 '의미'기관을 최대한 비슷하게 반영하도록 설계되었다. 두 개의 '다른' 통사 체계인 A와 B가 '같은' 의미기관을 반영하도록 설계되었을 때, 여기서 나타나는 놀라운 규칙성을 설명하는 유일한 방법은 참을 믿고 단언을 의도하는 의미기관 차원으로 올라가는 것뿐이다. 그렇다면 설명된 외적 행동의 매혹적인 규칙성을 나타내되 내적으로는 최대한 다른 두 시스템을 만들어 각각의 내부가 '공통의 세계에 대한' 의미적 '표상'이라는 사실'만'이 그 규칙성을 설명할 수 있도록 하면 되겠다는 생각이 들었다. (이것은 13장의 주제였다.)

잠시, 이러한 두 시스템이 역설계가 통하지 않을 만큼 복잡할 수 있을지 없을지 생각해보라. 달리 말하자면, 과학자들이 그토록 오랫동안 갈피를 못 잡았다는 것이 가능할까? 암호학은 아주 난해한 분야가 되었기 때문에 어느 한쪽으로 단정하기 전에 세 번은 생각해야 한다. 깰 수 없는 암호 체계가 있다는 것에 대해 또는 없다는 것에 대해 탄탄한 논증을 제시할 수 있는 사람이 있는지는 아는 바 없다. 하지만 암호화는 둘째 치고, 해커들은 프로그램을 짤 때 소스 코드에 넣은 온갖 편리한 주석과 그 밖의 표시가 프로그램을 컴파일 할 때 사라지고 '거의' 해독 불가능한 기계어 덩어리만 남는다는 사실을 알 것이다. '디컴파일'—대상 코드를 역설계 하여 소스 코드를 복원하는 것—이 현실적으로 가능할 때도 있지만(이론상으로는 언제나 가능하려나?), 주석은 복원하지 못하며 상위 언어에서의 구조만을 나타낼 것이다. 필요하다면 시스템이 암호화되었다는 조건을 추가로 달아서, 프로그램을 디컴파일 하고 데이터베이스를 해독하려는 과학자들의 노력이 수포로 돌아갔다는 나의 가정에 힘을 실을 수도 있다.

지금까지의 이야기에서, 전선을 통해 전송되는 비트 스트림(한 번에 한 비트씩 직렬 통신 선로를 통해 연속적으로 전송되는 데이터의 흐름과 같이, 끊임없이 연속되는 비트 열_옮긴이)을 아스키코드로 번역할 수 있는지 알아볼 생각을 과학자들이 한 번도 안 했다는 것이 이상하기는 하다. 어떻게 그렇게 멍청할 수 있을까? 하지만 괜찮다. 장치 전체를 '화성'에 보내어 화성인 과학자가 규칙성을 알아내도록 하면 사고실험의 이 결함을 바로잡을 수 있다. 화성인 과학자들은 모든 α가 빨간색을 야기하고 모든 β가 초록색을 야기하며 임의의 비트 문자열이 노란색을 야기한다는 사실을 우리만큼 분명히 알아차릴 테지만, 아스키코드에 대해서는 아무것도 모를 것이다. 외계에서 온 이 선물은 화성인 과학자들이 보기에 불가사의한 규칙성을 나타낼 것이다. 각 상자에 '세계에 대한 서술'이 들어 있으며 그 서술이 '같은 세계에 대한' 것이라는 아이디어[19]를 떠올리지 '못하면' 어떤 분석적 탐구도 무용지물일 것이다. 규칙성의 토대가 되는 것은 각 상자가 같은 사물에 대해—다른 '용어'와 다른 '공리'로 표현되기는 하지만—다양한 의미 관계를 맺고 있다는 사실이다.

1980년대 초에, 싱킹머신이라는 회사를 설립하여 선구적인 대용량 병렬 컴퓨터 커넥션 머신Connection Machine을 만든 대니 힐리스에게 이 사고실험에 대해 이야기했더니, 그는 당장 암호학적 '해법'을 생각해내고는 내 해법을 자신의 해답에 포함되는 특수 사례로 볼 수 있겠다고 말했다. 대니의 해법은 이랬다. "앨과 보는 '세계'를 '1회용 암호표'로 사용한 거야!" 표준 암호화 기법에 절묘하게 빗댄 표현이었다. 요점을 파악할 수 있도록 이야기를 이렇게 바꿔보자. 나는 절친한 친구와 함께 적(우주 해적으로 해두자)에게 사로잡히기 직전이다. 적들은 영어는 할 수 있을지도 모르지만 나의 세계에 대해서는 별로 아는 게 없다. 우리 둘은 모스 부호를 알기 때문에, 선線에 대해서는 참인 문장을 말하고 점에 대해서는 거짓인 문장을 말한다는 암호 규칙을 즉석에서 만들어낸다. 적들은 우리 둘이 이야기하는 것을 들을 수 있다. 친구가 뭐라고 묻자 나는 "새는 알을 낳고 두꺼비는 난다. 시카고는 도시이고 내 발은 주석이 아니고 야구는 8월에 한다"라고 대답한다. 각 문장을 모스 부호로 변환하면 '－.－－－'('아니야'를 뜻하는 영어 'no')가 된다. 다음번에 '아니야'라고 말하고 싶을 때는 다른 문장을 사용한다. 적들이 모스 부호를 알아도 이 문장들의 참 거짓을 판단하지 못하면 어떤 문장이 점이고 어떤 문장이 선인지 알 수 없다. 이 이야기는 우리의 우화에 다음과 같이 양념처럼 넣을 수 있다. 컴퓨터 시스템이 들어 있는 상자를 화성에 보내지 않고 대신 앨과 보를 상자에 넣어 화성에 보낸다. 앨과 보가 모스 부호 속임수를 쓰면 화성인들은 어안이 벙벙할 것이다. 상자 안에 있는 것을 의미적으로 해석해야 한다는 결론을 이끌어내지 못한다면 말이다(우리에게는 명백한 결론이지만, 우리는 화성인이 아니다).

이 우화의 요점은 간단하다. **지향계**는 무엇으로도 대체할 수 없다. 지향계를 받아들이고 의미 수준의 사실들을 발견하여 패턴을 설명하거나, 엄연히 존재하는 규칙성—'인과적' 규칙성—에 영영 당혹스러워 하거나 둘 중 하나다.[20]

이 시점에서 여러분이 여느 철학자와 비슷하다면 이 직관펌프가 '작동'하는 이유는 오로지 상자 A와 상자 B가 인공물—전적으로 파생적이고 인위적인 지향성만을 가진 인공물—이기 때문이라는 주장에 다시 한 번 솔깃할지도 모른다. 이런 논리다. 상자 A와 상자 B의 메모리 속 자료 구조가 참조reference를 얻는 것은—참조를 하나라도 얻기라도 한다면—창조주인 앨과 보의 감각기관, 인생사, 목적에 간접적으로 의존해서다. 인공물이 가지는 의미 또는 진위 또는 의미성의 참된 출처는 이 인간 설계자에게 있다. 앨과 보에게는 본래적 지향성이 있고 A와 B에는 파생적 지향성만 있다. (물론 이 주장의 요점은 어떤 의미에서 앨과 보가 정말로 각자의 상자에 들어 있다는 것이었다.) 이야기를 이렇게 바꿔보면 어떨까? 상자 안에 '로봇'이 두 대 있다. 로봇 이름은 앨과 보다. 두 로봇은 각 상자에 들어가기 전에 오랜 '생애' 동안 세상을 두루 돌아다니며 사실들을 수집했다. 내가 이보다 단순한 이야기를 선택한 것은 상자 A나 상자 B가 '정말로 생각하'느냐에 대한 모든 질문을 미연에 방지하기 위해서였다. 하지만 사고실험을 이처럼 복잡하게 꼬아서 다시 생각해보고 싶다면, 거대 로봇 생존 기계에 대한 직관펌프가 '어떤 인공물에서도 진정한 지향성이 생길 수 없다'라는 그럴듯한 주장에 이미 의문을 던졌음을 상기하라.

요약

지금까지 스물한 개의 생각도구—직관펌프 여남은 개와 유용한 개념 몇 개—를 동원하여 의미의 기본 개념을 살펴보았다. 우리는 이 도구들을 이용하여 무엇을 만들어냈는가? 도구들은 모두 제대로 작동하는가? 직관펌프가 유용성을 입증받는 데는 두 가지 방법이 있다. 직관펌프가 잘 만들어졌다면, 여기서 펌프질하는 직관이 신뢰성과 설득력이 있어서 솔깃한 오류를 근사하게 막아주거나, 직관이 '여전히' 미심쩍어서 애초의 전제에 무슨 문제가 있는지에 이목을 집중시키거나 둘 중 하나다. 어느 경우든, 생각도구는 시소 같은 일종의 지렛대이지만—이쪽이 올라가면 저쪽이 내려가야 한다—가운데에서 휘어지거나 부러져서는 안 된다. 직관펌프는 시소보다 복잡하기 때문에, 손잡이들을 돌려야 한다. 두 블랙박스에서 내가 한 일이 바로 그거다. 하지만 최종 판결을 내리기 전에 확인해야 할 손잡이가 더 있다는 것은 의심할 여지가 없다.

의미에 대한 기나긴 논증 끝에 내려진 판결은 무엇일까? 여기에는 비관론과 낙관론이 섞여 있다. 의미는 뇌와 일대일로 들어맞는 단순한 속성으로 밝혀지지 않을 것이며, 문장이나 생각이나 믿음이 '정말로 무엇을 의미하'는지에 대한 질문을 말끔히 '해결'하는 '심오한' 사실은 어디에서도 찾지 못할 것이다. 우리가 가진 모든 물리적 태도(와 설계적 태도)에 대한 (겉보기에) '최선의 해석'을 찾고 이를 토대로 삼는 것이 최선이다(이것만 해도 충분하다). 의미에 대한 콰인의 난국에 대한 '하나의' 해법을 찾을 수 있다면, 우리는 '바로 그' 해법을 찾은 것이 거의 틀림없다(더 나은 해법이 발견되지 않은 채 숨어 있을 리 없다고 확신할 수 있다는 의미에서). 파나마로 간

2비트 기계에서 보듯 의미는 늘 기능의 맥락에 대해 상대적이며, 우리의 이기적 유전자인 셈인 것이 가진 지향성을 넘어선 '본래적' 지향성이 존재할 필요는 전혀 없다. 이기적 유전자의 지향성(인 셈인 것)은 거대 로봇을 주문하는 부유한 고객의 역할을 맡는 '지적 설계자'로부터가 아니라 자연선택에 의한 진화라는 기능적 맥락으로부터 파생한다. 두 블랙박스에 대한 직관펌프는 지향적 태도가 믿음인 셈인 것 등속을 용인하기는 하지만, 세계의 많은 인과적 규칙성을 이해하고 설명하고자 한다면 '선택이 아닌 필수'라는 사실을 보여준다.

21세기 들어 이 주제에 대한 탐구에 부쩍 힘이 실렸다. 사상 처음으로 '수조' 개의 가동 부품—불가사의하지 않은 방식으로 작동하는 부품—으로 이루어진 메커니즘에 대해 엄밀하고 적극적으로 생각할 방도가 생겼기 때문이다. 튜링 덕에 우리는 이해력이 전혀 없는 무식한 물질(물리적 태도)에서 출발하여 재배열의 연쇄(설계적 태도와 의미인 셈인 것)를 거쳐 자신을 믿는 자, 아는 자, 이해하는 자의 본보기로 여기는 상태(지향적 태도를 통해 단순화된 지향계)에 이르는 경로를 어렴풋하게나마 볼 수 있게 되었다.

각각의 명제는 논란의 여지가 있다(또는 있었다). 모든 명제에 동의하지는 않은 전문가가 아직도 많다. 이 모든 명제를 한 줄로 늘어놓으면 설득력이 커질 것이고, 우리는 부분들이 그토록 말끔하게 맞물리는 모습을 보지 못한 사람들을 끌어들일 '임계 질량'적 현상을 얻게 될 것이다. 반면에, 이렇게 늘어놓으면 비판자들이 명제들을 한 줄로 꿰는 오류의 끈을 찾아내기가 더 쉬워질지도 모른다. 어느 쪽이든 이렇게 발전이 이루어지는 것이다. 어쩌면 많은 명제에서, 진실을 밝히기보다는 숨기는 교묘한 속임수를 발견할 수도 있다. 결함을 찾아내려면 뒤로 돌아가 손잡이를 더 돌려보고 어떻게 되는지 살펴보아야 한다. 그런 결함을 찾는 것은 적어도 어떤 면에서 진보라고 말할 수 있다. 솔깃한 나쁜 아이디어를 폭로한다는 의미에서의 진보, 바로 철학자들이 수천 년 동안 해온 일이다.

나는 4부가 '의미 이론'을 제시한다고 주장하지 않는다. (내가 옳다면) 여기서 제시하는 것은 올바른 과학적 의미 이론을 끼워 맞출 수 있는 다소 널찍한 논리적 공간에 지나지 않는다.[21] 이제 마음의 '내용' 측면을 대충 제자리에 고정했으니 거대한 수수께끼 중의 수수께끼인 의식으로 넘어가도 될까? 아직은 안 된다. 좀 더 토대를 쌓아야 한다. 4부에서 보았듯 의식을 이해하려는 탐구 과정에서 생기는 수많은 문제는 진화를 함축하거나 전제한다. 우리가 다루기 시작한 주제 중 상당수는 진화적 논의를 근거로 삼았으니, 우선 이 논의들을 드러내어 분명히 해두자. 게다가 진화는 시대를 초월하여 우리를 매혹하는 주제니까.

5부

진화를 위한 생각도구

자연선택에 의한 진화라는 다윈의 생각은 내가 보기에 지금껏 어떤 사람이 내놓은 생각보다도 훌륭한 생각이다. 하늘과 땅만큼 동떨어진 실재의 두 측면인 의미와 물질을 거침없는 한 방에 하나로 합치기 때문이다. 한편으로는, 우리에게는 마음, 의미, 목표, 희망, 바람, 그리고 모든 철학적 주제 중에서 으뜸으로 손꼽히는—또한 가장 진부한—'삶의 의미'로 이루어진 세계가 있다. 다른 한편으로는, 끊임없이 회전하는 은하, 무심하게 궤도를 도는 행성, 물리 법칙이 부여한 임무를 수행하는 무생물의 화학적 메커니즘이 있다. 이 모든 운동에는 목적도 이유도 없다. 그때 다윈이 나타나 어떻게 후자에서 전자가 생겨 의미를 창조하는지 밝혀낸 것이다. 다윈은 생명의 기원에 대한 전통적인 적하滴下 trickle-down적(하향식) 관점을 무너뜨리고 포상泡上 bubble-up적(상향식) 관점을 강조했다. 자연선택 개념은 그다지 복잡하지 않지만, 무척 강력하기 때문에 어떤 사람들은 감히 이에 대해 생각할 엄두를 내지 못한다. 그들은 자연선택이 쓴 약이라도 되는 양 필사적으로 외면하려 든다. 5부에서 소개하는 생각도구들을 통해 여러분은 자연선택 개념이 어떻게 존재의 어두운 모퉁이에 빛을 비추고, 신비를 우리가 풀 수 있는 수수께끼로 탈바꿈시키고, 이제껏 알지 못한 자연의 영광을 드러내는지 알게 될 것이다.

34

만능산

만능산酸을 들어본 사람 있나? 어릴 적에 나와 학교 친구들이 재미있게 들었던 이야기가 있다. 새로 만든 이야기인지, 물집청가리(딱정벌레목 가뢰의 일종으로, 최음제 원료로 쓰인다_옮긴이)와 초석(질산칼륨으로, 정력 감퇴 효과가 있다고 잘못 알려져 있다_옮긴이)처럼 뒷골목 애들 문화로 전부터 있던 것인지는 모르겠다(미국에서는, 댄스파티 전에 학교 당국이 사고를 방지하려고 음식에 초석을 타며, 물집청가리로 만든 칸타리딘을 여성에게 먹이면 정욕에 불타게 할 수 있다는 도시 괴담이 돌았다_옮긴이). 만능산은 부식성이 어찌나 강한지 뭐든 녹여버리는 산이다! 문제는 어디에 보관하느냐다. 유리병이나 스테인리스 깡통도 종이봉투처럼 순식간에 녹일 테니 말이다. 내가 만능산 한 움큼을 우연히 얻었거나 만들었다면 어떤 일이 일어날까? 지구 전체가 녹아버릴까? 그 뒤엔 뭐가 남을까? 모든 것이 만능산을 만나 변형된 뒤의 세상은 어떤 모습일까? 그때는 미처 몰랐지만, 얼마 지나지 않아 나는 만능산과 꼭 닮은 개념—다윈의 개념—을 접했다. 이 개념은 모든 전통적 관념을 녹여버리고 전혀 새로운 세계관을 남겼다. 옛 지형은 여전히 대부분 알아볼 수 있지만 근본적으로 달라졌다.[1]

내가 1995년에 '다윈의 위험한 생각'이라는 이 개념을 처음 소개했을 때 다윈 반대파들은 헛다리를 짚었다(일부러 그랬을까?). 나는 독자들에게 자신이 좋아하는 주제—윤리, 예술, 문화, 종교, 유머, 게다가 심지어 의식까지—를 만능산이 없애버린 뒤에 남는 것이 그 못지않게 경이로울 것이라고, 심지어 여러 측면에서는 훨씬 경이로울 것이라고—살짝 변형되기는 했지만—공들여 설명했다. 다윈의 생각은 혁명적 생각이다. 이것은 의심할 여지가 없다. 하지만 이 모든 주제에 대해 우리가 소중히 여기는 것을 파괴하지는 않는다. 오히려 더 탄탄한 토대에 올리고 나머지 지식과 우아하게 통합한다. 수 세기 동안 '인문학'은 과학과 별개의 학문으로 치부되었을 뿐 아니라 과학의 폭력적 탐구로부터 '보호'받았지만, 이러한 전통적 고립 정책은 우리가 아끼는 것을 지키는 최선의 방법이 아니다. 보물을 신비의 장막 뒤에 숨기려 들면 물리적 세계에서 알맞은 토대를 찾지 못한다. 이것은 아주 흔한—특히 철학에서—잘못이다.

아끼는 것이 위험에 처했음을 감지했을 때 사람들의 첫 반응은 '철옹성', 즉 마지노선을 구축하는 것이다. 그러고는 더욱 안전을 기하기 위해 영토를 조금 넓게 둘러싸 성벽 안에 완충 지대를 두기로 한다. 적절하고 신중한 생각처럼 보인다. 끔찍한 수렁 가장자리, 은밀한 '쐐기 끄트머리'로부터 우리를 지켜줄 것처럼 보인다. 누구나 알다시피 봉당을 빌려주면 안방까지 달라는 법이니까. 해자를 파! 벽을 쌓아! 힘닿는 데까지. 하지만 이런 방책을 쓰면, 연약하고 터무니없는—믿을 수 없고 방어할 수 없는—도그마를 내세워야 하는 부담을 지게 된다. 합리적으로 방어할 수 없으니 필사적으로 할퀴고 악을 써서 방어하는 수밖에 없다. 철학에서는 이런 전략적 선택이 종종 '절대주의'의 형태로—이를테면 (인간) 생명의 존엄성은 '무한'하다, 위대한 예술품의 핵심에는 성스럽고 불가사의한 '천재성'이 있다, 의식은 우리 같은 인간이 이해하기에는 너무 어려운 문제다, (그리고 내가 '히스테리성 사실주의hysterical realism'라고 부르며 즐겨 공략하는 표적인) 의미의 수수께끼를 '해결'하는 심오한 사실이 늘 존재한다 등으로—나타난다. "이 사실들은 진짜야, 우리가 체계적으로 발견할 수 없더라도 '진짜' 진짜야." 이런 생각이 솔깃한 한 가지 이유는 마땅한 덕목인 인간적 겸손에 호소하기 때문이다. 우리가 뭔데 이 문제를 해결해줄 사실들이 존재하지 않는다고 말하는가? 양자물리학의 불확정성에 대한 아인슈타인의 유명한 반감은 이런 생각이 얼마나 매혹적인지 보여주는 좋은 예다. 그가 거부의 근거로 내세운 "신은 주사위 놀이를 하지 않는다!"라는 말은 진심이 담겼으되 결국은 비합리적이었다. 말이 나와서 말인데, 우리가 뭔데—또는 아인슈타인이 뭔데—신이 주사위 놀이를 하지 않는다고 말하는가? 문제들을 이런 식으로 다뤄서는 안 된다. 이제 우리는 어떤 토양에서 히스테리성 사실주의가 생기는지, 어떻게 여기에 저항해야 하는지 살펴볼 것이다. 진화적 사고는 특효약이다.

35

멘델의 도서관: '없작다'와 '천많다'

'인간 유전체'는 크레이그 벤터 등에 의해 염기서열이 밝혀졌다. 하지만 이것이 무엇을 의미할까? DNA는 사람마다 다르지 않은가? 그렇다. 얼마나 다르냐면 범죄 현장에서 수집한 작은 DNA 조각 하나로도 범인을 99퍼센트의 정확도로 맞힐 수 있다. 하지만 인간 DNA는 아주 비슷하기도 하다. 과학자들은 전체 유전체의 아주 작은 조각만 가지고도 인간 DNA를 다른 종의 DNA와 구별할 수 있다. 어떻게 그럴 수 있을까? 개개인의 DNA는 어떻게 그토록 다르면서도 그토록 비슷할까? 이 놀라운 사실을 이해하는 좋은 방법은 DNA를 책의 본문과 비교하는 것이다. 아르헨티나의 작가 호르헤 루이스 보르헤스[2]는 작은 우화「바벨의 도서관」에서 차이와 유사성이 어떻게 공존할 수 있는지 생생하게 보여주었다. 보르헤스는 거대한 책 창고에 사는 사람들의 헛된 탐색과 추측에 대해 이야기한다. 창고는 수만 개의—또는 수억 개, 수조 개의—육각형 통풍구가 벌집 구조를 이루고 있는데, 통풍구 가장자리의 발코니에는 책장이 늘어서 있다. 난간에 서서 위아래를 쳐다보면, 통풍구의 꼭대기도 바닥도 보이지 않는다. 이웃 통풍구 여섯 개로 둘러싸이지 않은 통풍구를 본 사람은 아무도 없다. 사람들은 궁금하다. 이 창고는 무한할까? 결국 그들은 무한하지 않다고 결론 내리지만, 무한하다고 봐도 무방하다. 책장에는 '가능한 모든 책'이—오호라, 무질서하게—꽂혀 있는 것처럼 보이니 말이다.

각 책은 500쪽이고 각 쪽은 40행이며 각 행은 50칸이라고 가정하면, 쪽마다 글자가 2000개씩 들어간다. 각 칸은 비었거나 글자가 인쇄되어 있는데, 글자는 100개의 글자 집합(영어의 소문자와 대문자, 유럽 언어, 공백, 구두점)에서 골랐다.[3] 바벨의 도서관 어딘가에는 공백만으로 이루어진 책이 있고 물음표로만 이루어진 책도 있지만, 대부분은 글자가 무의미하게 나열된 것에 불과하다. 의미는 말할 것도 없고 철자나 문법 규칙조차 무시한 책이 수두룩하다. 책 한 권이 500쪽이고 쪽당 글자가 2000개이니까 책 한 권에 들어가는 글자 수는 총 100만 개다. 따라서 가능한 모든 글자 조합으로 책들을 채우면 바벨의 도서관에는 $100^{1,000,000}$개의 서로 다른 책이 소장될 것이다. 우주의 관찰 가능한 영역에 존재하는 '입자'(양성자, 중성자, 전자)가 100^{40}개 내외에 불과한 것으로 추산되므로[4] 바벨의 도서관은 물리적으로 가능한 물체와 거리가 멀지만, 보르헤스가 상상 속에서 엄격한 규칙을 세운 덕분에 우리는 바벨의 도서관에 대해 명확하게 생각할 수 있다.

바벨의 도서관은 정말로 '모든' 가능한 책의 집합일까? 물론 그렇지 않다. 그리스어, 러시아어, 아랍어, 중국어 등을 제외한 '고작' 100가지 글자로만 인쇄되었기에 가장 중요한 '실제' 책의 상당수가 누락된다. 물론 바벨의 도서관에는 이 실제 책들을 영어, 프랑스어, 독일어, 이탈리아어 등으로 옮긴 훌륭한 번역서가 있으며 조잡한 번역서는 헤아릴 수 없이 많다. 500쪽이 넘는 책도 있다. 이런 책은 한 권에서 시작하여 다음 권으로 이어진다.

바벨의 도서관 어딘가 틀림없이 있을 책들에 대해 생각하는 것은 재미있는 일이다. 그중 하나는 나의 탄생부터 죽음까지를 기록한, 가장 훌륭하고 정확한 500쪽짜리 전기다. 하지만 그 책의 위치를 찾기란 거의 불가능하다. 나의 열 번째 생일, 스무 번째 생일, 마흔 번째 생일 등까지는 아주 정확하게 서술하되 그 뒤의 사건에 대해서는 완전히 틀린—수없이 다른 방식으로 언급하고 수없이 삼천포로 빠지는—책이 숱하게 꽂혀 있기 때문이다. 극단적인 경우에는 이 거대한 창고에서, 읽을 수 있는 책을 한 권 찾아내는 것조차 힘들 수 있다.

여기서 쓰는 양을 표현하려면 용어가 따로 필요하다. 바벨의 도서관은 무한하지 않으므로, 흥미로운 책을 찾을 확률이 문자 그대로 무한소는 아니다.[5] 이런 단어는 과장된 용법으로 쓰이는 경우가 흔하지만, 우리는 사용을 삼가야 한다. 안타깝게도 으레 쓰는 비유—천문학적으로 크다, 짚더미 속 바늘 하나, 바닷속 물 한 방울—는 우스울 정도로 미흡하다. '실제' 천문학적 양(이를테면 우주의 기본 입자 개수, 나노초로 측정한 빅뱅 이후 시간)은, 엄청나지만 유한한 이 숫자들과 비교하면 아예 보이지도 않는다. 읽을 수 있는 책 한 권을 바벨의 도서관에서 찾는 것이 바닷물에서 특정 물방울 하나를 찾는 것만큼 쉽다면, 한번 해볼 만할 것이다! 우리가 도서관 내 임의의 장소에서 문법적 문장이 하나라도 들어 있는 책을 만날 확률은 없을 만큼 작기 때문에 '없작다Vanishingly small'라는 이름을 붙일 법하다. 그 짝으로는 '천문학적 개수보다 훨씬 많다Very-much-more-than-astronomically'라는 뜻으로 '천많다Vastly'를 쓸 수 있겠다.[6]

바벨의 도서관이 얼마나 말도 안 되게 큰지 가늠하는 방법은 또 있다. 방금 말했듯, 이 책들 중에서 없적은 부분집합만이 영어 단어로 이루어졌다. 이 부분집합은 그 자체로 천많으며, 그중의 없적은 부분집합은 문법

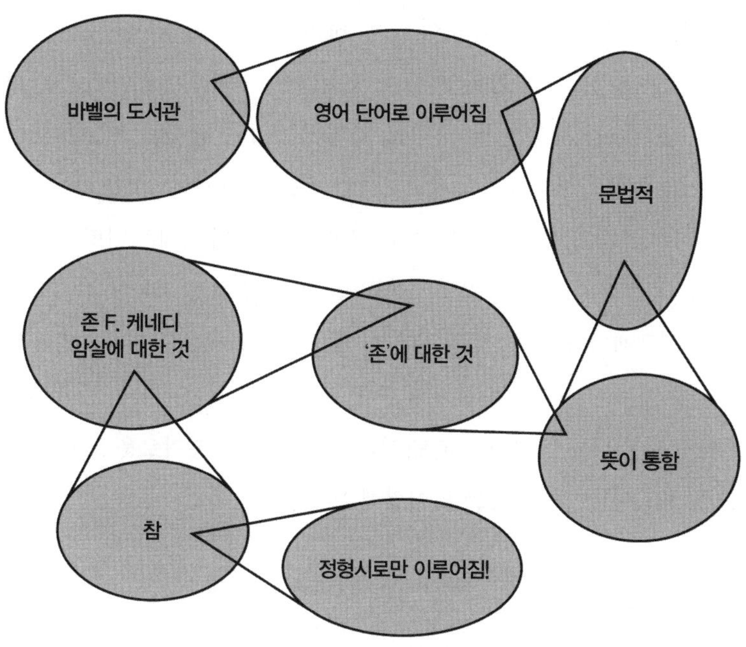

적으로 옳은 문장으로 이루어졌다(천많은 대다수 부분집합을 이루는 책들은 "good since Paris helping easy from of which nevertheless democracy striptease tigers" 같은 단어로 가득하다). 문법적으로 옳은 책으로 이루어진, 천많되 없적은 부분집합은 뜻이 통하는 문장으로 이루어졌다(나머지는 문법적으로 옳은 영어로 이루어진 책에서 무작위로 뽑은 단어로 이루어졌다). 이 뜻이 통하는 책의 천많되 없적은 부분집합은 존이라는 사람에 대한 것이고, 그중에서 천많되 없적은 부분집합은 존 F. 케네디 암살에 대한 것이며, 그중에서 천많은 (하지만 없적은) 부분집합은 참이다. 케네디 암살에 대한 참인 책 중에서 천많되 없적은 부분집합은 정형시로만 이루어졌다! 존 F. 케네디의 죽음에 대해 정형시로 쓴 참인 '가능한' 책은 미 의회 도서관 장서 수보다 많다! 그중 한 권도 출간되지 않았을 텐데, 잘된 일이다.

바벨의 도서관에는『모비딕』이 있다. 하지만『모비딕』정본에서 글자 '하나'만 틀린 짝퉁도 1억 권이 있다. 아직 천많은 수는 아니지만, 오자誤字가 두 개, 열 개, 천 개 있는 책까지 감안하면 총 권수는 급속히 증가한다. 오자가 1000개 있어도—쪽당 평균 두 개—『모비딕』이라는 것을 알아보는 데는 아무 문제가 없을 것이다. 이런 책이 천많다. 이 중에서 어떤 책을 찾는가는 중요하지 않다. 찾을 수만 있다면 말이다! 이 중 거의 전부는 읽는 데 아무 문제가 없으며, 모두 같은 이야기이되 무시해도 좋은—거의 알아볼 수 없는—차이만 있다. 하지만 전부가 그런 것은 아니다. 중요한 부분의 오자 하나가 치명적일 때도 있다. 철학적으로 흥미로운 또 다른 소설가 피터 드 브리스의 소설[7]은 이렇게 시작한다.

"Call me, Ishmael."(전화해줘, 이슈메일.)

쉼표 하나의 위력을 보라! 아니면 "Ball me Ishmael."(박아줘 이슈메일.)로 시작하는 수많은 판본을 생각해보라.

보르헤스의 이야기에서 책들은 아무런 순서 없이 꽂혀 있지만, 설령 정확히 알파벳 순서대로 꽂혔더라도 우리가 찾는 바로 그 책(이를테면『모비딕』정본)을 발견하는 것은 해결 불가능한 문제다. 우주선을 타고 바벨의 도서관 모비딕 은하를 여행한다고 상상해보자. 이 은하는 그 자체로 물리적 우주 전체보다 천크므로, 어떤 방향으로든 수백 년을 곧장 가더라도—심지어 빛의 속도로 여행하더라도—눈앞에 보이는 것은『모비딕』과 사실상 구별할 수 없는 사본뿐이다. 가도 가도, 다른 책이 보이지 않는다. 이 우주에서『데이비드 코퍼필드』는 상상할 수 없을 만큼 멀리 떨어져 있다. 물론 우리는 길(수많은 길이 있겠지만, 그중에서 가장 짧은 길)이 있다는 사실을 안다. 그 길은 글자 하나씩 달라지며 이 책에서 저 책으로 나아간다. (내가 이 길을 따라간다면, 국지적으로 조사하는 것만으로는 『데이비드 코퍼필드』 두 권을 손에 들고 있어도 내가 어느 방향으로 가는지 알기가 거의 불가능하다.)

말하자면 이 '논리적' 우주는 너무나 천크기 때문에 장소와 탐색 등 일상적이고 실용적인 활동에 대한 많은 통념이 전혀 직접적으로 적용되지 않는다. 보르헤스는 책을 선반에 무순無順으로 꽂았지만—이 근사한 수법으로 몇 가지 멋진 성찰을 이끌어냈다—그가 알파벳 순으로 책을 정리하려 했다면 어떤 문제가 생겼을지 생각해보라. (우리 버전에서는) 알파벳 글자가 100개밖에 없기 때문에, 특정한 연쇄를 알파벳 순서로 간주할 수 있다. 이를테면 'a, A, b, B, c, C, …z, Z, ?, ;, , , , ., !,), (, %, … , à, â, è, ê, é, ……'라고 정할 수 있다. 그런 다음 같은 글자로 시작하는 책을 전부 같은 '층'에 보관할 수 있다. 현재 우리 도서관은 100층에 불과하다. 시카고의 시어스타워나 월스타워보다도 낮다. 층마다 복도가 100개씩 있는데, 각 복도에는 두 번째 글자의 알파벳 순으로 책들이 꽂혀 있다. 복도마다 선반이 100개 들어가는데, 세 번째 글자가 같은 책들이 한 선반에 꽂힌다. 따라서 'aardvarks love Mozart'로 시작하는 모든 책은—얼마나 많겠는가!—1층 첫 번째 복도에 있는 선반 하나에 꽂혀 있다. 하지만 일렬로 꽂으면 선반이 아주 길어야 할 것이므로, 선반에 서랍을 놓고 책을 네 번째 글자 순으로 차곡차곡 꽂는 게 낫다. 이렇게 하면 선반 길이는 (이를테면) 30미터면 충분하다. 하지만 이번에는 서랍이 엄청나게 깊어져 옆 복도의 서랍과 부딪힐 것이다. 이제는 책을 꽂을 차원이 동났다. 모든 책을 단정하게 보관하려면 100만 차원의 공간이 필요한데, 우리에게 있는 것은 상하, 좌우, 앞뒤의 세 차원뿐이다. 그래서 그냥 다차원 공간이 있는 것처럼 가정할 것이다. 각 차원은 나머지 차원과 '직각'을 이룬다. 이런 초공간 hyperspace을 시각적으로 나타낼 수는 없어도, 상상하는 것은 가능하다. 이것은 과학자들이 자기네 이론을 체계적으로 표현할 때 으레 쓰는 수법이다. 수학자들은 이런 공간—단지 가상의 공간에 불과하다고 간주되든 아니든—의 기하학을 깊이 탐구하고 잘 정리했다. 우리는 이런 논리적 공간에서의 위치, 경로, 궤적, 부피(초부피), 거리, 방향에 대해 자신 있게 이야기할 수 있다.

이제 보르헤스의 주제에 대한 변주곡을 살펴볼 준비가 되었다. 나는 이것을 '멘델의 도서관'이라 부를 것이다. 이 도서관에는 '가능한 모든 유전체'—DNA 염기서열—가 들어 있다. 리처드 도킨스[8]도 『눈먼 시계공』에서 비슷한 공간(바이오모프 나라 Biomorph Land)에 대해 설명한다. 나는 도킨스의 설명에 영감을 받았으며 우리 둘의 설명은 전적으로 일치하지만, 여기서는 그가 가볍게 다룬 부분을 강조하고자 한다.

멘델의 도서관이 유전체에 대한 '서술'로 이루어졌다고 간주한다면, 이것은 이미 바벨의 도서관에 어엿하게 포함될 부분이다. DNA를 서술하는 표준 부호는 A, C, G, T(네 종류의 뉴클레오티드인 아데닌, 사이토신, 구아민, 티민에 해당한다)의 네 글자로만 이루어진다. 따라서 이 네 글자로 이루어진 500쪽짜리 순열은 이미 바벨의 도서관에 들어 있다. 하지만 유전체는 일반적으로 여느 책보다 훨씬 길다. 인간 유전체에는 뉴클레오티드가 약 30억 개 있으므로, (여러분 자신의 것과 같은) 인간 유전체 하나를 온전히 서술하려면 바벨의 도서관에 있는 500쪽짜리 책 약 3000권이 있어야 한다.

이렇듯 인간 유전체를 『모비딕』 은하의 책들과 비교하면 인간 유전체 간의 차이와 유사성에 대해 우리가 얻고자 한 설명을 얻을 수 있다. 모든 인간 유전체가 한 군데만이 아니라 수백 아니 수천 군데(유전학 용어로는 '유전자 자리locus')가 다르다면 어떻게 '인간' 유전체의 염기 서열을 분석한다고 말할 수 있을까? 세상에 똑같은 눈송이가 하나도 없고 똑같은 지문이 하나도 없다고들 말하듯 실제 인간 유전체도 정확히 똑같은 것은 하나도 없다. (일란성 쌍둥이도 마찬가지다. 심지어 한 사람의 세포들에서도 오타 가능성이 늘 존재한다.) 인간 DNA는 어떤 다른 종의 DNA와도 쉽게 구별된다. 심지어 유전자 자리의 90퍼센트가 동일한 침팬지와도 구별된다. 지금껏 존재한 모든 실제 인간 유전체는 가능한 인간 유전체 은하에 들어 있다. 이 은하는 다른 종의 은하와 천멀지만, 그 속에는 어떤 인간 유전체도 서로 같지 않을 만큼 충분한 공간이 있다. 우리에게는 어머니에게서 받은 유전자와 아버지에게서 받은 유전자, 이렇게 두 벌의 유전자가 있다. 부모는 자신의 유전자에서 정확히 절반을 물려주었는데, 이 유전자는 자신의 부모, 즉 우리의 조부모에게서 받은 유전자 중에서 무작위로 선택되었다. 하지만 조부모 또한 '호모 사피엔스'의 일원이었으므로, 그들의 유전체는 거의 모든 유전자 자리에서 일치한다. 따라서 조부모 중 누가 유전자를 더 많이 물려주었든 별 차이가 없다. 하지만 조부모의 유전자는 그럼에도 유전자 자리 수천 곳이 다르며, 그 유전자 자리에서 누구의 유전자를 물려받는가는 우연히 정해진다. 나의 DNA에 대한 부모의 기여를 결정하는 메커니즘에 내장된 동전 던지기인 셈이다. 게다가 포유류는 세대당 한 유전체에서 약 100개꼴로 돌연변이가 누적된다. "즉, 아기의 유전자는 어머니나 아버지의 유전자와 100여 군데가 다른데, 이는 부모의 효소가 유전자 복제에 오류를 일으킨 결과이거나 우주선Cosmic rays에 의해 어머니의 난소나 아버지의 정소에서 일어난 돌연변이의 결과이다".[9]

말이나 양배추, 문어의 유전체 서술도 마찬가지로 A, C, G, T로 이루어질 것이다. 동물 유전체의 길이를 측정했더니 대부분은 인간보다 짧았지만, 10배 이상 긴 식물이 있는가 하면 단세포 아메바 중에는 더 긴 것도 있었다! 현재 염기쌍 세계 기록 보유자는 아모이바 두비아*Amoeba dubia*로, 인간의 200배를 넘는 6700억 개로 추산된다. 하지만 멘델의 도서관을 이루는 모든 DNA 문자열이, 이 네 개의 글자로만 이루어진 3000권짜리 박스 세트로 서술된다고 임의로 가정하자. 이 정도면 진지한 이론적 검토에 필요한 '가능한' 유전체를 포괄하기에 충분할 것이다.

멘델의 도서관에 '가능한 모든 유전체'가 들어 있다는 말은 과장이다. 바벨의 도서관에서 러시아어와 중국어가 누락되었듯이 멘델의 도서관에서는 유전자 알파벳이—이를테면 다른 화학 성분을 토대로—대치될 (명백한) 가능성이 누락되었다. 따라서 '이' 멘델의 도서관에 대해 무엇이 가능한지를 놓고 도출한 결론을 더 폭넓은 가능성 개념에 적용하겠다면 다시 생각해야 할 것이다. 이것은 우리 전술의 약점이라기보다는 강점이다. 우리가 정확히 어떤 종류의 적당하고 제한된 가능성에 대해 이야기하고 있는지 꼼꼼히 들여다볼 수 있기 때문이다.

DNA의 가장 중요한 특징 중 하나는 아데닌, 사이토신, 구아민, 티민의 모든 순열이 화학적으로 대략 동등하게 안정적이라는 것이다. 이론상으로는 유전자 접합 실험실에서 모든 배열을 만들어낼 수 있으며, 이렇게 만든 배열은 도서관에 소장된 책처럼 보존 기한이 무한대일 것이다. 하지만 멘델의 도서관에 있는 모든 배열이 실제 생명체와 대응하지는 않는다. 대부분의—절대천수의—DNA 염기서열은 어떤 생물에도 들어맞지 않는 횡설수설이다. 우리가 관찰하는, 오늘날 실제로 존재하는 모든 유전체는 수십억 년에 걸친 조정과 수정, 즉 마음 없는 편집 과정의 결과다. 이 과정이 효과적인 이유는 대부분의 횡설수설(의미 있고 유용한 '본문'의 없가는 끈을 제외한 모든 것)이 자동으로 폐기되고 나머지가 수없이 거듭 재사용되고 복제되기 때문이다. 지금 우리 몸에는 유전체 사본이 인간 세포에 하나씩 총 1조 개 이상 들어 있다. 매일같이 새로운 피부 세포와 뼈세포, 혈액 세포가 만들어질 때마다 유전체의 새로운 사본이 세포에 설치된다. 복제될 수 '있는'—현재 가동 중인, 즉 살아 있는 세포에 들어 있기 때문에—글은 복제된다. 나머지는 사라진다. 학계에서 회자되는 격언 '발표할 것인가, 몰락할 것인가publish or perish'는 유전자에도 적용된다.

36

단어로서의 유전자 또는 서브루틴으로서의 유전자

앞에서 보았듯 유전자를 단어에 비유하는 것은 유용한 방법이지만, (컴퓨터에 대한 막간 설명 덕분에) 여기 더 나은 비유가 있다. 리처드 도킨스는 걸작『조상 이야기』에서 자신 못지않게 뛰어난 진화 저술가 맷 리들리가『본성과 양육』에서 유전자와 소프트웨어 서브루틴의 깊은 유사성을 지적했음을 밝히고 있다. 여간해서는 내 책에 딴 사람 글을 길게 인용하지 않는 편이지만, 아래 구절만은 독창성을 기하려고 손댈 때마다 명료함과 생생함을 잃어버리는 탓에 도킨스의 허락을 얻어 원문을 그대로 옮긴다.

> 우리가 서열 분석한 유전체에서 인간이나 생쥐를 만드는 안내서나 컴퓨터 주 프로그램에 해당하는 부분은 얼마 되지 않는다. 비록 곳곳에 흩어져 있기는 하지만 말이다. 유전체 전체가 프로그램이라면, 우리가 자신의 프로그램이 생쥐의 프로그램보다 더 크다고 예상하는 것은 당연할지 모른다. 하지만 유전체의 대부분은 안내서를 작성하는 데 쓰이는 단어들의 사전이나, 곧 살펴보겠지만 주 프로그램에서 불러들이는 서브루틴subroutine의 집합에 더 가깝다. 리들리의 말마따나,『데이비드 카퍼필드』에 나오는 단어 목록

은『호밀밭의 파수꾼』에 나오는 단어 목록과 거의 같다. 둘 다 교양 있는 영어 원어민의 어휘를 사용했다. 두 책의 차이점은 그 단어들을 늘어놓은 순서가 다르다는 것이다.

사람이 만들어질 때나 생쥐가 만들어질 때, 둘의 배아 발생은 같은 유전자 사전을 참조하여 이루어진다. 즉, 그 사전에는 포유동물의 배아 발생에 관한 일반적인 어휘들이 실려 있다. 사람과 생쥐의 차이는 포유류 공통의 어휘 목록에서 꺼낸 유전자들이 전개되는 순서, 그런 일이 벌어지는 신체 부위들, 일이 일어나는 시간이 다르기 때문에 나타난다. 이 모든 일들은 특정한 유전자들의 통제를 받으며, 그 유전자들이 다른 유전자들을 작동시킴으로써 복잡하고 절묘하게 시차별로 연쇄 작용이 이루어진다. 하지만 그런 통제 유전자들은 유전체에 있는 유전자들 중 소수에 불과하다.

'순서'라는 말을 유전자들이 염색체를 따라 줄줄이 늘어선 순서라는 의미로 오해하지 말도록. …… 몇 가지 눈에 띄는 예외도 있지만 염색체에 놓인 유전자들의 순서는 어휘집에 실린 단어들의 순서와 마찬가지로 임의적이다. 어휘집의 단어들은 대개 자모순이지만, 해외 여행자를 위한 관용어구집처럼 편리한 순서일 때도 있다. 공항, 병원, 쇼핑에 유용한 단어들 등등. 염색체에 유전자들이 놓인 순서는 중요하지 않다. 중요한 것은 세포 기구가 필요할 때 해당 유전자를 찾는 것이며, 세포 기구는 우리가 조금씩 알아가고 있는 방법들을 써서 그렇게 한다. ……

단어 비유는 한 가지 측면에서 오해를 일으킨다. 단어는 유전자보다 짧으며, 일부 학자들을 유전자를 문장 하나에 비유하는 방식을 선호한다. 하지만 문장은 좋은 비유가 아니다. 거기에는 그럴 만한 이유가 있다. 책이 정해진 문장 목록 중에서 골라 조합한 것이 아니기 때문이다. 대부분의 문장들은 독특하다. 유전자는 문장이 아니라 단어처럼 서로 다른 맥락에서 반복하여 쓰인다. 단어나 문장보다 더 나은 비유는 유전자를 컴퓨터의 툴박스toolbox 서브루틴으로 보는 것이다. ……

매킨토시에는 롬Read Only Memory이나 컴퓨터를 켤 때 올라오는 시스템 파일들에 담긴 루틴들의 툴박스가 있다. 이 툴박스 루틴은 수천 가지나 된다. 각각은 특정한 작업을 하며, 프로그램마다 조금씩 다른 방식으로 필요할 때마다 같은 일을 반복한다. 한 예로 ObscureCursor라는 툴박스 루틴은 다음에 마우스가 움직일 때까지 화면에서 커서를 감춘다. 당신에게 보이지는 않지만, ObscureCursor '유전자'는 당신이 자판을 두드리기 시작할 때마다 불려나와서 마우스 커서를 없앤다. 툴박스 루틴들은 매킨토시(그리고 그것을 모방한 윈도 탑재 장치들)에 있는 모든 프로그램들이 공유하는 친숙한 특징들의 배후에 놓여 있다. 풀다운 메뉴, 스크롤바, 마우스로 끌어서 크기를 조절할 수 있는 창 등 다양하다.[10]

위의 글을 읽으면 전문가가 포유류 유전체를 왜 그렇게 쉽게 알아보는지 이해할 수 있다. 포유류 유전체에는 포유류 연장통이 있는데, 이 연장통에는 포유류 제작용 특수 연장과 더불어 파충류 연장통, 어류 연장통, 심지어 벌레 연장통에서 가져온 연장이 들어 있다. 가장 오래된 연장은 세균을 비롯한 모든 생물이 공유한다.

37

생명의 나무

오늘날 존재하는 유전체는 계통의 끈을 따라 부모의 유전체와 연결되고, 조부모의 유전체와 연결되고, 마침내 생명의 기원에까지 이른다. 288쪽 맞은편의 '생명의 나무'(계통수系統樹) 그림을 보면 한 사람 한 사람이 서로 꽤 밀접하게 연결되었음을 알 수 있다. 인간은 수십만 년 전 이래로 공통의 인간 조상을 공유하고, 2억 년 전 이래로 모든 개와 고래와 조상을 공유하며, 20억 년 전 이래로 모든 데이지와 미국삼나무와 조상을 공유한다.

생명의 나무를 그리는 방법은 여러 가지다. 한 가지 방법은 현재를 가지의 바깥쪽 끝에 표현하는 것이다. 그러면 현존하는 계통만이 테두리에 도달한다. 공룡은—공룡에서 진화한 새를 제외하면—6000만 년 이전에 멸종한 것으로 표시된다. 모든 끈은 결국 생명의 기원에서 연결된다(나중에 자세히 설명할 것이다). 그림을 10억 배 확대하면 지금껏 살았던 모든 파리, 물고기, 개구리의 가계도를 볼 수 있다. 어느 녀석이 자식 없이 죽었는지—물론 대부분이 그랬다—어느 녀석이 자식을 남겼는지도 알 수 있다.

38

공중기와 기중기: 설계공간에서 들어올리기

생명은 경이롭다. 수십억 개의 태양계에 생명이 전혀 존재하지 않는다는 사실이 거의 확실하다는 것을 생각하면, 생명이 존재한다는 것이 기적이다. 세균에서 물고기, 새, 데이지, 고래, 뱀, 단풍나무, 인간에 이르는 생명의 온갖 형태를 생각하면 놀라울 따름이다. 그중에서도 가장 놀라운 것은 생물의 끈기, 곧 생존과 번식에 매달리는 수천 가지 방법이다. 모든 세포 내의 복잡한 단백질 합성 메커니즘에서 박쥐의 반향 정위, 코끼리의 코, '태양 아래' 만물에 대해 생각하는 우리 뇌의 능력에 이르기까지, 생물은 수많은 기발한 장치와 구조 덕분에 어마어마한 장애물을 이겨내고 목숨을 부지한다. 이처럼 수단이 목적에 꼭 들어맞는 것은 도저히 우연의 산물일 수 없다. 이것은 설명을 요하는 현상이다. 생각할 수 있는 가능성은 두 가지뿐이다. 지적 설계, 아니면 자연선택에 의한 진화다. 어느 쪽이든 어마어마한 설계 작업이 동원된다. 지적 설계자의 기적적 설계이든, 자연선택의 지루하고 근시안적이고 어리석지만 기적적이지 않은 설계이든 말이다. 설계 작업은 R&D(재계에서 연구 개발을 일컫는 표준 약어)라고 부를 수 있다. 주지하다시피 R&D는 늘 값비싸다. 시간과 에너지를 투입해야 하기 때문이다. '다윈의 위대한 생각'에 담긴 아름다움은, 수십억 년의 작업 기간과 어마어마한 양의 '소모적' 운동(착오로 끝난 수없는 시행)이 주어졌을 때 설계의 개량이 의도나 선견지명이나 이해 없이, 기적적이지 않게, 저절로 누적될 수 있음을 밝힌 것이다. 다윈을 열렬히 비판한 로버트 베벌리 매켄지가 이를 근사하게 표현했다.

> 우리가 맞서야 하는 이론에서는 절대적 무지가 제작자다. 이 이론에서는 '완벽하고 아름다운 기계를 만들고자 할 때 이를 어떻게 만들어야 하는지 알 필요가 없'음을 전체 체계의 기본 원리로 내세운다. 면밀히 살펴보면, 이 명제가 그 이론의 근본 주장을 압축된 형태로 표현하고 다윈 씨의 취지를 몇 단어로 표현함을 알 수 있다. 다윈 씨는 논리의 기묘한 전도를 통해 창조 능력의 모든 성취에서 절대적 무지가 절대적 지혜의 자리를 완전히 빼앗을 자격이 있다고 생각하는 듯하다.[11]

내 말이 그말이다. 다윈이 이 놀라운 생각을 내놓은 뒤로 비판자들은 이 모든 창조 작업을 우직하게 해낼 시간이 충분했느냐고 의문을 제기했다. 수행되었어야 하는 설계 작업을 상상하는 간편한 방법은 이를 설계공간에서의 들어올리기 작업으로 생각하는 것이다. 설계공간Design Space이란 무엇일까? 설계공간에 대해 생각하는 가장 좋은 방법은 바벨의 도서관과 멘델의 도서관처럼 다차원 공간으로 상상하는 것이다. 사실 설계공간에는 두 도서관, 그 이상이 들어 있다. 모든 (설계된, 즉 저술된) 책과 (설계된, 즉 진화된) 생물뿐 아니라 집, 쥐덫, 전부戰斧(예전에, 전쟁할 때 쓰던 도끼_옮긴이), 컴퓨터, 우주선 등 설계적 태도(18장 참고)로 잘 서술할 수 있는 나머지 모든 사물이 여기 포함되기 때문이다. 바벨의 도서관이 대부분 횡설수설인 것과 마찬가지로 설계공간의 대다수 장소도 아무짝에도 쓸모없는 쓰레기로 차 있다. 여러분이 나와 같다면 한 번에 세 차원까지만 상상할 수 있을 테지만, 이 관념을 상상 속에서 가지고 놀다 보면 우리에게 친숙한 삼차원이 여러 다른 차원들을 대신하는 것으로 생각하기가 수월해진다. (이 생각도구는 연습하면 좋아진다.)

생명의 나무를 멘델의 도서관에 둔다고 상상하면 지금껏 지구상에 실제로 존재한 모든 생물이 어떻게 계통으로 서로 연결되었는지 볼 수 있다. 이 계통은 자연선택을 통해 '발견'된 기본적 설계 개량을 전달하되, 최초의 R&D는 이후의 모든 생물이 이용하도록 보존한다. (세균에서 뇌세포에 이르는 모든 세포 안에 있는 '기계'에는 훌륭하게 설계되어 30억 년 넘도록 작동한 나노 장치, 우리가 나무와 새와 효모 세포와 공유하는 생명의 기본 기관실이 들어 있다.) 다세포 수준에서는 '고작' 20억 년 전에 처음으로 개발된 설계를 재사용하고 개량한 심장, 폐, 눈, 팔, 다리, 날개 등이 눈에 띈다. 하지만 설계공간에는 생명체의 부품뿐 아니라 생명체의 인공물—이를테면 거미줄, 새의 둥지, 비버의 댐—도 있다. 이 또한 영락없는 R&D의 증거를 보여주며, 이 R&D의 결실은 (유전자를 통해서든 자식이 부모를 본뜨면서든) 같은 계통을 따라 전달되었다. 이따금 (돌연변이에 의해서든 실험에 의해서든 우연히든) 참신한 개선이 이루어지면, 이 개선은 복제되고 복제되고 또 복제된다. 실패한 실험은 소멸한다. 여기서도 마찬가지로 '발표할 것인가, 몰락할 것인가'라는 격언이 적용된다.

인간이 만든 인공물도 있다. 쟁기, 다리, 성당, 그림, 연극, 시, 인쇄기, 비행기, 컴퓨터, 잔디깎이, 그리고 …… 생각도구까지. 이것들을 어떻게 보아야 할까? 이 인공물은 생명의 나무에 달린 한 부분의 가지, 즉 인간의 계통과 떨어져 있는 것이 아닐까? 모든 인공물은 저자나 발명가가 적어도 한 명 있으며, 그 바탕이 된 R&D에는 수천수만의 노고가 깃들어 있다. 베토벤은 교향곡을 발명할 필요가 없었다. 이미 있던 것을 손보는 것으로 충분했다. 마찬가지로 셰익스피어는 소네트를 발명할 필요가 없었다. 전기톱을 구성하는 수십 수백 개의 '기성' 부품은 이미 발명되고 이미 최적화된 것들이다. 인간의 인공물 중에는 다른 동물의 인공물에서 복제했을 법한 것도 있다. 베짜는새weaverbird의 둥지는 베 짜기에 영감을 주었을까? 이누이트족이 이글루 바닥에 눈으로 단을 쌓는 것은—그러면 입구가 바닥보다 낮아져서 찬 공기가 빠져나간다—북극곰이 굴 바닥을 높이는 것을 본떴을까, 따로 발명한 것일까(아니면 북극곰이 이누이트족을 모방했을까)?

심장과 펌프, 박쥐의 반향 정위와 음파 탐지기와 레이더, 비버의 댐과 관개용 댐, 눈과 카메라 등의 기능이 매우 비슷한 것은 우연이 아니다. 비슷한 탐구—R&D—과정을 통해 수백 년에 걸쳐 형성하고 다듬고 개량한 결과다. 이 모든 것을 공통의 공간인 설계공간, 즉 '가능한 모든' 설계의 공간에 놓도록 하자.

생물학자 중에는 이런 시도에 반대하는 사람도 있다. 그러는 이유가 이해는 되지만 안타깝다. 많은 생물학자는 생물의 '설계'에 대해 이야기하는 것을 극히 꺼린다. 지적 설계 운동, 즉 진화생물학의 마땅한 권리를 깎아내리려는 음흉하고 사이비 과학적이고 은밀하게 종교적인 운동을 뒷받침한다는 까닭에서다. (내가 누구보다 존경하는 동료 학자이자 친구인 진화생물학자 리처드 도킨스와 제리 코인도 이에 반대한다.) 자연에서의 목적과 설계를 이야기하는 것은 지적 설계 패거리에게 힘과 위안을 주는 셈이다. 혹자는 이런 주제에 대해 엄격한 엠바고를 유지하고, '엄밀히 말하자면' 생물권에서는 (인간 제작자가 설계한 것이 아니라면) 설계된 것이 아무것도 없다고 주장하는 편이 낫다고 생각한다. 자연이 복잡한 체계(장기, 행동)를 만들어내는 방식은 인간의 방식과 너무 다르기 때문에 같은 언어로 서술할 수 없다는 것이다. 그리하여 리처드 도킨스는[12] 생물의 '유사설계적designoid' 성질을 언급하며, 『조상 이야기』[13], 에서 "다윈 자연선택을 통해서 나온 설계라는 환각이 대단히 강력하"다고 말한다. 이런 내핍 정책은 심각한 역풍을 불러일으킬 수 있으므로 나는 반대한다. 얼마 전 술집에서 젊은이들이 모든 세포 안에서 발견되는 나노 기계의 경이로움에 대해 이야기하는 것을 엿들은 적이 있다. "저 온갖 근사한 작은 로봇들이 작동하는 것을 보면 어떻게 진화를 믿을 수 있겠어?" 한 친구가 말하자 다른 친구가 고개를 끄덕였다. 이 젊은 친구들은 진화생물학자들이 생명이란 그렇게 복잡하지 않으며 그렇게 놀라운 부품으로 이루어지지 않았다고 생각한다는 인상을 어디에선가 받은 것이 틀림없었다. 이 진화 회의론자들은 무지렁이가 아니라 하버드 의대생이었다! 이들이 자연선택의 힘을 터무니없이 과소평가한 이유는 자연에 '실제' 설계란 없으며 오로지 설계'처럼 보이는 것'만 있을 뿐이라고 진화생물학자들이 되뇌었기 때문이다. 이 에피소드를 겪고 나니 자연에서 모든 명백한 설계를 인정하거나 수용하려 들지 않는 진화생물학자들의 오해가 '통념'이 되어간다는 우려가 들었다.

이 점에서 빈의 가톨릭 대주교 크리스토프 쇤보른을 살펴보자. 그는 지적설계 패거리에게 속아 넘어간 친구다. 쇤보른은 〈자연에서의 설계를 찾아Finding Design in Nature〉라는 《뉴욕 타임스》 칼럼에서 유명한 망언을 남겼다.

> 가톨릭 교회는 지구상에서의 생명의 역사에 대한 세부적 설명을 상당수 과학에 위임하면서도 이성의 빛 덕분에 인간 지성이 생물계를 비롯한 자연계에서 목적과 설계를 쉽고 뚜렷하게 분간할 수 있다고 주장한다. 공통

조상이 있다는 의미에서의 진화는 옳을지도 모르지만, 신다윈주의적 의미에서의 진화—방향도 계획도 없는 무작위 변이와 자연선택 과정—는 그렇지 않다. 생물학에서 설계의 압도적 증거를 무시하거나 분석적으로 설명하려 드는 모든 사고 체계는 과학이 아니라 이념이다.

우리 진화론자들이 이끌고 싶은 운동은 어느 쪽인가? 생물학의 모든 수준에서 적나라하게 드러나는 설계를 보지 못하는 일반인을 설득하고 싶은가, 다윈이 보여준 것은 지적 설계자 없이도 설계가—버젓한 진짜 설계가—있을 수 있다는 경이로운 사실임을 밝히고 싶은가? 우리는 지구가 태양 주위를 돌며 시간이 절대적이 아니라 상대적임을 세상에 설득했다. 설계자 없이도 설계가 있을 수 있음을 밝히는 교육적 과제 앞에서 왜 몸을 사리는가? 그러므로 나는 이 자리에서 다음의 주장을 (다시 한 번, 새로이 강조하며) 변호한다.

생물권은 설계와 목적과 이유로 충만하다. 내가 일컫는바 설계적 태도는 (어느 정도) 지적인 인간 설계자가 만든 인공물을 역설계 할 때 훌륭하게 작동하는 가정과 똑같은 가정을 도입하여 생물계 전반의 특징을 예측하고 설명한다. 자연선택에 의한 진화는 사태가 이런 식으로가 아니라 저런 식으로 전개되어야 하는 이유를 '찾'고 '추적하'는 과정들의 집합이다. 진화가 찾는 이유와 인간 설계자가 찾는 이유의 주된 차이점은 후자가 대체로—항상 그런 것은 아니지만—설계자의 마음속에 표상되는 반면에 자연선택에서 밝혀내는 이유는 대체로 자연의 산물을 역설계 하는 데 성공하는 인간 탐구자의 손에 처음으로 표상된다는 것이다. 말하자면 인간 설계자는 자신의 인공물이 어떤 특징을 가져야 하는 이유에 대해 '생각'하며, 따라서 그 이유를 표상하는 '개념이 있'다. 이들은 일반적으로 자신의

우아한 해법은 어디 간 거지?

설계에 대한 이유를 관찰하고 평가하고 정식화하고 정제한 뒤에 이를 전달하고 논의하고 비판한다. 진화는 이 중 어느 것도 행하지 않는다. 자신이 만들어내는 변이를 무분별하게 체질할 뿐이다. 그리고 좋은 것이—좋은 이유는 자연선택 과정에서 구상되거나 표상되지 않는다—복제된다.

단지 겉보기에만 설계 같은 것을 일컬어 '유사설계적'이라고 할 수는 있지만, 생물학에서는 그런 사례가 없다. 내 생각에 단지 겉보기에만 설계 같은 것은, 만화가가 과학에 대한 만화를 그릴 때 대머리에 수염을 기르고는 (실제로는 아무 의미도 없는) 기호로 가득한 칠판 앞에 서 있거나 튜브와 비커로 빼곡한 화학 실험실에 서 있는 모습으로 표현하거나 미치광이 발명가가 손잡이와 안테나와 첨단 장비가 주렁주렁 달린 타임머신을 만드는 장면으로 나타내는 것이다. 이런 겉모습은 실제로는 아무 일도 해내지 못한다. 어떤 기능을 수행하는 것처럼 보일 뿐이다. 하지만 자연의 설계는 실제로 효과가 있다. 사실 지금껏 발명된 어떤 (인간이 설계한) 인공물보다 훨씬 효율적이고 강력하다는 사실이 곧잘 입증되었다.

유사설계적 묘사의 예를 들어보자.

건강한 청년은 생존하는 데 필요한 모든 식량과 물을 짊어지고, 내킬 때마다 멈추어 휴식을 취하면서, 일주일에 240킬로미터를 걸을 수 있을 것이다. (가장 무게가 많이 나가는 것은 물이다. 물 20킬로그램, 식량 7킬로그램, 장비 5킬로그램이면 여간 무거운 게 아니다. 도중에 물을 조달할 수 있으면 몇 달도 여행할 수 있다.) 이에 반해 코넬 대학의 로봇 공학자 앤디 루이나 연구진이 개발한, 가장 멀리 걸을 수 있는 로봇 레인저는 2011년 5월 1~2일에 일본에서 열린 로봇 울트라마라톤에서 65.2킬로미터를 쉬지 않고 주파했다. 레인저를 설계한 사람들은 팔다리의 동적 속성을 활용하여 걷기의 에너지 효율을 부쩍 끌어올렸다(평평한 길에서 사람이 조이스틱으로 방향을 인도하면 로봇은 언제까지고 걸을 수 있다). 또 하나의 근사한 네발 걷는 로봇 빅도그는, 에너지 효율은 약 15분의 1에 불과하지만 험로 주파 능력이 훨씬 뛰어나다. 인간은 여전히 레인저보다 4~5배나 효율적인 운동 수단이며 레인저와 달리 온갖 지형지물에 스스로 대응할 수 있다.[14)]

우리는 선택해야 한다. '설계'를 (이를테면) 시詩나 자동차의 설계자 같은 지적 설계자의 산물로 '정의'하든지, 지적 설계자 없이도 설계—진정한 설계—가 있을 수 있음을 인정하든지 둘 중 하나를 선택해야 한다. 통념과 어원이 전자의 손을 들어주는 것처럼 보일지도 모르지만, 이렇게 생각해보라. '원자'를 일컫는 영어 'atom'은 그리스어로 '없다'를 뜻하는 'a'와 '자르다'를 뜻하는 'temnein'이 합쳐진 것이다. 영어 'atom'은 본디 '자를 수 없는 것'을 일컬었지만, 과학은 원자를 자르는 것이 모순이 아님을 밝혀냈다.

내가 하고 싶은 말은, 설계자(마음과 선견지명과 의도를 지닌 설계자) 없는 설계가 가능할 뿐 아니라 우리 주위에 얼마든지 있다는 사실도 과학이 밝혀냈다는 것이다. 진화에 의한 설계는 익히 알려진 실제 과정이다. 엔지니어에 의한 설계와 흥미로운 차이가 있기는 하지만 다른 한편으로는 매우 비슷하며 무척 기발하기도 하다. 생물학자들은 겉보기에 아무짝에도 쓸모없는 듯한 자연의 나쁜 설계에 당혹해하다가 결국 어머니 자연의 창조물이 얼마나 뛰어난가를 자신이 과소평가했음을 번번이 깨달았다. 프랜시스 크릭은 동료 레슬리 오글의 이름으로 이 추세를 장난스럽게 표현했다. 크릭은 "진화는 너보다 똑똑하다"라는 격언을 오글의 제2법칙으로 명명했다. (자연선택 과정을 어머니 자연으로 의인화하는 것은 무모한 전술처럼 보이지만, 적당한 기회에 해명하도록 하겠다. 이것은 단순히 재미있는 은유가 아니라 그 자체로 엄연한 생각도구다.)

이제 설계공간으로 돌아가자. 이 공간은 실제 생명체와 자동차와 시詩뿐 아니라 바벨의 도서관에 소장된 책처럼 한 번도 진화하지 않고 결코 구현된 적 없는 설계—말하는 캥거루, 하늘 나는 뱀, 원자력 팝콘 기계, 수중 롤러스케이트—까지 포함하는 모든 '가능한' 설계의 다차원 공간이다. 여기서는 무엇을 기본적 설계 요소의 '알파벳'으로 삼아야 할까? 우리는 설계공간을 '만들'려는 것이 아니라 생각만 해보려는 것이므로 상상의 나래를 펼쳐도 좋다. 이를테면 주기율표에서, 가능한 모든 원자 조합을 도출할 수도 있다. (이 천넓은 공간에는 모든 '설계되지 않은' 사물—이를테면 모든 바닷가의 모든 자갈과 에베레스트 산—의 원자 수준 사본이 포함될 테지만, 이것은 마땅한 결론이다. 누군가 이 존재들을 설계하고 사본을 만들겠다고 마음먹는 것을 누구도 막을 수 없기 때문이다.) 브람스의 교향곡 제3번은 설계공간 어디에 있을까? '악보'(종이에 찍힌 잉크 자국)는 수많은 장소에 있을 것이고 녹음테이프와 레코드판은 또 다른 장소에 있을 것이므로, 설계공간에 있는 것은 분명하다. 한 번도 채보되거나 녹음되지 않고 구두로 보전되거나 전승된 노래는 원자들의 집합에 끼워 맞추기 힘들겠지만, 설계공간의 하위부문을 시간 차원 위에 알맞게 배열하면 충분히 담을 수 있다. 바벨의 도서관이 대부분 쓰레기, 즉 읽을 수 없는 무의미한 책으로 차 있듯 설계공간을 이루는 것 또한 이해관계도 기능도 능력도 전혀 없는 무의미한 것이 대부분이지만, 가능한 실제 설계의 얇가는 끈이 여기저기서 빛을 발한다. 열역학 제2법칙의 가차 없는 명령에 따라 쇠락할 날만 기다리는 게 아니라 무언가를 할 수 있는 사물이 존재하는 것이다.

이렇듯 설계공간의 대략적 개념을 머릿속에 그리면 다윈의 시대 이후로 진화 논쟁을 늘 따라다닌 일련의 질문을 어떤 관점에서 바라보아야 할지 '한눈에' 알 수 있다. 직접적이든 간접적이든 궁극적으로 단일한 생명의 나무에서 파생하지 않은 (자연적이든 인공적이든) 실제 설계가 '하나라도' 있는가?

이에 대해 고려할 만한 대답이 몇 가지 있다.

1. 없다.
2. 그렇다. 자연의 경이로운 현상 중 일부는 진화에 의한 설계라는 단조로운 과정을 거쳐 도달하기에는 너무 놀랍고 너무 '환원 불가능하게 복잡하'다. 지적 설계자가 독자적으로 창조했어야만 한다.
3. 그렇다. 셰익스피어의 희곡과 괴델의 정리 같은 인간 인공물 중 일부는 진화한 인간 뇌의 '단순한' 산물이기에는 너무 놀랍다. 기적적인 '천재성'의 작품이며, 진화에 의한 설계라는 단조로운 과정으로는 설명할 수도 도달할 수도 없다.

대답 (2)와 (3)의 특징은 자연선택의 지독하게 비효율적이고 단조로운 과정(매켄지 말마따나 '절대적 무지')과 모차르트(또는 '신에 버금가는' 천재 아무나)의 날렵하고 (겉보기에) 수월한 탁월성의 대조를 근거로 삼았다는 것이다. (49장에서 이 문제를 자세히 들여다본다.) '들어올리기'와 R&D의 비유를 동원하자면, 두 대답은 각각 '공중기skyhook'의 필요성을 주장한다고 말할 수 있다.

> 공중기. (항공.) 하늘에 부착하기 위한 가상의 장치; 하늘에 매다는 가상의 수단.[15]

『옥스퍼드 영어사전』에서 '공중기'의 첫 용례는 1915년으로 거슬러 올라간다. "항공기 조종사가, 한 시간 더 떠 있으라는 명령을 받고 '기체機體가 공중기에 알맞지 않습니다'라고 대답한다." 공중기 개념은 아마도 고대 그리스 연극에 등장하는 '데우스 엑스 마키나deus ex machina'의 후신일 것이다(이류 극작가는 자신의 플롯에서 주인공이 헤어나올 수 없는 어려움에 봉착했을 때 신을 슈퍼맨처럼 무대로 내려 초자연적으로 사태를 해결하려는 유혹을 곧잘 느낀다). 아니면 공중기는 민간전승의 수렴 진화로 인한 완전히 독자적인 창조물인지도 모른다. 공중기가 있으면 근사할 것이다. 다루기 까다로운 물체를 곤란한 상황에서 들어올려 온갖 건설 공정에 박차를 가할 수 있으니 말이다. 하지만 애석하게도 공중기는 불가능하다.[16]

하지만 우리에게는 '기중기'가 있다. 기중기는 상상 속 공중기처럼 물건을 들어올릴 수 있되 단순하고 명료하게 해낸다. 문제는 비용이 많이 든다는 것이다. 이미 수중에 있는 여느 부품을 가지고 설계하고 제작해야 하며 존재하는 땅의 단단한 기반 위에 두어야 한다. 공중기는 지탱할 필요도, 지탱할 수도 없는 신비한 기계이지만, 기중기는 들어올리는 능력에 손색이 없을뿐더러 실제로 존재한다는 장점까지 있다. 나처럼 건설 현장을 곧잘 관찰하는 사람은 큰 기중기를 설치하는 데 작은 기중기가 동원되는 장면을 목격한 적이 있을 것이다. 이론상으로는 이 큰 기중기를 이용하여 더더욱 거대한 기중기를 설치하거나 설치를 앞당길 수 있겠다는 생각을 많은 사람이 했을 것이다. 연결된 기중기는 현실의 건설 현장에서는 좀처럼 두 번 이상 쓰지 않는 방법이지만, 이론상으로는 거대한 목표를 이루기 위해 일렬로 구성할 수 있는 기중기의 대수에 한계가 없다.[17]

이제, 현실에서 마주치는 근사한 생명체와 인공물을 창조하기 위해 설계공간에서 얼마나 많은 '들어올리기' 작업이 이루어져야 했을지 상상해 보자. 가장 단순하고 스스로 복제하는 최초의 개체들이 밖으로(다양성) 위로(탁월성) 뻗어 나가던 생명의 여명기가 현재와 연결되려면 어마어마한 거리를 건너야 했을 것이다. 다윈은 상상할 수 있는 가장 조잡하고 초보적이고 어설픈 들어올리기 과정—말하자면, 자연선택의 쐐기 또는 경사면(쐐기와 경사면은 작은 힘으로 무거운 물체를 들어올리는 최초의 방법이다_옮긴이)—에 대한 설명을 내놓았다. 이 과정은 작은—가능한 한 가장 작은—단계를 억겁의 기간 동안 조금씩 밟음으로써 결국 이 어마어마한 거리를 주파할 수 있다. 다윈의 말이다. 어느 시점에도, 저 위 높은 곳으로부터 기적적인 일이 일어날 필요는 없다. 각 단계는 맹목적이고 기계적이고 알고리즘적인 걸음으로—앞선 걸음으로 이미 내디딘 단계에서 출발하여 달성되었다.

믿기지 않을 것이다. 이런 일이 정말 일어날 수 있었을까? 아니면, 이따금—어쩌면 맨 처음에만—일종의 공중기 같은 것이 도와줘야 했을까? 한 세기가 지나도록 비판자들은 다윈의 생각이 (적어도 '줄곧') 작동할 수 없다는 증거를 찾으려고 안간힘을 썼다. 그들은 다윈의 알고리즘이 부글부글 끓으면서 음식을 조리하는 삭막한 그림을 용납할 수 없어, 예외가 될 공중기를 희망하고 물색했다. 그리고 그때마다 정말 흥미로운 난제를 맞닥뜨렸다. 도약과 간극, 그 밖의 경이로운 현상을 설명하려면 애초에 공중기가 있어야 했다. 하지만 공중기를 찾고 싶었던 비판자들 자신이 기중기를 발견하는 경우가 부지기수였다.

논의를 계속하기 전에 정의를 좀 더 꼼꼼하게 다듬어야겠다. '공중기'는 '마음 우선'의 힘이나 능력이나 과정으로, 모든 설계—또한 설계처럼 보이는 것—가 궁극적으로 마음 없고 동기 없는 기계성의 결과라는 원리의 예외라고 해두자. 이에 반해 '기중기'는 하위과정이거나, 자연선택의 기본적이고 느린 과정의 국지적 가속화를 허용한다고 입증될 수 있으며 그와 동시에 그 자체가 기본적 과정의 예측 가능한 산물임이 입증될 수 있는—또는 회고적으로 설명될 수 있는—설계과정의 특수한 성질이다. 기중기 중에는 명백하고 논란의 여지가 없는 것도 있지만, 여전히 논쟁거리가 되며 매우 유익한 결실을 낳는 것도 있다. 이 개념의 범위와 활용도를 전반적으로 파악하기 위해 사뭇 다른 세 가지 예를 살펴보자.

'공생'은 기중기다. 내가 즐겨 드는 예는 진핵 세포가 공생에서 비롯했다는 사실이다. 288쪽 맞은편 생명의 나무를 보면 모든 동식물을 비롯한 다세포 생물의 화려한 부채가 펼쳐지는 시작점이 진핵생물의 진화임을 알 수 있다. 지구가 탄생하고 약 10억 년이 지나도록, 유일한 생물은 원핵생물로 알려진 세균과 고세균, 즉 단세포 생물뿐이었다. 그러던 어느 재수 좋은 날, 원핵생물 두 마리가 서로 부딪혔는데—이런 일은 예나 지금이나 매우 자주 일어난다—하나가 다른 하나를 에워싸 분해하거나—즉, 먹어치우거나—쫓아버리는 것이 아니라 둘이 힘을 합쳐 전혀 새로운 종류의 생물을 형성했다. 가동 부품의 수가 (대략) 두 배가 되었을 뿐 아니라 다양성도 부쩍 커졌다. 수백만 년 동안 독자적으로 발전하며 고유한 재능을 다듬던 두 R&D 계통이 합병했으며, 그 결과는—공교롭게도—하루아침의 대성공이었다. ('기술 이전'이 늘—심지어 자주—좋은 결과를 낳는 것은 아니지만, 만일 좋은 결과를 낳았다 하면 엄청나게 좋은 결과를 낳을 수 있다.) 두 계통의 어느 쪽도 상대방의 모든 재주와 체계를 재발명하는 수고를 겪을 필요가 없었다. 재능의 결합은 순전히 이익이 되었기에—시쳇말로 '시너지'였다—이 '에우eu-카리오테karyote'('좋은'+'세포'), 즉 진핵생물은 이전의 어느 쪽보다도 뛰어났으며 그리하여 진핵생물 계통이 번성하게 되었다. 진핵생물의 기원이 이 같은 공생에 있다는 주장이 논란거리였던 적도 있지만, 이제는 수많은 증거 덕에 교과서에서까지 확실하게 실렸다. (지적 설계 패거리 사이에서 '환원 불가능한 복잡성'의 대표적 사례로 회자되던 세균 편모의 기원 또한 공생의 보조 기중기 덕분임이 입증된다면 얼마나 기쁠까. 진핵생물의 공생 기원을 주장한 생물학자 고故 린 마굴리스가 이 주장을 열렬히 옹호했지만, 현재의 증거에 따르면 편모의 기원에 대한 다른 진화론적 설명이 우세하다. 진화론적 설명이 너무 많아 고민인 현 상황에서, 편모가 생기는 데 공중기가 필요했다는 주장은 한물간 것으로 보인다.)

생명의 나무를 보면 한눈에 알 수 있듯, 진핵생물은 모든 다세포 생물이 등장할 무대를 마련했다. 세균과 고세균 오른쪽에 있는 다세포 계통은 모두 진핵생물이다. 맨눈으로 볼 수 있는 생물은 전부 진핵생물이라고 보면 얼추 맞다. 진핵 혁명으로 설계공간의 거대한 영역이 활짝 열렸지만, 이 모든 설계를 가능하게 하기 '위해' 진핵 혁명이 일어난 것은 아니다. 기중기는 설계 혁신을 이룬 개체에 직접적 혜택을 준다는 점에서 국지적으로 '보상'되어야 한다. 하지만 일단 자리 잡으면 엄청난 후속 결과를 낳을 수 있다. (마찬가지로, 컴퓨터가 워드 프로세싱과 인터넷을 가능하게 '하려고' 발명된 것은 아니지만, 컴퓨터를 적용할 수 있는 공간에 접근할 수 있게 되자 설계 과정이 박차를 가하여 우리가 매일같이 쓰고 있는 모든 '종種'을 창조하게 된 것이다.)

진화 이론가들은 '섹스'가 기중기라는 주장에 점차 동조하고 있다. 유성생식하는 종은 무성생식하는 종보다 설계공간을 훨씬 빠른 속도로 누빌 수 있다. 게다가 그 과정에서 무성생식하는 종에게는 거의 '보이지 않는' 설계상의 개선점을 '알아차릴' 수 있다.[18] 하지만 이것이 섹스의 '존재 이유'일 수는 없다. 진화는 미래를 내다보지 못하기 때문에, 무언가를 만들 때 비용을 정당화하려면 지금 당장 이익이 생겨야 한다. 최근 연구자들 말마따나 유성생식이라는 '선택'에는 커다란 '직접' 비용이 따른다. 생명체는 한 번의 교미에서 유전자의 50퍼센트만을 전달한다(애초에 교미를 성사시키는 데 들어가는 수고와 위험은 말할 것도 없다). 따라서 재설계 과정의 효율, 정확도, 속도를 높인다는 '장기적' 대가—섹스가 훌륭한 기중기인 이유—는 바로 다음 세대에서 어떤 개체가 선호될 것인가를 결정해야 하는 근시안적이고 국지적인 경쟁에는 아무짝에도 소용이 없다. 유성생식을 웬만한 종은 거부하지 못할 제안으로 만드는 데 필요한 긍정적 선택압을 유지하려면 무언가 다른 단기적 혜택이 있어야 했다. 이 수수께끼를 푸는, 설득력 있는—또한 서로 경쟁하는—가설은 여러 가지가 있다. 이러한 가설을 생물학자들에게 처음으로 강력하게 제시한 사람은 존 메이너스 스미스[19]다. 진화생물학의 중요한 주제인 유성생식을 명쾌하게 소개하는 책으로는 맷 리들리의 『붉은 여왕』이 있다.

섹스에서 알 수 있는 것은, 대단한 능력이 있지만 그 능력을 '써먹으려고' 제작된 것은 아닌 기중기가 존재할 수 있다는 사실이다. 이 기중기는 다른 이유로 제작되었다. 물론 기중기로서의 능력은 이 기중기가 왜 그 이후로 유지되었는지 설명할 수 있겠지만 말이다. 기중기 노릇을 하라는 명백한 이유로 제작된 기중기로는 '유전공학'이 있다. 유전공학이 설계공간을 훌쩍 뛰어넘어, '평범한' 수단을 가지고는 결코 진화하지 못했을 생명체를 창조할 수 있음은 이제 의심할 여지가 없다. 이것은 기적이 아니다. 유전공학자(또한 그들이 연구에 쓰는 인공물) 자체가 더 오래되고 더 느린 진화 과정의 오롯한 산물이니 말이다. 그런데 창조론자들 말마따나 인류가 (맹목적인 다윈주의적 경로를 통해서는 접근할 수 없는) 독자적이고 성스러운 종이라면, 유전공학은 종국에는 기중기가 아닐 것이다. 거대한 공중기의 도움으로 만들어졌으니 말이다. 어떤 유전공학자도 자신을 그렇게 생각할 리 없지만, 이것은 (아무리 위태로울지라도) 논리적으로는 가능한 관점이다. 어리석은 개념은 또 있다(덜 분명하기는 하지만). 유전공학자의 몸은 진화의 산물이지만 '마음'은 환원 불가능하게 비非알고리즘적인—어떤 알고리즘적 경로로도 도달할 수 없는—창조적 행위를 할 수 있다면, 유전공학의 도약에는 공중기가 관여하리라는 것 말이다. 이 가능성에 대해서는 나중에 간략하게 살펴볼 것이다.

39

이해 없는 능력

매켄지는 '절대적 무지'가 '창조 능력이 달성한 온갖 성취'의 원천이라는 다윈의 개념을 '논리의 기묘한 전도'로 표현했다. 우리가 가진 가장 '명백한' 관념 중 하나를 뒤집는다는 이유에서다. 그것은 이해가 능력의 '원천'이라는 관념이다. 우리는 왜 아이를 학교에 보낼까? 우리는 왜 '단순 암기'가 아니라 '이해'를 강조할까? 그것은 우리가 '어떤 활동 분야에서든 능력에 이르는 왕도는 이해다'라고 생각하기 때문이다. 우리는 이렇게 말한다. 시키는 대로 생각 없이 행동하지 말라! 원리를 '이해'하면 더 잘할 수 있다! 이것은 인간 활동의 대다수 영역에서 훌륭한 충고임에 틀림없다. 물론 극단적인 예외도 있다. 악보를 볼 줄 모르지만 귀로만 듣고 연주하는 천재 음악가나, 언제나 최고의 실력을 발휘하지만 어떻게 왜 그런 실력이 나오는지 설명하지 못하고 그래서 남을 가르치지도 못하는 천부적 운동선수처럼 말이다. 대다수 영역에서 무능하지만 일부 제한된 영역에서 초인적 능력을 발휘하는 '서번트 증후군'도 있다. 하지만 일반적으로 이해가 대체로 (인간) 능력의 열쇠라는 경험칙은 부인하기 힘들다.

다윈은 매켄지가 생생하게 표현했듯 절대적 무지가 창조자임을 밝힘으

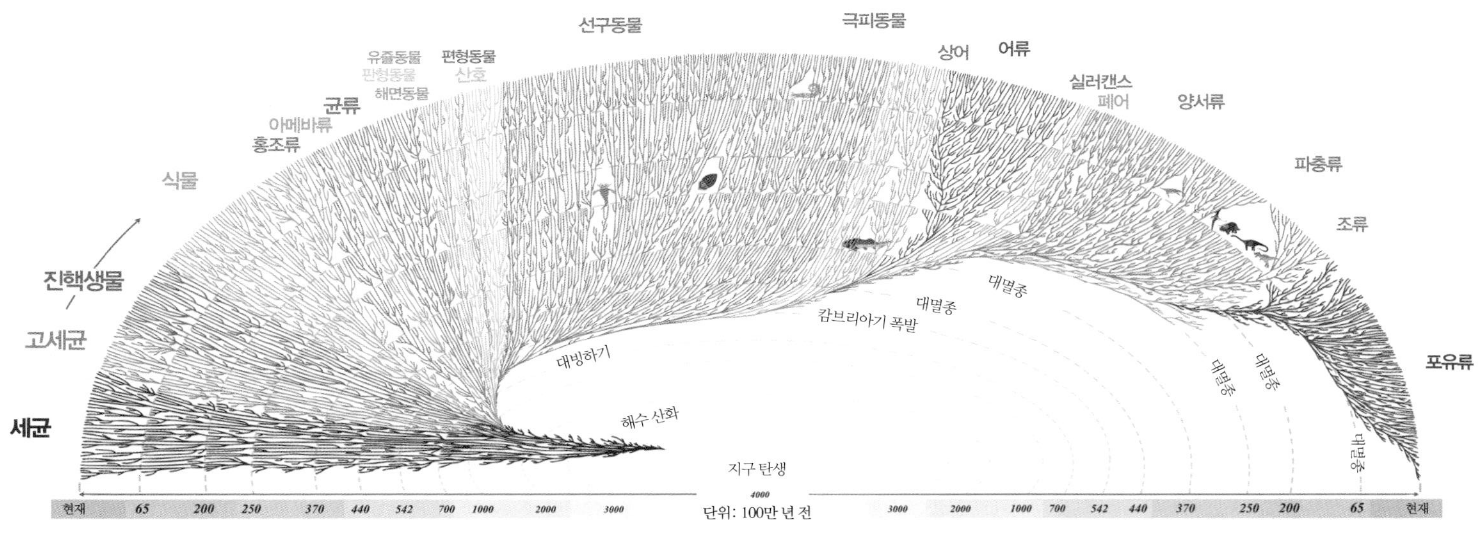

생물의 주요 가지 전부와 잔가지 일부를 표시하되 멸종한 가지는 몇 개만 표시했다. 예: 공룡(멸종)

흰개미탑과 성가족 교회

로써 정말로 이 논리를 뒤집는다. 자연선택 과정은 숨 막힐 정도로 유능하지만—오글의 제2법칙을 생각해보라—철저히 맹목적이다. 게다가 자연선택이 설계하는 생명체는 자신이 어떻게 왜 이런 선물을 받았는지 이해할 필요 없이 이 모든 정교한 능력의 혜택을 누린다. 내가 즐겨 드는 예는 뻐꾸기다. 뻐꾸기는 '탁란'(어떤 새가 다른 종류의 새의 집에 알을 낳아 대신 품어 기르도록 하는 일_옮긴이) 습성이 있어서 둥지를 만들지 않는다. 뻐꾸기 암컷은 다른 종인 숙주 새의 둥지에 몰래 알을 낳으며, 뻐꾸기 새끼는 둥지에서 영문 모르는 양부모의 관심을 기다린다. 뻐꾸기 암컷은 알이 많아진 것을 숙주가 알아차릴까 봐 숙주의 알 하나를 둥지 밖으로 떨어뜨리기도 한다. 뻐꾸기 새끼는 부화하자마자—뻐꾸기 알은 숙주 알보다 일찍 부화하는 경향이 있다—있는 힘을 다하여 둥지 안의 나머지 알을 밀어낸다. 왜 그럴까? 그래야 양부모의 관심을 독차지할 수 있기 때문이다.

40

부유이치

자연선택은 자동으로 이유를 찾는다. 여러 세대에 걸쳐 이유를 '발견'하고 '승인'하고 '집중'시킨다. 따옴표에서 보듯 자연선택에는 마음이 없으며 그 자체로는 이유도 없지만, 설계를 다듬는 이 '작업'을 수행할 능력은 있다. 이것 자체가 이해 없는 능력의 예다. 여기서 따옴표의 의미를 확실히 해두자. 변이가 많은 개체군을 생각해보라. 일부 구성원은 (번식을) 잘 하지만 대부분은 그러지 못한다. 각 경우에 대해 우리는 이유를 물을 수 있다. 왜 이 개체는 살아남아 자손을 보는 반면에 나머지는 그러지 못할까? 많은 경우, 아니 대부분의 경우에 '이유는 전혀 없다'. 그냥 운이다. 좋든 나쁘든. 하지만 대답—즉, 차이를 만드는 차이—이 존재하는 사례들의 부분집합이 있다면—아마도 매우 작겠지만—이 사례의 공통점에서 이유의 싹을 찾을 수 있을 것이다. 이렇게 하면 이유를 맹목적으로 따라 가는 과정을 통해 기능이 축적되며, 이렇게 만들어진 사물은 목적이 있되 그 사실을 알 필요는 없다. '알 필요'는 생물계를 지배하는 원리이며, 자연선택 자체는 자기가 무엇을 하는지 알 필요가 없다.

따라서 이유를 표상하는 존재가 있기 전에 이유가 있었다. 진화를 이끄는 이유에 나는 '부유이치浮遊理致 free-floating rationale'라는 이름을 붙였다. 적지 않은 연구자들이 이 표현에 신경을 곤두세웠다. 그들은 내가 일종의 유령을 불러낸다고 의심한다. 진지한 유물론자가 실재를 설명할 때 결코 등장할 리 없는 기묘한 비물질적 개념을 가지고 나온다는 것이다. 하지만 결코 그렇지 않다. 부유이치는 수나 무게중심이 아니듯 유령이나 문젯거리도 아니다. 사람들이 숫자 계산하는 방법을 발명하기 전에도 9개의 행성이 있었으며 물리학자들이 중력 개념을 고안하고 계산하기 전에도 소행성에는 무게중심이 있었다. '수number'를 우리가 수의 이름으로 쓰는 '숫자numeral'와—아라비아 숫자든 로마 숫자든—헷갈리면 안 된다. 숫자는 사람이 만든 것이지만 수는 그렇지 않다. 내가 말하는 이유는 숫자가 아니라 수와 같다. 우리는 인간 연구자나 어떤 다른 마음이 표현하거나 표상하기 전에 진화가 발견한 이유에 대해 얼마든지 이야기할 수 있다. 289쪽 맞은편의 두 구조를 비교해보라. 놀랍도록 비슷하지 않은가?

흰개미탑과 안토니 가우디의 성가족 교회는 형태가 매우 비슷하지만 발생과 구성은 전혀 다르다. 흰개미탑의 구조와 형태에는 '이유가 있'지만, 어떤 흰개미도 이를 표상하지 않는다. 이 구조를 계획한 흰개미 건축가는 존재하지 않으며, 왜 이렇게 지어야 하는지 조그만 실마리라도 아는 흰개미는 한 마리도 없다. 이해 없는 능력이다. 가우디의 걸작이 이런 구조와 형태를 갖춘 데에도 이유가 있지만, 그것은 (주로) 가우디의 이유다. 가우디는 자신이 창조한 형태의 이유를 '가졌'으며, 흰개미가 창조한 형태에는 이유가 '있'다. 하지만 흰개미는 그 이유를 '가지'고 있지 않다. 나무가 가지를 뻗는 데는 이유가 있지만, 그것은 어떤 의미에서도 나무의 이유가 아니다. 해면이 행동하는 데는 이유가 있다. 세균이 행동하는 데는 이유가 있다. 심지어 바이러스가 행동하는 데도 이유가 있다. 하지만 그들은 이유를 '가지고 있'지 않다. 가질 필요도 없다.

이런 행동에는 이유가 얼마든지 있지만, 일반적으로 생명체는 그 이유를 이해할 필요가 없다. 생명체는 진화를 통해 훌륭하게 설계된 행동을 타고났으며, 이 설계의 수혜자이되 설계에 대해 알 필요는 없다. 자연 어디에서나 이 성질을 관찰할 수 있지만, 지향적 태도를 취하여 행동을 실제보다 더 의식적이고 합리적인 것으로 해석하려는 우리의 경향 때문에 좀처럼 눈에 띄지 않는다. 통풍구를 개미탑의 적재적소에 배치하여 냉방을 하다니 흰개미는 어찌 이리 똑똑할까! 겨울을 대비하여 식량을 저장하다니 다람쥐는 어찌 이리 현명할까! 먹잇감이 다가올 때 미동도 없이 유영하다니 강꼬치고기는 어찌 이리 꾀가 많을까! 이것은 무자비한 경쟁이 벌어지는 자연계에서 성공하기 위한 뛰어난 전략이지만, 그 수혜자들은 우리가 그 전략을 이해하여 무엇을 하는지 알 필요가 없다. 우리는 이런 전략의 성공을 설명하는 이유를 표상하는 최초의 마음이다.

41

메뚜기가 소수를 알까?

수와 숫자, 부유이치와 표상된 이유가 서로 독자적임을 이해하기 위해 17년 매미 사례를 살펴보자. 1977년 스티븐 제이 굴드는 매미의 번식 주기가 소수素數라는—이를테면 13년이나 17년일 수는 있지만 15년이나 16년일 수는 없다—흥미로운 사실에 대해 절묘한 글을 썼다. 굴드가 말한다.[20] "…… 우리는 '왜?'라는 의문에 대한 해답을 찾고 있다. 왜 그와 같이 놀라운 동시성synchroneity이 특별히 진화되어야 했는가? 왜 유성생식 사이의 기간이 그처럼 길어야만 하는가?" 그에 대한 대답은—지금 생각해보면 아름답도록 이치에 들어맞는다—지상에 나타나는 주기를 큰 소수로 정하면 2년, 3년, 5년마다 나타나는 포식자에게 주기를 간파당하여 먹이가 될 가능성을 최소화할 수 있다는 것이다. 매미의 주기가 16년이라면 해마다 나타나는 포식자에게는 귀한 별미일 테지만, 2년이나 4년마다 나타나는 포식자에게는 더 든든한 식량 공급원일 것이며 8년 주기로 매미와 겹치는 포식자에게는 두 번에 한 번씩 꼬박꼬박 찾아오는 고마운 먹잇감일 것이다. 하지만 매미의 번식 주기가 배수를 이루지 않는다면, 운 좋게 주기가 똑같은, 또는 그 배수인—만일 34년매미귀신이 있다면 상팔자일 것이다—포식자가 아니고서는 매미의 주기를 추적해봐야 헛수고다.

분명한 사실은 이 설명의 타당성이—아직 입증되지는 않은 듯하다—매미가 (소수는 고사하고) 산수를 이해한다는 가설과 무관하다는 것이다. 자연선택 과정이 소수를 '이해'할 필요도 없다. 마음 없고 이해 못하는 자연선택 과정은 수의 중요한 성질을 전혀 이해하지 못하면서도 '활용'할 수 있다. 예를 하나 더 들어보자. 벌이 벌집을 이상적 형태인 육각형으로 짓는 것은 벌이나 어머니 자연이 기하학을 '이해'하기 때문이 아니다. 수학과 연관된 진화의 이해 없는 능력 사례는 이것 말고도 얼마든지 있다.

42

뻗정뛰기를 설명하는 법

두 블랙박스 직관펌프의 이해할 수 없는 규칙성을 기억하는가? 버튼 α를 누르면 빨간색 전구가 켜지고 버튼 β를 누르면 초록색 전구가 켜지는 현상 자체는 분명히 설명이 필요한 패턴이지만, 이 규칙성을 인식하기 위해 상자를 의미적으로 또는 지향적으로 해석할 필요는 없었다. 과학자들은 버튼을 한 번 누를 때마다 계산과 전송 과정의 각 단계가 어떻게 작동하는지 정확히 이해했지만 이를 일반화하여 설명할 수는 없었다. 규칙성이 존재하는 이유를 설명하려면 의미적 해석이 필요하다. 말하자면, 설명이 표현되는 '거시인과적macro-causal' 수준은 '미시인과적' 수준으로 '환원'되지 않는다.

이러한 매우 일반적인 현상의 예는 또 있다. 포식자에게 쫓기는 가젤 동영상을 보면 어떤 가젤은 도망치는 와중에 펄쩍펄쩍 뛰는 동작을 한다. 이를 뻗정뛰기stotting라 한다. 가젤은 왜 뻗정뛰기를 하는 걸까? 뻗정뛰기가 유익한 것은 분명하다. 뻗정뛰기를 하는 가젤은 좀처럼 잡아먹히지 않기 때문이다. 이것은 버튼과 전구의 규칙성처럼 면밀히 관찰된 인과적 규칙성이다. 그리고 이해할 수 없는 것도 마찬가지다. 모든 가젤과 가젤을 쫓는 포식자의 모든 세포 내 모든 단백질의 행동을 설명해도 이 규칙성이 존재하는 이유를 밝힐 수 없다. 이유를 알려면 진화 이론의 한 분파인 값비싼 신호 이론[21]을 동원해야 한다. 가장 힘세고 빠른 가젤은 뺀정뛰기를 하면서 포식자에게 자신의 체력을 과시한다. "나를 쫓아다니느라 헛수고하지 마. 난 잡기 힘들어. 뺀정뛰기 못하는 내 친척들이나 쫓아다녀. 그게 훨씬 쉬우니까!"라는 신호를 보내는 셈이다. 포식자는 이 신호가 솔직하다고 여겨 뺀정뛰기 하는 가젤을 안 쫓는다. 이것은 부유이치이며 가젤도 포식자도 이를 이해할 필요가 없다. 즉, 가젤은 뺀정뛰기 할 수 있을 때 뺀정뛰기 하는 것이 왜 좋은 생각인지 아마도 전혀 의식하지 못할 것이며 포식자—이를테면 사자—는 뺀정뛰기 하는 가젤이 왜 먹잇감으로 그다지 매력적이지 않은지 아마도 이해하지 못할 것이지만, 뺀정뛰기가 솔직하고 값비싼 신호가 아니었다면 포식자와 먹잇감의 진화적 군비 경쟁에서 살아남지 못했을 것이다. (진화가 모든 가젤이—강하든 약하든—보낼 수 있는 '값싼' 신호—이를테면 꼬리 털기—를 써먹으려 했다면 사자는 관심을 보이지 않았을 것이다.) 이러한 부유이치 측면에서의 설명은 분자 수준 같은 더 낮은 수준에서의 설명으로 환원되지 않지만, 뺀정뛰기가 왜 어떻게 작동하는지에 대한 설명이 **지향적 태도**에서—사자가 어떤 결론을 내리는 것이 합리적일 것인가의 관점에서—비롯했더라도, 개개의 사자와 가젤이 뺀정뛰기의 의미를 이해해야 뺀정뛰기가 효과가 있는 것은 아니다. 이해하기는 셈이기만 하면 충분하다.

43

최초의 포유류를 조심하라

여러분은 자신이 포유류이며 개와 소와 고래가 포유류라고 생각할지도 모르지만, 천만의 말씀이다. 그럴 수 없다! 이를 증명하는 철학 논변은 아래와 같다.[22]

1. 모든 포유류는 포유류 어미가 있다.
2. 포유류라는 것이 존재했다면, 오직 유한한 수의 포유류만이 존재했어야 한다.
3. 하지만 포유류가 한 마리라도 존재했다면, (1)에 따라 무한한 포유류가 존재했어야 하는데 그러면 (2)가 거짓이 되므로 포유류라는 것은 존재했을 수 없다. (1)과 (2)는 모순이다.

우리는 포유류가 있다는 사실을 완벽하게 알고 있으므로, 어떤 내적 오류가 있는지 찾아내려고 할 때만 이 논변을 진지하게 고려한다. 이것은 전형적인 귀류법이므로 어딘가에 문제가 있는 것이 틀림없다. 우리는 일반적인 방식으로 어디가 문제인지 알고 있다. 어떤 포유류이든 그 가계를 충분히 거슬러 올라가면 결국 '수궁류therapsid'와 만나게 된다. 수궁류는 파충류와 포유류의 중간 단계로, 지금은 멸종한 신기한 동물이다. 버젓한 파충류에서 버젓한 포유류로 점진적 전환이 이루어지는 사이에, 분류하기 힘든 많은 중간 단계들이 간극을 메웠다. 이 점진적 변화의 스펙트럼 어디에 선을 그어야 할까? 포유류 어미가 없는 포유류, 따라서 전제 1을 반박하는 최초의 포유류Prime Mammal를 지목할 수 있을까? 근거는 무엇일까? 어떤 근거가 제시되든, 그 근거는 그 동물이 포유류가 '아니'라는 평결을 뒷받침할 수 있는—어쨌든 그 어미는 수궁류였으니까—근거와 경합할 것이다. 수궁류인지 아닌지를 검증할 수 있는 더 좋은 방법이 있을까? 수궁류와 포유류를 구별하는 10가지 주요 차이점을 나열하고 어떤 동물에게 포유류의 특징이 5가지 이상 있으면 포유류로 규정한다고 가정해보자. 이런 구분 방식은 자의적인 것은 말할 것도 없고—왜 10가지인가? 6가지나 20가지이면 안 되는가? 중요도 순으로 나열하면 안 되는가?—달갑지 않은 평결을 여럿 낳을 것이다. 버젓한 수궁류와 버젓한 포유류 사이의 기나긴 전환 기간 동안에, 포유류(포유류의 특징이 5가지 이상)가 수궁류(포유류의 특징이 5가지 미만)와 교미하여 포유류에게서 태어난 수궁류, 또는 포유류에게서 태어난 수궁류에게서 태어난 포유류 등을 낳는 경우는 얼마든지 있을 것이다. 물론 이 모든 변칙을 관찰하려면 타임머신이 있어야 할 것이다. 오랜 세월이 지난 뒤에는 세부 사항을 감지하는 것이 불가능하기 때문이다. 그래도 상관없다. 결국 세부 사항은 중요하지 않기 때문이다. 우리는 어떻게 해야 할까? *선 그으려는 욕구를 억눌러야 한다*. 선을 그을 필요가 없다. 이 모든 점진적 변화가 오랜 세월 동안 누적되어 결국 부인할 수 없는 포유류를 낳았다는, 지극히 당연하고 평범한 사실을 받아들이면 된다. 마찬가지로 호수, 연못, 습지, 늪의 차이점을 보정할 필요도 없다. 심지어 (민물을 연구하는) 육수학자일지라도.

하지만 철학자들은 단어를 깐깐하게 쓰는 경향이 있다. 소크라테스가 덕, 앎, 용기 등의 정의적 성질이 대체 무엇이냐고 물은 뒤로, 철학자들은 무한 후퇴의 위협에서 벗어나기 위해 후퇴 종결자(이 경우는 최초의 포유류)인—이어야만 하는—무언가를 지목하려는 유혹을 받았다. 그러다 불가사의나 (적어도) 곤혹스러움 속에서 뒹구는 원칙들에 빠지는 경우가 많으며 이를 통해 '본질주의'에 사로잡힌다. 최초의 포유류는 포유류 집합 중에서 포유류의 모든 '본질적' 성질을 가진 최초여야 한다. '포유류'를 정의하는 본질이 하나도 없다면—진화생물학이 밝혔듯 그런 본질은 없다—이 철학자들은 난감한 처지에 놓이게 된다. 따라서 일반적 규칙에 따라 본질, 정의적 성질, '참 제조자'에 대한 철학자들의 요구를 무시하는 방법을 고려하라. 그런 요구는 대체로—늘 그런 것은 아니지만—기러기 쫓기(헛수고)로 이어지는데, 방향 전환의 계기는 될지 몰라도 기껏해야 그저 그런 깨달음을 줄 뿐이다.

이 요구를 내려놓은 것은 많은 철학자에게 삼키기 힘든 쓴 약이다. 소크라테스 이후로 전수된, 철학의 합리적 방법은 논의에 참여하는 모든 사람이 본질주의 원칙을 받아들이도록—단지 '논의의 편의를 위해서'일지라도—'용어를 정의하'라고 거의 언제나 요구한다. 본질주의를 포기해야 한다면, 우리가 애용하는 몇 가지 논변 형태는 거의 쓸모가 없어진다. 이를테면 겉보기에 사소하게 참인 '선언選言'으로 시작하는 논변 구조를 생각해 보자.

A이거나 A가 아니다(여기에 누가 이의를 제기할 수 있겠는가?).

경로 A를 선택하면, 어쩌고저쩌고하여 결론 C에 도달한다.

A 아닌 것에서 출발하면, 어쩌고저쩌고하여 '역시' C에 도달한다!

따라서 C는 입증되었다.

하지만 A인지 A가 아닌지 확실치 않은 중간적 사례(포유류인가 포유류가 아닌가, 살아 있는가 살아 있지 않은가, 의식이 있는가 의식이 없는가, 믿음인가 믿음이 아닌가, 도덕적인가 도덕적이지 않은가 등)가 많으면—많은 것은 분명하다—어떻게 될까? 이 우려를 무마하려면 A와 A 아닌 것을 구별하는 '선을 긋'고 모든 논의인 셈인 것을 몰아내야 한다. 선명한 경계를 긋고 논의 대상의 본질을 명확히 하지 않고서는 논변을 구성하는 것이 불가능하다. 실제로 선을 그을 수 '있는' 수학에서는 이런 논변이 훌륭하게 작동한다. 모든 정수는 실제로 홀수이거나 짝수이고, 모든 수는 실제로 실수이거나 실수가 아니며, 모든 다각형은 삼각형이거나 삼각형이 아니다. 하지만 그런 추상적 영역 바깥에서는 이런 논변이 그다지 성과를 내지 못한다.

최초의 포유류가 언제 어디서 존재했는지 결코 알 수 없는데도 최초의 포유류라는 것이 있어야만 한다고 고집하는 것은 '히스테리성 사실주의'의 예다. 이들은 우리가 충분히 알기만 하면, 포유류를 결정적으로 정의하는 특별한 포유류성의 속성이 있음을 알 수 있을 것이라고—있어야 할 것이라고—생각해보라며 우리를 꾄다. 이따금 철학자들은 이렇게 말한다. 이를 부인하는 것은 형이상학을 인식론과—(실제로) '있는' 것에 대한 연구를 있는 것에 대해 우리가 '알' 수 있는 것에 대한 연구와—혼동하는 것이라고 말이다. 그러면 나는 형이상학적 질문을 (단순한) 인식론적 질문과 혼동하여 엉뚱한 길로 빠지는 경우가 있을지도 모른다고 대답한다. 하지만 이것은 그저 단언할 것이 아니라 입증해야 하는 것이다.

44

종 분화는 언제 일어날까?

자연선택에 의한 진화의 한 가지 흥미로운 특징은 '거의 절대로' 일어나지 않을 사건이 중요한 역할을 한다는 것이다. 이를테면 부모 종에서 새로운 종이 갈라져 나오는 과정인 종 분화는 극히 드문 사건이지만, 지구상에 존재한 수많은 종 하나하나는 모두 종 분화 사건에서 탄생했다. 모든 계통에서의 모든 탄생은 잠재적 종 분화 사건이지만, 종 분화는 거의 절대로 일어나지 않는다. 확률은 100만 분의 1도 안 된다. DNA 돌연변이는 거의 절대로 일어나지 않지만—복제 과정에서 돌연변이가 일어날 확률은 1조 분의 1에도 못 미친다—돌연변이가 없으면 진화도 없다. 게다가 돌연변이의 절대다수는 해롭거나 중립적이다. 우연히 '좋은' 돌연변이는 거의 절대로 일어나지 않는다. 하지만 이 드물고도 드문 사건이 없으면 진화도 없다.

경이로운 가능성에 대한 직관펌프를 생각해보자. 우리가 알기로 지금 지구상에 존재하는 유일한 호미니드(여기서는 현생 인류와 초기 인류를 일컫는다_옮긴이) 종은 '호모 사피엔스'뿐이다. 하지만 지금으로부터 50년 뒤에 우리의 후손이 대부분 바이러스에 의해 전멸하고 운 좋은 소수만 살아남았다고 가정해보자. 생존자는 그린란드 근처의 외딴 섬 콘월리스에 사는 이누이트족 1000명과 인도양 한가운데 섬들에 고립되어 살아가는 안다만족 1000명의 두 집단 뿐이다. 두 인구 집단이 수천 년 동안 서로 고립되어 살면서, 매우 다른 환경에 대응하여 독특한 생리적 차이가 발달했다. 하지만 이들이 우리 종의 일원이라는 표준적 가정에 의문을 던질 타당한 근거는 전혀 없다. 두 인구 집단이 그 뒤로 1만 년 동안 지리적·생식적으로 격리되어 결국 지구상에 두 종이 살게 되었다고 가정해보자. 내가 '두 종'이라고 말한 이유는 그들이 마침내 마주쳤을 때 짝짓기할 생각을 전혀 하지 않았기 때문이다. 게다가 어쩌다 짝짓기를 하더라도 수정이 되지 않았는데, 이렇듯 오랜 지리적 격리로 인한 생식적 격리를 '이소적異所的 종 분화allopatric speciation'라 한다. 그렇다면 종 분화는 정확히 언제 일어났을까? 마지막 공통 조상이 살았던 시기는 3만 년 이전으로 거슬러 올라갈 수 있지만, 그때 그곳에서 종 분화가 일어나지는 않았다(우리가 알기로는 현재까지도 일어나지 않았다). 하지만 그로부터 수천 년 안에, 두 인구 집단이 재결합하기 전에 종 분화가 일어났을 가능성이 있다. 종 분화는 농업의 여명기 이전에 일어났을까, 인터넷 발명 이후에 일어났을까? 자신 있게 옹호할 수 있는, 자의적이지 않은 대답은 하나도 없다. 약 3만 년 전에 살았던 마지막 공통 조상—도킨스[23]의 용어를 따르자면 '공조상concestor'—이 있었음은 틀림없으며, 이 공통 조상의 후손은 때가 무르익어 서로 다른 두 종의 시조始祖'였음'이 결국 밝혀질 수도 있다. 하지만 그때 종 분화 사건이 시작되었는지 아닌지는 오늘날에도 확정되지 않았다.

여기서 우리는 인류(와 인류 이후) 역사에서 중추적 역할을 한 것으로 드러날 탄생 사건을 맞이할 것이다. 이 사건은 정확한 시각과 장소에서 일어났지만, 수천 년의 '후속 결과' 덕분에 그 역할이 확고해지기까지 특별한 지위를 얻지 못했다. 이 탄생은 결코 기왕의 결론이 아니었다. 이 탄생이 종 분화 사건으로 인정받지 못하는 경우는 간단하다. 극소수의 섬 주민이 배 한 척을 타고—또는 널빤지 하나에 매달린 채—바다를 건너 '때 이른' 재결합을 했다면 그걸로 끝이다. 최초로 계통이 격리된 순간으로부터 최종적으로 두 종의 지위가 입증되기까지의, 정확하지만 알 수 없는 어느 순간에 종 분화가 실제로 일어났다고 '상상'할 수는 있지만, 그런 티핑 포인트를 어떻게 정의할 수 있을까? 두 계통 사이에 염색체 분화가 누적되어, '만일' 계통 간 짝짓기가 시도되었다면 불임으로 입증'되었을' 최초의 시기로 정의할 수 있을지도 모른다. 하지만 이런 사후 가정은 거의 무의미하다.

대륙 횡단 철도가 깔리면서 아메리카들소 무리가 생식적으로 격리되었지만, 버펄로 빌 코디와 동료들은 잠재적 종 분화의 싹을 순식간에 잘라냈다. 아메리카들소를 한 마리만 남기고 씨를 말렸으니 말이다. 동종 개체군이 환경적 사건으로 두(또는 그 이상의) 격리된 집단으로 나뉘는 경우가 있다. 이 집단들은 몇 세대 동안 생식적으로 격리되며, 거의 언제나 재결합하거나 한 집단이 멸종한다. 따라서 종 분화의 초기 단계가 꽤 자주 일어나더라도 이것이 종 분화로 이어지는 일은 거의 절대로 없으며, 설령 종 분화가 일어나더라도 이것이 확립되려면 수백 세대가 지나야 한다. 첫 분리의 상황에 대해 어떤 정보가 있어도 이 분리가 종 분화 사건의 시작이었는지는 도저히 알 수 없다. 종 분화 당시 세상의 모든 분자에 대해 완벽한 물리적 지식을 갖추었더라도 소용없다. 따지고 보면 종의 개념 자체가 개념인 셈인 것이다. 개, 코요테, 늑대는 별개의 종으로 명명되지만, 코이도그coydog(코요테와 개의 잡종_옮긴이)와 늑대개dog-wolf(늑대와 개의 잡종_옮긴이)의 후손이 매우 흔하므로 '공식적으로'는 이들을 단순히 갯과의 (아종도 아닌) 세 변종으로 보아야 할 것이다. 잡종화(서로 다른 종끼리 교배하는 것) 가능성을 확고하게 일반화하기는 힘들다. 모든 종의 모든 개체가 같은 종의 다른 개체와 미묘한 차이점을 나타낸다는 것을 생각하면 놀랄 일이 아니다. 생물학자라고 해서 특별히 우려할 일도 아니다. 생물학자는 정의나 본질을 꼬치꼬치 따지지 않는 법을 배운 사람들이다. 생물학에서는 모든 중간사례를 만들어내는 과정이 잘 알려져 있다.

45

과부 제조기, 미토콘드리아 이브, 회고적 대관식

뉴욕 시에 사는 여인은 2000킬로미터 이상 떨어진 도지 시에서 총알 하나가 방금 어떤 남자의 뇌에 미친 영향으로 인해 별안간 과부의 속성을 가지게 될 수 있다. (서부 개척 시대에 리볼버의 별명이 '과부 제조기Widowmaker'였다. 특정 리볼버가 특정한 경우에 이름값을 했는지는 범죄 현장을 아무리 철저하게 조사해도 확정할 수 없을지도 모르지만.) 이 예가 시공간을 훌쩍 뛰어넘는 신기한 능력을 발휘하는 것은 결혼 관계의 규약적 성질에서 비롯한다. 이 규약에 따르면 과거의 역사적 사건인 결혼식은 이후의 방황과 구체적 불운(이를테면 결혼반지를 잃어버리거나 혼인 관계 증명서가 찢어지는 경우)과 무관하게 영구적 이해관계(인과 관계가 아니라 형식 관계)를 만들어내는 것으로 간주된다.

유전생식 체계는 규약적이지 않고 자연스럽지만 시계처럼 작동한다. 유전생식 체계가 매우 체계적인 덕분에 우리는 수백만 년에 걸친 인과 사슬에 대해 '형식적'으로 생각할 수 있다. 안 그랬다면 이 인과 사슬을 지목하거나 언급하거나 추적하는 것이 사실상 불가능했을 것이다. 그 덕에 우리는 형식적 결혼 관계보다 훨씬 멀고 국지적으로는 보이지도 않는 관계에 대해 관심을 가지고 엄밀하게 추리할 수 있다. 종 분화는 결혼과 마찬가지로 엄격하고 형식적으로 정의할 수 있는 사고 체계 안에 자리 잡은 개념이지만, 결혼과 달리 관찰 가능한 규약적 특징—결혼식, 결혼반지, 혼인 관계 증명서—이 전혀 없다. 방금 보았듯 종 분화 또한 시공간에서의 (신기할 정도로) '장거리' 현상이다. 종은 시간의 흐름에 따른 경계가 애매한 집합이므로, 그런 군집 속의 개별 생명체를 최초의 포유류로 지목하는 것은 회고적으로 또한 자의적으로만 가능하다(그러니 공연히 헛수고하지 마시길). 회고적 대관식의 또 다른 사례를 먼저 살펴보면 종 분화의 이런 특징을 더 분명하게 파악할 수 있을 것이다. 미토콘드리아 이브라는 (자의적이지 않은) 이름을 수여한 사건 말이다.

개별 생명체는 종보다 경계가 뚜렷하며 (따라서) 정체성이 더 분명하지만, 여기에도 양다리 걸친 경우가 많다. 가장 충격적인 예를 들어보겠다. 여러분의 옷 안에 뭉쳐져 있는(인체를 이루는_옮긴이) 약 10조 개의 세포 중에서 열에 아홉은 인체 세포가 아니다! 그렇다. 수천 종의 공생 방문객이 주인 세포(부모의 결합에서 형성된 접합자로부터 비롯한 세포)보다 훨씬 많다. 세균뿐 아니라 진핵생물도 있으며 균류, 속눈썹 등에 달라붙은 진드기, 현미경으로 보아야 보이는 벌레와 큰 벌레, 정체를 알 수 없는 생명체 등 단세포 미생물도 있고 다세포 유기체도 있다. 여러분은 걸어다니는 생태계이며, 방문객 중에는 반갑지 않은 손님(무좀을 일으키는 균류, 입냄새를 일으키거나 염증 부위에 몰려드는 세균)도 있지만, 어찌나 필수적인지 불청객을 모조리 몰아내면 여러분이 죽게 되는 그런 손님도 있다. 이 공생 세포는 대체로 인체 세포보다 훨씬 작아서, '무게'로 따지면 여러분은 여전히 대체로 인간이다. 하지만 그들의 무게도 합치면 만만치 않다. 약 2~3킬로그램에서, 많으면 4.5킬로그램까지 나간다. 바이러스는 이

보다도 훨씬 많다.

여러분을 이루는 경계가 이토록 허술한데도 여러분은—여느 개별 생명체와 마찬가지로—다른 개체와 쉽게 구분된다. 우리는 진화사에서 특별한 역할을 맡은 특정한 개별 생명체를 지목할 수도 있다. 그중에서 가장 유명한 것으로 미토콘드리아 이브가 있다. 미토콘드리아 이브는 '지금 살아 있는' 모든 사람의 모계 조상 중에서 '가장 최근'의 직계 조상이다. 미토콘드리아는 모든 사람의 세포에 들어 있는데, 모계로만 전달되기 때문에 지금 살아 있는 모든 사람의 모든 세포에 들어 있는 모든 미토콘드리아는 어떤 여인의 세포에 들어 있던 미토콘드리아의 직계 후손이다. 레베카 칸, 마크 스톤킹, 앨런 윌슨[24]은 이 여인에게 미토콘드리아 이브라는 칭호를 붙였다.

미토콘드리아는 세포에 들어 있는 작은 세포 소기관으로, 음식으로부터 에너지를 뽑아내어 모든 인체 활동에 공급함으로써 물질대사에서 핵심적 역할을 한다. 미토콘드리아는 자체 DNA가 있는데 이는 수십억 년 전 세포의 공생에서 비롯했음을 보여주는 결정적 흔적이다. 과학자들은 지금 살아 있는 저마다 다른 사람들의 미토콘드리아 DNA 패턴을 분석하여 미토콘드리아 이브가 대략 얼마나 최근까지 살았는지, 심지어 어디서 살았는지까지 유추해냈다. 초기 계산에 따르면 미토콘드리아 이브는 30만 년 전에 아프리카에 살았지만, 최근 들어 시기가 더 정확해졌다. 아프리카에 살았던 것은 거의 확실하나 시기는 20만 년 전으로 줄었다. '언제'와 '어디서'를 유추하는 것은 미토콘드리아 이브가 존재했는지 '여부'를 유추하는 것보다 훨씬 까다로운 일이다(존재 여부를 의심하는 생물학자는 아무도 없다). 논란을 제쳐두고 미토콘드리아 이브에 대해 우리가 이미 아는 몇 가지 사실만 살펴보자. 우리는 그녀가 낳은 딸 중에서 적어도 두 명이 살아남았음을 안다. (딸이 한 명뿐이었다면 미토콘드리아 이브의 왕관은 딸에게 돌아가야 할 것이다.) 그녀의 칭호를 고유한 이름과 구별하기 위해 에이미라고 부르기로 하자. 에이미는 미토콘드리아 이브라는 칭호를 부여받았다. 이 말은 지금 살아 있는 사람들의 모계 시조라는 뜻일 뿐이다. '나머지 모든 측면에서는' 미토콘드리아 이브에게 인상적이거나 특별한 것이 아마도 전혀 없을 것임을 명심하라. 그녀는 최초의 여인도, '호모 사피엔스' 종의 시조도 아니었다. 그 이전에 살았던 여인들도 우리와 같은 종이었음은 의심할 여지가 없지만, 그중 누구도 지금 살아 있는 모든 사람의 모든 미토콘드리아의 최근 근원은 아니었다. 물론, 미토콘드리아 이브에게 딸과 손녀가 있기는 했지만 그녀가 당시의 다른 여인들보다 유달리 힘세거나 아름답거나 다산이지는 않았을 것이다.

미토콘드리아 이브—즉, 에이미—가 얼마나 특별하지 않았는지 실감하기 위해, 수천 세대가 지난 내일 치명적 신종 질병이 지구를 휩쓸어 몇 년 만에 인류의 99퍼센트가 몰살했다고 가정해보자. 운 좋게도 병원체 바이러스에 대해 저항력을 타고난 생존자들은 혈연적으로 매우 가까웠을 것이다. '그들'의 최근·직접적 모계 공통 조상—이름은 베티라고 하자—은 에이미보다 수백, 수천 세대 뒤에 살았던 어떤 여인일 것이며, 미토콘드리아 이브의 왕관은 그녀에게 회고적으로 수여될 것이다. 베티는 수 세기 뒤에 종을 구한 돌연변이의 원천이었을지 모르지만, 그 돌연변이는 '그녀'에게 전혀 이롭지 않았을 것이다. 돌연변이가 승리를 거두었을 때 바이러스는 더는 치명적이지 않았을 수도 있기 때문이다. 요점은 미토콘드리아 이브가 '회고적'으로만 왕관을 수여받을 수 있다는 것이다. 역사적으로 핵심적인 이 역할은 에이미 당대의 사건들뿐 아니라 후대의 사건들에 의해 결정된다. 어마어마한 우연을 이야기하지 않을 수 없다. 에이미가 세 살 때 물에 빠졌는데 삼촌이 구해주지 않았다면 (궁극적으로 에이미 덕분에 특정한 미토콘드리아 DNA를 가진) '우리' 중 누구도 존재하지 못했을 것이다! 에이미의 손녀가 모두 유아기에 굶어 죽었다면—당시에는 많은 유아가 그랬으니까—누구도 우리를 기억하지 않을 것이다.

같은 논변에 따르면, 지금 살아 있는 모든 남자와 소년의 가장 가까운 직접적 부계 조상인 아담도 있어야만 한다. 그를 Y 염색체 아담이라고 부르도록 하자. 미토콘드리아가 모계를 통해 전달되듯 우리의 Y 염색체는 모두 부계를 통해 전달되기 때문이다.[25] Y 염색체 아담은 미토콘드리아 이브의 남편이었을까? 아니면 애인? 어림도 없는 소리다. 아버지가 되는 것은 어머니가 되는 것보다 시간과 에너지가 훨씬 적게 드는 일이기 때문에, Y 염색체 아담이 '매우' 최근에 살았으며 에롤 플린(미국의 영화배우로, 유명한 바람둥이였다_옮긴이) 저리 가라 할 정도로 침대에서 아주아주 바빴다는 것이 '논리적'으로 가능하다. 지금 살아 있는 최고령자가 (이를테면) 110세라면 Y 염색체 아담이 그의 아버지였다는 것이 '논리적으로' 가능하다. 그는 20세기 초의 돈 후안으로, 지금 살아 있는 모든 남성의 아버지 아니면 할아버지 아니면 증조할아버지……일 것이다. 어쨌든 우리 남성은 수십억 개의 정자를 생산하며 한 번 사정할 때마다 수억 개씩 내보내기 때문에, Y 염색체 아담이 전 인류의 아버지가 되기에 필요한 정자를 만드는 데는 (이론상) 일주일이면 충분하다! 하지만 전 세계 남성 Y 염색체의 유전적 차이를 모두 조사하고 그만큼의 돌연변이가 누적되려면 시간이 얼마나 걸릴지 계산하면, Y 염색체 아담의 실제 생존 연대는 10만 년 전 이후로 추정된다. 이번에도 마찬가지로, 역병이 돌아 남성 인구의 절반이 몰살했다면 Y 염색체 아담의 왕관은 훨씬 최근의 조상에게 돌아갈 가능성이 농후하다.[26]

모든 개별 생명체(이를테면 여러분이나 나, 여러분의 개, 여러분의 제라늄)에 대한 흥미로운 사실은 그것이 새 종의 '잠재적' 시조—그러니까 그 무엇의 기다란 족보에서 맨 앞—가 될 수 있다는 것이다. 하지만 그 무엇이 무리에서 별개의 종으로 간주될 만큼 구별되려면 수백 세대나 수천 세대가 지나야 하므로, 대관식이 거행될 때쯤이면 여러분이나 나나 여러분의 개나 여러분의 제라늄은 이미 오래전에 흙으로 돌아갔을 것이다. 따라서 여러분의 부모는 두 휴머노이드 종 모든 구성원의 가장 최근의 공통 조상으로 판명될 수도 있지만, 김칫국부터 마시진 마시길. 치와와와 그레이트데인은 '카니스 파밀리아리스*Canis familiaris*'라는 동일한 종의 구성원이지만, 문명이 붕괴하여 각자의 후손이 야생으로 돌아가면 비글과 바셋 하운드보다 더 쉽사리 종이 분화될 것이다. 인간의 도움 없이는 그레이트데인이 치와와를 수정시키거나 치와와가 그레이트데인을 수정시킬 가능성이 희박하기 때문이다. 하지만 억겁의 기간 동안 대부분의 계통이 그랬듯, 종 분화가 일어나기 전에 두 계통이 멸종할 가능성도 얼마든지 있다.

지금껏 살았던 모든 생명체의 99퍼센트 이상이 후손을 못 보고 죽은 것으로 추정된다. 하지만 여러분은 이 자리에 앉아 있다. 하나의 세포에서 벌레로, 벌레에서 어류로, 어류에서 파충류로, 파충류에서 포유류로, 포유류에서 영장류에 이르는 기나긴 세월 동안 여러분의 하고많은 조상 중에서 단 한 명(마리)도 자식 없이 죽지 않은 것이다. 이런 행운이 어디 있을까? 물론 풀 한 포기, 모기 한 마리, 코끼리 한 마리, 데이지 한 송이에게도 우리처럼 길고 자랑스러운 계보가 있다.

46

순환

자연의 대규모 순환은 누구에게나 친숙하며 모르는 사람이 없다. 낮이 가면 밤이 오고 밤이 가면 낮이 오며, 여름에서 가을로 가을에서 겨울로 겨울에서 봄으로 봄에서 여름으로 여름에서 가을로 가을에서 겨울로 겨울에서 봄으로 계절이 바뀌며, 물은 증발했다가 비로 내려 호수가 되고 강물로 흘러 지구상 모든 생물의 목을 축인다. 하지만 순환이 어떻게 해서 자연의 온갖—원자에서 천문학적 규모까지 모든 시공간 척도에서—놀라운 현상을 일으키는 (말 그대로) 숨겨진 방직 모터인지 모두가 아는 것은 아니다. 니콜라우스 오토는 1861년 최초의 휘발유 내연기관을 제작하여 판매했으며 루돌프 디젤은 1897년 디젤기관을 제작했다. 세상을 바꾼 두 가지 근사한 발명품이다. 두 기관은 순환을 활용하여—오토는 4행정 순환, 디젤은 2행정 순환—어떤 작업을 수행하고, 더 많은 작업을 수행할 수 있도록 시스템을 원래 위치로 돌려놓는다. 이 기발한 순환의 세부 사항을 발견하고 최적화한 것은 수백 년은 된 발명의 R&D 순환이다. 이보다 훨씬 우아하고 소형화된 것으로 크레브스 순환(크레브스 회로)이 있다(발견된 것은 1937년에 한스 크레브스에 의해서였지만 발명된 것은 생명의 여명기

수백만 년에 걸친 진화에 의해서였다). 크레브스 순환은 세균에서 미국삼나무에 이르는 모든 생명에 필수적인 물질대사 과정에서 연료(식량)를 에너지로 바꾸는 8행정 화학 반응이다.

크레브스 순환 같은 생화학적 순환은 살아 있는 세계의 모든 운동, 성장, 자가복구, 재생산을 맡고 있다. 바퀴 속에 바퀴 속에 바퀴가 들어 있어 수조 개의 가동 부품이 정교하게 맞물려 돌아가는데, 각 시계는 임무를 다시 수행할 수 있도록 되감아 1단계로 돌려놓아야 한다. 이 모든 순환을 최적화한 것은 억겁에 걸쳐 운 좋은 개량을 주워담으며 세대에서 세대로 이어지는 거대한 다윈적 생식 순환이다.

이와 전혀 다른 규모에서는 선사 시대에 우리 조상이 순환의 효율을 발견하여 위대한 진보를 이루었다. 즉, 제작에서 반복이 하는 역할을 발견한 것이다. 막대기를 하나 가져다 돌로 문지르면 열에 아홉은 아무 일도 일어나지 않는다. 막대기 표면의 긁힌 자국 몇 개가 전부다. 막대기와 돌을 처음 위치로 되돌려 같은 과정을 반복한다. 그래도 노력의 결실은 거의 보이지 않는다. 100번 문질렀는데도 좀처럼 달라지는 게 없다. 하지만 우직하게 수천 번 문지르면 막대기를 신기할 정도로 곧은 화살대로 탈바꿈시킬 수 있다. 순환 과정은 감지되지 않는 증분을 누적함으로써 전혀 새로운 것을 만들어낸다. 이런 작업에 필요한 선견지명과 자기 제어의 조합은 그 자체로 새로운 현상이자, 다른 동물의 반복적이지만 대체로 본능적이고 맹목적인 건축 및 조형 과정에 비해 엄청나게 발전한 것이다. 이 새로움은 그 자체로 다윈적 순환의 산물이며, 결국은 문화적 진화라는 더 빠른 순환으로 보강된다. 문화적 진화에서는 기술의 재생산이 유전자를 통해 후손에게 전달되는 것이 아니라 모방의 트릭을 익힌 친척 아닌 개체 사이에서 전파된다.

돌멩이를 근사하게 생긴 대칭형 주먹도끼로 다듬는 첫 조상의 작업 과정은 매우 멍청해 보였을 것이다. 바닥에 주저앉아 몇 시간이고 돌멩이를 비벼댔으리라. 아무 소득도 없는 채. 하지만 모든 맹목적 반복의 틈새에는 점진적 개량 과정이 숨어 있었다. 이 과정은 맨눈에는 거의 보이지 않는다. 맨눈은 훨씬 빠른 템포로 일어나는 변화를 감지하도록 진화를 통해 설계되었기 때문이다.[27] 쓸모없어 보이는 겉모습 때문에 생물학자들도 오해한 적이 많다. 분자세포생물학자 데니스 브레이[28]는 명료한 저서 『웻웨어Wetware』에서 신경계의 순환을 이렇게 서술한다.

> 전형적인 신호 전달 경로에서 단백질은 지속적으로 변형되고 복구된다. 키나아제와 인산염은 단백질에 인산기를 더했다 뺐다 하며 개미집 속 개미처럼 끊임없이 일한다. 이것은 헛수고처럼 보인다. 특히, 더하고 빼는 각 순환마다 세포가 (귀중한 에너지 단위인) ATP 분자를 하나씩 소비하니 말이다. 실제로 처음에는 이런 종류의 순환 반응에 '무익하다'라는 꼬리표가 붙었으나, 이 형용사는 잘못된 것이다. 단백질에 인산기를 더하는 것은 세포에서 일어나는 반응 중에 가장 흔하며, 세포가 수행하는 계산의 상당 부분을 뒷받침한다. 이 순환 반응은 무익하기는커녕 유연하고 재빨리 조정할 수 있는 장치라는 필수적 자원을 세포에 공급한다.[29]

'계산'이라는 단어를 선택한 것은 적절했다. 컴퓨터 프로그래머들이 가능한 계산 공간을 탐구한 지는 한 세기가 채 지나지 않았지만, 이들이 발명과 발견으로 거둔 수확 중에는 수백만 개의 루프 속 루프 속 루프가 있다. 인지의 모든 '마법'은—생명 자체가 그렇듯—각 신경세포 내에서 일어나는 나노 규모의 생화학적 순환으로부터, 생성 및 검증generate-and-test이라는 지각계 내 예측 코딩 순환을 거쳐[30], 전체 뇌 수면 주기(EEG 기록으로 드러나는 뇌 활동과 회복의 대규모 파동)에 이르는, 반복되고 '재진입성'(동시에 병렬적으로 실행 가능한 성질_옮긴이)이 있고 재귀적인 정보 변형 과정의 순환 속 순환에 의존한다. 생명의 모든 부문에서 개량의 비밀 성분은 늘 동일하다. 연습, 연습, 오로지 연습이다.

다윈주의적 진화가 누적적이고 연마하는 순환의 일종일 뿐임을 명심하는 것이 유익하다. 순환은 그 밖에도 많다. 지적 설계론자들 말마따나 '자연선택에 의한 진화는 생식에 의존하기 때문에 살아 있고 생식하는 최초의 생명체가 어떻게 생겼는가의 문제에 대한 *다윈주의적* 해법은 있을 수 없다'라고 주장한다면 생명의 기원 문제는 해결 불가능한[31] 것처럼 보일 수 있다. 분명 생명은 놀랍도록 복잡하며 아름답게 설계되었으니 기적이었음이 틀림없다는 것이다. 생물 발생과 생식 이전의 세계가 화학 물질의 무미건조한 혼돈이라는 착각에 빠지면—이를테면 창조론자들은 흩어진 제트기 부품이 폭풍에 조립될 가능성이 얼마나 되겠느냐고 묻는다—문제가 정말 벅차고 난감해 보이지만, 진화의 핵심 과정이 순환적 반복(유전 생식은 고도로 다듬어지고 최적화된 한 가지 사례에 불과하다)임을 상기하면 불가사의를 퍼즐로 탈바꿈시킬 실마리를 찾을 수 있다. 억겁의 세월을 돌고 도는 이 모든 계절 순환, 물 순환, 지질학적 순환, 화학적 순환은 어떻게 하여 생물학적 순환을 태동시킬 전제 조건을 점진적으로 누적했을까? 첫 1000번의 '시도'는 아쉬운 실패였을지도 모른다. 하지만 조지 거슈윈과 버디 디실바의 놀랍도록 관능적인 곡이 상기시키듯, "다시 한 번"(그리고 다시 또다시) 하면 어떻게 될까?[32]

그렇다면 생명과 마음의 세계라는 마법을 맞닥뜨렸을 때 우리가 취해야 할 좋은 경험칙은 그 모든 수고를 해내고 있는 순환을 찾는 것이다.

47

개구리 눈은 개구리 뇌에 뭐라고 말할까?

인지과학의 초창기 고전으로 J. Y. 레트빈과 동료들[33]이 쓴 유명한 논문 「개구리 눈은 개구리 뇌에 뭐라고 말할까」가 있다. 이 논문은 개구리 시각계가 망막에서 움직이는 작고 어두운 점—거의 모든 자연적 상황에서 파리가 근처를 날 때 생기는 작은 그림자—에 민감하다는 사실을 밝혔다. 이 '파리 탐지기' 메커니즘은 적절하게도 개구리 혀의 촉발 기관에 연결되어 있다. 이것은 파리가 이 무정한 세상에서 먹이를 찾고 번식하는 비결이다. 그렇다면 개구리 눈이 개구리 뇌에 정말로 말하는 것은 무엇일까? '저기 파리가 있어'일까, '파리 아니면 가짜 파리 아니면 유형 K의 물체(어떤 종류든, 이 시각 장치를 촉발하는 것—2비트 기계 참고)가 있어'일까? 루스 밀리컨, 데이비드 이즈리얼, 그리고 나 같은 다윈주의적 의미 이론가들이 바로 이 사례를 논의했으며, 진화론의 대大비판자 제리 포더는 이런 의미에 대한 모든 진화론적 설명에 (자신의 관점에서) 무엇이 잘못되었는지 밝히려고 달려들었다. 포더는 진화론적 설명이 너무 불확정적이라고 말한다. 개구리 눈이 '지금 이곳의 파리'와 '지금 이곳의 파리 또는 작고 어두운 발사체' 등으로 보고하는 것들의 차이를 (마땅히 구별해야 하는데도) 구별하지 못한다는 것이다. 하지만 이는 거짓이다. 우리는 개구리의 선택 환경을 이용하여—그것이 무엇이었는지 확정할 수 있는 정도까지—여러 후보들을 구별할 수 있다. 이를 위하여 2비트 기계의 상태가 어떤 의미인지에 대한 의문을 해소하려고 동원한 논의와 똑같은 논의를 동원한다. 선택적 환경의 그 무엇도 경우들의 특정한 부류를 고유하게 지목하지 않는 한, 개구리 눈의 보고가 '실제로' 무엇을 의미하는지에 대한 어떤 사실도 존재하지 않는다. 개구리를 파나마로—더 정확하게는, 새로운 선택적 환경으로—보내면 이를 생생하게 실감할 수 있다.

과학자들이 (멸종 위기에 처한) 파리잡이 종 중에서 개구리 몇 마리를 채집하여 새로운 환경에 집어넣고 보호 조치를 취한다고 가정하자. 이곳은 특별한 개구리 동물원인데, 파리는 한 마리도 없지만 사육사가 정기적으로 자신이 돌보는 개구리 앞에 작은 먹이 알갱이를 던진다. 시스템이 작동하고 사육사는 안심한다. 개구리는 잽싸게 혀를 내밀어 먹이 알갱이를 받아먹는다. 얼마 지나자 후손 개구리 무리가 생긴다. 녀석들은 파리를 한 번도 본 적이 없다. 아는 것이라고는 먹이 알갱이뿐이다. '녀석'들의 눈은 '자신'의 뇌에 뭐라고 말할까? 그래도 의미가 달라지지 않았다고 우기는 사람은 난처한 상황에 빠진다. 개구리의 사례는 자연선택에서 늘 상 일어나는 일—즉, 기존 구조를 새로운 기능에 재사용하는 '굴절적응 exaptation'—을 인위적으로 뚜렷하게 구현한 것에 지나지 않는다. 다윈이 조심스럽게 상기시켰듯, 기구를 새로운 목적에 재사용하는 것은 어머니 자연이 성공을 거둔 비결 중 하나다. 더 설득시켜달라고 말하는 사람에게 요점을 이해시키려면, 모든 동물원 개구리가 똑같이 잘하지는 못한다고 가정하면 된다. 시각계에서 알갱이 탐지 능력에 변이가 일어나면 어떤 개구리는 딴 개구리에 비해 양껏 먹지 못하여 자손을 덜 남긴다. 얼마 지나지 않아 알갱이 탐지에 대한 선택이 이루어지리라는 사실은 부인할 수 없다. 이것이 유의미할 정도로 충분히 일어나는 것이 '정확히 언제'인지 묻는 것은 잘못일 테지만 말이다. 개구리 눈이 말하는 것이 '지금 막' 달라졌다고 알려주는 종소리를 듣겠다고 귀를 기울여봐야 헛수고다. 최초의 포유류 따위는 없었으며 최초의 알갱이 탐지 따위도 없다.

다양한 개구리 눈의 촉발 조건에 '무의미'하거나 '불확정적'인 변이가 없었다면 '새로운' 목적을 추구할 선택의 원료(맹목적 변이)도 있을 수 없다. 포더(를 비롯한 연구자들)는 불확정성이 의미의 진화에 대한 다윈주의적 설명의 결함이라고 생각하지만, 실은 모든 의미의 진화에 대한 전제 조건이다. 개구리 눈이 '실제로' 의미하는 '확정적인 무엇'—개구리의 눈이 개구리의 뇌에 말하는 것을 '정확히' 표현하는, 아마도 알아내지 못할 개구리어語 명제—이 있어야만 한다는 생각은 본질주의를 의미(또는 기능)에 적용한 것에 불과하다. 의미는—그 직접적 바탕이 되는 기능과 마찬가지로—날 때부터 확정된 무엇이 아니다. 의미는 도약 진화saltation—설계공간을 훌쩍 뛰어넘는 진화—나 특수한 창조로 생기는 것이 아니라 (대체로 점진적인) 상황 변화 때문에 생긴다.

48

바벨의 도서관에서 우주를 뛰어다니다

1988년 위대한 천문학 역사가 오토 노이게바우어에게 누군가 그리스 파피루스 조각의 사진을 보냈다. 숫자 몇 개가 세로로 쓰여 있는 조각이었다. 사진을 보낸 사람은 한 고전학자였는데, 이 파피루스 조각의 의미를 도무지 알 수 없어 노이게바우어에게 뾰족한 수가 없을까 하고 생각한 것이었다. 89세의 노학자 노이게바우어는 위 숫자와 아래 숫자의 차를 일일이 계산하여 최댓값과 최솟값을 알아냈다. 그리고 이 파피루스가 바빌로니아의 'B 체계' 태음력 역표ephemeris가 기록된 바빌로니아 설형문자 점토판의 'G 열' 일부를 번역한 것이라고 결론 내렸다! (역표는 특정 기간의 모든 시점에 천체의 위치를 계산하는 표다.) 노이게바우어가 셜록 홈스를 방불케 하는 추리를 해낸 비결은 무엇일까? 방법은 간단하다. 노이게바우어는 그리스어로 기록된 숫자(십진법이 아니라 60진법 숫자열)가 달의 위치에 대한 (바빌로니아인들의) 매우 정확한 계산—G 열!—의 일부임을 알아차렸다. 역표를 계산하는 방법은 여러 가지가 있는데, 나름의 체계를 이용하여 독자적으로 역표를 계산하면 (비슷할 수는 있겠지만) 정확히 똑같은 숫자가 나올 수 없다는 것을 노이게바우어는 알고 있었다. 바빌로니아 B

Freunde, Römer, Mitbürger, gebt mir Gehör! Ich komme, Cäsars Leiche zu bestatten, nicht, ihn zu loben.

체계는 뛰어난 역법이었기에, 세세한 부분까지 번역되어 보전되어 있었다.[34]

노이게바우어는 위대한 학자였지만, 그의 발자국을 따라 밟으면 여러분도 그에 못지않은 추리를 해낼 수 있을 것이다. 누군가 여러분에게 위와 같은 사진을 보내면서 "이 글은 무슨 뜻입니까?"라고 물었다고 가정해보자. 이 글은 어디서 왔을까?

뒤 내용을 읽기 전에 추리해보라. 옛 독일 '프라크투어fraktur' 서체를 읽을 줄 몰라도, 심지어 독일어를 몰라도 뜻을 알 수 있을 것이다! 다시 꼼꼼히 읽어보라. 발음이 틀릴까 염려하지 말고 낭랑한 목소리로 강세를 확실하게 주면서 발음해보라. 알겠는가? 잘했다! 노이게바우어에게는 바빌로니아 G 열이 있는지도 모르지만, 여러분은 이 조각이 엘리자베스 시대 비극을 독일어로 번역한 것의 일부(정확히 말하자면 3막 2장 79~80행)임에 '틀림없'다고 금방 알아차렸을 것이다. 한번 이런 생각이 들면 다른 것일 거라는 생각은 도저히 할 수 없다! 다른 어떤 상황에서 독일어 문자열이 '이' 특정한 순서로 배열될 가능성은 없작다.[35]

이 문자열을 만들어낸 R&D는 우연히 복제되기에는 너무 특수하다. 왜 그럴까? 이 기호 연쇄에는 어떤 특징이 있을까? 니컬러스 험프리[36]의 더 과격한 버전을 들여다보면 이 문제를 더 생생하게 실감할 수 있다. 여러분이 뉴턴의 『프린키피아』, 초서의 『캔터베리 이야기』, 모차르트의 『돈 조반니』, 에펠 탑 중에서 걸작 하나를 '뇌리에서 지워'야만 한다면 어떻게 하겠는가? 험프리의 '대답'은 아래와 같다.

> 나는 망설이지 않고 『프린키피아』가 지워져야 한다고 대답할 것이다. 어째서 그럴까? 이 모든 작품 중에서 뉴턴의 작품만이 '대체 불가능'하지 않기 때문이다. 간단한 논리다. 뉴턴이 『프린키피아』를 쓰지 않았더라도 (아마도 몇 년 안에) 딴 사람이 썼을 테니까. ……『프린키피아』는 인간 지성에 바치는 영광스러운 기념물이었으며 에펠 탑은 낭만주의적 공학의 비교적 사소한 위업이었다. 하지만 에펠이 '자신'의 방식을 구사한 반면에 뉴턴은 신의 방식을 구사했을 뿐이다.

49

『스팸릿』의 저자는 누구일까?

프랑켄슈타인 박사가 셰익프시어라는 괴물을 설계·제작하고 이 괴물이 의자에 앉아서『스팸릿』이라는 희곡을 쓴다고 가정해보자.

『스팸릿』의 저자는 누구일까?

우선, 이 직관펌프와 무관한—내 주장에 따르면—것을 가려내자. 나는 셰익프시어를 금속과 실리콘 칩으로 만들었는지, (원래 프랑켄슈타인 괴물처럼) 인체 조직으로 만들었는지, 아니면 세포나 단백질이나 아미노산이나 탄소 원자에 나노 공학을 적용하여 만들었는지 밝히지 않았다. 프랑켄슈타인 박사가 설계와 제작을 진행하는 한, 재료가 무엇인가는 이 예와 무관하다. 물론, 의자에 앉아서 희곡을 타이핑할 만큼 작고 빠르고 에너지 효율적인 로봇을 만드는 유일한 방법은 근사하게 제작된 운동 단백질로 가득한 인조 세포와 그 밖의 탄소 기반 나노로봇으로 만드는 것일지도 모른다. 이것은 기술적·과학적으로 흥미로운 문제이지만 여기서는 고려할 사안이 아니다. 똑같은 이유로, 셰익프시어가 금속과 실리콘으로 제작된 로봇이라면 임무 수행에 필요한 복잡성을 프로그램에 넣다가는 크기가 은하보다 커질지도 모른다. 또한 이 로봇이 인간의 생애 이내에 제작된다고 상상하려면 광속 제한을 폐기해야 할지도 모른다. 하지만 이런 직관펌프에서는 이같은 기술적 제약을 논외로 하는 것이 보통이며, 이번에는 관례를 따라도 괜찮을 것이다. 그래도 달라지는 것이 없기 때문이다. (손잡이를 돌리면서 정말 그런지 확인해보라.) 프랑켄슈타인 박사가 자신의 인공지능 로봇을 단백질 등으로 만들겠다고 마음먹는다면, 그건 그의 자유다. 그의 로봇이 정상적 인간과 종 간 교잡이 가능하며 (따라서) 아이를 낳아 (논란의 여지가 있지만) 새로운 종을 창조할 수 있다면 근사한 일일 것이다. 하지만 우리의 관심사는 셰익프시어의 뇌가 낳을 자식 『스팸릿』이다. 원래 질문으로 돌아가자. 『스팸릿』의 저자는 누구일까?

이 질문을 이해하려면 셰익프시어 내부에서 무엇이 일어나는지 들여다보아야 한다. 한쪽 끝에서는, 파일(셰익프시어가 컴퓨터 메모리를 장착한 로봇이라면), 즉 기본적으로 '기억'된 『스팸릿』 판본이 모두 로딩되어 실행 준비가 끝난 상태로 들어 있는 것이 보인다. 이런 극단적 경우에는 프랑켄슈타인 박사가 『스팸릿』의 저자임이 분명하다. 그는 자신의 매개적 창조물 셰익프시어를 저장 및 전달 장치, 즉 아주 근사한 워드프로세서로만 이용하는 셈이다. '모든' R&D 작업은 이전에 시행되어 모종의 수단을 통해 셰익프시어에게 복사되었다.

『스팸릿』과 이것이 속한 은하를 **바벨의 도서관** 속에서 상상하면 시각적으로 더 뚜렷하게 나타낼 수 있다. 『스팸릿』은 어떻게 그곳에 갔을까? 『스팸릿』을 창조한 R&D의 궤적은 어땠을까? 셰익프시어의 메모리가 구성되어 정보로 채워질 때 이미 모든 여정이 끝났다면, 우리는 셰익프시어가 연구에서 아무 역할도 하지 않았음을 알 수 있다. 뒤로 돌아가, 저장된 텍스트를 맞춤법 검사기에서 돌린 뒤에 이렇게 수정된 텍스트를 타이핑 하는 것이 셰익프시어의 유일한 역할이었다면, 우리는 셰익프시어의 저작권 주장에 코웃음 칠 것이다. 셰익프시어의 역할을 측정할 수야 있겠지만, 전체 R&D에 비하면 없작기 때문이다. 바벨의 도서관에서는『스팸릿』의 쌍둥이로 이루어진 꽤 큰 은하가 있다. 대략 10억 개의 저마다 다른 사소한 돌연변이들에는 수정되지 않은 오타가 하나씩 있는데, 쪽당 오타 하나씩으로 범위를 넓히면 천많은 수의『스팸릿』변이형이 존재하는 영역에 발을 디디게 된다. 좀 더 뒤로 돌아가서, 오타를 졸업하고 '오사誤思 thinko'[37]—(논란의 여지가 있지만) 단어가 틀렸거나 최적이 아닌 단어를 선택한 것—로 넘어가면, 단순한 교정과 대조되는 본격적 저작권의 영역에 들어서기 시작한다. 교정의 상대적 부차성과 (그럼에도 최종 결과물의 형성과 관련하여) 무시할 수 없는 중요성은 설계공간에서 훌륭하게 표상된다. 획 하나만 달라져도 의미가 바뀌며, 몇 가지가 달라지면 궤적이 완전히 바뀔 수 있기 때문이다. 이 시점에서 여느 때처럼 루트비히 미스 반 데어 로에를 인용하겠다. "신은 디테일 속에 있다."

이제 직관펌프의 손잡이를 돌려 반대쪽 끝을 살펴보자. 여기서는 프랑켄슈타인 박사가 작업의 대부분을 셰익프시어에게 넘긴다. 가장 현실적인 시나리오는 프랑켄슈타인 박사가 셰익프시어에게 가상의 과거—즉, 일생에 걸친 경험의 유사기억—를 부여하고 이를 바탕으로 셰익프시어는 박사가 심어준 강박적 글쓰기 욕구에 반응하여 희곡을 쓴다는 것이다. 이 유사기억 중에는 저녁에 영화를 보거나 책을 읽은 경험이 들어 있을 수도 있겠지만, 짝사랑이나 구사일생의 상황, 치욕스러운 배신 등도 있을 것이다. 그렇다면 어떤 일이 일어날까? 어쩌면 신문 사회면의 몇몇 기사가 셰익프시어를 자극하는 촉매가 되어 그가 생성 및 검증에 열광적으로 돌입하여, 유용한 이야깃거리와 주제를 찾아 기억을 샅샅이 뒤지고, 자신이 발견한 것을 변형하고, 조각들을 완성이 기대되는 잠정적 구조로 끼워맞출지도 모른다(대부분의 조각은 신랄한 비평에 해체될 것이지만 그 와중에도 이따금 유용한 조각이 드러날 것이다). 이 모든 다층적 탐색을 이끄는 것은 다층적이고 내생內生적인 평가로, 여기에는 현재 진행 중인 탐색(순환 내부의 순환 내부의 순환)의 결과에 대한 (평가에 대한) 평가에 반응하는 평가의 평가의 평가의 평가 기능이 포함된다.

경이로운 프랑켄슈타인 박사가 이 모든 활동을 가장 격렬하고 혼란스러운 수준의 가장 작은 단위까지 실제로 예상했고 오로지 이 결과물『스팸릿』을 내놓기 위해 셰익프시어의 가상 과거와 그 모든 탐색 기구를 손수 설계했다면, 프랑켄슈타인 박사는 다시 한 번『스팸릿』의 저자일 테지만, 그와 동시에 (한마디로) 신이기도 할 것이다. 이렇게 천거대한 예지력은 그야말로 기적일 것이다. 우리의 환상에 일말의 현실감을 다시 불어넣기 위해, 손잡이를 덜 극단적인 위치에 놓고 프랑켄슈타인 박사가 이 모든 활동을 꼬치꼬치 예견하지는 못했으며 설계공간에서 '이러저러한 문학작품'으로—이것은 이후에 셰익프시어 자신의 내부에서 일어나는 R&D를 통해 확정될 것이다—궤적을 완성하는 대부분의 수고를 셰익프시어에게 위임했다고 가정하자. 이제 우리는 손잡이를 돌리는 것만으로 현실 자체의 이웃에 이르렀다. 우리에게는 자신의 창조한 이의 선견지명을 천훌쩍 뛰어넘는 인상적인 인공 저자의 실제 사례가 있으니 말이다. 관심을 쏟을 만한 인공 극작가를 창조한 사람은 아무도 없지만, 인공 체스 기사—IBM 딥블루—와 인공 작곡가—데이비드 코프의 EMI—둘 다 '어떤 면에서' 인간의 창조적 천재성이 내놓을 수 있는 최상의 결과와 맞먹는 결실을 거두었다.

세계 체스 챔피언 가리 카스파로프를 누가 이겼는가? 머리 캠벨도, 그의 IBM 동료도 아니다. 딥블루가 카스파로프를 이겼다. 딥블루는 체스 대국을 IBM 연구진의 누구보다 훌륭하게 설계한다. 그들 중 누구도 카스파로프에 맞서 승리하는 대국을 지어내지 못한다. 딥블루는 할 수 있다. 그건 그렇지만. 그건 그렇지만. 이 시점에서 여러분은 딥블루가 체스에서 카스파로프를 물리치면서 쓴 무차별 검색법이 카스파로프가 수를 생각해내려고 쓴 탐구 과정과 '전혀' 다르다고 주장하고 싶을지도 모르겠다. 하지만 결코 그렇지 않다. 적어도 창조성에 대한 다원주의적 관점을 논의하는 지금의 맥락에 변화를 줄 수 있는 유일한 방법으로서 그렇지는 않다. 카스파로프의 뇌는 유기물로 이루어졌으며 구조도 딥블루와 사뭇 다르지만, (우리가 아는 한) 오랜 시간에 걸쳐 형성된 대용량 병렬 검색 엔진이라는 점은 동일하다. 가능성이 낮은 가지에 시간을 낭비하지 않는 발견적heuristic 가지치기 기법을 훌륭하게 배열한 것에 불과하다. 두 사례에서 R&D 투자의 성격이 다르다는 데는 의문의 여지가 없다. 카스파로프의 방법은 과거 대국에서 훌륭한 설계 원리를 뽑아내는 것이다. 따라서 카스파로프는 대국 공간의 거대한 부분을 인식하고 이곳을 무시해도 된다는 사실을 안다. 하지만 딥블루는 이 공간을 '세리아팀seriatim', 즉 일일이 끈질기게 조사해야 한다. 카스파로프의 '통찰력'은 그가 수행하는 탐색의 형태를 극적으로 바꾸지만, '*전혀* 다른' 창조 수단으로 바꾸지는 않는다. 딥블루의 전수 탐색exhaustive search에서 어떤 '유형'의 길街이 (알고리즘에 따르면) 무시해도 괜찮다고 판단되어 차단될 경우—어렵기는 하지만 불가능한 임무는 아니다—딥블루는 모든 적절한 경우에 카스파로프처럼 이 R&D를 재사용할 수 있다. 딥블루를 설계한 사람들은 이 분석 임무의 상당수를 스스로 실행하여 이를 딥블루에게 타고난 재능으로서 부여했으나, 카스파로프도 기사, 코치, 책을 통해 전수되어 뇌의 습성에 설치된 수십만 인년人年 분량의 체스 탐구의 결실 덕을 보았다.

보비 피셔(미국의 체스 선수_옮긴이)의 제안은 이 점에서 흥미롭다. 피셔는 체스 대국의 원래 의도인 합리적 순수성을 회복하기 위해, 대국을 시작할 때마다 주요 흰 기물을 맨 뒤 열에 '무작위'로 놓고 주요 검은 기물을 반대쪽 맨 뒤 열에 똑같은 무작위 순서(거울상)로 놓자고—하지만 밝은 칸 비숍과 어두운 칸 비숍을 항상 양쪽 끝에 두고 킹을 룩 사이에 둔다—제안했다. 이렇게 하면 사람이든 기계든 과거에 암기한 수많은 포석이 당장에 거의 쓸모없어진다. 포석을 써먹을 기회가 드물 테니 말이다. 한 선수는 근본 원리로 돌아가야 할 테고, 또 한 선수는 시간이 제한된 상황에서 고된 실시간 설계 작업의 비중을 더 늘려야 할 것이다. 이렇게 규칙을 바꾸는 것이 사람에게 유리할지 컴퓨터에게 유리할지는 분명치 않다. 이는 어느 기사가 사실상 기계적 암기—앞선 탐구자의 R&D를 '최소한으로 이해한 채' 그에 의존하는 것—에 전적으로 의존하는가에 달려 있다.

체스의 탐색 공간이 얼마나 넓은가 하면 딥블루조차 실시간으로 전수 탐색 하지 못할 정도다. 따라서 딥블루도 카스파로프처럼 계산하에 위험을 감수하고 탐색 가지를 쳐내야 하며 카스파로프처럼 이 위험을 곧잘 미리 계산한다. 둘 다 각자의 전혀 다른 구조에서 대량의 '무차별' 계산을 계산할 것이다. 하긴 신경세포가 체스에 대해 무얼 알겠는가? 신경세포가 하는 일은 모조리 모종의 무차별 작업이다.

내가 카스파로프의 뇌에서 수행되는 작업을 이런 식으로 서술함으로써 계산적 인공지능 접근법을 옹호하는 선결문제 요구의 허위를 저지르는 것처럼 보일지도 모르지만, 작업은 어떻게든 해야 하며 작업을 수행하는 '다른' 방법은 여지껏 한 번도 명시적으로 제시된 적이 없다. 카스파로프가 '통찰력'이나 '직관'을 사용한다고 말하는 것은 의미가 없다. 이 말은 좋은 결과가 어떻게 자신에게 일어나는지에 대한 어떤 특권적 접근도, 어떠한 통찰도 그 자신에게 없다는 뜻이기 때문이다(일상어에서 '직관'이라는 말은 어떤 일이 자기도 모르게 일어났음을 일컬을 때 쓴다_옮긴이). 따라서 카스파로프는 말할 것도 없고 그 누구도 카스파로프의 뇌가 어떻게 그 일을 하는지 모르기 때문에, 카스파로프의 수단이 딥블루의 수단과 '전혀 다르'다는 주장을 뒷받침하는 증거는 아직 하나도 없다. 카스파로프의 방법이 '당연히' 사뭇 다르다고 주장하려는 유혹을 느낄 때 이 사실을 명심하라. 그처럼 무방비로 전장에 나서도록 부추기는 것이 대체 무엇일까? 희망적 사고일까? 두려움일까?

혹자는 이것이 체스일 뿐이라고, 예술이 아니라고 말할 것이다. 체스는 예술과 비교하면 '하찮'다고 말할 것이다(현재 세계 체스 챔피언은 컴퓨터다). 이 시점에 작곡가이자 컴퓨터 해커 데이비드 코프의 음악적 지능 실험Experiments in Musical Intelligence, 줄여서 EMI[38]가 등장한다. 코프가 처음에 만들려고 한 것은 단지 효율을 높이는 장치였다. 모든 창작자가 맞닥뜨리는 작곡의 장벽을 넘어서게 도와주는 보조 기구로, 첨단 기술을 통한 (피아노 악보나 테이프 녹음기 같은) 전통적 탐색 수단의 확장이었다. EMI는 성능이 향상됨에 따라 생성 및 검증 과정을 점점 더 통합하면서 온전한 작곡 프로그램으로 발전했다. 바흐의 음악을 입력하면, EMI는 바흐풍 음악을 작곡한다. 모차르트나 슈베르트, 푸치니, 스콧 조플린을 입력하면 그들의 양식을 금세 분석하여 그 양식의 음악을 새로 작곡한다. 이것은 코프 자신이, 아니 어떤 인간 작곡가가 쓸 수 있는 것보다 훨씬 나은 '파스티슈pastiche'(혼성모방)다. 작곡가 두 명의 음악을 입력하면 EMI는 불가사의한 능력으로 둘의 양식을 결합하며, 이 모든 양식을 한꺼번에 입력하면 음악적 '경험'의 총체를 바탕으로 음악을 만들기 시작한다. 이렇게 작곡한 음악을 미디 형식[39]의 다른 음악과 함께 다시 입력하고 또 입력하면 EMI 나름의 '개인적' 음악 양식—거장에게 받은 영향을 솔직하게 드러내면서도 이 모든 '경험'을 의심할 여지 없이 독창적으로 통합한 양식—이 도출된다. 현재 EMI는 2성 인벤션과 가곡뿐 아니라 온전한 교향곡까지 작곡할 수 있다. 내가 마지막으로 들었을 때 이미 1000곡 넘게 작곡한 상태였다. EMI가 작곡한 곡들은 작곡가와 음대 교수 같은 전문가도 속아 넘어갈 만큼 뛰어나며, 나는 EMI-푸치니 아리아를 듣고 목이 메었다. 하지만 머리 캠벨이 체스에서 카스파로프를 이겼다고 주장할 수 없듯, 데이비드 코프도 자신이 EMI 교향곡의 작곡가라고 주장할 수 없다.

다윈주의자가 보기에, 기중기의 연쇄에 새로 등장한 이 요소는 오랜 역사에서 가장 최근에 등장한 사건에 불과하다. 우리는 이 연쇄의 모든 경계선처럼 저자와 인공물의 경계선에도 틈이 있을 수밖에 없음을 인정해야 한다. 리처드 도킨스[40]는 비버의 이빨과 털가죽이 표현형이듯 댐도 표현형—'확장된 표현형extended phenotype'—이라며, 인간 저자의 경계선에도 정확히 그만큼 확장의 여지가 있다고 주장할 멍석을 깔았다. 사실 우리는 수 세기 전부터 이를 알고 있었다. 루벤스와 루벤스의 '화실', 여러 제자의 작품을 뭉뚱그려 일컫기 위해 다양한 준準안정적 규약을 임시변통으로 만들지 않았던가. 조력자가 있었을 가능성이 있는 모든 상황에서 우리는 누가 누구를 도왔는지 무엇이 창작자이고 무엇이 창작물인지 물을 수 있다.

50

가상 호텔의 소음

가상 세계와 현실 세계가 어떻게 다른지 생각해보자. 진짜 호텔을 짓고 싶다면, 옆방 손님끼리 엿듣지 못하도록 막대한 시간과 에너지, 재료를 투입해야 한다. 하지만 가상 호텔을 짓는다면 방음 비용이 하나도 들지 않는다. 가상 호텔에서는 옆방 손님이 엿들을 수 있도록 하려면 그 기능을 추가해야 한다. 비非방음을 추가해야 하는 것이다. 그림자, 향기, 진동, 먼지, 발자국, 닳은 자국도 추가해야 한다. 이 모든 비非기능적 성질은 현실의 구체적 세계에서는 공짜로 주어지는 것들이다. 가상 세계를 더 현실적으로 보이도록 하려고 추가해야 하는 것을 일반적으로 '충돌 탐지collision detection'라 일컫는다. 컴퓨터 비디오 게임을 만들어보려고 한 적이 있다면 움직이는 형태를 화면에 보여주는 것만으로는 충분하지 않음을 금방 깨달았을 것이다. 충돌 탐지를 업데이트 루프(프로그램 오브젝트가 무엇을 하든 끊임없이 끼어들어 '내가 무언가와 부딪혔나?'라고 묻는 프로그램 내 순환)에 구축하지 않으면, 마주 보며 움직이던 두 형태가 서로 부딪히고서도 그냥 스쳐 지나간다.

더그 호프스태터[41]는 『르 통 보 드 마로』에서 창조적 과정에 (이른바) '자연발생적 개입spontaneous intrusion'이 어떤 역할을 하는지 강조한다. 현실 세계에서는 일어나는 거의 모든 일이 흔적을 남기고 그림자를 드리우고 향기를 발하고 소리를 내며, 이로 인해 자연발생적 개입의 기회가 숱하게 생긴다. 가상 세계에 부족한 것이 바로 이것이다. 컴퓨터 모형을 제작하는 사람의 관점에서 가상 세계가 아름다운 중요한 이유 중 하나는 고요함이다. 내가 일으킨 것 말고는 아무 일도 일어나지 않는다. 그 덕에 우리는 깨끗한 서판에서 출발하여, 자신이 원하는 특징을 한 번에 하나씩 모형에 추가하면서 목표를 달성하는 데 필요한 최소의 모형이 무엇인지 알아갈 수 있다.

이러한 잡음의 부재는 컴퓨터로 진화를 시뮬레이션 하는 데 크나큰 제약이 된다. 자연선택에 의한 진화는 잡음에 의존하기 때문이다(운 좋게 마주친 잡음을 신호로, 쓰레기를 도구로, 버그를 기능으로 탈바꿈시킨다). 진화를 컴퓨터로 시뮬레이션 한 초창기 실험 중에 아직도 무척 인상적인 것으로, 칼 심스의 '진화한 가상 생물Evolved Virtual Creatures'[42]이 있다(http://www.karlsims.com/evolved-virtual-creatures.html에서 볼 수 있다).

심스는 우선 가상 근육이 달린 가상의 관절 블록을 '무작위로 조립'한 뒤에 가상의 물리적 속성을 가진 가상 세계에서 진화하도록 했다. 이 프로그램은 가상 짝짓기를 위해 가장 멀리 이동한 조립체를 자동으로 선택하여, 짝짓기 결과로 생긴 후손에게 같은 주기를 반복했다. 그러자 어떤 지적 설계자도 개입하지 않았는데 점점 더 뛰어난 수영 실력, 걷기 능력, 뛰기 능력을 갖춘 개체가 진화했다. 이로부터 도출된 설계는 무작위 설계와 전혀 달랐으며, (가상) 진화가 훌륭한 설계 원칙을 얼마나 효율적으로 발견하는 셈이고 (자연에서 관찰되는) 놀랍도록 다양한 특징을 얼마나 효율적으로 재발명하는 셈일 수 있는지 보여주었다.

이것은 '상대적으로' 단순한 모형으로부터 많은 것을 얻어낸 근사한 사례이지만, 가상 세계의 진화가 얼마나 제한적인지도 보여준다. 심스는 유전체 전체를 입력으로 취하고 새로운 유기체를 출력으로 내보내는 단순한 '발달' 체계를 설계했으나, 이 과정은 시뮬레이션 되는 가상 세계의 일부가 아니라 모두 무대 뒤에서 일어난다. 따라서 (가상) 파편과 우연히 부딪히거나 충격을 받아도 유전체가 짧아지거나 길어지거나 유전자 표현 규칙이 바뀔 수 없다. 진화의 모든 장치는 가상 물체를 갖춘 가상 세계에 있지 않으므로 영향을 받을 수 없다. 이를테면 심스의 생물은 새 염색체를 진화시킬 방법이 없다. 유전 체계 전체가 모형 바깥에 있어서, 자연선택 자체를 직면하지 않고 세대 간 명령을 통해 유전 정보를 전달할 뿐이다. (이 현상의 또 다른 예로는 51장 참고.)

창조성의 컴퓨터 모형에는 창조 과정이 부딪힐 수 있는 쓰레기, 창조 과정이 엿들을 수밖에 없는 잡음이 있어야 한다. 옆방에서 들리는 작은 잡음의 자연발생적 개입은 창조 과정이 하는 일을 좋게 바꿀 수도 있고 나쁘게 바꿀 수도 있지만, 어느 쪽이든 새로운 가능성이 열리는 것은 분명하다. 유전체를 새로 만들든 행동을 새로 확립하든 멜로디를 새로 짓든, 우연을 활용하는 것이 창조성의 핵심이다.

내가 말하지 '않는' 것에 대해 이야기할 차례다. 심스의 진화 생물이 가진 문제는 탄소로 만들어지지 않았다거나 단백질이나 혈색소가 하나도 없다는 게 아니다. 문제는 가상의 생물이라는 것이다. 가상이기에, 생물학적 진화의 세계보다 몇 곱절 단순한 세계에서 살아간다. 코프의 EMI도 마찬가지다. EMI가 근사하기는 하지만 사람들이 음악을 작곡하는 세계에 비하면 훨씬 단순하다. 두 사례에서 흥미로운 점은 그토록 깨끗하고 잡음이 없고 추상적인 것에서 얼마나 많은 것을 얻어낼 수 있을까이다.

코프의 EMI와 심스의 생물, 또는 인공생명이나 인공창조 분야의 비슷한 계획에서 쓰레기와 충돌 기회를 점점 더 많이 도입함으로써 개선을 가져오는 것을 상상할 수 있을까? 이렇게 하면 창조물이 더 많은 가상 사물과 상호작용할 것이며, 기회가 주어졌을 때 언제 행운이 찾아올지는 결코 알 수 없다. 하지만 아래와 같은 조언이 얼마나 반反직관적으로 들릴지 생각해보라.

> 무엇을 모델링 하든 모든 현상, 모든 서브루틴, 가상 세계에서 일어나는 모든 것이 다양한 비非기능적 효과—이를테면 외부 잡음을 내고, 흔적을 남기고, 먼지를 떨구고, 진동을 일으키는 것—를 세계에 내보내도록 하라.

왜 그럴까? 이 모든 잡음은 무엇을 위한 것일까? 무엇을 위한 것도 아니다. 그냥 있는 것이다. 그 덕에 나머지 모든 과정이 그 잡음을 잠재적 신호원천으로—즉, 창조적 알고리즘의 연금술을 통해 기능으로, 예술로, 의미로 탈바꿈시킬 수도 있는 무언가로—삼을 수 있는 것일 뿐이다. 우주에서 일어나는 설계의 증분은 매번 우연의 순간으로 시작된다. 두 궤적의 (설계되지 않은) 교차로 인해 (돌이켜 보면) 단순한 충돌 이상의 결과가 일어나는 것이다. 하지만 컴퓨터 모델링을 할 때 이 조언을 따르면 컴퓨터를 뛰어난 도구로 활용할 수 있는 비결인 효율성을 희생하게 된다. 따라서 여기에는 일종의 항상성이 작용한다. 이렇듯 창조성의 컴퓨터 모델링은 수확체감에 직면하며 여기에는 불가사의한 이유가 전혀 없다. 모형이 인간 작곡가의 창조성에 점점 더 가까이 다가가려면 점점 더 구체적으로 바뀌어야 한다. 구현된 작곡가에게 영향을 미치는 우연한 충돌을 점점 더 많이 모델링해야 한다.

51

허브와 앨리스, 그리고 아기 햄

위대한 진화 이론가 고故 조지 윌리엄스는 유전자를 DNA 분자와 동일시하는 것이 잘못이라고 주장했다. 그것은 『햄릿』이 잉크로 이루어졌다고 생각하는 것과 얼추 같은 잘못일 것이다. 물론 셰익스피어 희곡의 실제 판본은 무언가(잉크가 아니더라도 컴퓨터 화면의 글자 모양 패턴이나 심지어 CD에 기록된 이진수 숫자열일 수 있다)로 이루어져야 하지만, 희곡 자체는 매체에서 매체로 건너뛸 수 있는 추상적이고 정보적인 것이다. 이렇게 생각하면—나는 늘 이것이 올바른 사고방식이라고 생각했다—단백질을 만드는 요리법인 유전자도 추상적이고 정보적인 것이다. 하지만 내 말에 동의하지 않고 유전자를 이런 식으로 생각하는 것의 가치를 의심하는 사람들이 있었다. 그런 사람들, 특히 생물철학자 피터 고드프리스미스를 위해 작은 직관펌프를 준비했다.

허브와 앨리스는 아기를 갖고 싶어 한다. 그런데 방법이 색다르다.

1. 둘 다 자기 유전체의 염기 서열을 분석받는다. 유전체 데이터 파일을 메

일로 받는다. 파일은 약 30억 개의 A, C, G, T로 이루어진 문자열 두 개로 표현된다. ……

2. 그런 다음 각자의 유전체에 감수분열 알고리즘을 적용하는 작은 컴퓨터 프로그램을 짠다. 이 프로그램은 가상의 정자와 난자를 (무작위로) 생성하는데, 정자와 난자는 '인 실리코in silico', 즉 가상 환경에서 (무작위로) 결합하여 새로운 유전체 규격을 만들어낸다(이 규격은 허브와 앨리스의 친자인지 확인하기 위한 DNA 검사를 모두 통과한다). (지금까지의 모든 과정은 말 그대로 A, C, G, T 기호로 이루어진, 순전히 계산적인 문자열 재기록string-rewriting이다.)
3. 이 규격을 이용하여 전체 유전체를 코돈 대 코돈 단위의 실제 DNA로 구현한다(A = 아데닌, C = 사이토신, G = 구아닌, T = 티민). (크레이그 벤터의 실험실에서 이 일을 하고 있다.)
4. 이 유전체는 인간 난자의 핵에 이식되어(핵 이식 전에 난자의 원래 DNA를 제거하는데, 난자 주인이 누구인지가 중요할까?) 일반적인 방법으로 '시험관 아기'가 된다.

이렇게 태어난 아기 핼은 허브와 앨리스의 아이일까? 핼이 둘의 생물학적 자식임은 틀림없는 듯하다. 핼을 정상적으로 임신했을 때 쓸 수 있었을 모든 유전 정보를 사용하기 때문이다. 이 직관펌프는 생식에서 무엇이 중요한가를 똑똑히 보여준다. 그것은 정보와, 정보의 인과적 전달이다(이 경우는 분자의 형태가 아니라 'A', 'C', 'G', 'T'를 가리키는 아스키코드의 형태로). 이를테면 인과적 고리는 더 직접적인 생화학적 경로 대신 통신 위성을 통해 전달될 수도 있다.[43]

고드프리스미스는 핼이 허브와 앨리스의 자식이라는 데 동의했지만, 내 표현 방식에 대해서는 유보적 태도를 취했다.[44] 똑같은 건설적 비판의 정신에 입각하여 나는 허브와 앨리스가 자식을 낳은 과정과 우리가 정상적으로 자식을 낳는 과정 사이에 생물학적으로 중요한 차이가 '있다'라는 것을 인정했다. 그런데 모든 사람이 허브와 앨리스처럼 하면 어떻게 될까? 허브의 유전 정보는 난자로 가기 위한 일반적인 운송 수단—정자 세포—을 타지 않으므로, '정자 활력sperm motility'은 선택압을 받지 않을 것이며, 나머지 조건이 동일하다면 세대가 지남에 따라 퇴화할 것이다. 용불용用不用이다. 하지만 세대 간에 대체로 일정하게 보전되는 분자 구조가 유지되는 까닭은 (이 직관펌프에서 똑똑히 알 수 있듯) 정보를 구현하기 '때문'이라고 주장한다.

정보를 보존할 다른 구조가 있다면 진화는 중단 없이 계속될 것이다. 이 주장은 또 다른 직관펌프로 더 자세히 들여다볼 수 있다. 어떤 행성에서는 '홀수' 세대가 A, C, G, T로 이루어진 DNA 사다리를 이용하는 반면에 '짝수' 세대는 P, Q, R, S(즉, 다른 분자)의 사다리—XNA라 하자—로 이루어진 또 다른 이중 나선을 이용한다고 상상해보자. 우리는, 자식의 XNA 분자가 부모의 DNA 형판形板으로부터 만들어지며 이 메커니즘은 전령 RNA와 비슷하되 서로 다른 두 생화학적 언어를 '번역'하는 것이라고 가정할 수 있다. 이 메시지는 다음 세대에서 또 다른 전령 메커니즘을 통해 원래 언어로 번역되며, 세대마다 이 과정이 되풀이된다. 자식을 낳으려면 유전자 언어가 나와 같은 짝을 찾아야 할 테지만, 그 자식의 유전체는 다른 언어로 쓰여 있을 것이다. 오이디푸스적 결합(부모 세대와 자식 세대의 짝짓기_옮긴이)은 불임이겠지만—그럴 수밖에 없을 것이다—서로 다른 공동체 출신의 두 남녀가 자식을 낳지 못하는 로미오와 줄리엣식 비극도 많을 것이다. (임신 없는 성생활에 만족하고 둘 중 한 유형의 아기를 입양하거나, 심지어 정자 은행과 난자 은행을 이용하여 배다른 형제들을 키우는 방법이 있다.) 이런 세계에서는 (이 문제만 제외하면) 진화가 여느 때처럼 계속되면서 귀중한 적응에 대한 유전 정보(또한 유전병 등)를 다른 코딩 시스템(이 시스템은 내가 무엇을 원하는가에 따라 얼마든지 달라질 수 있다)을 통해 세대 간에 전달할 것이다. 유전자는 같아도 분자는 다를 수 있는 것이다. 각 유전자의 형태는 '고양이'와 'cat', '집'과 'house'만큼 다를 것이다. (두 블랙박스 사례와의 유사성에 유의하라. 두 경우 모두 통사적·구조적으로 다른 두 전달 수단이 공통으로 가진 것은 '같은 정보', 즉 같은 의미론이다.)

52

밈

이 책에서 밈 얘기를 통 안 해서, 어떤 독자는 내가 밈 개념을 포기한 게 아닌지 궁금해할지도 모르겠다. 하지만 결코 그렇지 않다. 밈 개념은 내가 좋아하는 생각도구 중 하나이며, 할 말도 아주 많다. 너무 많아서 이 책에 다 담지 못할 정도다! 밈에 대해서는 이미 다른 책에서 길게 이야기한 바 있다.[45] 여러 이유로, 많은 사람들은 밈 개념을 무턱대고 싫어한다. 그래서 밈 개념에 대한 비판이 제기되면 혹하기 쉽다. 나는 다시 한 번 밈을 옹호하고 모든 비판자—진지한 비판자와 밈을 두려워하는 사람 둘 다—를 상대하기로 마음먹었다. 하지만 그러려면 작은 책을 한 권 써야 한다. 그동안은, 밈에 대해 더 알고 싶으면 내가 쓴 논문「새로운 복제자」[46]를 참고하기 바란다.

하지만 여기서는 맛보기로 밈의 '본격적인'—인터넷에서 자못 유행하는 허술한 쓰임새와 대조적으로—개념을 짧게 소개하겠다. 도킨스[47]는 자기 자신을 복제하는 문화적 단위로서의 밈 개념을 소개하면서 생물학의 근본 원리를 아래와 같이 밝혔다.

> [하나의 근본 원리는] 바로 모든 생명체가 자기 복제를 하는 실체의 생존율 차이에 의해 진화한다는 법칙이다.
>
> 우리의 행성 지구에서 자기 복제를 하는 실체로 가장 그 수가 많은 것은 유전자, 즉 DNA 분자다. 어떤 다른 것이 그 실체가 될 수도 있을지 모른다. 가령 그와 같은 것이 존재하고 다른 여러 조건이 충족된다면, 이것이 진화 과정에 기초가 될 것은 거의 필연적이다.
>
> 다른 종류의 자기 복제자와 그 필연적 산물인 다른 종류의 진화를 발견하기 위해서는 아주 먼 세계로 여행을 떠나야만 하는 것일까? 내 생각에, 신종의 자기 복제자가 최근 바로 이 행성에 등장했다. 우리는 현재 그것과 코를 맞대고 있다. 그것은 아직 탄생한 지 얼마 되지 않은 상태이며 자신의 원시 수프 속에 꼴사납게 둥둥 떠 있다. 그러나 이미 그것은 오래된 유전자를 일찌감치 제쳤을 만큼 빠른 속도로 진화적 변화를 달성하고 있다.[48]

이 생각도구에서 흘러나오는 두 가지 주요 통찰을 받아들이면, 인류의 문화와 창조성에 대해 생각할 때 상상력의 지평이 극적으로 달라진다. 첫째, 밈은 훌륭한 설계에 이르는 길이 둘뿐이라는—'유전자' 아니면 '천재'—솔깃한 통념을 산산조각 낸다. 대부분의 사상가들은, 밈을 접하고 개안開眼하기 전에는 인간의 삶에서 무언가가 수단을 목적에 적응시키거나 기능적 효율을 달성했다는 명백한 증거가 나타났을 때 그것이 '유전적' 자연선택의 산물이거나 의식적이고 이해와 의도를 품은 인간 사고—'지적' 설계—의 산물일 수밖에 없다고 생각한다. 진화가 나보다 똑똑하다는 오글의 제2법칙이 두 가능성의 손을 들어주는 것처럼 보일지도 모르지만, 실은 제3의 가능성이 있으며 어디서나 그런 사례를 찾아볼 수 있다.

그것은 바로 우리에게 유전자를 선사한, 마음 없는 자연선택과 똑같은 과정을 통해 성취되는 비非유전적 문화선택cultural selection이다. 한 세기도 더 전에 브르타뉴 어부들을 언급한 글에서 생생한 예를 볼 수 있다. "모든 보트는 다른 보트를 복제한 것이다. …… 보트를 구상하고, 제 몫을 하는 보트를 선택하고, 못 하는 보트를 파괴하는 것은 바다 자체다".[49] 이것이 자연선택임은 낮의 해처럼 명백하다. 섬사람들의 규칙은 간단하다. 배가 바다에서 무사히 돌아오면, 복제하라! 이들이 자기네가 좋아하는 설계를 회고적으로 승인하는 조선造船 원리를 깊이 이해했을 수도 있지만, 그래야만 할 이유는 전혀 없다. 품질 관리는 자연의 몫이다. 문법 규칙, 단어, 종교 행위를 비롯한 수많은 인류 문화의 기본적 특징도 마찬가지다. 설계한 사람이 '아무'도 없고 '우리의 유전자에 들어' 있지도 않지만, 그럼에도 꽤 근사하게 설계되었다.

두 번째 통찰은 이 특별한 정보 고속도로, 즉 설계와 전달의 (다른 어떤 종도 향유하지 못하는) 풍부한 매체를 가진 대가로 밈이 우리 안에서 번성하는 모든 공생자처럼 '나름의 적합도를 가졌'으며 이들의 적합도가 우리 자신의 적합도와 어느 정도 독립적이라는 것이다. 이 사실을 모르는 사람이 많다. 특히 종교에 대한 진화론적 설명을 논의할 때 똑똑히 알 수 있다. "오, 종교의 진화론을 연구하시는군요. '선생님'께서는 종교가 어떤 유익을 가져다준다고 생각하세요? 모든 인류 문화에 어떤 형태로든 종교가 있는 걸 보면 무언가 유익이 있는 게 '틀림없'다고요." 그런데 모든 인류 문화에는 감기도 있다. 감기는 무엇에 유익하지? 감기 자신에게 유익하지. 문화적 복제자 중에는 우리에게 유익을 주지 않지만 그럼에도 승승장구하는 것들이 있음을 명심해야 한다. 그래야 문화적 혁신이 유전적 혁신과 마찬가지로 늘 전달자의 적합도를 향상시킨다는 편협한 시각을 바로잡아 문화적 진화 이론의 논의에서 균형을 잡을 수 있다. 밈은 정보적 공생자이며, 우리 안에 서식하는 수조 마리의 호혜 공생자와 마찬가지로, 밈이 없으면 우리는 살 수 없다. 그렇다고 해서 모든 밈이 우리의 친구는 아니다. 없어도 괜찮은 해로운 골칫거리도 있다.

요약

5부에서는 다윈주의적 생각이 만능산으로 불리기에 손색이 없음을 입증하고자 했다. 다윈의 생각은 전통적 세계를 모조리 뒤집고, 천재 중의 천재인 지적 설계자로부터 설계가 흘러나온다는 하향식 관점에 도전하고, 맹목적이고 무목적적인 순환 과정이 점점 더 적절한 조합을 실험하다가 스스로 복제를 시작하고 최상의 조각을 거듭 재사용하여 설계 과정을 가속화한다는 포상泡上적(상향식) 이미지를 대안으로 제시한다. 이 초창기 후손 중 일부가 마침내 힘을 합쳐(공생이라는 중요한 기중기), 다세포(또 다른 중요한 기중기)를 이루고, 유성생식(또 다른 중요한 기중기)으로 더 효과적인 탐색 수단을 개발하다, 급기야 그중 한 종에서 언어와 문화적 진화(또 다른 기중기)가 등장했다. 이를 매개로 탄생한 마지막 기중기인 문학과 과학과 공학 덕에 우리는 어떤 생명체도 못 하는 방식으로 '메타에 진입'하여, 우리가 누구이고 어떤 존재인지와 우리가 어떻게 여기까지 왔는지를 여러 측면에서 성찰하고, 희곡과 소설, 이론과 컴퓨터 모델링, 우리의 주목할 만한 연장통에 들어갈 점점 더 많은 생각도구를 통해 이 과정을 모형화하고, 심지어 실행할 수 있게 되었다.

이 관점은 매우 포괄적인 동시에 세부 사항에 대한 포용력이 아주 커서 자체 동력을 가진 전동 공구라고 말해도 과언이 아니다. 다윈주의적 생각에 아직도 거부감이 드는 사람은 전통의 수공구만 가지고서는 역학疫學으로부터 인식론, 생물연료, 뇌 구조, 분자 유전학, 음악, 도덕성에 이르는 다양하고도 중요한 현상에 대한 최신 연구와 동떨어진 채 변죽만 울릴 가능성을 따져보아야 한다.

6부

의식을 위한 생각도구

우리는 수십 가지 생각도구로 무장한 채, 마침내 온 우주에서 가장 알쏭달쏭한 현상이라고들 말하는 주제에 이르렀다. 이 주제가 궁극의 신비라고 주장하는 사람도 적지 않았다. 우리는 결단코 의식을 이해하지 못할 것이라고, 과학과 철학 분야에서 아무리 애를 써도 세상 마지막 날까지 도저히 이해하지 못할 것이라고 그들은 단언한다. 이러한 지적知的 바리케이드를 믿을 타당한 이유는 전혀 없으므로, 그들의 희망 사항일 뿐이라고 결론 내릴 수밖에 없다. 어떤 사람들은 의식 있는 마음이 어떻게 작동하는가에 대한 비밀을 밝혀낸다는 것에 치를 떤다. 그래서 우리의 이해를 강요받지 않겠다는 이유만으로, 의식 문제를 가망 없는 주제로 여기고 포기하라고 조언한다. 그 조언을 받아들이면 그들의 말이 참이 된다. 그러니 그런 말은 무시하고 이 힘들지만 불가능하지는 않은 탐구를 계속하자.

53

두 개의 반대 이미지

앞서 소개한 도구 중 상당수가 이런저런 방식으로 마음—믿음, 생각 등—을 다루지만, 나는 의식이라는 골치 아픈 문제를 지금껏 미뤄두었다. 여기에는 그럴 만한 이유가 있다. 사람들은 의식에 대해 생각하기 시작하면, 의식이 무엇이어야 하는가에 대한 관념을 뻥튀기하여 스스로를 헷갈리게 하는 경향이 있다. 의식 경험에 대한 풀리지 않는 질문들을 먼저 해결하지 않고서 마음의 작동을 얼마나 설명할 수 있을지 알아볼 기회를 가지기도 전에 난제 중의 난제와 덥석 맞붙는 것이다. 베이스캠프를 차렸으니 정상을 공략할 준비가 되었다는 걸까? 준비야 되었겠지만, 그렇게 생각한다면 이미 상상의 오류를 저지르고 있는 것이다! 마음에는 하나의 웅장한 정상, 즉 의식이 없다. 적어도 17세기 데카르트까지 거슬러 올라가는 전통과 반대로, 의식 현상은 우리의 마음에서 가장 '중심적'인 현상도, 가장 '차원 높은' 현상도 아니다.[1] 솔깃한 나쁜 이미지를 중화하려면 반대 이미지가 필요하므로, 여기서는 일단 상상을 조정하는 간단한 장치를 소개하겠다. 콜 포터의 명곡 〈그대는 최고라오You're the Top〉를 들으면서 나 자신이 최고가 '아닐'지도 모른다고—산의 정상이 아니라 산 전체일지도 모른다고—생각해보라. '나'라는 산에 대해 내가 알고 말할 수 있는 것은 정상에서 바라본 경치가 아니라 중턱에서 바라본 다양한 풍경일지도 모른다고 생각해보라. 의식 현상을 대머리의 정수리 주위에 난 머리카락으로 생각하는 게 차라리 낫겠다. 명심하라.

이렇게 볼 수도 있다. 의식은 텔레비전과 달라서 정보를 변환하거나 기록하는 매체가 '아니'다. 뇌에는 중앙 목격자Central Witness가 판단을 내리도록 "모든 정보가 모이"는 장소—나는 이 가상의 장소를 '데카르트 극장Cartesian Theater'이라 한다[2]—가 결코 존재하지 않는다. 의식은 *텔레비전보다는 명성과 더 비슷하다.* 뇌 속의 성이란 어떤 내용이 경쟁에서 더 큰 영향력을 발휘하고 더 잘 기억된다는 뜻이다. 이에 대해 논변을 펴기보다는[3] 이 생각 도구를 친절한 조언과 함께 제시하는 것으로 갈음하겠다(받아들이고 말고는 여러분 마음이다). 의식이 '본부에 도착'하는 것이라거나 의식 없는 신경 스파이크 신호(그래프에서 뾰족하게 돌출한 부분_옮긴이)를 '다른 무언가'로 번역하는 것이라는 생각이 들 때마다 이 반대 이미지를 떠올리고 자신이 현상에 대한 잘못된 이미지를 그리고 있지 않은지 자문하기 바란다.

54

좀비감

대부분의 사람들은 (실리콘과 금속과 플라스틱 등으로 만들어진) 어떤 로봇도 우리 인간만큼 의식이 있지는 않을 거라는 감—그렇다, 감일 뿐이다—이 있다. 우리의 삶, 호흡, 유기적 신체, 뇌에는 의식에 필요한 무언가가 있다. 이것은 펌프질할 필요가 거의 없는 직관이다. 누구나 이렇게 생각하니까. 어쩌면 이 사람들이 옳을지도 모른다. 하지만 우리의 몸과 뇌가 로봇으로 만든 로봇으로 만든 로봇……으로 만들어졌다고 볼 수도 있다는 통찰을 얻은 지금, 운동 단백질과 그 밖의 나노봇이 기계적으로 움직이며 전체 시스템을 작동시키는 신경세포 수준 이하로 내려가면 그 감은 '어쩌면' 빈곤한 상상력이 만들어낸 허깨비에 불과할 수도 있음을 알게 된다. 지금껏 사람들은 이보다 훨씬 단순한 로봇에 대해서만 생각했기 때문이다. 한 친구는 내가 이렇게 운을 띄우자 단박에 일격을 날렸다. "의식 있는 로봇은 상상할 수도 없어!" 내가 대답했다. "무슨 터무니없는 소리야? 자네 말인즉슨 의식 있는 로봇을 상상하지 '않겠다'라는 뜻이군. 자네는 로봇 개념을 진지하게 받아들이는 것을 어리석고 몰상식하다고 생각하고 있어." 하지만 의식 있는 로봇을 상상하는 것은 사실 어린애 장난이다. 의식 있는 칙칙폭폭 기차(토마스 기차)나 의식 있는 크리스마스트리(집을 그리워하는 작고 외로운 전나무에 대한 온갖 감상적 동화)는 또 어떤가? 〈스타워즈〉를 본 사람들은 누구나 한 시간여 동안 R2D2와 C3PO를 의식적인 존재로 상상했을 것이다. 우리는 어릴 적부터 '두 번 생각하지도 않'고 대체로 이런 상상을 했다. 이것은 단순히 쉬운 게 아니다. 사람처럼 행동하는—특히, 말하는—존재를 맞닥뜨렸을 때 의식을 부여하는 것은 거의 거부할 수 없는 충동이다.

흥미로운 사실이 하나 있다. 1950년대 몬트리올의 신경과학자 윌더 펜필드의 선구적 연구 이후로, 자기 뇌의 '거기'나 '바로 거기'를 자극받을 때 느낌이 어떤지 이야기할 수 있을 만큼 멀쩡히 깨어 있는 환자의 뇌를 드러낸 채 시행하는 수술이 많이 이루어졌다. 이런 수술을 집도하거나 관찰한 사람이 이렇게 생각했을 것 같지는 않다. '이런! 이건 사람이 아니야. 좀비라구. 그럴 수밖에 없어. 안을 들여다보면 회색질 말고는 아무것도 없잖아.' 결코 그럴 리 없다. 환자에게 의식이 있다는 것은 너무도 명백한 사실이다(보고도 모르겠나? 듣고도 모르겠나?). 우리와 대화를 나누는 상대방의 두개골을 열었는데 머리 안이 마이크로칩으로 꽉 차 있더라도 그에게 의식이 있다는 것은 명백하다. 우리는 의식 있는 로봇이 (놀랍게도) '상상(관념화 또는 심상화)하기 쉬울' 뿐 아니라 실제임을 알게 될 것이다.

어떤 철학자들은 의식에 대한 '단순히 행동주의적'인 증거에 '속아 넘어가' 선불리 결론을 내리는 것은 상상력의 장난에 놀아나는 것이라고 생각한다. '걸려들지 마, 건너뛰지 마'가 이들의 모토인가 보다. 그런데 다른 사람에게 의식이 있음을 '입증'하는 것은 그보다 훨씬 힘들다. 그가 '좀비'일 가능성—적어도 논리적 가능성—이 있기 때문이다. 영화에서 보거나 핼러윈 축제 때 분장한 부두교 스타일의 좀비를 말하는 것이 아니다. 이런 좀비는 행동(과 끔찍한 외모)을 보면 정상적인 사람과 쉽게 구별된다. 이에 반해 철학자의 좀비는 여러분이 아는 누구보다도 사랑스럽고 유쾌하고 자발적인, 즐거운 벗이자 파티의 활력소일 수 있다. 여러분의 절친 중에도 좀비가 있을지 모른다. 철학자의 좀비는 (정의상) 의식 있는 정상적 인간과 행동으로는 구별되지 않지만, '얼이 빠졌'다(즉, 내면의 삶, 의식 경험이 전혀 없다). 겉으로만 의식이 있는 것처럼 보일 뿐이다. 이것이 진지한 논제라는 철학자들의 주장에 동의한다면, 철학자의 좀비가 논리적으로 가능하다는 전제하에 의식의 과학적이고 유물론적인 이론이 어떻게 가능한지 궁금하다면, 여러분은 '좀비감Zombic Hunch'에 사로잡힌 것이다.[4]

우선, 내가 좀비감을 누구보다 생생하게 느낄 수 있다는 말부터 해두자. 어떻게 보면, 의식은 우리를 위해서 또한 우리에 대해서 행하는 모든 것과 별도로 존재하는 무언가여야만 한다는 느낌—어떤 로봇에게도 없는 특별한 개인적 광채 또는 '나 여기 있어'라는 느낌—이 정말로 든다. 이것이 뇌의 '단순한' 물리적 활동이라고 상상하기란 거의 불가능하다. 하지만 나는 감을 신뢰해서는 안 된다는 것을 배웠다. 나는 이러한 감이 필연에 대한 통찰이 아니라 잘못된 상상, 완벽한 오류라고 생각한다. 하지만 남을 설득하는 것은 결코 쉬운 일이 아니었다. 좀비감의 손아귀에서 벗어나려면 직관펌프가 여러 개 필요할 것이다.

맨 먼저, 좀비 문제를 다른 문제와 비교하면서 논리적 가능성에 익숙해져보자. 내가 매트릭스에 살고 있으며, 내가 눈으로 보고 분명히 참여하는 모든 삶은 내 진짜 몸이 일종의 첨단 고치에 가만히 누워 있는 상태에서 내가 흥분하지 않도록 설계된 가상 리얼리티 쇼라는 것은 '논리적으로' 가능하다. 실제로는 탄소 원자가 하나도 존재하지 않고 과학자들에게 탄소 원자처럼 보이는 것은 사실 외계인이 타고 있는—이들의 임무는 탄소 원자 흉내를 내는 것이다—수많은 작은 우주선인 것도 '논리적으로' 가능하다. 우주 전체가 약 6000년 전에 창조되었으며 누군가 이른바 화석을 제자리에 가져다놓고 광자를 수 광년 떨어진 은하에서 오는 것처럼 꾸미는 것도 '논리적으로' 가능하다. (세계가 10분 전에 창조되었고 여러분의 모든 과거 기억(이라고 여러분이 알고 있는 것)은 모조리 뇌에 삽입된 가짜 기억인 것도 '논리적으로'는 가능하다.) 이런 논리적 가능성이 소설의 전제로는 흥미로울지도 모르지만, 물리학과 화학과 생물학을 뜯어고치거나 버려야 하는 증거로 진지하게 고려되지는 않는다. 좀비감을 더 현실적으로, 더 고려할 만하게 만들어주는 것이 있을까? 진지한 사상가 중에서도 이렇게 생각한 사람이 많다.

좀비감 같은 것을 이끌어내려고 설계된 모든 직관펌프의 할아버지는, 미분 발명의 영예를 아이작 뉴턴과 나눠 가진 철학자이자 수학자 고트프리트 빌헬름 라이프니츠가 수백 년 전에 발명한 직관펌프일 것이다. 라이프니츠는 당대의 어떤 사상가보다 똑똑하고 기발했지만 자신이 만든 직관펌프에 속아 넘어갔다.

> 생각하고 느끼고 지각하도록 만들어진 기계가 있다고 가정하자. 그 기계의 비례를 유지하면서 크기를 키우면 사람이 물레방앗간 속에 들어가듯 그 속에 들어갈 수 있을 것이다. 그렇다면 그 내부를 검사했을 때 서로 상호작용하는 부품들만 있을 뿐 지각을 설명하는 것이 있을 리 없다. *따라서*[강조는 데닛] 지각은 복합체나 기계에서가 아니라 단자에서 찾아야 한다.[5]

이 '따라서'는 철학을 통틀어 가장 빛나는 '논 세퀴투르non sequitur', 즉 불합리한 추론 중 하나다. 라이프니츠는 결론을 도출하는 중간 논변을 하나도 제시하지 않는다. 그럴 필요가 없을 정도로 명백하다고 생각하는 것이다. 유전자가 물질적 실체일 거라 상상하지 못한 20세기 초의 유전학자 윌리엄 베이트슨을 떠올려보라(136쪽 참고). 세포 하나하나에 들어 있는 이중 나선이 30억 개의 염기쌍으로 이루어졌으리라는 어마어마한 생각을 베이트슨이 진지하게 받아들일 도리가 없었듯—터무니없어!—라이프니츠는 '수조' 개의 가동 부품으로 이루어진 '물레방앗간'이라는 개념을 진지하게 받아들일 도리가 없었다. 틀림없이 라이프니츠는 '가동 부품을 추가하기만 한'다고 해서 기계가 마음을 가질 수는 없다고 주장했을 것이다. 하지만 그 주장은 그의 감이었을 뿐 입증할 수 있는 것이 아니었다. 다윈, 크릭, 왓슨이 베이트슨의 잘못된 상상을 까발렸다고 한다면 튜링은 라이프니츠의 직관펌프를 무용지물로 만들었다고 말할 수 있다. 단, 완전히 무용지물로 만들지는 못했다. 아직까지는. 때가 되면 좀비감은 역사의 뒤안길로 물러나 정신에 집착하던 과거의 진기한 유물이 될 것이지만, 완전히 사라지리라고는 생각지 않는다. 사람들을 현혹하는 지금의 형태로 살아남지는 않겠지만, 여전히 심리적으로 강력하되 권위를 빼앗긴 덜 치명적인 돌연변이로 살아남을 것이다. 이전에도 경험한 바다. 지금도 겉보기로는 지구가 가만히 있고 태양과 달이 지구 주위를 도는 것처럼 보이지만, 우리는 이를 단지 겉모습으로 치부하는 것이 현명하다는 사실을 알고 있다. 지금도 겉보기로는 완전히 정지한 물체와 단지 관성계에서 가속하지 않고 있을 뿐인 물체가 다른 것처럼 보이지만, 우리는 이 느낌을 신뢰하지 말아야 한다는 사실을 알고 있다. 언젠가 철학자와 과학자와 일반인이 의식에 대한 과거의 혼란을 보여주는 흔적 화석을 보고 미소

지으며 이렇게 말할 것이다. "지금도 겉보기로는 의식의 기계론적 이론에 무언가가 빠진 것처럼 보이지만, 이제 우리는 그것이 환상임을 안다. 실제로 이 이론은 의식에 대해 '설명할 필요가 있는 모든 것'을 설명한다."

많은 철학자들의 사고실험—이를테면 내가 '직관펌프'라는 말을 만든 동기가 된 존 설의 유명한 중국어 방—이 좀비감에 대한 집착을 부추기고 있지만, 이 사고실험들은 조만간 여러분의 눈앞에서 산산조각 날 것이다. 하지만 우선 철학적 좀비 개념을 좀 더 면밀하게 들여다보자.

55

좀비와 짐보

(철학적) 좀비를 관념화conceive할 수 있다고 말하는 사람이 있으면, 우리는 그에게 자신이 좀비를 관념화할 수 있는지 어떻게 아느냐고 물을 자격이 있다. 관념화는 쉬운 일이 아니다! 삼차원 넘는 차원을 관념화할 수 있을까? 휜 공간은? 양자 얽힘은 또 어떤가? 무언가를 그저 심상화imagine하는 것만으로는 미흡하다. 사실, 데카르트 말마따나 그건 결코 관념화가 아니다(최명관 옮김, 『방법서설·성찰·데카르트 연구』(창, 2010) 216쪽에서는 'imagine'을 '상상하다'로, 'conceive'를 '이해하다'로 번역했으나 이 글에서는 오해의 소지가 있어 각각 '심상화하다'와 '관념화하다'로 번역했다_옮긴이). 데카르트에 따르면, 심상화는 온갖 한계(시야, 해상도, 각도, 깊이의 한계)가 있는 (궁극적으로 기계적인) 몸을 이용하는 반면에 관념화는 메커니즘의 요건에 구애받지 않는 훨씬 강력한 분별 기관인 마음을 이용한다. 데카르트는 심상화와 관념화의 차이를 잘 보여주는 예로 천각형, 즉 천 개의 변으로 이루어진 다각형을 들었다. 여러분은 천각형을 관념화할 수 있을까? 심상화할 수는 있을까? 둘은 어떻게 다를까? 우선 심상화를 시도해보자. 먼저 오각형을 심상화한 다음 10각형을 심상화한다. 힘들지만, 방법은

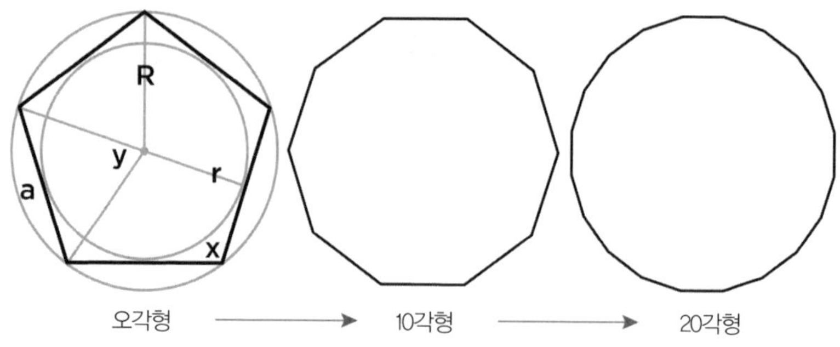

있다. 오각형의 각 변을 한가운데에서 위로 꺾어 올리면 변을 다섯 개에서 열 개로 늘릴 수 있다. 그런데 얼마나 꺾어 올려야 할까? 오각형의 외접원을 그린 뒤에, 꺾어 올린 두 변이 외접원과 만나도록 하면 된다. 이 방법을 한 번 더 쓰면 20각형이 된다.

다시 일곱 번을 더 꺾어 올리면 정1280각형을 얻을 수 있다. 이 도형은 '심상'으로는 원과 거의 구별할 수 없지만 '관념'으로는 정사각형이 원과 다르듯 원과—또한 천각형과도—분명히 다르다. 내가 여러분에게 원 안의 천각형 안의 원 안의 천각형 안의 원을 심상화해보라고—일종의 양궁 과녁처럼—하면, '심상'에서 무엇이 원이고 무엇이 천각형인지 구별할 수 있겠는가? 그렇지 않다. 전부 원처럼 보일 것이다. 하지만 이를 '관념화'하는 것은 식은 죽 먹기다.

데카르트는 여러분에게 이런 도형을 만들라고 하지 않는다. 데카르트가 보기에 관념화는 심상화와 마찬가지로 직접적이고 일화적인 (굳이 머릿속에 그리지 않고 파악하는) 정신 활동이거나 그와 비슷한 것이다. 적절한 관념(변邊, 천千, 정正, 다각형)을 (정신적으로) 파악한 뒤에 수리수리마수리! 끝. 나는 이런 데카르트식의 기초적인 '관념화' 행위가 늘 미심쩍었다. 여러분이 이렇게 할 수 있다면, 장한 일이다. 하지만 나는 못한다(내가 '임신conceive'하지 못하는 것과 마찬가지다). 내가 무언가를 관념화하는 데 '성공'했다고 확신하려면, 우선 해당하는 관념들을 조작하여 머릿속에서 그 함의를 검증하고 연습하여 관련 도구를 능숙하게 다룰 수 있어야 한다. (나는 이런 정신 체조를 할 때면 상상력을 한껏 동원하여 (이를테면) 머릿속에서 온갖 도표와 그림을 탐구한다. 한마디로 나는 데카르트가 단지 심상화에 불과하다고 폄하했을 것을 활용하여 그가 관념화라고 칭송했을 것을 이룬다.) 여러분은 끈 이론을 관념화할 수 있는가? 초끈과 '막brane' 등으로 가득한 무수한 차원에 대한 그 모든 논의가 쉽게 이해되는가? 논리적 정합성을 쉽게 검증할 수 있겠는가? 나는 끈 이론을 '이해할 수 없'지만, 바로 그 이유 때문에 끈 이론이 관념화할 수 없다거나 불가능하다고 단언할 의향은 없다.[6] 말하자면, 납득은 안 되지만 헛소리로 치부할 만큼 나의 관념화 능력을 확신할 수 있지도 않다. 나는 끈 이론의 진위를 '아직은' 관념화할 수 없다. 꼼꼼하게 살펴보지도 않고서 관념화가 가능하다거나 불가능하다고 안이하게 내린 평결에 무게를 두어서는 안 된다. 베이트슨은 물질적 유전자를 "상상조차 할 수 없inconceivable"다고 말했지만, 그가 오늘날 살아 있다면 관념화하는 법을 쉽게 배웠을 것이다. 하긴 이중 나선과 염기쌍은 초등학생도 배운다. 이중나선은 일단 이해하면 얼마든지 관념화할 수 있는 현상이다. 하지만 새로운 정보와 심상화 기법을 아무리 동원해도 둥근 정사각형(중심에서 같은 거리에 있는 점으로 이루어졌으며 길이가 같은 네 변을 가진 다각형)이나 가장 큰 소수素數를 관념화할 수는 없다.

나는 철학자의 좀비가 개념적으로 일관되지 못하고 불가능하고 파산 선고를 받은 아이디어라고 굳게 확신한다. 하지만 내 말이라고 해서 덥석 믿지는 마시길. 철학자의 좀비를 관념화할 수 있다고 스스로를 확신시키려면 어떻게 하면 될까? 친구 지크가 '알고 보니' 좀비였다고 여러분이 상상하려 한다고 가정해보자. 이게 사실이라고 결론 내리도록 여러분을 설득하거나 (심지어) 유혹하는 것으로는 무엇이 있을까?[7] 어떤 차이가 둘을 구별할까? 명심하라. 지크가 할 수 있는 '행동' 중에서 그가 좀비인지 아닌지 여러분을 확신시킬 수 있는 것은 아무것도 없다. 내가 보건대 많은 사람들이 이 연습을 정확하게 하지 않고 있다. 즉, 관념화의 묘기를 부리려 할 때 철학자의 좀비의 정의 중 일부를 애써 잊거나 제쳐둔다. 여러분이 이 실수를 저지르고 있는지 알려면, 내가 짐보라고 부르는 특별한 좀비 아종亞種을 구별하는 것이 좋다.[8] 모든 좀비에게는 (좀비 눈과 좀비 귀를 통해) 세계에서 정보를 뽑아내고 그 정보를 활용하여 걸을 때 벽을 피하거나 여러분이 부를 때 돌아보는, (당연히) 의식 없는 제어 시스템이 있다. 말하자면 좀비는 모두 지향계다. 하지만 짐보는 남다르다. 자신의 활동을 내적으로 또한 외적으로 모니터링하는 장비를 갖추고 있어서 자신의 내적 상태에 '대한' 내적이고 (의식 없는) 고차적인 정보적 상태를 가진 좀비이기 때문이다. 게다가 자기 모니터링 덕분에 이 자기 모니터링 상태에 대한 정보를 가지고 이용하며 이 과정을 무한히 반복할 수 있다. 말하자면 짐보에게는 '재귀적 자기 표상recursive self-representation' 능력이 있다. '의식 없는 재귀적 자기 표상'이라고 할 수도 있다(이렇게 말해도 된다면). 짐보가 아래와 같은 대화를 나눌 수 있는 것은 오로지 이 특별한 재능 덕분이다.

나 지크, 내가 좋아?

지크 물론이지. 자넨 나의 절친인걸!

나 내가 물어봐서 기분 상했어?

지크 그래, 모욕적일 정도로. 기분이 과히 좋진 않군.

나 그걸 어떻게 알지?

지크 음. 자네에게서 그런 질문을 받았을 때 조금 짜증났거나 겁났거나 (어쩌면 그냥) 놀랐던 생각이 나서. 근데 그게 왜 궁금해?

나 질문은 내가 할게.

지크 그러시든지. 대화가 편안하지는 않군.

명심하라. 철학적 좀비는 의식 있는 사람과 행동 면에서 구별되지 않는다고 정의되므로, 이런 대화를 수행하는 것과 같은 행동은 그의 레퍼토리에 들어 있으며 이런 행동을 제어하려면 재귀적 자기 표상을 할 수 있어야 한다. 이를테면 무언가가 궁금할 때 자기가 생각한 것에 대해 어떻게 느꼈는지에 대해 어떻게 느끼는지 (의식 없는 좀비방식으로) '생각'할 수 있어야 하는 것이다. 여러분이 이런 질문을 던졌을 때 지크가 멍하니 아무 반응을 하지 않으면 섬뜩한 의심이 들겠지만, 이런 상황은 지크가 좀비라면 짐보가 아님을 드러낼 것이다. 철학자의 좀비가 현실적으로 가능한지 물을 때는 항상 짐보를 염두에 두어야 한다. 재귀적 자기 표상을 할 수 있는 존재만이 이 대화와 같은 일상적 상호작용에서 자기 입장을 고수할 수 있기 때문이다. 시를 쓰거나 새로운 과학 가설을 수립하거나 드라마에서 연기하는 것은 말할 것도 없다. 이 모든 행위는 정의상 짐보의 능력에 속한다.

'정상적' 지크가 짐보 지크와 얼마나 구별하기 힘든지를 자세하게 상상하는 수고를 감수하지 않았다면, 실은 철학자의 좀비를 관념화하려고 노력하지 않은 것이다. 라이프니츠처럼, 반도 안 해보고 포기하는 격이다. 스스로에게 몇 가지 질문을 더 던져보자. 지크가 짐보인지 아닌지가 왜 여러분의 '관심사'일까? 더 개인적으로 묻자면, 자신이 짐보이거나 짐보가 되었는지에 대해 왜 '관심'이 있을까? 사실, 여러분은 결코 알 수 없을 것이다.

정말일까? 지크에게 믿음이 있을까? 아니면 지크에게는 믿음이 있는 셈일 뿐일까? 그러니까 '믿음이 우리의 삶을 인도하듯 짐보를 인도하는, 의식 없는 정보적 상태'일까? 믿음인 셈인 것이 '진짜배기'만큼 강력하고 유능한 것은 오직 여기에서뿐이므로, 이것은 '셈이다' 연산자의 쓰임새로 부적절하다. 왜 그런지 이해하려면 (나 같은) 왼손잡이가 짐보이고 오른손잡이에게만 의식이 있다고 상상해보라.

데닛　우리 왼손잡이가 좀비임을 입증하셨다고? 그럴 리가! 가련하다고? 어떤 점에서?

오른손잡이　정의에 따르면 선생에게는 의식이 없소. 그보다 더 안쓰러운 일이 어디 있겠소?

데닛　누구에게 더 안쓰럽다는 말이오? 의식이 없다면 불행할 이유가 없소. 그런데 나 같은 짐보와 대화를 나누려 하시는 이유가 뭐요?

오른손잡이　그건 선생 몸속에 누군가 '있는 것 같'아서요.

데닛　내가 보기에도 그렇소! 어쨌든 나는 짐보로서 고차적 자기 모니터링 능력을 모두 갖추고 있소. 내가 짜증 나는지 아픈지 지루한지 즐거운지 다 안단 말이오.

오른손잡이　아니, 선생은 이런 느낌들을 아는 '것처럼' 작동하는 것이지 실제로는 아무것도 '알지' 못하오. 이런 느낌들을 아는 셈일 뿐이오.

데닛　지금 '셈이다' 연산자를 잘못 쓰고 계신 것 같소. 선생이 나의 지식인 셈인 것이라고 부르는 것은 나의 이른바 '실제' 지식과 구별되지 않소. '짐보의 지식은 진짜가 아니다'라는 선생의 '정의'적 관점에서가 아니라면 말이오.

오른손잡이　하지만 차이는 분명히 있소. 차이가 없을 수는 없단 말이오!

데닛 그건 근거 없는 편견으로 들리오만.

짐보와 친구가 되면 어떤 일이 일어나는지 아직도 감이 안 온다면, 좀 더 예를 들어보자. 의식 있는 사람들의 세상에서 혼자 살아가는 짐보에 대한 소설을 쓴다고 진지하게 고려해보라. 아니면 짐보가 사는 섬에 버려진 의식 있는 사람에 대한 소설을 쓸 수도 있다. 이 이야기에 신빙성을 부여하려면 어떤 세부 사항을 생각해내야 할까? 아니면 더 쉬운 길을 택할 수도 있다. 훌륭한 소설을 읽되 짐보에 대한 소설이라는 배경 가설을 고수하는 것이다. 무엇이 가설을 반박할까? 소설가들은 시점(또는 '서사 양식narrative mode')을 선택할 수 있다. 이를테면 허먼 멜빌의『모비딕』과 J. D. 샐린저의『호밀밭의 파수꾼』은 '1인칭 시점'이다.

"내 이름을 이슈메일이라고 해두자."

"뭔가 걱정거리가 생기면 난 가만히 있지 못한다. 걱정거리가 생기면 욕실로라도 가야 한다. 이번에는 가지 않았다. 꼼짝도 하지 못할 만큼 많이 걱정하고 있었기 때문이다. 걱정거리가 있을 때는 어떤 것에도 방해받고 싶지 않다."

또 어떤 소설가들은 '3인칭 전지적 시점'을 선택한다. 흥미롭게도 1인칭 시점은 좀비 가설을 유지하는 데 더 유리한 듯하다. 전체 이야기가 짐보 이슈메일이나 짐보 홀든 콜필드의 서사적 '행동'을 단순히 그리고 있으니 말이다. 우리는 그들의 겉모습만을 볼 수 있을 뿐이다. 내면의 삶에 바탕을 둔 설명이라는 것은 '그들의 주장'일 뿐이다! 이런 1인칭 시점을 제인 오스턴의 『설득』이나 표도르 도스토옙스키의 『죄와 벌』의 3인칭 시점과 비교해보라.

그녀[엘리자베스]는 머스그로브 부인과 모든 일행을 저녁식사에 초대해야 한다고 느꼈다. 하지만 언제나 켈린치의 엘리엇 가보다 아랫급이었던 사람들에게, 자신들의 달라진 생활양식과 줄어든 하인수가 들통 날 것을 생각하니 견딜 수가 없었다. 그녀는 예의와 허영심 사이에서 고민했다. 결국 허영심이 승리했고, 엘리자베스는 다시 행복해졌다.

그[라스콜리니코프]는 소냐를 바라보고, 그에 대한 그녀의 사랑이 얼마나 큰지를 느꼈다. 그러자 이상하게도 그는 그렇게까지 사랑을 받고 있다는 것이 너무나 괴롭고 가슴 아프게 여겨졌다. 그랬다. 그것은 이상하고 무서운 감정이었다!

이 책에서 저자들은 엘리자베스와 라스콜리니코프의 '마음속을 들여다보'는 듯하다. 그렇다면 그들이 어떻게 짐보일 수 있겠는가? 하지만 명심하라. 의식 있는 사람들에게 의식의 흐름이 있다면 짐보에게는 '무의식'의 흐름이 있으니까. 어쨌든 짐보는 기적일 이유가 없다. 정보적으로 엄청나게 복잡한 내적 사태들이 이들의 행동을 제어하며 행복과 우울과 고통에 해당하는 기능적 정서 유사물이 이들의 행동을 조절하기 때문이다. 따라서 엘리자베스와 라스콜리니코프 둘 다 짐보일 수 있으며 오스틴과 도스토옙스키는 우리가 다 알고 즐겨 쓰는 용어를 민간심리학에서 가져와 이를 이용하여 그들의 내적 사태들을 서술한다. 이는 체스 프로그래머가 자신의 컴퓨터 프로그램이 반복 '탐색'을 하고 대담한 '판단'을 한다고 말하는 것과 똑같다. 짐보는 사회적 지위를 잃고 당황할 수도 있고 사랑에 숨이 막힐 수도 있다.

윌리엄 베이트슨의 잘못된 상상을 결코 잊지 말라. 나의 배경 가정에서 구멍을 찾고 좀비에 대한 내 생각이 잘못될 수 있는 여지를 찾으려고 눈을 부릅떠 잘못된 상상의 함정을 피하려고 최선을 다하다 보면 상상 속 발견이 늘 떠오르는데, 이는 의식이라는 관념 전체가 심각한 혼란에 빠져 있음을 보여준다. 이를테면 이른바 의식이 두 종류, 아니면 일곱 종류, 그것도 아니면 아흔아홉 종류가 있어서 왼손잡이의 의식 다르고 오른손잡이의 의식 다르고 바다가재의 의식 다른 경우를 상상할 수 있다. 하지만 이 상황을 상상할 수 있는 (지금까지) 유일한 방법은 '이 의식들이 기능적 차이에 따라 구별된'다고—즉, 왼손잡이는 X를 할 수 없고 오른손잡이는 Y를 할 수 없고 등으로—상상하는 것뿐이다. 하지만 이런 구별 가능한 차이는 어차피 우리가 철학적 좀비에 대해 이야기하고 있지 않음을 보여줄 뿐이다. 철학적 좀비와 '진짜로 의식이 있는' 사람 사이에는 외부에서 구별 가능한 차이가 (정의상) 전혀 없기 때문이다. 의식 있다고 가정되는 사람이 자신에게 의식이 있음을 우리(와 스스로)에게 확신시키는 '정신적'인 무언가를 '할 수 있'지 않은 상황에서 진짜 의식의 '내부에서 구별 가능한' 표시를 명시적으로 표현할 수 있었던 사람은 아무도 없다. 하지만 이런 정신적 차이가 무엇이든, 좀비의 '의식의 흐름'에는 그에 대응하는 짝퉁 버전이 있을 것이다. 안 그럴 이유가 어디 있겠는가? 따라서 나는 철학적 좀비라는 개념 전체가 일종의 지적 환각이며 벗어날 수 있는 고통이라고 확신한다. 직접 시도해보라. 6부 뒤쪽에서 이 자기 설득 작업을 좀 더 뒷받침할 것이다.

56

꽃양배추의 저주

김이 모락모락 나는 꽃양배추를 우걱우걱 먹는 사람 옆에 있으면, 냄새만으로도 속이 울렁거린다. '대체 어떻게 "저 맛"을 좋아할 수 있지?' 하는 의문이 든다. 그 순간, 그 사람에게는 꽃양배추 맛이 다르다는—달라야만 한다는?—생각이 떠오른다. 그럴듯한 가설이다. 나는 똑같은 음식이 때에 따라 다른 맛이 난다는 사실을 알고 있으니 말이다. 이를테면 아침에 오렌지주스를 한 모금 마시고 메이플 시럽 얹은 팬케이크를 한 입 베어 문 뒤에 오렌지주스를 또 한 모금 마시면 첫 번째가 훨씬 단맛이 나는 반면에, 커피를 한두 모금 마시면 오렌지주스 맛이 처음과 (대략? 정확히?) 같아진다. 당연히 (경고! 경고!) 우리는 이런 것에 대해 이야기하고—또는 생각하고—싶어 하고, 당연히 (딩동댕!) 그렇게 해도 그다지 잘못이 아니며, 따라서 당연히 (딩동댕!) '시각 *t*에 주스가 데닛에게 어떤 맛인가'에 대해 이야기하고 그 맛이 '시각 *t*에 주스가 데닛에게 어떤 맛인가' 또는 '시각 *t*에 주스가 존스에게 어떤 맛인가'와 같은지 다른지 묻는 것은 얼마든지 괜찮다. 이렇듯 사물이 우리에게 어떠한가를 일컬어 '감각질qualia'이라 부르자.

이 '결론'에는 잘못이 없어 보이지만, 바로 여기에서 우리는 이미 큰 실수를 저질렀다. 마지막 단계는, 일어나는 모든 것에서 '감각질'을 분리할 수 있다고—적어도 이론상으로 또는 논의의 편의를 위해—전제한다. '주스가 x에게 어떤 맛인가'를 단순한 동반 현상이나 기여 원인(간접적 원인), 이 '중심적' 방식의 부산물과 구분할 수 있으리라 가정하는 것이다. 이 사례들에서 점차 껍데기를 벗겨내어 공통의 잔류물, 즉 다양한 시점에 다양한 개인에게 (이 개인들이 어떤 자극을 받거나 지각 이외의 영향을 받는지와 별개로, 또한 이 개인들이 그 뒤에 어떻게 행동하거나 믿게 되는가와 별개로) 어떻게 보이고 들리고 느껴지고 어떤 맛이 나고 어떤 냄새가 나는지만 남기는 경우를 막연하게 상상하는 사람도 있다. 여기서 잘못은 우리가 현실에서 이 정화 행위를 확신을 품고 (한 번 또는 늘) 할 수 있다고 가정하는 데 있는 것이 아니다. 더 근본적인 잘못은 진지하게 고려할 만한 잔류 속성이라는 것이 있다고—사례를 분리하려는 실제 시도가 얼마나 불확실하든—가정하는 것이다.

법 조동사를 쓸 때마다 우리는 이런 유혹에 사로잡힌다. 나는 바흐가 글렌 굴드에게 어떻게 들렸을지 상상할 수 없고cannot, 결코 알지 못할 것이고will never, 결코 알 수 없을 듯하다could never(내가 상상하지 못한다는 말은 상상할 수 있는 무언가가 존재한다는 것을 전제한다_옮긴이). (내가 어릴 적에 바흐가 내게 어떻게 들렸는지도 가까스로 기억할 뿐이다.) 또한 박쥐가 되는 것이 어떤 것인지[9] 또는 우리가 맑고 '푸른' 하늘을 쳐다볼 때 내가 보는 색깔과 여러분이 보는 색깔이 같은지 알 수 없는 듯하다. 이런 일상적 경우로부터 우리는 이들 특수한 속성—주관적 맛, 겉모습, 향기, 소리—의 실재성을 확신하며 이를 분리하여 철학적 증류 행위를 통해 정의할 수 있는 것처럼 보인다. 감각질은 이렇게 탄생했다.

'감각질'은 우리에게 '이보다 더 친숙할 수 없'는 무언가—'사물이 우리에게 어떠한가'—를 일컫는 전문 용어다. 자신의 감각질보다 더 친밀하게 알 수 있는 것은 아무것도 없는 듯하다. 우리 신체가 거대한 환상, 즉 데카르트의 악마가 만들어낸 허구에 불과하더라도, (여러분에게) 그 허구의 '재료'는 환각 경험의 '감각질'일 것이다. 데카르트는 의심할 수 있는 모든 것을 의심하라고 주장했지만, 자신의 의식 경험에 감각질, 즉 자신이 경험을 알거나 파악하는 수단이 되는 속성이 있음은 결코 의심하지 않았다.

감각질에 대한 이 정의는 명백해 보이지만—우리에게 그러하게 보이지만—이렇게 도입된 감각질을 철학자들이 숱하게 분석하고 논의했더라도 감각질이 엄밀히 말해서 무엇을 의미하는가에 대해서는 전혀 합의가 이루어지지 않았다. 많은 인지과학자들은 철학자들이 이 특별한 용어를 쓸 때 스스로가 무슨 말을 하는지 틀림없이 알 것이라고 너그럽게 가정했으며, 자신들이 구사하는 어휘에 이 용어를 추가했다. 하지만 이것은 전술적 오류다. 감각질이 무엇이고 무엇이 아닌가에 대한 논쟁이 경험적 문제와 전혀 동떨어진 채 여전히 치열하게 벌어지고 있다. 몇 해 전 나는 한 논문[10]에서 감각질의 기본 개념에 아래와 같은 네 가지 조건이 있다고 주장했다.

1. 표현할 수 없다.
2. 본유적이다.
3. 사적이다.
4. 직접적으로 이해할 수 있다.

말하자면 감각질은 (1) 내성內省에 대해 원자적이어서 서술할 수 없고("직접 느껴보지 않으면 몰라"), (2) 어떤 관계나 성향이나 기능이 없으며(빨간색은 어떤 사람들에게 불안을 일으킬 수 있지만, 주관적 성향은 빨강의 감각질이 아니다), (3) "직접 느껴보지 않으면 모르지만, 당신은 그럴 수 없어. 감각질은 내 것, 나만의 것이니까!" (4) 나의 감각질은 나에게 무엇보다 친밀하게 알려져 있다.

이 기준은 아직까지도 대다수 학파에서 좋은 출발점으로 간주되지만, 내 논문의 요지는 이 네 가지 조건을 충족할 수 있는 것이 아무것도 없음을 밝히는 것이었으므로 감각질 개념의 (합의가 전혀 이루어지지 않은) 개정된—또는 개선된—버전에 대해서도 충분히 논의가 이루어졌다. 널리 쓰이고 일반적으로 높이 평가되는 전문 용어에 대해 서로 상충하는 여러 정의가 있는 것은 드문 일이 아니지만(생물학에서의 '유전자'나 '종', 거의 모든 학문에서의 '원인'을 생각해보라) 감각질을 둘러싼 혼란은 더 심각하게 느껴진다. 타 분야 연구자들은 감각질 개념이 철학의 선물이며 자기 분야에서 요긴하게 쓰일 것이라 생각하는데, 사실 이들에게는 트로이 목마일 것이다.

나는 그 논문에서 (꽃양배추 직관펌프를 제외하고) 직관펌프 13개를 제시했는데, 여기 다시 옮기지는 않을 것이다. 감각질이 정확히 무엇이냐는 질문에 대한 유명한 대답들에서 드러나는 자기만족에 맞서 싸울 수 있는 (아마도) 더 효과적인 도구들을 다년간 고안했기 때문이다. 네드 블록[11]은 감각질에 대한 소란스러운 질문을 '농반진반'으로 일축했는데 그의 대답은 재즈가 무엇이냐는 질문에 대한 루이 암스트롱의 전설적 대답을 상기시킨다. "물어봐야 한다면 결코 알 수 없을 것이다." 이 재미있는 전술은 내가 표적으로 삼은 가정을 완벽하게 표현한다. 내 작업이 성공한다면, (아직도 대다수 학파에서 통용되고 있는) 블록의 이 대답은 사람—"살아 있는 존재 말이오!"—을 앞에 두고 '엘랑 비탈élan vital'(생명의 도약을 달성하는 근원적 힘_옮긴이)의 존재 자체를 의심한다고 주장하는 생기론자의 우스꽝스러운 불신의 표현처럼 기묘하고 터무니없어 보일 것이다.

57

'진짜 돈'에는 빔이 얼마나 들었을까?

색色시각을 갖춘 로봇 모형—즉, 보색 잔상(어떤 빛깔을 보다가 다른 곳이나 흰 종이로 눈을 돌리게 될 때, 그 보색이 나타나는 현상_옮긴이)과 색 대비 착시(색채의 대비로 일어나는 기하학적 착시 현상_옮긴이)처럼 우리 인간이 경험하는 친숙한 현상을 모두 나타내는 로봇—을 제작할 수 있더라도, 그 로봇에게 자신의 잔상 등을 설명하는 (우리와 비슷한) 내적 과정이 있더라도, "고작 로봇이니까" 빨강과 파랑의 '감각질'을 가질 수는 없다는 것이 통념이다. 로봇의 텔레비전 카메라 눈 앞에 있는 유색 물체를 신호로 나타내거나 표상하는 기능적 상태에는, 우리에게 있는 여분의 무언가가 없을 것이다. 토머스 네이글의 유명한 논문 「박쥐가 되는 것은 어떤 것인가?What Is It Like to Be a Bat?」[12]는 어떤 대상의 의식 상태를—이런 것이 있다면—언급하는 표준적 방법을 제시한다. 그것은 의식 상태가 잔상을 보는 로봇이 되는 것과 전혀 같지 않으리라는 것이다. 왜 그토록 많은 사람들이 이것을 명백하다고 생각할까? 그것은 아마도 비교적 단순한 로봇을 상상했기에 모든 '단순한' 로봇에 대한 사실로부터 '모든' 로봇에 대한 결론을 이끌어낼 수 없음을 간과했기 때문일 것이다. 물론 감각질을 모든 원인과 결과로부터 분리되었으며 모든 성향적 속성과 논리적으로 독립적이라고 간주되는 경험의 '내적 속성'으로 '정의'한다면, 감각질이 모든 기능적 분석을 피해 가는 것은 논리적으로 보장된다. 아무리 공학적 솜씨를 발휘하더라도 로봇에게 감각질을 부여할 수는 없다. 하지만 이것은 공허한 승리다. 이런 본유 속성이 존재한다고 믿을 이유가 전혀 없기 때문이다.

이를 이해하기 위해 경험의 '감각질'과 화폐의 '가치'를 비교해보자. 일부 어수룩한 미국 사람들은 유로나 엔과 달리 달러에 '본유 가치'가 있다고 생각하는 듯하다. 만화에서 미국 관광객이 이렇게 묻는다. "가격이 '진짜 돈'으로 얼마인가요?" 달러로 얼마냐는 뜻이다. 이 생각을 좀 더 발전시켜보자. 이 어수룩한 미국 사람들은 달러를 유로로 기꺼이 바꾼다. 달러(또는 상품 및 서비스) 환율에 따라 기타 통화의 가치를 기꺼이 '절하'하지만, 이때에도 달러는 다르다고 생각한다. 이들은 나머지 모든 통화와 공유하는 기능적 교환 능력과 논리적으로 독립적인 무언가가 달러에 있다고 단언한다. 이렇게 말할 수 있으리라. "참 좋은데 뭐라고 말할 수가 없네." 곰곰이 생각해보면 달러에 가치의 (예전보다는 정도가 덜하지만 여전히 분간할 수 있는) 아우라가 있음을 알아차릴 수 있다. 이것을 달러의 '빔vim'이라고 부르자('힘'을 뜻하는 라틴어 '비스vis'가 어원이다). 공식적으로 빔은 비非관계적이고 비非성향적이며 '본유적'인, 달러의 경제적 가치다. 파운드와 유로 등은 본유 가치가 없는 상징적 대체물에 불과하다. 달러로 교환할 수 있기에 '파생적' 경제적 가치는 있지만, 빔은 없다! 가련하기도 하지, 유럽 사람들은! 본유적인 경제적 가치가 없는 통화를 쓰고 있다니! 어떻게 참아내고 있는 걸까? 안쓰러운 '빔비'(좀비에 빗댄 표현_옮긴이) 같으니. 이래서야 어떻게 돈을 벌 의욕이 생길까? 운 좋게 달러로 급여를 받는 사람들의 월급봉투에는 빔이 듬뿍 들어 있다. 미국 달러가 수많은 나라의 통화로 채택된 것은 놀랄 일이 아니다! 심지어 외국인까지도 달러의 빔을 감지할 수 있다.

위의 내용은 가상의 미국인 관광객이 뭐라고 말했을지 추측해본 것이다. 이렇게 정의된 달러의 빔은 경제학자들의 이론을 영원히 피해 가는 것이 보장된다. 어떤 경제 이론도 '본유적인 경제적 가치'를 설명하지 못하기 때문이다. 경제학에는 그만큼 안된 일일까? 빔의 존재 때문에 경제학은 심각한 결함이 있는 학문이 될 것이지만, 다행히도 본유적인 경제적 가치가 존재한다고 믿을 타당한 이유는 전혀 없다. 빔은 분명히 상상의 산물이며 저 어수룩한 미국 사람들의 마음속 감이 만들어낸 인공물이다. 우리는 이 인공물을 애지중지하지 않고서도 설명할 수 있다.

의식 논쟁에 참여하는 사람들 중 일부는 가상의 관광객과 비슷하다. 이들은 '본유적인 현상적 속성intrinsic phenomenal property'에 대한 자신의 직관이 의식을 다루는 모든 학문의 타협 불가능한 출발점이라고 잘라 말한다. 경제학자와 심리학자는 수많은 사람이 화폐에 본유 가치가 있다는 강력한 환상에 빠지는 이유를 설명하겠다고 나설 수 있을 텐데, 같은 맥락에서 감각질에 대한 확신은 진단이 필요한 흥미로운 '증상', 즉 모든 의식의 과학이 설명해야 하는 데이터로 간주되어야 한다.[13]

의식에는 지금 당장 추가적으로 과학적 탐구의 대상이 될 수 있으며 되어야 하는 속성이 많다. 이런 속성들을 설명해낸다면, 우리는 이를 의식이 무엇인지에 대한 설명으로 흔쾌히 받아들일 수 있을 것이다. '생명'이 무엇인가라는 이전의 '수수께끼'에서도 같은 일이 일어나지 않았던가. 살아 있는 모든 것에 '엘랑 비탈'이라는 크고 신비한 별도의 성분이 있다고 주장하는 생기론은 잘못된 상상으로 판명되었다. 아직 포기하지 않은 괴짜들이 남아 있기는 하지만, 오늘날 생기론은 거의 절멸했다. 이 행복한

성공 스토리는 우리에게 의식의 과학적 탐구를 계속 추진할 용기를 심어 준다. 의식의 모든 입증 가능한 특징이 설명되고, 알려진 지적 채무가 모두 상환되고, 커다란 무언가가 정말로 없는 것이 명백히 확인된다면(이것이 정말 중요하다면 어느 시점에선가 똑똑히 나타나야 한다), 확고한 감을 품었던 사람들은 "내 그럴 줄 알았지"라고 말할 것이다. 그동안에는 자신이 이전의 생기론자처럼 환상에 오도되었다는 진단을 회피하는 법을 고민하시길. 여기, 감각질이 경험의 본유 속성이라고 믿는 사람들에게 도전장을 던지노라. 그들은 자신의 확신과 어수룩한 미국 사람의 잘못을 어떻게 구별하는가? (아니면 미국 사람들이 옳을까? 직관이 그렇듯 달러에 정말로 빔이 있다고?)

58

클라프그라 씨의 안타까운 사연

그렇다면 의식 경험의 '본유' 속성이 아니라면 감각질은 대체 무엇일까? 어느 날 밤 근사한 샹베르탱 포도주를 홀짝이며 철학자 윌프리드 셀라스가 내게 말했다. "댄, 감각질이 있기에 삶이 살 만한 것이라네!" 솔깃한 견해였다. 이것이 감각질에 대해 무엇을 의미하는지 살펴보자. 무엇이 문제인지 보이기 위해 나는 기묘하고 반反직관적인 질병 몇 가지—얼굴인식불능증prosopagnosia과 카프그라 망상Capgras delusion—에 대한 인지신경과학의 최근 연구를 배경으로 직관펌프를 하나 제시하겠다.

얼굴인식불능증은 시각이 대부분 정상이되 얼굴만 인식하지 못하는 증상이다. 남성과 여성을 구별하고 노인과 젊은이를 구별하고 아프리카인과 아시아인을 구별하지만 성별과 나이가 같은 친구들을 데려다놓으면 목소리를 듣거나 다른 특징을 알아차리기 전에는 누가 누구인지 맞히지 못하는 것이다. 유명 정치인과 영화배우, 가족, 낯선 사람 등의 사진을 하나씩 보여주면서 이 중에 아는 사람이 누구냐고 물어보면, 무작위로 추측하는 것과 같은 결과가 나온다. 얼굴인식불능증에 걸리지 않은 사람들은 어머니 얼굴을 똑바로 쳐다보면서 알아보지 못한다는 것이 어떤 것인지 상상하기 힘들 것이다. 얼굴인식불능증이 존재한다는 사실을 믿기 힘들어하는 사람도 있을 것이다. 이 현상에 대해 이야기하면 내가 엉터리로 말을 지어낸다고 확신하는 사람들이 많다. 하지만 우리는 이러한 어려움을 불가능성에 대한 통찰이 아니라 빈곤한 상상력의 척도로 여기는 법을 배워야 한다. 얼굴인식불능증(영어 'prosopagnosia'의 어원은 '얼굴'을 일컫는 그리스어 '프로소폰prosopon'과 '알지 못하다'를 일컫는 '아그노시아agnosia'다)은 연구가 충분히 이루어져 이론의 여지가 없는 질병으로, 환자가 수천 명에 이른다.

(많은) 얼굴인식불능증 환자에게서 관찰되는 아주 흥미로운 사실 중 하나는 얼굴을 의식 차원에서 식별하거나 인식하지 못하면서도 낯익은 얼굴과 낯선 얼굴에 달리 반응하며 심지어 질문을 받았을 때 식별하지 못하던 얼굴을 '부지불식간'에 식별하고 있음을 나타내는 반응을 보인다는 것이다. 이를테면 얼굴인식불능증 환자에게 사진을 보여주면서 이름 다섯 개 중에 하나를 고르라고 하면 이러한 숨은 인식 능력을 확인할 수 있다. 선택은 무작위로 하지만, 전기 피부 반응galvanic skin response—정서적 각성을 측정한다—에 따르면 사진과 일치하는 이름을 들었을 때 수치가 뚜렷이 상승한다. 아니면 다음의 간단한 검증 방법을 살펴보자. 매릴린 먼로, 앨 고어, 마거릿 대처, 마이크 타이슨 중에서 정치인은 누구누구인가? 일반인은 이 과제를 재빨리 수행할 수 있지만, 이름과 엉뚱한 사진을 함께 보여주면 반응이 현저히 느려진다. 이를 설명하려면, 얼굴을 식별하는 것이 과제와 엄밀히 무관함에도 '어느 수준에서' 실제로 얼굴을 식별한다고 가정해야 한다. 그렇다면 뇌에는 대체로 독립적인 시각적 얼굴 인식 체계가 (적어도) 두 가지 있는 듯하다. 하나는 손상된 '의식적' 체계로, 실험에서 제시된 과제에 대해 피험자에게 도움이 되지 못하는 반면에 또 하나

는 손상되지 않은 '무의식적' 체계로, 엉뚱한 이름과 얼굴에 초조한 반응을 보인다. 후속 검사에 따르면 손상된 체계는 시각피질에 있는 '고등'한 체계인 반면에 손상되지 않은 체계는 변연계와 연계된 '하등' 체계였다. 이런 설명은 얼굴인식불능증의 다양성과 관련 뇌 영역에 대해 알려진 사실을 지나치게 단순화한 것이지만, 카프그라 망상(1923년에 프랑스의 정신과 의사 장 마리 조제프 카프그라가 처음 기재했다)으로 알려진 더 신기한 질병을 설명하는 데는 도움이 된다.

카프그라 망상에 시달리는 사람은 사랑하는 사람—대개는 배우자나 애인, 부모—이 똑같이 생긴 사기꾼으로 몰래 바뀌었다고 순간적으로 믿어버린다. 카프그라 환자는 미치지 않았다. 다른 면에서는 지극히 정상이되, 뇌에 손상을 입은 탓에 갑자기 이 특별한 믿음을 얻게 되었을 뿐이다. 이들은 터무니없는 믿음을 어찌나 확신하는지 사기꾼—실제로는 자신이 사랑하는 사람—을 죽이거나 중상을 입히기도 한다. 언뜻 보기에는 뇌가 손상되었다고 해서 바로 '이' 기묘한 효과가 일어난다는 것이 납득되지 않는다. (머리를 맞았다고 해서 달이 초록색 치즈로 만들어졌다고 믿어버리는 사람이 있을까?) 하지만 인지신경과학자 앤드루 영은 어떤 패턴을 발견하여 카프그라 망상이 얼굴인식불능증을 일으키는 질병의 '정반대'일 뿐이라는 의견을 제시했다. 카프그라 망상에서는 의식적인 피질의 얼굴 인식 체계가 고스란히 남아 있지만—망상 환자가 자기 앞에 있는 사람을 사랑하는 이의 판박이로 인식하는 것은 이 때문이다—무의식적 변연계 체계는 작동하지 않아 (마땅히 있어야 할) 정서적 공명의 인식이 고갈된다. 상대방 식별에 기여하는 이 미묘한 차이의 '결여'가 어찌나 당혹스러운지 ("무언가가 빠져 있어!") 나머지 체계가 낯익은 사람을 식별하여 찬성표를 던지는데도 혼자서 거부권을 행사하는 것이다. 이 때문에 환자는 자신이 사기꾼을 보고 있다고 철석같이 믿는다. 카프그라 환자는 이 불일치를 자신의 결함 있는 지각계 탓으로 돌리지 않고 세상을 비난한다. 이것이 형이상학적으로 터무니없고 믿기지 않는 것에서 보듯, 손상되지 않은 무의식적 얼굴 인식 체계가 우리 모두가 정상적으로 가지고 있는 능력(사실상 정치적 능력)에 대해서는 의심할 여지가 거의 없다. 이 특별한 체계의 인식론적 허기는 만일 충족되지 않으면 나머지 체계의 기여를 무산시키는 까탈을 부린다.

하이든 엘리스와 영이 이 가설을 처음 내놓은 것은 1990년인데, 영과 신경과학자 크리스 퍼스 등은 그 뒤로 가설을 확증하고 다듬었다. 물론 이 책에서는 자세한 내용을 꼬치꼬치 설명하지 않을 것이다. 내 목적은 상상력을 늘여주는 이 인지신경과학의 특별한 조각을 이용하여 아직 발견되지 않았으되 상상 가능한 또 다른 가능성에 우리의 마음을 여는 것이기 때문이다. 이것은 가련한 클라프그라 씨의 '가상적' 사례다. 이름을 이렇게 지은 이유는 실제 증후군인 카프그라 망상에서 영감을 받았음을 상기시키기 위해서다. (사람의 의식에서 감각질의 성질과 관련된, 상상 가능한 파열을 탐구하는 철학자들의 직관펌프는 이 시나리오 말고도 많이 있다.)

클라프그라 씨는 심리학 및 정신물리학 실험에 피험자로 참여하며 근근이 생계를 꾸린다. 그래서 자신의 주관적 상태에 대해 결코 어수룩하지 않다. 어느 날 잠자리에서 일어난 클라프그라 씨가 눈을 뜨자마자 절망에 겨워 외친다. "아악! 뭔가 잘못됐어! 온 세상이 그냥……'이상'하고, 그냥……'끔찍'하고, 어딘지 '잘못'됐어! '이' 세상에서 계속 살아가고 싶은 건지 모르겠다고!" 클라프그라 씨는 눈을 감은 채 손으로 비빈 뒤에 조심스럽게 다시 뜬다. 하지만 친숙하되 (설명할 수 없지만) 어딘가 다른, 기묘하게 구역질 나는 세상이 여전히 눈앞에 있다. 그의 말인즉슨 이렇다. 클라프그라 씨에게 묻는다. "고개를 쳐들면 무엇이 보입니까?" 그가 대답한다. "파란 하늘과 양털 같은 흰 구름, 봄을 맞은 나무의 연초록 잎눈, 선명한 빨간색을 하고 잔가지에 앉은 홍관조가 보입니다." 그의 색시각은 정상으로 보이지만, 만일을 위해 표준 이시하라 색맹 검사를 시행했더니 색맹은 아니다. 먼셀 표색계의 수십 가지 색상도 제대로 맞힌다. 가련한 클라프그라 씨의 병명이 무엇이든 그의 색시각에는 문제가 없다고 생각하는 사람이 절대다수이지만, 연구자 크로마필 박사만은 검사를 몇 가지 더 해야 한다고 주장한다.

크로마필 박사는 색 선호도, 색에 대한 정서 반응, 저마다 다른 색깔이 주의와 집중, 혈압, 심박 수, 대사 활동, 그 밖의 수많은 미묘한 내장 반응에 미치는 영향 등을 연구하고 있다. 크로마필 박사는 클라프그라 씨에게서 어떤 변화가 일어났는지 알기 위해, 지난 6개월 동안 앞의 검사를 모두 시행하며 클라프그라 씨의 반응에 대한—독특한 반응이든 일반적 반응이든—방대한 데이터베이스를 구축했다. 클라프그라 씨를 다시 검사했더니 놀라운 패턴이 발견된다. 파란색에 대해 나타나던 정서 반응과 내장 반응이 이제는 모조리 노란색에 대해 나타나고, 노란색에 대해 나타나던 반응은 모조리 파란색에 대해 나타난다. 예전에는 빨간색을 초록색보다 좋아했는데 이제는 초록색을 빨간색보다 좋아한다. 나머지 색 선호도도 전부 뒤바뀌었다. 음식을 보면 구역질이 나서 식사는 어두운 곳에서 해야 한다. 예전에는 기분 좋게 느껴지던 배색配色이 이제는 눈에 거슬리고 반대의 배색이 기분 좋게 느껴진다. 예전에는 진분홍색을 보면 맥박이 빨리 뛰었는데, 지금도 진분홍을 알아보기는 하지만—왜 '진'분홍색이냐고 의아해하기는 한다—이제는 마음이 차분해지는 반면에, 예전에 마음이 차분해지던 라임색을 보면 흥분된다. 그림을 볼 때의 신속 운동(무언가를 훑어볼 때 눈이 휙휙 움직이는 것) 궤적은 눈길을 끄는 미묘한 요소와 캔버스 위 색상의 시선 쏠림 효과에 좌우되던 예전의 궤적과 사뭇 다르다. 지금까지는 하늘색 방에 있으면 암산 집중력이 부쩍 낮아졌지만 지금은 연노랑색 방에 있으면 그렇게 된다.

한마디로 클라프그라 씨는 색시각과 관련하여 아무 문제도 호소하지 않고 표준적인 색 명명 및 색 구별 시험을 모두 거뜬히 통과하지만 색깔에 대한 정서적 반응과 주의 반응이 모두 확 뒤바뀌었다. 크로마필 박사는 놀라고 미심쩍어하는 동료들을 향해 클라프그라 씨에게 일어난 일은 간단하다고 말한다. 클라프그라 씨는 총체적 색 '감각질' 전도를 겪었으되 고급 인지적 색 능력—이를테면 색을 구별하고 명명하는 능력—즉, 색을 지각하는 로봇이 가질 수 있는 능력은 고스란히 남았다는 것이다.

이제 '우리'는 뭐라고 말해야 할까? 클라프그라 씨의 감각질은 전도되었을까? 이것은 가상의 사례이기 때문에 우리는 아무렇게나 대답해도 괜찮은 것처럼 보이지만, 철학자들은 또 다른 가상의 사례들을 오랫동안 진지하게 고려했으며 이 문제가 어떻게 해결되느냐에 따라 심오한 이론적 문제가 결정된다고 생각했으므로 우리도 이 사례를 허투루 일축해서는 안 된다. 우선, 이것은 '가능한' 사례일까? 그것은 우리가 어떤 종류의 가능성에 대해 이야기하고 있는가에 따라 다를 것이다. 논리적으로 가능할까? 생리적으로 가능할까? 이것은 사뭇 다른 질문이다. 철학자들은 후자의 질문이 철학적 문제와 무관하다고 여겨 무시하는 경향이 있었지만, 이 경우에는 태도를 누그러뜨릴 수도 있다. 이 사례가 논리적으로 불가능하다고 주장할 방법은 전혀 없어 보인다. 이 글에서 설명한바 클라프그라 씨에게서는 남은 능력과 놀라운 새 무능력이 기묘한 조합을 이룬다. 정상적 상황에서 긴밀하게 연관된 성향들이 전례 없는 방식으로 분리되었지만, 그의 증세가 이 점에서 얼굴인식불능증이나 카프그라 망상보다 더 근본적일까? 나는 클라프그라 씨의 증세가 생리적으로도 불가능한지조차 확신하지 못하겠다. 색깔을 정상적으로 구별할 수 있지만 명명하지는 못하는(색 명칭 실어증color anomia) 피험자와, 색맹이 되고서도 자신의 새로운 결점을 알아차리지 못하여 자신이 추측한다는 사실을 인식하지 못한 채 쾌활하게 색깔을 지어내고 닥치는 대로 명명하는 피험자의 사례에 대해 많은 연구가 이루어졌다. 클라프그라 씨는 카프그라 환자와 마찬가지로 인식이나 명명에는 아무 문제가 없다. 잘못된 것은 말로 표현할 수 없는 은은한 양념—그림을 쳐다보고 싶어지고, 방을 칠하고 싶어지고, 배색을 선택하고 싶어지도록 하는 모든 개인적 성향—같은 것이다. 클라프그라 씨에게서 달라진 것은 삶을 살 만하게 하는 데 이바지하는 색깔의 효과, 즉 (셀라스가 옳다면) 그의 색 '감각질'이다.

클라프그라 씨에게 화살을 돌려 그의 색 감각질이 전도되었는지 묻는다고 가정해보자. 클라프그라 씨가 내놓을 수 있는 대답은 '예', '아니오', '모릅니다'의 세 가지다. 뭐라고 답해야 할까? 나의 클라프그라 씨 이야기를 (철학자들이 진지하게 전파하고 논의한) 전도된 감각질에 대한 수많은 이야기와 비교한다면, 가장 곤혹스러운 차이점은 클라프그라 씨가 자신의 감각질이 전도되었음에도 전혀 눈치채지 못하리라는 예상이다. 크로마필 박사가 자신의 가설을 회의적인 동료들에게 제시해야 했음을 명심하라. 클라프그라 씨도 회의적이기는 마찬가지일 것이다. 어쨌든 클라프그라 씨는 (여느 표준적 이야기와 마찬가지로) 자신의 색 감각질과 관련하여 아무 불만도 제기하지 않았을 뿐 아니라 자신의 색시각이 연구자들에게 만족스러운 방식으로 멀쩡하다는—표준적 색시각 검사를 쉽게 통과한다는—사실에 흡족해했다. 클라프그라 씨가 자신의 색시각이 멀쩡하다며 흡족해했다는 사실은 어딘지 거북할 수밖에 없다. 철학 문헌에서는 이런 행동주의적 자기 검사가 부절적하다는 것이 통념이기 때문이다. '그' 검사들은 **당연히** (경고! 경고!) 감각질과 아무 관계가 없다. 그 검사들은 감각질이 처한 어려움에 빛을 비추거나 어려움을 덜어주는 능력이 전혀 없는 것으로 간주되는 것이 보통이다. 하지만 내 이본異本에서 보듯 철학자들의 상상은 어떤 사람이 자신의 감각질이 달라지지 않았다는 확신을 얻으려고 이 검사들에 '의존'하려는 (적어도) 유혹을 느끼리라는 가능성을 간과했다.

여러분의 감각질이 고스란히 남아 있으면서 여러분이 '정동'의 변화를 겪는 것이 가능할까? 철학자들은 감각질에 대한 이 본질적인 물음에 어떻게 답할 것인가를 놓고 둘로 나뉘어 있다. 글루탐산나트륨, 즉 조미료의 원료 MSG의 효과를 생각해보자. MSG를 넣으면 음식 맛이 좋아지고 강해진다는 것은 의심할 여지가 없다. 하지만 음식의 '감각질이 달라지'는 것일까, 사람들이 이미 향유하고 있는 감각질에 대한 민감도가 높아질 뿐인 것일까? 이것은 감각질의 개념을 명확히 하라는 요구이지 MSG의 작용점에 대한 또는 피험자의 보고에 나타나는 MSG에 대한 인간 반응의 변이에 대한 물음이 아니다. 개념적 물음을 어떤 식으로든 해결하지 않으면 기저의 신경세포적 과정에 대한 어떤 발견, 즉 피험자에 대한 **타인현상학**에 체계적 애매성이 있을 것이기 때문이다. 내가 알고 싶은 것은 철학자들이 '감각질'이라는 단어를 어떤 의미로 쓰는가뿐이다. 그들은 주관적 반응의 모든 변화를 감각질 변화로 파악하는가, 아니면 반응 중에서 실질적으로 감각질과 연결된 특수한 부분집합이 있는가? 특정 감각질에 대한 심미적 견해나 반응이 달라진다는 생각은 헛소리인가 아닌가? 이런 정의적 물음에 대해 판단을 내리지 않으면 '감각질'이라는 용어는 그저 불분명한 것이 아니라 절망적으로 애매하다. 두 (또는 그 이상의) 근본적으로 다른 관념을 오락가락하는 것이기 때문이다.

클라프그라 씨의 색 감각질은 전도되었을까? 어떤 철학자들은 내가 클라프그라 씨의 증상을 충분히 자세하게 묘사하지 않았다고 말한다. 나는 클라프그라 씨의 행동 능력—색깔을 정확하게 인식하고 구별하고 명명했지만 다른 여러 면에서 '틀리게' 반응했다—을 묘사하되 그의 주관적 상태를 묘사하는 것은 피했다. 나는 클라프그라 씨가 익은 레몬을 쳐다볼 때 '본유적인 주관적 노랑'을 경험하는지, (이를테면) '본유적인 주관적 파랑'을 경험하는지 말하지 않았다. 하지만 그게 요점이다. 나는 이런 용어가 그의 경험에서 어떤 실제 속성을 일컫는다는 추정에 이의를 제기한 것이다. 질문을 받은 클라프그라 씨가 "익은 레몬이 여전히 노랗게 보이기 때문에 제 경험에는 본유적인 주관적 노랑의 속성이 물론 포함됩니다"라고 '말했'다고 내가 덧붙였다고 가정해보자. 이러면 문제가 하나라도 해결되는가? 클라프그라 씨가 이 단어를 내뱉을 때 자신의 말이 무슨 의미인지 안다고 우리가 조금이라도 확신할 수 있는가? 우리는 그를 믿어야 하는가? 클라프그라 씨는 고수할 가치가 없는 철학적 이론에 사로잡혀 있는 것 아닐까?

이런 사례들에서 표준적으로 쓰이는 철학적 방법의 주된 약점이 바로 이것이다. 철학자들은 정상적인 사람들이 (이를테면) 색깔에 대해 나타내는 모든 능력과 성향이 하나의 덩어리를 이루며 독립된 하위능력과 하위성향으로 분해되거나 분리되지 않는다고 가정하는 경향이 있다. 이렇게 가정하면 감각질이 어떤 부분집합이나 특정 성향과 연결될 것인가의 물음을 손쉽게 피할 수 있다. 이를테면 철학자 조지 그레이엄과 테리 호건[14]은 "현상적 성격 자체에 대한 직접적 앎, [개인의] 인식/구별 능력의 경험적 바탕이 되는 앎"을 이야기한다. '직접적 앎'이 인식이나 구별의 '바탕'이라는 것을 어떻게 알지? 얼굴인식불능증은 자신이 바라보는 얼굴이나

(적어도) 이 친숙한 얼굴의 '시각적 감각질'에 대한 직접적 앎이 있을지도 모르지만, 친구와 가족의 얼굴을 바라볼 때 경험하는 감각질로서 이를 인식하지는 못한다. (다시 한 번 윌프리드 셀라스를 인용하여) 감각질이 삶을 살 만하게 하는 것이라면 감각질은 색깔을 일상에서 인식하고 구별하고 명명하는 능력의 '경험적 바탕'은 '아닐'지도 모른다.

59

주파수 맞춘 카드 한 벌

철학자 데이비드 차머스는 유명한 논문[15]에서 의식에 대한 '쉬운' 문제와 자신이 이름 붙인 '어려운Hard'(대문자 'H'를 쓴다) 문제를 구별한다. 차머스가 '쉽다'고 간주할 만한 것은 지금도 충분히 어렵다. 이를테면 의식에 대한 아래의 무척 까다로운 질문들을 생각해보라.

1. 의식은 어떻게 해서 우리가 보는 것, 듣는 소리, 맡는 냄새 등에 대해 말할 수 있게 하는가? (단순화하자면, 뇌의 지각 부위에서 들어오는 정보를 뇌의 언어 부위가 어떻게 이용하여 우리가 내놓을 수 있는 보고와 대답을 만들어낼까?)

2. 틀에 박힌 활동('눈 감고도 할' 수 있는 것)을 하다가 무언가 문제가 생길 때면 의식이 생기는 이유는 무엇이며, 의식은 우리가 맞닥뜨린 문제에 어떻게 도움을 주는가?

3. 우리는 독립적으로 움직이는 물체를 의식적으로 동시에 몇 개까지 추

적할 수 있는가? 어떻게 그렇게 하는가? (대답은 적어도 네 가지다. http://ruccs.rutgers.edu/faculty/pylyshyn/MOT_Demos/MOT-Occ-baseline.mov에서 핀스트 색인화FINST indexing로 알려진 이 현상의 놀라운 시연을 경험함으로써 직접 확인할 수 있다.)

4. 무언가가 '혀끝에서 맴돌기만 할' 때—자신이 그것을 알고 있고 대답을 '거의' 끄집어낼 수 있음을 알 때—무슨 일이 일어나고 있는 것인가?

5. 농담을 듣고 웃으려면 왜 그것이 농담임을 의식해야 하는가?[16]

차머스에 따르면 이 질문들은 비교적 쉬운 것들이다. 의식의 인지 '기능'—뇌에서 이루어지는 정보 처리와 주의 정향 활동, 우리가 깨어 있을 때 수행하는 추적, 상기, 회상 활동을 이용하여 '할' 수 있는 것들—과 연관되기 때문이다. 이 질문들에 대한 유력한 해답을 생각해내기가 어려울지는 모르지만, 그 해답은 실험으로 검증하고 개선할 수 있을 것이며, 실제로 우리는 이 '쉬운' 문제들에서 눈에 띄는 진전을 보이고 있다. 이를테면 이 기능들을 매우 설득력 있게 모방하는 '비교적' 단순한 컴퓨터 모형을 구축하여 뇌가 마법(또는 자연의 나머지 중에서 필적할 것 없는 것) 없이 이 기능들을 이루도록 할 수 있다. 지금 당장은 아니더라도 가까운 장래에 이 모든 현상을 구현하는 로봇을 만들 수 있을 것이다.

차머스가 말하는 '어려운' 문제는 '경험'—즉, 의식이 있다는 것이란 '무엇인가', 말하자면 의식 있음의, 표현할 수 없고 분석할 수 없는 '그러함'—의 문제다. 로봇은 의식이 있는 것'처럼' 행동할 수 있다. 어떤 질문에도 대답하고, 움직이는 점을 모조리 추적하고, 혀끝 현상에 굴복하거나 극복하고, 알맞은 때에 웃고, 알맞은 때에 (무의식적으로) 당황하거나 말문이 막히되, 실은 의식이 없을 수 있는 것이다. 이 로봇은 정상적이고 의식이 있는 우리가 향유하는 내적 삶의 희미한 그림자조차 찾아볼 수 없는 좀비일 것이다.

차머스에 따르면 신중한 독자인 여러분과 나는 깨어 있을 때 우리가 의식이 있음을 안다. 하지만 철학자의 좀비는 이런 것을 모른다. 결코 깨어 있지 않으며 내적 삶도 없다. '겉보기'에 의식이 있는 것 '같을' 뿐이다. 물론 자기 스스로는 우리와 똑같이 의식이 있다고 확신에 차서 주장하며 거짓말 탐지기를 거뜬히 통과할 것이다. 하지만 좀비에게 거짓말 탐지기는 무용지물이다! (신경과학자들이 fMRI 등을 이용하여 내부의 뇌 상태를 검사하더라도 좀비는 정상적이고 의식 있는 사람과 구별되지 않는다.) 그래서 의식 있는 사람과 좀비를 구별하는 것은 어려운 문제임에 틀림없다. 문제라면 말이다. '그것'이 문제라면 이 차이가 어떻게 해서 존재할 수 있는지 설명하는 것은 더욱 어려운 문제다. 이것이야말로 '어려운' 문제다. 나를 포함한 일부 사람들은 '어려운' 문제가 차머스의 머릿속에서 만들어진 허구라고 생각하지만, (놀랍게도) 많은 사람들은 의식 있는 사람과 완벽한 좀비 사이에 실제 차이가 있을 것이며 이것이 중요하다고 확신한다.

이 신기한 상황을 복기해보자. 우리 중 일부는 '어려운' 문제의 존재 자체를 의심하지만, 딴 사람들은 이를 의심하는 것이 정신 나간 짓이라고 생각한다. 그들은 스스로에게 특별한 의식이 있다는 사실보다 더 명백하고 더 직접적으로 직관되는 것은 없으며 우리가 향유하는 이 놀라운 속성이야말로 (지금까지의) 과학적 이해를 무력화하기 때문에 '어려운' 문제라고 불리어 마땅하다고 말한다. 대립하는 두 입장의 거리를 좁힐 가능성은 전무하다. 어느 쪽이든 완전히 틀렸을 수밖에 없다. 나는 아무리 솔깃하더라도 그 직관을 버려야 한다는 것을 입증하려고 오랫동안 노력했다. 나는 '어려운' 문제가 있다는 솔깃한 생각이 오류일 뿐이라고 확신한다. 하지만 입증할 수는 없다. 설령 입증할 수 있더라도 나의 증명은 쇠귀에 경 읽기일 것이다. 내가 보건대 어떤 철학자들은 자신의 직관을 어찌나 철석같이 믿는지, 또한 너무나 명백하고 부인할 수 없는 통찰이라고 생각하는지 어떤 논변에도 논파되기는커녕 미동도 하지 않을 것이 분명하다. 따라서 나는 합리성을 넘어선 확신을 합리적 논변으로 바로잡으려는 전술적 잘못을 저지르지 않을 것이다.

이 태도를 보노라면, 근사한 무대 마술을 관람한 사람들에게서 곧잘 볼 수 있는 진지한 확신이 떠오른다. 모든 마술사는 사람들이 예전에 본 뛰어난 마술 트릭을 과대평가하는 경향이 있음을 안다. 그 순간의 충격과 당혹 때문에 기억이 증폭되어 마술사가 단순한 속임수를 쓴 것이 아니라고 진심으로 주장한다는 것이다. 마술을 믿고 싶어 안달인 사람들도 있다. 22장 마법의 조직에서 리 시걸이 '진짜 마술'에 대해 논평한 것을 떠올려보라. "'진짜 마술'은 진짜가 아닌 마술을 일컫는 반면에 진짜인 마술, 즉 실제로 할 수 있는 마술은 '진짜 마술이 아니'다."(134쪽 참고)

의식이 '진짜 마술'이라고 생각하는 사람이 너무 많다. '수퍼캘리프래질리스티켁스피앨리도셔스supercalifragilisticexpialidocious'(뮤지컬 〈메리 포핀스〉의 노래 제목으로, 알쏭달쏭한 마법의 주문_옮긴이)한 무언가에 대해 이야기하는 것이 아니라면 의식에 대해 이야기하는 것이 아니며 의식은 모든 이해를 뛰어넘는 신비라는 것이다. 과학 전문 기자 로버트 라이트[17]는 이런 태도를 간결하게 표현했다.

> 내가 볼 때 여기에서 문제는 의식이 물리적 뇌의 상태와 '동일하다'라는

것이다. 데닛 등이 나에게 그들이 의미하는 바를 설명하려고 하면 할수록 나는 그들이 사실은 의식이란 존재하지 않는다고 믿고 있다는 확신이 든다.[18]

뇌 속의 어떤 트릭도 의식일 수 없다. '진짜' 의식일 수는 없는 것이다. 하지만 이 선부른 실수를 저지르지 않는 사람조차도 의식 현상을 과장하는 약점을 드러내는 경우가 많다. (내 책『의식의 수수께끼를 풀다Consciousness Explained』가 '디플레이션'에, 즉 의식—진짜 의식—을 원래 크기로 깎아 이 현상이 대다수의 생각과 달리 대단하지 않음을 보여주는 것에 치중한 것은 이 때문이다. 이 디플레이션 행위에 감명 받은 많은 독자들은 책 제목을 '의식을 설명해치우다Consciousness Explained Away'나 (라이트 말마따나) '의식을 부정하다Consciousness Denied'로 바꿔야 한다고 우스갯소리를 하기도 했다.) 의식에 대한 자신의 견해가 부풀려졌을 리 없다고 생각하는 사람들에게 비스듬히 한 방 날리고 싶다. 카드 마술의 세계에서 이에 필적하는 흥미롭고도 당혹스러운 사례—주파수 맞춘 카드 한 벌—에 관심을 집중시켜 이들의 안일한 태도에 경종을 울리고자 한다.

오하이오 크룩스빌 출신의 이름난 카드 마술사 랠프 헐은 오래전부터 '주파수 맞춘 카드 한 벌'이라는 일련의 카드 트릭으로 일반인뿐 아니라 아마추어 마술사, 카드 전문가, 전문 마술사까지도 어안이 벙벙하게 했다.
존 노던 힐러드, 『카드 마술Card Magic』

랠프 헐의 트릭은 대략 아래와 같다.

여러분, 새 트릭을 보여드리지요. 이름하여 '주파수 맞춘 카드 한 벌'입니다. 이 카드 다발은 마법으로 주파수를 맞췄습니다[헐이 카드 다발을 귀에 대고 소리를 들으며 카드를 섞는다]. 진동의 주파수를 정밀하게 맞춘 덕에 모든 카드의 위치를 '보'고 '들'을 수 있지요. 카드를 하나 뽑아보시지요. 아무 카드나요. …… [카드 다발을 펼치거나 하여 관객에게 내민다. 한 명이 카드를 뽑아 확인하고는 다시 끼워 넣는다.] 이제 '주파수 맞춘 카드 한 벌'에 귀를 기울여보겠습니다. 무슨 소리가 들릴까요? 진동이 똑똑히 들립니다. [헐이 카드를 귀에 대고 섞는다. 여러 가지 동작과 의식儀式을 해보인 뒤에 관객이 뽑은 카드를 내민다.]

헐은 특별 관객인 동료 마술사들을 위해 이 트릭을 몇 번이고 되풀이하면서 어떤 수법인지 맞혀보라고 했다. 하지만 아무도 맞히지 못했다. (카드 마술의 기본 규칙은 관객에게 트릭을 거듭 써먹지 말라는 것인데 이 근사한 트릭은 그 규칙을 대담하게 무시했다.) 마술사들은 헐에게 트릭을 팔라고 했지만 헐은 팔지 않았다. 훗날 헐은 친구 힐러드에게 자신의 수법을 설명했고 힐러드는 개인적으로 출판한 책에서 그 수법을 소개했다. 헐이 쓴 수법은 아래와 같다.

오랫동안 나는 전문 마술사와 아마추어 마술사 앞에서 수백 번이나 이 마술을 공연했다. 내가 아는 한 그중 아무도 비밀을 알아내지 못했다. …… *문제는 너무 열심히 찾았다는 것이다.* [강조는 데닛.]

여느 위대한 마술처럼 이 트릭도 시작했는가 싶으면 이미 끝나버린다. 트릭은 순전히 '주파수를 맞춘 카드 한 벌'이라는 이름—더 구체적으로 말하자면 'The Tuned Deck'의 정관사 'the'—에 있다! 헐이 새 트릭을 쓰겠다고 선언하고 관객에게 이름을 말하는 순간 트릭은 끝난다. 이 간단한 방법으로 관객을 준비시키고 진동이니 주파수니 하는 속임수로 시간을 보낸 뒤에 헐은 A 유형의 비교적 간단하고 친숙한 카드 제시 트릭을 쓴다(이 시점에서 전통적인 비밀의 장막을 치겠다. 트릭의 자세한 내용은, 나중에 알겠지만 여기서는 중요하지 않다). 뛰어난 마술사인 관객들은 헐이 A 유형의 트릭을 썼을 거라고 추측한다. A 유형의 트릭 시도를 좌절시킬 수 있는 엄격하고 비협조적인 태도를 취하면 가설을 검증할 수 있다. 관객이 가설을 검증하려고 눈에 불을 켜면 헐은 트릭을 '반복'하되 이번에는 B 유형의 카드 제시 트릭을 쓴다. 관객은 모여서 의견을 교환한다. "헐이 B 유형의 트릭을 쓰고 있는 걸까?" '그' 가설을 검증하기 위해 B 유형의 트릭을 방지할 수 있는 방어 자세를 취하면 헐은 C 방법을 이용하여 '그' 트릭을 반복한다. 헐이 C 유형의 트릭을 쓴다는 가설을 검증하려 들면 D 방법으로 전환한다. 아니면 A나 B로 돌아갈 수도 있다. 헐이 A 방법이나 B 방법을 쓴다는 가설은 이미 '기각'되었기 때문이다. 이렇게 수십 번을 되풀이하면서도 가설 검증단보다 늘 한 발짝 앞서서, 그들 모두가 아는 트릭 집합 중에서 늘 '아무거나' 쓸 수 있다는 점을 활용하고 정관사라는 간단한 방법으로 이 사실을 숨길 수 있었다. 헐은 힐러드에게 이렇게 설명했다.

> 마술을 할 때마다 이런 식으로 관객의 머릿속에 든 생각을 깨뜨린다. 머지않아 관객은 수수께끼를 풀려는 시도를 하나같이 포기할 것이다.

헐의 트릭은 'the'라는, 단순하고 흔한 단어를 붙인 것이었다. 맙소사! 이 하찮은 음절 하나가 전문가 관객을 현혹하여 마음을 마비시키고 ㅅㅂ

뜨를 미연에 방지했다. 관객은 시스템에 갇혀 대단한 새 트릭을 발견해야 한다고 철석같이 믿었기에 자신들의 문제(들)에 대한 해답이 하나가 아니라 여럿임을 알아차리지 못했다. 시스템 밖으로 뛰쳐나오지 못한 것이다.

내 말은 데이비드 차머스가 세상을 향해 자신이 '어려운 문제The Hard Problem'를 발견했다고 선언하며 (이와 똑같은) 개념적 속임수를 저질렀다는—본의 아니게—것이다. '어려운' 문제는 '정말로' 있는 걸까? 아니면 '어려운' 문제처럼 보이는 것은 차머스가 말하는 '의식의 쉬운 문제'를 구성하는 커다란 트릭 집합에 불과한 것일까? 이 트릭들은 모두 평범하게 설명할 수 있다. 물리학 혁명도, 기발한 아이디어도 필요 없다. 노력을 기울인다면 일반적인 인지과학 방법으로도 해결할 수 있다.

나는 '어려운' 문제가 없다는 것을 입증할 수 없지만 차머스도 '어려운' 문제가 있다는 것을 입증할 수 없다. 차머스는 강한 직관을 품고 있다. 이 직관이 놀라운 새 예언을 내놓거나 난감한 문제를 설명하겠다고 약속한다면 우리는 그와 함께 의식의 새로운 이론을 정립할지도 모른다. 하지만 그 이론은 홀로 서 있다. 그 이론을 부정하기는 힘들지만, 그것 말고는 무기력한 이론인 것이다.

의식의 알려진 효과 목록은 방대하며 점차 커지고 있다. 평범한 것에서 별난 것까지 종류도 다양하다. 모든 목록을 추적하는 것은 힘들기 때문에, 산수의 오류에 빠질 가능성을 경계해야 한다. 쉬운 문제를 모두 합친 뒤에 나머지를 설명 불가능한 문제라고 선언해서는 안 된다는 말이다. 이 나머지는 이미 설명이 있는 평범한 현상의 집합에—우리가 모르는 사이에—포함되었는지도 모른다. 적어도 신비하지 않은 설명의 경로가 아직 남아 있는지도 모른다. 우리는 어떻게 이 '산수의 오류'를 저지르고 넘어가는 것일까? 어떤 현상을 두 번 헤아리거나, 이미 설명했으므로 '미해결 현상' 목록에서 지웠어야 한다는 사실을 잊어버리면 그렇게 된다. 우리가 그런 실수를 저지른다는 것이 말이 될까? 이걸 고려해보자. 우리는 가련한 클라프그라 씨를 보면서 '무언가'가 심각하게 잘못되었음을 알아차렸다. 하지만 그의 곤경을 표현하는 데는 두 가지 사뭇 다른 방법이 있다.

A. 색 감각질에 대한 그의 미적·정서적 '반응'이 모두 뒤바뀌었다(감각질은 고스란히 유지되었다).

B. 색을 구별하고 식별하고 명명하는 능력은 보전되었지만 색 감각질이 뒤바뀌었다.

두 방법에 대해 (당혹스러운 표정으로 헐의 트릭을 알아내려고 애쓰는 마술사처럼) 어떻게 논변할 수 있을지 따져보자. "A는 옳을 리 없어. 그의 색 감각질이 고스란히 남았다고 말할 수 있는 유일한 이유는 그의 '명명 및 구별 행동'이 고스란히 남았기 때문이지만, 이것은 그의 감각질에 대해 아무것도 입증하지 않아. 이 행동들은 (단지) 인지적이고 기능적인 사실들일 뿐이야. 감각질은 물론 이들과 독립적이지. B도 옳을 리 없어. 달라진 것은 그의 반응'뿐'이기 때문이지. 클라프그라 씨는 색이 '다르게 보인'다고 불평하지 않지만, 이제는 바로 그 똑같은 주관적 색깔들이 예전처럼 느껴지지 않거든. 그러니 그의 색 감각질은 달라졌을 수도 있고 달라지지 않았을 수도 있어. 당신도 보듯, 어느 가설이 참인지 알 경험적 방법은 없어! 정말이지 '어려운' 문제라고!"

이 논변은 A와 B에서 설명하는 감각질이 아무 작용도 하지 않을 가능성을 간과한다. A에서든 B에서든 우리는 구별 장치가 전처럼 작동하되 그

장치의 판단에 대한 클라프그라 씨의 반응이 뒤바뀌었음을 알 수 있다. 감각질은 정서 반응의 원재료나 바탕을 제공하는 것으로 상상되며 꼬집어 말하기 힘든 매개물로 삽입되는데, 전도가 일어날 수 있는 장소는 두 곳—감각질이 평가 장치에 '제시'되기 전과 (이렇게 제시된 감각질에 대해 평가 장치가 반응하는 식으로) '제시'된 후—이 있는 듯하다. 제시 과정은 분명 하나인데. 이를테면 우리는 부정적—경고하는, 두려움을 일으키는—반응이 지각 과정의 매우 초기에 촉발될 수 있으며 그 뒤에 지각 입력의 뒤이은 모든 처리 과정을 '색칠'한다는 사실을 안다. 이 경우에 감각질의 '본유적' 성질이 정서 반응을 일으키거나 그 토대가 되기보다는 감각질이 클라프그라 씨와 관련한 정서 반응의 주관적 성격을 가지도록 정서 반응이 감각질에 작용한다고 말할 수 있다. 하지만 우리가 이미 지각 입력에 대한 정서적—또는 미적, 정동적—반응에 도달했다면 감각질이 할 '일'은 없다. 물론, 짐보도 의식 있는 사람과 마찬가지로 지각에 대한 전도된 반응에 불쾌감을 느낄 것이다.

감각질과 관련한 나머지 모든 직관펌프와 별도로, 이 이야기에서 우리가 배울 수 있는 것은 무엇일까? '주파수 맞춘 카드 한 벌' 이야기는 매우 현명하고 해박한 전문가들이 고작 문제가 어떻게 제시되느냐에 홀려 허깨비 문제를 만들어낼 수 있음을 보여주는 생생한 예다. 이 일은 실제로 일어났으며 또 일어날 수 있다. 이로부터 교착 상태를 바라보는 새로운 관점이 도출되고 새로운 입증 책임이 부여된다. 자신이 '주파수 맞춘 카드 한 벌' 같은 속임수에 빠지지 '않았'음을 어떻게 알 수 있을까? 이것이 결정적 논변이라고 주장하지는 않겠다. 다만 좀비감을 신뢰하는 사람들은 그것이 얼마나 명백한지 다시 한 번 생각해보아야 할 것이다.

60

중국어 방

1970년대 후반, 인공지능이 얼마나 발전했는지와 얼마나 발전할 것인지를 놓고 장밋빛 관측이 난무했다. 생각하는 기계의 등장이 임박했다고들 말했다! 버클리 대학의 철학자 존 설은 자신이 이 예상을 꿰뚫어 볼 수 있다고 확신하여 이를 입증할 사고실험을 생각해냈다. 1980년에 발표한 논문「마음, 뇌, 프로그램Minds, Brains and Programs」에서 설은 '강한 인공지능Strong AI'이 불가능함을 보이기 위해 유명한 중국어 방 사고실험을 제시했다. 설은 강한 인공지능을 "적절하게 프로그래밍 된 컴퓨터가 말 그대로 인지 상태를 갖추고 이로써 프로그램이 인간의 인지를 설명한"다는 주장으로 정의했다가[19] 훗날 이렇게 다듬었다. "적절히 프로그래밍 되고 올바른 입력과 출력을 갖춘 디지털 컴퓨터에게는 인간에게 마음이 있다는 것과 똑같은 의미에서 마음이 있을 것이다".[20] 1980년 논문은 인지과학의 대표적 학술지《행동과학과 뇌과학Behavioral and Brain Sciences》에 실렸는데, 이《BBS》(학술지의 약칭)는 형식이 특이하다. 각 호마다 긴 '표적 논문' 몇 건과 더불어 해당 분야 전문가가 쓴 논평 몇십 건과 저자의 답변이 실리는 것이다.《BBS》는 학제간 교류에 적극적이어서 다양한 분야의 전문가들이 참여하기 때문에 독자는 당시 학계가 어떻게 반응했는지 생생하게 들여다볼 수 있다. 다른 전문가들이 표적 논문을 진지하게 받아들였는지, 어떻게 해서 진지하게 받아들였는지 살펴보면 그 논문을 자신의 연구에 쓸 것인지 무시할 것인지 짐작하는 데 큰 도움이 된다. 확신에 찬 사람들이 흥분하여 동문서답을 주고받거나 최고 수준의 레슬링 태그 매치에 뛰어드는 것을 보면서, 학제간 소통이 얼마나 힘든지도 잘 알 수 있다. 설의 표적 논문은 거센 후폭풍에 휩싸였다. 내가[21] '직관펌프'라는 표현을 만들어낸 것도 설의 사고실험에서 심각한 오류가 무엇인지 보여주기 위해서였다.

'직관펌프'는 내가 만든 용어이지만, 더그 호프스태터에게도 영광을 돌려야 한다. 설의 논문을 놓고 더그와 토론하면서 실마리를 얻었기 때문이다. 우리는 논문 선집『이런, 이게 바로 나야!』에서 설의 논문을 논평과 함께 재수록했다. 설의 사고실험이 우리에게 흥미로웠던 이유는 오류가 있고 오도하는 논변임이 분명함에도 사람들에게 호응을 얻고 설득력을 발휘한 것 또한 분명했기 때문이다. 설의 논문은 어떻게, 또한 왜 효과가 있었을까? 우리는 '역설계'의 관점에서 논문을 들여다보았으며 더그는 "모든 손잡이를 돌려보"면서 어느 부분이 효과를 내는지 알아보는 전술을 생각해냈다. 그 이야기는 변형해도 무사한가, 아니면 부차적'이어야 할' 세부 사항에 결정적으로 의존하는가?[22]

그로부터 30년이 족히 지난 지금, 설의 중국어 방 논변이 엄청난 매력과 저력을 지녔음을 인정하지 않을 수 없다. 설의 논변은 수천 개의 학부과정에서 소개되고 있으며 오늘날까지 거듭 논의되는 고전이다. 나도 오랫동안 설의 논변을 수업에 활용하면서 그의 논변이 어떻게 작동하는지, 무엇이 잘못되었는지를 사람들에게 어떻게 보여줄 것인지에 대해 많이 배웠다.[23]

지금부터 설명하겠지만, 설의 논변은 결함 있는 직관펌프이며 매우 조심스럽게 다루지 않으면 상상력을 무력화할 수 있는 붐받이다. 하지만 그 섬세한 작업에 들어가기 전에 한마디 해두자면, 여러분 중 많은 사람들이 가만히 고개를 갸우뚱하거나 심지어 신음을 내뱉고 있을 것임을 잘 안다. 여러분은 내가 이 장치를 망가뜨리기를 바라지 않는다. 설의 결론—"휴, 강한 인공지능은 불가능해"—이 어찌나 좋은지, 여러분의 열렬한 희망을 뒷받침하는 생생하고 유쾌한 논변이 조목조목 비판된다는 생각만으로도 얼굴빛이 흐려진다. 예전에 나는 이런 반응에 콧방귀를 뀌었다. 이런 식으로 반응하는 사람들은 저명한 버클리 교수가 유명한 논변을 통해 여러분이 옳음을 밝혔다는 사실이 마음에 들고 그의 권위를 내세울 수 있어서 기쁜 것이다. 사실 여러분은 세부 사항에는 관심이 없고 결론만 중요할 뿐이다. 이 얼마나 비겁한 반反지성적 발뺌인가!

그런데 내가 똑같은 짓을 하고 있다는 사실을 깨닫고 과거의 가혹한 평결을 재검토하게 되었다. 양자역학이 어딘지 역겹고 방향이 단단히 잘못되었고 심지어 참이 아니면 좋겠다고 늘 생각했음을 고백한다. 나는 양자역학이 빛의 반사와 굴절 같은 일상적 현상과 시각의 바탕이 되는 망막 단백질의 작용을 비롯한 많은 현상을 훌륭하게 예측하고 설명하고 있음을 안다. 양자역학은 과학의 핵심에 자리 잡고 있지만, 전문가조차 이해하기 힘들기로 악명이 자자하다. 나는 양자역학의 수학을 익히려고 여러 번 시도했지만 그때마다 실패했다. 그래서 양자역학의 해석을 둘러싼 과학 논쟁에 흥미를 느끼되 끼어들지는 못하는 구경꾼 신세다. 그렇다고 해서 해박하다고 간주되는 전문가들이 말한 것을 무턱대고 믿지는 않는다. 그러다 머리 겔만의 『쿼크와 재규어: 단순한 것과 복잡한 것에 대한 모험』[24]을 읽었다. 기쁘게도 겔만은 상식적이고 이해하기 쉬운 말투를 썼으며,

사람들의 환심을 산 미심쩍은 선언들을 박살냈다. (내 말이 무슨 뜻인지 알려면 '양자역학과 헛소리Quantum Mechanics and Flapdoodle' 장을 읽어보라.) 책을 읽으면서 이런 생각이 들었다. "머리, 한 방 더 먹여! 본때를 보여주라고!" 노벨상을 수상했고 세계적으로 유명한 물리학자가 나도 이해할 수 있는 논변을 이용하여 내 선입견을 뒷받침하고 있었다. 이것이야말로 데닛 방식의 양자역학이었다! 하지만 문득 이런 생각이 들었다. 나는 겔만의 논변을 정말로 이해했을까, 아니면 이해한 셈일 뿐일까? 그의 수사법에 넘어가지 않았다고 어떻게 확신할 수 있지? 전문 용어를 들먹이며 내가 권위자의 양자역학 비판에 속아 넘어갔음을 입증하려는 물리학자가 없기를 바랐다. 나는 겔만의 결론이 마음에 쏙 들었기에, 세부 사항은 전혀 알고 싶지 않았다. 똑같은 발뺌일까?

꼭 그렇지는 않다. 나는 그 뒤로 다른 사람들이 쓴 글에 비추어 겔만의 평결을 평가하려고 애썼다(지금까지는 문제 없었다). 내게 매우 매력적인 겔만의 '상식'이 어느 날 심오한 통찰이 아니라 잘못된 상상의 또 다른 예로 전락할 가능성도 결코 배제하지 않았다. 설의 중국어 방 논변을 해체하고 중화하려는 나의 시도에 대해서도 여러분이 이와 같은 열린 태도를 취해주기 바란다. 쓴 약을 최대한 달게 해드릴 테니.

1950년에 앨런 튜링은 기계의 지능을 검증하는 방법을 제안했다. 튜링 테스트로 알려진 이 방법은 사람과 컴퓨터를 안 보이게 숨겨두고 '텔레타이프'(말 그대로 화면과 키보드)로 대화를 나누면서 검사관이 상대가 사람인지 컴퓨터인지 알아맞히는 것이다. 사람은 자신의 진짜 인간성을 심사관에게 입증하려 노력하고 컴퓨터는 심사관이 자신을 사람으로 착각하도록 하려고 노력한다. 심사관이 사람과 컴퓨터를 신뢰성 있게 구별하지 못하면 컴퓨터(프로그램)는 튜링 테스트를 통과한 것이며 지능이 있을 뿐 아니라 (설이 1988년에 말했듯) "인간에게 마음이 있다는 것과 똑같은 의미에서 마음이 있"다고 인정받는다. 이 분야의 많은 사람들은 튜링 테스트를 통과하는 것이 강한 인공지능을 입증한다고 생각한다. 왜 그럴까? 이해하지 않고서는 그런 대화를 나눌 수 없으므로 컴퓨터가 대화에 성공했다는 것은 이해했다는 증거라고 생각했기 때문이다(튜링도 같은 생각이었다).[25] 튜링 테스트가 짐보와 '실제로 의식 있는' 사람을 구별하지 않는다는—못한다는—점에 유의하라. 의식 있는 사람이 할 수 있는 일은 짐보도 똑같이 해낼 수 있기 때문이다. 많은 사람들이 지적했듯, 튜링 테스트를 통과하는 존재에게 지능이 있을 뿐 아니라 '의식'까지 있다는 주장은 좀비감과 정면으로 충돌한다. 이것만 놓고 보면 튜링 테스트가 마음 검사법으로 적절하지 않은 듯하지만, '세부를 보'기 전에는 판단을 유예해야 한다. 튜링 테스트를 통과하는 프로그램은 우리에게서 의식의 흐름이 있는 곳에 짐보의 '무의식' 흐름이 있을 뿐인지도 모르지만, 우리는 이것이 실제 차이를 만들어낸다며 좀비감에 도전하는 주장을 살펴본 바 있다. 짐보 프로그램은 의식이 있는 셈일 뿐일까? 정확히 어떤 차원에서 부족한 걸까? 어쩌면 설의 직관펌프가 이 물음에 실마리를 던질지도 모른다. 그의 논변은 강한 인공지능 개념에 흠집을 내려는 귀류법으로 보인다.

설은 자신이 어떤 방에 갇혀 (중국어를 이해한다고 추정되는) 거대한 인공지능 프로그램을 수동 시뮬레이션 한다고 상상해보라고 말한다. 설은 이 프로그램이 자신을 진짜 중국어 화자와 구별하려는 모든 시도를 무산시키고 튜링 테스트를 통과할 것이라고 분명히 말한다. 중국어를 전혀 모르는 설은 방에 갇힌 채 프로그램에 따라 기호 문자열을 바쁘게 조작할 뿐이므로 이곳에서 중국어를 배우지 못한다(이것은 분명하다). 또한 방에는 중국어를 이해하는 것이 아무것도 없다. (설과 그에게 내리는 지시가 쓰인 '종잇조각' 말고는 텅 비었다. 이 지시를 그대로 따르는 것이 곧 프로그램을 수동 시뮬레이션 하는 것이다.) 설이 중국어를 이해하지 못하면, 당연히 (경고!) '설과 종잇조각'도 중국어를 이해하지 못한다. 그러므로 중국어 원어민을 속일 만큼 훌륭한 대화 실력에도 불구하고 중국어 방에는 중국어를 이해하는 것이 전혀 없다. 설은 컴퓨터와 마찬가지로 한자를 모양으로만 식별한다. 설과 컴퓨터가 보기에 한자는 저마다 다른 무의미한 '꼬부랑글자'에 불과하다. 따라서 중국어 방에 갇힌 설은 컴퓨터 프로그램의 구현에 지나지 않는다. 실리콘 칩으로 작동하느냐 설에게서 작동하느냐의 차이가 있을 뿐 중국어를 전혀 이해하지 못하고 작동한다는 것은 똑같다.

매우 단순하고 그럴듯하다! 이 사고실험에 잘못된 것이 있을 수 있을까? 물론이다. 설이 버클리에서 이 논변을 소개했을 때 컴퓨터학자들은 (설의 표현에 따르면) '시스템 답변(버클리)Systems Reply(Berkeley)'으로 응수했다.

> 방에 갇힌 사람이 중국어를 이해하지 못하는 것은 사실이지만, 그는 전체 시스템의 일부에 불과하며 시스템은 중국어를 이해한다. 이 사람 앞에는 규칙이 적힌 커다란 두루마리, 계산하는 데 쓸 종잇조각과 연필, 한자 일람표가 있다. 그렇다면 이해는 한낱 개인에게 부여되는 것이 아니라 그가 속한 시스템 전체에 부여된다.[26]

설은 이 반박에 대응하는 과정에서 매우 의미심장한 언급을 한다.

> 사실 조금 당황스럽다. …… 그 이론이 애초에 매우 터무니없어 보이기 때문이다. 그들의 논리는 어떤 사람이 중국어를 이해하지 못하는데 그 사람과 종잇조각이 결합하면 중국어를 이해할 수 있다는 것이다. 어떤 이데올

로기에 사로잡히지 않고서 어떻게 그런 논리가 조금이라도 타당하다고 생각할 수 있는지 나로서는 상상하기조차 쉽지 않다.[27]

설이 매우 터무니없어 보인다고 말하는 것은 바로 튜링이 프로그램 내장형 컴퓨터라는 개념을 만들면서 발휘한 근본적 통찰이다! 능력은 전부 소프트웨어 안에 들어 있다. 24장에서 설명한 레지스터 기계가 산술을 전혀 이해하지 못한다는 사실을 떠올려보라. 하지만 소프트웨어와 결합된 레지스터 기계는 산술을 완벽하게 해낸다. 여러분 노트북의 중앙처리장치는 체스에 대해 아무것도 모르지만 체스 프로그램을 실행하면 체스로 여러분을 이길 수 있으며 그 밖에도 온갖 대단한 능력을 발휘할 수 있다. 설이 이데올로기라고 부르는 것은 컴퓨터학의 핵심에 자리 잡고 있으며, 그 건전성은 사회의 모든 분야에서 입증된다. 인간 능력과, 그를 통한 이해를—결국에는—재생산하는 방법은 가상기계 위에 가상기계 위에 가상기계를 쌓는 것이다. 능력은 맨 아래 하드웨어에 있는 것이 아니라 시스템에 있다. 다윈의 '논리의 기묘한 전도'는 튜링의 '논리의 기묘한 전도'[28]에 근사하게 반영된다. 튜링 이전에는 인간 능력이 이해(지능의 신비한 원천)에서 비롯해야만 한다고 생각했지만 이제는 이해 자체가 능력 위에 쌓인 능력의 무더기에서 발생한(포상泡上) 효과임을 안다.

디테일은 중요하다. 설은 자신이 거대 인공지능 프로그램을 어느 수준에서 수동 시뮬레이션 하는지 독자에게 결코 말하지 않는다. 설은 자신이 프로그램을 조작하는 과정을 이렇게 설명한다.

이제, 첫번째 중국어 글 [입력] 이후에 두 번째 중국어 글과, 두 번째 글을 첫 번째 글과 짝짓는 규칙 집합을 받는다고 가정해보자. 규칙은 영어로 쓰

> 였으며 나는 여느 영어 원어민만큼 규칙을 이해한다. 규칙을 따르면 한 형식 기호 집합을 다른 형식 기호 집합과 짝지을 수 있다. …… 이제, 세 번째 중국어 글과 명령을 받는다고 가정해보자. 이번에도 명령은 영어로 쓰였으며 이에 따라 이 글을 첫 번째와 두 번째 글과 짝지을 수 있다. 이 규칙은 세 번째 글에서 주어진 특정 형태에 대응하여 특정 형태의 한자를 내놓는 법을 알려준다.[29]

설은 이 '글 짝짓기'를 영어로 된 문장이나 글이 입력되고 자신의 모국어인 영어로 대응하는 경우와 대조한다.

> 바깥의 관점에서—내 '대답'을 읽는 누군가의 관점에서—보면 중국어 질문에 대한 대답과 영어 질문에 대한 대답은 똑같이 훌륭하다. 하지만 영어의 경우와 달리 중국어의 경우는 해석되지 않은 형식 기호를 조작하여 대답을 생성한다.[30]

참 대조적이기도 하지! 하지만 설이 빠뜨린 것이 무엇인지 살펴보자. 우리는 설이 영어로 된 '규칙 집합'(명령)을 받는다는 사실을 알지만, 이 규칙은 기계어인 "add the contents of register 39021192 to the contents of register 215845085"(레지스터 39021192의 내용을 레지스터 215845085의 내용에 더하라)와 같은 식일까, 소스 코드인 "Define a constant: queue-size and set it at 100"(대기열 크기 상수를 정의하고 100으로 정하라)와 같은 식일까? 설은 지하실에 처박혀 맹렬한 속도(초당 1조 회의 연산)로 계산하고 있을까, 몇 단계 상위 계층에 구현된 프로그램의 소스 코드를 따르고 있을까? 설이 소스 코드를 따른다면 주석은 읽고 있을까? 안 읽는 게 나을 것이다.

주석은 공식적으로는 프로그램의 일부가 아니기 때문이다. 그리고 주석은 상황이 어떻게 돌아가는지에 대해 힌트를 많이 준다("이 행은 문장을 분해하여 명사, 대명사, 동사, 한정사로 구분하고 의문문, 평서문, 명령문, 의문문으로 판단한다", 몇십억 회의 연산을 한 뒤에는 "언어유희 발견. 말장난 모드로 전환……", 이어서 더 세부적인 수십억 회의 연산을 하면서 참조를 개선하고 체스 수처럼 각 대답을 평가하여 마침내 출력 문장을 생성한다). 설이 수동 시뮬레이션 하는 프로그램이 중국어로 그럴듯한 대화를 해낼 수 있으려면 (설 말마따나) 한자뿐 아니라 중국인 화자가 공유하는 일상적 지식의 일람표를 참조해야 할 것이다. 이것은 최소한의 요구 사항이다. 설은 수동 시뮬레이션을 하는 동안 이 모든 계층적 인지 활동에 대해 조금이라도 알고 있을까, 아니면 그저 계산으로만 취급할까?

설이 영어로 된 다음 문제를 어떻게 처리할지 생각해보라.

> 대문자 D를 시계 반대 방향으로 90도 돌린다고 상상하라. 이것을 대문자 J 위에 놓는다. 어떤 날씨가 떠오르는가?

이제 설이 중국어 방에서 분주하게 일하다가 비슷한 문제를 중국어로 받는다고 상상해보자.

> 2012년 6월 4일에 소후 웨이보(중국판 싸이월드_옮긴이)에서 다음 문구가 차단되었다. 이유가 무엇일까?

> 占占占占人 占占占点 占占点占 占点占占 点占占占 占占占占

글자는 실제 한자(설의 '꼬부랑글자')이지만 글은 아무 뜻도 없는 횡설수설이다. 중국 당국은 왜 이 문구를 차단했을까? 그 이유는 6월 4일이 시위대 수백 명이 군 병력에게 살해당한 천안문 광장 학살 기념일이기 때문이다. (중국 사람들에게 '6월 4일'은 미국 사람들에게 '9·11'과 같다.) 천안문 사건에서 가장 유명한 이미지는 용감한 남자 한 명이 탱크를 막아선 장면이다. 위의 글은 탱크('占占占占')가 길을 막아선 남자('人')를 짓밟고 지나가는 장면을 형상화한 것이다.[31]

중국어 방의 설은 글의 의미를 '파악'해야 하지만, 소스 코드의 주석을 보지 않고서는 그럴 도리가 없다. 규칙을 따른다는 것이 '심상'을 짜고 조작한 뒤에 그 결과를 기억의 탐침으로 이용하는 것임을 설이 알 도리가 없기 때문이다. 즉, '시스템'이 중국어 문제에 대답하기 전에 수행한 활동은 설이 영어 문제에 대답하기 위해 (의미를 알고) 수행한 활동과 놀랍도록 일치한다. 그렇다면 시스템은 설이 상상하지 못한 나름의 마음을 가지고 있으며 그 마음이 기관실에서 열심히 제 몫을 한다고 말할 수 있으리라.

튜링 테스트를 통과할 수 있는 프로그램은 우리가 대화를 나눌 때 수행하는 정신 활동을 매우 비슷하게 흉내 내는 '정신' 활동을 수행해야 할 것이다. 이를테면 튜링 테스트 심사관이 소크라테스 문답법을 이용하여 학생에게 간단한 문제를 내면서 양자물리학을 가르친다고 가정해보자. 설이 대화를 성공적으로 마치려면 시스템이 정교한 지적 연습을 해내도록 해야 할 것이지만, 설은 이 시험을 마친 뒤에도 (시작할 때와 마찬가지로) 양자물리학을 이해하지 못할 것이다. 이에 반해 시스템은 튜링 테스트가 시작되기 전보다 이 분야에 대한 실용적 이해가 한층 향상되었을 것이다. '문제를 푼 것은 시스템'이기 때문이다. 이 특정한 튜링 테스트를 위해서는 새로운 가상기계—간단한 양자물리학 기계—가 프로그램에 설치되어야 한다.

설이 한자를 '짝짓'는 수단인 '종잇조각'과 '규칙'의 이미지는 이런 사실을 완전히 가려버린다. 설이 자기가 수동 시뮬레이션 한다고 상상한 프로그램의 복잡성을 일부러 숨겼다는 말이 아니다. 단지 복잡성의 의미를 무시했다는 것이다. 베이트슨이 "서로 구분되지 않으며 어떤 알려진 검증에서도 거의 균일하다고 밝혀진 염색질 입자"에 대해 생각한 것처럼 프로그램을 상대적으로 단순한 규칙 다발로 생각한다면, 프로그램의 이해 능력이라고 알려진 것을 DNA의 능력과 마찬가지로 '상상조차 할 수 없'다고 여길 가능성이 크다.

우리가 방금 무엇을 했는지 보라. 우리는 작동 중인 프로그램의 기술記述 수준을 조절하는 설의 직관펌프 손잡이를 돌렸다. 수준은 늘 여러 가지가 있게 마련이다. 가장 높은 수준에서는 시스템의 이해 능력이 상상 불가능하지 않다. 심지어 시스템이 자기가 이해하는 것을 어떻게 이해하게 되는지 짐작할 수도 있다. 시스템의 대답은 더는 서툴러 보이지 않는다. 명백히 올바른 것으로 보인다. 그렇다고 해서 설이 비판하는 종류의 인공지능이 실제로 이해라 부를 만한 수준의 능력을 갖추거나 강한 인공지능 연구자들이 상상하는 방식으로 이 방법이 확장되어 그런 고급 능력에 도달할 것이라는 뜻은 아니다. 다만 설의 사고실험은 그가 성취했다고 주장하는 것, 즉 강한 인공지능의 명백한 불가능성을 입증하는 데 성공하지 못했다.

돌려볼 손잡이가 더 있지만, 그 작업은 중국어 방을 계기로 쏟아진 무수한 문헌에서 이미 이루어진 바 있다. 여기서 나는 이론이나 (이론이 목표로 삼은) 명제가 아니라 생각도구 자체에 초점을 맞추었으며 이 생각도구에 결함이 있음을 보여주려 했다. 설의 생각도구는 우리의 상상력을 활용함으로써 설득하는 것이 아니라 우리의 상상력을 흐릿하게 가림으로써 설득한다.

61

텔레클론, 화성에서 지구로 떨어지다

동쪽에서 달이 뜬다. 서쪽에서 달이 뜬다. 차갑고 깜깜한 하늘을 가로질러 두 달이 서로를 향해 움직이다 얼마 지나지 않아 스쳐 지나간다. 나는 지구에서 수천만 킬로미터 떨어진 화성에 있다. 붉은 사막의 살을 에는 추위로부터 내 몸을 보호하는 것은 지구 기술로 만든 연약한 막이다. 우주선이 손쓸 수 없을 정도로 망가져 나는 이곳에 발이 묶였다. 결코 지구로 돌아가지 못할 것이다. 두고 온 친구와 가족, 장소와는 영영 이별이다.

하지만 희망이 있을지도 모른다. 고장 난 우주선의 통신실에서 텔레클론 마크 IV 순간이동장치와 설명서를 발견했기 때문이다. 순간이동장치를 켜고 광선을 지구의 텔레클론 수신 장치에 맞춘 뒤에 송신실에 들어가면 순간이동장치가 나의 몸을 순식간에 아무 통증 없이 해체하여 분자 단위의 청사진을 만들어 지구로 쏘아 보낸다. 그러면 필요한 원자를 모두 갖춘 수신 장치가 광선 청사진으로부터 거의 순간적으로 나를 만들어낼 것이다! 빛의 속도로 지구에 돌아가 사랑하는 이의 품에 안겨 화성에서의 모험 이야기를 들려주고 상대방은 넋이 나간 듯 귀를 기울일 것이다.

손상된 우주선을 마지막으로 조사한 결과, 텔레클론이 유일한 희망이다. 잃을 게 없으니 송신기를 켜고 스위치를 올리고는 송신실에 들어선다. 5, 4, 3, 2, 1, 발사! 문을 열고 텔레클론 수신실 밖으로 나와 햇빛 찬란한 지구의 친숙한 대기로 발을 내디딘다. 집이다. 화성에서 장거리 텔레클론 낙하를 했지만 몸은 멀쩡하다. 붉은 행성의 끔찍한 운명에서 간신히 탈출한 것은 축하할 만한 일이다. 가족과 친구가 한자리에 모이고 나는 마지막 본 뒤로 다들 어떻게 변했는지 살펴본다. 하긴 거의 3년이 지났으니. 나도 나이를 먹었다. 딸 세라는 벌써 여덟 살 반이다. 이런 생각이 든다. '이 아이가 정말 내 무릎에 앉던 여자아이란 말이야?' 물론 세라가 맞을 것이다. 하지만 나는 세라를 알아보지 못한다. 기억으로 짐작하고 이름으로 추정할 뿐이다. 세라는 키가 훌쩍 컸고 부쩍 성숙했으며 아는 것도 훨씬 많아졌다. 사실 내가 마지막으로 보았을 때 세라의 몸에 있던 세포는 거의 남아 있지 않다. 하지만, 성장하고 변했음에도, 세포가 대체되었음에도, 세라는 3년 전에 내가 작별 키스를 건넨 바로 그 아이다.

그때 이런 생각이 든다. '나는 과연 3년 전 이 작은 소녀에게 작별 키스를 건넨 그 사람일까? 나는 이 여덟 살 아이의 엄마일까, 아니면 과거의 기억—또는 겉보기 기억—을 가지고 있으되 나이가 몇 시간밖에 안 되는 새 사람일까?' 이 아이의 엄마는 화성에 있는 텔레클론 마크 IV의 송신실에서 해체되어 최근에 죽은 것 아닐까?

나는 화성에서 죽었을까? 아니야, '내'가 화성에서 죽었을 리 없어. 이렇게 지구에서 살아 있잖아. 하지만 '누군가' 화성에서 죽었다면 그건 세라 엄마일 거야. 그렇다면 나는 세라 엄마가 아니야. 하지만 그럴 순 없어! 텔레클론에 들어간 것은 오로지 집에 돌아와 가족을 만나기 위해서였어. 하지만 기억이 점점 가물가물해져. '나'는 화성에서 텔레클론에 들어가지 않았던 게 아닐까? 어쩌면, 그 일이 정말 일어났다면 나 아닌 다른 사람이었을지도 몰라.

그 해체 기계는 순간이동장치일까, 아니면 '텔레클론'이라는 이름에서 보듯 사람을 죽이고 복사판을 만드는 기계일까? 세라 엄마는 텔레클론에 들어갔다가 살아남았을까, 아닐까? 그 여자는 자기가 살아남을 거라 생각했다. 희망과 기대를 품고 송신실에 들어갔지 체념한 채 목숨을 버리려고 들어간 게 아니다. 그 여자의 행위는 분명히 이타적이었다. 송신실에 들어간 것은 세라에게 엄마를 돌려주기 위해서였다. 하지만 이기적이기도 했다. 그 여자는 곤경에서 벗어나 좋은 환경으로 돌아왔다. 어쩌면 그렇게 느껴질 뿐인지도. '그게 어떻게 느껴지는지 *내*가 어떻게 아느냐고? 내가 *거기* 있었으니까. 내가 그 생각을 한 세라 엄마였으니까. 나는 세라 엄마야. 아니, 그런 것 같아.'

노래나 시나 영화를 순간이동할 수 있다는 것은 의심할 여지가 없다. '자아'는, 손실 없이 순간이동할 수 있는—"정보로 이루어진"—종류의 것일까? 사람을 순간이동하는 것에 대한 반감은 스캔한 서명의 법적 효력에 대한 (요즘 들어 대다수 사람들이 극복한) 시대착오적 저항과 비슷한 것일까? (2011년에 알게 된 사실인데, 하버드 대학 명예교우회는 내 추천서에 붙은 '스캔된 서명'을 받아주지 않았다. 실제 손의 움직임을 통해 실제로 종이에 묻은 마른 잉크를 요구했다. 그 때문에 베이루트에서 택시를 타고 반나절을 달려 그쪽이 요구하는 양식—크림색 본드지紙—에 새로 서명하여 특급 우편으로 보내야 했다. 지금은 명예교우회가 방침을 바꾼 것으로 알고 있지만, 졸업증에 밀랍 인장을 찍는 관습은 고집했으면 좋겠다. 전통의 자리는 영예로운 쓸모없음에 있는 법이니까.)

62

서사무게중심으로서의 자아

자아란 무엇일까? 철학자들은 수 세기 동안 이 물음으로 골머리를 썩였다. 비물질적이고 설명할 수 없는 불멸의 영혼이라는 기독교적 관념이 수 세기 동안 사상가들을 사로잡고 진지한 탐구를 왜곡했지만, 이제는 매일같이 추종자가 떨어져 나가고 있다. 사람이 죽었을 때 마음이니 뭐니 하는 것이 천국에 간다는 생각에서 모순이 나날이 커지고 있다. 이 관념을 도깨비나 마녀와 함께 쓸어버리지 못하게 하는 희망적 사고가 있음은 분명하다. 그래서 마음이 (제대로 이해된) 뇌라고 확신하는 우리 유물론자들은 왜 각 사람에게 마음이니 뭐니 하는 그런 것이 있는 '것 같으'냐는, 더 정확히 말하자면 마음이니 뭐니 하는 그런 것이 몸속에, 꼬집어 말하자면 뇌에 있는 이유가 무엇이냐는 물음을 맞닥뜨린다. 그런데 안을 들여다보면 과연 자아가 보이는 것일까?

데이비드 흄은 1739년에 이 생각을 비판했다.

> 내 입장에서 내가 이른바 *나 자신*이라는 것의 심층에 들어가보면, 나는 언제나 어떤 개별 지각들이나 다른 것들, 즉 뜨거움 또는 차가움, 빛 또는 그

림자, 사랑 또는 증오, 고통 또는 쾌락 등과 만난다. 지각 없이는 내가 나 자신을 잠시도 포착할 수 없으며 …… 진지하고 선입견 없이 반성하는 사람이 *자기 자신*에 대해 다른 관념을 갖는다고 생각하면, 나는 내가 더 이상 그를 설득할 수 없다는 것을 인정하지 않을 수 없다. 내가 그에게 인정할 수 있는 것은 그도 나와 마찬가지로 타당할 수 있다는 것이며, 우리는 바로 이 점에서 본질적으로 서로 다르다는 것뿐이다. 나는 나에게 나 자신이라는 원리가 없다는 것을 확신하지만, 그는 아마 그가 *자기 자신*이라고 일컫는 단순하고 지속적인 어떤 것을 지각할 수도 있을 것이다.[32]

흄은 남들이 나와 다를지도 모른다며 농담조로 인정했지만, 타인이 어떠한가에 대한 자신의 빈곤한 경험으로부터 섣불리 추론하여 (이를테면) 내가 좀비—물론, 짐보—인지 아닌지 궁리하는 사람들에게서는 지금도 이 사고방식을 찾아볼 수 있다. 재미있는 추측이기는 하지만, 이것을 진지하게 받아들이는 사람은 아무도 없을 것이다.

자아가 무엇이 '아닌가'는 분명하다. 자아는 편도나 해마 같은 뇌의 한 부위가 아니다. 전두엽은 상황, 의도, 지각 등을 판단하는 데 중요한 역할을 하지만, 전두엽에서 자아를 찾는 실수를 저지르는 사람은 없을 것이다. (전두전엽 절개술은 환자에게서 '이전 자아의 그림자'만 남기는 무시무시한 수술이기는 하지만 자아 절제술은 아니다. "전두전엽 전개술을 받느니 내 앞에 놓인 공짜 술을 마시겠어"라는 오래된 농담이 있지만('free bottle'과 'pre-frontal lobotomy'의 발음을 이용한 말장난_옮긴이), 어느 쪽이든 그것을 경험할 내가 있어야 한다.) 그렇다면 자아는 무엇일 수 있을까? 나는 자아가 무게중심과 같은 '종류'의 것이라고 제안한다. 이것은 그 추상성에도 불구하고 물리적 세계와 밀접하게 결합된 추상화다. 여느 물체와 마찬가지로 여러분에게도 무게중심이 있다. 꼭대기가 무거운 사람은 같은 키의 평균보다 무게중심이 높으며 똑바로 서 있기가 더 힘들다. 무게중심을 찾는 방법은 여러 가지가 있다. 어떤 신발을 신었는가, 마지막에 먹은 음식이 무엇인가 같은 요인에 따라 몸 중심에서 조금씩 이동한다. 무게중심은 원자나 분자가 아니라 수학적 점이다. 쇠 파이프의 무게중심은 쇠로 이루어지지 않았으며, 사실 무엇으로도 이루어지지 않았다. 공간상의 점, 양 끝에서 등거리에 있는 파이프 중심을 지나는 선의 중점이다(파이프의 결함 같은 이유 때문에, 정확히 가운데는 아니다).

무게중심 개념은 그 자체로 매우 유용한 생각도구다. 무게중심은 물체의 입자 하나하나와 지구의 입자 하나하나 사이의 모든 인력을 평균한 것으로, 모든 입자를 두 점—지구의 중심(무게중심)과 물체의 무게중심—으로 수렴할 수 있으며 물체의 행동을 다양한 조건에서 계산할 수 있음을 보여준다. 이를테면 어떤 시점에 물체의 무게중심이 자신을 떠받치는 모든 점 밖으로 벗어나면 물체는 쓰러진다. 물론 뉴턴이 중력을 발견하기 오래전부터 우리는 무게중심을 직관적으로 이해했다. ("앉아! 너 때문에 배가 흔들리잖아!") 이제 우리는 무게중심 개념이 어떻게 왜 작용하는지 설명할 수 있으며, (이를테면) 탈것이나 전기스탠드를 설계할 때 무게중심을 낮추거나 더 효과적인 위치로 옮기는 것에서 보듯 무게중심은 많은 분야에서 필수 불가결한 개념이다. 무게중심이 '이론가의 허구'일 수도 있겠지만, 참인 예측을 많이 이끌어낼 수 있는 매우 귀중한 허구다. 물질적 실체가 없는 이런 추상적 존재가 무언가를 실제로 '야기'할 수 있을까? 직접적으로 야기할 수는 없다. 하지만 무게중심을 근거로 삼는 설명은 뚜렷하게 인과적인 설명들과 경쟁할 수 있다. "요트가 가파르게 기울었는데도 머그잔이 넘어지지 않은 이유가 무엇일까?"라는 질문에 대해 "무게중심이 매우 낮으니까"라는 대답과 "갑판에 붙여놨으니까"라는 대답이 맞서듯.

우리가 무게중심을 이론가의 '허구'라고 부를 수 있는 것은 속성의 불확정성이라는 신기한 속성을 허구적 등장인물과 공유하기 때문이다. 미스터리 소설 셜록 홈스 시리즈에서 아서 코난 도일이 묘사하는 셜록 홈스에게는 여러 속성이 있지만, 코난 도일이 입을 열지 않는 곳에는 아무 사실도 존재하지 않는다. 조금 추측할 수는 있다. 코난 도일은 셜록에게 세 번째 콧구멍이 있는지에 대해 결코 언급하지 않지만, 우리는 없다고 확신할 수 있다.[33] 아내가 파리에 한 명, 뉴욕에 한 명 있는 중혼자가 아니라는 것에도 동의할 수 있다. 하지만 많은 의문에 대해서는 답이 없다. 셜록은 왼쪽 견갑골에 점이 있을까? 오스카 와일드의 사촌일까? 스코틀랜드에 별장이 있을까? '진짜' 사람에 대한 이런 의문에는 반드시 정답이 있다(찾지 못할 수는 있겠지만). 하지만 셜록의 경우는 그렇지 않다. 셜록은 허구의 등장인물이기 때문에, 작가가 말하거나 암시하는 속성밖에 없다. 셜록 홈스 이야기가 진짜라고 생각하는 어수룩한 독자는 올더숏 행 기차의 승무원이 홈스보다 키가 큰지 작은지 궁금해할지도 모르지만, 이 이야기가 픽션임을 아는 사람은 궁금해하지 않는다. 무게중심도 마찬가지다. 무게중심이 '중성미자로 드러날' 것인지 궁금해하는 사람은 이론가의 허구라는 측면을 보지 못한 것이다.

그렇다면 *서사*무게중심이란 무엇일까? 이 또한 이론가의 허구인데, 이를 가정하는 이유는 사람을 구성하는 행동, 발화, 습관, 불평, 약속 등의 감당할 수 없을 만큼 복잡한 무더기를 통합하고 이해하기 위해서다. 서사무게중심은 인격체적 차원에서 설명을 조직화한다. 손이 계약서에 서명한 것이 아니다. 내가 서명했다. 입이 거짓말한 것이 아니다. 내가 했다.

뇌가 파리를 기억하는 것이 아니다. 내가 기억한다. 나는 우리가 나로 인식하는 살아 있는 몸의 '기록 소유주'다. (하긴 내 몸 내가 어떻게 하든 무슨 상관이냐는 말도 있으니.) 세상의 모든 부분들과, 땅 위에 세워진 비석 사이의 모든 인력을 두 점—지구 중심과 비석의 무게중심—으로 수렴하여 단순화할 수 있는 것과 마찬가지로 방금 계약을 맺은 두 자아인 판매자와 구매자의 모든 상호작용—악수, 대화, 기록 등—을 단순화할 수 있다. 각 자아는 내력과 '과거사', 추진 중인 수많은 계획을 지닌 하나의 인격체다. 무게중심과 달리 자아는 시공간에 궤적을 그리는 것에 그치지 않는다. 자아는 기억을 쌓고 계획과 예상을 생각해내면서 점점 커진다.

과거사 중에는 부인하고 싶은 것들도 있지만, 어차피 이미 엎지른 물이다. 서사를 뜯어고칠 수는 없다. 하지만 이후의 전기적 요소를 가지고 재해석할 수는 있다. "그 일을 저질렀을 때 나 자신이 아니었어"라는 말은 친숙한 변명이며, 이 명백한 자기 모순적 언명을 용납하는 것은 현명한 처사일 때가 많다. 이 말이 뜻하는 바는 자신이 그 일을 저질렀을 때 자신의 성격으로부터 극단적으로 벗어나 있었으므로 현재의 자신을 판단하거나 이 행동으로 미래의 행동을 유추하지 말아달라는 간청이다. 이 말은 그럴 듯할 때도 있고 그렇지 않을 때도 있다. 이 문구도 친숙할 것이다. "네가 안 했으면 누가 했다는 거야?" "귀신이 시켰나 봐." 이때에도 우리는 이 변명을 액면 그대로가 아니라 그 행동을 유도한 성격과 동기에 대한 진실한 부인으로서 곧잘 받아들인다. 여기서 (다음 장에서 논의할) 책임과 자유의지 문제가 제기된다. 여기서는 내가 '하'는 것과 내게 일어나는 것 사이에 선을—아무리 자의적일지라도—긋기 위해 어떻게 자아 개념이 필요한지만 살펴보자.

모든 물체는 무게중심이 있으며 모든 살아 있는 인체는 자아가 있다. 아니, 모든 살아 있는 인체는 일종의 입주 관리자인 자아의 소유다. 소유주는 한 명뿐일까? 둘 이상의 자아가 몸 하나를 공유할 수는 없을까? 해리 정체성 장애dissociative identity disorder(보통 '다중 인격 장애'라고 한다)로 알려진 질환은 겉으로 보기에 여러 자아—지배적 자아('주인')와 일군의 '분신'—가 몸 하나를 공유하는 사례다. 내가 '겉으로 보기에'라고 말한 이유는 '감응성 정신병folie deux'(어수룩한 정신과 의사가 근심에 빠진 환자를 무심결에 유도하여 해리 정체성 장애를 일으키는 것)을 통한 완전한 가짜에서 '유명인을 닮고 싶은 갈망'에서 비롯한 드물지만 진짜인 사례에 이르기까지 논란이 거세기 때문이다. 심리학자 니컬러스 험프리와 나[34]는 이 현상(과 이 현상을 연구하고 치료하는 사람들)을 다년간 연구한 끝에 모두 옳다고 결론 내렸다! 사기, 과장, 필사적인 환자와 어수룩한 의사도 있고 매료된 의사의 손에서 정교해지기 전에 적어도 투박한 형태로 존재한 증상도 몇 가지 있다. 해리 정체성 장애는 누구나—정도는 다양하지만—경험하는 지극히 정상적인 현상이 강화된 것이라고 본다면, 놀랄 일도 아니다. 대다수 사람은 일할 때, 살림할 때, 놀 때 사뭇 구별되는 삶을 살아가며 각 맥락에서 얻는 습관과 기억은 다른 맥락으로 쉽게 이전되지 않는다.

사회학자 어빙 고프먼[35]이 이 주제를 다룬 고전 『일상생활에서의 자기 연출』에서 회상하듯 모든 사람은 실시간 드라마의 등장인물처럼 스스로를 연출하며(이를테면 데닛 교수, 이웃집 댄, 아빠, 할아버지 등) 마찬가지로 자신을 연출하는 조연들에게서 쉽사리 도움을 얻는다. 우리는 쉽게 다룰 수 있는 대사를 주고받으며 상대방의 자기 연출 시도에 공모하는가 하면, 등장인물의 원래 성격과 다른 연기로 시나리오의 흐름을 끊어 어색하거나 우스꽝스럽거나 나쁜 결과를 낳을 수도 있다. 후자를 하려면 배포가 두둑해야 한다. 파티에서 처음 소개받은 사람에게 신분증—운전 면허증이나 여권—을 보여달라거나 뜨겁게 포옹하려 드는 상황을 상상할 수 있겠는가? 사람들은 극단적으로 어려운 상황에 처하면 때때로 극단적 조치를 취하는데, 처음에는 절망적인 가장假裝이던 것이 급기야 제2의 천성이 되기도 한다. 상황이 힘들어지면 경로를 벗어나 당면 문제에 알맞은 다른 성격, 즉 다른 서사무게중심으로 이동하는 것이다.

험프리와 나는 해리 정체성 장애로 추정되는 환자를 면담할 때 곤란한 질문을 회피하는 기술의 대가大家를 상대해야 한다는 사실을 깨달았다. 대답을 강요하는 질문을 던지거나[36] (더 바람직하게는) 한 분신이 다른 분신의 행동과 말을 전혀 기억하지 못하는지 확인하기 위한 작은 함정을 파려면 예의를 버려야 하며 상대방의 기분을 상하게 하는 것을 감수해야 할 것이다. 그러니 십중팔구는 예의 바르게 기분을 맞춰주는 쪽을 택할 것이다. 이 공모에는 윙크도 필요 없다. 사기꾼은 이 수법을 의도적으로 능수능란하게 쓰지만, 자신이 무슨 짓을 하는지 인식하지 못하는 무고한 인격 장애의 피해자도 그에 못지않다. 누구나 어느 정도는 그런 성향이 있다. 하지만 '그들의' 분신은 허구적 등장인물에 불과하다. 동의하는가? '진짜' 주인은 사람이다. 동의하는가? 글쎄, 그렇게 간단한 문제가 아니다.

여러분이 여러 역할을 하든 한 가지 역할만 하든, 여러분이 연기하는 사람은 여러분의 서사무게중심이다. 여러분의 친구는 그렇게 여러분을 인식하며("너, 오늘 너 같지 않아!") 여러분은 대부분의 경우 그렇게 자신을 인식하지만, 어느 정도 이상화하기도 한다("맙소사! '내'가 그랬다고? '내'가 그랬을 리 없어!"). 소설가는 사기꾼처럼 세부 사항에 교묘하고도 철저하게 주의를 기울이면서 서사를 만들어낸다. 나머지 사람들은 재능 있는 아마추어로, 똑똑하기는 하지만 (대체로) 자기도 모르게 이야기를 지어낸다. 거미가 거미줄을 잣듯. 이것은 기술이 아니라 본성이다. '우리'가 우리 뇌를 이용하여 실을 잣는다기보다는 우리 뇌가 실을 이용하여 '우리'를 잣는 것이다. 부인할 수 없이 참인 전기傳記의 핵심이 있는 것은 분명하지만, 세월이 흐르면서 대부분은 사라지고 비활성화되어 지금의 나와 아무 상관이 없어진다. 어떤 사실은 자기 관리 및 자기 개선 과정에서 적극적으로 부인되고 버려지고 '망각'될 것이다.[37]

과거에 대한 질문 중에는 아주 쉽게 대답할 수 있는 것들이 있다. 영화배우와 춤춘 적이 있는가? 파리에 간 적이 있는가? 낙타를 탄 적이 있는가? 맨손으로 남을 목 졸라 죽인 적이 있는가? 대답이 예든 아니오든 거의 모든 사람은 이 질문들에 쉽게 대답할 수 있다. (마지막 질문을 받은 사람이 무언가 생각하듯 머뭇거리며 턱을 긁적거리는 장면을 상상해보라. 냉큼 자리를 피하길!) 우리가 이 질문들에 대한 대답을 아는 이유는 우리가 영화배우와 춤추었거나, 파리에 갔거나, 낙타를 탔거나, 남을 목 졸라 죽였다면 지금 기억을 떠올릴 수 있을 만큼 우리 자신에 대해—우리의 '자아'에 대해—알기 때문이다. '아무것도 떠오르지 않'을 때 우리는 이를 반대 증거로 해석한다. (안 그러면 어떻게 그렇게 확신할 수 있겠는가? 한 번도 하지 않은 일과 한 번도 가보지 않은 장소의 목록을 작성해두지 않은 다음에야.) 이 질문들을 겉보기에 비슷한 질문들과 비교해보자. 이름이 스미스인 사람과 춤춘 적이 있는가? 마루 광택제를 파는 슈퍼마켓에 간 적이 있는가? 파란색 쉐보레를 탄 적이 있는가? 흰색 머그잔을 깨뜨린 적이 있는가? 이 중에는 쉽게 대답할 수 있는 질문도 있고, 전혀 생각나지 않는 질문도 있고, 하도 사소한 일이라 무심코 거짓 대답을 하는 질문도 있을 것이다. 이런 일을 했다고 해도 기억할 이유가 어디 있겠는가? 우리에게 일어난 일 중 상당수는 기억할 만한 가치가 없다. 좋은 일이든 나쁜 일이든 많은 일이 서사무게중심에 따라 버려지고, 일어나지 않은 많은 일이 추가된다. 우리가 이를 의식하지 못하는 것은 어떤 이유에서건 우리에게 꼭 들어맞기 때문이다. 우리의 본질은 경험과 재능, 점잖은 의도, 백일몽의 실시간 합계로, 하나의 뇌와 몸속에 묶여 있으며 이름이 정해져 있다. '나', 자아, 영혼이라는 특별한 불가분의 덩어리가 별도로 있다는 생각은 매혹적인 판타지지만, 사람들을, 그들의 꿈과 희망, 위업과 죄악을 이해하는 데는 서사무게중심이면 충분하다.

이 서사무게중심은 마음이니 뭐니 하는 신비한 덩어리는 아닐지 모르지만, 이것이 추상적 개념에 불과하다면 과학적으로 연구할 수는 있지 않을까? 물론이다.

63

타인현상학

타인현상학heterophenomenology은 직관펌프가 아니라, 까다로운 문제에 도전하기 전에 놓으면 좋은 *발판*의 또 다른 예다. 인간 의식을 연구하려면 언뜻 보기에 딴 차원에서 일어나는 것처럼 보이는 현상을 관찰해야 한다. 우리가 자신의 의식과 관련하여 점유하는 차원은 사적이고 주관적이고 '1인칭'이며 나 외에 아무도 이곳에 직접 접근하지 못한다. 그렇다면 유성이나 자석(또는 인간의 물질대사나 골밀도)을 연구하는 표준적인 '3인칭'의 객관적 방법론과 인간 의식을 연구하는 방법론 사이에는 어떤 관계가 있을까? 급진적이거나 혁명적인 대안과학을 만들어내야 할까, 아니면 인간 의식이라는 현상을 제대로 들여다볼 수 있도록 표준적 방법을 확장해야 할까? 나는 인간 의식의 '모든' 토대를 거뜬히 포괄하고, 나머지 과학 분야에서 훌륭하게 작동한 실험 방법의 규칙과 제약을 결코 저버리지 않으면서 모든 데이터를 적절히 고려하도록 객관적 과학을 단순하고 보수적으로 확장할 수 있다는 주장을 옹호한다. 이 3인칭 방법론, 즉 타인현상학(자신이 아닌 '타인'에 대한 현상학)은 '1'인칭 시점을, 정당하게 채택될 수 있을 만큼 진지하게 받아들이는 건전한 방법이다.

'타인현상학'이라는 이름은 어떻게 해서 생겼을까? '현상학'은 본디 어떤 현상들에 대한 훌륭한 이론을 구축하기 전에 이를 모아놓은 목록을 일컬었다. 16세기에 윌리엄 길버트는 자성磁性의 훌륭한 현상학을 취합했지만, 그가 꼼꼼하게 묘사한 모든 자성 현상을 설명할 수 있게 된 것은 수 세기가 지나서였다. 20세기 초에 에드문트 후설과, 그의 영향을 받은 일군의 심리학자와 철학자는 이론 중립적이고 전제를 내세우지 않으려 하는 '1인칭'의 내성적 방법을 이용하여 주관적 경험 현상을 관찰하는 (아마도) 과학적 연구에 '현상학'(영어로는 'p'가 대문자인 'Phenomenology')이라는 용어를 채택했다. 이 학파는 (타당한 이유로든 부당한 이유로든) 대체로 공격받거나 무시당하면서 지금까지 이어져 내려오고 있다. 현상학은 더 탐구할 만한 가치가 있는 솔깃한 결과를 내놓기도 했지만 1인칭 접근법이었기에, 모든 연구자가 접근할 수 있는 데이터를 고집하는 객관적 경험 과학의 관심을 끌지 못했다. 하지만 우리는 의식을 객관적으로 연구할 수 있으며, 사실 그 방법은 현상학을 살짝 비튼 것에 불과하다. 그래서 나는 후설의 자기현상학autophenomenology과 대조되도록 '타인현상학'이라는 이름을 붙였다. 타인현상학은 객관적 과학의 3인칭 시점에서 1인칭 현상을 연구하는 학문이다.

돌, 장미, 쥐를 실험하는 것과 각성 상태의 협조적인 인간 피험자를 실험하는 것의 중요한 차이는 물론 후자의 경우 (언어로 소통할 수 있기에) 제안하고, 구두로 상호작용하고, 다양한 통제 조건에서 자신의 느낌을 이야기함으로써 실험에 협조할 수 있다는 것이다. 이것이 타인현상학의 핵심이다. 타인현상학은 언어행위speech act를 '수행'하고 '해석'하여 '피험자가 자신의 의식 경험에 대해 옳다고 믿는 것'의 목록을 제시할 수 있는 능력을 탐구한다. 이 믿음 목록은 피험자의 '타인현상학적 세계'—S에 따른 세계, 피험자의 주관적 세계—를 구체화한 것이다. 타인현상학의 총체적 세부 사항 집합과 더불어, 피험자의 뇌와 주변 환경에서 동시에 일어나는 사건에 대해 우리가 수집할 수 있는 모든 데이터는 인간 의식 이론이 설명해야 하는 총체적 데이터 집합을 구성한다. 의식의 객관적 현상과 주관적 현상 중에서 누락되는 것은 하나도 없다.

음성과 버튼 입력에 대한 '원시' 데이터를 보고와 믿음 표현으로 전환하는 데 필요한 해석 작업을 위해서는 **지향적 태도**를 취해야 한다. 그러려면 피험자가 행위자라는 작업가설이 필요하다. 피험자의 지각적 내력과 필요가 주어졌을 때, 이 행위자의 행위는 그 자체로 합리적인 믿음과 욕구를 통해 합리적으로 좌우된다. 이를테면 그런 실험에서 피험자가 어떤 경험 때문에 행동에 대한 해석을 왜곡하여 반응에 편향을 일으키는 믿음이나 욕구를 갖지 않도록 하기 위해 취하는 표준적 조치에서 지향적 태도의 제약이 뚜렷이 드러난다. 우리는 피험자가 뭐라고 말하리라고 기대하는지 숨긴 채, 우리가 지정하는 임무를 피험자가 이해할 수 있도록 조치를 취한다. 이렇게 지향적 태도를 취하는 것은 회복 불가능하게 주관적이고 상대주의적이지 않다. 우리는 해석 규칙을 명시할 수 있고, 해석에 대한 간間주관적 합의의 표준을 마련하여 충족할 수 있고, 편차를 식별할 수 있고, 합리성에 대한 불가피한 가정을 신중하게 표현하여 조절 가능하고 옹호 가능하고 진화적으로 설명 가능한 가정으로 취급할 수 있다.[38]

나는 의식을 연구하는 새로운 방법론을 제시하는 것이 아니다. 그저 인지심리학, 정신물리학(물리적 자극과 주관적 반응의 관계를 연구하는 학문), 신경과학에서 이미 채택한 표준적 방법을 스스로 인식하고 이를 설명하고 옹호하고 있을 뿐이다. 이 방법을 올바르게 이해하고 따르면 급진적이거나 혁명적인 '1인칭' 의식 과학의 필요성이 사라지며, 통제된 과학 연구에서 접근할 수 없는 의식 현상은 하나도 남지 않는다.

이 방법론을 채택하려면 무엇을 대상으로 삼아야 할까? 모든 과학이 당연히 대상으로 삼는 것(신경세포, 전자, 시계, 현미경)을 제치고 '믿음'—피험자가 표현하며 피험자의 주관성을 구성하는 것으로 간주되는 믿음—과 '욕구'—실험자에게 협조하고 최대한 솔직히 진실을 이야기하려는 욕구—만 대상으로 삼으면 된다. (이 방법에서 중요한 부분은 이 믿음과 욕구를 통제하는 것이며, 통제하지 못한 증거가 나타난 실험 결과는 폐기해야 한다.) 이것은 어떤 종류의 믿음과 욕구일까? 우리가 믿음과 그 내용(또는 대상)을 버젓한 연구 대상으로 삼지 못하고 있는 것은 이를 무게중심, 적도, 힘의 평행사변형과 비슷한 '이론가의 허구'나 '추상화된 것'으로 취급하기 때문인지도 모른다.

인어를 목격한 사건은 아무리 틀리게 묘사되었을지언정 실제 사건인 반면에, 인어는 존재하지 않는다. 이와 마찬가지로 경험에 대한 믿음의 목록과 경험 자체의 목록은 같지 않다. 철학자 조지프 러빈[39]은 "단순히 의식 경험에 대한 우리의 언어적 판단이 아니라 의식 경험 자체야말로 이론이 답해야 하는 일차 자료다"라고 주장했는데, 이 말은 옳을 수 없다. 이론보다 앞서서 어떻게 경험 자체를 목록으로 만들 수 있다는 말인가? 피험자를 실험 조건에 두고 질문을 던져—또한 우리가 바라는 그 밖의 행동을 수행하도록 요구하여—얻는 증거를 생각해보자. 이 자료들은 우리가 수행해야 하는 해석의 단계에 따라 가장 덜 원시적인 것에서 가장 원시적인 것까지 자연스럽게 계층을 이룬다.

(a) "의식 경험 자체"

(b) 이 의식 경험에 대한 믿음

(c) 러빈이 말하는 '언어적 판단'

(d) 이 언어적 판단을 표현하는 (것으로 해석할 수 있는) 이러저러한 발화

'일차primary'의 한 의미에 따르면 이 발화는 일차 자료, 즉 기록과 음성과 동작이다. 여건이 허락되면 뇌파기electroencephalographic(EEG) 기록과 fMRI 기록 등을 1차 자료에 추가할 수 있다. 신뢰할 수 있는 해석 방법을 택하면 (c)와 (d)에 접근할 수 있으므로, 우리는 이 조건에 처하는 것이 어떠한가에 대한 피험자의 믿음 목록을 얻게 된다. 하지만 이론에 앞서 (a)로 나아가야 할까? 이것은 좋은 생각이 아니다. 이유는 두 가지다.

> 첫째, (a)가 (b)를 앞서면—자신이 겪는다고 믿지 않는 의식 경험을 하면—이 여분의 의식 경험은 외부 관찰자와 마찬가지로 피험자 자신에게도 접근 불가능하다.

따라서 러빈이 제시하는 대안으로는 타인현상학에서 얻을 수 있는 것 이상의 쓸 만한 자료를 얻을 수 없다.

> 둘째, (b)가 (a)를 앞서면—실제로 겪지 않는 의식 경험을 한다고 믿으면—우리는 존재하지 않는 경험이 아니라 믿음을 설명해야 한다.

그렇다면 타인현상학적 기준을 고수하여 (b)를 '1차' 자료의 최대 집합으로 취급하는 것이야말로 거짓 자료에 속지 않으면서도 '모든 사람'이 접근할 수 있는 모든 현상이 포함되도록 하는 방법이다.

그런데 언어적 판단으로 표현할 수 없는 믿음이 있다면 어떻게 해야 할

까? 타인현상학자와 피험자가 협력하여 아날로그적이거나 비언어적인 믿음 표현 방법을 고안해내지 말라는 법은 전혀 없다. 예를 들어보자.

> 경험이 [어떤 차원에서] 얼마나 강렬한지 나타내는 수직선을 선분 위에 그으시오.
>
> 거의 감지할 수 없음————————————아주 강함

아니면 피험자가 버튼을 누르는 압력을 달리하여 통증(또는 불안이나 권태, 심지어 실험에 대한 불신) 세기를 나타낼 수도 있다. 이렇게 하면 전기 피부 반응과 심박수에서 표정과 자세 변화에 이르기까지 수많은 생리적 종속변수를 활용할 수 있다. 이런 방법을 전부 동원하고도 전달하지 못한, 말로 표현할 수 없는 경험이 '아직도' 남아 있다고 믿는다면 이 사실을 타인현상학자에게 말할 수 있다. 그러면 타인현상학자는 그 믿음을 일차 자료에 대한 믿음 목록에 덧붙일 수 있다.

> S는 자신이 X에 대해 말로 표현할 수 없는 믿음을 가지고 있다고 주장한다.

이 믿음이 참이라면 이런 믿음이 무엇이며 왜 말로 표현할 수 없는지 설명해야 할 의무가 있다. 이 믿음이 거짓이라면, 그래도 과학은 왜 S가 이러한 말로 표현할 수 없는 믿음이 있다고 (틀리게) 믿는지 설명해야 한다.[40]

64
색채학자 메리: 붐받이의 비밀

오스트레일리아의 철학자 프랭크 잭슨은 색채학자 메리에 대한 사고실험을 고안했다. '지식 논변Knowledge Argument'이라고 불리는 이 사고실험은 1982년에 처음 등장한 이래 철학자들의 직관을 힘차게 펌프질했다. 엄청난 분량과 신뢰성으로 보건대 이 사고실험은 지금껏 분석철학자가 고안한 직관펌프 중에서 가장 성공적인 것으로 손꼽아야 마땅하다. 이 사고실험은 고전에 등극했으며 전 영어권 심리철학 학부 강좌의 필독서다. 그 의미를 고찰한 논문을 묶은 두툼한 선집이 여럿 출간되었다. 저자가 이후에 견해를 바꿔 더는 결론을 받아들이지 않는다는 것이 흥미롭긴 하지만, 그럼에도 인기는 줄어들지 않았다.

여기 그 내용을 그대로 싣는다. 앞뒤를 생략했지만 뜻은 통할 것이다.

> 메리는 뛰어난 과학자로, 어떤 이유에선지 강제로 흑백의 방에서 흑백의 모니터를 '통해' 세상을 연구하고 있다. 메리는 시각의 신경생리학 전문가이며, 우리가 익은 토마토나 하늘을 보고서 '빨갛다', '파랗다' 등의 단어를 쓸 때 어떤 일이 일어나는지에 대해 얻을 수 있는 모든 물리적 정보를 얻

는다(고 가정하자). 이를테면 하늘에서 전파되는 정확히 어떤 파장 조합이 망막을 자극하고 이것이 정확히 어떻게 중추 신경계를 '통해' 성대를 수축하고 폐에서 공기를 방출하여 "하늘이 푸르다"라는 문장을 발화하는지 발견한다. (흑백텔레비전으로부터 이 모든 물리적 정보를 얻는 것이 이론상 가능하다는 것은 좀처럼 부인할 수 없다. 그렇지 않다면 방송통신대학교에서는 '반드시' 컬러텔레비전을 써야 할 테니까.) 메리가 흑백 방에서 풀려나거나 컬러텔레비전 모니터를 받으면 무슨 일이 일어날까? 메리는 무언가를 '학습'할까, 학습하지 않을까? 메리가 세상과, 세상에 대한 우리의 시각 경험에 대해 무언가를 학습하리라는 것은 분명해 보인다. 하지만 그렇다면 메리의 과거 지식이 불완전했다는 결론을 피할 수 없다. 하지만 메리는 '모든' 물리적 지식을 알고 있었다. '에르고ergo', 즉 따라서 물리적 지식만으로는 충분치 않으며 물리주의[즉, 유물론이자 이원론의 부정]는 틀렸다.[41]

이것은 좋은 직관펌프일까? 손잡이를 전부 돌려보면서 작동 원리를 알아보자. 사실 이렇게까지 하는 것은 지나친 일이겠지만, 이 주제를 다룬 많은 문헌에서 이미 시도한 바 있다. 여기서는 조사할 필요가 있는 손잡이 몇 개만 간단하게 보여주고 결과는 여러분에게 연습 문제로 남겨두겠다. (원한다면 결과를 문헌과 대조할 수도 있다. '출처'에 최근 논문집 두 편을 표시했다. 여러분도 새로운 방식을 시도해보라.) 20여 년 전에 나는 손잡이들에 대한 예비 탐구를 진행하여 산통 깨는 평결을 내렸는데, 대체로 일축당하거나 묵살당했다. "훌륭한 사고실험과 마찬가지로 초심자에게도 요점이 즉각적으로 분명히 이해된다. 사실 이것은 나쁜 사고실험이다. 실제로는 전제를 오해하도록 유도하는 직관펌프다!".[42] 과연 그런지 살펴보자. 나는, 이 시나리오가 생각보다 상상하기 훨씬 힘들기 때문에 사람들이 더 쉬운 무언가를 상상하여 잘못된 토대로부터 결론을 이끌어낸다고 단언한다.

> 첫 번째 손잡이: "흑백의 방에서 흑백의 모니터를 '통해'."

메리는 아마도 흑백 장갑을 끼고 있으며 목욕할 때 자기 몸을 보는 것이 금지되었을 테지만, 색깔의 '외부 출처'를 모두 차단하는 것은 전혀 가망이 없다. 메리가 눈을 비비지 못하도록 하는 장치를 만들어야 할까? (눈을 비비면 '섬광시phosphene' 현상이 일어난다.) 색깔을 실제로 보기 전에 꿈에서 볼 가능성은 없을까? 없다면, 왜 없을까? 색깔은 "눈을 통해 얻어"야만 뇌에 '저장'할 수 있을까? 이 단순한 전제에는 색깔에 대한 나쁜 민간 이론이 얽혀 있다.

> 두 번째 손잡이: "[메리는] 우리가 익은 토마토나 하늘을 보고서 '빨갛다', '파랗다' 등의 단어를 쓸 때 어떤 일이 일어나는지에 대해 얻을 수 있는 모든 물리적 정보를 얻는다(고 가정하자)."

얻을 수 있는 '모든' 물리적 정보라고? 그 정보는 얼마나 많을까? 세상의 모든 돈을 가지는 것과 비슷할까? 무엇과 비슷할까? 이것을 상상하기란 쉬운 일이 아니다. '모든 것'에 조금이라도 못 미치면 이 사고실험에서 의도한 요점을 얻지 못할 것이다. 모든 물리적 정보에는 메리의 뇌를 비롯한 모든 뇌의 반응에 대한—특히, 모든 조건하에서 모든 색깔에 대한 정서적 또는 정동적 반응을 비롯한—모든 변이에 대한 모든 정보가 포함되어야 한다. 따라서 메리는 어떤 색깔을 보면 마음이 가라앉는지, 짜증이 나는지, 볼수록 좋아지는지, 딴 생각이 나는지, 혐오감이 드는지 등을 아주 상세하게 알 것이다. 메리는 자신을 대상으로—속임수를 쓰거나 색깔 있는 물건을 자신의 세포에 몰래 집어넣지 않고서—실험하는 것이 금지되었을까? 이 모든 것(과 그 이상)을 상상하지 않았다면 지시를 따르지 않은 것이다. 마치, 천각형을 관념화하라는 요청을 받아놓고 원을 심상화하는 것과 같다. 이 심적 표상 연습들 중 하나에서는 다른 연습에서 도출되지 않는 많은 결과가 도출된다. 이 경우에 우리는 '메리가 이 모든 정보를 얻었다면 수많은 백과사전 항목과 도표에 질려 틀림없이 총체적 멘붕 상태에 빠지'리라는 사실을 외면해야 할까?

잭슨이 메리에게 (색깔에 대해서뿐 아니라 쿼크에서 은하에 이르는 모든 수준에서의 모든 물리적 사실에 대해) '물리적으로 전지全知'한 신적 속성이 있다고 명기했다면 (전부는 아닐지라도) 많은 독자는 그런 대단한 능력을 상상하는 것이 너무 비현실적이어서 진지하게 고려할 필요 없다며 거부했을 것이다. 하지만 메리가 *단지 색시각에 대한* 모든 물리적 사실을 안다고 명기하는 것은 실질적으로 덜 비현실적이지 않다.

"메리에게 머리가 1억 개 있다고 상상해봐. ……"

"말도 안 돼!"

"좋아. 1만 개로 하지. ……"

"그건 괜찮아!" (정말?)

나는 예전에 심상화의 이러한 문제점을 극적으로 표현하려고 사람들에게 다른 결말을 생각해보라고 제안했다.

그러던 어느 날 메리를 억류하고 있던 사람은 이제 메리에게 색깔을 보여 줄 시간이라고 결정했다. 메리를 속이기 위해 그는 그녀가 평생 처음으로 경험할 색채로 밝은 푸른색의 바나나를 준비했다. 메리는 그것을 보자마자 말했다. "이봐요! 나를 속이려고요? 바나나는 노란색인데, 이것은 파랗잖아요!" 억류자는 할 말을 잃었다. 그것을 어떻게 알아낸 것일까? 메리가 대답했다. "간단한 일이죠. 내가 색채 시각의 물리적 원인과 결과에 관해 지금까지 알려진 사실을 모두 알고 있다는 사실을 잊으면 안 돼요. 나는 당신이 바나나를 가져오기 전부터 노란색 물체나 파란색 물체가(또는 초록색 물체 등도) 내 신경계에 정확히 어떻게 비칠지 아주 자세하게 적어 두었어요. 따라서 나는 이미 내가 어떤 생각을 갖게 될지 정확하게 알고 있었어요(결국 이런저런 것에 관해 생각해야 할 '순전한 기질'이 당신의 그 유명한 감각질 중의 하나는 아니잖아요, 그렇죠?). 나는 파란색을 경험한 것에 조금도 놀라지 않았어요(내가 놀란 사실은 당신이 그런 저급한 술수로 나를 속이려고 했다는 것이죠). 당신은 내가 파란색을 보고 전혀 놀라지 않을 만큼 나 자신의 반응적 기질에 관해 잘 알고 있으리라고는 상상하지 못했겠죠. 물론 당신이 그것을 상상하기는 힘든 일이에요. 그 어떤 사람에게도 어떤 것에 관한 모든 물리적 사실을 알고 있는 것이 어떤 결과일지 상상하기는 힘든 일이에요!"[43]

상황이 이런 식으로 전개될 수 없다는 것은 표준적 가정이다. 잭슨은 이렇게 얼버무렸다. "메리가 세상과, 세상에 대한 우리의 시각 경험에 대해 무언가를 배우리라는 것은 아주 분명해 보인다." 조지 그레이엄과 테리 호건[44]이 말한다. "우리는 **당연히** (경고! 경고!) 메리가 놀라고 기뻐할 것이라고 생각한다." 이들은 틀렸다. 사고실험으로서 메리의 문제점이 바로 이것이다. 메리가 처음 색깔을 볼 때 '어떤' 종류의 깨달음을 얻는다는 결론은 지극히 자명해 보이기 때문에, 아무도 이야기가 이런 식으로 진행되어야 한다고 구태여 말하려 들지 않는다. 사실 그런 식으로 전개될 필요는 전혀 없다.

잭슨의 직관펌프는 색 경험과 뇌의 본질에 대한 순진한 (물론 대개는 제 몫을 다하는) 생각 중 상당수를 생생하게 보여주기 때문에, 잭슨이 민간 이론의 일부 함의를 훌륭하게 이끌어낸다고 인정할 수도 있을 것이다. 하지만 그의 목표는 모든 색 현상을 설명하는 물리과학의 능력에 대한 가설을 반박하는 것이었다. 물론 실제 상황에서 메리의 처지에 놓인 사람은 무언가 새로운 것을 배울 것이다. 색깔에 대해 아무리 아는 게 많아도 색의 물리적 효과에 대해 자신이 몰랐던 사실이 많을 테니 말이다. 잭슨의 '아주 분명해'와 그레이엄과 호건의 '당연히'가 부적절해지는 것은 가상의 극단적 사례에서뿐이다. 아직도 내가 제시한 대안적 결말이 불가능할 것이라는 생각이 든다면, 자신의 믿음에 대한 논거를 직접 만들어보기 바란다. 오랫동안 이 문제와 씨름한 수백 명의 철학자가 미처 생각지 못한 사항을 떠올릴 수 있다면 흥미로운 일일 것이다. (물론 철학자들이 오랫동안 씨름했다는 사실 자체가 이것이 얼마나 대단한 직관펌프인지 보여주는 것인지도 모르겠다. 30년 동안 철학자들에게 일거리를 제공했으니 말이다.)

요약

의식의 과학적 연구에 늘 붙어 다니는 문제점은 '모든 사람'이 전문가라는 사실이었다! 물론 정말 그런 것은 아니지만, 의식에 대해 몇 분이라도 생각해본 사람은 거의 예외 없이 자신의 결론이 최첨단 실험이나 무수한 통계의 결과만큼 권위 있다고 생각하는 듯하다. 과학 학술대회의 문답 시간에, 자신이 최근에 경험한—경험했다고 생각하는—것을 들며 발표자의 연구에서 '오류'를 단호하게 '교정'하는 꼴은 완전히 코미디다. 이 사람들이 으레 생각하듯 우리가 자신의 개인적 경험의 본질에 대한 무오류의 재판관이라면, 그들 말이 옳을 것이다!

하지만 우리는 솔깃하지만 못 미더운 이데올로기에 자기도 모르게 이끌려 자신의 가장 직접적 경험조차 잘못 기억하고 잘못 해석하고 잘못 묘사할 수 있다. 집에서 해볼 수 있는 간단한 실험이 있다(결과가 나오면 깜짝 놀랄 것이다). 자신이 다음의 지시에 따르고 있는지 감시할 수 있도록 거울 앞에 앉는다. 지시란 주변 상황에 한눈팔지 말고 자기 눈에 시선을 고정하여 똑바로 쳐다보라는 것이다. 이제 시선을 여전히 자기 눈에 고정한 채, 잘 섞은 카드 다발 한가운데에서 카드를 한 장 꺼내어 앞면을 얼굴로 향한 채 팔을 쭉 뻗는다. 카드는 주변 시야 바로 바깥에 위치하도록 한다. 카드를 흔든다. 여러분은 자신이 무슨 일을 하는지 알지만, 물론 볼 수는 없다. 카드를 계속 흔들면서 시야 안으로 이동시킨다. 처음에는 움직임은 보이지만 색깔은 전혀 안 보인다! 빨간색인지 검은색인지 그림 카드(잭, 퀸, 킹)인지 알 수 없다. 숫자도 알아보지 못한다. 카드를 점점 시야 가운데로 이동시키다 보면, 얼마나 정면에 가까워져야 색깔과 그림 카드 여부를 식별할 수 있는지 알고 놀랄 것이다. 카드가 주시점注視點에 가까워질수록, 카드를 힐끔 엿보는 속임수를 쓰지 않도록 정신 바짝 차려야 한다. 마침내 카드를 알아볼 수 있을 때쯤이면 카드가 거의 정면에 와 있을 것이다. 놀랍지 않은가? 이 현상을 처음 경험하고 놀라지 않는 사람은 아무도 못 봤다. 지금껏 시야가 "주변 시야 가장자리에 이르기까지" 대체로 똑같이 선명하고 유채색인 줄 알다가, 이것이 '이치에 맞'고 대충 생각하기에 그럴듯해 보이더라도 결코 참이 아님을 알게 되는 것이다. 이것은 한 차원, 하나의 현상에 불과하다. (시각) 인식에서 세계가 겉보기에 풍부하고 연속적이고 자세히 표상되더라도 이것이 환각인 경우는 얼마든지 있다. 교훈은 명백하다. 과학이 최근에 무엇을 발견했는지 알 때까지는 의식 현상을 이해했다고 생각하지 말라. 이 교훈을 무시하는 철학자들의 탁상공론은 기껏해야 하찮은 이론이며 곧잘 자신과 타인을 깊은 혼란에 빠뜨린다. 의식에 대해서 '내성을 통해' '배우'는 것은 타인현상학적 바탕을 채택하여 체계적으로 의식을 연구함으로써 '우리'가 '우리 자신'의 의식에 대해 배울 수 있는 것의 극히 일부분에 지나지 않으며 그나마도 오해의 소지가 크다.

해결해야 할 난제가 아직도 많지만, 이것들은 '어려운' 문제가 아니라 어려운 문제다. 이 '쉬운' 문제를 모두 해결했는데 여전히 심오한 신비가 남아 있다면, 그때는 출발점을 재고하고 생물학, 물리학, 심지어 논리학에 대한 현재의 가정으로부터 근본적인 이탈을 고려해야 할 것이다. 그때까지는 정상과학business-as-usual science, 즉 소행성과 판구조론에서 생물의 생식, 성장, 복원, 물질대사에 이르기까지 모든 것에 대한 현재의 이해를 가져다준 과학을 가지고 갈 수 있는 데까지 가보자.

7부

자유의지를 위한 생각도구

현시적 상과 과학적 상의 간극이 가장 위태로워지는 것은 자유의지를 주제로 삼을 때다. 색깔이 무엇인가, 그것은 '실제로' 무엇인가, 달러가 '실제로' 무엇인가 등의 물음과 마찬가지로, 자유의지가 환상인가 아니면 우리가 실제로 가진 무엇인가의 물음을 제대로 파고들려면, 현시적 상이라는 전통적 관점에서 제기되는 이 문제를 탐구할 때 과학적 상을 동원해야 한다. 요즘 들어 이런 시도가 적극적으로 수용되었다. 신경과학자 울프 싱어, 크리스 프리스, 패트릭 해거드, 심리학자 폴 블룸과 대니얼 웨그너, 존경받는 일부 물리학자 스티븐 호킹과 알베르트 아인슈타인 같은 저명한 과학자들이 드러내놓고 자유의지는 환상이라며 이구동성으로 외쳤다. 이 많은 탁월한 과학자들이 틀릴 수 있을까? 많은—전부는 아니지만, 아마 대부분도 아니겠지만—철학자들은 그렇다고 말한다. 이것은 철학이 할 일이라는 것이다! 과연 그럴까? 나는 그렇게 생각한다.

일반적으로 과학자들은 현시적 상을 현시적 상의 이른바 '민간 이데올로기'와 혼동하는 초보적 실수를 저질렀다. 말은 바로 하자. 색의 민간 이데올로기는 헛소리다. 색깔은 여느 사람들이 생각하는 그것이 아니다. 그렇다고 해서 현시적 세계에 실제로 아무 색깔이 없다는 말은 아니다. 색깔—진짜 색깔—이 대다수 사람들 생각과 사뭇 다르다는 말이다. (철저히 이원론적이고 신비주의적인) 의식의 민간 이데올로기도 헛소리다. '그것'이 의식의 참모습이라면 라이트 말이 옳을 것이다(384쪽 참고). 우리는 의식이란 존재하지 않는다고 말해야 할 것이다. 하지만 의식을 '진짜 마술'—즉, 마법의 조직으로 이루어졌으며 존재하지 않는 것—로 취급할 필요는 없다. 사람들에게 아직 의식에 대한 그럴듯한 이데올로기가 없음을 인정하면, 비로소 의식의 실재성을 하나의 현상으로 간주할 수 있다. 마찬가지로, 자유의지는 현시적 상의 일부 '민간 이데올로기'가 주장하는, 인과율로부터 주술적으로 격리된 것이 아니다. 나는 이런 의미의 자유의지를 공중부양에 비유한 적이 있다. 엉터리 자유의지론을 옹호하는 철학자들 중 한 명은 자유로운 선택이 '작은 기적'이라며 속내를 드러내기도 했다. 나는 '그러한' 종류의 자유의지가 환상이라는 과학계의 합창에 진심으로 동의하지만, 그렇다고 해서 도덕적으로 중요한 어떤 의미에서도 자유주의가 환상이라고 주장하는 것은 아니다. 자유의지는 색깔만큼 현실적이고 달러만큼 현실적이다.

안타깝게도 자유의지가 환상임을 과학이 밝혀냈다고 선언하는 과학자 중 일부는 거기서 그치지 않고 이 '발견'이 도덕적으로 중요한 의미에서 문제시된다고 말하기까지 한다. 도덕과 법에 대해 중요한 의미가 있다고 생각하는 것이다. 이를테면 '실제로' 책임져야 할 사람이 아무도 없으므로 처벌받거나 칭찬받아 마땅한 사람은 아무도 없다는 논리가 성립한다. 그들은 실체가—'실제로는'—없다고 말하는 사람들과 같은 실수를 저지른다. 그들이 구사하는 자유의지 개념은 재구성되지 않은 통속적 개념이다. 색깔과 의식(또한 시공간과 실체, 그 밖에 현시적 상의 '이데올로기'에서 잘못 이해되는 모든 것)에 대해서 그랬듯 우선 개념을 조정해야 한다.

7부에서 설명하는 직관펌프들의 목표는 여러분에게서 자유의지에 대한 이데올로기를 떼어놓고 더 나은 개념—진짜 자유의지, 실질적 자유의지, 즉 현시적 상에서 실제로 의미 있는 현상의 개념—을 보여주는 것이다. 자유의지라는 주제를 놓고 수천 년 동안 벌어진 논쟁은 책의 한 부분이나 한 권에서 해소하기에는 너무 많고 너무 얽혀 있지만, 우리는 어딘가에서 출발해야만 한다. 이 생각도구들은 쇠지레처럼 작동하여, 여러분을 낡은 관점에서 끌어내어 전망이 더 좋은 새로운 땅으로 이끌 것이다. 첫 번째 생각도구의 목표는 이것이 왜 중요한 임무인지 보여주는 것이다.

65

무지무지 악독한 신경외과 의사

지금은 심신을 쇠약하게 하는 심리적 질환을 신경외과적으로 치료하는 시대의 여명기다. 이를테면 암스테르담의 신경정신의학자 다미안 데니스와 동료들[1]의 선구적 연구에서 보고된바, 전극을 삽입하여 심부 뇌를 자극하는 요법은 강박장애 치료에 놀라운 효과를 발휘하고 있다. 이 사실을 바탕으로 가상의 시나리오를 하나 만들어보겠다. 어느 날, 솜씨 좋은 신경외과 의사가 번쩍이는 첨단 수술실에서 이식 시술을 집도한 직후에 환자에게 말했다.

> 제가 이식한 장치는 강박장애만 치료하는 게 아니에요. 저희 중앙 제어 장치가 환자분의 뇌에 들어 있는 마이크로칩과 하루 24시간 동안 무선으로 통신하면서 환자분의 모든 결정을 좌우할 거예요. 말인즉슨 저는 환자분의 의식적 의지를 무력화했어요. 이후로 환자분의 자유의지 감각은 환상이에요.

의사는 사실 아무 짓도 하지 않았다. 어떻게 되나 보려고 거짓말을 했을 뿐이었다. 의사의 말은 효과가 있었다. 자신이 책임 있는 행위자가 아니라 꼭두각시에 불과하다고 철석같이 믿은 불쌍한 남자는 세상에 나아가 자신의 확신대로 행동했다. 무책임하고 호전적이고 게을러졌으며, 마음 내키는 대로 살다가 결국 체포되어 법정에 섰다. 남자는 자기 뇌에 심은 장치 때문에 자신에게는 아무 책임이 없다고 열정적으로 항변했다. 뒤이어 증인으로 소환된 신경외과 의사는 자기가 그렇게 말했다고 인정하고는 이렇게 덧붙였다. "하지만 그냥 장난으로 골탕 좀 먹이려는 생각이었어요. 그게 다예요. 진짜 믿을 줄은 몰랐다고요!"

판사가 남자의 증언을 믿었는지 신경외과 의사의 증언을 믿었는지, 남자에게 유죄를 선고했는지 신경외과 의사에게 유죄를 선고했는지는 중요하지 않다. 어느 쪽이든 신경외과 의사는 경솔한 언동으로 남자의 고결함을 빼앗고 의사결정 능력을 손상시킴으로서 그의 삶을 망가뜨렸다. 신경외과 의사의 거짓 설명은 자신이 수술적으로 달성했다고 주장한 것의 상당 부분을 비非수술적으로 달성했다. 남자를 무력화한 것이다. 하지만 이 끔찍한 결과에 대한 책임이 신경외과 의사에게 있다면, 자유의지가 환상임을 과학이 입증했다고 떠들어대는 신경과학자들은 이 말을 곧이곧대로 받아들이는 모든 사람을 대상으로 똑같은 피해를 대량 생산하는 셈이다.[2] 신경과학자, 심리학자, 철학자는 지구 온난화가 일어나고 있다거나 소행성 충돌이 임박했다고 주장하는 자들에게 요구되는 신중함을 가지고, 이 문제에 대한 공적 발언의 전제와 함의를 충분히 따져보아야 할 도덕적 의무가 자신에게 있음을 진지하게 받아들여야 한다. 영리한 사회 평론가 톰 울프[3]가 신경과학자들의 선언에서 발견한 메시지를 생각해보자.

실험실 벽 너머에 있는 사람들이 이끌어내는 결론은 아래와 같다. *농간이야! 우리는 모두 세뇌되었어!* 그런가 하면 이런 반응도 있다. *나는 아무 잘못 없어! 뇌 배선이 잘못된 거라구!*

배선이 잘못되었다고? 그렇다면 배선이 제대로 되었다면 어떻게 되는 거지? 도덕적 책임과 관련하여 배선이 제대로 된 사람이 아무도 없다는—또는, 있을 수 없다는—것을 과학자들이 '발견'하면 어쩔 건가?

66

결정론적 장난감: 콘웨이의 라이프 게임

물리학자 리처드 파인만은 자기가 잘 모르는 분야의 과학 강연을 듣고 나면 곧잘 이렇게 질문했다. "선생께서 말씀하신 것과 관련하여 정말로 간단한 예를 들어주시겠습니까?" 강연자가 예를 들지 못하면 파인만은 (정당한) 의심을 품었다. '이 사람에게 정말 할 얘기가 있는 걸까? 과학적 지혜로 포장한 공상에 불과한 것 아닐까?' 어려운 문제를 비교적 간단하게 바꿀 수 없다면, 여러분은 아마도 올바른 방향으로 가고 있는 것이 아닐 것이다. 단순화는 초보자에게만 해당하는 게 아니다.

생물학에는 '모델 생물model organism', 즉 실험자의 수고를 덜어주기 위해 신중하게 선정된 종이 있다. 모델 생물은 실험실에서 빨리 번식하고, 다루기가 비교적 안전하고 수월하며, (여러 팀에서 연구했다면) 훌륭한 유전자 지도가 작성되었고 생태가 잘 이해되어 있다. 모델 생물의 예로는 초파리, 래트(실험용으로 사용하는 흰쥐_옮긴이), 제브라 다니오zebra fish, 꼴뚜기(신경 축삭이 거대하다), 선형동물 예쁜꼬마선충Caenorhabditis elegans, 애기장대Arabidopsis thaliana(십자화과에 속하며 강인하고 생장이 빠른 식물로, 전체 유전체가 해독된 최초의 식물) 등이 있다. 인공지능에도 간단한 사례들이 있는

데, 이를 '장난감 문제toy problem'라 한다. 이름에서 보듯 '진지한' 현실 문제를 일부러 단순화한 버전이다. 인공지능에서 고안된 가장 흥미로운 프로그램 중에 상당수는 장난감 문제에 대한 해법으로 제시된 것들이다. 이를테면 판과 완구용 블록으로 이루어진 가상 세계인 '블록 세계blocks world'에서 단순한 구조물을 쌓는 컴퓨터 프로그램이 개발되기도 한다. 체스도 장난감 문제다. 메인에서 캘리포니아까지 차를 몰고 가거나 아랍-이스라엘 분쟁을 해결하거나, 심지어 부엌에 있는 재료로 샌드위치를 만드는 것보다 분명히 훨씬 쉬운 일이니까. 윤리학자들에게는 '전차 문제trolley problem'가 있다. 가장 간단한 버전에서는 브레이크가 고장 난 전차가 선로를 질주하는데 그대로 전차가 달리면 선로를 벗어날 수 없는 다섯 명이 치어 죽는다. 선로 전환기를 당기면 전차의 방향을 지선으로 돌릴 수 있는데, 그러면 한 명이 치어 죽는다. 여러분은 손잡이를 당기겠는가?

이번에 소개할 것은 '결정론'에 대해 생각하는 데 도움이 되는 장난감 세계다. 결정론이란 시간상 한순간에서의 사실들—모든 입자의 위치, 질량, 방향, 속력—이 다음 순간, 그다음 순간, 그리고 영원까지 어떤 일이 일어나는지를 결정한다는 생각이다. 물리학자와 철학자를 비롯한 사람들은 수천 년 동안 우주가 결정론적인지, 아니면 진정으로 비결정론적인 사건—아무 원인도 없이 그냥 '일어나는', 결코 예측할 수 없는 '무작위적' 사건—이 있는지를 놓고 논쟁을 벌였다. 잔뼈가 굵은 사상가들도 '라이프'를 가지고 놀면서 새로운 통찰을 얻을 수 있을 것이다. 라이프는 놀랍도록 단순한 결정론적 세계 모형으로, 수학자 존 호턴 콘웨이와 그의 대학원생들이 1970년에 만들었다.

라이프는 바둑판 같은 2차원 격자에서 조약돌이나 동전 같은 간단한 말을 이용하거나, 첨단 기술을 활용하여 컴퓨터 화면에서 할 수도 있다. 라

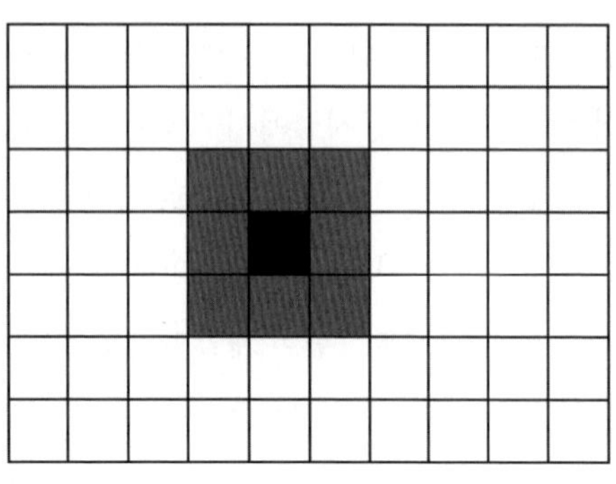

그림1

이프는 이기고 지는 게임이 아니다. 게임 중에서는 솔리테어에 가장 가깝다. 격자는 평면을 정사각형 셀(방)로 나누며 각 셀은 매 순간에 켜져 있거나 꺼져 있다(이 의미의 'cell'은 주로 '세포'로 번역되지만, '기억 장치로서의 기능을 갖는 위치를 나타내는 단위'를 연상하도록 '셀'로 번역했다_옮긴이). (켜진 셀에는 동전을 놓고 꺼진 셀은 비워둔다.) 셀마다 이웃이 여덟 개 있는데, 인접한 셀이 네 개—동, 서, 남, 북—이고 대각선으로 연결된 셀이 네 개—북동, 남동, 남서, 북서—다.

라이프에서는 시간이 연속적이지 않고 이산적이어서 똑딱똑딱 진행한다. 똑딱과 똑딱 사이에는 아래 규칙에 따라 세계 상태가 달라진다.

> 라이프 물리학: 격자의 각 셀에 대해 여덟 개의 이웃 중에서 현재 시점에 몇 개가 켜져 있는지 센다. 켜진 이웃이 두 개인 셀은 현재 상태(켜짐 또는 꺼짐)가 다음 시점에도 유지된다. 켜진 이웃이 세 개인 셀은 현재 상태와 상관없이 다음 시점에 켜진다. 나머지 모든 조건에서는 셀이 꺼진다.

게임의 규칙은 이게 전부다. 라이프 게임을 하기 위해 알아야 할 것은

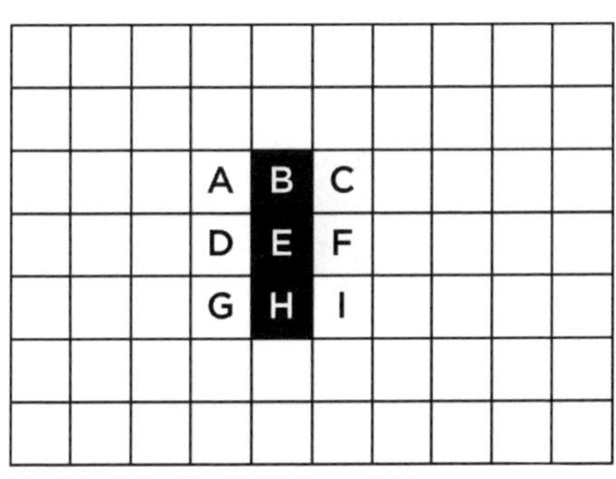

그림2

다 알았다. *라이프 세계의 모든 물리학은 이 하나의, 예외 없는 법칙*으로 설명된다. 이것은 라이프 세계 '물리학'의 기본 법칙이지만 처음에는 이 흥미로운 물리적 상황을 생물학의 관점에서 상상하면 도움이 된다. 셀이 켜지는 것을 탄생으로, 꺼지는 것을 죽음으로, 순간에서 순간으로의 이동을 세대로 생각하는 것이다. 개체 수가 너무 많거나(이웃이 넷 이상) 고립되면(이웃이 둘 미만) 죽는다. 몇 가지 간단한 사례를 살펴보자.

그림 2의 구성에서는 켜져 있는 이웃이 셋인 셀은 D와 F뿐이다. 따라서 다음 세대에서는 이 둘만이 탄생 셀이 될 것이다. 셀 B와 셀 H는 켜진 이웃

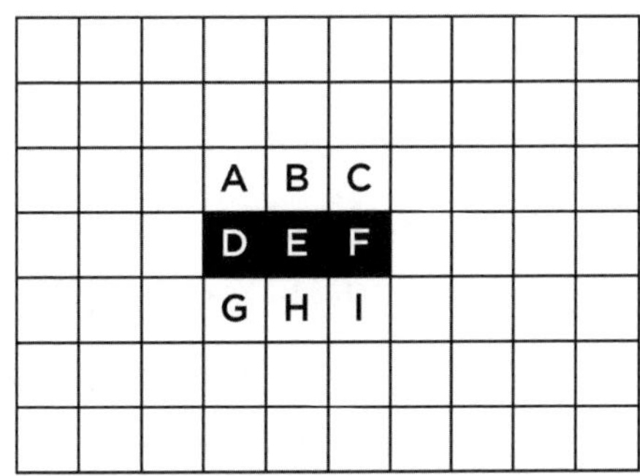

그림3

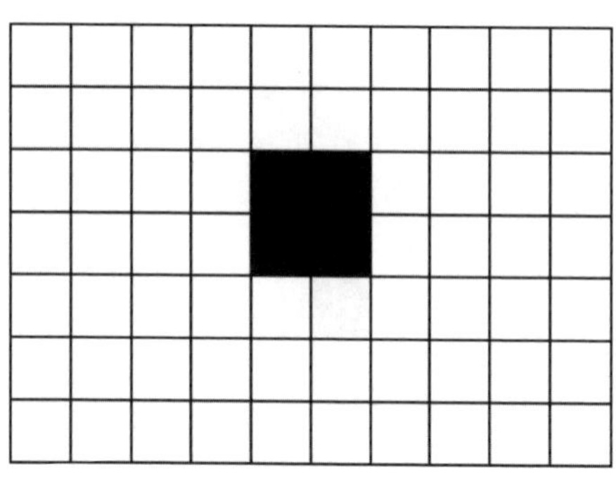

그림4

이 하나뿐이므로 다음 세대에 죽는다. 셀 E는 켜진 이웃이 둘이므로 켜진 상태가 그대로 유지된다. 따라서 다음 '순간'은 그림 3처럼 바뀔 것이다.

다음 순간에 구성이 처음으로 돌아가리라는 것은 분명하다. 켜진 셀이 새로 들어오지 않는 한 이 작은 패턴은 영원히 반복될 것이다. 이 패턴의 이름은 '깜빡이flasher'다. 그림 4의 구성은 어떻게 될까?

아무 일도 일어나지 않는다. 각각의 켜진 셀은 켜진 이웃이 세 개이므로 그 모양 그대로 다시 태어난다. 꺼진 셀 중에서 켜진 이웃이 세 개인 셀은 하나도 없으므로 추가 탄생은 전혀 없다. 이 구성을 '정물still life'이라 한다.

우리의 단일 법칙을 꼼꼼하게 적용하면 켜진 셀과 꺼진 셀의 어떤 구성에 대해서도 다음 순간, 그다음 순간, 또 그다음 순간에 어떤 변화가 일어날지 완벽하게 예측할 수 있다. *말하자면, 라이프 세계는 19세기 초 프랑스의 과학자 피에르 라플라스 덕에 유명해진 결정론을 완벽하게 구현한다. 라플라스의 결정론은 어떤 순간에 이 세상의 상태가 기술된다면 관찰자가 하나의 물리학 법칙을 단순하게 적용하여 미래 순간들을 완벽하게 예측할 수 있다는 것이다*. 이렇게 표현할 수도 있다. 라이프 세계에 대해 *물리적 태도를 취하면* 예측 능력이 완벽해진다. 잡음도, 불확실성도, 1

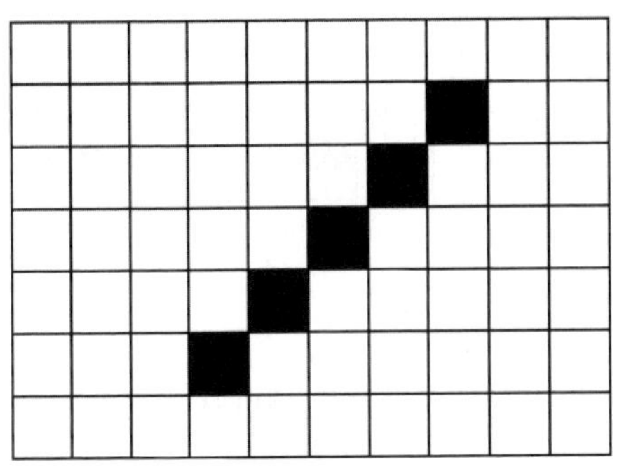

그림5

미만의 확률도 존재하지 않는다. 게다가 라이프 세계는 2차원이기 때문에, 숨겨진 것이 전혀 없다. 막후, 또는 숨은 변수가 없다는 것이다. 라이프 세계에서는 물체의 물리학이 전개되는 과정을 직접 온전하게 볼 수 있다.

이 간단한 규칙을 따르는 것이 지겹다면 라이프 세계의 컴퓨터 시뮬레이션을 이용할 수 있다. 화면에서 셀을 구성하고 컴퓨터가 알고리즘을 실행하도록 하면 단일한 규칙에 따라 구성이 바뀌고 또 바뀐다. 최고의 시뮬레이션에서는 시간과 공간의 척도를 변화시켜 줌을 당겼다 밀었다 할 수 있다.

라이프 게임을 하다 보면, 간단한 구성 중에서 나머지보다 더 흥미로운 것이 있음을 금방 알게 된다. 그림 5에서 보는 것 같은 대각선을 생각해보자.

이 패턴은 깜빡이가 '아니다'. 각 세대에서는 양 끝의 켜진 셀 두 개가 고독사하며 태어나는 셀은 하나도 없다. 그래서 전체 선분이 순식간에 사라진다. 결코 변하지 않는 구성—정물—과 완전히 사라지는 구성—대각선—이외에 온갖 종류의 주기성을 보이는 구성이 있다. 앞에서 살펴본 '깜빡이'는 주기가 두 세대이며 다른 구성이 침범하지 않는 한 '아드 인피니툼ad infinitum', 즉 무한히 계속된다. 라이프가 흥미로워지는 것은 침범이

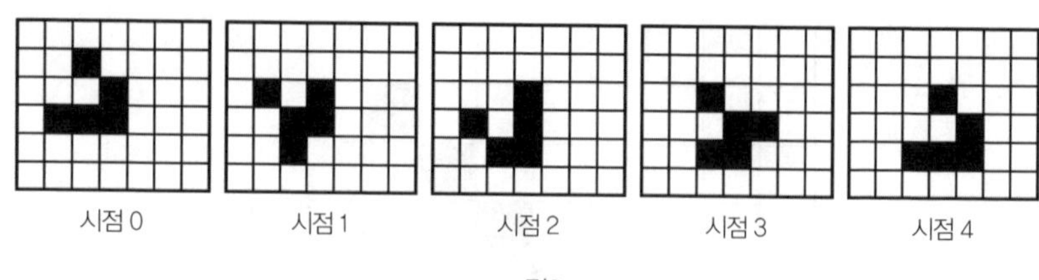

그림6

일어날 때다. 주기성 구성 중에는 아메바처럼 평면을 헤엄치는 것이 있다. 이 중에서 가장 단순한 것은 '글라이더glider'로, 그림 6에서는 픽셀 다섯 개짜리 구성이 남동쪽으로 이동하는 한 주기를 볼 수 있다.

그 밖에 포식자, 칙칙폭폭 기차, 우주 갈퀴를 비롯하여 새로운 수준('설계 수준')에서 인식할 수 있는 온갖 물체가 있는데, 각각 알맞은 이름이 붙어 있다. 이 새로운 수준은 나름의 언어가 있는데, 물리적 수준에서 제시할 수 있는 지루한 설명을 투명하게—정보의 손실 없이—축약한 것이다. 예를 들어보자.

> 포식자는 네 세대 만에 글라이더를 잡아먹을 수 있다. 무엇을 먹든 기본 과정은 똑같다. 포식자와 먹이 사이에 다리가 생긴다. 다음 세대에 다리 지역이 개체 수 과밀로 죽으면서 포식자와 먹이를 베어 문다. 그러면 포식자가 스스로를 복구한다. 먹이는 대개 그러지 못한다. 먹이의 남은 부분이 글라이드에서처럼 사라지면 포식이 완료된다.[4]

수준이 달라지면서 '존재론'—존재하는 것의 목록—에 신기한 일이 벌어지는 것에 주목하라. 물리적 수준에서는 아무 움직임도 없이 오로지 켜짐과 꺼짐만 있을 뿐이며 존재하는 유일한 개별 사물인 셀은 고정된 공간적 위치로 정의된다. 그런데 설계 수준으로 올라가면 지속되는 물체의 움

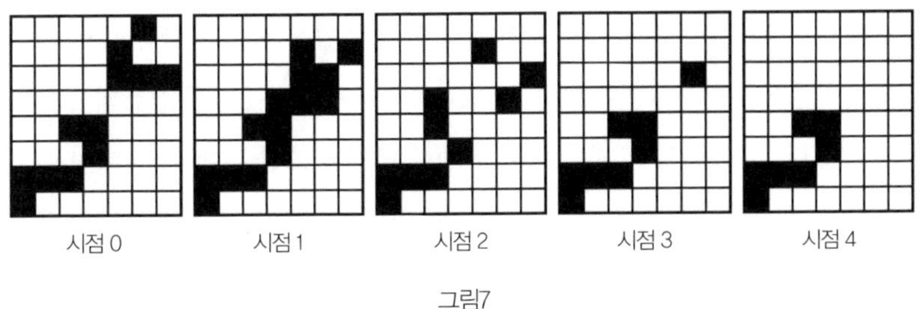

그림7

직임이 갑자기 생겨난다. 그림 6에서 남동쪽으로 움직이면서 모양을 바꾼 글라이더는 동일한 글라이더다(각 세대는 이전과 다른 셀로 이루어지지만). 그림 7에서 포식자가 글라이더를 먹어치우자 세계의 글라이더가 하나 줄었다.

물리적 수준에서는 일반 법칙에 절대로 예외가 없는 반면 이 수준에서는 일반화에 제한을 둘 수밖에 없다는 것 또한 유념해야 한다. '일반적으로'나 '무엇에게도 침범받지 않는 한' 같은 단서를 달아야 한다. 앞선 사건에서 떨어져 나온 잔해는 이 수준의 존재론에 속한 물체를 '부수'거나 '죽일' 수 있다. 이들은 '실제 사물로서' 꽤 '두드러지'지만, 이 두드러짐이 보장되는 것은 아니다. 꽤 두드러진다는 말의 뜻은 약간의 위험을 감수하면 설계 수준으로 올라가서 물리적 수준을 굳이 계산하지 않고서도 그 존재론을 받아들이고 더 나아가 더 큰 구성이나 구성 체계의 행동을 예측할 수 있다는 것이다. 이를테면 설계 수준에서 구현 가능해지는 '부품'을 가지고 흥미로운 상위 체계를 설계해볼 수 있다.

이것이야말로 콘웨이와 학생들이 하려던 일이었으며 그들은 보기 좋게 성공했다. 그들은 라이프 셀로만 이루어진 자기증식 존재를 설계했으며 이러한 설계의 생존 능력을 입증했다. 이 존재는 무한한 평면을 결정론적으로 움직이면서 자신을 완벽하게 복제하고 그 사본은 그 자신을 복제하고 이 과정이 무한히 지속된다. 라이프 게임은 버젓한 만능 튜링 기계—이론상, 계산 가능한 모든 함수를 계산할 수 있는 2차원 컴퓨터—이기도 했다. 콘웨이와 학생들이 이 세계를 먼저 창조한 뒤에 그 세계의 이 놀라운 구성원을 창조한 계기는 대체 무엇이었을까? 그들은 생물학의 핵심 질문 중 하나에 매우 추상적인 수준에서 대답하려 했다. 바로 '자기 증식에 필요한 최소한의 복잡성은 얼마큼일까?'라는 질문이었다. 그들은 존 폰 노이만의 뛰어난 초기 추측을 따랐다(폰 노이만은 죽음을 앞둔 1957년에 이 문제와 씨름하고 있었다). 프랜시스 크릭과 제임스 왓슨이 DNA 구조를 발견한 것은 1953년이지만, 그 작동 방식은 오랫동안 미스터리였다. 폰 노이만은 잡동사니 조각을 모아 자신을 복제하고 그 복제품이 이 과정을 반복할 수 있는 일종의 이동 로봇을 자세하게 상상했다. 자동기계automaton가 어떻게 자신의 청사진을 읽어 새로운 창조물을 복제해내는가에 대한 그의 설명(사후인 1966년에 발표되었다)은 DNA 발현과 복제의 메커니즘에 대한 훗날의 많은 발견을 아주 자세하게 예견했지만, 자기증식 자동기계의 가능성을 수학적으로 엄밀하고 수월하게 입증할 수 있도록 하기 위해 폰 노이만은 단순한 2차원 추상화를 선택했는데, 이것이 현재 '셀 자동기계cellular automata'라 불리는 것이다. 콘웨이의 라이프 세계 셀은 셀 자동기계의 예로 안성맞춤이다.

콘웨이와 학생들은 '이러한 자기증식 구조체가 안정적이고, 작동하는 구조'인 2차원 세계를 단순한 물리 법칙만 가지고 실제로 창조함으로써 폰 노이만의 증명을 자세하게 확증하고 싶었다. 폰 노이만처럼 자신들의 대답이 최대한 일반적이며 따라서 실제(지구의? 국소적?) 물리학과 화학으로부터 최대한 독립적이기를 바랐다. 극히 간단하며 시각화하고 계산하기 쉬운 것을 원했기에 삼차원에서 2차원으로 차원을 낮추었을 뿐 아니라 시공간을 둘 다 '디지털화'했다. 앞에서 보았듯 모든 시간과 거리는 '시점'과 '셀'의 정수로 표시된다. 기계적 컴퓨터(지금은 '튜링 기계'로 부른다)라는 앨런 튜링의 추상적 관념을 범용의 프로그램 내장형 순차 처리 방식 컴퓨터(지금은 '폰 노이만 기계'로 부른다)로 구체화한 사람은 바로 폰 노이만이었다. 또한 폰 노이만은 이런 컴퓨터의 공간적 · 구조적 요건을 명석하게 탐구하여 만능 튜링 기계(3부 참고)를 이론상 2차원 공간에 '건축'할 수 있음을 깨닫고 입증했다.[5] 콘웨이와 학생들은 2차원 공학을 실제로 구현하여 이를 확증하려고도 시도했다.[6]

결코 쉬운 일은 아니었지만, 그들은 작동하는 컴퓨터를 더 단순한 라이프 형태로부터 어떻게 '건축'할 수 있는지 밝혀냈다. 이를테면 글라이더 흐름은 입출력 '테이프' 역할을 할 수 있고 포식자, 글라이더, 그 밖의 모양을 거대하게 조합하면 테이프 판독기를 제작할 수 있다. 이 기계는 어떻게 생겼을까? 파운드스톤[7]은 전체 구조체가 1013개의 셀 또는 픽셀로 이루어질 것이라고 계산했다.

> 1013픽셀 패턴을 표시하려면 가로 길이가 300만 픽셀 이상인 비디오 화면이 필요하다. ······ [최고 해상도에 화면 너비가 800미터인 노트북이나 아이패드를 상상해보라.] 자기증식 패턴의 픽셀은 보이지 않을 만큼 작아질 것이다. 전체 패턴이 한눈에 들어올 만큼 화면에서 멀찍이 떨어지면 픽셀(심지어 글라이더, 포식자, 총)은 너무 작아서 보이지도 않을 것이다. 자기증식 패턴은 흐릿하게 빛나는 은하처럼 보일 것이다.[8]

말하자면 충분한 조각을 가지고 자기 복제 능력이 있는 무언가를 (2차원 세계에) 만들었을 때쯤이면 이 구조체 대 가장 작은 조각의 크기 비율은 생명체 대 원자의 크기 비율과 비슷할 것이다. 엄밀하게 입증되지는 않았지만, 이보다 훨씬 덜 복잡한 구조체는 자기 복제 능력을 갖출 수 없을 것이다.

라이프 게임은 중요한 원리를 많이 예시하고 있으며 여러 논변이나 사고실험을 구성하는 데 쓰일 수 있지만, 여기서는 세 가지만 예시하겠다(나머지는 직접 찾아보시길).

첫째, 물리적 태도와 설계적 태도의 구분이 어떻게 애매해지는지 눈여겨보라. 이를테면 글라이더는 설계된 사물로 간주되는가, 원자나 분자 같은 자연물로 간주되는가? 콘웨이와 학생들이 글라이더와 포식자 등으로 만들어낸 테이프 판독기는 당연히 설계된 사물로 간주되어야 하지만, 그 구성 요소는 아주 원초적인 재료—라이프 세계에서 가장 단순한 '것'들—다. 글라이더는 누가 설계하거나 발명하지 않았다. 라이프 세계의 물리 법칙에 함축되어 있다는 사실이 '발견'되었다. 하지만 물론 라이프 세계의 '모든 것'도 실제로는 마찬가지다. 라이프 세계에서는 물리 법칙과 셀의 초기 구성에 의해 엄격히 함축되지 않는—명쾌한 정리 증명을 통해 논리적으로 연역되지 않는—것은 아무것도 생기지 않는다. 라이프 세계에 있는 일부 사물은 다른 것보다(하찮은 지능을 지닌 우리가 보기에) 더 놀랍고 예기치 못한 것일 뿐이다. 콘웨이 자기증식 컴퓨터 픽셀 우주가 행동 측면에서 아주 길고 복잡한 주기성을 보이는 '단지' 또 하나의 라이프 거대 분자라는 생각에도 일리가 있다. 이는 생물학이나 생명의 기원과 일맥상통한다. 혹자는 아미노산이 그냥 있는 것이라고, 설계될 이유가 없었다고 말할지도 모른다. 하지만 오로지 아미노산만으로 이루어진 단백질은 너무 대단하다. 적어도 설계된 셈이라고 말할 수 있다. 다윈의 점진주의는 여기에서도 모습을 드러낸다.

둘째, 라이프 세계는 결정론적이기에 가능한 모든 구성에 대해 미래가 완벽하게 예측되지만, 다소 놀랍게도 과거는 완벽하게 불가사의할 때가 많다. 켜진 픽셀 네 개가 정사각형을 이루는 정물을 생각해보자. 정물을 들여다보거나 심지어 정물과 그 이웃을 들여다보아도 과거를 알아낼 수는 없다. 그 이유는 네 픽셀 중에서 어떤 픽셀이든 세 개가 켜진 상태는 다음 세대에서 네 픽셀이 켜진 정물이 되기 때문이다. 이 셀 중에서 어느 것이 과거에 꺼져 있었는지는 비활성의 역사적 사실이다.

셋째, (여느 창조적 과정과 마찬가지로) 진화의 바탕이 되는 돌연변이를 만들어낼 때 '잡음'과 충돌이 얼마나 중요했는지 떠올려보라. 콘웨이의 거대한 구조체는 자신을 재생산했지만 돌연변이 하지는 못했다. 늘 '완벽한' 사본만 만들어낸다. 여기에 돌연변이를 도입하려면 전체 구조가 몇 배는 확대되어야 한다. 왜 그럴까? 라이프 세계는 결정론적이기 때문에, '무작위' 돌연변이가 일어나려면 하염없이 헤매는 조각이 (유사類似무작위적으로) 떠돌아다니다 무언가를 부수는 수밖에 없다. 하지만 움직이는 것 중에서 가장 작은 것은 글라이더이므로, 글라이더를 (라이프 물리학에서) 빛의 속도로 움직이는 광자나 우주선宇宙線이라고 생각하라. 글라이더 하나가 많은 피해를 입힐 수 있다. 자기증식 사물의 유전체 일부를 살짝 '변경'하되 유전체를 파괴하지는 않으려면 유전체가 글라이더에 비해 매우 커야 하며 복원력이 매우 뛰어나야 할 것이다. 이 은하 크기의 덩어리가 이따금 쏟아지는 글라이더 세례를 견디지 못할 만큼 허약하다면, 개체를 아무리 크게 만들더라도 라이프 세계에서 진화가 일어날 수 없음을 입증할 수 있을 것이다.

67

가위바위보

가위바위보를 모르는 사람은 없을 것이다. 두 사람이 마주 보고 "가위, 바위, 보!"라고 외치면서, 손가락 두 개를 펴거나 손바닥을 펴거나 주먹 쥔 채 손을 내민다. 바위는 가위를 이기고 가위는 보를 이기고 보는 바위를 이긴다. 같은 모양이면 비기지만 그렇지 않으면 항상 한 사람이 이기고 한 사람은 진다. 가위바위보는 감질나는 게임이다. 상대방을 한 수 앞설 수만 있다면 마음을 읽어 항상 이기는 손을 낼 수 있을 테니 말이다. 이런 일이 일어나면 기분이 묘하다. 그런데 가위바위보를 잘하는 사람이 따로 있을까? 그런 것 같다. 거액의 상금을 걸고 국내외 토너먼트가 열렸으며, 그리고—이게 중요한데, 모든 토너먼트는 기술이 전혀 필요 없더라도 누군가는 우승할 수밖에 없기 때문이다—더 잘하는 선수는 승리의 역사가 있으니 말이다.

비결이 뭘까? 어쩌면 상대의 표정과 몸짓에서 미묘한 힌트를 얻는지도 모른다. 포커 선수들은 상대방의 '텔tell'(상대가 은연중에 노출하는 표정이나 몸짓_옮긴이)을 읽는다고 말한다. 자신은 '포커페이스'를 유지하면서도 상대방이 뻥카를 치는지 아닌지 감지한다는 뜻이다. 어쩌면 대부분의 사람들은 가위바위보를 할 때 자신이 통제하지 못하는 텔을 드러내는데 고수들은 마지막 순간에 이 텔을 읽어내는지도 모른다. 그렇다면 상대방이 나의 몸짓에서 패턴을 간파하지 못하도록 하는 최선의 전략은 무엇일까? 그것은 완전히 무작위로 내는 것이다. 가위, 바위, 보를 무작위로 내면 상대방이 감지할 패턴이 아예 없기 때문이다. (무작위로 내는데 계속 비기면 상대방의 패턴을 파악하여 이를 바탕으로 비非무작위 전략을 써서 이길 수 있다.)

사람들은 진짜 무작위 연쇄를 만들어내는 데 영 젬병이다. 이를테면 같은 것을 연속으로 두세 번 선택하지 않으려고 너무 자주 바꾸는 경향이 있다(순수한 무작위 연쇄에서는 같은 것이 연속으로 나오는 일이 꽤 자주 일어나야 한다). 순수한 무無패턴의 연쇄를 대충 만들어내기가 힘들다는 사실을 알았다면 더 나은 전략을 고민해야 하는데, 도서관(이나 온라인)에서 난수표를 구하는 방법이 있다. 표의 아무 데나 '무작위'로 손가락을 짚고는 그 지점을 시작으로 숫자 100개를 복사한다. (이를테면) 0은 다 지우고 1, 2, 3을 'R'(바위)로, 4, 5, 6을 'P'(보)로, 7, 8, 9를 'S'(가위)로 바꾼다. 이렇게 하면 약 90개의 가위, 바위, 보 연쇄를 얻을 수 있는데—0을 약 10개 지웠을 것이므로—이 정도면 가위바위보를 하기에 충분할 것이다.

이제 준비가 끝났다. 가장 중요한 규칙은 '목록을 비밀에 부치는 것'이다. 상대방이 목록을 엿보면 끝장이다. 여러분은 그의 현금 인출기가 될 것이다. 이에 반해 상대방이 여러분의 목록을 입수할 방법이 없다면, 여러분의 사고 습성을 최대한 예측하여 무엇을 낼지 알아맞히려 드는 수밖에 없을 것이다. (한마디로 여러분을 단순한 메커니즘으로 취급하는 것이 아니라—즉, 목록만 읽으면 여러분의 행동을 정확히 예측할 수 있다고 생각하는 것이 아니라—지향적 태도로 여러분을 대하고 여러분의 추리에 대해 추리할 것이다.)

자신이 의도한 선택을 상대방에게 비밀로 하라는 이 간단한 원칙은 자유의지를 둘러싼 오랜 논쟁의 핵심 중 하나다. 사실 폰 노이만과 모르겐슈테른[9]이 '게임 이론game theory'을 창안한 계기는, 단독 행위자(또는 지향계)가 정보를 수집하여 미래를 예측하려 할 때는 이러저러한 확률론을 이용하여 '기대효용expected utility'을 계산할 수 있지만 행위자, 즉 지향계가 둘이 되는 순간 상황이 극적으로 달라진다는 깨달음이었다. 이제 각 행위자는 상대 행위자의 예측 시도를 고려해야 할 뿐 아니라 상대 행위자가 나 자신의 행동을 관찰하고 이를 예측 및 이용하려고 시도하는 것까지 염두에 두어야 하기 때문에 무한히 복잡한 피드백 루프가 만들어진다.[10]

행위자끼리 서로를 이해하거나 예측하기 힘든 이 근본적인 불확실성은 게임 이론이 번성하는 토양이 된다. 진화는 이런 사실을 발견했으며, 많은 종이 게임 이론 원리를 상호작용에 적용한다(이해 없는 능력!). 가젤의 **뻗정뛰기**는 한 예에 불과하다. 또 다른 예로는 나비의 불규칙한 비행이 있다. 이는 벌레잡이 새가 궤적을 예측하기 힘들게 하려는 것이지만, 벌레잡이 새에게는 사람보다 높은 '점멸융합 주파수'가 진화했다(새의 눈은 '초당 프레임'이 우리보다 많기 때문에 영화가 슬라이드 쇼처럼 보일 것이다).

상대방이 나를 예측하지 못하게 하고, 이 조언을 따르는 상대를 조심하라! 이 원칙을 '중시'하는 것은 동물에게서 널리 찾아볼 수 있는 본능이다. 동물은 복잡하게 움직이는 상대를 맞닥뜨리면 안전을 기하기 위해 상대를 행위자로 취급하려 한다(단지 '저게 무엇일까?'가 아니라 '저게 누굴까, 무얼 원하는 걸까?'를 궁금해한다). 상대가 정말로 행위자여서 자기를 잡아먹거나 짝짓기를 하거나 싸움을 걸 가능성이 실제로 있기 때문이다. 이 본능적 반응으로부터 온갖 보이지 않는 요정, 도깨비, 귀신, 신, 그리고

궁극의 불가시不可視 지향계인 유일신이 (진화 과정에서) 발명되었다.[11]

이유를 알 필요 없이 이 전략을 채택하는 동물과 마찬가지로 우리 인간은 이것이 왜 좋은 생각인지 이해할 필요 없이 예측 불가능성을 보존하는 전술을 중시한다. 하지만 대개는 왜 좋은 생각인지 분명히 알 수 있다. 쇼핑하다가 '이건 꼭 가져야만 해'라는 생각이 드는 골동품이 눈에 띄었을 때, 여러분은 판매가를 알기도 전에 무턱대고 달려들지 않는다. 그랬다가는 바가지를 된통 뒤집어쓸 것이다. 무언가를 팔려고 광고할 때, 우리는 합리적인—내가 흔쾌히 받아들일 만한—호가를 부른다. 구매자가 실제로 더 지불할 의향이 있는지 알 수 없고, 호가보다 얼마나 싼 가격을 내가 받아들일지 구매자가 알지 못하기를 바라기 때문이다. (물론 거래를 거절할 수는 있다.) 경매는 이 미지의 땅을 탐험하는 방법이다. 경매인에게 선입찰을 하는 것은 내 입찰가를 다른 응찰자들에게 알려주지 않으리라고 믿는다는 것이다.

마찬가지로, 우리는 누군가에게 첫눈에 반하면 숨을 헐떡거리고 침을 흘리지 않으려고, 최대한 무심하고 아무렇지도 않은 척하려고 애를 쓴다. 이 미녀가 질겁하여 도망치지 않도록 또는 기고만장하여 나를 가지고 놀지 못하도록 하기 위해서다. 포커페이스는 포커에서만 쓰는 게 아니다. 일반적으로 경쟁 상대—옆에 있는 다른 행위자들—를 헷갈리게 하면, 원하는 것을 얻을 가능성이 커진다. 내가 어디에 착지하려고 뛰어오르는지를 상대방이 짐작하기 힘들어지기 때문이다. (다른 행위자의 환경을 재현하는 데는 비용이 많이 들기 때문에, 내가 무엇을 할지에 대한 매우 훌륭한 증거가 있지 않는 한 내 행동을 예측하려 들지 않을 것이다.)

마술사들은 '심력psychological force'을 활용하여 여러분이 카드 한 벌에서 그가 원하는 카드를 (여러분의 자유의지로) 뽑도록 하는 법을 안다. 방법은 여러 가지가 있는데 전부 섬세하며 눈치채기 힘들다. 정말 뛰어난 마술사는 거의 어느 때든 이 방법을 구사할 수 있다. 이것이야말로 행위자성agency의 고갱이이다. 마법사는 여러분을 도구로, 졸卒로, 자유로운 행위자가 아니라 마술사 자신의 의지의 연장延長으로 전락시킨다.

고전 시대 이데올로기와 정반대로, 우리는 자유로운 선택이 원인으로부터 완전히 자유롭기를 바라지 않는다. 우리 모두가 원하고 또한 원해야 하는 것은 자신이 얻을 수 있는 최선의 선택지가 무엇인지에 대한 좋은 정보를 바탕으로 행동하는 것이다. 환경이, 사실에 대하여 적절한 참인 믿음을 '야기'하고 우리가 얻을 수 있는 정보를 가장 신중하게 판단하여 행동하도록 '야기'한다면야 얼마나 좋겠는가! 이는 행위자로서 우리가 바라는 '거의' 모든 것이리라. 단, 하나만 빼고. 우리에게서 통제권을 빼앗는 조작적 행위자가 환경에 포함되기를 바라지는 않을 것이다. 내가 처한 환경에서 할 수 있는 최선의 행동이 나머지 모든 행위자에게 고스란히 드러나기를 바라지는 않을 테니 말이다. 그랬다가는 우리가 무엇을 원하는지, 얼마나 원하는지 속속들이 알아서 우리를 이용해먹을 수 있기 때문이다. 따라서 우리의 사고 과정과 결정을 비밀에 부치는 능력을 희망 사항에 덧붙여야 한다. 때로는 남들을 헷갈리게 하려고 차선책을 선택하는 경우가 있더라도 말이다.[12]

이러한 예측 불가능성의 중요성을 제대로 파악하지 못하는 사람들은 '만전을 기하기 위해' *절대적* 예측 불가능성을 추구해야 한다고 생각한다. 그러려면 우리 뇌 속 깊숙한 곳이 물리적으로 비결정론적이어야 한다. 철학자 제리 포더[13]는 이 문제를 (이번에도) 생생하게 표현했다.

이브가 사과를 깨물었을 때—전하는 이야기에 따르면—로 돌아가고 싶어 하는 사람이 있다. 그때는 완벽히 자유로웠다. 신조차도 이브가 어느 쪽으로 튈지 알 수 없었으니까.[14]

하지만 왜 이러고 "싶어 한"다는 거지? 이 절대적 예측 불가능성이 실질적 예측 불가능성보다 실제로 조금이라도 더 나을까? 수천 년에 걸쳐 많은 철학자들이 절대적 예측 불가능성이야말로 순수한 자유의지의 조건이라고 주장했다. 그들은 우리가 모르는 무언가를 아는 것일까? 그렇다면 우리에게는 비밀로 부치고 있는 게 틀림없다. 그들 절대다수에게 자유의지가 결정론과 양립할 수 없다는 생각은 논증할 필요도 없을 만큼 명확했나 보다. 나는 입증 책임이 그들에게 있다고 단언한다. 우리가 '절대적' 예측 불가능성을 가질 수 없는 것이 왜 애석한 일인지 설명해보라. 나는 우리가—진화 자체와 마찬가지로—최대한의 '실질적' 예측 불가능성을 갖출 만큼 똑똑한 이유를 밝혀냈다. 이것으로 충분하지 않은 이유가 무엇인지 말해달라.

타당한 이유를 하나 더 들겠다. 신과 큰 판돈을 걸고—이를테면 구원—가위바위보를 할 계획이라면 포더 말마따나 '완벽한' 자유를 바랄 만도 하다. 하지만 나는 개인적으로 그런 시합을 하게 될 것 같지 않다. 따라서 판돈이 클 때는 내 의도를 감추고 타짜를 멀리하여 실질적 자유를 얻을 수 있으면 만족하련다.

68

두 복권

다음의 두 복권 중에서 어느 쪽이 더 공정한지 비교해보라. 복권 A—'이후After'를 뜻한다—에서는 복권을 모두 판매하고, 나머지 반쪽을 알맞은 혼합기에 넣어 무작위로 섞은 '이후'에 당첨 복권을 뽑는다. (대다수 복권이 이런 식이다.) 복권 B—'이전Before'을 뜻한다—에서는 복권을 판매하기 전에 반쪽을 섞어 당첨 복권을 뽑되—당첨된 반쪽은 금고에 보관한다—나머지 과정은 복권 A와 동일하다. 혹자는 복권 B의 경우를 두고 사람들이 복권을 사기도 전에 당첨 복권이 결정된다는 점에서 불공정하다고 생각할지도 모르겠다. 복권 중 하나는 '이미' 당첨 복권이며—어느 게 당첨 복권인지는 아무도 모르지만—나머지 복권은 휴지 조각이므로, 영문 모르는 사람들에게 이 복권을 파는 것은 일종의 사기라는 것이다. 하지만 사실 두 복권은 똑같이 공정하다. 복권을 사는 사람들의 당첨 확률은 똑같다. 당첨자가 언제 결정되느냐는 본질과 전혀 무관한 사항이다.

대다수 복권에서는 사기 행각이 벌어지지 않았다는 증거를 사람들이 직접 목격할 수 있도록, 복권이 모두 판매될 때까지 추첨을 미룬다. 그러면 엉큼한 내부자가 복권 판매를 조작하지 못한다. 복권이 판매되기 전에는 무엇이 당첨 복권인지 아무도 모르기 때문이다. 모든 복권이 이 방식을 따르지 않는다는 사실은 흥미롭다. 통신 판매 회사 PCHPublishers Clearing House는 해마다 수백만 통의 우편물 봉투에 굵은 글자로 "이미 당첨되셨는지도 모릅니다"라는 문구를 박아 발송했다. 100만 달러를 비롯한 여러 부상이 걸려 있었다. (지금은 온라인으로 복권 사업을 진행한다.) 이 거대한 복권 사업은 시장 조사에 바탕을 두고 있는데, 그에 따르면 일반적으로 사람들은 추첨이 정직하게 진행되는 한 당첨자를 사전 선택하는 제도가 공정하다고 생각한다. 사람들이 복권에 불만을 품지 않는 것은 공짜이기 때문인지도 모른다. 하지만 당첨 복권이 특수 봉투에 밀봉되어 애초부터 은행 금고에 보관되었다는 사실을 알면 많은 사람이 '기꺼이' 복권을 사지 않을까? 수많은 사람들이 즉석식 복권을 긁는데, 이런 복권은 당첨 여부가 구입할 때 이미 정해져 있다. 복권을 긁는 사람들이 자신에게 진짜 당첨 기회가 있다고 생각하는 것은 분명하다. 나는 그들이 옳다고 생각하지만, 옳든 그르든 그들이 이런 복권이 공정하며 실제 당첨 기회가 있다고 굳게 믿는다면, 결과가 마지막 순간까지 미결정 상태로 있지 않는 한 어떤 기회도 '진짜'가 아니라고 믿는 (2000년 전 데모크리토스와 루크레티우스로 거슬러 올라가는) 철학자들의 확신은 무효가 되어야 한다. 이 철학자들은 인과의 고리를 끊는, 진정으로 무작위적이고 미결정된 '분기점'이 계속 공급되지 않는다면 자유로운 선택의 가능성, 옳은 일을 할 '진짜' 가능성은 없다고 주장했다.

두 복권을 통해 우리는 결정론 문제를 새로운 시각에서 볼 수 있게 되었다. 세상이 결정되어 있다면, 우리에게는 진정으로—양자역학적으로—무작위적인 난수 발생기가 아니라 유사난수 발생기가 있는 셈이다. 우리의 세상이 결정되어 있다는 것은 약 140억 년 전 빅뱅의 순간에 사실상 모든 복권의 추첨이 끝나 봉투에 보관된 채 우리가 살아가면서 필요할 때마다 꺼내본다는 뜻이다. 우리가 동전을 던지거나 (덜 허세스러운 방식으로) 운에 맡긴 결정을 할 때마다 우리의 뇌는 봉투를 열어 다음 '난수'를 확인하여 그 값에 따라 무엇을 할지 '결정'한다는—가위, 바위, 보를 무작위로 낼 때처럼—것이다. 혹자는 이렇게 말할지도 모르겠다. "하지만 그건 공정하지 않아. 어떤 사람은 남들보다 많이 당첨될 테니까." 물론 어떤 게임에서든 누군가는 끗수가 높은 카드를 더 많이 가지게 마련이다. 하지만 결국은 행운이 고르게 분배된다는 것을 명심해야 한다. "하지만 우리가 태어나기 전에 추첨이 모두 끝난다면 어떤 사람들은 남보다 더 운 좋도록 '결정'되는 거잖아!" 하지만 우리가 태어나기 전이 아니라 우리가 살아가는 동안 필요할 때마다 주기적으로 추첨이 이루어지더라도 마찬가지다. 완벽하게 무작위적이고 공정하게—즉, 순수하게 비결정론적으로—추첨이 이루어지더라도 여전히 어떤 사람들은 더 많이 당첨되도록 '결정'되어 있다. 심지어 완벽하게 공정하고 완벽하게 무작위적인 동전 던지기 토너먼트에서도 누군가는—또는 다른 누군가는—이기도록 결정되어 있으며 나머지 모든 참가자는 지도록 결정되어 있다. 우승자가 이것이 자신의 '운명'이었다고 주장하는 것은 정당하지 않지만, 우승에 이르게 한 이점들은—그것이 무엇이든, 운명이든 아니든—그의 것이다. 이보다 더 공정한 것이 어디 있겠는가? 공정함은 모두가 이기는 것이 아니다.

비결정론을 바라는 이유로 가장 자주 인용되는 것은 비결정론이 없다면 행동을 선택할 때 "달리 행동할 수 없"었으리라는 것이며 당연히 (경고! 경고!) 그것이 우리에게 중요한 무언가라는 것이다. 이 또한 보기만큼 명백하지 않다. 이 친숙한 사고방식이 어떻게 우리를 오도하는지 엿보려면 비활성의 역사적 사실이라는 흥미로운 범주를 살펴보아야 한다.

69

비활성의 역사적 사실

비활성의 역사적 사실은 지금은 확인할 수 없는 과거 어느 시점에 완벽하게 정상적이던 세상사의 배열로, 지금의 세상에는 흔적을 '전혀' 남기지 않은 사실이다. 내가 즐겨 드는 예는 이것이다.

A. 내 금니의 일부는 율리우스 카이사르 것이었다.

이건 어떤가?

B. 내 금니의 일부가 율리우스 카이사르의 것이었다는 말은 거짓이다.

자, 논리학에 따르면 둘 중 하나는 사실이어야 한다. (잠깐. 셈이다 연산자의 교훈은 이 '명백한' 선언選言을 믿지 말아야 한다는 것 아니었나? 이 문제를 확인해보자. A와 B 둘 다 참에 대한 분명한 주장이 아닌 경우가 어떻게 있을 수 있을까? 카이사르 시대에 '소유권'이 애매하거나 잘못 규정되어 카이사르가 자기 금의 일부를 소유한 셈일 뿐이라면 어떨까(오늘날 영국 여왕이 영국 내 모든 고니의 소유주인 것과 같은 방식으로)?[15]) 소유 개념이 (금의 개념과 마찬가지로) 올바르게 규정되었다고 가정하면, 두 문장 중 하나는 사실을 표현해야만 하지만, 어느 쪽이 참인지는 어떤 물리적 조사를 통해서도—아무리 정교한 방법을 동원해도, 아무리 오래 조사해도—알아낼 수 없음이 거의 분명하다.

정말일까? A와 B 중 하나가 참인 선택지임을 거의 확신할 수 있는 경우를 상상할 수 있다. 다양한 역사적 과정이 꼼꼼히 기록되어서 내 금니의 '유래'가 천 년 동안 엄격히 통제되고 기록되었음이—살인 사건 재판에서 증거를 제출할 때 지켜야 하는 '관리 연속성chain of custody'(증거가 생겨난 이래 그것을 보관한 주체들의 연속적 승계 및 관리의 단절이 있었는지 판단하는 것_옮긴이)처럼—드러난다면 우리는 A가 참이라고 꽤 확신할 수 있다. 내 치과 의사가 박물관에서 고대의 금반지(그 유명한 '카이사르의 새끼손가락 반지')를 샀는데, 수많은 문서에 따르면 이 반지는 수 세기에 걸쳐 군주에게서 군주에게로 전해지다가 결국 박물관에 흘러들었음이 입증되며 치과 의사가 반지를 녹여 내 금니 틀에 붓는 장면을 찍은 비디오테이프가 있다고 해보자. 물론 기묘하기는 하지만, 물리적 가능성의 범위 안에 있는 것은 분명하다. 아니면 내가 취미로 사금을 채취하는데 1만 년 동안 빙하에 덮여 있다가 이제야 지반이 드러난 알래스카에 가서 그곳에서 채집한 금으로만 내 금니를 해 넣었다고 가정해보자. 그렇다면 B가 참일 가능성이 훨씬 클 것이다. 하지만 이 극단적인 이야기 중에서 무엇도 타당한 근거가 없다면 우리는 A가 참인지 B가 참인지 결코 알지 못할 것이 분명하다. (어느 쪽이든) 참인 사실은 비활성의 역사적 사실이다.

양자역학은 흥미로운 문제를 제기한다. 내 금니의 원자 각각에 대해 궤적을 수백 년까지 거슬러 추적할 수 있더라도 둘 이상의 금 원자가—하나는 카이사르의 유물에서, 또 하나는 다른 출처에서 온 것—충돌하는 경우가 있었다면—아니면 서로 '매우' 가까이 접근했다면—'충돌' 뒤에 어느 원자가 어느 원자인지 알아내기가 이론상으로 불가능할 것이다. 원자와 작은 입자는 지문이나 그 밖의 구별되는 특징이 전혀 없으며 '지속적으로' 추적할 수도 없으므로, 입자의 지속적 동일성을 늘 보장할 수는 없다. 이는 금에 대한 사실을 알아내는 데 또 다른 걸림돌이 된다.

이제 우주 전체가 결정론적이든 아니든, 컴퓨터는 아날로그가 아니라 디지털이기 때문에 극미소적 잡음과 (심지어) 양자 무작위성에도 불구하고 이러한 변동을 흡수하여 결정론적이도록 설계된다. (66장 콘웨이의 라이프 게임이 좋은 예이지만, 디지털 결정론은 어디에서나 찾아볼 수 있다.) 결정론을 만들어내기 위한 디지털화의 배후에 놓인 기본 개념은 설계를 통해 비활성의 역사적 사실을 '창조'할 수 있다는 것이다. 모든 주요 사건을 강제로 두 범주—높음 *대* 낮음, 켜짐 *대* 꺼짐, 0 *대* 1—로 분류하면 미세한 차이(높은 전압 사이의 차이, 켜짐의 정도 차이, 0의 단계 차이)를 가차 없이 버릴 수 있다. 이 차이들은 무엇에도 영향을 미치지 못하며, 흔적—컴퓨터가 겪는 일련의 이후 상태에 '아무런 차이를 가져오지 않'는 실제 역사적 변이에 대한 사실들—을 남기지 못한 채 사라진다. 이를테면 친구가 웹사이트에서 노래를 내려받아 CD 두 장에 굽는다고 해보자. 물론 라벨을 붙이지 않은 두 장의 CD는—A와 B라고 부르겠지만 CD에 이름을 쓰지는 않을 것이다—디지털 사본이다. 그중 하나를 여러분의 노트북에 암실에서 '복사'해달라고 친구에게 부탁한다고 상상해보자. 어느 CD를 쓰라고 말하지 않고, 복사가 끝난 뒤에 두 CD를 처리하여—지문이나 DNA 흔적을 지워—CD로 꽉 찬 가방에 넣고 세게 흔들도록 한다. 이제 우리에게는 비활성의 역사적 사실 후보가 둘 있다.

ⓐ 여러분의 노트북에는 A 디스크에서 복사한 사본이 들어 있다.

ⓑ 여러분의 노트북에는 B 디스크에서 복사한 사본이 들어 있다.

노래의 비트 스트림에 대한 실제의 물리적 인코딩에는 어떤 인코딩의 미세 구조와도 다른 현미경적 미세 구조가 담겨 있을 것이다. 또한 CD 중 하나를 RAM(임의 접근 기억 장치)에 '복사'할 때 RAM의 전압 패턴에도 고유한 미세 구조가 있을 것이며, 그 뒤에 이 파일을 RAM에서 하드 디스크나 플래시 드라이브에 '복사'하면 여기에도 파일을 구별할 수 있는 현미경적 차이가 존재할 것이다. 편의상 '복사'라고 부르는 행위는 고유한 미세 구조가 있는, 연속적이거나 아날로그인 물리적 신호를 만들어내는 것이다. 그것이 전자와 양성자의 수준에서 세상의 방식이기 때문이다. 하지만 디지털화의 장점은 이 모든 미세 구조가 '무시'된다는—즉, '규범에 맞추'는 과정에서 사라진다는—것이다. 알파벳 같은 규범이 있으면 각각의 기호가 어떻*게 생겨먹었*든 전혀 차이가 없다. 같은 기호는 모두 똑같이 읽히기 때문이다. 컴퓨터에서는 죄다 0 아니면 1이다.

따라서 두 CD 중 하나에 디지털적 이상화 수준에서 분간할 수 있는 '오류'(0이 1로 바뀌거나 1이 0으로 바뀌는 '비트 반전flipped bit')가 있지 않다면 CD를 구별할 방법은 전혀 없다. 디지털화는 두 CD의 개별성이 이후 버전에—궁극적으로는 스피커나 이어폰을 구동하는 디지털아날로그 변환에—'전달'되는 것을 차단한다. 일부 음악 애호가들은 '황금 귀'가 달려서 레코드판과 최상의 디지털 CD를 구별하고 압축된—이를테면 MPEG—디지털 파일과 비압축 디지털 파일을 구별한다고 알려져 있지만, 같은 곡을 연달아 들려주고는 같은 CD인지 다른 CD인지 물어보면 누구도 통계적으로 유의미한 적중률을 올리지 못한다. 이것은 비활성의 역사적 사실이다. RAM에 담긴 '복사본'의 미세 구조는 사람의 귀뿐 아니라 전자 현미경으로도 감지할 수 없다. 미세 구조를 감지할 수 있는 사람이 있다면 초능력자의 후보로 손색이 없을 것이다. 디지털화는 (통계적으로 유의미한 추측을 할 수 있게 해주는) 정보 전달을 물리적으로 차단하는 장벽을 만들기 때문이다.

컴퓨터는 디지털 기기이기 때문에, 수조 단계의 명령을 실행한 뒤에 원래와 '정확히' 똑같은 (디지털) 상태로 돌려놓고 '정확히' 똑같은 수조 번의 (디지털) 단계를 실행하고 또 실행하도록 하는 것이 식은 죽 먹기다.

> 잠깐! 반박하는 목소리가 들린다. 이봐, 컴퓨터가 결정론적이라고? 정확히 똑같은 수조 번의 단계를 반복하고 또 반복할 수 있다고? 말도 안 돼! 그럼 내 노트북은 왜 걸핏하면 충돌이 일어나는 거지? 월요일과 똑같은 작업을 화요일에 하는데 워드프로세서가 먹통이 되는 이유가 뭐냐고!

'똑'같은 작업을 하던 게 아니다. 워드프로세서가 먹통이 된 것은 비결정론적이어서가 아니라, 화요일에는 월요일과 '정확히' 같은 상태가 아니었기 때문이다. 여러분의 노트북에서 월요일과 화요일 사이에 어떤 변화가 일어난 것이 틀림없다. 이를테면 숨은 '플래그'를 지정하거나 이전에 활성화된 적 없는 기능을 호출하여 어딘가에 있는 비트가 반전되었는데, 시스템을 종료할 때 이 비트가 새로운 위치에 저장되는 바람에 화요일에 워드프로세서가 이 작은 변화에 영향을 받아 충돌을 일으킨 것이다. 노트북을 화요일 아침의 상태와 '정확히' 똑같은 상태로 되돌린다면 다시 충돌이 일어날 것이다.

'난수 발생기'는 어떻게 된 거지? 요청만 하면 무작위 숫자를 만들어내는 장치가 내 컴퓨터에 내장된 줄 알았는데.

요즘 컴퓨터에는 프로그램 실행에 필요할 때마다 호출할 수 있는 '난수' 발생기가 으레 내장되어 있다. (컴퓨터가 보급되기 전에는 난수표 책을 사서 연구에 쓸 수 있었다. 이 책에는 수학자들이 고안한 모든 무작위성 검사를 통과하도록 엄격하게 생성된 숫자들이 페이지별로 기록되어 있었다. 물론 판본이 같으면 책마다 정확히 똑같은 숫자 연쇄가 쓰여 있었다. 랜드 코퍼레이션은 1955년에 최고의 난수표 책 중 하나를 발표했는데, 난수의 개수가 100만 개에 달했다.) 이른바 난수 발생기로 생성된 숫자 연쇄는 진짜 난수가 아니라 유사난수이며, 이 무한히 긴 연쇄를 유한히 규정되는 메커니즘으로 만들어낼 수 있다는 의미에서 '수학적으로 압축 가능'하다. 이를테면 어떤 난수 발생기가 (가령) 메가바이트(800만 비트) 크기로 규정할 수 있는 프로그램이지만 실제로 무한한 연쇄(매번 똑같은 연쇄)를 생성한다고 가정해보자. 누군가에게 이 무한한 숫자 연쇄를 보내고 싶다고 해서 이를 '문자 그대로' 기록한 무한히 긴 이메일 메시지를 보낼 필요는 없다. 메가바이트 크기의 알고리즘만 보내면 상대방이 무한한 전체 연쇄를 재구성할 수 있기 때문이다. 이것이 유사난수 발생기의 기본 개념이다. 초기 재시동cold start—이를테면 컴퓨터를 재부팅 할 때—직후에 난수 발생기를 실행하면 언제나 '정확히' 똑같은 숫자 연쇄가 생성될 테지만, 이 연쇄는 순수하게 무작위적인 양자 요동으로 생성된 것처럼 '뚜렷한' 패턴 없음을 나타낼 것이다. '난수표'가 내장되어 있다고 말할 수도 있겠다. 품질 좋은 룰렛 원반을 백만 번 넘게 돌리면서 숫자를 기록한 아주 기다란 비디오테이프라고나 할까. 컴퓨터를 켜면 비디오테이프는 항상 맨 '앞'으로 감긴다.

그런데 이게 문제가 될 때도 있다. 다양한 '선택' 시점에 무작위성을 활용하는 컴퓨터 프로그램을 초기 재시동 이후에 실행하면 그때마다 정확히 똑같은 결과가 나올 것이기 때문이다. 프로그램에서 버그를 찾아내려 할 때에도, 프로그램에 변화를 주어 이따금 다른 곳에서 다음 '무작위' 숫자를 찾도록 하지 않으면 상태의 '무작위 표본'이 늘 똑같을 것이다.

70

컴퓨터 체스 마라톤

결정론과 선택에 대해 명확하게 생각하는 것은 지독하게 힘들다. 결정론이 참이라면, '진짜' 선택이라는 것이 존재할까? 자유의지를 가진 것처럼 보이는 행위자가 실제로는 '결정론적 세상에서 살기에 결정론적'이라면 모든 선택이, 모든 '기회'가 사라질까? 인공적으로 건설된 결정론적 세계—컴퓨터가 수행하는 활동의 세계—에서 단순화시킨 세계—체스—를 통해 이 문제를 탐구하는 직관펌프가 있다.

컴퓨터에 서로 다른 두 개의 체스 프로그램을 설치하고 작은 감독 프로그램으로 둘을 맞붙여 언제까지고 대국을 하도록 한다고 가정해보자. 둘은 같은 대국을 여러분이 컴퓨터를 끌 때까지 하고 또 할까? 이렇게 지정할 수야 있겠지만, 그러면 두 프로그램 A와 B에 대해 흥미로운 것은 아무것도 배우지 못할 것이다. 이 반복되는 대국에서 A가 B를 이긴다고 가정하자. 이 사실로부터 A가 B보다 일반적으로 더 나은 프로그램이라거나 A가 다른 대국에서 B를 이길 것이라고 추론할 수는 없다. 정확히 반복되는 대국을 아무리 관찰해도 두 프로그램의 강점과 약점에 대해 아무것도 배울 수 없을 것이다. 이보다는 A와 B가 다른 대국들을 연달아 벌이도록 토너먼트를 짰을 때 훨씬 많은 정보를 얻을 수 있다. 방법은 간단하다. 두 체스 프로그램 중 하나가 계산 중에 난수 발생기를 이용한다면—이를테면 묘수를 찾다가 이것과 저것 중에서 어느 것을 선택해야 할지 이유가 마땅치 않을 때 이 상황에서 빠져나오려고 주기적으로 '동전을 던질' 수 있다—다음 대국에서는 난수 발생기의 상태가 달라졌을 것이므로(프로그램을 다시 초기화하지 않는다면) 다른 대안이 다른 순서로 탐색되어 이따금 다른 행마가 '선택'된다. 변형된 대국이 펼쳐질 것이며, 세 번째 대국은 또 다른 식으로 달라질 것이다. 어떤 두 눈송이도 같지 않듯 어떤 일련의 두 대국도 같지 않을 것이다. 그럼에도, 컴퓨터를 껐다가 켠 뒤에 같은 프로그램을 다시 실행하면 다채로운 대국들이 아까와 정확히 똑같이 펼쳐질 것이다. 똑같은 유사무작위 숫자 연쇄가 두 프로그램의 '동전 던지기'를 모두 결정할 테니 말이다.

이번에는 두 프로그램 A와 B가 관계된 체스 우주를 구성하고 대국을 (이를테면) 1000번 실시하여 그 결과를 연구한다고 가정해보자. 그러면 신뢰성이 매우 큰 패턴을 많이 발견할 것이다. 1000가지 '서로 다른' 대국에서 A가 언제나 B를 이긴다고 가정하자. 이것은 설명을 요하는 패턴이다. "이 프로그램은 결정론적이기 때문에 A는 언제나 B를 이기도록 '야기'되었다"라는 말은 우리의 지극히 정당한 호기심을 전혀 충족하지 못한다. 우리가 알고 싶은 것은 체스에서 A가 우세한 이유를 설명하는 구조, 방법, 성향이다. A는 B에게 없는 능력이 있으며 우리는 이 흥미로운 요인을 분리해내야 한다. 설명은 낮은 수준에 놓여 있을지도 모른다. 이를테면 프로그램 A와 프로그램 B가 실제로는 같은 프로그램이고 소스 코드 수준에서 '똑같은' 체스 행마 평가자이지만 프로그램 A가 B보다 더 효율적으로 컴파일 되어 같은 횟수의 기계어 수행 주기에서 프로그램 B보다 대국을 더 깊이 탐구할 수 있기 때문일 수도 있다. 사실상 A는 체스에 대해 B와 '정확히 똑같은 생각을 하'며, B는 체스에 대해 A가 아는 모든 것을 '안다'. 다만 A가 더 빨리 생각할 뿐이다. (본격 체스 대국에는 시간제한이 있다. 대국이 끝나기 전에 내 제한 시간이 소진되면 패배한다.) 하지만 이보다 가능성이 더 큰 상황은 A가 B보다 뛰어난 이유를 더 높은 수준의 관점에 설명하는 것이다. 이 수준에서는 체스 의사결정의 일상적 주제, 즉 기물 배치의 '표상', 가능한 다음 행마에 대한 '평가', 대국을 어떻게 전개할 것인가에 대한 '결정' 등이 등장한다. 따라서 프로그램 A는 대국이 진행됨에 따라 자기 기물들의 상대적 가치를 조정하거나 기물 배치의 평가 함수를 개선하거나 어떤 종류의 탐색을 더 일찍 또는 더 늦게 끝내기로 결정할 수 있다. B와 "똑같은 생각을 하"는 것이 아니라 "더 뛰어나고 더 정교한 생각을 하"는 것이다. (물론 프로그램은 이런 생각을 하는 셈이다. 의식 있는 사람이 아니니까.)

어쩌면 한 프로그램이 늘 이기는 것이 아닐 때 오히려 더 많은 정보를 얻을 수 있을지도 모른다. A가 B를 '거의' 언제나 이기며 A가 B와 다른 원칙 집합을 이용하여 행마를 평가한다고 가정해보자. 그렇다면 우리가 설명해야 하는 현상은 훨씬 흥미로울 것이다. '이' 인과적 물음을 탐구하려면 1000번에 이르는 서로 다른 대국의 역사를 들여다보면서 또 다른 패턴을 찾아보아야 할 것이다. 분명히 적지 않게 찾을 수 있을 것이다. 어떤 패턴은 체스 자체에 고유할 것이고(이를테면 B가 룩을 뒤처지게 하면 거의 예외 없이 패배한다) 또 어떤 패턴은 특정한 체스 기사인 A와 B에 독특할 것이다(이를테면 B는 퀸을 일찌감치 전진시키는 방법을 좋아한다). 우리는 체스 전략의 표준 패턴을 찾을 수 있다. 이를테면 제한 시간이 얼마 남지 않았으면 B는 더 많은 시간이 남았을 때 같은 기물 배치에서 대국 트리의 나머지

노드를 탐색할 때보다 덜 깊이 탐색한다. 한마디로 '설명해야 할' 규칙성은 얼마든지 있다. 1000번의 대국을 하는 동안 한 번도 예외가 없는 규칙이 있는가 하면, 통계적인 규칙도 있다.

인식 가능한 이러한 체스 행마 패턴은 (미시인과적 관점에서 관찰할 때) 거의 비슷한 결정론적 순서가 전개되는 과정에서 두드러지는 순간들이다. 한 관점에서는 손에 땀을 쥐게 하는 싸움을 벌이는 두 체스 프로그램으로 보이던 것이, '현미경'으로 들여다보면—컴퓨터의 CPU를 통과하는 명령과 데이터 흐름을 관찰하면—가능한 유일한 방식으로 전개되는 단일한 결정론적 자동화로 보일 수 있다. 유사난수 발생기와 나머지 프로그램 및 데이터의 정확한 상태를 조사하면 행마를 얼마든지 예측할 수 있는 것이다. 미래의 '진짜' 분기점은 전혀 존재하지 않는다. A와 B의 모든 '선택'은 컴퓨터와 메모리의 총체적 상태에 따라 이미 결정되어 있다. 이 세계에서는 실제로 일어나는 것 말고는 아무것도 실제로 '가능'하지 않은 듯하다. 이를테면 시점 t에 불길한 '메이팅 넷mating net'(승리가 보장된 행마로, 알아차리기 힘들 수도 있다)이 A 위에서 어른거리더라도, B가 시간이 모자라 중요한 행마의 탐색을 한 박자 일찍 중단하면 가능성이 사라진다. 이 메이팅넷은 '결코 일어나지 않을 터였다'. (믿기지 않는다면 다른 날에 정확히 같은 토너먼트를 실시하여 증명할 수 있다. 연속된 대국의 똑같은 순간에 B는 다시 시간이 모자라서 정확히 똑같은 시점에 탐색을 중단할 것이다.)

그렇다면 우리는 뭐라고 말해야 할까? 정말로 이 장난감 세계는 예방이나 회피가 없고, 공격과 방어가 없고, 잃어버린 기회가 없고, 순수한 행위자의 찌르기와 막기가 없고, 순수한 가능성이 없는 세계일까? 우리의 체스 프로그램이 곤충이나 물고기처럼 너무 단순해서 도덕적으로 의미 있는 자유의지의 어엿한 후보가 되지 못한다는 것은 인정하지만, 이 세계가 결정론적이라고 해서 제시된 기회를 활용하는 서로 다른 능력이 사라지지는 않는다. 이 세계에서 일어나는 일을 이해하고 싶다면 정보에 입각한 이들의 '선택'이 어떻게 상황 변화를 야기하고 이들이 무엇을 '할 수 있'고 무엇을 '할 수 없'는지에 대해 이야기해야 할지도 모른다(실은 이야기해야만 한다). 1000번의 대국에서 관찰되는 패턴을 설명하는 '인과적 규칙성'을 밝혀내고 싶다면 세계를 두 행위자 A와 B가 체스에서 상대방을 이기려고 애쓰는 곳으로 묘사하는 관점을 진지하게 고려해야 한다.

A가 이길 때마다 종이 울리고 B가 이길 때마다 버저가 울리도록 토너먼트 프로그램을 짰다고 가정해보자. 체스 마라톤이 시작되면, 프로그램에 대해 아무것도 모르는 관찰자는 종이 뻔질나게 울리는 반면에 버저는 좀처럼 울리지 않는다는 사실을 알아차린다. 관찰자는 이 규칙성을 어떻게 설명할 수 있을지 알고 싶어 한다. A가 B를 이기는 규칙성은 지향적 태도를 채택하는가와 무관하게 분간하고 '서술'할 수 있지만 '설명'은 하지 못한다. 유일한 설명—올바른 설명—은 만일 ……일 경우에 A가 무엇을 할 것인가에 대해 B가 내놓는 '믿음'보다 만일 ……일 경우에 B가 무엇을 할 것인가에 대해 A가 내놓는 믿음이 더 낫다는 것이다. 이런 경우에 설명을 찾으려면 지향적 태도를 채택하는 것이 '필요'하다(지향적 태도를 채택하지 않고서는 도저히 설명할 수 없는 인과적 연결의 또 다른 사례는 33장과 42장 참고).

여기까지는 괜찮지만, 이 '결정'과 '선택'은 결정인 셈인 것과 선택인 셈인 것에 불과한 듯하다. 순수한 선택이 가진 무언가—"달리 행동할 수 있었으리라"—가 결여된 것처럼 보인다. 하지만 겉모습에 속을 수도 있으니 구체적 사례를 더 꼼꼼히 들여다보자. 우리의 토너먼트 프로그램에 제3의 체스 프로그램 C를 추가로 출전시키면 도움이 될 것이다. C가 A와 B

보다 실력이 뛰어나서 거의 매번 두 프로그램을 이긴다고 가정하자. 또한 A 대 C, B 대 C의 대국에서 처음 열두 행마가 정확히 똑같고 C가 A와 B 둘 다에게 이기되 첫 열두 행마 이후에 조금씩 다른 행마로 승리를 거둔다고 가정하자. 전문가들은 사후에 머리를 맞대고는 마지막 공통 행마인 12번 수에서 A와 B가 캐슬링을 했다면 C가 졌을 가능성이 있음을 발견한다. 12번 수에서 캐슬링을 하는 것은 A와 B 둘 다 놓친 승리의 열쇠였다.

프로그램 A의 개발자가 어깨를 으쓱하며 말한다. "A는 캐슬링 할 수 있었어." B의 개발자가 덧붙인다. "내 프로그램도 마찬가지야. B도 캐슬링 할 수 있었다고." *하지만 A의 개발자는 옳고 B의 개발자는 틀렸다!* 어떻게 이럴 수 있을까? 토너먼트 프로그램 T는 결정론적이며, 우리가 '정확히' 똑같은 상태로 대국을 다시 실행하면 A와 B 둘 다 캐슬링 하지 않는다. A의 개발자가 착각하고 있는 건 아닐까? 꼭 그런 건 아니다. A가 달리 행동할 수 있었겠느냐고 물어보는 것은 무엇을 찾기 위함일까? '정확히' 똑같은 사례를 살펴보고 또 살펴봐야 아무 정보도 얻을 수 없지만, '비슷한' 사례를 살펴보면 실제로 배울 점이 있다. 다른 대국의 많은 비슷한 상황에서 A가 평가를 좀 더 깊이 진행하여 그런 행마의 이점을 발견하고 수를 둔다는 사실이 밝혀진다면, 이는 A가 캐슬링 할 수 있었다는 설계자의 확신을 뒷받침하게 된다.

최소한의 경우에는 (유사)난수 발생기에서 비트 하나가 반전되어 A가 캐슬링 하게 될 수도 있다. A의 설계자가 프로그램의 실제 실행을 속속들이 파고들어 이 경우에 A가 '생각하기'를 한 박자 일찍 그만두었음을 밝혀낸다고 가정해보자. (아무리 뛰어난 체스 프로그램이라도 임의의 어느 시점에 탐색을 종료해야 한다.) A는 캐슬링을 고려했고 그 결과를 분석하기 시작했지만, 시간이 모자라서 난수 발생기를 호출하여 사실상 동전을 던져

당시까지 확인된 최선의 행마로 결정했는데, 그것은 캐슬링을 하지 않는 것이었다. 하지만 유사난수가 0이 아니라 1이었다면 A는 좀 더 오래 고민하여 캐슬링을 선택했을 것이다. 설계자가 말한다. "난수 발생기에서 비트 하나만 반전시키면 A가 이긴다고!" 우리는 이 경우에 A가 캐슬링 하지 못한 것이 난수 발생기의 불운 때문이라고 말할 것이다.

B의 설계자는 B가 그런 상황에서 캐슬링 했으리라는 주장을 뒷받침하는 이야기가 마련되지 않았다. 이런 상황에서 캐슬링이 적법하다는 사실을 B가 '아'는 것은 사실이며 어쩌면 잠깐이나마 실제로 캐슬링을 '고려'했을 수도 있지만, B가 이 경우에 캐슬링을 선택할 가능성은 거의 없었다. 캐슬링은 멀리 내다보아야 하는 행마로, 신문의 체스란에서 '(!)'라는 표시가 붙는다. 이는 B의 제한된 분석 능력을 뛰어넘는다. 따라서 이 세계는 A는 캐슬링 할 수 있었지만 B는 캐슬링 할 수 없었던, 전적으로 결정론적인 세계—프로그램 T—다. A와 B의 차이는 실질적이고 설명적이며, 능력의 차이다. 겉보기에 역설적으로 표현할 수도 있다.

> A는 시점 t에 캐슬링 할 수 있었지만 우주에서는 시점 t에 캐슬링 사건이 가능하지 않았다.

상황을 이런 식으로 기술하는 것이 어떻게 허용될 수 있을까? 간단하다. A가 (난수 발생기를 비롯한) 직접적 환경에서 이탈하면 A가 캐슬링하는지 여부는 미결정 상태에 놓인다. 그 여부는, 엄밀히 말해서 A 바깥에 있는 것에 달려 있다. 시점 t에 우주의 나머지가 배열된 방식에 따르면 캐슬링은 A에게 가능하지 않았지만, 그것은 'A 탓이 아니'다. 이에 반해 B는 캐슬링 할 수 없었다. 캐슬링은 B의 본성에 들어 있지 않았다. B가 캐슬링하는 것을 상상하려면 현실을 너무 많이 변화시켜야 한다.

이것은 유용한 발견이다. A가 '할 수 있'는 것과 B가 '할 수 있'는 것의 구별 중에는 비결정론을 필요로 하지 '않는' 것이 있다. 결정론적 세계에서도 B가 '할 수 없'고 A가 '할 수 있'는 일이 있음을 관찰할 수 있는데, 이 차이는 왜 A가 B를 이기는가에 대한 '설명'의 일부다. 이 세계에서 결정론이 참이기 때문에 A와 B가 자신이 구체적 상황에서 실제로 하는 것만을 할 수 있다는—또한 '정확히' 같은 상황이 반복된다면 같은 일을 반복할 것이라는—사실은 전혀 흥미롭지 않으며, 완벽하게 객관적이고 똑똑히 보이는 규칙성—A가 B를 이긴다—에 대한 설명과 무관하다.

체스 두는 프로그램은 도덕적 행위자가 아니며 자신의 선택에 도덕적으로 책임을 지지도 않는다. 체스 프로그램의 세계는 도덕을 조금도 모르며, 체스 프로그램이 체스 규칙 중 하나를 어기는 것은 상상할 수도 없는 일이고, 따라서 벌칙을 마련할 필요도 없다. 하지만 방금 보았듯 컴퓨터 체스의 단순한 결정론적 세계에서도 A와 B 사이에 실질적이고 중요한 구별을 할 수 있다. 이따금 A가 멍청한 짓이나 똑똑한 일을 할 때 우리는 이렇게 말할 수 있다. "A는 달리 행동할 수 있었지만 B는 그럴 수 없었어." "세상이 결정론적이어서 A와 B 둘 다 달리 행동할 수 없었으므로." 이것이 틀린 말이라고 생각한다면, 그 생각이 틀린 것이다.

A와 B는 체스 능력에 차이가 있으며, 방금 보았듯 '달리 행동할 수 있었다'라는 말은 그 차이의 어떤 측면을 훌륭히 포착한다. '도덕적' 능력은 어떨까? 나쁜 짓을 하는 사람에 대해 "달리 행동할 수 있었다"라고 말하며 이 논리를 내세워 그 사람을 용서하지 않으면서, 비슷한 상황에서 다른 사람에게는 "달리 행동할 수 없었다"라는 데 동의하는 것은 잘못이 아니다. 이것은 결정론이 참인지 아닌지와 무관하다. 이렇게 말하는 사람들

이 지적하는 것은 비결정론에도 결정론에도 의존하지 않으며 대응의 차이를 토대로 삼을 수 있는 '도덕적 능력의 실제 차이'이다.

이것을 더 분명하게 이해하려면 프로그램 B를 설계한 프로그래머의 입장이 되어보라. 그는 자신이 B에서 약점을 발견한 것인지 알고 싶어 한다. 여기, 캐슬링 하지 않았다고 해서 B가 패배하지는 않는 대국이 있다. 그렇다면 B는 캐슬링 할 수 있었을까? B가 캐슬링 하는 데 필요한 모든 것이 난수 발생기의 비트 하나가 반전되는 것이라면 설계상의 개선은 전혀 필요하지 않을 것이다. 비슷한 상황들에서 B는 대체로 캐슬링 할 것이며 이것은 더 바랄 나위 없이 바람직할 것이다. 프로그램은 이따금 탐색을 종료하고 대국을 속개하기 위해 (동전 던지기 같은) 난수 발생기를 늘 이용해야 하며, 따라서 비트 반전 때문에 발견 직전에 탐색이 중단되는 경우가 생기기 마련이다. 프로그램 B(또는 프로그램 A)에 양자 난수 발생기(이를테면 아원자 입자의 미결정 궤적을 바탕으로 비트를 뱉어 내는 가이거 계수기)를 주었을 때 상황이 개선되지 않는지 눈여겨보라. 그런 다음에 1이 있었을 자리에 놓인 0 하나 때문에 B가 캐슬링 하지 않는 경우에 B에 대해 뭐라 말할 것인지 생각해보라. 양자 난수 발생기가 0을 출력하면 B는 캐슬링 하고, 1을 출력하면 캐슬링 하지 않는다. 1이 튀어나오자 관찰자가 말한다. "B는 캐슬링 할 수도 있었어." 그건 그렇지만, 그렇다고 해서 B가 조금이라도 자유로워지는 것은 아니다. 이런 종류의 기회가 주어지는 일련의 대국에서 B는 (B의 난수 발생기가 '진짜'든 '유사'든) 절반은 캐슬링을 하고 절반은 캐슬링을 안 한다. 철학자 데이비드 위긴스[16]는 결정론의 '우주적 불공정함cosmic unfairness'을 운운한 적이 있지만, 컴퓨터 체스 토너먼트에 대한 우리의 직관펌프가 보여주는 것은 그와 맞먹는 비결정론의 '우주적 불공정함'이다. B는 난수 발생기의 '처분에 달려 있'거나 유사난수 발생기의 처분에 달려 있거나 둘 중 하나다. (물론 A도 마찬가지이고 우리 모두 마찬가지다.) 순수하게 무작위적인 난수 발생기를 선호할 이유는 전혀 없다. 물론, 여러분의 유사난수 발생기를 꿰뚫어 보고 그에 따라 전략을 짜는 전지전능한 신과 체스를 둘 생각이 아니라면 말이다!

그러니 비결정론이 참이기를 바랄 이유는 아직 나타나지 않았다. 어쩌면 비결정론이 아무 역할을 하지 않아도 우리는 바랄 만한 가치가 있는 모든 자유의지를 가질 수 있을지도 모른다. 여기 또 다른 이유의 후보가 있다.

> 나는 과거를 바꿀 수 없지만, 비결정론이 참이라면 미래는 바꿀 수 있다!

천만의 말씀. 미래를 무엇에서 무엇으로 바꾼다는 말이지? 그러하기로 되어 있'던' 미래에서 그러하기로 되어 있'는' 미래로 바꾼다는 말인가? '과거를 바꿀' 수 없듯 '미래도 바꿀' 수 없다. 안 그러면 개념의 앞뒤가 안 맞는다. 따라서 이렇게 말해야 한다.

> 결정론이 참이라면 나는 미래를 바꿀 수 없고, 결정론이 거짓이어도 나는 미래를 바꿀 수 없다. 따라서 나는 미래를 바꿀 수 없다.

왜 우리는 미래를 바꾸고 싶어 하는 것처럼 보이는 걸까? 그것은 재난을 예견하여 미연에 방지하고 싶기 때문이다. 이것은 비결정론과 무관하게 '가능하다'. 누군가 여러분에게 벽돌을 던졌는데 여러분이 그걸 보고 허리를 숙이면 벽돌에 맞는 것을 피할 수 있다. 잘했다. 충돌은 일어날 예정이었을까? 어떤 의미에서는 그렇다. 벽돌은 내 머리를 정통으로 겨냥하는 궤적을 그리고 있었으니까. 하지만 여러분은 벽돌을 보았으므로—벽돌에서 반사되어 여러분의 눈에 들어온 빛을 통해 벽돌을 보는 것이 야기되었고 여러분의 뇌가 위험을 계산하여 조치를 취하는 것이 야기되었으므로—피했다. 물론 '피하는 것을 피하'고 싶었다면—어떤 이유에선지 벽돌이 머리를 강타하도록 내버려두는 것이 낫겠다고 생각했다면—그렇게 할 수도 있었다. 어떤 관찰자는 여러분이 벽돌에 맞을지 안 맞을지를 마지막 순간까지 맞히지 못할 수도 있다. 여러분이 허리를 숙인다는 쪽에 돈을 건다면 잃을 것이다. 이것은 앞에서 설명한, 예측 불가능하기를 바라야 하는 이유다. 여기에는 비결정론이 필요하지 않다.

우리는 이 직관펌프를 가지고 무엇을 이루었을까? 우리는 널리 퍼졌지만 근거는 없는 통념과 반대로, "달리 행동할 수 있었다"라는 친숙한 문구의 중요한 버전이 비결정론에 의존하지 '않음'을 알게 되었다. '달리 행동할 수 있었다'의 의미 중에서 결정론과 양립하지 않으면서도 도덕적으로 중요한—말하자면 단순히 형이상학적 호기심을 충족시키는 게 아니라—의미가 존재하더라도, 그런 의미는 아직 확립되지 않았다. 입증 책임은 그렇게 생각하는 사람들에게 있다. 이로써 또 하나의 '명백한' 논점이 그다지 명백하지 않은 것으로 드러났다.

71

궁극적 책임

지금까지 우리는 가위바위보, 체스 행마, 벽돌 피하기 등 도덕적 책임이 결부되지 않은 사소한 선택을 살펴보았다. 어쩌면, 비결정론이 정말로 바람직한 경우는 단순히 체스 두는 컴퓨터와 뺀정뛰기 하는 가젤 같은 지향계가 아니라 '도덕적' 행위자가 되려는 시도를 구체적으로 들여다볼 때다. 많은 사상가들이 그렇게 생각했다. 그들은 체스나 뺀정뛰기에 대해 생각하는 것이 시간 낭비라고 여겼다. 일부 사상가가 결정적 논변이라고 여기는 것의 명쾌한 버전을 소개하겠다. 이 형식은 철학자 게일런 스트로슨[17]이 제시했다.

1. 임의의 주어진 상황에서 자신이 하는 일을 하는 이유는 자신이 자신이기 때문이다.
2. 따라서 자신이 하는 일에 대해 궁극적 책임을 지려면 자신이 자신인 것에 대해—적어도 중요한 정신적 측면에서—궁극적 책임을 져야 한다.
3. 하지만 자신이 자신인 것에 대해서는 어떤 측면에서도 궁극적 책임을 질 수 없다.

4. 따라서 자신이 하는 일에 대해 궁극적 책임을 질 수는 없다.

첫 번째 전제는 부정할 수 없다. '자신이 자신인 것'은 당시 자신의 총체적 상태를—어떻게 그 상태에 이르게 되었든—포함한다. 그 상태가 무엇이든 자신의 행동은 그로부터 기적적이지 않게 흘러나온다. 두 번째 전제는 자신이 그 상태가 된 것에 '궁극적' 책임이 없다면—적어도 어떤 면에서—자신이 하는 일에 대해 '궁극적' 책임을 질 수 없다는 것이다. 하지만 3번에 따르면 이것은 불가능하다.

따라서 결론인 4번이 논리적으로 도출되는 것처럼 보인다. 여러 사상가들은 이 논변이 결정적이고 중요하다고 생각했다. 하지만 정말 그럴까? 3번을 더 자세히 들여다보자. 자신이 자신인 것에 (적어도) '일부' 측면에서 궁극적 책임을 질 수 없는 이유는 무엇일까? 우리는 일상생활에서 정확히 이를 구별하며 이는 도덕적으로 유의미하다. 여러분이 로봇을 설계 및 제작하여 돌보거나 감시하는 사람 없이—그러면 로봇이 어떤 행동을 할지 충분히 알면서—세상에 내보냈는데 이 로봇이 어떤 사람에게 중상을 입혔다고 가정해보자. 여러분은 이에 대해, 적어도 일부 측면에서 책임이 있을까? 대다수 사람들은 그렇다고 답할 것이다. 여러분이 로봇을 만들었다. 여러분은 위험을 예견할 수 있었다(일부 위험은 '실제로' 예견했다). 그러니 여러분은 발생한 피해에 대해 적어도 부분적으로는 책임이 있다. 여러분의 로봇이 저지른 피해에 대해 여러분이 '아무' 책임이 없다고 우긴다면 그에 동조할 사람은 거의 없을 것이다.

이제 살짝 다른 경우를 생각해보자. 여러분은 어떤 사람—훗날의 여러분 자신—을 설계 및 제작하여 여러분이 맞닥뜨릴 위험을 충분히 알면서 위험한 세상에 내보낸다. 여러분은 술집에서 취하도록 마신 뒤에 차를 운전한다. 여러분은 스쿨버스와 충돌했을 때 '자신이 자신인 것'에 대해 적어도 부분적으로 책임이 있는가? 상식에 따르면 당연히 책임이 있다. (바텐더나 동석자가 책임을 나누어 질 수도 있겠지만.) 하지만 스트로슨의 결정적 논변이 옳다면 어떻게 이럴 수 있을까? 우리가 자신이 자신인 것에 대해 '절대적' 책임을 질 수 없다는 스트로슨의 말을 기억해보라. 그건 좋다. 그래서 어쩌라고? '절대적' 책임을 지는 것이 중요하다고 생각하는 사람이 어디 있는가? 사실 이것은 *심지어 비결정론이 참이더라도* 도저히 불가능한 상태다! (비결정론을 바랄 이유를 이 논변에서 찾을 수 있다는 생각은 이쯤에서 버리는 게 좋겠다.) 스트로슨[18]이 말한다.

> 자신이 하는 일에 절대적 책임을 지려면 '카우사 수이causa sui', 즉 자기 원인이 되어야 할 텐데, 이것은 불가능하다(우리가 전적으로 물질적인 존재가 아니라 불멸의 영혼이 있는 존재이더라도 가능성이 커지지 않는 것은 분명하다).

'절대적' 책임은 결코 혹해서는 안 되는 미끼다. 그런데 스트로슨[19]은 다르게 생각하며, 내가 절대적 책임을 무시한다고 비판하기도 한다.

> 그(데닛)는 대다수 사람들이 믿고 싶어 하고 실제로 믿는 종류의 절대적 자유의지와 도덕적 책임을 확실하게 인정하지 않는다. 그럴 수 없다는 것은 그도 안다.

스트로슨 말이 백번 옳다. 나는 대다수 사람들이 믿고 싶어 하는 종류의 자유의지를 확실하게 인정하지 않으며 나도 그 사실을 안다. 하지만 나는 그런 자유의지를 믿고 싶어 하는 것이 '잘못'이며, 정말 믿는다면 그 믿음이 잘못이라고 생각한다. '왜' 우리가 삶에서 궁극적 책임—또는 결정론 대 비결정론 문제—에 관심을 쏟아야 하는지 입증할 책임은 스트로슨 무리에게 있다. 그들은 결정론과 양립하지 않는 변종 자유의지를 정의할 수 있고 많은 사람이 그 자유의지를 중요시함을 입증할 수 있지만 이 사람들이 스스로를 기만하지 않는다는 사실 또한 입증해야 한다. 왜 관심을 가져야 하는가? (내가 수사 의문문을 던지고 있는 데 유의하라. 나는 도전장을 내밀었다. 스트로슨이나 누군가가 총대를 메고 대답을 시도해주었으면 좋겠지만 아직까지는 아무도 나서지 않고 있다.)

스트로슨의 논변에 대한 논의를 마무리하기 전에 이것이 앞선 논변과 기묘하리만치 닮았다는 사실을 눈치챘는지 묻고 싶다. 앞의 논변을 스트로슨의 논변과 좀 더 비슷하도록 개정하여 유사성을 부각시켜보겠다.

1. 포유류가 주어진 어떤 맥락에서도 포유류인 것은 포유류이기 때문이다.
2. 포유류이려면, 어미가 포유류여서 지금의 자신이 되어야 한다.
3. 하지만 이것은 어미에게도, 그 어미에게도, 결국 '아드 인피니툼ad infinitum', 즉 무한히 참이어야 하는데 이는 불가능하다.
4. 따라서 포유류는 절대적으로 불가능하기 때문에 나는 포유류일 수 없다.

이런 '조상' 논변을 접하면 항상 조심해야 한다. 이것은 '소리테스sorites', 즉 더미 논변으로 알려진 고대의 오류가 변장한 것이 거의 틀림없다.

1. 낱알 하나는 더미가 아니다.
2. 낱알 하나에 낱알 하나를 더한다고 해서 더미가 되지는 않는다.
3. 더미가 아닌 것에 낱알 하나를 더한다고 해서 더미를 만들 수는 없다.

4. 따라서 더미는 존재하지 않는다.

철학자들은 더미 역설과 용어의 애매한 경계(소리테스 역설의 근거) 문제를 수천 년 동안 논의했는데, 이 오류를 어떻게 간파하고 회피할 것인가에 대한 해법은 아직도 찾지 못했다. (훌륭한 최신 연구를 보려면 『스탠퍼드 철학 사전Stanford Encyclopedia of Philosophy』 온라인판 참고.) 심지어 더미 역설이 타당하다고 단언하는 대담한 철학자들도 있다. 이들은 대머리가 존재하지 않고 대머리 아닌 사람도 존재하지 않는다는 '사실'을 받아들이려고 용쓴다. 만만한 일은 아니다! 하지만 43장에서 보듯 다윈은 더미 논변을 등지는 법을 알려주었다. 우리는 계보 순으로 나열된 범주들 사이에서 '원칙에 입각한' 구분선을 찾을 필요가 없다.

내가 알기로 지금까지는 스트로슨의 논변(및 이와 비슷한 자유의지 논변)이 더미 역설과 비슷하다는 사실을 지적한 사람이 없지만, 이것은 엄연한 사실이다. 파충류와 (이후에는) 수궁류의 계보가 억겁의 시간에 걸쳐 점차 포유류의 계보가 되듯 사람들이 아기에서 어른으로 자라면서 점차 도덕적 책임이 커지는 것은 명백한 사실이다. '절대적 포유류'여야만 포유류일 수 있는 것은 아니며, '절대적 책임'이 있어야만 책임이 있는 것은 아니다. '절대적' 자유의지가 있어야만 '바랄 만한 가치가 있는' 자유의지를 가질 수 있는 것도 아니다. 절대적 자유는 신비로운 현상일 것이므로, 사람들이 그런 것을 갈망하는 이유를 입증하려면 강력한 논변을 제시해야 한다. 사람들은 신이 되고 싶어 하는 걸까? 안됐지만 그럴 가망은 없다. 하지만 차선도 얼마든지 훌륭하다.

72

구멍벌스러움

더그 호프스태터[20]는 빳빳하고 기계적인데도 곧잘 대단한 재치로 오인받는 친숙한 어리석음을 일컫는 '구멍벌스러움sphexishness'이라는 단어를 고안했다. 구멍벌스러움의 어원이자 대표적 예는 신기한 행동을 보이는 말벌의 일종이다. 더그와 나는 딘 울드리지[21]의 대중 과학서『뇌 기계』에서 구멍벌의 행태를 묘사한 글을 읽고 무릎을 친 적이 있다.

> 구멍벌은 알 낳을 때가 되면 둥지 용도로 구멍을 판 뒤에 귀뚜라미를 찾아 침을 꽂는다. 귀뚜라미는 몸이 마비되지만 죽지는 않는다. 구멍벌은 귀뚜라미를 구멍에 끌고 와 곁에 알을 낳고 구멍을 밀폐하고는 영영 날아가버린다. 시간이 흘러 알이 부화되면 구멍벌 애벌레가 마비된 귀뚜라미를 먹는다. 귀뚜라미는 구멍벌 냉장고에 들어 있어서 썩지 않고 저장되었다. 이렇듯 정교하게 조직화되고 겉보기에 목적이 있는 듯한 행동을 보면 구멍벌에게도 논리가 있고 생각이 있을 것만 같지만, 자세히 들여다보면 뭔가 이상하다. 구멍벌의 행동은 '마비된 귀뚜라미를 구멍에 가져다놓는다, 입구에 내려놓는다, 구멍에 들어가 상황을 점검한다, 구멍에서 나온다,

귀뚜라미를 구멍에 끌고 들어간다'의 순으로 이루어진다. 그런데 구멍벌이 구멍 안에서 사전 조사를 하는 동안 귀뚜라미를 몇 센티미터 옆으로 옮기면, 구멍에서 나온 구멍벌은 귀뚜라미를 구멍에 끌고 들어가는 것이 아니라 입구에 옮긴 뒤에 다시 구멍에 들어가 사전 조사를 한다. 구멍벌이 안에 있는 동안 다시 귀뚜라미를 옮기면 또 귀뚜라미를 입구에 옮기고 구멍에 들어가 사전 조사를 한다. 귀뚜라미를 곧장 구멍에 끌고 들어가겠다는 생각은 결코 하지 못한다. 한번은 이 실험을 40번 반복했는데 매번 결과가 똑같았다.[22]

이것은 삼류 컴퓨터 프로그램의 피상적 유사이해를 폭로할 때 드러나는, 불완전하고 이해 없는 능력의 완벽한 예로 보인다. 하지만 최근에 우리는 울드리지가 이 현상을 지나치게 단순화했음을—대중 과학 저술가가 으레 그렇듯—알게 되었다. 심리학자 라스 치트카는 울드리지 연구의 바탕이 된 장앙리 파브르의 연구[23]를 내게 소개해주었는데, 울드리지가 파브르의 글을 끝까지 읽었다면 구멍벌 중에서 일부만이 구멍벌스럽다는 사실을 깨달았을 것이다. 사실 파브르는 그 점을 밝히고 싶어 했다. 처음 관찰에서 구멍벌이 똑똑하다고 생각했다가 두 번째 관찰에서 구멍벌이 멍청하다고 생각했다면 세 번째로 관찰해보라. 일부 구멍벌이 그다지 구멍벌스럽지 않음을 알게 될 것이다. 치트카가 보내준 파브르의 독일어 번역(프랑스어 원문은 아직 찾지 못했다)에는 이런 문장이 들어 있었다. "Nach zwei oder drei Malen, …… packt ihre Fuehler mit den Kieferzangen und schleift sie in die Hoehle. Wer war nun der Dummkopf?"(두세 번이 지나자 …… 구멍벌은 [먹이의] 더듬이를 턱으로 움켜쥐고 구멍에 끌고 들어갔다. 그렇다면 누가 멍청한가?) (정오표에는 로저 드플레지가 알려준 프랑스어 문장이 실려 있다. "Après deux ou trois épreuves … le saisit avec les mandibules par les antennes et léntraîne immédiatement dans le terrier. Qui fut sot?"_옮긴이)

따라서 '구멍벌스럽다sphexish'라는 형용사는 조금 잘못된 이름이지만, 구멍벌은 이미 오명을 썼으니 모욕을 달게 받는 수밖에 없으리라. 비전문가의 주목을 받는 것은 어떤 면에서 다행한 일이다. 적합도가 유의미하게 상승할 수도 있기 때문이다. (여러분 같으면 구멍벌의 서식처를 보호하는 데 찬성하겠는가, 평범한 딱정벌레의 서식처를 보호하는 데 찬성하겠는가?) 코끼리, 호랑이, 늑대 같은 '카리스마'가 없는 구멍벌이 그나마 알려진 것은 자신의 문제적 구멍벌스러움 덕분이다.

구멍벌스러움이 중요한 속성인 이유는 곤충이나 벌레나 물고기 같은 단순한 동물 중에서 이런 속성을 나타내는 것이 많기 때문이라기보다는—물론, 정도 차이는 있지만 이런 동물에게서도 그런 속성이 나타난다—복잡하고 범용적이고 이해 있는 마음의 바탕이 되는 제한적이고 자동적이고 근시안적인 능력에 이름을 붙일 수 있게 되었기 때문이다. 어떤 마음 모형이든 그 구성 요소는 구멍벌스러운 게 나을 것이다! 아니면, 앞서 언급했듯 구성 요소는 마음인 셈이어야 한다. 마음의 희미한 그림자여야 한다. 구멍벌스러움은 도덕적 능력이 있는 마음과 도덕적 능력이 없는 마음을 구별하는 데에도 요긴하다. 인간의 구멍벌스러운 측면만 놓고 보자면, 뇌종양이나 뇌 손상이나 신경조절물질의 심각한 불균형이나 정신병이나 순전한 무지나 미성숙 때문에 그 사람이 (적절한 의미에서) 달리 행동할 수 없었으리라고 말할 수 있다.

구멍벌의 구멍벌스러움을 밝히려고 구멍벌과 상호작용을 주고받는 끈질긴 생물학자는 바로 우리가 두려워하는 (것이 마땅한) 조작적 행위자의 본보기다. 자유의지에 대한 철학자들의 사고실험 중 상당수는 바로 그런 인형술사나, 자신의 명령을 따르도록 환자의 뇌 배선을 조작하는 악독한 신경외과 의사의 이미지를 불러일으킨다. 이 오싹한 이야기에서 의도하는 교훈은, (실제 인형술사가 없더라도) 우리의 행동이 환경의 여러 특징으로부터 (지각계와 뇌를 통해 처리되어) 야기된다는 점에서 인형술사가 있는 것이나 마찬가지라는 것이다. (샘 해리스의 얇은 책 『자유의지는 없다』의 영어판 표지에는 꼭두각시 인형 장치가 그려져 있다.) 하지만 이렇게 유도한 결론은 틀림없는 '논 세퀴투르non sequitur', 즉 불합리한 추론이다. 환경에 의한 '통제'가, 멀쩡히 작동하는 지각계와 착각하지 않는 뇌를 통해 시행되는 것은 두려워할 일이 아니다. 사실, 주위의 사물과 사건이 진짜 믿음을 만들어내도록 우리를 야기하고 우리가 이를 활용하여 우리에게 유리하도록 자신의 행동을 조절할 수 있는 것보다 바람직한 일은 없다. 갯벌의 공기구멍에서 튕겨져 나와 내 눈에 들어오는 광자는 내가 갈퀴와 바구니를 들고 흙을 긁도록 야기하기에 적절하다. 이것이 환경에 의한 통제의 예라면, 쌍수 들어 환영한다. 또한 여느 사람과 마찬가지로 나는 친구들이 내게 진수성찬을 대접할 때, 내가 식탐을 억누르지 못하리라는 것을 잘 안다고 해서 위협을 느끼거나 조종된다고 느끼지 않는다.

자유의지 문헌에 등장하는 인형술사와 신경외과 의사 예에서 눈에 띄는 또 다른 특징은 개입이 언제나—언제나—은밀하다는 것이다. 왜 그래야 할까? 우리가 어떤 은밀한 행위자에 의해 '자기도 모르게' 어떤 행동이나 선택을 하도록 야기되어야만, 우리의 의지가 자유롭지 않다는 취지의 직관이 밀려들 수 있기 때문이다. 이유를 알려면 멀리 거슬러 올라갈 필요도 없이 게임 이론의 바탕이 된 통찰을 살펴보면 된다. 행위자가 다른 행위자의 조작 시도에 대해 안다면 그에 따라 대응 조치를 모색하며, 이 발견에 더 잘 대처할 수 있도록 (적어도) 행동을 조정한다. 두 행위자의 경쟁적 상호작용에서는 여러 수준의 피드백이 일어나며, 이에 따라 잠재적 조작자의 '통제'가 감소한다. 또한 개입이 은밀할 뿐 아니라 '꼭두각시'가 요청한 것이라면, 아예 상황이 역전된다.

이를 입증하려면 직관펌프의 손잡이를 돌려 표준적 사례를 살짝만 변경하면 된다. 철학자 해리 프랭크퍼트[24]가 직관펌프를 하나 고안했다. 어떤 신경외과 의사가 신경 자극 장치를 환자의 뇌에 몰래 심었다. 신경외과 의사는 자기가 바라는 대로 환자가 결정을 내리도록 장치를 제어한다. 내가 (이 환자와 같은 상황에서) 딜레마를 맞닥뜨리고 B 방안이 아니라 A 방안을 선택하고, 만일 이것이 신경외과 의사가 여러분이 선택하기를 바라는 것과 같은 방안이라면 그는 아무 일도 하지 않는다. 하지만 내가 B 방안을 선택하려 한다는 것이 장치에 표시되면 그는 버튼을 눌러 내가 B 방안을 선택하지 못하도록 한다. 나는 A를 선택한다. 나는 이상한 낌새를 전혀 채지 못한다. 나는 두 경우에 자유롭게 선택한 것일까? 그 뒤로 철학자들은 '프랭크퍼트 사례'에 대해 여러 변형을 제시해가면서 수많은 논의를 쏟아냈다. 하지만 크나큰 차이를 가져오는 손잡이를 돌려본 사람은 내가 알기로 아무도 없다. 내가 돌린 손잡이는 아래와 같다.

나는 고칼로리 디저트를 향한 강렬한 식탐을 가라앉히고 싶어서 착한 의사를 만나 이 장치를 삽입하기로 계약했다. 의사가 내 식단을 일일이 모니터링 하면서 내가 핫퍼지 선데(버터·우유·설탕·초콜릿 따위로 만든 뜨거운 시럽을 얹은 아이스크림_옮긴이)와 치즈케이크를 주문하지 못하도록 안전망이 되어주는 대가로 나는 의사에게 상당한 금액을 지불하기로 했다. 의사와 나 모두 의사가 버튼을 누를 일이 없기를 바랐다. 얼마 지나지 않아 나는 의사나 그의 간호사가 전자적으로 내 곁에 있다는 사실을 잊어버렸다. 나는 치료되었고 이 장치에는 선택 A("아니요, 블랙커피 한 잔만 주세요")의 연쇄가 끊임없이 표시된다. 이것이 '내'가 스스로의 책임하에서 자유롭게 선택하는 예가 아니라면 그 이유는 무엇인가? 나의 의지박약을 보완하려고 도움을 받는 것은 현명한 일 아닌가?

73

브라질에서 온 소년들: 또 다른 붐받이

2004년 심리학자 조슈아 그린과 조너선 코언이 「법률과 관련하여, 신경과학은 모든 것을 바꾸고 아무것도 바꾸지 않는다」[25]를 공저했다. 논문은 저명 학술지 《왕립학회 철학회보Philosophical Transactions of the Royal Society》에 실렸다. 이 영향력 있는 논문은 과학적 발견으로 촉발된 법률 분야의 혁명을 상기시킨다.

> 법률에서는 결정론과 완벽하게 양립하는, 형이상학적으로 온건한 자유의지 개념을 넘어서는 그 무엇도 전제하지 않는다고 '말한다'. 하지만 우리는 법률의 직관적 토대가 궁극적으로는 형이상학적으로 지나치게 야심차고 자유지상주의적[비결정론적]인 자유의지 개념에 궁극적으로 뿌리 박고 있다고 주장한다. 이 개념은 결정론에 의해—꼬집어 말하자면 임박한 인지신경과학에 의해—위협받고 있다.[26]

이들의 주장은 교묘하다. 그럴 수밖에 없다. 양립 가능론compatibilism(이 책에서 내가 옹호하는 견해)을 뒷받침하는 논변이 숱하게 나와 있음을 인정하면서도 실은 자유의지에 대해 "우리 모두가 두 마음을 가졌"음을 밝히고 싶어 하니 말이다. 이들은 '매일매일의' 상식적 사고가 비결정론에 의존하고 있음을 폭로하려고 설계된 사고실험을 제시했다. 이것이야말로 나의 요구 사항—우리가 비결정론에 관심을 가져야 하는지의 '여부'와 '이유'를 보여달라—이었다. 이들의 사고실험은 영화 〈브라질에서 온 소년들The Boys from Brazil〉에서 영감을 얻었다. 이 영화는 히틀러의 복제 인간을 기른 나치 과학자들 이야기다. 사고실험의 배경은 아래와 같다.

> 일군의 과학자가 어떤 개인—이름은 꼭두각 씨라고 하자—을 창조했는데 그가 고의로 어떤 범죄(무산된 마약 거래에서 저지른 살인)에 연루된다고 가정하자.[27]

사고실험의 개요는 이렇다.

> 그렇다. 그는 여느 범죄자처럼 합리적이다. 그렇다. 그의 행동을 낳은 것은 그의 욕구와 믿음이었다. 하지만 그 믿음과 욕구를 심은 것은 외부적 힘이다. 그가 도덕적 비난보다는 연민의 대상이 되어야 하는—직관적으로—것은 이 때문이다. …… 우리와 꼭두각 씨의 진짜 차이는 무엇일까? 한 가지 분명한 차이는 꼭두각 씨가 사악한 음모의 피해자인 반면에 추정컨대 대다수 사람은 그렇지 않다는 것이다. 하지만 이것은 무엇을 의미할까? 꼭두각 씨가 온전한 책임을 지지 않는다는 생각은 그의 행동이 외부적으로 결정되었다는 생각에 바탕을 둔다. …… 하지만 이 힘이 사악한 과학자의 욕구 및 의도와 연결되었다는 사실은 논의 대상이 아니다. 중요한 사실은 이 힘이 꼭두각 씨의 통제권 밖에 있다는 것, 실제로는 꼭두각 씨 자신의 힘이 아니라는 것이다.[28]

여러분은 어떻게 생각하나? 이것은 목적을 달성하는 좋은 직관펌프인가, 아닌가? 재미있게도 저자들은 이 질문이 고민할 가치가 있는 질문이라고 생각한다. "대니얼 데닛은 꼭두각 씨 이야기가 사람들을 오도하는 '직관펌프'에 불과하다며 반박할지도 모른다." 사실이다. 나는 이 직관펌프가 붐받이라고 생각한다. 하지만 이들은 이 직감을 무시한 채 계속 밀고 나간다. "꼭두각 씨와 그의 삶에 대해 알면 알수록 그가 자신의 행동에 진정한 책임이 있다고 보는 경향이 줄어들며 그를 처벌하는 것이 그 자체로 가치 있는 목표라고 생각하는 경향 또한 줄어드는 듯하다."

그러니 이 직관펌프를 찬찬히 뜯어보면서 손잡이를 돌려 무엇이 작동 비결인지 알아보자. 내가 제안하는 손잡이는 네 개다.

첫 번째 손잡이: 사악한 음모를 빼보자(저자들 자신도 이것이 중요하지 않다고 주장한다). 저자들이 '악독한 신경외과 의사'를 도입하면서 이것이 명백히 무해하다고 가정할 정도로 무신경하다는 것이 놀라울 따름이다. 이런 방법에 대해 오랫동안 의심이 표출되었으니 말이다. 하지만 '일군의 과학자'를 '무심한 환경'으로 바꾸면 저자들의 확신을 검증할 수 있다.

> 전 *일군의 과학자*가 어떤 개인—이름은 꼭두각 씨라고 하자—을 창조했는데 그가 고의로 어떤 범죄(무산된 마약 거래에서 저지른 살인)에 연루된다고 가정하자.
>
> 후 *무심한 자연*이 어떤 개인—이름은 꼭두각 씨라고 하자—을 창조했는데 그가 고의로 어떤 범죄(무산된 마약 거래에서 저지른 살인)에 연루된다고 가정하자.

두 번째 손잡이: 음모가가 사라진 뒤에는 '고의로'를 '매우 높은 확률로'로 바꿔야 한다.

전 무심한 자연이 어떤 개인—이름은 꼭두각 씨라고 하자—을 창조했는데 그가 *고의로* 어떤 범죄(무산된 마약 거래에서 저지른 살인)에 연루된다고 가정하자.
後 무심한 자연이 어떤 개인—이름은 꼭두각 씨라고 하자—을 창조했는데 그가 *매우 높은 확률로* 어떤 범죄(무산된 마약 거래에서 저지른 살인)에 연루된다고 가정하자.

세 번째 손잡이: 나는 범죄의 동기를 바꾸고 싶다. 여전히 살인이기는 하지만 조건을 조금 바꿔보겠다. (이건 문제가 안 되겠지?)

전 무심한 자연이 어떤 개인—이름은 꼭두각 씨라고 하자—을 창조했는데 그가 매우 높은 확률로 어떤 범죄(*무산된 마약 거래에서* 저지른 살인)에 연루된다고 가정하자.
後 무심한 자연이 어떤 개인—이름은 꼭두각 씨라고 하자—을 창조했는데 그가 매우 높은 확률로 어떤 범죄(*횡령을 감추려고* 저지른 살인)에 연루된다고 가정하자.

네 번째 손잡이: 범인의 이름을 바꿔보자. 이름은 이름일 뿐이니까.

전 무심한 자연이 어떤 개인—이름은 *꼭두각 씨*라고 하자—을 창조했는데 그가 매우 높은 확률로 어떤 범죄(횡령을 감추려고 저지른 살인)에 연루된다고 가정하자.

후 무심한 자연이 어떤 개인—이름은 *자율 군*이라고 하자—을 창조했는데 그가 매우 높은 확률로 어떤 범죄(횡령을 감추려고 저지른 살인)에 연루된다고 가정하자.

이제 어떤 직관이 펌프질되나? 아까와 같은 직관인가? 비난보다 연민 쪽에 더 쏠리나? 세부 사항에 좀 더 살을 붙이면 이해하는 데 도움이 될지도 모르겠다. 아래는 그린과 코언의 직관펌프를 내가 화기애애한 분위기로 수정한 것이다.

자율 군은 하버드에서 경제학을 전공했으며, 졸업 뒤에 리먼브러더스에 취직했다. 주위 사람들은 모두 속임수를 쓰면서 그 과정에서 거액을 벌어들이고 있었다. 자율 군은 미모의 꽃뱀에게 푹 빠졌는데, 그녀는 자율 군이 얼른 부자가 되지 않으면 절교하겠다고 협박했다. 자율 군은 기회를 포착했다. 절대 들키지 않을 횡령, 완전 범죄임이 거의 틀림없었다. 자율 군은 어떤 결과가 벌어질지 알면서 위험을 감수했다. 그러나 이를 어찌하랴. 원숭이도 나무에서 떨어진다더니, 목격자가 있었다. 하지만 아파트 베란다 난간에 너무 가까이 붙어 있던 것이 불찰이었다. …… 자율 군이 밀어서 발을 헛디딘 목격자는—이런!—저 아래 인도로 떨어져 죽었다. 의혹이 제기되고 얼마 지나지 않아 자율 군이 체포되었다.

아직도 "그의 행동이 외부적으로 결정되었"다는 이유로 그에게 '진정한 책임이 있지 않'다는 생각이 드는가? 여러분이 아직도 자율 군을 (화려한) 환경의 '피해자'로 여기고 싶을지 몰라도 그 유혹이 상당히 줄었다는 데 동의하리라 생각한다. 그나마 남은 유혹은 앞에서 들은 이야기의 여파인지도 모른다. (어쩌면 나는, 경제 위기를 불러온 탐욕스러운 월 스트리트 패거리를 처벌하고 싶은 여러분의 간절한 욕구를 불러일으켜 반대 방향의 감정을 유도했는지도 모른다.) 나는, 행동이 결정되었음에도 사람들이 책임을 지거나 질 수 있음을 나의 변형 버전이 입증한다고 주장하지 않는다. 단지 이 직관펌프가 전혀 신뢰성이 없다고 주장할 뿐이다. (가능하고 허용되는) 손잡이를 어떻게 돌리느냐에 따라 판단이 큰 영향을 받기 때문이다. 고의적 연막작전은 아닐지 몰라도 명확한 사고를 방해하는 것은 분명하다.

요약

사람들은 자유의지를 매우 중요하게 여기지만, 자유의지가 무엇이며 무엇일 수 있는지에 대해 오해하는 듯하다(색이나 의식에 대한 오해처럼). 우리의 결정은 신체 과정을 설명하는 물리학과 화학 법칙을 위배하는 뇌 속의 작은 신비가 아니다. 결정이 진정으로 자유로우려면 그래야 한다고 생각하는 사람이 많지만 말이다. 하지만 이로부터 자유의지가 없다고 결론 내려서는 안 된다. 이 헛소리 개념이 자유의지의 유일한 개념은 아니기 때문이다. 법률에서는—상식에 부합하여—'자의로' 계약을 체결하는 것을 협박하에 또는 환각이나 기타 정신 착란의 영향하에 계약을 체결하는 것과 구분한다. 이것이야말로 완벽하게 친숙한 의미의 자유의지다. 우리의 현시적 상을 구성하는 실천과 태도의 상당수가 이 구분을 전제한다. 현시적 상이 헛소리 같은 자유의지의 의미에 의존한다는 증거는 하나도 발견되지 않았다.

수백 년 동안 어떤 철학자들은 이 친숙한 의미의 자유의지가 중요하다고, 우리가 관심을 가져야 한다고, 자유의지는 결정론, 유물론, 물리학, 화학과 양립할 수 있다고 주장했다. 7부의 직관펌프와 생각도구는 이 '양립 가능론'에 대한 이해를 뒷받침하고 발전시키도록 설계되었다. 양립 가능론은 세월이 흐르는 동안 여러 유형으로 제시되었으며 철학자뿐 아니라 판사와 변호사, 그리고 누가 무엇에 책임이 있는가와 누가 행동할 때 자유의지가 없었다는 이유로 용서받는가를 구분해야 하는 사람들이 양립 가능론에 합의하는 듯하다. 현재 일부 과학자들이 이 합의에 이의를 제기하고 있으며, 그들에게는 물론 그럴 권리가 있을 것이다. 우리가 할 일은 그들의 논변을 날카롭게 들여다보는 것이다.

과학은 우리에게 급진적인, 심지어 혁명적인 무언가를 가르치는지도 모른다. 아무도 자신이 하는 어떤 행동에 대해서도 책임이 없으며, 칭찬받아 마땅한 행동과 비난받아 마땅한 행동을 구별하는 타당한 토대가 없다고 말이다. 하지만 이런 혁명적 결론은 지금껏 이를 주장한 과학자들이 받은 것보다 훨씬 면밀한 검토를 받아야 한다. 악독한 신경외과 의사는 한낱 착각을 동원하여 환자를 무력화했다. 영향력 있는 과학자가 전파하는 잘못된 견해는 타당하고도 삶의 질을 높이는 유형의 자유의지를 사람들에게서 앗아간다. 모든 면에서 신중을 기해야 한다.

양립 가능론은 철학자들 사이에서 인기를 끌고 있음에도 늘 의심을 불러일으켰다. 이마누엘 칸트는 양립 가능론을 '가련한 미봉책'이라고 불렀으며 요즘 저술가들은 양립 가능론을 주장하는 사람들의 진정성에 곧잘 의문을 표한다. 이런 태도는 사실 바람직하다. 과학은 희망적 사고를 특히 경계하라고 가르친다. 과학적 탐구의 규칙 중에는 우리가 증거를 바탕으로 확신한다고 생각할 때 희망에 속아 넘어가지 않도록 하려고 만든 것이 많다. 어떤 천문학자들이, 10년 안에 거대 소행성이 지구를 강타하여 모든 생명을 절멸시킬 것이라고 발표했는데 다른 천문학자들이, 데이터를 다시 분석했더니 소행성이 간발의 차로 지구를 비켜 갈 것이므로 안심하라고 주장한다고 상상해보자. 후자는 좋은 소식이지만, 두 번째 집단의 천문학자들이 스스로를 속이거나 악의 없는 거짓말로 우리를 속이고 있는 게 아닌지 알려면 어떻게 해야 할까? 그들의 계산을 검산 또 검산하라. 독립적으로 재현을 시도하라. 명백한 오류가 없고 그럴듯해 보인다는 이유로 그들의 결론을 덥석 받아들이지 말라. 하지만 그들이 옳을 수 있다는 사실을 결코 잊지 말라. '너무 완벽하면 사실일 리가 없'다는 '일반론'을 내세워 어떤 의견을 거들떠보지도 않는 정반대 실수를 저지르지 말라.

양립 가능론은 너무 완벽해서 사실일 리 없을까? 나는 그렇지 않다고 생각한다. 나는 양립 가능론이 참이라고 생각하며, 우리는 양립 가능론에 대한 기우를 타당하고 단호하게 거부하면서도 무엇이 우리의 도덕적 책임 개념을 보증하는가에 대한 이해를 개선하고 갱신할 수 있다. 하지만 이것은 장래의 임무이며 많은 사람이 참여해야 한다. 내가 보기에, 양립 가능론은 오늘날 우리가 맞닥뜨린 철학적 문제 중에서 가장 어렵고 중요하다. 위험성이 크고 이슈는 까다로우며 감정이 판단을 곧잘 흐리게 한다. 지금 가진 생각도구만으로는 부족하다. 탐구를 진행하면서 더 만들어야 할 것이다.

8부

철학자가 된다는 것은 어떤 것일까?

무언가에 너무 바싹 다가가면 오히려 잘 안 보인다. 요즘 들어 나는 동료 철학자들보다는 과학자나 기타 분야의 사상가와 교류하는 데 더 많은 시간을 보냈다. 나는 여전히 철학자이며—일부 철학자들이 뭐라든!—왜 철학이 할 만한 가치가 있는지를 철학자 아닌 사람들에게 설명하기를 좋아한다. 철학과 무관한 사람들이 보기에 철학은 말이 안 되는 소리, 쓸모없이 똑똑한 것의 본보기처럼 보인다. 철학에는 무언가가 빠진 듯하다(스터전 법칙을 떠올려보라. 뭐든지 90퍼센트는 똥이다. 10퍼센트가 빠져 있다). 철학의 울타리 안에서 50년을 보냈기에 나는 철학과 친숙하다. 그래서, 철학과 동떨어져 보낸 시간이 많다 해도 여전히 철학의 이상한 측면을 생생하게 볼 수 있다. 과학자인 친구와 동료 중에는 내가 퇴선退船하여 자기네에게 합류하지 않는 이유를 모르겠다고 털어놓는 사람들도 있다. 짧게 대답하자면, 나는 양다리를 걸친 덕분에 양쪽 세계 덕을 모두 볼 수 있었다. 과학자들과 일하면 매혹적이고 문젯거리가 되는, 생각할 만한 '사실'을 많이 얻을 수 있지만 실험실이나 연구비가 없는 철학자 곁에 있으면 온갖 이론과 실험에 대해 생각하면서도 손에 물을 묻힐 필요가 없다. 내가 좋아하는 거슈윈 노래를 인용하자면, "얻을 수 있다면 좋은 일nice work if you can get it"이다.

다행히도 요즘은 과학자들이 철학자들에게 더 존경 어린 관심을 쏟는 듯하다. 특히 내 주력 분야인 마음에서 인지과학자들이 연구하는 현상은 철학자들이 수 세기 동안 사유한 현상—지각, 기억, 의미, 자유의지, 의식—과 거의 일치한다. 철학자들은—일부이기는 하지만—자기 분야와 연관된 과학을 공부하고, 과학 연구를 명료화하고 발전시킬 유용한 제안을 내놓고, 연구 결과를 과학 바깥의 세상에 설명할 더 나은 방법을 고안함으로써 과학자들의 관심을 얻었다. 하지만 부족 간의 소통은 여전히 쉬운 일이 아니다. 8부에서는 앞으로 상호 이해를 더 증진시킨다는 목표를 가지고 몇 가지 차이를 언급하겠다.

74

파우스트적 계약

나는 몇 해 전부터 동료 철학자들에게 이런 선택 문제를 제기했다. 메피스토펠레스가 아래와 같은 두 가지 방안을 내놓으면 무엇을 선택할 것인가?

(A) 자신이 선택한 중요한 철학 문제를 결정적으로 '해결'하여 이 문제에 대해 할 말이 하나도 없게 된다(나 때문에 이 분야의 일부가 영영 문을 닫으며 나는 역사책의 각주로 남는다).

(B) 애가 탈 정도로 당혹스럽고 논쟁적인 책을 써서 앞으로 몇 세기 동안 필독서 목록에 올린다.

어떤 철학자들은 B 방안 쪽으로 기울 수밖에 없으리라고 마지못해 인정한다. 둘 중 하나를 골라야 한다면, 그들은 옳기보다는 읽히기를 택할 것이다. 작곡가, 시인, 소설가, 그 밖에 예술 분야의 창작자처럼 철학자들은 자신의 업적을 수많은 사람들이 경험하고 또 경험하기를 바라는 경향이 있다. 하지만 다른 한편으로는 과학자의 탐구와 같은 방향으로 이끌리기도 한다. 어쨌든 철학자는 진리에 이르려고 노력하는 사람 아니던가.

같은 파우스트적 계약 문제를 과학자들에게 제기하면 과학자들은 망설이지 않고 A 방안을 선택한다. 고민할 필요가 없는 문제인 것이다. 많은 철학자들이 선택을 힘들어한다며 일부는 멋쩍게 B 방안을 선택한다는 사실을 알면 과학자들은 놀라서—역겨워서?—고개를 내젓는다. 하지만 과학자들의 반응은 니컬러스 험프리[1]가 제기한 중요한 요점을 놓친 것이다(48장 참고).

> 『두 문화』에서 C. P. 스노는 위대한 과학적 발견을 '과학의 셰익스피어'라고 극찬했지만, 어떤 면에서 그는 근본적으로 잘못 생각했다. 셰익스피어 희곡은 셰익스피어의 희곡이지 다른 누구의 것도 아니었지만, 과학적 발견은 궁극적으로 어떤 일개인에게도 속하지 않는다.

셰익스피어가 없었다면 다른 누구도 『햄릿』이나 『로미오와 줄리엣』이나 『리어 왕』을 쓰지 못했을 것이다. 반 고흐가 없었다면 다른 누구도 〈별이 빛나는 밤〉을 그리지 못했을 것이다. 약간 과장하기는 했지만, 여기에는 일말의 진실이 담겨 있다. 한편으로, 위대한 예술가들의 기여에는 과학에서 드물 뿐 아니라 긍정적으로 요점을 벗어난 듯한 개별성이 있다. 과학에서 누가 먼저냐를 놓고 논쟁이 벌어지거나 노벨상급 업적을 달성하려고 경쟁하는 이유는 내가 이루려고 애쓰는 바로 그 업적을 다른 누군가가 이룰 수 '있기' 때문이다. 아무리 근사하게 들어와도 2등은 패자일 뿐이다. 예술에서는 저마다 목표가 다르기 때문에 이런 경쟁을 찾아볼 수 없다.

어떤 과학자들은 많은 독자를 만나고 독자에게 기쁨을 선사하고 싶어 하며, 최상의 과학자들은 문학적으로도 빼어난 저술을 내놓는다. 이런 예로는 다윈의 책들이 연상될 것이다. 하지만 올바르게 이해시키려는 목표, 발견한 진리를 독자에게 설득하려는 목표가 우선이다. 다윈의 『비글호 항해기』와 멜빌의 『모비딕』을 비교하면 한눈에 알 수 있다. 『모비딕』을 읽으면 고래와 고래잡이에 대해 많은 것을 배울 수 있지만, 멜빌은 고래잡이에 대한 예술적이고 설득력 있는 개론서를 염두에 두지 않았다.

그렇다면 과학의 목표와 예술의 목표 사이의 차이를 염두에 두고서, 내가 동료 철학자들에게 던진 난제 못지않게 까다로운 질문을 과학자들에게 던져보겠다. 메피스토펠레스가 아래의 두 가지 보기를 제시한다면 어느 것을 선택하겠는가?

1. 과학 지식을 부쩍 확장하는 토대가 되지만 (돌이켜 보면) 험프리 말마따나 어떤 일개인에게도 속하지 않는 발견을 확립하여 경주에서 승리하고 노벨상을 받는다. (크릭과 왓슨이 생각난다. 그들이 그때 경주에서 이기지 않았다면 라이너스 폴링이나 다른 누군가가 금방 결승 테이프를 끊었으리라는 데에는 의심의 여지가 없다.)

2. 이전에는 상상조차 하지 못한 매우 독창적인 이론을 제안하여 내 이름이 사전에 오르지만, 이 이론은 결국 대부분 틀린 것으로 판명된다. 다만 몇 년—심지어 몇 세기—에 걸친 귀중한 논쟁의 산실이 된다. (데카르트의 심신 이원론, 라마르크의 진화 이론, 스키너의 행동주의, 그리고 유아의 성性과 신경증에서 예술, 음악, 문학에 이르는 모든 것에 대한 프로이트의 견해 등이 떠오른다.)

2번 보기의 더 나은—덜 알려지기는 했지만—예는 물리학에 대한 데카르트의 야심찬 연구일 것이다. 어찌나 영향력 있고 찬란하게 틀렸던지 아이작 뉴턴을 단단히 도발했다. 뉴턴이 1687년에 발표한 걸작『자연철학의 수학적 원리Philosophiae Naturalis Principia Mathematica』(프린키피아 마테마티카)는 데카르트가 1644년에 발표한『철학의 원리Principia Philosophiae』(프린키피아 필로소피아이)의 제목을 일부러 본떴다. 자신이 어떤 세계관을 대체하고자 하는지 분명히 드러내기 위해서였다. 촘스키 언어학도 있다. 그의 이론은 독창성 검사를 거뜬히 통과한다. 요트 경기에서 우승한 아메리카 호의 이름을 따서 경기 이름이 '아메리카컵'이 되었듯, 촘스키가 무대에 등장하자 2위의 자리는 어디에도 남지 않았다. 그 뒤로 애초의 이론적 씨앗—1957년 작『통사 구조Syntactic Structures』에서 촘스키가 제시한 '변형' 이론—은 대부분 폐기되었으나, 공룡에서 타조, 벌새, 알바트로스가 진화했듯 공통 조상에서 갈라져 나온 여러 종의 후손 이론들이 변형문법을 대체했다. 1957년에 촘스키는 생산적으로 틀린 것일까, 아니면 그게 아니라(경고! 경고!) 위대한 진리를 발견한 것일까? 이럴 때는 둘 다 '그렇다'라고 대답하면 된다(촘스키는 어떤 중요한 측면에서는 틀렸지만 또 어떤 중요한 측면에서는 옳았다_옮긴이).

우리는 유용하게 틀린 과학자를 존경한다(볼프강 파울리가 "틀리지도 못한" 이론가를 경멸한 일화를 떠올려보라). 하지만 반드시 둘 중 하나를 골라야 한다면, 여러분은 최초이고 옳기보다는 독창적이고 도발적이기를 선택할 것인가? 만만한 결정은 아니다. 그렇지 않은가?

75

소박자기인류학으로서의 철학

인공지능 연구자 패트릭 헤이스는 액체에 대한 소박한(또는 민간) 물리학을 공리화하는 작업을 진행한 적이 있다. 기본 아이디어는 로봇이 (일상에서 민간물리학을 적용하는) 사람과 상호작용할 때 핵심 믿음으로 이용하도록 명제들을 제공한다는 것이다. 애초 예상보다 더 거창한 기획이었다. 헤이스는 이 기획과 관련하여「소박물리학 선언」[2]을 발표했다. 액체의 소박물리학에서는 소박한 일반인의 직관에 어긋나는 것은 모두 배제된다. 사이펀(한 다리는 길고 한 다리는 짧은 'U' 자 모양의 굽은 관으로, 대기의 압력을 이용하여 높은 곳에 있는 액체를 낮은 곳으로 옮기는 데 쓴다_옮긴이)은 '불가능'하며 피펫(일정한 부피의 액체를 정확히 옮기는 데 사용되는 유리관으로, 상단에서 시약을 빨아올린다_옮긴이)도 마찬가지다. 그 대신 뽀송뽀송한 걸레로 액체를 훔치고 빨펌프(낮은 곳에 있는 액체를 펌프가 있는 위치까지 빨아올리는 데 쓰는 펌프_옮긴이)로 우물에서 물을 길어 올린다. 이런 '지식'이 저장된 로봇이 사이펀을 보면 우리가 처음 보았을 때처럼 놀랄 것이다. 헤이스의 기획은 정확하게 말하자면 '정교한' 소박물리학이라고 해야 할 것이다. 헤이스는 어떤 착각에도 빠지지 않았으며, 자신이 공리화하려는 이론이 일상생활에서 아무리 요긴할지언정 틀렸다는 사실을 알고 있었다. 헤이스의 작업에 이름을 붙인다면 '공리인류학axiomatic anthropology'이라 할 수 있을 것이다. 공리인류학은 일반인이 말하는—또한 동의하는—것을 자신의 공리나 정리로 간주하고 데이터 집합을 일관되게 산출하여 모든 모순을 해결하려 한다. 물론 실제 정보 제공자를 물색할 필요는 없었다. 헤이스는 자신이 액체의 소박물리학에 대해 여느 정상적인 사람처럼 알고 있다고 생각했으며, 자신을 유일한 정보 제공자로 활용했다. 그러니까 공리*자기*인류학인 셈이다.[3]

이제 헤이스의 기획을 '분석형이상학analytic metaphysics'의 철학적 기획과 비교해보자. 나는 분석형이상학이 소박한 소박자기인류학이라는 생각이 들 때가 많다. 이 연구에 참여하는 사람들은 자신의 기획이 단지 인류의 특정 부분집합(분석형이상학을 신봉하는 영어권 철학자들)이 '참이라고 믿는 무언가'가 아니라 '실제로 참인 무언가'에 도달할 수 있다고 확신하는 듯하기 때문이다. 그것만 빼면 두 기획은 똑같아 보인다. 공유된 직관을 취합하고, 서로 직관을 펌프질하며 이를 검증하고 이의를 제기하고, 그런 뒤에는 (이상적으로는) 공리로 간주되는 '받아들여진' 원리를 바탕으로 데이터 집합을 일관된 '이론'으로 빚어내려 하니 말이다. 나는 여러 분석형이상학자에게 자신의 연구를 같은 부류인 소박한 소박자기인류학과 구별할 수 있겠느냐고 물었는데, 그럴듯한 대답은 아직까지 한 번도 듣지 못했다.

하지만 이의 대안인 '정교한' 소박인류학(소박자기인류학과 소박타인인류학 둘 다)—관찰에서 도출한 정리를 신뢰해도 되는지에 대해 판단을 유보하는 인류학—은 실현 가능하며 종종 가치 있는 기획이다. 나는 분석형이상학자들이 이 방향으로 돌아서기를 제안한다. 기존의 방법론을 최소한으로 조정하고 자신의 '레종 데트르(존재 이유)'에서 중요한 한 가지만 수정하면 되기 때문이다. 그것은 허세를 버리고, 자신의 연구가 기껏해야 현시적 상의 지형에 대한 예비 정찰임을 받아들여, 낯선 문화를 연구하는 인류학자처럼 믿음과 불신을 유보하는 것이다. 원주민이 옳다고 임시로 가정하고 어떤 결과가 나오는지 살펴보자는 것이다. 철학의 임무 중에서 적어도 상당 부분은—내가 철학을 바라보는 입장에서는—현시적 상과 과학적 상 사이에서 주거니 받거니 협상을 진행하는 것이므로, 철학자들은 자신이 맞닥뜨리는 문제를 (이론 구축과 이론 비판을 시작하기 전에) 일반인의 추정 방식에 준하여 분석해보는 것이 좋다.

정교한 소박인류학의 한 가지 특징은 반反직관적 발견에 대한 열린 태도다. 소박인류학을 하는 동안, (원주민이 보기에) 반직관적인 것은 나의 이론적 재구성에 부정적으로 작용한다. 이때 태도를 바꿔 소박한 '이론'의 어떤 측면이 참인지 묻기 시작하면 반직관적인 것이 반대 근거로서의 힘을 잃고, 심지어 때에 따라서는 의미 있는 발전의 징표가 되기도 한다. 어쨌거나 과학에서는 일반적으로 반직관적 결과를 높이 평가한다.

자기인류학의 한 가지 약점은 이론적 선호 때문에 직관이 왜곡되기 쉽다는 것이다. 오래전부터 언어학자들은 자신이 이론에 하도 물들어 있어서 자신의 언어 직관이 신뢰할 만한 자료가 아님을 익히 알고 있었다. 여러분 중에 영어로 "The boy the man the woman kissed punched ran away"(여인이 키스한 남자가 때린 소년이 달아났다)라고 말할 수 있는 사람이 있을까? 아니면 내 안은문장 이론이 '귀'를 속이고 있는 걸까? 원래 가지고 있던 직관이 이론에 짓눌려 훼손된 탓에, 언어학자들은 밖에 나가 언어학자 아닌 사람들에게 언어 직관을 청해야 한다는 사실을 깨닫는다. 최근 들어 철학자들도 이 점을 알아차리기 시작하여 이른바 실험철학experimental philosophy이라는 분야가 각광받고 있다.[4] 아직 초창기이고 선구적 연구 중 일부는 실망스럽지만, 철학자들은 '자신에게' 여지없이 명백해 보인다는 이유만으로 명제들이 명백히 참이라고 선언할 수 없다는 것에 적어도 익숙해지고 있다. (비슷한 맥락에서 헤이스가 자신만을 사례로 삼지 않고 일반인 중에서 무작위로 표본을 추출하여 면접했다면 민간물리학의 주요 교리에 대해 의외의 결과를 얻었을지도 모른다.)

따라서 여기에 특별한 종류의 정교한 소박인류학이 있다. 철학자들은 지식, 정의, 아름다움, 진리, 좋음, 시간, 인과 등에 대한 이론을 수립하기 전에 상식이나 세상의 현시적 상의 지형을 조사하는 차원에서 이 기획을 진지하게 고려해야 한다. 그래야만 분석과 논증의 화살을 나머지 세계에 유의미한 과녁—일반인의 관심사와 과학적 관심사—에 실제로 겨냥할 수 있다. 이러한 체계적인 탐구로부터, 개간하지 않은 개념적 지형의 목록 비슷한 것이 도출될 것이며 이론가들은 여기에서 연구 대상을 찾을 수 있을 것이다. 이를 현시적 상의 형이상학이라고 불러도 좋으리라. 여기서 우리 철학자들은 과학적 상에서의 최근 혁신들 사이에서 주거니 받거니 협상을 시작해야 하며, 이 민간 지형을 그저 눈대중하는 것이 아니라 꼼꼼한 지도를 작성한다고 해서 나쁠 일은 없을 것이다. 혹자는 이것이 과학철학을 탁상공론에서 실제 과학과의 진지한 협력으로 전환시킨—과학철학자들은 현재 과학의 상당 부분을 직접 알아야겠다고 생각하기 시작했다—개혁의 나머지 절반이라고 말할지도 모르겠다. 이런 이미지를 염두에 두고 철학의 임무를 고민하면 철학 학술지를 메운 수많은 비공식적 행보, 종횡무진, 반례 제기하기, 직관 깨부수기 등은 기껏해야 이 지형에 대한 상호 수용 가능한 합의를 체계화하려는 시도일 뿐임을 알 수 있다.

76

쳄스의 고차적 참

이 체스 퍼즐을 풀어보라.[5] 백이 두 수 만에 체크메이트(외통수) 할 수 있다.

백의 차례

힌트: 두 수 만에 체크메이트 한다.

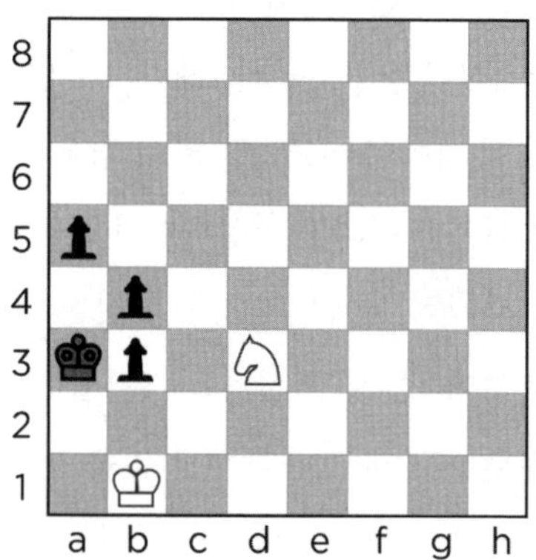

풀이: 1. Nb2 a4(유일한 합법적 행마) 2. Nc4 메이트 (Gurevich의 연구로부터).

이 문제는 최근《보스턴 글로브》에 실렸다. 놀라운 사실은 나이트 하나만으로는—물론 킹과 함께—체크메이트를 할 수 없음이 입증되었다고 내가 생각했었다는 것이다. 나는 틀렸다. 데이비드 미시알로브스키가 얼마 전에 이메일로 알려주었듯, 입증된 것은 체스판에 상대방의 킹과 나의 킹, 나의 나이트만 있을 때는 상대방의 킹에게 체크메이트를 할 수 없다는 것이었다. '나이트와 킹만으로는 결코 체크메이트를 할 수 없다'라는 명제가 체스에서 참이 '아니'라는 사실은 체스의 '고차적higher-order' 참이다.

철학은 전통적으로 수학 같은 '아 프리오리a priori', 즉 선험적 학문이다. 적어도 선험적 방법론을 핵심으로 삼는다. 이 사실은 두 가지 결과를 낳는다. 한편으로, 철학자들은 실험실이나 현장에서 따분하게 시간을 보내고 데이터 수집 기법, 통계 방법, 지리, 역사, 외국어, 경험과학 등을 배워야 하는 의무를 면제받는다. 그 덕분에 철학적 기술을 갈고닦을 시간이 얼마든지 있다. 다른 한편으로, 곧잘 언급되듯 철학은 아무것으로나 할 수 있다. 이것이 늘 축복인 것은 아니다. 이 장에서 나는 철학을 업으로 삼을 생각이 있는 젊은 독자에게—일부는 그랬으면 좋겠다—철학의 자유와 추상성이 그 자체로 약점일 수 있다고 경고한다. 이 장은 외부인을 위해 철학의 풍속과 함정을 알려주는 여행 안내서이기도 하다.

선험적 참의 예로 체스에서의 참을 생각해보자. 사람들이 체스를 한다는 것은 경험적 사실이며, 체스에 대해, 사람들이 수 세기 동안 어떻게 체스를 했는지에 대해, 사람들이 무늬 새긴 판에서 근사하게 조각된 물건을 얼마나 자주 이용하는지 등에 대해 수많은 경험적 사실이 쌓여 있다. 하지만 이 경험적 사실에 대한 어떤 지식도 체스의 선험적 참—이 또한 얼마든지 있다—을 도출하는 활동에서 필수적 역할을 하지 않는다. 우리가 알아야 할 것은 경기 규칙이 전부다. 체스의 규칙으로는, 합법적 오프닝 행마는 정확히 스무 개가 있다(폰의 행마가 16개, 나이트의 행마가 4개), 킹과 비숍만 남았으면 킹만 남은 상대방에게 체크메이트를 할 수 없다, 킹과 나이트만 남았어도 마찬가지다 등이 있다. 체스에 대한 이 선험적 참을 도출하는 것이 늘 쉬운 일은 아니다. 체스 규칙 안에서 정확히 무엇이 가능하고 정확히 무엇이 가능하지 않은지 입증하는 것은 복잡한 과제이며 실수를 저지를 수도 있다. 이를테면 몇 해 전에 컴퓨터 체스 프로그램이 기물을 잡지 않고 200수 이상을 두는 메이팅넷—보장되거나 강제된 승리—을 발견했다. 이 때문에 체스의 오랜 '정리'가 틀렸음이 입증되었고 체스 규칙이 바뀌어야 했다. 예전에는 양측이 기물을 잡지 않고 50수를 두면 무승부가 되었는데(스톨메이트), 이 기다란 메이팅넷은 깨뜨릴 수 없고 승리로 이어지기 때문에 50수 스톨메이트를 그대로 두는 것은 이치에 맞지 않는다. (컴퓨터 체스가 시작되기 전에는 이렇게 길게 이어지는 '보장된 승리'가 있을 수 있으리라고는 아무도 상상하지 못했다.) 이 모든 현상은 매우 흥미로우며, 많은 똑똑한 사람들이 체스에서 선험적 참의 체계를 탐구하는 일에 뛰어들었다.[6]

철학 연구 과제—어렵게 표현하자면 문제 상황problematics—중에는 체스의 참을 도출하는 것과 비슷한 것도 있다. 상호 합의된 규칙이 전제되고—논의되는 일은 거의 없다—이 규칙의 함의가 도출되고 표현되고 논쟁되고 정제된다. 지금까지는 문제될 게 없다. 체스는 심오하고 중요한 인공물이며, 체스를 주제로 훌륭한 글도 많이 배출되었다. 하지만 철학 연구 과제 중에는 *쳄스*의 참을 도출하는 것과 더 비슷한 것도 있다. 쳄스는 체스와 거의 비슷하되, 킹이 어느 방향으로든 한 칸이 아니라 두 칸을 이동할 수 있다는 점만 다르다. 쳄스는 그냥 만들었다. 이 규칙을 도입할 가치가 있는지 깊이 연구한 사람들이 틀림없이 있을 테지만 말이다. 아마도 그럴 가치는 없을 것이다. 이름도 여러 가지로 붙었을 것이다. 내가 이 문제를 구태여 조사하지 않은 것은 정답이 있더라도 시간과 정력을 투자할 만한 가치가 없기 때문이다. 어쨌든 내 생각은 그렇다(하지만 정오표에서, 벤저민 커노버는 쳄스가 '슈퍼킹SuperKing'이라는 이름으로 심층적으로 탐구되었으며 쳄스가 체스 실력을 향상시키는 데 유익하다고 지적했다_옮긴이).

쳄스의 선험적 참은 체스의 선험적 참과 개수(무한)가 같으며, 발견하기 어려운 정도도 똑같다. 따라서 사람들이 실제로 쳄스의 참을 탐구하려고 시도했다면, (바로잡아야 할) 실수를 저질렀을 것이다. 이로부터 쳄스의 '고차적' 참이라는, 전혀 새로운 선험적 탐구 분야가 열린다. 그 내용은 아래와 같다.

1. p가 쳄스의 참이라는 존스[7]의 증명에는 결함이 있다. 존스는 다음 가능성을 간과하고 있다. ……
2. 존스[8]의 증명에 결함이 있다는 스미스[9]의 주장은 브라운[10]의 부명제의 참을 전제하는데, 최근에 가핑클[11]이 여기에 이의를 제기했다. ……

이제는 어린애 장난이 아니다. 이 정도면 쳄스의 고차적 참을 도출하는 집단 활동에서 상당한 재능이 발휘될지도 모를 일이다. 이 지점에서는 심리학자 도널드 헤브의 격언이 안성맞춤이다.

할 가치가 없는 일은 잘할 가치도 없다.

아마도 모든 철학자는 현재 진행 중인 철학 논쟁 중에서 헤브의 격언을 철저하게 적용하면 참여자들이 할 일이 없어질 논쟁이 하나씩 떠오를 것이지만, 정확히 어떤 가내 공업이 문을 닫아야 하는지에 대해서는 의견이 제각각이다. 우리의 방대한 학문 분야에서 진행 중인 어떤 탐구에 대해서든, 이것이 시간과 정력 낭비라고, 자질구레한 일에 재능을 허비하는 것이라고 믿는 학파가 꼭 있게 마련이다. 투표해봐야 결과가 나오지 않을 테고 독재는 더 나쁠 테니 백화가 제방하게 내버려두자는 게 내 생각이다.

하지만 꽃 100송이가 피면 그 중에 99송이는 시들 것임을 명심하라. 내가 드리고 싶은 경고는 바로 이것이다. 유통 기한이 짧은 연구 의제에 귀중한 시간을 쏟아붓지 말라. 철학적 유행은 금방 한물간다. 뜨거운 주제일수록 금세 식는다는 경험칙에는 일말의 진실이 있다.

철학적 기획이 단지 쳄스의 고차적 참을 탐구하는 것에 그치고 있지 않은지 확인하는 좋은 방법은 철학자 이외의 사람들이 실제로 참여하는지 살펴보는 것이다. 존스의 반례가 스미스의 원리를 반증하는지 여부가 강단 철학 바깥에 있는 사람의 '관심사'가 될 수 있을까? 또 다른 검증 방법은 초보 학부생에게 가르쳐보는 것이다. 만일 학부생을 이해시키지 못하면, 자신이 자급자족적 전문가 집단을 따라 인공 올가미에 걸려들고 있다는 가설을 고려해야 한다.

올가미가 작동하는 과정을 하나만 예로 들어보겠다. 철학은 어느 정도 부자연스러운 활동이며, 똑똑한 사람일수록 자신이 이해했는지, 똑바로 하고 있는지, 철학적 재능이 눈곱만큼이라도 있는 건지, 심지어 철학이 애초에 해볼 만한 학문인지에 대해 꺼림칙해하고 의심스러워할 가능성이 크다. 그러니 똑똑한 학생 존스가 철학 전공에 대해 불안해하는 것은 '타당'하다. 브라운 교수의 논의에 흥미를 느낀 존스는 철학에 뛰어들어 뜨거운 주제 *H*에 대해 논문을 쓰고 브라운 교수에게 'A' 학점을 받는다. 브라운이 말한다. "존스, 자네는 진짜 재능이 있어." 존스는 필생의 과업이 될지도 모를 것을 막 발견했다고 생각한다. 존스는 이 게임의 규칙을 배우고 나머지 젊은 지망생들과 치열하게 경쟁하는 데 시간과 정력을 쏟기 시작한다. 그들은 "이봐, 우리 이거 잘하는걸!"이라며 서로 격려한다. 이 사업의 근본 가정에 대한 의심은 '논의의 편의를 위해' 무마되거나 차단된다.

따라서 동료 대학원생 '또는' 친애하는 교수님에게 승인을 얻는다고 해서 문제가 해결되지는 않는다. 그들은 모두 지금의 사업이 계속 굴러가도록 하는 것에 이해관계가 일치한다. 이것이야말로 그들이 알고 잘하는 것이다. 다른 분야에도 같은 문제가 있으며, 빠져나오기가 더 힘들 수도 있다. 실험 기법을 익히고 고가의 실험실을 장만한 연구자들은 아무도 관심 없는, 데이터의 빠진 부분을 채우는 신세가 되기도 한다. 어떻게 해야 할까? 값비싼 장비를 내다버릴까? 여간 골치 아픈 문제가 아니다. 이에 반해 철학자들은 도구를 바꾸기가 수월하고 돈도 적게 든다. 어쨌든 우리의 '훈련'은 대체로 첨단 기술에 대한 것은 아니니까. 철학에서의 훈련은 주로 다양한 문헌에서 검증된 방법을 배우는 것이다. 여기서 피해야 할 올가미는 이것이다. 저명 연구자가 근거 없거나 미심쩍은 논문을 발표한다. 이 교수의 주장은 기발하지만 결함이 있는 손쉬운 먹잇감이다. 이 논문을 공략하며 학계에 데뷔하면 내게 이목을 집중시킬 수 있다. 그래, 해보는 거야. 나는 논의에 뛰어든다. 다른 사람들도 여럿 판에 낀다. 이제 걸음을 조심해야 한다. 내가 서로의 논문을 모두 인용하고 응답에 대응했을 즈음이면, 나는 교수의 사소한 과장에 대한 대응을 처리하는 방법의 신진 전문가일 터이기 때문이다. (교수가 다소 대담하게 논지를 전개하지 않았다면 애초에 이만큼 관심을 얻지 못했을 것임을 명심하라. 도발적이고자 하는 유혹은 시끌벅적하게 입문하고 싶은 대학원생만 느끼는 것이 아니다.)

어떤 사람들은 똑똑한 친구들과 의기투합하여, 합동 연구가 가치가 있는지 없는지 전전긍긍하지 않고 (철학자 존 오스틴[12]이 강의록에서 표현했듯) "발견의 재미, 협력의 기쁨, 합의에 도달하는 만족"을 공유하는 것에 만족하기도 한다. 참여하는 사람이 충분히 많아지면 이 주제는 그 자체로 연구할 만한 현상이 된다. 철학자 버턴 드레번은 하버드 대학원생들에게 곧잘 이렇게 말했다. "철학은 쓰레기이지만, 쓰레기의 역사는 학문이다." 하지만 어떤 쓰레기는 딴 쓰레기보다 중요하며, 어느 것이 학문의 대상으로서 가치가 있는지 판단하기란 쉬운 일이 아니다. 오스틴[13]은 같은 책에 실린 또 다른 강의에서 비방의 진수를 선보였다.

> 강의를 듣는 청중 중에는 뭔가 중요한 얘기를 듣고 싶어 하는 사람이 꼭 있습니다. 이 결론은 그런 사람을 위한 것입니다.[14]

오스틴은 뛰어난 철학자였지만, 그의 주위를 맴돌던 전도유망한 철학자들은—그들은 틀림없이 이 발언에 킥킥거렸을 것이다—대부분 흔적도 없이 사라졌으며 '일상언어철학ordinary language philosophy'(오스틴이 창시한 것과 진배없는 학파)의 '총명하기도 하지!' 논문들은 제 수순에 따라 출판된 뒤에 몇 해 지나지 않아 철저하게 무시되었다(그래도 싸다). 이런 일이 한두 번이 아니었다.

그렇다면 여러분은 어떻게 해야 할까? 내가 언급한 검증 방법—철학 바깥의 사람들이나 똑똑한 대학원생이 관심을 나타내는지 살펴보는 것—은 경고 신호밖에 안 된다. 결정적인 방법은 아니다. 초심자가 시큰둥해할지라도 탐구할 만한 가치가 있는, 엄청나게 난해하고 까다로운 철학적 주제가 있었고 앞으로도 있을 것임은 틀림없다. 무엇이 흥미롭고 중요한가에 대한 통념을 깨뜨리는 탐구를 가로막을 생각은 전혀 없다. 오히려 자기 분야에서 가장 대담한 주장은 처음에는 늘 냉담한 의심과 조롱을 사게 마련이다. 여기에 기가 죽으면 안 된다. 내가 말하려는 요점은 여러분의 연구를 중요하게 생각하고 여러분도 그들의 연구를 중요하게 생각하는 총명한 동료 여행자들을 찾았다는 이유만으로 마차의 의자에 앉아 만족해서는 안 된다는 것이다. 서로를 속이는 꼴이 될지도 모른다.

77

10퍼센트의 좋은 것

자, 스터전 법칙이 여러 분야와 마찬가지로 철학에도 적용된다면, 내가 보기에 좋은 것으로는 어떤 것이 있을까? 무엇보다 모든 고전이 고전인 데는 그럴 만한 이유가 있다. 플라톤에서 러셀에 이르는, 철학사 강의의 단골손님들은 수 세기에 걸친 검증을 잘 이겨냈으며 이 1차 문헌에 대한 최상의 2차 문헌도 매우 가치가 있다. 아리스토텔레스나 칸트나 니체를 아무 배경 없이 혼자 힘으로 읽어도 '무언가' 얻는 게 있겠지만—실은 많겠지만—이 사상가들을 평생 파고든 사람들의 안내를 받으면 훨씬 많은 것을 얻을 수 있을 것이다.

철학사학자들의 목표와 태도가 전부 같지는 않다. 그러니 경쟁자를 깎아내리는 것은 아무짝에도 쓸모없는 일이다. 혹자는 사상가를 당시의 역사적 맥락에 두어야 한다고 주장한다. 이를테면 데카르트를 진정으로 이해하고 싶으면 17세기 과학에 정통해야 하고 로크나 흄을 진정으로 이해하고 싶으면 17세기와 18세기 정치사에 빠삭해야 하며 덜 유명한 당대인들의 철학에 대해서도 잘 알아야 한다는 것이다. 왜 낙오자들에게까지 신경 쓰라는 걸까? 거기에는 그럴 만한 이유가 있다. 나는 유럽의 미술관을 찾아가 같은 장르의 삼류 회화로 가득한 전시실들을 둘러본 뒤에야 비로소 16세기와 17세기 그림들을 진정으로 감상할 수 있었다. 좋은 것—입문 개론 수업과 최상급 미술관에서 볼 수 있는 모든 것—만 보면 이 좋은 것이 얼마나 대단한지 알기 힘들다. 좋은 도서관과 위대한 도서관의 차이점을 아는가? 좋은 도서관에는 모든 좋은 책이 있지만, 위대한 도서관에는 모든 책이 있다. 위대한 철학자를 진정으로 이해하고 싶으면 거장의 그림자에 가려진 덜 위대한 당대인과 앞선 시대 사람들을 살펴보는 일에 시간을 투자해야 한다.

그런가 하면 자신의 영웅들이 활약한 역사적 맥락을 수박 겉핥기로 다루고는 그들의 사상을 현재의 맥락에 맞게 번역하는 법을 보여주는 일에 골몰하는 전문가들도 있다. 하긴 라이프니츠가 『단자론Monadologia』을 쓴 것은 17세기 합리론의 대표적 저작이 되기를 바랐기 때문이 아니다. *진리에 이르기 위해서*였다. 결국, 어떤 철학자가 하는 말이 옳은지 그른지 묻지 않는 것은 그를 진지하게 대하는 것이 아니다. 철학을 배우는 학생들은—교수들도—이따금 이 사실을 잊어버린 채, 분류하고 (시험 문제에서 말하듯) '비교 · 대조'하는 일에 몰두한다. 철학 학과들 전체가 이런 관점에서 목표를 바라보는 경우도 있다. 그건 철학이 아니다. '철학 감상'일 뿐이다. 아래는 학생들이 이 습관을 깨뜨릴 수 있도록 내가 쓰는 방법이다.

> 자신이 엄청난 비밀을, 이를테면 자유의 여신상을 파괴하거나 국가 전력망을 마비시키려는 음모를 우연히 알게 되었다고 가정해보자. 나는 열심히 증거를 수집하고 정리한 뒤에 글솜씨를 최대한 발휘하여 편지를 쓴다. 이 편지를 경찰, FBI, 《뉴욕 타임스》, CNN에 보냈더니 이런 답장이 왔다. "아, 9 · 11 음모론의 기발한 재탕이군요." "정말 손에 땀을 쥐게 하고 그

자체만으로 매우 그럴듯합니다. 세부 묘사도 훌륭하고요." "돈 드릴로가 생각나네요. 핀천의 영향을 받은 것도 같군요." 아윽! 내 말 좀 들어줘! 나는 '진실'을 말하고 있단 말이야! 글을 읽을 때 문장 하나마다, 문단 하나마다 '나는 이것을 믿는가? 아니라면 왜 안 믿는가?'라고 스스로에게 질문함으로써 철학자에게 존경심을 표하라.

철학사에 덧붙여 과학—수학, 논리학, 물리학, 생물학, 심리학, 경제학, 정치학—의 철학에도 빼어난 연구들이 있다. 화학이나 천문학, 지질학, 공학의 철학에는 그런 연구가 거의 없지만, 이 분야에서 제기되는 일부 개념적 문제들에 대한 훌륭한 연구들이 있다. 윤리학도 있다. 1971년에 존 롤스가 출간한 『정의론』은 철학자들이 윤리학의 전통적인 주제를 사회학의 시각에서, 특히 경제학과 정치학뿐 아니라 생물학과 심리학의 시각에서 접근하여 결실을 거두는 시대를 열었다. 윤리학을 연구하는 철학자들의 실력이 향상된 데는 롤스의 공이 크다. 그 결과로 쏟아져 나온 귀중한 철학 연구에 다른 분야의 연구자와 정치인, 사회 비평가의 관심이 쏠리고 있다.

마지막으로, 학제간 연구에 전혀 몸담지 않고 해당 분야의 역사를 중시하지도 않으면서 다른 현대 철학자들의 연구에서 제기되는 현대 철학의 문제들을 전문적으로 연구하는 철학자들의 연구에서 제기되는 현대 철학의 문제를 전문적으로 연구하는 철학자들이 있다. 앞에서 말했듯 이 중 일부는 "할 가치가 없는 일은 잘할 가치도 없다"라는 헤브의 규칙에 걸려들었다. 하지만 빼어나고 귀중한 연구도 있다. 나는 이 책에서 동시대 철학자를 꽤 언급했는데, 이들의 생각이 진지하게 다룰 만한 가치가 없다고 생각했다면—특히, 내가 이들이 실수를 저지르고 있다고 주장할 때—이렇게 언급하지 않았을 것이다. 내 공격 대상 말고도 내가 특별히 존경하는 철학자들이 수십 명은 있지만, 그들을 나열하는 실수는 저지르지 않으련다. 나는 *X*의 연구가 바보 같은 쓰레기니까 관심 갖지 말라는 동료의 말만 믿었다가 나중에 내가 귀중한 사상가를 간과했다는 사실을 깨달은 적이 여러 번 있다. 잘못된 정보에 넘어간 탓에 뒤늦게서야 이들의 사상을 흡수할 수 있었다. 내가 언급하지 않은 철학자를 독서 명단에서 제외해도 된다는 식으로 내 책이 해석되기가 얼마나 쉬운지 뼈저리게 안다. 그러니 부디 이 책을 철학하는 '어떤' 방법에 대한, 확장의 여지가 있는 입문서로 읽어주기 바란다. 내 방법이 유용하게 여겨진다면, 이 방법들은 그토록 많은 철학자들이 그토록 오랫동안 탐구한 질문들과 대답들을 스스로 탐구하기 위한 도약대가 될 것이다.

• 맺음말 •

도구를 사용하라, 더 열심히 노력하라

"상상도 못할 일이야!" 의식의 '신비'를 맞닥뜨리거나 이 행성에서 30억년도 더 전에 (이를테면) 지적 설계자의 도움 없이도 생명이 탄생했다는 주장을 맞닥뜨렸을 때 이렇게 말하는 사람들이 있다. 나는 이 말을 들으면 늘 이렇게 대꾸하고 싶어진다. "물론 *당신에게는* 상상도 못할 일이겠지. 생각도구를 챙기지도 않았고 노력도 거의 안 하잖아." 유전자의 물질적 토대가 '상상도 할 수 없는 것'이라던 윌리엄 베이트슨의 호언장담을 떠올려보라. 오늘날에는 초등학생들까지도 DNA를 어렵지 않게 상상한다. 그들이 베이트슨보다 똑똑해서 그런 게 아니다. 그 이유는 지난 세기에 우리가 효과적인 생각도구들을 고안하고 다듬었기 때문이다. 물론 이런 것들을 정말로 상상하고 싶어 하지 않는 사람들도 있다. 이들은 심지어 설명하려는 시도로부터도 신비를 보호하고 싶어 한다. 설명해버리면 귀한 보물이 흔한 돌이 될까 봐 두려운 것이다.

딴 사람들이 꼬치꼬치 캐묻기 시작하면 "신께서는 신비로운 방식으로 일하십니다"라는 말을 편리한 반反생각도구로 써먹는다. 질문한 사람이 오만하고 깐깐하다는 인상을 주면 호기심에 찬물을 끼얹을 수 있다. 이 방법은 지금껏 잘 먹혔으며, 과학의 무지를 (미덕까지는 아니더라도) '눈감아줄 수 있는 결함'으로 간주하는 집단에서는 아직도 효과를 발휘한다. 이 '경건한' 주장을 지혜로 취급하는 일을 중단하고 명백히 방어적인 선전으로—사실이 그렇다—여겨야 한다. 긍정적인 반응으로는, 이렇게 대답할 수 있겠다. "잘됐네요! 저 미스터리 좋아해요. 이 미스터리도 풀 수 있는지 보자고요. 좋은 생각 있으세요?"

새로운 것을 상상하는 것은 힘든 일이다. 단순히 머릿속에서 어떤 개념의 얼개를 잡고 대충 훑어본 뒤에 승인하면 되는 것이 아니다. 지금은 상상할 수 없는 것이 연구를 더 하면 분명히 상상할 수 있는 것으로 드러날 수도 있다. 무언가가 진정으로 불가능하다고—가장 큰 소수素數나 (유클리드 기하학에서) 내각의 합이 두 직각보다 큰 삼각형, 기혼 총각—자신 있게 단언할 때, 이것은 이런 것을 상상할 수 없기 때문이라기보다는 그 구성요소가 너무 정확히, 너무 샅샅이 상상되어서 그 조합의 불가능성을 그 자체로 똑똑히 상상할 수 있기 때문이다.

우리는 물질적 세계에서 의미가 어떻게 존재할 수 있는지, 생명이 어떻게 생기고 진화했는지, 의식이 어떻게 작동하는지, 자유의지가 우리의 타고난 재능일 수 있는지 온전히 상상하는 일에 아직 성공하지 못했지만, 발전은 있었다. 지금 제기하고 다루는 질문은 예전의 질문보다 나아졌다. 답이 코앞에 있다.

이 책의 초고를 읽은 사람 중에서 몇몇은 내 직관펌프 중에서 가장 잘 알려진 것 몇 개가 빠진 것을 보고 놀람과 실망을 표했다. 사실 내가 좋아하는 것들을 비롯하여 수십 개가 누락되었다. 몇 가지 경우에 대해서는 설명이 필요하리라 생각한다.

'나는 어디에 있는가Where am I?'는 내 직관펌프 중에서 가장 널리 알려진 것일 테지만, 바로 그 이유로 이 책에서는 뺐다. 이 직관펌프는 1978년에 『뇌 발작』에서 처음 소개되었고 1981년에 『이런, 이게 바로 나야!』에도 실렸다. 여남은 언어로 번역되어 발표되었고 여러 책에 수록되었다. 영화 『뇌의 피해자Victim of the Brain』(1984)에서는 이 직관펌프를 30분짜리로 극화했으며(후반부에서 내가 데닛으로 출연한다), 의식과 뇌를 다룬 1981년 BBC 다큐멘터리에서도 한 장면이 등장한다. 유명한 인형술사 린 제프리스가 1984년에 하버드의 러브 극장에서 공연한 자바어 그림자극도 있다. 구글에서 검색하면 내 논문과 수많은 의견을 볼 수 있다.

'셰이키 피자 가게의 노래The Ballad of Shakey's Pizza Parlor'[1]는 (지향성을 연구하는 철학자들의 사유를 한때 지배했으나 나머지 모든 사람에게는) 낯선 '데 레de re'(대물적) 믿음과 '데 딕토de dicto'(대언적) 믿음에 대한 가정을 논파하는 진지한 작업이다. 이 내용을 책에 실으려면, 우선 솔깃하면서도 잘못된 직관을 여러분 모두에게 감염시킨 뒤에 나의 직관펌프로 치료해야 한다. 철학자 중에는 이 모든 것을 알아야 하는 사람도 있지만, 나머지 사람들은 몰라도 아무 상관없다.

진화에 대한 장에서는 내가 좋아하는 새 생각도구인 철학자 피터 고드프리스미스의 '다윈주의적 공간Darwinian Spaces'—내가 알기로 철학에서 다차원 공간을 생각도구로서 가장 요긴하게 활용한 사례—을 마지못해 뺐다. 이 생각도구가 효과를 발휘하려면 진화론과 생물학 현상을 두루 살펴보아야 하기 때문이다. 나는 고드프리스미스의 책『다윈주의적 개체군과 자연선택』[2]에 대한 나의 검토 논문「호문쿨루스 규칙」[3]에서 다른 철학자들을 위해서 이 생각도구를 다소 전문적 용어로 설명하고 탁월한 용법 몇 가지를 제시한다. 고드프리스미스[4]의 대응도 참고하라.

내 논문「감각질 콰인하기」[5]에는 감각질이라는 철학 개념을 명료화한 뒤에 가망 없이 혼란스러운 것으로 치부하여 폐기하려고 설계한 직관펌프 열네 개가 실려 있다. 이 책에서는 감각질의 개념과 주된 문제점을 소개하기 위해 꽃양배추의 저주 하나만 실었다.「감각질 콰인하기」는 (철학자들이 즐겨 정의하는 대로의) 감각질 개념이 아직도 좋은 생각이라고 여기는 사람들에게 보완적 읽을거리일 것이다. 이 논문은 여러 책에 수록되었으며 여러 언어로 인터넷에 올라와 있다. 단행본『단꿈』[6]에는 이 주제에 대한 또 다른 논변과 직관펌프가 실렸다. 의식에 대한 그 밖의 직관펌프로는「아픔을 느끼는 컴퓨터를 만들 수 없는 이유」[7]의 '큐라레-겸-건망증curare-cum-amnestic',「로보메리가 아는 것」[8]의 '늪메리와 로보메리Swamp Mary and RoboMary',『의식의 수수께끼를 풀다』[9]의 '오웰식 및 스탈린식' 의식 모형이 있다. 이 직관펌프들을 넣으려면 발판을 더 놓아야 하는데, 그랬다가는 책이 훨씬 두꺼워졌을 것이다.

『주문을 깨다』[10]에서 소개한, 종교에 대해 생각하기 위한 여러 직관펌프와『과학과 종교: 양립 가능한가?』[11]에서 버제스 셰일을 조작하는 슈퍼맨 사례도 제외했다.

• 부록 •

레지스터 기계 문제 풀이

연습 1

프로그램 1:

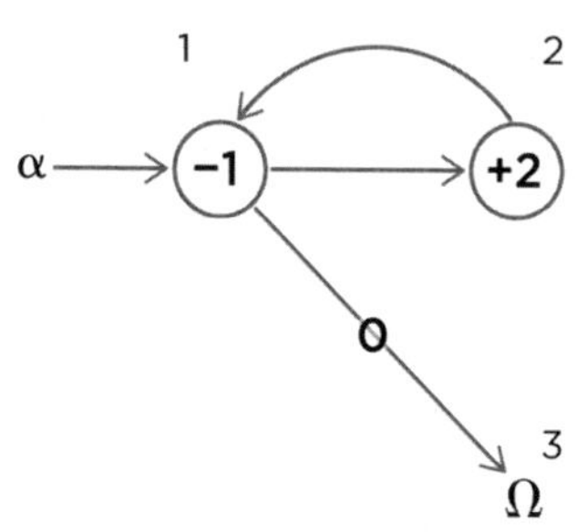

a. 프로그램 1을 실행하여 레지스터 기계가 2+5를 계산하여 7이라는 답을 내놓으려면 몇 단계가 필요할까? ('종료'도 한 단계로 간주한다.)

정답 6단계: 감량 세 단계, 증분 두 단계, 종료 한 단계(마지막 감량은 0에서의 분기다).

b. 5+2는 몇 단계가 필요할까?

정답 12단계: 감량 여섯 단계, 증분 다섯 단계, 종료 한 단계.

(여기에서 어떤 결론이 도출되는가?)

정답 내용의 순서에 따라 큰 차이가 날 수 있으므로 작은 숫자를 항상 레지스터 1에 넣는 것을 규칙으로 삼는 것이 좋겠다고 생각할지도 모르지만, 어떤 숫자가 더 작은지 우선 검사해야 하면 덧셈할 때보다 단계가 더 많이 필요하다!

연습 2

a. 이 순서도에 해당하는 RAP 프로그램을 작성하라. (프로그램이 분기하기 때문에 각 단계에 여러 방식으로 숫자를 붙일 수 있다. '이동' 명령이 올바른 단계를 가리키기만 하면 어떤 방식을 선택해도 상관없다.)

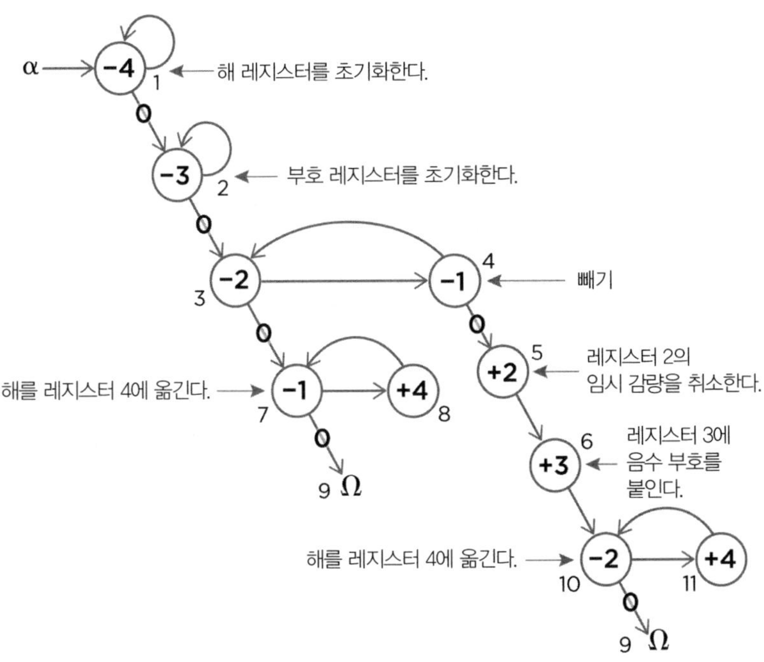

단계	명령	레지스터	이동	[분기]
1.	감분	4	1	2
2.	감분	3	2	3
3.	감분	2	4	7
4.	감분	1	3	5

5.	증분	2	6	
6.	증분	3	10	
7.	감분	1	8	9
8.	증분	4	7	
9.	종료			
10.	감분	2	11	9
11.	증분	4	10	

b. 프로그램이 3에서 3을 빼거나 4에서 4를 빼려고 하면 어떻게 될까?

정답 레지스터 4에서 0이 되어 멈춘다.

c. 4단계 이후가 아니라 3단계의 빼기 시도 이전에 레지스터 3을 초기화하면 어떤 오류를 방지할 수 있을까?

정답 시작할 때 레지스터 1과 레지스터 2 모두에 0이 있었으면 프로그램이 종료되었을 때의 답은 무의미할 수 있다(−0이 나오거나, 부호 레지스터에 0이나 1 이외의 숫자가 들어갈 수 있다.)

연습 3

a. 레지스터 1의 내용과 레지스터 3의 내용을 곱하여 해를 레지스터 5에 넣는 순서도와 RAP 프로그램을 작성하라.

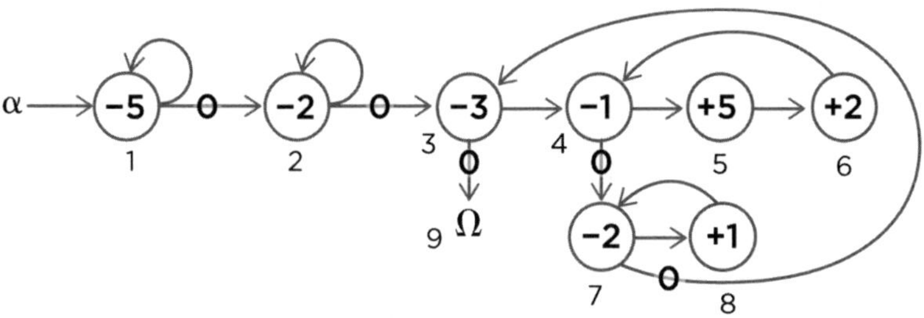

단계	명령	레지스터	이동	[분기]	
1.	감분	5	1	2	[버퍼를 초기화한다]
2.	감분	2	2	3	
3.	감분	3	4	9	[카운트다운을 시작한다]
4.	감분	1	5	7	[레지스터 1의 내용을 자신에게 더한다]
5.	증분	5	6		
6.	증분	2	4		
7.	감분	2	8	3	
8.	증분	1	7		
9.	종료				

b. (선택) 복사하기와 옮기기를 이용하여, 프로그램이 종료되었을 때 레지스터 1과 레지스터 3의 원래 내용이 복원되어 실행 뒤에 입력과 출력을 쉽게 확인할 수 있도록 문제 a의 곱하기 프로그램을 개선하라.

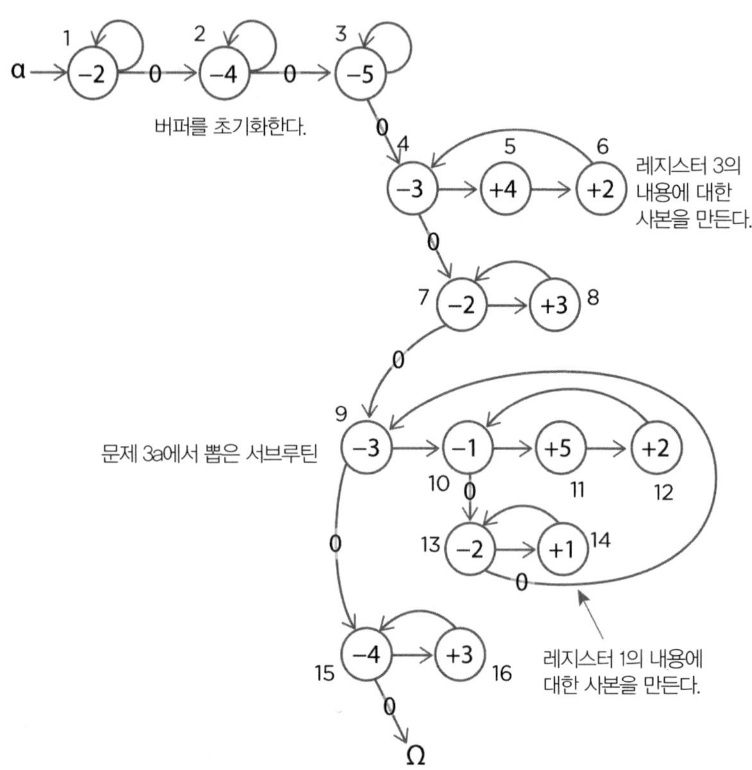

단계	명령	레지스터	이동	[분기]	
1.	감분	2	1	2	[세 버퍼를 초기화한다]
2.	감분	4	2	3	
3.	감분	5	3	4	
4.	감분	3	5	7	[3의 내용에 대한 사본을 만든다]
5.	증분	4	6		
6.	증분	2	4		
7.	감분	2	8	9	
8.	감분	3	7		
9.	감분	3	10	15	[문제 3a의 코드에서 행 번호만 바꾸었다]
10.	감분	1	11	13	
11.	증분	5	12		
12.	증분	2	10		
13.	감분	2	14	9	
14.	증분	1	13		
15.	감분	4	16	17	[원래 값을 레지스터 3에 복원한다] (레지스터 1은 13단계와 14단계에서 복원된다)
16.	증분	3	15		
17.	종료				

c. (선택) 레지스터 1과 레지스터 3의 내용을 (지우지 않은 채!) 검사하고, 둘 중에 내용이 더 작은 레지스터의 주소(1 또는 3)를 레지스터 2에 쓰고, 레지스터 1과 3의 내용이 같으면 레지스터 2에 2를 넣으라. (프로그램이 실행된 뒤에 레지스터 1과 레지스터 3의 내용은 바뀌지 말아야 하며, 레지스터 2는 레지스터 1과 레지스터 3의 내용이 같은지, 같지 않다면 어

느 레지스터의 내용이 더 큰지 나타내야 한다.)

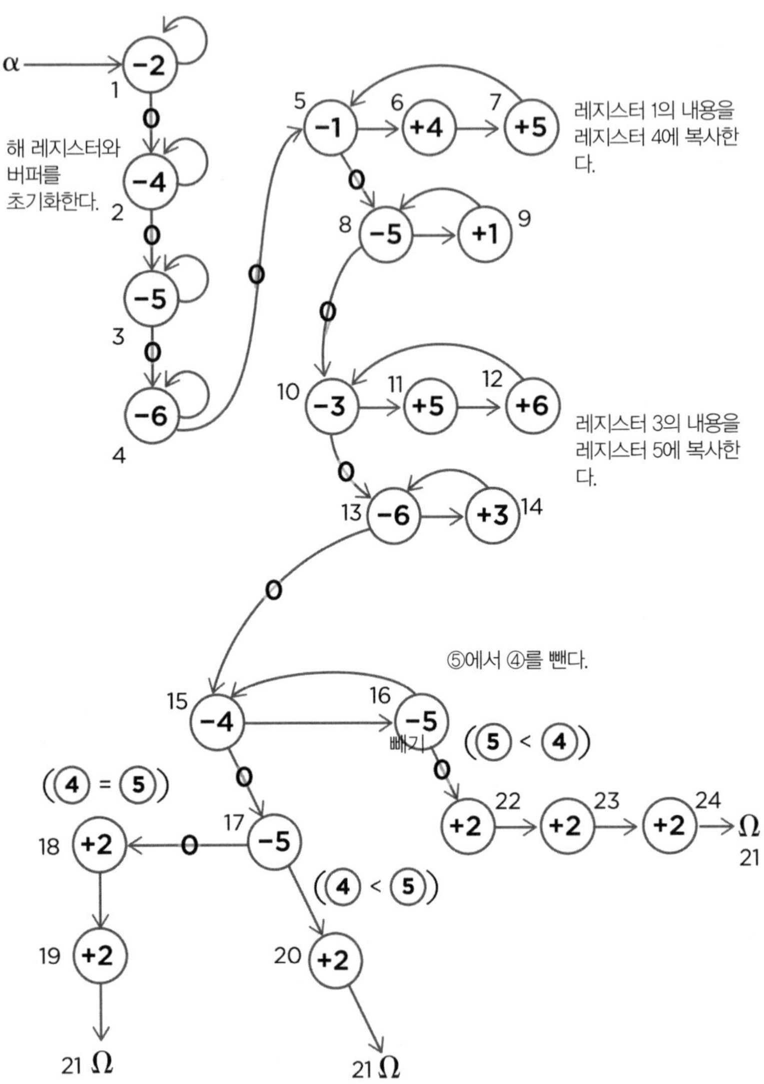

단계	명령	레지스터	이동	[분기]	
1.	감분	2	1	2	[해 레지스터를 초기화한다]
2.	감분	4	2	3	[버퍼를 초기화한다]
3.	감분	5	3	4	
4.	감분	6	4	5	
5.	감분	1	6	8	[레지스터 1의 내용을 레지스터 4에 복사한다]
6.	증분	4	7		
7.	증분	5	5		
8.	감분	5	9	10	
9.	증분	1	8		
10.	감분	1	11	13	[레지스터 3의 내용을 레지스터 5에 복사한다]
11.	증분	5	12		
12.	증분	6	10		
13.	감분	6	14	15	
14.	증분	3	13		
15.	감분	4	16	17	[레지스터 5에서 레지스터 4를 뺀다]
16.	감분	5	15	22	
17.	감분	5	20	18	[레지스터 4의 내용=레지스터 5의 내용인지 검사한다]
18.	증분	2	19		
19.	증분	2	21		
20.	증분	2	21		[레지스터 4의 내용이 레지스터 5의 내용보다 작다→레지스터 2에 1을 넣는다]
21.	종료				
22.	증분	2	23		[레지스터 5의 내용이 레지스터 4의 내용보다 작다→레지스터 2에 3을 넣는다]
23.	증분	2	24		
24.	증분	2	21		

연습 4 (선택)

레지스터 기계를 아래와 같은 간단한 휴대용 계산기로 바꾸는 순서도와 RAP 프로그램을 작성하라.

a. 레지스터 2에 연산을 저장한다.

0 = 더하기

1 = 빼기

2 = 곱하기

3 = 나누기

b. 계산할 값을 레지스터 1과 3에 넣는다.

(따라서 3 0 6은 3+6, 5 1 3은 5−3, 4 2 5는 4×5, 9 3 3은 9÷3을 일컫는다.) 그 다음 연산 결과를 레지스터 4부터 7까지에 넣는다. 레지스터 4는 부호(0은 +, 1은 −), 레지스터 5는 해의 숫자 부분, 레지스터 6은 나누기의 나머지, 레지스터 7은 입력 오류(0으로 나누거나, 레지스터 2의 연산이 정의되지 않은 경우)를 알리는 경보로 쓰인다.

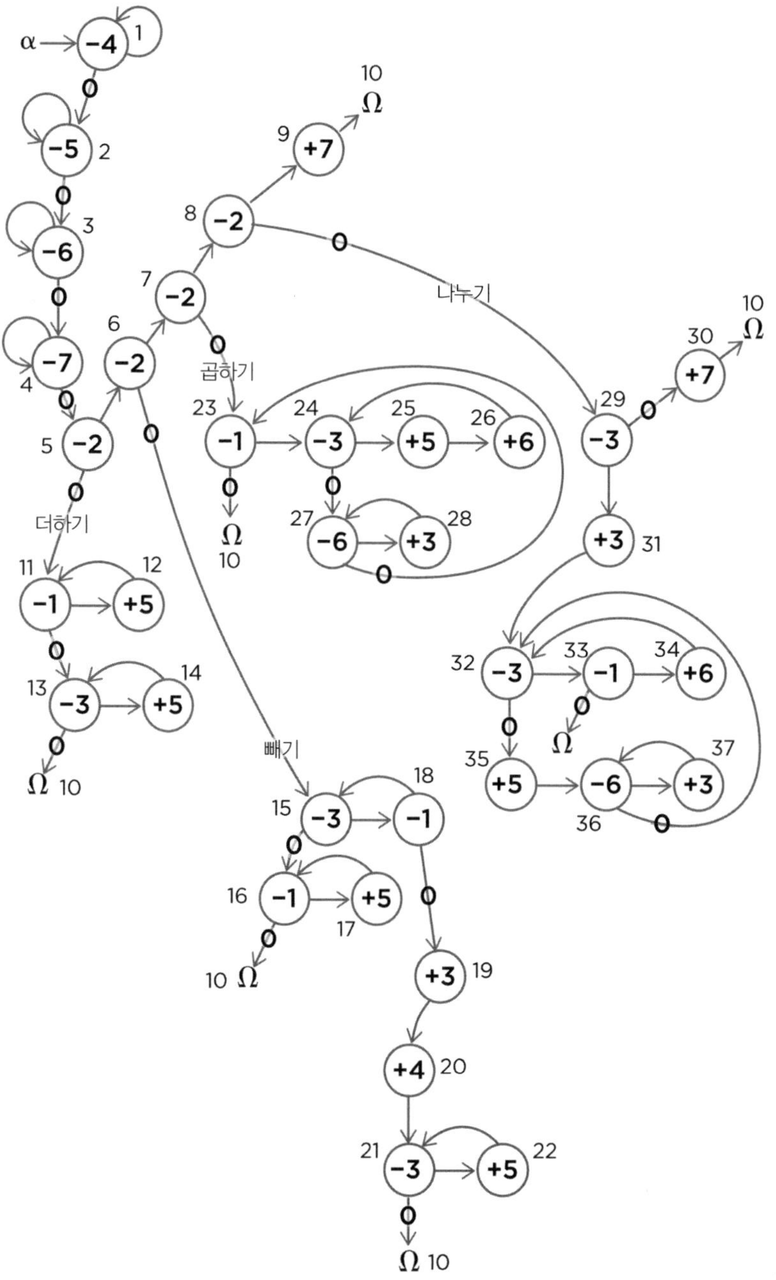

α
1
2
3
4
5
6
7
8
9
10
Ω
더하기
곱하기
빼기
나누기

단계	명령	레지스터	이동	[분기]	
1.	감분	4	1	2	[해 레지스터를 초기화한다]
2.	감분	5	2	3	
3.	감분	6	3	4	
4.	감분	7	4	5	
5.	증분	2	6	11	[더하기로 분기한다]
6.	증분	2	4		[빼기로 분기한다]
7.	감분	2	8	9	[곱하기로 분기한다]
8.	감분	2	9	28	[나누기로 분기한다]
9.	증분	7	10		[레지스터 2에서 입력된 부적절한 실행 코드에 표시하고 종료한다]
10.	종료				
11.	감분	1	12	13	[더하기를 시작한다]
12.	증분	5	11		
13.	감분	3	14	10	
14.	증분	5	13		
15.	감분	3	18	16	
16.	감분	1	17	10	[빼기를 시작 및 종료한다]
17.	증분	5	16		
18.	감분	1	15	19	
19.	증분	3	20		[레지스터 3을 복원한다]
20.	증분	4	21		[레지스터 4에 음수 부호를 넣는다]
21.	감분	3	22	10	
22.	증분	5	21		
23.	감분	1	24	10	[곱하기를 시작 및 종료한다]

24.	감분	3	24	27	
25.	증분	5	26		
26.	증분	6	24		
27.	감분	6	28	23	
28.	증분	3	27		
29.	감분	3	31	30	[나누기를 시작한다, 0으로 나누는지 검사한다]
30.	증분	7	10		[0으로 나누기 오류를 표시하고 종료한다]
31.	증분	3	32		[레지스터 3을 복원한다]
32.	감분	3	33	35	
33.	감분	1	34	10	[나누기를 종료한다]
34.	증분	6	32		
35.	증분	5	36		
36.	감분	6	37	32	
37.	증분	3	36		

• 주 •

머리말

1. 굵은 글꼴로 표시한 단어와 구절은 이 책에서 더 자세히 설명하고 논의할 생각도구 이름이다. 차례에 없는 도구도 있으니 찾아보기를 참고하라.
2. Searle(1980); Dennett(1980).
3. 호메로스와 마찬가지로 이솝은 자신의 우화만큼이나 출처가 불분명한 인물이다. 이솝 우화는 수백 년을 구전되다가 플라톤과 소크라테스의 시대를 고작 수백 년 남겨두고 처음 글로 기록되었다. 이솝은 그리스인이 아니었을지도 모른다. 그가 에티오피아 사람이었다는 정황 증거가 있다.
4. 철학자 W. V. O. 콰인(Quine, 1960)은 전자electrons나 정의justice나 말horses이나 그 밖의 모든 것에 대해 말하는 것에서 전자나 정의나 말이나 그 밖의 모든 것에 대해 '말하는 것'에 대해 말하는 것으로 '올라'간다는 의미에서 이를 '의미론적 상승semantic ascent'이라고 불렀다. 이따금 사람들은 철학자들의 이러한 이동에 반대하고("당신네는 오로지 의미론뿐이지!"), 이따금 상승은 정말 쓸모없거나 심지어 혼란을 가중하지만, 상승이 필요할 때—즉, 사람들이 동문서답을 하거나 자기 말이 무슨 뜻인지에 대한 암묵적 가정에 현혹될 때—의미론적 상승, 즉 메타 수법은 명료함의 열쇠가 된다.
5. 이 책의 많은 구절은 내가 예전에 발표한 책과 글에서 발췌했으며 원서와 다른 맥락에서 적절히 활용할 수 있도록 융통성—대다수 좋은 도구의 특징—을 높였다. 이를테면 폰 노이만 일화는 1995년에 출간한 『다윈의 위험한 생각』에서 발췌했으며 호프스태터의 수공구에 대한 논의는 2009년 《PNAS미국국립과학원회보》 논문 「다윈의 '논리의 기묘한 전도'」에서 발췌했다. 나는 일일이 후주를 달지 않고 책 뒤에 출처를 정리해두었다.
6. 최고의 예를 둘만 들자면 "철학과 과학의 관계는 비둘기와 조각상의 관계와 같다", "철학과 과학의 관계는 포르노와 섹스의 관계와 같다. 더 싸고 쉽고 일부 사람들은 더 좋아한다." (출처는 밝히지 않겠지만, 원한다면 본인이 직접 밝히는 것은 말리지 않겠다.)

1부. 열두 개의 일반적 생각도구

1. 이렇게 해도 항해사가 배의 실제 위치, 즉 지구 위에서의 점을 알 수는 없지만 '선'은 알 수 있다. 배는 '위치선line of position' 위 어딘가에 있다. 태양이 꽤 이동할 때까지 몇 시간 기다린다. 그 다음에 위치선 위의 한 점을—아무 점이나—선택하여 그 점이 바로 그 올바른 선택일 경우에 태양이 얼마나 높이 떠 있어야 할지 계산한다. 태양의 고도를 관찰하고 결과를 비교하여 보정한 뒤에 또 다른 위치선을 얻는다. 이 위치선이 원래 위치선과 교차하는 점이 배의 위치다. 그 시간 동안 태양의 고도뿐 아니라 나침반 방위까지 달라졌기 때문에 두 선은 꽤 큰 각도로 교차할 것이다. 실제로는 그 시간 동안 배도 움직이기 때문에, 속력을 계산하고 원래 위치선과 평행하게 전진한 위치선을 작도함으로써 자신이 이동하는 방향으로 첫 번째 위치선을 전진시킨다. 현실에서는 모든 것에 조금씩 오차가 있기 때문에 서로 다른 세 개의 위치선을 구한다. 세 선이 정확히 한 점에서 교차하면 솜씨가 기막히게 좋거나 운이 기막히게 좋은 것이다. 대부분은 '삼각모cocked hat'라는 작은 삼각형이 생긴다. 자신이 삼각모의 중점에 있다고 간주하면 이것이 새로 계산된 위치가 된다.
2. 이것이 이상적이지만, 인간 본성의 한계 때문에 늘 이렇게 살 수는 없다. 현재의 과학 관행에서 '알면서도 해결 못한' 문제 중 하나는 부정적 결과—무언가를 발견하려고 실험을 설계했는데 발견하지 못했을 때—가 충분할 만큼 자주 발표되지 않는다는 것이다. 잘 알려진 것처럼, 파인만은 1974년 캘리포니아 공과대학 졸업식 연설인 「화물 숭배 강연Cargo Cult Lecture」에서 체계의 이 결함을 분석하고 개탄했다(연설은 Feynman(1985)에 재수록되었다).
3. 그 학술대회에서 또 하나 잊을 수 없는 기억은 포퍼의 '대운하 첨벙 사건'이다. 포퍼는 이솔라 디 산 조르조의 보트 정박장에서 모터보트 밖으로 미끄러져 발부터 운하에 빠져 무릎까지 잠겼으나 다행히 날렵한 뱃사람 두 명이 끌어올려 부두에 올려주었다. 몹시 당황한 주최 측은 호텔로 달려가서 90대의 칼 경에게 마른 바지를 갖다 주겠다고 했지만 지금 입고 있는 바지가 포퍼의 유일한 바지였다. 게다가 30분 안에 포퍼가 학술대회를 시작하기로 되어 있었다! 그때 이탈리아인의 독창성이 빛을 발했다. 5분도 지나지 않아, 잊을 수 없는 광경이 펼쳐졌다. 칼 경이 대리석 바닥의 돔형 방—팔라디오가 설계했다—한가운데에 놓인 작은 의자에 위풍당당히 앉은 채, 미니스커트 차림의 젊은 여인 대여섯 명이 무릎을 꿇고 그의 바지 아랫부분을 헤어드라이어로 열심히 말렸다. 전기 코드가 방사상으로 벽까지 뻗어 색색의 인간 데이지 꽃을 연출했다. 가운데의 칼 경은 동요하지도 미소 짓지도 않았다. 15분 뒤, 다리가 다 마른 칼 경은 주먹으로 강연대를 쾅쾅 두드리며 자신의 이원론에 대해 열변을 토했다.

4. 해상법은 전문가—해상법 변호사—만이 알 수 있는 함정과 예외 규정이 곳곳에 흩어져 있어 복잡하기로 악명이 자자하다. 따라서 '해상법 변호사질하기'는 책임을 면하거나 남에게 잘못을 덮어씌우려고 꼼수를 쓰는 행위를 일컫는다.
5. 액설로드 토너먼트(Axelrod and Hamilton, 1981; Axelrod, 1984)는 이타심의 진화를 이론적으로 연구하는 신생 분야를 개척했다. 나는『다윈의 위험한 생각』(Dennett, 1995, pp. 479-480)에서 이에 대해 간략하게 설명했으며, 전 세계 연구실에서 시뮬레이션으로든 실험으로든 수많은 변형이 쏟아져 나왔다. "네가 나를 안 때리면 나도 너를 안 때린다"라는 아이디어를 기막히게 단순하게 구현한 래퍼포트의 규칙은 모든 연구와 모형의 씨앗이 되었다.
6. 이것은 여러 해 전에 래퍼포트와 주고받은 편지—지금은 남아 있지 않다—에 대한 기억으로부터 내가 직접 정리한 것이다. 최근에 새뮤얼 루스는 래퍼포트 규칙의 원래 출처가 래퍼포트의 책『싸움, 놀이, 논쟁』(Rapoport, 1960)과 논문「갈등의 세 양상」(Rapoport, 1961)에 실려 있다고 알려주었다. 두 글에는 규칙 1과—출처는 칼 로저스라고 한다—나머지 규칙(의 변형)이 명시되어 있다. 내 버전은 좀 더 널리 적용할 수 있도록 개선한 것이다.
7. Morgan(1894: 128).
8. Hofstadter(1979, 1985).
9. Gould(1992b: 12).
10. Gould(1989a: 14).
11. Dennett(1993), 개인편지.
12. Dennett(1993: 43).
13. Dennett(1993: 44).
14. Block(1994).
15. 이에 질세라 철학자 제리 포더(Fodor, 2008)는 자신의 '당연하지'들을 이탤릭체로 표시하고 반복하는(이를테면 p. 38) 습관을 채택했다. 마치 "의심 많은 자여, 좀 믿어라! 의심 많은 자여, 좀 믿어라!"라고 말하는 듯.
16. Block(1994: 27).
17. Dennett(1994a: 549).
18. Dennett(2007b: 252).
19. 미리엄은 내가 자신의 용어를 쓰는 것을 최근에 인터넷에서 알고는 연락을 해 왔다. 미리엄의 원래 버전은 다소 달랐지만 취지는 같았다. "저희 가족 사이에서는 약간 경멸하는 뉘앙스예요. 말하는 사람 스스로를 띄우려고 진리인 것처럼

치장하는 개념을 일컫거든요." 미리엄은 자신의 아버지가 내게 말해준(내가 기억하는) 버전을 쓰는 것과 자신의 훌륭한 신조어를 내가 다소 협소하게 재정의하는 것을 너그럽게 허락했다.

2부. 의미 또는 내용을 위한 생각도구

1. 일부 열성분자는 동물이 말할 수 있으며 우리가 아직 동물의 언어를 발견하거나 번역하지 못했을 뿐이라고 주장할 것이다. 이것은 언제까지나 솔깃한 아이디어이지만, 최근 유인원, 조류, 돌고래의 의사소통을 포괄적으로 연구한 바에 따르면 동물은 '생각을 공유하는' 능력이 매우 제한적이다. 그것이 언어라면 흰개미는 공학자이고 사마귀praying mantis는 종교인이고 늑대는 의회주의자다.
2. 제리 포더(Fodor, 1975)는 선구적인 저서『사고언어』에서 이 수사 의문문을 매우 효과적으로 구사했으며, 린든 존슨의 도전적 발언 "나는 당신네들의 유일한 대통령이다"(p. 27)를 인용하며 그 수사 의문문에 함축된 대답을 부각했다.
3. 이 결론은 곧잘 정신의(또는 지향적) '전체론holism'으로 불린다. 포더는 전체론을 단호하게 부정했으며, 정확히 한 가지 믿음만 있는 피조물을 상상하는 데 아무 문제가 없다고 주장한다(Fodor and Lepore, 1992).
4. Sellars(1962: 1).
5. von Uexküll(1957).
6. Gibson(1979).
7. 이 예의 중요한 세부 사항은 27장에서 살펴볼 것이다.
8. 데이지가 된다는 것이 어떤 것인가에 대해 환상을 품고 싶어 하는 사람들에게 사과한다. 이들에게는 '환경세계Umwelt' 개념이 위로가 될 것이다. 이 개념을 도입하면, 야단법석 피우지 않고도 데이지가 실제로 얼마나 대단한가를 공정하게 평가할 수 있다.
9. Wimsatt(1980).
10. 이 경구가 맞아떨어지는 사람으로는 철학자 루트비히 비트겐슈타인, 미술가 파울 클레, 비평가 빅토르 슈클로프스키가 있다.
11. Barrett(2000); Dennett(1983)도 참고.
12. Dennett(2006a).
13. 예외를 보면 차이를 잘 알 수 있다. 중증이든 경증이든 다양한 형태로 나타나는 자폐증의 가장 뚜렷한 증상 중 하나는 민간심리학을 힘들어한다는 것이다. 템플 그랜딘처럼 타인을 해석하는 능력이 있는 자폐증 환자는 힘들게 얻은 이론에

의존하는 것처럼 보인다. 우리는 타인을 수월하게 바라보고 동작과 미소와 상황의 의미를 저절로 이해하지만, 그랜딘은 자신이 관찰하는 것의 의미를 추론해야 한다. 그랜딘은 풍부한 증거를 수집한 덕에, 위협과 대조적인 다정한 인사의 특징을 분간하고 사람들이 언제 동의하는지 알 수 있다. 그랜딘은 약속과 매수, 농담과 거짓말을 구별하는 법을 스스로 익혔다. 시트콤 〈빅뱅 이론The Big Bang Theory〉의 등장인물 셸던 쿠퍼는 자폐증의 약한 형태인 아스퍼거 증후군 환자의 예로 유명하다. 시청자들은 쿠퍼가 번득이는 과학적 정신을 발휘하고, 시험관 화학 반응에서 촉매의 효과를 분석하듯 자신이 맞닥뜨리는 상황의 세부 사항을 추론하는 광경을 보고 듣는다. 템플 그랜딘과 (허구적 인물) 셸던 쿠퍼가 마음 이론을 가진 것은 분명하다. 그들에게 타인인 우리에게도 마음 이론이 있지만 그것은 그들의 이론과 별로 비슷하지 않다.

14. 내가 이것을 (이를테면) '합리적 행위자' 태도나 '믿음욕구' 태도가 아니라 '지향적' 태도라고 부른 이유는 당시(1971년)에 '지향성'을 다루는 철학자들의 연구 대부분이 (믿음, 욕구, 기대의 '명제적 태도'를 보고하는 데 쓰이는) '지향적 관용어'의 논리와 연관되었기 때문이다. 논리적 문제를 제기할 뿐 아니라 해결책을 가리키는 것은 바로 이 관용어에서 암시하는 대함성이다. 믿음이나 문장은 존재하지 않는 것(이를테면 산타클로스)에 대한 것일 수 있으며, 믿음은 존재하지 않는 것(이를테면 청춘의 샘이나 사막 한가운데에서의 차가운 물 한 잔)을 향한 것일 수 있다. 행위자가 무언가에 '대해' 생각할 때, 지향적 태도는 바로 그 무언가에 '대한' 것이다. 우리가 일상에서 '의도적으로' 받아들이는 무언가가 '아니다'. 지향적 태도는 대체로 비자발적이며 좀처럼 눈에 띄지 않는다.

15. Dennett(1984a).

16. 1983년《행동과학과 뇌과학Behavioral and Brain Sciences》에 실린 나의 표적 논문「인지행동학에서의 지향계: '낙천적 패러다임'을 옹호하다Intentional Systems in Cognitive Ethology: The 'Panglossian Paradigm' Defended」에 자세한 내용과 더불어 매혹적인 반박과 재반박의 합창이 담겨 있다. 지향적 태도를 더 최근에 다듬은 논문과 일반적 반론에 대한 추가적 재반박으로는 내 논문「지향계 이론」(Dennett, 2009c) 참고. 2부에서는 이 논문의 내용을 부분적으로 원용했다.

17. 이것은 내 책『의식의 수수께끼를 풀다』(Dennett, 1991a)의 핵심 주장이다. 그런 특별한 장소—나는 '데카르트 극장'이라고 부른다—라는 개념이 무척 솔깃하긴 한가 보다. 나를 비롯한 사람들이 아무리 근거를 제시해도 많은 사상가들이 여전히 내 주장을 받아들이지 않으니 말이다.

18. Dennett(1996a: 77).

19. 철학자들이 애용하는 사고실험 '통 속의 뇌the brain in the vat'에서, 살아 있는 뇌가, 다

년간의 경험을 가진 소프트웨어로 모든 하드웨어를 구성하려면 몸속에서 산 적이 있어야 한다는 사실은 그다지 언급되지 않는다. 뇌를 '그냥' 즉석에서 만들고 요소들이 되는 대로 연결되게 둔다면—말하자면, 완전히 새로운 뇌를 무작위로 배선하면—뇌가 하등의 능력을 가지거나 하등의 일관된 개념이나 의도나 예상이나 하등의 (명백한) 기억을 품을 가능성은 천작을 것이다(35장 참고). 또한 32장 참고.

20. Dennett(1969: 87).

21. Dennett(1978a).

22. Haugeland(1985).

23. Haugeland(1985: 80).

24. '개념 증명'은 유용하지만 위험한 공학 용어다. 누군가가 내게 매우 정교하고 복잡한 장치를 설계해달라고 요청하면, 나는 매우 단순한 장치를 설계하고—'장난감 문제'라는 근사한 이름이 붙은 문제를 해결한다—이 장치가 기본적 작업을 수행하면 내가 '개념 증명'을 했으며 남은 문제는 요청받은 대로 온전한 능력을 갖춘 장치로 '키우'는 것뿐이고 여기에는 돈과 시간만 더 들어가면 된다고 호언장담한다. 어려운 개념적 문제는 '해결'되었다는 것이다. 이따금 장담한 대로 이루어지기도 한다.

25. Sebastian Seung(2007).

26. 모두가 이 생각에 찬성하는 것은 아니다. 최근 신경과학자 맥스 베넷과 철학자 P. M. S. 해커가 공저한『신경과학의 철학』은 이 생각을 한껏 경멸한다. 자세한 반박(과 내 반박에 대한 그들의 재반박)은 Bennett et al.(2009) 참고.

27. Siegel(1991).

28. Siegel(1991: 425).

29. Bateson(1916: 91).

30. 신경망 모형에 대한 개요를 이해하려면 내가 쓴「계산적 접근법의 논리적 지리학: 동극東極에서 바라본 풍경」(Dennett, 1986) 참고. 포괄적인 첫 논문집으로는 McClelland, Rumelhart, and PDP Research Group(1986) 참고.

31. 후두(시각) 피질(과 그 밖의 영역들)의 흥분 패턴이 실제로 내 눈앞의 세계에 있는 물체들의 (왜곡된) 모양을 얻는 것은 사실이지만, 뇌 속에서 무언가가 그 모양을 '바라보'고 있을까? 어쩌면 무언가가 그 모양을 보는 셈일 수는 있을 것이다. 이 생각은 신중하게 접근해야 한다.

32. Fodor(1975, 2008).

33. Pinker(2002).

3부. 컴퓨터에 대한 막간 설명

1. Tom Wolfe(2000).
2. Hao Wang(1957).
3. 동료 조지 스미스는 1980년대 중엽에 터프츠 대학에서 컴퓨터학 개론을 나와 함께 가르치면서 내게 레지스터 기계를 소개해주었다. 조지는 레지스터 기계의 엄청난 교육적 잠재력을 인식하고 설명 체계를 발전시켰는데, 이 책에서는 달라진 교육 대상에 맞추어 수정했다. 이 강좌는 조지와 내가 터프츠 대학에서 설립한 커리큘러 소프트웨어 스튜디오의 모태가 되었다.
4. 연습 문제의 정답은 부록에 있다.
5. 이 말은 나머지 연습이 필수라는 뜻이다! 정말이다. 이 생각도구를 제대로 활용하고 싶다면 연습, 연습, 또 연습하여 손에 익혀야 한다. 간단한 필수 연습 문제를 푸는 데 한두 시간이 걸릴 수도 있지만 그만한 가치가 있다.
6. 시인 바이런의 딸 에이다 러브레이스는 놀라운 수학자였다는 말로는 부족하다. 1843년에 배비지의 해석기관에 대한 이탈리아어 논평을 자신의 주와 함께 번역 출간했는데, 원본보다 더 길고 심오했다. Menabrea(1842) 참고. 주에서 러브레이스는 배비지의 기관을 이용하여 베르누이 수를 계산하는 시스템을 꼼꼼히 만들어냈다. 이 덕분에 러브레이스는 곧잘 최초의 컴퓨터 프로그래머로 불린다.
7. Gerald Popek and Robert Goldberg(1974).
8. 인지신경과학과 계산론적신경과학은 이 수준을 알아내려는 연구다. 두 하위 분야의 주된 차이점은 무엇을 강조하느냐다. 계산론적신경과학자들이 자신의 개념에 대해 실제로 작동하는 (컴퓨터) 모형을 제작하는 일에 매달리는 반면에 인지신경과학자들은 (낮은 수준의 모형에서 구현되어야 하는) 능력과 상호작용의 고수준 패턴을 개략적으로 나타내는 데 만족하는 경우가 많다. 컴퓨터학에서도 비슷한 줄다리기가 여러 해 동안 벌어졌다. 한쪽 끝에서는 실제 프로그램을 짜지 않고 어떤 임무를 성공적으로 수행할 프로그램의 '규격'에 대한 사실을 나타내는 데 만족하는 인공지능 예언자가 있는가 하면, 반대쪽 끝에는 실제로 작동하며 작업을 수행하는 코드를 보기 전에는 심드렁한 고집불통 공학자가 있다. 그들은 실제 코드 이외의 것은 소프트웨어가 아니라 베이퍼웨어vaporware(판매 계획 또는 배포 계획은 발표되었으나 실제로 고객에게 판매되거나 배포되지 않고 있는 소프트웨어_옮긴이)라며 코웃음 친다. 하지만 사변적 동료들에 대한 이들의 불만은 서로 다른 수준을 연구하는 신경과학자들 사이에서 관찰되는 적대감에 비하면 새 발의 피다. 어떤 실험실 소장이 이런 말을 했다(그의 전문 분야는 신경 축삭의 칼슘 경로다). "우리 실험실에는 이런 속담이 있습니다. 신경세포 하나를 연구하면 신경과학이고 신경세포 두 개를 연구

하면 심리학이라는 거죠." 칭찬으로 하는 얘기는 아니었다! 인지신경과학이 언론의 주목을 독차지한 뒤로—착시, 기억, 의식, 말하기, 이해에 대한 새로운 발견에는 모두가 매혹되지만, 수백 가지 신경조절물질과 수용체, 별아교세포-신경세포 상호작용, …… 또는 칼슘 경로에 대해 모두가 흥분하는 것은 아니다—계산론적신경과학자들은 인지신경과학에 몸담은 이웃들을 대할 때 매우 높은 수준의 직업적 시기심을 느낀다.

9. Dennett(1995a).

10. 내 동료 레이 재켄도프(Jackendoff, 1993)는 이를 언어 학습의 역설이라고 부른다. 아이들이 아무렇지도 않게 흡수하고 준수하는 문법 규칙을, 전문 언어학자들은 어떻게 표현해야 할지 알아내느라 아직도 씨름하고 있다.

11. 사실 데카르트는 대단한 상상력을 발휘하여 매우 훌륭한 아이디어에 적어도 가까이 다가갔다. 데카르트는 줄을 잡아당기면 작은 문이나 구멍이 열려 그동안 억눌려 있던 '동물 정기animal spirit'(뇌척수액)가 쏟아져 나와 일종의 유압 작용을 할 수 있을 거라 상상했다. 증폭기에 대한 설명으로 나쁘지 않다! 그뿐 아니라 이런 장치(자동 '반사')로 (적어도 일부의) 지적인(적절한) 작업을 순전히 기계적으로 할 수 있으리라고 생각했다. 발을 뜨거운 불에 갖다 대면 열이 줄을 잡아당겨 발을 움츠리는 것이 그가 든 예였다. 이것은 뇌의 기계적 작용으로 충분하며 마음은 전혀 필요하지 않다!

4부. 의미를 위한 그 밖의 생각도구

1. 전문가를 위해 사족을 달자면, CYC(Lenat and Guha, 1990)는 사고언어 같은 것을 인공지능으로 구현하려는 시도 중에서 가장 인상적인 것임에 틀림없다. 인사이클로피딕enCYClopedic은 대부분 수작업으로 코딩한 데이터베이스를 전용 추론기관이 관장한다. CYC는 많은 사람이 참여하여 25년 넘게 발전했으나, 생물학적 요소와 심리학적 요소는 설계에 전혀 반영되지 않았다. (위키피디아의 CYC 항목 참고.) 마이크의 '빨강머리에 대한 거시기'는 공리화된 빨강머리 미시이론을 뇌어로 구축하여 CYC 같은 대규모 데이터베이스에 주입한 것일 리 만무하다. 우리는 이런 부류의 사물에 대한 수많은 거시기로 얼마나 많은 일을 해낼 수 있을지에 대해, 매우 단순한 모형(이를테면 로드니 브룩스와 동료의 곤충형 포섭 구조insectoid subsumption architecture—Brooks, 1987 참고)을 제외하고는 직접 연구한 적이 없어서 아직 모른다. 브룩스의 코그Cog 프로젝트(휴머노이드 로봇—Dennett, 1994b 참고)에서 중요한 이론적 관심사 중 하나는 내용적 구조와 관련하여 이렇게 비非명제적인 모형을, 인간 심리로 인식될 수 있는 영역에 욱여넣었다는 것이다.

2. John Searle(1980).

3. 이 직관펌프를 처음 고안하면서 25센트 감지기의 (이제는 안 쓰는) 속어를 쓰는 게 아니었는지도 모르겠다. 하지만 이미 써버렸고 꽤 정착되었으니 그대로 두도록 하겠다. 미화 25센트를 일컫는 'two bits'의 (애매한) 어원은 금화doubloon와 은화pieces of eight 같은 해적 시대의 유물로 거슬러 올라간다.

4. Millikan(1984).

5. 무쇠(주물) 다리미—여러분의 증조할머니가 가족의 옷을 다릴 때 썼던 종류의 다리미—는 문버팀쇠로 제격이다. 골동품점이나 '수집품' 웹사이트에서 하나 사려거든 복제품 말고 진품을 고르시길. 무늬만 옛날식 무쇠 다리미인 그냥 철제 문버팀쇠를 파는 경우가 있기 때문이다. 지금으로부터 100년이 지나면 누군가 2비트 기계를 꼭 닮은 이색적 문버팀쇠를 제작할지도 모르겠다. 동전이 화폐로 쓰이던 시절에 여러분의 증조할아버지가 쓰던 장치 말이다.

6. Millikan(1984).

7. 철학자 힐러리 퍼트넘(Putnam, 1975)이 쌍둥이 지구를 고안한 것은 여러 해 전이다. 내 직관펌프는 퍼트넘이 제시한 적절한 세부 사항이 재현되도록 세심하게 구성했다. 2비트 기계 이야기는 사실 퍼트넘의 직관펌프 손잡이를 정교하게 재설정한 것에 불과하다. 지난 35년간 철학자들은 수십, 아니 수백 가지 변형에 대해 논의했다. 원래 이야기에서 퍼트넘은 지구의 물과 쌍둥이 지구의 가짜 물(H_2O가 아니라 XYZ로 이루어졌다)을 선택했지만, 이 예를 쓰면 우리의 직관펌프에 알맞지 않은 복잡한 문제가 생기기 때문에 이 이야기에서는 많을 일종의 쿼터발보아로 선택했다.

8. Richard Dawkins(1976).

9. 티컴세 피치는 중요한 논문 「나노지향성: 본래적 지향성 옹호」(Fitch, 2008)에서 진핵 세포가 (조상인 원핵생물과 달리) '본래적' 지향성을 진화시킨 최초의 생물이라고 주장한다. 자기 보호 능력이 조상보다 훨씬 발전했다는 이유에서였다. 개별 세포의 자율성과 행위자성에 대한 강조는 내가 호문쿨루스 기능주의를 수정하는 데 큰 영향을 미쳤지만(20장 참고), 유한 후퇴를 진핵생물에서 중단하려는 시도에는 동의하지 않는다. 원핵생물은 진핵생물 못지않게 "기계로 대체할" 수 있다. 행위자성은 단백질까지 내려가 이기적 유전자에서 끝난다.

10. 이 문단의 모든 것을 단호하고도 열렬히 부정하는 글로는 포더와 피아텔리팔마리니의 『다윈이 틀린 것』(Fodor and Piatelli-Palmarini, 2010) 참고. 여러분이 지금 읽고 있는 이 책이 완전히 틀렸거나 저 책이 완전히 틀렸거나 둘 중 하나다. 이 책의 견해를 더 상세하게 옹호하는 글로는 6부와 나의 「추론의 진화Evolution of Reasons」(근간) 참고.

11. 루스 밀리컨은 1984년부터 내놓은 일련의 탁월한 저작들에서 이 주장을 나보다 자세히 전개했다. 현 상황을 알려면 『밀리컨과 비판자들』(Ryder et al., 2013) 신판 참고.

12. Quine(1960).

13. 철학자 존 호글런드(Haugeland, 1981, p. 23) 말마따나 인공지능의 첫 번째 원리는 "통사론에 신경 쓰면 *의미론은 자기가 알아서 할 것이다*"다. 이 구호는 여러 관점에서 생각할 수 있다. 이것을 너무 희망적으로 생각한 사람들은 거대한 데이터베이스, 즉 (순전히 통사적인) 추론기관으로 관리하고 활용할 수 있는 세계 지식의 공리적 형식화를 찾아 나섰다. (CYC가 가장 좋은 예다.) (많은 전문가들이 보기에) 비현실적이라는 사실이 입증되었음에도 이 구호는 뇌가 일종의 컴퓨터(따라서 통사기관)이고 그 설계 덕분에 의미기관의 작업을 거의 비슷하게 한다는 것을 훌륭하게 표현하여 살아남았다.

14. Davidson(1987).

15. Davidson(1987: 443-444).

16. IBM 왓슨은 시의적절하게 등장하여 나의 과학적 허구를 과학적 사실로 바꾸었다. 원한다면 상자 A에 왓슨이 들어 있고 상자 B에는 보가 독자적으로 개발한 스웨덴어판 왓슨이 들어 있다고 가정할 수 있다. 이 사고실험(Dennett, 1995a)을 처음 발표했을 때만 해도 내가 말할 수 있는 것은 이것이 고작이었다. "이런 프로젝트의 현실 사례에 대해서는 더글러스 레너트가 MCC[Microelectronics and Computer Technology Corporation]에서 진행한 대규모 CYC('백과사전[encyclopedia]'의 약자) 프로젝트를 참고하라." 또한 28장에서 CYC에 대한 각주를 참고. 왓슨으로 대표되는 인공지능 접근법은 1995년에만 해도 좀처럼 상상하기 힘들었지만, 그 뒤로 큰 발전이 있었다. 대부분 수작업으로 코딩하는 CYC와 달리 왓슨은 인터넷에서 혼자 힘으로 사실들을 수집하여 가용 데이터의 통계적 속성을 효과적으로 이용할 수 있다. 왓슨과 CYC 둘 다 나름의 방식으로 데이터 뱅크의 데이터를 (대규모 데이터베이스가 탑재된 다른 컴퓨터보다 훨씬 잘) 이해하는 셈이다.

17. 이 직관펌프를 처음 만들었을 때에는 아스키(정보 교환용 미국 표준 부호[American Standard Code for Information Interchange]) 부호가 거의 모든 워드 프로세싱, 전자우편, 인터넷 언어의 표준 형식이었다. 그 뒤로 하위 호환성이 있는 확장된 형식인 UTF-8이 이를 보완했다. UTF-8은 '8비트 보편 (문자 집합) 변환 형식[Universal (Character-set) Transformation Format8-bit]'의 약자다. 즉, 아스키는 여전히 UTF-8의 부분집합이다.

18. 철학자만 볼 것. 혹자는 「진짜 패턴」(Dennett, 1991b)의 패턴 설명이 내용에 대한 '수반현상론[epiphenomenalism]'이라고 주장했다. 이것이 내 대답이다.

19. 이 가설이 내 머릿속에 떠오르면 화성인은 콰인의 원초적 번역 중 한 버전에 속할 수 있지만, '정보 제공자' A와 B를 앉혀놓은 채 물건을 들고 '공?', '연필?' 따위로 질문할 수 없기에 임무의 어려움이 가중될 것이다.

20. 진화사에 대한 역사적 사실의 해석에서도 같은 교훈을 이끌어낼 수 있다. 지금껏 살았던 모든 기린의 역사에서 모든 인과적 사실을 비길 데 없이 세세하게 묘사할 수 있더라도, 한두 수준 위로 올라가 "왜?"라고 묻지 않는다면—어머니 자연이 승인한 '이유'를 탐구하지 않는다면—현시적 규칙성—이를테면 기린의 목이 길어진 사실—을 결코 설명할 수 없을 것이다. (5부에서 더 설명한다.)

21. 나는 올바른 과학적 의미 이론이 어떤 모습일지에 대해 나름의 감이 있다. 의미 이론은 경직된 불(논리적) 구조의 GOFAI good old-fashioned artificial intelligence(구식인공지능)을 더 유연한 베이지언적(통계적, 확률론적) 패턴 탐색망으로 대체할 것이다. 하지만 이 개념을 발전시키는 것은 또 다른 시간과 장소에 걸맞은 임무다.

5부. 진화를 위한 생각도구

1. 어떤 논평가들은 내가 다윈의 생각을 만능산에 비유한 것이 DNA에서 영감을 얻은 것이라고 생각했다. 공교롭게도 DNA는 디옥시리보 핵'산'이니 말이다. 하지만 내가 염두에 둔 것은 더 보편적이다. DNA는 우리 행성의 유일한 진화 매체가 아니다. 우주 전체에 또 다른 진화 사례가 있을지도 모를 일이다.

2. Borges(1962).

3. 보르헤스는 숫자를 조금 다르게 선택했다. 그의 책은 410쪽, 40행, 80칸이었다. 책 한 권의 전체 글자 수는 내 것과 거의 비슷하다(1,312,000개 대 1,000,000개). 나는 편의상 더 단순한 숫자를 선택했다. 보르헤스는 구성 요소가 25개뿐인 글자 집합을 선택했는데, 스페인어 대문자(구두점은 공백, 쉼표, 마침표만)에는 충분하지만 영어에는 미흡하다. 나는 모든 로마자 알파벳 언어의 대문자와 소문자, 구두점을 담을 수 있도록 넉넉한 숫자인 100을 선택했다.

4. 스티븐 호킹(Hawking, 1988, p. 129. 한국어판은 2007, 166쪽)은 이렇게 표현해야 한다고 주장한다. "우리가 관측할 수 있는 우주의 영역 속에는 자그마치 약 10^{80}개나 되는 입자들이 존재한다 There are something like ten million million million million million million million million million million million million million (1 with eighty zeroes after it) particles in the region of the universe that we can observe." 마이클 덴턴(Denton, 1985)은 관찰 가능한 우주에 10^{70}개의 원자가 있을 것으로 추정한다. 만프레트 아이겐(Eigen, 1992, P. 10)이 계산한 우주의 부피는 10^{84}세제곱센티미터다.

5. 바벨의 도서관은 유한하지만, 흥미롭게도 영어의 문법적 문장을 모두 담을 수

있다. 하지만 후자는 무한 집합이다. 그런데 도서관은 유한하다! 길이를 막론하고 모든 영어 문장은 500쪽짜리 덩어리로 분해되어 각각이 도서관 어딘가에 보관된다! 어떻게 그럴 수 있을까? 어떤 책은 두 번 이상 이용될 수 있다. 가장 비효율적인 경우가 가장 이해하기 쉽다. 글자 한 개와 공백으로만 이루어진 책이 있으므로 이 100권의 책을 반복해서 이용하면 어떤 길이의 문장이라도 만들 수 있다. 콰인(Quine, 1987)이 유익하면서도 재미있는 논문「만물의 도서관Universal Library」에서 지적하듯, 책을 재사용하는 이 전략을 활용하여 모든 것을 자신의 워드프로세서가 쓰는 아스키코드로 변환하면 아주 얇은 책 두 권에 바벨의 도서관을 통째로 저장할 수 있다. 하나는 0이 인쇄된 것이고 또 하나는 1이 인쇄된 것이다! (또한 콰인은 심리학자 테오도어 페히너가 만물의 도서관 개념을 보르헤스보다 훨씬 오래전에 제시했다고 지적한다.)

6. 콰인(Quine, 1987)은 같은 뜻으로 '초천문학적hyperastronomic'이라는 용어를 만들었다.
7. 『웃음의 골짜기』(De Vries, 1953). 다음 문장은 이렇게 이어진다. "조금도 거리낄 것 없어. 밤이나 낮이나 언제든 전화해. ……" 또한 드 브리스는 글자 하나가 달라졌을 때 얼마나 큰 효과를 거둘 수 있는지 알아보는 놀이를 고안한 듯하다. 그중 최고의 말장난을 몇 개만 들자면, "이 숲이 누구 숲인지 알 것도 같다. / 허나 그의 집은 빌리지(마을village → 그리니치빌리지Village)에 있으니"(로버트 프로스트의 시 「눈 오는 저녁 숲가에 서서Stopping by woods on a snowy evening」를 패러디한 것_옮긴이). 다른 사람들도 놀이에 합세했다. "돌연변이 홉스 가라사대, 자연 상태에서 '인간의 마누라(삶life → 마누라wife)는 외롭고, 가난하고, 비참하고, 잔인하고, 그리고 짧다." 이 질문은 또 어떤가? "내가 내 매음굴(아우brother → 매음굴brothel)을 지키는 자이니까?"
8. Richard Dawkins(1986).
9. Ridley(1993: p. 45, 한국어판은 2006: 86쪽).
10. Dawkins(2004: p. 155–156, 한국어판은 209~210쪽).
11. MacKenzie(1986).
12. 이를테면 Dawkins(1996: 4).
13. Dawkins(2004: p. 457, 한국어판은 2007: 605쪽).
14. Ruina(2011) 참고.
15. 『옥스퍼드 영어사전Oxford English Dictionary』
16. 아주 불가능한 건 아니다. 회전 주기가 지구의 자전과 같은 정지 위성은 실제의, 기적적이지 않은 공중기라고 할 수 있다. 정지 위성이 그토록 쓸모 있는—위성

을 쏘아 올리는 막대한 비용을 감당할 만큼—이유는 하늘 높은 곳에 무언가(안테나나 카메라, 망원경)를 달아야 할 때가 많기 때문이다. 안타깝게도 위성은 '기중'에는 비현실적이다. 너무 높이 달려 있어야 하기 때문이다. 이 아이디어는 진지하게 검토된 적이 있다. 물건을 들어올리는 것은 고사하고 밧줄의 자체 무게를 지탱하려고만 해도, 지금껏 제조된 것 중에서 가장 질긴 인조섬유 밧줄을 쓰고 꼭대기 부분의 지름이 100미터를 넘어야 할 것이다(아래로 내려올수록 가늘어져도 되기 때문에 맨 밑에서는 낚싯줄처럼 아예 보이지 않아도 된다). 설령 그런 밧줄을 삼을 수 있더라도, 밧줄이 궤도를 이탈하여 도시에 떨어지는 것을 바라는 사람은 없을 것이다!

17. 2012년 8월 6일에 탐사 로봇 '큐리오시티Curiosity'를 화성 표면에 착륙시키기 위해 발명된 '공중 기중기sky crane'를 보고 기뻤다. 이름이 스카이'훅'이 아니라 스카이 '크레인'이어서 더더욱 기뻤다. 이것은 굉장한 공학의 산물이지 기적과는 거리가 멀기 때문이다.
18. Holland(1975).
19. Maynard Smith(1978).
20. Gould(1977: p. 99, 한국어판은 2009: 133쪽).
21. Zahavi(1987); FitzGibbon and Fanshawe(1988).
22. Sanford(1975)를 수정했다.
23. Dawkins(2004).
24. Rebecca Cann, Mark Stoneking, and Allan Wilson(1987).
25. 미토콘드리아 이브가 물려준 유산과 *Y* 염색체 아담이 물려준 유산에는 중요한 차이가 있다. 우리 모두는 남녀를 막론하고 세포에 미토콘드리아가 들어 있으며 이것은 모두 어머니에게서 왔다. 여러분이 남성이라면 아버지에게서 받은 *Y* 염색체가 있지만, 사실상 모든—전부는 아니다—여성은 *Y* 염색체가 전혀 없다.
26. 논리적 가능성을 논외로 하고 실제 역사를 들여다보면 인구 집단에서 아버지 역할을 독점하려 한 사람들이 있었으며 때로는 놀라울 정도로 성공했음을 알 수 있다. 막강한 권력을 가진 왕과 전사는 여인 수백 명을 취하여 임신시켰다. 그들은 우리의 인간 유전자풀gene pool에 엄청난 기여를 했을 것이다. 좋은 건지 나쁜 건지는 차치하고.
27. 데일 피터슨은 침팬지의 돌망치가 오랜 시간에 걸쳐 꾸준히 쓰이면서 점차 연마되며 이것이 훌륭한 '잃어버린 고리'—다소 무작위로 돌을 골라 그것으로 열매를 깨뜨리다가, 근처에서 그 일에 가장 알맞은 모양의 돌을 선택하다가, 형태가 더 알맞은 돌을 찾아 멀리까지 살펴보다가, 즐겨 쓰는 돌이 쓸수록 좋아진다는 사

실을 (맨눈과 시각 기억으로) 알아차려, 마침내 예상 작업에 맞도록 돌의 모양을 바꾸는 정교화 단계에 이른다—가 된다는 사실에 주의를 환기시켰다.

28. Bray(2009).

29. Bray(2009: 75).

30. 이에 대한 훌륭한 연구로는 Clark(2013) 참고.

31. Behe(1996).

32. 비非생물 순환이 생식 세포의 출현 가능성 변화에 미친 영향은 내 논문「추론의 진화Evolution of Reasons」(근간)에서 자세히 설명한다.

33. Lettvin(1959).

34. Neugebauer(1989).

35. 이 독일어 문장을 읽기 쉬운 현대 글꼴로 바꾸면 다음과 같다. *Freunde, Rmer, Mitbrger, gebt mir Gehr! Ich komme, Csars Leiche zu bestatten, nicht, ihn zu loben*.

36. Humphrey(1987).

37. 이 빼어난 신조어는 컴퓨터 해커가 통사적 수준이 아니라 의미론적 수준에서 코딩 오류를 일컫는 방식이다. 괄호를 빼먹는 것은 오타이고 지역변수local variable 선언을 깜박하는 것은 오사다. 의미론적이거나 지향적 해석을 하고 정확성이나 간결함에 대한 명확한 규범이 있는 인간 활동에서는 '오사'의 여지가 있게 마련이다. 숙녀를 훌륭하다meritorious고 묘사해야 하는데 천박하다meretricious고 하는 것은 오타가 아니라 오사다. Dennett(2006b) 참고.

38. Cope(2000, 2001).

39. 대략적으로 말하자면, 미디와 음악의 관계는 아스키코드와 글의 관계와 같다. 미디는 컴퓨터 프로그램과 바깥세상이 소통하는 '링구아 프랑카lingua franca'(공통어)다.

40. Dawkins(1982).

41. Hofstadter(1997).

42. Sims(1994).

43. 2010년 4월 26일의 개인 편지를 인용하되 조금 다듬었다.

44. Dennett(2010)과 Godfrey-Smith(2011)에서 축약되지 않은 형태로 읽을 수 있다.

45. 몇 가지만 들자면 Dennett(1990, 1991a, 1995a).

46. Dennett(2002, 2006a).

47. Dawkins(1976).

48. Dawkins(1976: p. 206, 한국어판은 2010: 322쪽).

49. Alain(1908).

6부. 의식을 위한 생각도구

1. Jackendoff(1987); Dennett(1991a).
2. Dennett(1991a).
3. 논변을 읽고 싶다면 Dennett(1991a, 2005b) 참고.
4. 이 책 초고를 읽은 사람 중 한 명은 이 모든 얘기를 내가 지어냈다고 생각했다. 여러분도 의심이 든다면, 위엄 있는 『스탠퍼드 철학 사전Stanford Encyclopedia of Philosophy』에서 길고 진지하기 이를 데 없는 철학적 좀비 항목을 읽어보라. 온라인 주소는 http://plato.stanford.edu/entries/zombies/다.
5. Leibniz(1714, para. 17).
6. Ross(2013).
7. 이것은 내가 형이상학적 물음과 인식론적 물음을 혼동한다고 철학자들이 비난하는 또 다른 지점이다. "누군가 좀비라는 것을 *우리가 어떻게 아느냐*고 묻지 마! 좀비가 된다는 게 *무엇이냐*고 물으라고!" 인식론과 동떨어진 형이상학은 기껏해야 공상 연습일 뿐이다.
8. Dennett(1991a).
9. Nagel(1974).
10. Dennett(1988a).
11. Block(1978: 281).
12. Nagel(1974).
13. 유럽이 유로로 전환하자, 프랑과 마르크와 리라 등을 기준으로 가격을 파악하는 데 익숙하던 사람들은 가격을 자국 버전의 '진짜 돈'으로 '환전'할 수 없어서 애를 먹었다. 이 현상에 대한 선구적 탐구로는 Dehaene and Marques(2002) 참고.
14. Graham & Horgan(2000: 73).
15. Chalmers(1995).
16. 이 질문을 다룬 책으로는 Hurley, Dennett, and Adams(2011) 참고.
17. Wright(2000).
18. Wright(2000: p. 398, 한국어판은 2009: 659~660쪽).
19. Searle(1980: 417).

20. Searle(1988: 136).

21. Dennett(1980).

22. 더그는 설의 논문에서 '종잇조각bits of paper'이라는 표현을 겨냥하여, 대단한 성과를 거둔 소프트웨어의 규모와 복잡성을 과소평가하는 데 이 표현이 어떻게 일조했는지 밝혀냈다. 『이런, 이게 바로 나야!』에서 더그가 설에 대해 논평하면서 이런 식으로 비판했다. 그러자 설은 《뉴욕 리뷰New York Review of Books》에서 격렬한 반응(Searle, 1982)을 보였다. 우리가 그의 논문을 정확하게 재수록했음에도, 더그가 논평에서 설의 표현 '조각bits'을 '몇 조각a few slips'으로 잘못 표기했는데 설은 이 때문에 자신의 주장이 완전히 잘못 전달되었다고 주장했다! 만일 설의 주장이 옳다면, 저 본의 아닌 사소한 변이 때문에 논증이 변형되었다면, 실은 우리의 요지가 입증된 것이다. 이렇게 하찮은 조정 하나로 사고실험이 작동했다 안 했다 한다면, 직관을 펌프질해야 하는 모든 사람들이 이 조정에 관심을 가져야 마땅하니 말이다.

23. 호프스태터는 『이런, 이게 바로 나야!』(Hofstadter and Dennett, 1981)에서 거장의 솜씨를 발휘하여, 중국어 방이 (적어도) 다섯 개의 손잡이가 있는 직관펌프이며 손잡이를 하나씩 돌리면 저마다 다른 결론이 도출되는 제각각의 사고실험이 생기는 것을 보였다. 나는 논의를 정리하면서 이렇게 말했다.

> 우리의 직관이라는 펌프에 달려 있는 계기판의 설정은 조금씩 다른 설명을 낳고, 그에 따라 서로 다른 문제들이 배경으로 물러나고 거기에서 제각기 다른 교훈을 얻을 수 있다. 그중에서 어떤 이야기가 신뢰할 만한지는 각각의 이야기를 세심하게 검토해서 그 이야기 속에서 어떤 특성들이 작용하고 있는지 살펴볼 때에만 온전히 판단할 수 있을 것이다. 만약 그 글들에서 나타나는 과도한 단순화가 부적절한 복잡화를 억누르기 위한 단순한 장치가 아니라 그 글에서 노리는 직관의 '원천'이라면, 우리는 거기에서 시사된 결론들을 불신하지 않을 수 없다. (p. 460)

24. Gell-Man(1995). 나 같은 비전문가를 위한 과학 책.

25. 여러 차례 지적된 바 있듯, 이 확신에는 데카르트의 확신이 반영된다. 데카르트는 1637년에 『방법서설』에서 불멸의 영혼을 지닌 사람을 기계와 구별하는 최선의 방법은 대화를 나누는 것이라고 주장했다.

> 어떤 기계가 말을 하도록, 심지어는 그 기관 속에 어떤 변화를 일으키게 하는 물체적 작용을 따라 어떤 말을 하도록 만들어진 것을 생각해볼 수는 있다. 우리가 그 기계의 어떤 곳에 손을 대면 아프다고 소리 지른다든가, 이 밖에 이와 비슷한 일을 하는 것처럼 생각해볼 수 있다. 그러나 그 기계가, 사람이라면 아무리 우둔해도 할 수 있는 것처럼 말들을 갖가지로 배열해서 자기 앞에서 말해지는 모든 것의 의미에 응답한다고는 생각할 수 없다. (한국어판은 2010: 117~118쪽)

튜링이 데카르트의 직관펌프에서 자신의 직관펌프에 대한 영감을 얻었는지는 아무도 모른다.

26. Searle(1980: 419).

27. Searle(1980: 419).

28. Dennett(근간).

29. Searle(1980: 418).

30. Searle(1980: 418).

31. 이 예는 언어학자이자 중국학자이자 박식가인 데이비드 모저가 알려주었다. 내가 그런 예를 찾고 있을 때 중국에서 작성되었다.

32. Hume(1964, I, iv, sect. 6, 한국어판은 2012: 257쪽).

33. Lewis(1978).

34. Humphrey(1989).

35. Goffman(1959).

36. 이를테면 이렇게 물을 수 있다. 누가 주인이고 누가 분신인지 어떻게 판단합니까? 최근 경험에 대한 선생의 기억이 '그곳에 있음'에 대한 (몇 시간, 아니 며칠 동안의 망각으로 둘러싸인) 짧은 일화로 이루어져 있음을 스스로에게 어떻게 설명하셨습니까? 이상하다는 생각이 들지 않습니까?

37. T. S. 엘리엇의 시극「대성당의 살인」에서 베케트가 과거 사건에 대해 질문을 받고 이렇게 답한다.

   너는 지나간 세월을 이야기하는구나.
   잊을 가치조차 없는 것들이
   생각나는군.

38. Dennett(1991a)에서 이 과정을 자세하게 설명한다.

39. Levine(1994: 117).

40. 의식의 과학적 연구에 대한 방법론으로서 타인현상학 선택에 대한 옹호는 이따금 상당한 논란을 불러일으켰다. 어떤 연구자들은 과학이 의식을 연구하는 조건을 명료하게 하여 근본적 변화를 일으킨다고 생각하는가 하면, 또 어떤 연구자들은 명백한 것을 되풀이하는 것에 지나지 않는다고 생각한다. 여전히 반대하는 연구자들도 있다. 지금까지 나온 최상의 연구를 보려면 '출처'를 참고하라.

41. Jackson(1982: 130).

42. Dennett(1991a: 398).

43. Dennett(1991a: pp. 399–400. 한국어판은 2013: 510쪽).

44. Graham(2000: 72).

7부. 자유의지를 위한 생각도구

1. Denys(2010).
2. 이런 믿음을 주입했을 때 이런 결과가 생긴다는 것이 의심스럽다면 Vohs and Schooler(2008)를 비롯하여 실험적 증거에 대한 문헌을 참고하라.
3. Tom Wolfe(2000).
4. Poundstone(1985: 38).
5. 공간과 시간의 상충 관계에 대한 이론적 함의에 대한 자세한 내용은 Dennett (1987: chapter 9) 참고.
6. 2차원 물리학과 공학에 대한 전혀 다른 관점으로는 에드윈 A. 애벗의『이상한 나라의 사각형』을 대폭 개선한 작품이자 그 자체로 훌륭한 생각도구인 A. K. 듀드니의『플래니버스』(Dewdney, 1984)를 참고하라.
7. Poundstone(1985).
8. Poundstone(1985: 227–288).
9. von Neumann(1944).
10. 걷잡을 수 없는 고차적 추측의 재미있는 예는 영화 〈프린세스 브라이드The Princess Bride〉에서 찾아볼 수 있다. 영화에서 비치니(월러스 숀 분)는 "어느 컵에 독이 있을까?"라고 말하는 웨스틀리(캐리 엘위스 분)를 상대로 두뇌 게임을 벌이다 제 꾀에 제가 넘어간다. http://www.dailymotion.com/video/xhr71a_never-go-in-against-a-sicilian-when-death-is-on-the-line_shortfilms 참고.
11. Dennett(2006a).
12. 이에 대한 선구적인 형식적 분석으로는 Clegg(2012)가 있다.
13. Fodor(2003).
14. Fodor(2003: 18).
15. 왕실 공식 웹사이트에는 이렇게 나와 있다. "오늘날, 왕실은 공해에 있는 혹고니 중에서 소유주가 표시되지 않은 모든 것의 소유권을 보유하되, 여왕은 템스 강과 주변 지류의 일정 범위까지만 소유권을 행사한다. 이 소유권은 포도주협회Worshipful Company of Vintners와 염색공협회Worshipful Company of Dyers가 공유한다. 두 협회는 15세기에 왕실로부터 소유권을 하사받았다. 물론 지금은 고니를 먹지 않는다."

16. Wiggins(1973: 54).

17. Strawson(2010).

18. Strawson(2010).

19. Strawson(2010).

20. Hofstadter(1982).

21. Wooldridge(1963).

22. Wooldridge(1963: 82).

23. Fabre(1879).

24. Frankfurt(1969).

25. Greene and Cohen(2004).

26. Greene and Cohen(2004: 1776).

27. Greene and Cohen(2004: 1780).

28. Greene and Cohen(2004: 1780).

8부. 철학자가 된다는 것은 어떤 것일까?

1. Humphrey(1987).

2. Hayes(1978).

3. 헤이스의 연구는 다른 사람들에게 영감을 선사했다. 밥로(Bobrow, 1985)가 편집한 논문집 참고. 논문집에 실린 한 논문의 저자들은 이렇게 말한다. "소박물리학은 그 자체로 야심찬 용어다. 이것은 그냥 나쁜 물리학일까? 심리학일까? 인공지능일까? 물리학일까?"(Bobrow, 1985, p. 13). 나는 이렇게 대답한다. 소박물리학은 물리학을 자동화된 연역 추론을 뒷받침할 만큼 엄밀한 현시적 상의 일부로 만들려는 시도다.

4. Knobe and Nichols(2008) 참고.

5. 이 책에 나오는 또 다른 퍼즐의 정답(가로)은 'the *slop* I *love* is *even* followed by Laura *Dern*' 아니면 'in spite of the *smut*, I *hope* to *iron* Sean *Penn*'s shirt'다.

6. 2012년 만우절에 인터넷에서 재미있는 체스 속임수가 벌어졌다("Rajlich: Busting the King's Gambit," *ChessBase News*, April 2, 2012, http://chessbase.com/newsdetail.asp?newsid=8047). 컴퓨터를 대량으로 동원하여 넉 달간 주야로 작업한 끝에 킹스 갬빗(오랫동안 불신받았지만 결코 '반증'되지는 않은 오프닝)을 (가능성 낮은 한 가지 조건을 제외하면) 반드시 깰 수 있음이 입증되었다는 것이다. 나는 속아 넘어갔다. 마틴 가드너가 예전에

써먹은 속임수에 대한 글을 쓰고 있었기에 더더욱 당황스러웠다(Hurley, Dennett, and Adams, 2011, 머리말). 어떻게 속임수가 만들어졌는지에 대한 설명으로는 〈만우절 체스 장난The ChessBase April Fools Prank〉, ChessBase News, April 4, 2012, http://chessbase.com/newsdetail.asp?newsid=8051 참고.

7. Jones(1989).
8. Jones(1989).
9. Smith(2002).
10. Brown(1975).
11. Garfinkle(2002).
12. Austin(1961 : 123).
13. Austin(1961).
14. Austin(1961 : 179).

이 책에서 다루지 않은 도구

1. Dennett(1982a)에 수록.
2. Godfrey-Smith(2009).
3. Dennett(2010).
4. Godfrey-Smith(2010).
5. Dennett(1988a).
6. Dennett(2005b).
7. Dennett(1978c).
8. Dennett(2007d).
9. Dennett(1991a).
10. Dennett(2006a).
11. Dennett and Plantinga(2011).

• 출처 •

머리말

괴짜 교도소장과 쓰레기통 속 보석은『행동반경』(Dennett, 1984a)의 직관펌프를 수정했다.

1부. 열두 개의 일반적 생각도구

1. '실수하기'는 본디「어떻게 실수할 것인가」(Dennett, 1995b)였다.
2. '"추론을 패러디하여"'는 발표된 적 없다.
3. '래퍼포트 규칙'. 도킨스의『만들어진 신』(김영사)에 대한 나의 의견(Dennett, 2007a)을《프리 인콰이어리Free Inquiry》에 발표하면서 처음 제시했다.
4. '스터전 법칙'.「뒤프레에게 거울 비추기」(Dennett, 2004)에서 논의한 바 있다.
5. '오캄의 면도날'은 발표된 적 없다.
6. '오캄의 빗자루'. 여러 웹사이트에 따르면 시드니 브레너가 만든 신조어라고 한다. 브레너가 이에 대해 글을 발표한 적이 없는 것은 분명하다.
7. '일반인 청중을 미끼로 쓰기'는 발표된 적 없다.
8. 'ㅅㅂㄸ'는「달리 행동할 수 없었다—그래서 어쩌라고?」(Dennett, 1984b)에서 발췌한 부분이 들어 있다.
9. '굴드의 꼼수 세 가지'는〈진화에 대한 혼동: 답변Confusion over Evolution: An Exchange〉과「탱고 추실까요? 아니요, 하지만 물어봐주셔서 고마워요」(Dennett, 2011b)에서 발췌했다.
10. '"당연하지" 연산자'는「꿈 깨」(Dennett, 1994a)에 실린 언급에 살을 붙였다.
11. '수사 의문문'은 발표된 적 없다.
12. '심오로움이 뭘까'는「친구에게 약간 도움을 받아」(Dennett, 2000)의 소재를 바탕으로 삼았다.

2부. 의미 또는 내용을 위한 생각도구

13. '트래펄가 광장의 살인'은 「지향적 심리학의 세 종류」(Dennett, 1981)에서 발췌했다.
14. '클리블랜드 사는 형'은 「뇌 쓰기와 마음 읽기」(Dennett, 1975)에서 발췌했다.
15. '"우리 아빠, 의사예요"'는 『내용과 의식』(Dennett, 1969)에서 발췌했다.
16. '현시적 상과 과학적 상'은 「자신이 기대하기를 기대하기Expecting Ourselves to Expect」(Dennett, 근간), 〈위爲과 의依〉(Dennett, 2012), 「사물의 종류Kinds of Things」(Dennett, 근간)에서 발췌한 소재가 포함되었다. 개미핥기와 새에 대한 논의는 『행동반경』(Dennett, 1984a)에서 발췌했다.
17. '민간심리학'은 「지향적 심리학의 세 종류」(Dennett, 1981)에서 발췌했다.
18. '지향적 태도'는 「지향계」(Dennett, 1971)와 『지향적 태도』(Dennett, 1987)에서 발췌했으며 그 밖의 많은 책과 글에서 논의한다.
19. '인격체 대 아인격체'는 『내용과 의식』(Dennett, 1969)에서 발췌했다.
20. '호문쿨루스 연쇄'는 『뇌 발작』(Dennett, 1978)과 Edge.org(Dennett, 2008)의 한 꼭지에서 발췌했으며 나중에 『무엇에 대해 마음이 달라졌나』(Brockman, 2009)에 발표되었다.
21. '"셈이다" 연산자'는 발표된 적 없으나, 「튜링의 '논리의 기묘한 전도'」(Dennett, 근간)에서 주제들을 전개한다.
22. '마법의 조직'. 이 용어가 인쇄 매체에서 쓰인 것은 「자연자유」(Dennett, 2005a)가 처음이다. 윌리엄 베이트슨의 글에 관심을 가지게 해준 크리스토프 코흐에게 감사한다.
23. '로봇 제어실에 갇히다'는 「심리철학의 당면 문제」(Dennett, 1978b)에서 발췌했다.

3부. 컴퓨터에 대한 막간 설명

24. '컴퓨터 능력의 일곱 가지 비밀을 밝히다'는 조지 스미스, 데이비드 아일스, 내가 터프츠 대학에서 가르치는 컴퓨터학 개론 수업이 계기가 되었으며, 컴퓨터학 학부생 스티브 바니의 도움이 컸다. 스티브는 터프츠 대학 커리큘러 소프트웨어 스튜디오의 수석 프로그래머가 되었다. 이 스튜디오는 스티브가 이 수업을 위해 만든 시뮬레이션 된 컴퓨터 이솝AESOP을 본 슬론 재단의 후원으로 설립되었다. 로드리고는 이솝에 영감을 받았으며 1986년에 프로그래밍 언어 로고Logo를 이용하여 처음으로 프로그래밍 되었다. 나는 이 소프트웨어에 리고Rego라는 이름을 붙였으며 158쪽 그림에 나오는 뾰족머리 호문쿨루스는 로고 '터틀turtle'(로고를 이용하여 도형을 그리는 로봇_옮긴이)의 흔적화석이다. 로드리고는 이식성과 융

통성이 개선된 버전으로 업그레이드 되었는데, 처음에는 로드 다 실바가—그래서 '로드리고'라는 이름이 되었다—나중에는 커리큘러 소프트웨어 스튜디오의 니콜라이 슈베르트너가 작업을 진행했다.

25. '가상기계'. 「보조 상상력에 대한 기록」(Dennett, 1982d) (커리큘러 소프트웨어 스튜디오 창립의 시초가 된 선언문), 『의식의 수수께끼를 풀다』(Dennett, 1991a), 「의식 있는 로봇을 제작하기 위한 현실적 요건」(Dennett, 1994b)을 비롯한 여러 글에서 논의한 바 있다.

26. '알고리즘'은 『다윈의 위험한 생각』(Dennett, 1995a)에서 발췌했다.

27. '엘리베이터 자동화'는 2007년에 코펜하겐 대학에서 열린 학술 토론회에서 내가 「다양한 내용」(Dennett, 2007c)이라는 제목으로 처음 발표했다. 전에는 발표된 적 없었다.
'요약'에는 「튜링의 '논리의 기묘한 전도'」(Dennett, 근간)에서 제시한 개념들이 들어 있다.

4부. 의미를 위한 그 밖의 생각도구

28. '빨강머리에 대한 거시기'는 「사물에 대한 거시기」(Dennett, 2001e)에서 발췌했다.

29. '헤매는 2비트 기계, 쌍둥이 지구, 거대 로봇'은 「진화, 오류, 지향성」(Dennett, 1988c)에서 수정 발췌했다.

30. '원초적 번역과 콰인식 십자말풀이'는 「친구에게 약간 도움을 받아」(Dennett, 2000)에 처음 실렸다.

31. '의미기관과 통사기관'은 「지향적 심리학의 세 종류」(Dennett, 1981)에서 수정 발췌했다.

32. '늪사람과 상아지가 만나다'에는 「지향적 행위의 특징」(Dennett, 1968)과 「꿈 깨」(Dennett, 1994a)에서 수정 발췌한 부분이 들어 있다.

33. '두 블랙박스'는 『다윈의 위험한 생각』(Dennett, 1995a)에서 수정 발췌했다.

5부. 진화를 위한 생각도구

34. '만능산'은 『다윈의 위험한 생각』(Dennett, 1995a)에서 수정 발췌했다.

35. '멘델의 도서관: "없작다"와 "천많다"'는 『다윈의 위험한 생각』(Dennett, 1995a)에서 수정 발췌했다.

36. '단어로서의 유전자 또는 서브루틴으로서의 유전자'는 리처드 도킨스의 『조상 이야기』(2004)에서 영감을 받은 새로운 직관도구이며 그 책을 길게 인용하고 있다.

37. '생명의 나무'는 새 직관도구다. 그림은 레너드 아이젠버그가 그렸다. 그의 웹사이트(http://evogeneao.com/tree.html)에서는 그림을 활용하는 법을 명쾌하게 설명하고 있으며, 포스터, 티셔츠, 후드티 등을 주문할 수 있다.
38. '공중기와 기중기: 설계공간에서 기중 작업'은 『다윈의 위험한 생각』(Dennett, 1995a)에서 수정 발췌했다.
39. '이해 없는 능력'은 「다윈의 '논리의 기묘한 전도'」(Dennett, 2009a)에서 수정 발췌했다.
40. '부유이치'. 부유이치는 「인지행동학에서의 지향계: '낙천적 패러다임'을 옹호하다」(Dennett, 1983)에 소개되었으며 그 밖의 많은 논문에서 논의되었다.
41. '메뚜기가 소수를 알까?'는 『다윈의 위험한 생각』(Dennett, 1995a)에서 수정 발췌했다.
42. '뻰정뛰기를 설명하는 법'은 새 직관펌프다.
43. '최초의 포유류를 조심하라'는 『다윈의 위험한 생각』(Dennett, 1995a)에서 수정 발췌했다.
44. '종 분화는 언제 일어날까?'는 「다중 초안 모형」(Dennett and Akins, 2008)에서 수정 발췌했다.
45. '과부 제조기, 미토콘드리아 이브, 회고적 대관식'은 『다윈의 위험한 생각』(Dennett, 1995a)에서 수정 발췌했다.
46. '순환'은 '에지의 물음 2011Edge Question 2011'에서 「어떤 과학적 개념이 모두의 인지 연장통을 개선할까?What Scientific Concept Would Improve Everybody's Cognitive Toolkit?」에 대한 나의 대답이자 이후에 『이렇게 하면 똑똑해진다』(Brockman, 2012)에 발표된 「순환」(Dennett, 2011a)에서 수정 발췌했다.
47. '개구리 눈은 개구리 뇌에 뭐라고 말할까?'는 『다윈의 위험한 생각』(Dennett, 1995a)에서 수정 발췌했다.
48. '바벨의 도서관에서 우주를 뛰어다니다'는 『다윈의 위험한 생각』(Dennett, 1995a)에서 수정 발췌했다.
49. '『스팸릿』의 저자는 누구일까?'는 미국 철학회 동부지구 회장 연설 「다윈 이후, 우리는 어디에 있는가?」(Dennett, 2001d)에서 수정 발췌했다.
50. '가상 호텔의 소음'은 「충돌 탐지, 뮤즈로트, 스크리블: 창조성에 대한 단상」(Dennett, 2001a)에서 수정 발췌했다.
51. '허브와 앨리스, 그리고 아기 핼'은 「호문쿨루스 규칙: 피터 고드프리스미스의 『다윈주의적 개체군과 자연선택』, 옥스퍼드 대학출판부, 2009에 대한 단상」

(Dennett, 2010)에서 수정 발췌했다.

52. '밈'은 글에 언급된 여러 밈 관련 문헌에서 발췌했다.

6부. 의식을 위한 생각도구

53. '두 개의 반대 이미지'는『의식의 수수께끼를 풀다』(Dennett, 1991a)와『단꿈』(Dennett, 2005b)에서 발췌한 글이 포함되었다.
54. '좀비감'. 좀비감은『단꿈』(Dennett, 2005b)에서 정의했다.
55. '좀비와 짐보'는『의식의 수수께끼를 풀다』(Dennett, 1991a)에서 수정 발췌했다.
56. '꽃양배추의 저주'는「감각질 콰인하기」(1988a)에서 수정 발췌했다.
57. '"진짜 돈"에는 빔이 얼마나 들었을까?'는「의식: 진짜 돈은 얼마일까?」(Dennett, 2001b)에서 수정 발췌했다.
58. '클라프그라 씨의 안타까운 사연'은『단꿈』(Dennett, 2005b)에서 수정 발췌했다.
59. '주파수 맞춘 카드 한 벌'은「의식의 '마술'을 설명하다」(Dennett, 2001c)에서 수정 발췌했다.
60. '중국어 방'은『이런, 이게 바로 나야!』(Hofstadter and Dennett, 1981)와『지향적 태도』(Dennett, 1987)에서 수정 발췌했다.
61. '텔레클론, 화성에서 지구로 떨어지다'는『이런, 이게 바로 나야!』(Hofstadter and Dennett, 1981)에서 수정 발췌했다.
62. '서사무게중심으로서의 자아'. 이 도구는「왜 모두가 소설가인가」(Dennett, 1988b)에서 처음으로 설명했다.
63. '타인현상학'. 타인현상학은「의식을 어떻게 경험적으로 연구할 것인가: 또는 아무것도 마음에 떠오르지 않는다」(Dennett, 1982b)에서 처음으로 설명했다.『의식의 수수께끼를 풀다』(Dennett, 1991a)의 한 장에서 논의를 발전시켰다. 알바 노에가 특별 편집한《현상학과 인지과학Phenomenology and Cognitive Science》(vol. 6, nos. 1 and 2) 특별판은 타인현상학을 주제로 삼았으며 이 주제에 대한 최상의 사유가 실려 있다. 논문들에 대한 내 답변「타인현상학을 다시 생각하다」(Dennett, 2007b)도 실렸다.
64. '색채학자 메리: 붐받이의 비밀'은『의식의 수수께끼를 풀다』(Dennett, 1991a)와「로보메리가 아는 것」(Dennett, 2007d)에서 수정 발췌했다. 후자는 '메리학Mariology'에 대한 두 논문집 중 두 번째다. 첫 번째는 Ludlow, Nagasawa, and Stoljar, 2004다.

7부. 자유의지를 위한 생각도구

65. '무지무지 악독한 신경외과 의사'는 나의 2012년 에라스무스 강연「에라스무스: 때로는 스핀닥터가 옳다Erasmus: Sometimes a Spin-Doctor Is Right」에서 발췌했다.
66. '결정론적 장난감: 콘웨이의 라이프 게임'. 마틴 가드너는 1970년 10월과 1971년 2월에 《사이언티픽 어메리칸Scientific American》에 실은 〈수학 게임Mathematical Games〉 칼럼 두 편을 통해 라이프 게임을 일반 대중에게 소개했다. 파운드스톤(Poundstone, 1985)은 라이프 게임과 그 철학적 함의를 탁월하게 탐구한다. 위키피디아에도 괜찮은 설명과 많은 링크가 실려 있다. 나는 라이프 게임을 글에 곧잘 활용했다. 이 버전은『자유는 진화한다』(Dennett, 2003)의 설명에서 수정 발췌했다.
67. '가위바위보'는 발표된 적 없다.
68. '두 복권'은『행동반경』(Dennett, 1984a)에서 수정 발췌했다.
69. '비활성의 역사적 사실'은「꿈 깨」(Dennett, 1994a)에서 수정 발췌했다. 탄모이 바타차리야는 양자역학의 문제에 대해 관심을 환기시켰다.
70. '컴퓨터 체스 마라톤'은『자유는 진화한다』(Dennett, 2003)에서 발췌했다.
71. '궁극적 책임'은 전에 발표된 적 없다.
72. '구멍벌스러움'은 발표된 적 없다.
73. '브라질에서 온 소년들: 또 다른 붐받이'는 발표된 적 없다.

8부. 철학자가 된다는 것은 어떤 것일까?

74. '파우스트적 계약'은 토머스 네이글의 책『다른 마음: 주요 논문, 1969~1994』(Dennett, 1996b)에 대한 내 서평에서 수정 발췌했다.
75. '소박자기인류학으로서의 철학'은 〈위爲과 의依〉(Dennett, 2012)와「사물의 종류Kinds of Things」(Dennett, 근간)에서 수정 발췌했다.
76. '쳄스의 고차적 참'은「쳄스에 대한 고차적 참」(Dennett, 2006c)에서 수정 발췌했다.
77. '10퍼센트의 좋은 것'은 발표된 적 없다.

• 참고문헌 •

ABBOTT, EDWIN A., (1884) 1983, *Flatland: A Romance in Many Dimensions*(1963년 5판에 아이작 아시모프의 서문을 붙여 재출간했다). New York: HarperCollins. 한국어판은 신경희 옮김, 『이상한 나라의 사각형』(경문사, 2003).

ALAIN, [Émile August Chartier], (1908) 1956, *Propos d'un Normand 1906–1914*. Paris: Gallimard. Deborah S. Rogers and Paul R. Ehrlich, 2008, "Natural Selection and Cultural Rates of Change." *Proceedings of the National Academy of Sciences*, vol. 105, pp. 3416–3420에서 재인용.

AUSTIN, J. L., 1961, *Philosophical Papers*. Oxford: Oxford University Press.

AXELROD, ROBERT, 1984, *The Evolution of Cooperation*. New York: Basic Books. 한국어판은 이경식 옮김, 『협력의 진화』(시스테마, 2009).

AXELROD, ROBERT, and WILLIAM HAMILTON, 1981, "The Evolution of Cooperation." *Science*, vol. 211, pp. 1390–1396.

BARRETT, JUSTIN, 2000, "Exploring the Natural Foundations of Religion." *Trends in Cognitive Science*, vol. 4, pp. 29–34.

BATESON, WILLIAM, 1916, T. H. Morgan의 *Mechanisms of Mendelian Heredity* (1914) 서평.

BEHE, MICHAEL J., 1996, *Darwin's Black Box: The Biochemical Challenge to Evolution*. New York: Free Press.

BENNETT, MAX, DANIEL DENNETT, P. M. S. HACKER, and JOHN SEARLE, 2009, *Neuroscience and Philosophy: Brain, Mind, and Language*. New York: Columbia University Press.

BENNETT, MAX, and P. M. S. HACKER, 2003, *Philosophical Foundations of Neuroscience*. Malden, Mass.: Wiley-Blackwell. 한국어판은 이을상·하일호·신현정 옮김, 『신경과학의 철학』(사이언스북스, 2013).

BLOCK, NED, 1978, "Troubles with Functionalism." In W. Savage, ed., *Perception and Cognition: Issues in the Foundations of Psychology*. Minnesota Studies in the Philosophy of Science, vol. 9. Minneapolis: University of Minnesota Press,

pp. 261–326.
———, 1994, "What Is Dennett's Theory a Theory of?" *Philosophical Topics*, vol. 22 (대니얼 데닛의 철학에 대한 특별판), pp. 23–40.

BOBROW, DANIEL, 1985, *Qualitative Reasoning about Physical Systems*. Cambridge, Mass.: MIT Press.

BORGES, J. L., 1962, *Labyrinths: Selected Stories and Other Writings*. New York: New Directions.

BRAY, DENNIS, 2009, *Wetware*. New Haven, Conn.: Yale University Press.

BROCKMAN, J., ed., 2009, *What Have You Changed Your Mind About*. New York: HarperCollins.

———, 2012, *This Will Make You Smarter*. New York: Harper Torchbook.

BROOKS, R. A., 1987, *Planning Is Just a Way of Avoiding Figuring Out What to Do Next*. Technical report, MIT Artificial Intelligence Laboratory, Cambridge, Mass. http://people.csail.mit.edu/brooks/papers/Planning*20is*20Just.pdf에서 볼 수 있다.

BROOKS, RODNEY, 1991, "Intelligence without Representation." *Artificial Intelligence*, vol. 47, pp. 139–159.

CANN, REBECCA L., MARK STONEKING, and ALLAN C. WILSON, 1987, "Mitochondrial DNA and Human Evolution." *Nature*, vol. 325, pp. 31–36.

CHALMERS, DAVID, 1995, "Facing Up to the Problem of Consciousness." *Journal of Consciousness Studies*, vol. 2, no. 3, pp. 200–219.

CLARK, A., 2013, "Whatever Next? Predictive Brains, Situated Agents, and the Future of Cognitive Science." *Behavioral and Brain Sciences*.

CLEGG, LIAM, 2012, *Protean Free Will*. California Institute of Technology, Pasadena. http://authors.library.caltech.edu/29887/에서 볼 수 있다.

COPE, DAVID, 2000, *The Algorithmic Composer*. Middleton, Wisc.: A-R Editions.

———, 2001, *Virtual Music: Computer Synthesis of Musical Style*. Cambridge, Mass.: MIT Press.

CRONIN, HELENA, 1991, *The Ant and the Peacock*. Cambridge: Cambridge University Press.

DAMIAAN, DENYS, MARISKA MANTIONE, MARTIJN FIGEE, PEPIJN VAN DEN MUNCKHOF, FRANK KOERSELMAN, HERMAN

WESTENBERG, ANDRIES BOSCH, and RICK SCHUURMAN, 2010, "Deep Brain Stimulation of the Nucleus Accumbens for Treatment–Refractory Obsessive–Compulsive Disorder." *Archives of General Psychiatry*, vol. 67, no. 10, pp. 1061–1068.

DAVIDSON, DONALD, 1987, "Knowing One's Own Mind." *Proceedings and Addresses of the American Philosophical Association*, vol. 60, pp. 441–458. Davidson, Donald, 2001, *Subjective, Intersubjective, Objective*. New York: Oxford University Press, pp. 15–38에 재수록.

DAWKINS, RICHARD, 1976, *The Selfish Gene*. Oxford: Oxford University Press. Rev. ed. 1989. 한국어판은 홍영남·이상임 옮김, 『이기적 유전자』(을유문화사, 2010).

———, 1982, *The Extended Phenotype: The Gene as the Unit of Selection*. Oxford: Oxford University Press. 한국어판은 홍영남 옮김, 『확장된 표현형』(을유문화사, 2004).

———, 1986, *The Blind Watchmaker*. London: Longmans. 한국어판은 이용철 옮김, 『눈먼 시계공』(사이언스북스, 2004).

———, 1996, *Climbing Mount Improbable*. London: Viking Penguin.

———, 2004, *The Ancestor's Tale: A Pilgrimage to the Dawn of Time*. London: Weidenfeld & Nicolson. 한국어판은 이한음 옮김, 『조상 이야기』(까치, 2007).

DE VRIES, PETER, 1953, *The Vale of Laughter*. Boston: Little, Brown.

DEHAENE, S., and J. F. MARQUES, 2002, "Cognitive Euroscience: Scalar Variability in Price Estimation and the Cognitive Consequences of Switching to the Euro." *Quarterly Journal of Experimental Psychology*, vol. 55, pp. 705–731.

DENNETT, DANIEL C., 1968, "Features of Intentional Action." *Philosophy and Phenomenological Research*, vol. 29 (December), pp. 232–244.

———, 1969, *Content and Consciousness*. London: Routledge & Kegan Paul.

———, 1971, "Intentional Systems." *Journal of Philosophy*, vol. 68, pp. 87–106.

———, 1975, "Brain Writing and Mind Reading." In K. Gunderson, ed., *Language, Mind and Knowledge*. Minnesota Studies in the Philosophy of Science, vol. 7. Minneapolis: University of Minnesota Press, pp. 403–416. Dennett 1978a에 재수록.

———, 1978a, *Brainstorms*. Cambridge, Mass.: MIT Press/A Bradford Book.

———, 1978b, "Current Issues in the Philosophy of Mind." *American Philosophical Quarterly*, vol. 15, pp. 249–261.

———, 1978c, "Why You Can't Make a Computer That Feels Pain." *Synthese*, vol. 38 (August), pp. 415–456.

———, 1980, "The Milk of Human Intentionality" (설의 논평). *Behavioral and Brain Sciences*, vol. 3, pp. 428–430.

———, 1981, "Three Kinds of Intentional Psychology." In R. Healey, ed., *Reduction, Time and Reality*. Cambridge: Cambridge University Press, pp. 37–61.

———, 1982a, "Beyond Belief." In A. Woodfield, ed., *Thought and Object: Essays on Intentionality*. Oxford: Oxford University Press. Dennett, 1987에 재수록.

———, 1982b, "How to Study Consciousness Empirically: or Nothing Comes to Mind." *Synthese*, vol. 53, pp. 159–180.

———, 1982c, "The Myth of the Computer: An Exchange" (reply to John Searle's review of *The Mind's I*). *New York Review of Books*, vol. 29 (June 24), pp. 56–57.

———, 1982d, "Notes on Prosthetic Imagination." *New Boston Review*, vol. 7 (June), pp. 3–7. "30 Years of Boston Review." *Boston Review*, vol. 30, no. 5 (September/October 2005), p. 40에 재수록.

———, 1983, "Intentional Systems in Cognitive Ethology: The 'Panglossian Paradigm' Defended." *Behavioral and Brain Sciences*, vol. 6, pp. 343–390.

———, 1984a, *Elbow Room: The Varieties of Free Will Worth Wanting*. Cambridge, Mass.: MIT Press.

———, 1984b, "I Could Not Have Done Otherwise—So What?" *Journal of Philosophy*, vol. 81, pp. 553–565.

———, 1986, "The Logical Geography of Computational Approaches: A View from the East Pole." In Robert M. Harnish and M. Brand, eds., *The Representation of Knowledge and Belief*. Tucson: University of Arizona Press, pp. 59–79.

———, 1987, *The Intentional Stance*. Cambridge, Mass.: MIT Press.

———, 1988a, "Quining Qualia." In A. Marcel and E. Bisiach, eds., *Consciousness in Modern Science*. Oxford: Oxford University Press, pp. 42–77.

———, 1988b, "Why Everyone Is a Novelist." *Times Literary Supplement*, vol. 4 (September 16–22), p. 459.

———, 1988c, "Evolution, Error and Intentionality." In Y. Wilks and D. Partridge, eds., *Sourcebook on the Foundations of Artificial Intelligence*. Albuquerque: University of New Mexico Press, pp. 190–211.

———, 1990, "Memes and the Exploitation of Imagination." *Journal of Aesthetics and*

Art Criticism, vol. 48, pp. 127–135.
———, 1991a, *Consciousness Explained*. Boston: Little, Brown.
———, 1991b, "Real Patterns." *Journal of Philosophy*, vol. 88, pp. 27–51.
———, 1993, "Confusion over Evolution: An Exchange." *New York Review of Books*, January 14, pp. 43–44.
———, 1994a, "Get Real" (reply to my critics). *Philosophical Topics*, vol. 22 (special issue on the philosophy of Daniel Dennett), pp. 505–556.
———, 1994b, "The Practical Requirements for Making a Conscious Robot." *Proceedings of the Royal Society*, A, vol. 349, pp. 133–146.
———,1995a, *Darwin's Dangerous Idea: Evolution and the Meanings of Life*. New York: Simon & Schuster.
———, 1995b, "How to Make Mistakes." In J. Brockman and K. Matson, eds., *How Things Are*. New York: William Morrow, pp. 137–144.
———, 1996a, *Kinds of Minds: Towards an Understanding of Consciousness*. New York: Basic Books.
———, 1996b, "Review of Other Minds: Critical Essays, 1969–1994 by Thomas Nagel, 1995." *Journal of Philosophy*, vol. 63, no. 8 (August), pp. 425–428.
———, 2000, "With a Little Help from My Friends." In Don Ross, Andrew Brook, and David Thompson, eds., *Dennett's Philosophy: A Comprehensive Assessment*. Cambridge, Mass.: MIT Press, pp. 327–388.
———, 2001a, "Collision-Detection, Muselot, and Scribble: Some Reflections on Creativity." In Cope, 2001, pp. 283–291.
———, 2001b, "Consciousness: How Much Is That in Real Money?" In R. Gregory, ed., *The Oxford Companion to the Mind*, 2nd ed. Oxford: Oxford University Press.
———, 2001c, "Explaining the 'Magic' of Consciousness." *In Exploring Consciousness, Humanities, Natural Science, Religion, Proceedings of the International Symposium, Milano, November 19–20*, 2001 (published in December 2002, Fondazione Carlo Erba), pp. 47–58.
———, 2001d, "In Darwin's Wake, Where Am I?" (미국철학회 회장 연설). *Proceedings and Addresses of the American Philosophical Association*, vol. 75, no. 2 (November), pp. 13–30. J. Hodge and G. Radick, eds., 2003, The Cambridge Companion to Darwin에 재수록. Cambridge: Cambridge University Press, pp. 357–376.

———, 2001e, "Things about Things." In Joao Branquinho, ed., *The Foundations of Cognitive Science*. Oxford: Clarendon Press, pp. 133–149.
———, 2002, "The New Replicators." In Mark Pagel, ed., *The Encyclopedia of Evolution*, vol. 1. Oxford: Oxford University Press, pp. E83–E92.
———, 2003, *Freedom Evolves*. New York: Viking Penguin. 한국어판은 이한음 옮김, 『자유는 진화한다』(동녘사이언스, 2009).
———, 2004, "Holding a Mirror up to Dupré" (commentary on John Dupré, *Human Nature and the Limits of Science*). *Philosophy and Phenomenological Research*, vol. 69, no. 2 (September), pp. 473–483.
———, 2005a, "Natural Freedom." *Metaphilosophy*, vol. 36, no. 4 (July), pp. 449–459.
———, 2005b, *Sweet Dreams: Philosophical Obstacles to a Science of Consciousness*. Cambridge, Mass.: MIT Press.
———, 2006a, *Breaking the Spell: Religion as a Natural Phenomenon*. New York: Viking Penguin. 한국어판은 김한영 옮김, 『주문을 깨다』(동녘사이언스, 2010).
———, 2006b, "From Typo to Thinko: When Evolution Graduated to Semantic Norms." In S. Levinson and P. Jaisson, eds., *Evolution and Culture*. Cambridge, Mass.: MIT Press, pp. 133–145.
———, 2006c, "The Higher-Order Truths about Chmess." *Topoi*, pp. 39–41.
———, 2007a, "The God Delusion by Richard Dawkins." *Free Inquiry*, vol. 27, no. 1 (December/January 2007).
———, 2007b, "Heterophenomenology Reconsidered." *Phenomenology and Cognitive Science*, vol. 6, nos. 1 and 2 (타인현상학 특별판, Alva Noë, ed.), pp. 247–270.
———, 2007c, "Varieties of Content." Presentation at Concepts: Content and Constitution, A Symposium, University of Copenhagen, Amager, Denmark, May 12.
———, 2007d, "What RoboMary Knows." In T. Alter and S. Walter, eds., *Phenomenal Concepts and Phenomenal Knowledge: New Essays on Consciousness and Physicalism*. Oxford: Oxford University Press, pp. 15–31.
———, 2008, "Competition in the Brain." World Question Center. Edge.org, December, later published in Brockman, 2009.
———, 2009a, "Darwin's 'Strange Inversion of Reasoning.'" *Proceedings of the National Academy of the Sciences of the United States of America*, vol. 106, suppl. 1, pp. 10061–10065.
———, 2009b, "Heterophenomenology." In T. Bayne, A. Cleeremans, and P.

Wilken, eds., *The Oxford Companion to Consciousness*. Oxford: Oxford University Press, pp. 345–346.

———, 2009c, "Intentional Systems Theory." In B. McLaughlin, A. Beckermann, and S. Walter, eds., *The Oxford Handbook of Philosophy of Mind*. Oxford: Oxford University Press, pp. 339–350.

———, 2010, "Homunculi Rule: *Reflections on Darwinian Populations and Natural Selection* by Peter Godfrey-Smith, Oxford University Press, 2009." *Biology and Philosophy* (12월 21일에 온라인 출간). http://ase.tufts.edu/cogstud/papers/homunculi.pdf에서 볼 수 있다.

———, 2011a, "Cycles" (as an answer to the Edge Question 2011, "What Scientific Concept Would Improve Everybody's Cognitive Toolkit?"). World Question Center. Edge.org, later published in Brockman, 2012, pp. 81–88.

———, 2011b, "Shall We Tango? No, but Thanks for Asking" (에번 톰프슨, *Mind in Life*에 대한 논평과 답변). *Journal of Consciousness Studies*, vol. 18, nos. 5 and 6 (special issue on Evan Thompson), pp. 23–34.

———, 2012, "Sakes and Dints." *Times Literary Supplement*, March 2, pp. 12–14.

———, 근간, "The Evolution of Reasons." In BANA BASHOUR and HANS D. MULLER, eds., *Contemporary Philosophical Naturalism and Its Implications*. New York: Routledge.

———, forthcoming, "Expecting Ourselves to Expect" (클라크에 대한 논평). *Behavioral and Brain Sciences*.

———, 근간, "Kinds of Things." In Don Ross, James Ladyman, and Harold Kincaid, eds., *Does Scientific Philosophy Exclude Metaphysics?* Oxford: Oxford University Press.

———, 근간, "Turing's 'Strange Inversion of Reasoning.'" In Barry Cooper, ed., *Alan Turing—His Work and Impact*. Elsevier.

DENNETT, DANIEL C., and KATHLEEN AKINS, 2008, "The Multiple Drafts Model." *Scholarpedia*, vol. 3, no. 4, 4321. http://www.scholarpedia.org/wiki/index.php?title=Multiple_drafts_model.

DENNETT, DANIEL C., and ALVIN PLANTINGA, 2011, *Science and Religion: Are They Compatible?* Oxford: Oxford University Press.

DENNETT, DANIEL C., and C. F. WESTBURY, 2000, "Mining the Past to Construct the Future: Memory and Belief as Forms of Knowledge." In D.

Schacter and E. Scarry, eds., *Memory, Brain, and Belief*. Cambridge, Mass.: Harvard University Press, pp. 11–32.

DENTON, MICHAEL, 1985, *Evolution: A Theory in Crisis*. London: Burnett Books.

DEWDNEY, A. K., 1984, *The Planiverse: Computer Contact with a Two-Dimensional World*. New York: Poseidon Press.

EIGEN, MANFRED, 1992, *Steps towards Life*. Oxford: Oxford University Press.

ELLIS, HAYDN, and ANDREW YOUNG, 1990, "Accounting for Delusional Misidentifications." *British Journal of Psychiatry*, vol. 157, pp. 239–248.

FEYNMAN, RICHARD, 1985, *"Surely You're Joking, Mr. Feynman!": Adventures of a Curious Character*. New York: W. W. Norton. 한국어판은 김희봉 옮김, 『파인만 씨, 농담도 잘하시네』(사이언스북스, 2000).

FITCH, TECUMSEH, 2008, "Nano-Intentionality: A Defense of Intrinsic Intentionality." *Biology and Philosophy*, vol. 23, pp. 157–177.

FITZGIBBON, C. D., and J. H. FANSHAWE, 1988, "Stotting in Thomson's Gazelles: An Honest Signal of Condition." *Behavioral Ecology and Sociobiology*, vol. 23, no. 2 (August), pp. 69–74.

FODOR, JERRY, 1975, *The Language of Thought*. Hassocks, Sussex: Harvester Press.

———, 2003, "Why Would Mother Nature Bother?" (*Freedom Evolves* 서평). *London Review of Books*, vol. 25, no. 5, pp. 17–18.

———, 2008, LOT 2: *The Language of Thought Revisited*. Oxford: Oxford University Press.

FODOR, JERRY, and E. LEPORE, 1992, *Holism: A Shopper's Guide*. Oxford: Blackwell.

FODOR, JERRY, and M. PIATELLI-PALMERINI, 2010, *What Darwin Got Wrong*. New York: Farrar, Straus & Giroux.

FRANKFURT, HARRY, 1969, "Alternate Possibilities and Moral Responsibility." *Journal of Philosophy*, vol. 65, pp. 829–833.

GELL-MAN, MURRAY, 1995, *The Quark and the Jaguar: Adventures in the Simple and the Complex*. New York: St. Martin's.

GIBSON, J. J., 1979, *The Ecological Approach to Visual Perception*. Boston: Houghton Mifflin.

GODFREY-SMITH, PETER, 2009, *Darwinian Populations and Natural Selection*. Oxford: Oxford University Press.

——, 2011, "Agents and Acacias: Replies to Dennett, Sterelny, and Queller" (*Darwinian Populations and Natural Selection* 서평에 대한 답변). *Biology and Philosophy*, vol. 26, pp. 501–515.

GOFFMAN, ERVING, 1959, *The Presentation of Self in Everyday Life*. Edinburgh: University of Edinburgh Social Sciences Research Centre.

GOULD, STEPHEN JAY, 1977, *Ever since Darwin*. New York: W. W. Norton. 한국어판은 홍욱희·홍동선 옮김, 『다윈 이후』(사이언스북스, 2009).

——, 1989a, "Tires to Sandals." *Natural History*, April, pp. 8–15.

——, 1989b, *Wonderful Life: The Burgess Shale and the Nature of History*. New York: W. W. Norton. 한국어판은 김동광 옮김, 『생명, 그 경이로움에 대하여』(경문사, 2004).

——, 1992a, "The Confusion over Evolution." *New York Review of Books*, November 19.

——, 1992b, "Life in a Punctuation." *Natural History*, October, pp. 10–21.

——, 1993, "Confusion over Evolution: An Exchange." *New York Review of Books*, January 14, pp. 43–44.

GRAHAM, GEORGE, and TERENCE HORGAN, 2000, "Mary Mary Quite Contrary." *Philosophical Studies*, vol. 99, pp. 59–87.

GREENE, JOSHUA, and JONATHAN COHEN, 2004, "For the Law, Neuroscience Changes Everything and Nothing." *Philosophical Transactions of the Royal Society*, vol. 359, pp. 1775–1785.

HARRIS, SAM, 2012, *Free Will*. New York: Free Press. 한국어판은 배현 옮김, 『자유의지는 없다』(시공사, 2013).

HAUGELAND, JOHN, 1981, *Mind Design*. Cambridge, Mass.: MIT Press/Bradford Book.

——, 1985, *Artificial Intelligence: The Very Idea*. Cambridge, Mass.: MIT Press.

HAWKING, STEPHEN W., 1988, A Brief History of Time. New York: Bantam. 한국어판은 현정준 옮김, 『시간의 역사』(삼성출판사, 1990).

HAYES, PATRICK, 1978, "The Naïve Physics Manifesto." In D. Michie, ed., *Expert Systems in the Microelectronic Age*. Edinburgh: Edinburgh University Press.

HEIDER, F., and M. SIMMEL, 1944, "An Experimental Study of Apparent

Behavior." *American Journal of Psychology*, vol. 57, no. 2, pp. 243–259.

HILLIARD, JOHN NORTHERN, 1938, *Card Magic*. Minneapolis: Carl W. Jones.

HOFSTADTER, DOUGLAS, 1979, *Gödel Escher Bach*. New York: Basic Books. 한국어판은 박여성 옮김, 『괴델, 에셔, 바흐』(까치, 1999).

———, 1982, "Metamagical Themas: Can Inspiration Be Mechanized?" *Scientific American*, September, pp. 18–34. "On the Seeming Paradox of Mechanizing Creativity," in Hofstadter, 1985, pp. 526–546에 재수록.

———, 1985, *Metamagical Themas: Questing for the Essence of Mind and Pattern*. New York: Basic Books.

———, 1997, *Le Ton Beau de Marot: In Praise of the Music of Language*. New York: Basic Books.

———, 2007, *I Am a Strange Loop*. New York: Basic Books.

HOFSTADTER, DOUGLAS, and DANIEL DENNETT, eds., 1981, *The Mind's I*. New York: Basic Books. 김동광 옮김, 『이런, 이게 바로 나야!』(사이언스북스, 2004).

HOLLAND, JOHN, 1975, *Adaptation in Natural and Artificial Systems*. Ann Arbor: University of Michigan Press.

HUME, DAVID, (1739) 1964, *A Treatise of Human Nature* (L. A. Selby-Bigge, ed.). Oxford: Clarendon. 한국어판은 이준호 옮김, 『인간 본성에 관한 논고』(서광사, 2012).

HUMPHREY, NICHOLAS, 1987, "Scientific Shakespeare." *The Guardian* (London), August 26.

HUMPHREY, NICHOLAS, and DANIEL DENNETT, 1989, "Speaking for Our Selves: An Assessment of Multiple Personality Disorder." *Raritan: A Quarterly Review*, vol. 9 (Summer), pp. 68–98. Occasional Paper 8, Center on Violence and Human Survival, John Jay College of Criminal Justice, City University of New York, 1991로 각주와 함께 재출간.

HURLEY, MATTHEW, DANIEL DENNETT, and REGINALD B. ADAMS JR., 2011, *Inside Jokes: Using Humor to Reverse-Engineer the Mind*. Cambridge, Mass.: MIT Press.

JACKENDOFF, RAY, 1987, *Consciousness and the Computational Mind*. Cambridge, Mass.: MIT Press/Bradford Book.

———, 1993, *Patterns in the Mind: Language and Human Nature*. Harlow, Essex:

Harvester Wheatsheaf; New York: Basic Books, 1994. 한국어판은 이정민 외 옮김, 『마음의 구조』(태학사, 2000).

JACKSON, FRANK, 1982, "Epiphenomenal Qualia." *Philosophical Quarterly*, vol. 32, pp. 127–136.

KANE, ROBERT, 1996, *The Significance of Free Will*. Oxford: Oxford University Press.

KNOBE, J., and NICHOLS, S., eds., 2008, *Experimental Philosophy*. Oxford: Oxford University Press.

LEIBNIZ, GOTTFRIED, (1714) 1898, Monadology. *In The Monadology and Other Philosophical Writings*, Robert Latta, trans. Oxford: Oxford University Press.

LENAT, DOUGLAS B., and R. V. GUHA, 1990, *Building Large Knowledge-Based Systems: Representation and Inference in the CYC Project*. Reading, Mass.: Addison-Wesley.

LETTVIN, J. Y., U. MATURANA, W. MCCULLOCH, and W. PITTS, 1959, "What the Frog's Eye Tells the Frog's Brain." *In Proceedings of the Institute of Radio Engineers*, vol. 47, pp. 1940–1951.

LEVINE, JOSEPH, 1994, "Out of the Closet: A Qualophile Confronts Qualophobia." *Philosophical Topics*, vol. 22, pp. 107–126.

LEWIS, DAVID, 1978, "Truth in Fiction." *American Philosophical Quarterly*, vol. 15, pp. 37–46.

LLOYD, M., and DYBAS, H. S., 1966, "The Periodical Cicada Problem." *Evolution*, vol. 20, pp. 132–149.

LLOYD MORGAN, CONWY, 1894, *An Introduction to Comparative Psychology*. London: W. Scott.

LUDLOW, PETER, YUJIN NAGASAWA, and DANIEL STOLJAR, eds., 2004, *There's Something about Mary: Essays on Phenomenal Consciousness and Frank Jackson's Knowledge Argument*. Cambridge, Mass.: MIT Press/Bradford Books.

MACKENZIE R. B., 1868, *The Darwinian Theory of the Transmutation of Species Examined*. London: Nisbet.

MAYNARD SMITH, JOHN, 1978, *The Evolution of Sex*. Cambridge: Cambridge University Press.

McCLELLAND, JAY, DAVID RUMELHART, and THE PDP RESEARCH

GROUP, 1986, *Parallel Distributed Processing: Explorations in the Microstructure of Cognition*, vol. 2. Cambridge, Mass.: MIT Press.

MENABREA, LUIGI FEDERICO, 1842, "Sketch of the Analytic Engine Invented by Charles Babbage." *In the Bibliothèque Universelle de Genève*, no. 82 (October). Translated by Augusta Ada King, Countess of Lovelace, 1843, with notes, in *Scientific Memoirs*, vol. 3, pp. 666–731.

MEYER, STEPHEN C., 2009, *Signature in the Cell: DNA and the Evidence for Intelligent Design*. New York: HarperOne. 한국어판은 이재신·김장훈·윤성승 옮김, 『세포 속의 시그니처』(겨울나무, 2014).

MILLIKAN, RUTH, 1984, *Language, Thought and Other Biological Categories*. Cambridge, Mass.: MIT Press.

———, 1993, *White Queen Psychology and Other Essays for Alice*. Cambridge, Mass.: MIT Press.

NAGEL, THOMAS, 1974, "What Is It Like to Be a Bat?" *Philosophical Review*, vol. 83, pp. 435–450.

———, 2009, Recommendation for Book of the Year. *Times Literary Supplement*, November 27.

———, 2010, Letter to the editor. *Times Literary Supplement*, January 1.

NEUGEBAUER, OTTO, 1989, "A Babylonian Lunar Ephemeris from Roman Egypt." In E. Leichty, M. de J. Ellis, and P. Gerardi, eds., *A Scientific Humanist: Studies in Honor of Abraham Sachs*. Philadelphia: Occasional Publications of the Samuel Noah Kramer Fund no. 9, pp. 301–304.

PINKER, STEVEN, 2002, *The Blank Slate: The Modern Denial of Human Nature*. New York: Viking. 한국어판은 김한영 옮김, 『빈 서판』(사이언스북스, 2004).

POPEK, GERALD J., and ROBERT P. GOLDBERG, 1974, "Formal Requirements for Virtualizable Third Generation Architectures." *Communications of the ACM*, vol. 17, no. 7, pp. 412–421. doi:10.1145/361011.361073. http://doi.acm.org/10.1145/361011.361073에서 볼 수 있다.

POUNDSTONE, WILLIAM, 1985, *The Recursive Universe: Cosmic Complexity and the Limits of Scientific Knowledge*. New York: William Morrow.

PUTNAM, HILARY, 1975, "The Meaning of 'Meaning.'" In K. Gunderson, ed., *Language, Mind and Knowledge*. Minnesota Studies in the Philosophy of Science, vol. 7. Minneapolis: University of Minnesota Press. Putnam, 1975,

Mind, Language and Reality (*Philosophical Papers*, vol. 2)에 재수록. Cambridge: Cambridge University Press.

QUINE, W. V. O., 1960, *Word and Object*. Cambridge, Mass.: MIT Press.

———, 1987, "Universal Library." *In Quiddities: An Intermittently Philosophical Dictionary*. Cambridge, Mass.: Harvard University Press.

RAPOPORT, ANATOL, 1960, *Fights, Games, and Debates*. Ann Arbor: University of Michigan Press.

———, 1961, "Three Modes of Conflict." *Management Science*, vol. 3, p. 210.

RIDLEY, MATT, 1993, *The Red Queen: Sex and the Evolution of Human Nature*. New York: Macmillan. 한국어판은 김윤택 옮김, 『붉은 여왕』(김영사, 2006).

———, 2004, *Nature via Nurture*. London: Fourth Estate. 김한영 옮김, 『본성과 양육』(김영사, 2004). *The Agile Gene: How Nature Turns on Nurture*라는 제목으로도 출간됨. New York: HarperCollins.

ROSS, AMBER, 2013, "Inconceivable Minds." Philosophy PhD dissertation, University of North Carolina at Chapel Hill.

RUINA, ANDY, 2011, "Cornell Ranger, 2011, 4-Legged bipedal Robot." ruina.tam.cornell.edu/research/topics/locomotion_and_robotics/ranger/Ranger 2011/.

RUMELHART, D. E., J. L. MCCLELLAND, and THE PDP RESEARCH GROUP, 1986, *Parallel Distributed Processing: Explorations in the Microstructure of Cognition*, vol. 1. Cambridge, Mass.: MIT Press.

RYDER, DAN, JUSTINE KINGSBURY, and KENNETH WILLIFORD, eds., 2013, *Millikan and Her Critics*. Oxford: Wiley-Blackwell.

SANFORD, DAVID, 1975, "Infinity and Vagueness." *Philosophical Review*, vol. 84, pp. 520–535.

SCHÖNBORN, CHRISTOPH, 2005, "Finding Design in Nature." *New York Times*, July 7.

SEARLE, JOHN, 1980, "Minds, Brains and Programs." *Behavioral and Brain Sciences*, vol. 3, pp. 417–458.

———, 1982, "The Myth of the Computer" (*The Mind's I* 서평). *New York Review of Books*, vol. 29 (April 29).

———, 1988, "Turing the Chinese Room." In T. Singh, ed., *Synthesis of Science and Religion, Critical Essays and Dialogues*. San Francisco: Bhaktivedanta Institute.

SELLARS, WILFRID, 1962, "Philosophy and the Scientific Image of Man." *In*

Science, Perception and Reality. London: Routledge & Kegan Paul.

SEUNG, SEBASTIAN, 2007, "The Once and Future Science of Neural Networks." Presented at the Society for Neuroscience meeting, San Diego, November 4.

SIEGEL, LEE, 1991, *Net of Magic: Wonders and Deceptions in India*. Chicago: University of Chicago Press.

SIMS, KARL, 1994, *Evolved Virtual Creatures*. http://www.karlsims.com/evolved-virtual-creatures.html.

STRAWSON, GALEN, 2003, "Evolution Explains It All for You" (review of Dennett, 2003). *New York Times*, March 2.

———, 2010, "Your Move: The Maze of Free Will," The Stone, *New York Times* online, 2010년 7월 22일 목. http://www.scribd.com/doc/86763712/Week-2-Strawson-The-Maze-of-Free-Will.

THOMPSON, EVAN, 2007, *Mind in Life*. Cambridge, Mass.: Belknap Press, Harvard University Press.

VOHS, KATHLEEN D., and JONATHAN W. SCHOOLER, 2008, "The Value of Believing in Free Will: Encouraging a Belief in Determinism Increases Cheating." *Psychological Science*, pp. 49–54.

VON NEUMANN, JOHN, 1966, *Theory of Self-Reproducing Automata* (Arthur Burks, ed.). Champaign-Urbana: University of Illinois Press.

VON NEUMANN, JOHN, and OSKAR MORGENSTERN, 1944, *Theory of Games and Economic Behavior*. Princeton, N.J.: Princeton University Press.

VON UEXKÜLL, JAKOB, (1934) 1957, "A Stroll through the Worlds of Animals and Men: A Picture Book of Invisible Worlds." In Claire H. Schiller, ed. and trans., *Instinctive Behavior: The Development of a Modern Concept*. New York: International Universities Press.

WANG, HAO, 1957, "A Variant to Turing's Theory of Computing Machines." *Journal of the Association for Computing Machinery*, pp. 63–92.

WIGGINS, DAVID, 1973, "Towards a Reasonable Libertarianism." In T. Honderich, ed., *Essays on Freedom of Action*. London: Routledge & Kegan Paul, pp. 31–63.

WIMSATT, WILLIAM C., 1980, "Randomness and Perceived Randomness in Evolutionary Biology." *Synthese*, vol. 43, pp. 287–290.

WOLFE, TOM, 2000, "Sorry, But Your Soul Just Died." In *Hooking Up*. New York:

Farrar, Straus & Giroux.

WOOLDRIDGE, DEAN, 1963, *The Machinery of the Brain*. New York: McGraw-Hill.

WRIGHT, ROBERT, 2000, *Nonzero: The Logic of Human Destiny*. New York: Pantheon. 한국어판은 임지원 옮김, 『넌제로』(말글빛냄, 2009).

ZAHAVI, A., 1987, "The Theory of Signal Selection and Some of Its Implications." In V. P. Delfino, ed., *Bari, 9-14 April 1985*. Bari: Adriatici Editrici, pp. 305-327.

• 자료 제공 •

· 37쪽 인용문은 『파인만 씨, 농담도 잘하시네!』에서 발췌했다. Copyright © 1985 by Richard P. Feynman and Ralph Leighton. W. W. Norton & Company, Inc.의 허락하에 사용했다.
· 268~270쪽 인용문은 『조상 이야기』에서 발췌했다. Text copyright © 2004 by Richard Dawkins. Houghton Mifflin Harcourt Publishing Company and The Orion Publishing Group의 허락하에 사용했다. 저작권 보유.
· 278쪽 만평은 시드니 해리스(http.//www.sciencecartoonsplus.com)가 제공했다.
· 288쪽 맞은편 생명의 나무 그림은 ©Leonard Eisenberg가 제공했다. 저작권 보유. http://www.evogeneao.com.
· 289쪽 맞은편 흰개미탑 사진은 피오나 스튜어트가 제공했다.
· 289쪽 맞은편 성가족 교회 사진은 디아리오 디 비아지오가 제공했다.

• 찾아보기 •

〈ㄴ〉

〈ㄷ〉

〈ㅂ〉

〈ㅅ〉

〈ㅇ〉

〈ㅍ〉

〈기타〉